잔프랑코 마테이Gianfranco Mattei

그리고 과거, 현재, 미래의 전 세계 모든 혁명가에게 바칩니다.

자본 질서

긴축이 만든 불평등의 역사

자본 질서

긴축이 만든 불평등의 역사

클라라 E. 마테이 지음
임경은 옮김 홍기훈 감수

THE CAPITAL ORDER

21세기북스

《자본 질서》에 쏟아진 찬사

이 책은 제1차 세계대전 이후 유럽에서 긴축이 부상하고 이것이 오늘날의 여러 경제정책과 함께 파시즘의 길을 열기까지의 역사를 흥미롭게 탐구한다. 미래를 위한 중요한 교훈이 담긴 필독서이자, 정치경제 역사서의 정수다.

— 토마 피케티(파리경제대학교 교수, 《21세기 자본》 저자)

정치와 경제 영역을 분리하려는 노력의 역사는 오래되었다. 클라라 마테이는 매우 인상적인 최근 연구를 통해, 이 이분법이 주로 긴축의 형태로 한 세기 동안 계급 전쟁의 주된 도구 역할을 했으며 서구 엘리트층의 환영 속에서 파시즘의 길을 열었다고 설득력 있게 주장한다.

— 노엄 촘스키(MIT 명예교수, 사회비평가)

긴축이 영국 사회를 갈라놓은 지 10년이 지나, 영국 정부는 다시 긴축에 돌입할 준비가 되었다. 처음부터 효과가 없었음에도 왜 다시 시도하려는지 궁금한 사람도 있을 것이다. 마테이는 그 이유를 명쾌하게 설명한다. 긴축을 경제정책이 아니라 하층 계급이 지배계급의 우선순위에 의문을 제기하기 시작할 때 꺼내 드는 일종의 자본주의 위기 방어 관리책으로 생각하면, 피해를 감수하더라도 그들이 반복적으로 긴축정책을 채택하는 이유를 이해할 수 있다.

— 마크 블라이스Mark Blyth(브라운대학교 경제학 교수)

이해관계를 수호하려는 어두운 목적이 깔려 있음에도 긴축은 악의 없는 정책 실수로 흔히 오해된다. 마테이의 훌륭한 이 신간은 긴축의 숨겨진 목적을 폭로한다.

— 야니스 바루파키스Yanis Varoufakis(그리스 전 재무장관, 아테네대학교 경제학 교수)

영리하게 도발적이며 (…) 강력한 주장을 펼친다. (…) 자유주의 경제학자들과 파시즘의 관계에 관한 역사를 연구한 마테이는 오늘날 파시스트의 망령을 무해한 것처럼 재소환하는 안일한 자유 민주주의 옹호자들에게 도전장을 내민다. (…) 자유주의 경제학의 전반적 역할에 통렬한 비판을 가한다.

— 애덤 투즈Adam Tooze(컬럼비아대학교 교수, 사상가)

클라라 마테이는 소위 비정치적이라는 경제학이 예나 지금이나 계급 억압의 이데올로기 역할을 해온 과정을 보여준다. 이 책은 1920년대 영국과 이탈리아에서 '기술관료들의 긴축 프로젝트'가 탄생한 과정과 그 정치적·경제적 결과를 매우 이해하기 쉽게 탐구한다.   — 로버트 스키델스키Robert Skidelsky(워릭대학교 정치경제학 명예교수)

클라라 마테이의 이 책은 경제의 새로운 내러티브를 구축하는 데 중요한 공헌을 했다. 물가가 오르고 정부가 다시 한번 '허리띠를 졸라매려는' 이 시기에 이 책은 그 어느 때보다 시의적절하다.

— 마리아나 마추카토Mariana Mazzucato(유니버시티 칼리지 런던 경제학 교수)

1920년대 경제의 무거운 역사와 그때의 재정 및 신용 정책의 교훈을 잊어서는 안 된다.   — 타일러 코웬Tyler Cowen(조지메이슨대학교 경제학 교수)

긴축이 균형예산을 달성하고 공공 부채를 갚는다는 목표에 실패한다는 점은 자주 지적되어왔다. 저자는 긴축의 실제 목표가 명시적 목표와 다르게 노동자의 기강을 잡는 것이라고 분석한다. 지난 세기 동안 그 목표는 꽤 성공적으로 달성된 듯하다.

— 〈더 내셔널The National〉(경제 잡지)

우리가 사는 이 순간에 놀라운 울림을 주는 작품이다. 읽는 내내 책을 내려놓을 수 없었다.

— 제임스 K. 갤브레이스James K. Galbraith(텍사스대학교 린든존슨공공정책대학원 교수)

경제학자 클라라 마테이가 지난 세기의 긴축을 연구한 시사적인 이 책은 충격적인 불평등의 현실을 함축하고 있다. 그는 1920년대 자유 민주주의 영국과 파시스트 이탈리아에 초점을 맞춰, 서로 다른 이 두 국가가 긴축을 자본 세력의 '계급 통제 도구'로 유용하게 사용했다고 주장한다.   — 〈네이처Nature〉(영국의 세계적 과학 저널)

마테이는 긴축이 숫자로 수행되고 경제학자들의 전문 용어로 뒷받침되는 일방적인 계급 전쟁이라는 사실을 일깨워준다.

— 아디트야 차크라보티Aditya Chakrabortty(가디언The Guardian 기자)

경제학자 클라라 마테이는 이 책에서 긴축이 경제 민주주의 실험에 대한 반격이었다고 설명한다.

— 〈알테르나티브 에코노미크Alternatives Economiques〉(프랑스 경제 저널)

현재 정책 입안자들이 노동자에게 다시 한번 고통과 규율을 떠안길 통화 긴축을 고려 중인 가운데, 이 책은 긴축의 잔인한 논리를 강력하게 일깨워준다.

— 〈디센트 매거진Dissent Magazine〉(미국 좌파 지식인 저널)

이해하기 쉽게 쓰였다. (…) 오늘날에도 공감을 불러일으키는 이 책의 주제에 모든 독자가 깊은 감명을 받을 것이다.

— 〈뉴 스테이츠먼The New Statesman〉(영국 시사 주간지)

일독만으로 독자의 마음에 뚜렷한 아이디어와 완전한 논지를 각인하는 책은 드물다. 이 책은 그런 책 중 하나다.

— 〈유럽 경제사 저널The Journal of European Economic History〉

마테이는 꼼꼼한 자료 정리로 자유주의의 발상지 영국과 파시즘의 발상지 이탈리아의 1920년대 경제학자들을 연구하고 도발적인 결론을 도출한다. 바로 긴축의 본질이 '아래로부터의 사회 변화에 위협을 느낀 지배층의 반민주적 대응'이라는 것이다.

— 〈폴리틱스 투데이Politics Today〉(미국 정치 저널)

이 책은 자본주의적 생산 과정 내 사회관계의 위계에서 자본이 노동보다 우위를 점한다고 주장한다. 이 우위는 마테이가 자본주의 역사상 가장 큰 위기였다고 주장하는 제1차 세계대전 후 위협을 받았다. (…) 마테이는 비선출 기술관료 엘리트들이 이 추세를 막고자 자본 질서를 다시 순응화할 수단으로 긴축을 '개발'했다고 주장한다. (…) 영국의 기술관료들이 긴축을 시장의 힘으로 성취했다면, 이탈리아의 파시스트들은 무솔리니의 명령으로 성취했다. (…) 추천하는 책이다.

— 〈초이스Choice〉(온라인 경제 저널)

저자는 강제된 경기 침체나 복지비 삭감이 실은 예산과 부채 문제가 아니라고 주장한다. 이러한 소위 '경제적 고통'은 노동자가 불안감에 더 나은 근로 조건을 요구하지 못하게 하려는 의도적 계획이다.

— 〈아이리시 이그재미너Irish Examiner〉(아일랜드 신문)

긴축을 옹호하는 사람들은 실업 등 모든 부정적인 영향은 금세 끝날 것이며 결국 성과로 정당화될 것이라고 주장한다. 이론이란 그렇다. 클라라 마테이의 태도는 전혀 그렇지 않다. 그의 힘 있는 문체와 자세한 연구 결과가 합쳐진 이 책은 긴축이 단지 경제의 균형을 회복하기 위한 정책이 아니라 하나의 계급주의 전략이라 주장한다.

— 〈유러피언 리뷰 오브 북스European Review of Books〉(도서 평론지)

긴축은 계획된 정책이다. 여러 지배계급을 통합하는 한편, 노동계급을 약화하고 분열시켜 그들의 저항을 미리 직접 틀어막는 도구다. (…) 마테이는 긴축이 파시즘의 부상에 긴요한 역할을 했다고 설명한다.

- 〈카운터펀치Counterpunch〉(온라인 경제 정론지)

이 책을 통해 우리는 긴축의 광기에는 다 이유가 있다는 걸 알 수 있다. 긴축은 자본주의 체제를 방어하는 중요한 보루다.

— 〈비즈니스 리코더Business Recorder〉(파키스탄 영어 경제 저널)

이 책은 유럽사 연구를 토대로 긴축(허리띠를 졸라매고 정부 계획을 축소하는 것)이 예산과 부채 문제가 아니라 노동자를 취약한 처지로 내모는 의도적 행위라고 주장한다.

— 〈APM 마켓플레이스 모닝 리포트APM's Marketplace Morning Report〉(라디오 뉴스)

마테이는 위험에 처한 권력과 부를 지키기 위한 국제 자본가 세력의 대응책으로 긴축이 등장했다고 설명한다. 그들의 목표는 갈수록 정치 세력화되고 반항적인 계급을 길들이고 전쟁 전 질서를 회복해 '적들'로부터 자본주의를 구하는 것이었다.

— 〈히스토리 투데이history today〉(역사 월간지)

그들만의 '자본 질서'를 만드는 긴축이라는 수단

홍기훈 홍익대학교 경영대학 재무전공 교수

《자본 질서: 긴축이 만든 불평등의 역사》, 제목부터 아주 도발적이다. 경제학자들과 긴축정책 그리고 불평등이라니! 많은 경제학자가 긴축에 대해 비판하고 양적완화를 통해 불황을 극복해야 한다고 주장한다. 그리고 이러한 주장의 이면에는 경제학적 관점이 존재한다. 시장에 유동성을 공급하면 자본조달 비용이 낮아져 투자가 활성화된다. 그러나 인플레이션이 발생하고, 정부지출을 늘려 유동성을 공급한 경우 재정 적자가 늘어 정부신용이 불안정해진다. 이런 상황에서는 긴축이 필요하다. 그리고 재정 '긴축'은 경기 침체를 불러올 수 있다. 매우 직관적인 경제학적 논리다.

이 책의 저자인 마테이는 어떻게 보면 경제학적 논리에 함몰된 이러한 경제학자들의 관점에서 완전히 벗어난 주장을 한다. 저자는 긴축이 국가에 지나친 권력을 주어 노동자에게 일방적인 희생을 강요하고, 부의 양극화를 심화한다고 말한다. 나아가 이는 파시즘에 이르는 권위주의와 국가주의를 도입하기 위한 방법이라고 주장한다. 그리고 그 시작을 제1차 세계대전 중 자본주의의 교리를 깨고 과감히 경제에 개입했던 영국과 이탈리아에서 찾는다.

저자는 이러한 개입이 전쟁의 승리에 필요한 자본을 축적하기 위한 불가피한 선택이었으나 그 과정에서 자유시장 자본주의의 불가침성을 훼손했다고 서술한다. 정부 예산은 전례 없이 팽창했고, 금본위제가 포기되고, 가격이 관리되었으며, 무역이 통제되었다. 저자는 이러한 전례 없는 변화로 인해 노동자가 고통을 받았고, 이로써 1919년과 1920년 영국과 이탈리아에는 혁명의 분위기가 조성되었으며, 기득권 세력은 노동자의 불만을 잠재우고 그들을 통제해 전쟁 전 질서로 돌아가는 수단으로 '긴축'을 선택했다고 주장한다.

이 책에 따르면 오늘날 우리가 이해하고 있는 긴축은 제1차 세계대전 이후 자본주의의 붕괴를 틀어막는 방법으로 등장했다. 정치적으로 우월한 지위를 가진 경제학자들은 긴축이라는 메커니즘을 이용하여 사회 구성원이 생산에 더 집중하도록 강제했고 경제학자는 중앙은행의 독립성과 기술관료에 의한 의사결정 과정을 보호하는 등의 방침으로 강제적인 정책을 자연스러운 것으로 정당화했다는 것이다. 그리고 이러한 긴축은 대중의 지지를 얻는데 이 책에서는 무솔리니가 긴축정책을 시행해 국내외에서 지지를 획득했다는 것을 사례로 든다.

각국 정부가 노동자의 경제생활을 더 불안정하게 만들어 그들이 무력하게 현 상황을 받아들인 채 살아가도록 강요하기 위해 긴축정책을 활용했고, 이로써 자신들이 원하는 질서를 강제하려고 했다는 것이 저자의 핵심 주장이다. 그리고 이러한 긴축정책의 정치화가 파시즘을 불러왔다고도 말한다.

이 책은 제1차 세계대전 이후 영국과 이탈리아에서 일어난 일련의 사건을 흥미롭게 서술한다. 그러나 단순하게 '재미있다'고만 말하기에는 우리가 간과하고 있던 지점을 일깨워준다. 물론 책 속 몇몇 주장은 경제학자인 필자의 입장에서 지나치게 특정한 관점에서 해석했다고 느끼기도 했다. 또한 어떤 이는 분석 방법이나 결론을 지나친 음모론이라고 느끼며 동의하지 않을 수도 있다. 그러나 스토리텔링이 훌륭할뿐더러 긴축에 대한 새로운 논의의 시작점을 제공한다는 측면에서 이 책은 읽을 만한 가치가 충분하다고 생각한다.

경제정책의 정치화라는 문제를 다루고 있는 이 책은 경제를 정치의 관점에서 풀어나가려는 시도가 계속해서 늘어나고 있는 현시점, 우리에게 분명 시의적절하다. 독자로 하여금 고민하게 하며 경제사의 중요한 순간에 대해 인사이트를 주는 책이다.

서문

긴축으로
이익을 보는 자는
누구인가?

코로나19가 발발한 지 얼마 안 된 2020년 3월, 민주당의 뉴욕 주지사 앤드루 쿠오모Andrew Cuomo는 주 예산 중 메디케이드(저소득층 의료보험) 지출분을 4억 달러 삭감하겠다고 발표했다. 팬데믹 직전에 이 발표는 충격적이었다. 미국에서 특히 영향력 있는 정치인 중 한 명이 뉴욕주에서 가장 가난하고 취약한 계층의 병원비 지원을 줄이겠다고 공언했기 때문이다. 기자회견에서 쿠오모는 어깨를 으쓱하며 "없는 돈을 가지고 지출할 수는 없다."라고 해명했다. 이듬해에는 삭감 폭이 더 커질 것이며, 그 칼날은 공립학교 예산으로까지 확대될 것으로 예상되었다.[1]

2019년 10월, 칠레 산티아고에서는 지하철 요금 인상이 발표되자 시민들이 거리로 몰려나왔다. 단순히 대중교통 문제가 아니라 민영화, 임금 억제, 공공 서비스 감축, 노동조합의 주변화 등으로 지난 50년간 수백만 칠레인이 삶과 사회에서 치러온 모든 희생에 대한 분노가 폭발한 것이었다. 수십만 명이 거리에서 시위를 벌이자, 칠레 정부는 몇 주간 살벌한 경찰력을 동원하는 등 독재 정부를 방불케 하는 계엄령으로 대응했다.[2]

2015년 7월 5일, 국가 부도 위기에 처한 그리스에서는 IMF(국제통화기금)와 EU(유럽연합)의 구제금융 계획안이 제시되자, 유권자의 61%가 국민투표에서 반대표를 던졌다. 하지만 정부는 결과를 아랑곳하지 않고 8일 후 3년 짜리 구제금융에 합의해 공공지출을 줄이기로 했다. 그 결과 연금액을 삭감하고, 소비세를 올리고, 일부 서비스와 산업을 민영화하고, 공무원 급여를 깎았다. 2년 후에는 그리스의 주요 항구 열 곳을 민영화하고 여러 섬을 매물로 내놓았다.[3]

재정 부족에 직면한 정부가 국민을 위한 공공 서비스부터 손대기 시작하는 건 20~21세기의 흔한 풍경이다. 이 같은 사례는 셀 수 없이 많으며 전 세계 모든 국가에 걸쳐 있다. 이것이 사회에 미치는 영향은 매우 뻔하고도 하나같이 파괴적이다. 이 영향이 '긴축 효과'이다. 이는 국가와 정부가 지불 능력을 회복하고 민간 산업을 활성화한다는 명목으로 공공재 혜택을 축소할 때 국민이 불가피하게 겪는 고통을 말한다. 어떠어떠한 것이 긴축정책이냐고 묻는다면 그 정책의 명칭보다는 현대 정치를 수식하는 공통된 특성을 보면 된다. 바로 예산 삭감(특히 공교육, 의료보험, 주거지원, 실업수당 등 복지지출), 역진세, 디플레이션, 민영화, 임금 억제, 고용규제 완화 같은 것이다. 요컨대 이 일련의 정책에는 기득권층의 부와 민간 부문의 우선권을 확고히 보장하는 것이 국가의 경제 성장을 이끄는 중요한 발판이라는 전제가 깔려 있다.

정도에 차이가 있을지언정 미국 정부는 역사상 이런 정책을 반복해왔다. 노조의 단체 교섭권은 탄압에 짓밟혔고, 최저임금은 빈곤 수준에 정체되었다. 고용주가 계약서에 직원이 더 나은 보수를 위해 이직하지 못하게 하는 '경쟁 금지 조항'을 넣어도 법률상 허용된다.[4] 복지welfare라는 단어는 노동자가 어느 정도 저임금노동이라도 해야만 정부가 지원해주는 '근로복지workfare' 개념으로 바뀌었다. 가장 눈에 띄는 점은 정부의 역진적 조세정책 때문에 공공재 비용 부담이 불평등하게 돌아간다는 것이다. 사회 전 계층이 부담하는 소비세가 세수에서 차지하는 비중은 커진 가운데, 상위소득 계층에는 어마어마한 규모의 감세가 이루어졌다. 아이젠하워 대통령 재임기(1953년~1961년) 동안 91%였던 상위소득세율이 2021년에는 37%가 되었다. 자본이득세와 법인세도 인하되었다(2017년 트럼프 행정부는 법인세율을 35%에서 21%로 낮추었는데, 이는 1970년대의 50%와 비교해 눈에 띄는 변화다). 수십 년 동안 임금은 거의 안 올랐지만, 이제 미국에서 가장 부유한 400개 가구는 역사상 처음으로 총 세율이 다른 어떤 소득 계층보다 낮아졌다.[5]

긴축은 새로운 개념이 아니며, 1970년대 후반에 시작된 소위 신자유주의 시대의 산물도 아니다. 제2차 세계대전 이후 30년도 안 되는 호황 기간을 제외하면, 긴축이 현대 자본주의를 내내 지배해왔다. 자본주의가 있는 곳에는 늘 위기가 따른다는 말은 역사를 통틀어 사실이었다. 사회가 이 격변의 위기를 앞둘 때마다, 긴축은 자본가 계급이 피해를 입지 않게 등장해서는 아주 쏠쏠한 효과를 발휘하곤 했다. 긴축은 자본주의의 보호장치이자, 그 효과성 때문에 국가들이 선호한다.[6] 또한 장기 이익을 위한 단기 재조정으로 경제 '효율성'을 높여 경제문제를 '해결'하는 수단으로 평가된다.

정치학자 마크 블라이스Mark Blyth는 유명한 저서 《긴축: 그 위험한 생각의 역사Austerity: The History of a Dangerous Idea》에서 긴축이 역사적으로 부채 감소, 성장 촉진 등 정해진 목표 달성에 '효과적'이지 않았음에도 계속 시행되어왔다고 말한다. 블라이스는 이렇게 강박적으로 반복되는 패턴을 일종의 광기라고 일컬었다.[7] 그러나 앞으로 살펴보겠지만, 생산량 감소와 고인플레이션 같은 경제 위기를 넘어 자본주의 위기에 대한 대응으로까지 확대해서 본다면 긴축의 광기에는 다 이유가 있다는 걸 알게 될 것이다. 긴축은 자본주의 체제를 지키기 위한 중요한 보루다.

여기서 말하는 자본주의 위기는 저성장이나 고인플레이션 같은 경제적 위기를 의미하지 않는다. 자본주의는 그 핵심 관계(생산물을 팔아 이윤을 얻는 행위)와[8] 이를 지탱하는 두 기둥(생산수단의 사유화, 고용주와 노동자의 임금 관계

wage relation)에 대중, 특히 자본주의를 돌아가게 하는 노동자가 이의를 제기하기 시작할 때 위기에 처한다. 역사적으로 그들은 기존 형태와 다른 사회 체제를 요구함으로써 이러한 불만을 표출해왔다. 앞으로 자세히 설명하겠지만, 실제로 지난 세기 동안 긴축의 주된 이점은 그들의 요구를 침묵시키고 자본주의의 대안 체제를 봉쇄하는 것이었다. 긴축의 목적은 국가 경제의 체질을 개선해 경제지표가 저절로 회복되게 하는 것이라고 흔히 선전되지만, 대개 그보다는 대중의 항의와 노조의 파업을 틀어막는 목적이 크다.

오늘날 우리가 아는 긴축은 제1차 세계대전 이후 자본주의의 붕괴를 막을 방편으로 등장했다. 정치적으로 영향력 있던 경제학자들은 사회의 전 계층이 민간 부문과 자본주의식 생산에 더 많이 투자하도록 유도하는 정책을 고안했다. 그 결과가 개인에게 엄청난(그리고 비자발적인) 희생을 부과하더라도 상관없었다. 1920년대 초, 긴축은 전쟁 후 전례 없는 규모로 발생한 파업과 그 외 사회 동요에 대한 강력한 반격으로 작용했다. 이상하게도 긴축을 연구하는 정치학자와 경제학자는 통상 이 시기를 간과하는 경향이 있다. 그러나 긴축정책이 고안된 이 시기의 정황을 보면 그 동기가 생생히 드러난다. 긴축은 이른바 경제적 효능보다 노조 결성과 민중 봉기가 전례 없이 빈번해진 시대에 자본주의적 생산관계를 지키는 기능이 더 중요했다.

긴축은 지난 세기 동안 워낙 널리 퍼져서 거의 의식적으로 감지되지 않을 정도다. 예산 삭감과 공공재 감축을 특징으로 하는 긴축의 경제는 대체로 오늘날 경제의 자화상이나 마찬가지다. 그러다 보니 비판적 역사, 특히 계급주의적 관점에서 긴축에 접근하는 일은 도전과도 같다. 그러나 긴축을 순수한 경제 관리 도구로 인식하는 대신 계급적 관점을 통해 그 역사를 살펴보면, 긴축에 자본주의 사회의 토대를 지탱하는 기능이 있음을 분명히 알 수 있다. 자본주의가 경제 성장의 동력이 되려면 자본의 사회관계(임금을 받고 노동력을 파는 사람들)가 사회 전반에 걸쳐 동질적이어야 한다. 다시 말해 경제 성장은 특정한 사회정치적 질서, 즉 '자본 질서'를 전제로 한다. 일련의 재정정책, 통화정책, 산업 보호책으로 접근했을 때의 긴축은 이러한 사회관계의 신성성을 보장한다. 지출과 임금에 구조적 제약을 부과하는 긴축 속에서 '열심히 일해서 열심히 저축하라'는 말은 사회 구성원 대부분에게 단순한 불굴의 의지를 뜻하는 게 아니었다. 살아남기 위한 유일한 방법이었다.

이 책은 긴축이 가장 강력하게 발현된 전후 영국과 이탈리아의 사례를 포함해 20세기에 이 긴축 체제가 대세가 된 역사적 과정을 탐구한다. 영국과 이탈리아 양쪽에서 긴축은 권력자인 경제학자가 잃어버린 자본 질서를 회복하기 위한 수단이었다.

이야기의 시작은 역사상 가장 심각하게 자본주의의 위기를 촉발한 제1차 세계대전의 발발로 거슬러 올라간다. 이때 유럽 국가들의 전례 없는 전시 동원으로 자본주의는 당연한 것이라는 철옹성 같은 믿음이 산산조각 났다. 자본주의의 붕괴를 원했든 원하지 않았든 간에 대부분의 유럽인은 전시 계획경제와 전후 복구 시기를 두루 거치면서 예정된 다음 수순이 임박했음을 어렴풋이 예감했다. 노조 대표 출신인 영국의 하원 윌리 갤러처Willi Gallacher는 "전쟁 전만 해도 영원할 것 같았던 산업의 질서가 이제 전 세계에서 흔들리고 있다."라고 말했다.[9] 이탈리아의 유명한 자유주의 경제학자 루이지 에이나우디Luigi Einaudi도 그 위협을 뚜렷이 인식했다. "이른바 자본주의 체제는 툭 밀치기만 해도 쓰러질 듯 보였다. (…) 곧 평등의 시대가 도래할 것 같았다." 부르주아 출신 교수인 에이나우디의 반대편에서는 '신질서'를 뜻하는 〈오르딘 누오보Ordine Nuovo〉 신문을 창간하고 노동운동을 주도한 팔미로 톨리아티Palmiro Togliatti가 이렇게 말했다. "이제 인류는 낡은 질서에서 물러나 스스로 새로운 방식에 적응하고, 새로운 공동체를 형성하며, 새로운 생활 관계를 구축해 완전히 탈바꿈한 사회 체계를 건설해야 한다."[10]

이처럼 좌파 지식인층의 목소리가 새롭게 대두하면서 사회관계의 변화에 가속도가 붙었다. 톨리아티와 그의 동료 안토니오 그람시Antonio Gramsci가 이탈리아 산업도시인 토리노에 기반을 두고 이끈 〈오르딘 누오보〉는 이 책의 이야기에서 매우 중요하다. 자본주의 관행과 그 지적 근거를 가장 노골적으로 반대했기 때문이다. 그들은 사회의 계층 관계와 하향식 지식 생산을 모두 부정하고자 했다.

자본주의에 반대하는 집단적 각성은 전쟁기에 정부가 민간 기업의 자본 축적을 잠시 막았던 이례적 조치 이후로 촉진되었다. 모든 참전국 정부는 엄청난 양의 군수물자를 생산하느라 그전까지 불가침 영역이던 시장에 개입할 수밖에 없었다. 정부는 군수품, 광산, 해운, 철도 등 핵심 산업을 집산화하여 노동자를 직접 고용하고 노동 비용과 공급을 관리했다. 국가 개입주의는 연합군의 승리만 이끌어낸 게 아니었다. 임금 관계와 생산수단의 사유화가 '자연스러운' 게 아니라, 계급제 사회에서 정치적으로 선택된 결과임을 만천하에 드러내는 역할도 했다.

전쟁이 끝난 후 유럽 노동자들은 전시 동원이라는 새로운 선례에 용기를 얻어 더욱 강력하고 급진적인 목소리를 냈고, 투표 이외의 수단을 통해서도 자신들의 신념을 표출했다. 그들은 생산 과정에서 지배권을 쟁취하기 위해 노동조합, 정당, 길드, 그 외 풀뿌리 조직 등을 결성함으로써 집단적 힘을 키웠다. 상당수의 인구가 정치 세력화한다는 것은 경제문제에서 더는 대중의 의견을 무시할 수 없음을 의미했다. 영국의 저명한 경제학자 존 메이너드 케인스의 다음 논평은 적절했다. "경제학자와 전문가가 어떤 비법을 알더라도 정치인을 설득해 그것을 적용하기 전까지는 소용없다. 그리고 귀는 있지만 눈이 없는 정치인들은 그 설득이 일반 대중의 외침으로 메아리처럼 되돌아오지 않는 한 관심을 기울이지 않는다."[11]

유럽 전역에서 유례없는 민주적 격동이 일어나고 통화 인플레이션이 고

조될 무렵, 러시아, 바이에른, 헝가리에서는 혁명의 바람마저 불고 있었다. 이 와중에 경제 관료들은 자신들이 바람직하다고 생각했던 세계를 보존하기 위해 가장 강력한 무기를 휘두르지 않으면 안 되었다. 그 유용한 무기가 바로 긴축이었다. 긴축은 예나 지금이나 자본주의라는 절대 진리를 지키는 기능을 했다.

긴축의 반격은 대다수의 힘을 무력화하는 데 성공했다. 긴축에 돌입한 정부와 전문가는 직접적으로(임금인상과 고용을 억누르는 정책을 통해) 또는 간접적으로(경제활동을 억제하고 실업률을 높이는 제약적 통화 및 재정 정책을 통해) 대다수를 자본에 종속시키는 정책을 시행했다. 이 종속 관계란 다시 말해 대다수가 임금을 받고 노동력을 파는 관계였다. 긴축은 다수인 노동자에서 소수의 저축자, 투자자에게로 자원을 이동시켰고, 이는 경제 생산에 있어서 억압적 조건을 견디라는 대중을 향한 무언의 강요였다. 이러한 순응 요구는 자본주의를 유일한 최선으로 묘사하는 경제이론 전문가들에 의해 더욱 확고해졌다.

부르주아 사이에서 자본주의가 붕괴할지 모른다는 두려움이 널리 퍼진 1920년대 초반은 역사의 분기점이었다. 정계와 재계의 지배층에게 주체적 목소리를 내기 시작하는 대중은 눈엣가시였다. 특히 대중 사이에 감도는 혁명의 기운을 틀어막으려면 가만있을 게 아니라 유럽의 자본 질서를 복구하고 20세기의 남은 기간 그리고 오늘날까지 이어질 정치 경제의 순리적 궤도를 굳건히 해야 했다.

긴축의 언어

일련의 정책 집합으로서 긴축이 그토록 효과적인 이유 중 하나는 정직한 노동과 내핍을 긍정하는 경제 언어로 포장되어 있기 때문이다. 사실 '근면', '검약' 같은 추상어는 새삼스럽지도 않은 개념이었다. 이 공리는 이미 애덤 스미스, 데이비드 리카도David Ricardo, 토머스 로버트 맬서스Thomas Robert Malthus 시대부터 찬양되기 시작해, 개인의 미덕과 좋은 정책의 자양분으로 여긴 후대 경제학자들에 의해 계승되었다. 이러한 정서는 1821년 금본위제의 제정에도 반영되었다. 금본위제는 정부가 국내와 식민지 양쪽에서 자국 통화 가치를 귀금속과 연계해 엄격한 재정 및 통화 정책을 시행하는 제도였다.[12] 그러나 긴축의 역사를 더 자세히 들여다보면, 도덕의 실천을 의미한 이 시대의 긴축과 비교해 오늘날의 긴축은 사뭇 달라졌다. 20세기 들어 긴축은 투표권이 처음 생긴 시민의 권리가 전례 없이 향상하고 경제 민주주의에 대한 요구가 막 높아지던 시점에 국가가 기술관료제의 형태로 주도한 계획이었다. 따라서 이 책에서의 긴축은 20세기 이후부터 현재까지 남아 있는 형태의 긴축으로 이해되어야 한다. 이는 아래로부터 사회 변화를 일으키려던 민중의 위협에 대한 반민주적 대응 방식이었다. 앞으로 설명하겠지만, 현대판 긴축은 그것이 탄생한 역사적 맥락과 떼놓고 생각할 수 없다.

자유민주주의 국가인 영국은 제1차 세계대전 이후 참정권을 광범위하게 확대해 훗날 역사적으로 높이 평가되지만, 또 한편으로는 긴축정책을 사실상 자국민을 향한 정치적 무기로 휘두르기도 했다. 영국의 노동자는 국가가 치르는 전쟁에 병력을 제공하는 동안 기존의 사회경제적 관계는 당연히 주어진 게 아니라 달라질 수도 있다는 것을 깨달았다. 그러나 전쟁 후 영국 정부는 긴축에 돌입함으로써 사실상 노동자에게 뒷전으로 물러나라고 지시했다.

초창기에 긴축은 대중의 거센 반감을 사며 혹독한 신고식을 치렀다. 대중의 분노를 극복하고 그들을 사실상 길들이려면 긴축은 더욱 적대적으로 나가야 했다. 제1차 세계대전 이후 금본위제가 붕괴하면서 새로이 권리를 얻은 유럽의 '거대한 민중'은 근검절약을 고분고분 받아들이지 않을 터였다. 전문가들은 이를 알았기에 합의와 강압이라는 두 가지 전략을 결합해 긴축정책을 설계했다.

'합의'란 아무리 힘든 희생을 치르더라도, 경제 안정을 위해 경제학적 진리와 쇄신의 필요성을 대중에게 '일깨우는' 의식적 노력을 의미했다.[13] 전문가들은 불만을 품기 쉬운 대중이 이런 대의를 위해 '옳은' 결정을 내리지 못한다고 보고, '강압'으로 합의를 보완했다. 강압에는 두 가지 형태가 있었다. 첫째, 경제적 의사결정에서 일반 대중을 배제하는 대신 기술관료 집단에 결정을 일임했다. 특히 그 주된 임무는 금리를 결정함으로써 임금, 실업률 등에 영향을 미치는 중앙은행이 맡았다. 전문가 집단은 의사결정권을 선점함으로써 긴축정책이 더 적극적으로 추진되도록 날개를 달아주었다. 둘째, 강압은 경제적 의사결정을 누가 내리는지를 좌우했을 뿐 아니라 그 의사결정의 결과, 즉 긴축의 작용 방식도 좌우했다.

유럽 정부와 각국의 중앙은행은 부유층의 자본 축적을 돕기 위해 노동계급에 '적절한'(다시 말해, 자기 계급에 걸맞은) 행동을 강요했다. 재정, 통화, 산업이라는 세 영역에서의 긴축이 조화롭게 작용하여 나머지 사회 구성원에게 임금 하락 압력을 가했다. 세 긴축의 목표는 경제 전문가 말마따나 국부와 자원을 저축과 투자 능력이 있는 상류층으로 이동시키는 것이었다. 재정 긴축은 역진적 과세의 형태로 나타나며 보건, 교육 등 이른바 '비생산적' 부분인 공공지출을 삭감한다. 역진적 과세가 대다수 국민에게 절약을 강요하고 소수의 저축자, 투자자의 부담을 덜어주는 한편, 예산 삭감도 간접적으로 비슷한 기능을 한다. 국내외 채권자에게 부채를 갚느라 예산을 삭감하는 과정에서 공공 자원이 대다수 민중에서 소수의 저축자, 투자자로 전환되기 때문이다. 마찬가지로 통화 긴축, 즉 통화 절상 정책(예: 금리인상, 통화량 감소)은 채권자를 직접 보호하고 그들이 저축한 재산 가치를 높인다.

그사이 노조는 손발이 묶이게 되는데, 시중에 유통되는 돈이 줄어들면 경기가 침체되고 노동계급의 교섭력이 약해지기 때문이다. 마지막으로 산업 긴축은 독재식 산업정책(공무원 감원, 임금 삭감, 노조 및 파업 단속 등)의 형태를 띠며, 노사 간의 수직적 임금 관계를 강화하고 임금 억제를 조장함으로써 소수가 더 많은 이윤을 취할 수 있게 한다. 이 책에서는 긴축의 삼위일체라고 불러도 좋을 이 세 가지 형태의 긴축이 상호작용하면서 시너지 효과를 일으키는 과정을 살펴보고자 한다. 자본주의가 위기에 처했던 순간을 역사적으로 탐구하는 이 책은 오늘날 긴축을 논의할 때 경제학자가 간과하는 많은 중요한 연관 관계를 밝혀줄 것이다.

첫째, 중앙정부 기관의 재정정책이나 통화정책이 긴축의 전부가 아니다. 공공이든 민간이든 이윤 추구에 유리한 여건을 조성하고 노동자의 기강을 잡는 산업정책도 긴축의 중심축을 이룬다. 앞으로 설명하겠지만, 경제 전문가가 부채 상환, 균형예산, 외환, 인플레이션에 집착하는 데는 긴축의 더 근본적인 목적이 숨어 있다. 바로 계급으로부터 투쟁의 불씨를 제거하는 것이다. 이는 자본주의의 지속적 재생산에 필수적이다.

둘째, 이 책은 긴축이 단순한 경제정책 이상임을 명확히 밝히려 한다. 긴축은 정책과 이론의 결합체다. 긴축정책이 호응을 얻는 이유는 이를 알리고 정당화하기 위해 여러 경제이론을 논거로 내세우기 때문이다. 이 책은 전문지식인이 지배하는 기술관료제 정부가 현대 자본주의를 위협으로부터 보호하는 데 핵심 역할을 한 과정을 포함해서 특정 이론이 정책 결정 과정에 침투하게 된 연유를 탐구한다. 이들의 복잡한 관계를 설명하려면 제1차 세계대전 이후 1920년대 역사에 등장해 가장 큰 영향력을 행사한 기술관료를 빼놓을 수 없다.

경제학자의 긴축 이론

기술관료제는 여러 방법으로 정부의 정책 결정을 좌지우지한다. 먼저 경제학자가 통치자에게 조언하는 역사적 관행도 그중 하나다. 또 한 가지 방법은 학문적 측면과 관련이 있는데, 경제학자가(비록 자신들이 직접 가설을 상정하더라도) 경제학 논리가 계급의 이해관계나 당파성을 초월한다고 주장하는 것이다. 그들은 경제학이 자본주의에 대한 가치중립적 진리를 담고 있다고 말한다. 즉 주관적 (혹은 적어도 정치적) 견해가 아닌, 이 세계의 자연적 이치로 이루어져 있다는 것이다.

20세기 긴축의 부상을 촉진한 기술관료제에는 영국 경제학자 랄프 호트리Ralph G. Hawtrey가 큰 힘을 보탰다고 볼 수 있다. 그는 제1차 세계대전 이후 영국에서 긴축의 지침이 될 저술과 보고서를 다수 집필했다. 기술관료제의 본질상 호트리는 누군가의 도움을 받아야 했다. 그의 곁에는 카리스마 넘치는 투자가 바실 블래킷Basil Blackett과 은행가 오토 니마이어Otto Niemeyer가 있었다. 둘 다 영국 재무장관의 최측근 고문으로 활동하며 경제·금융 정책에 강력한 영향력을 행사했다.

한편 로마에서는 국가의 긴축을 주도한 이탈리아 경제학파의 중심에 마페오 판탈레오니Maffeo Pantaleoni라는 경제학자가 있었다. 그는 1922년에 '두체The Duce'라고 불린 베니토 무솔리니의 파시스트 정부 치하에서 경제학자 자문단을 이끌었다. 무솔리니 총리는 판탈레오니의 제자인 알베르토 데 스테파니Alberto De Stefani를 재무장관으로 임명해 긴축을 시행할 막강한 권한을 부여했다. 자문단은 이 흔치 않은 기회를 활용해 '순수경제학'을 적용할 영역을 찾아 나섰다. 순수경제학은 경제학을 자연법칙으로 탐구하는 학파로, 긴축 기조와도 잘 어울렸다. 그들은 민주주의 절차의 방해를 받지 않고 경제 모델을 직접 실행하며 통치에 관여하는 특혜를 누렸다. 때로는 무솔리니의 억압 정치도 그들의 활동에 도움이 되었다.

이 책에서는 긴축정책을 설계하고 이를 막무가내로 실행하기 위해 말 많고 탈 많은 합의를 이끌어낸 두 나라 경제 전문가 집단의 말과 글을 자세히 추적할 예정이다. 제1차 세계대전 이후 긴축을 체계화하는 핵심적인 역할을 했음에도, 그들이 슬그머니 일으킨 반동을 연구하거나 설명한 문헌은 그간 어디에서도 찾아볼 수 없었다. 그들의 이야기에서 분명히 드러나는 점이자 오늘날에도 여전히 사실로 남아 있는 점은 긴축이 지속되려면 긴축의 미덕을 기꺼이 설파할 전문가가 필요하다는 것이다. 계속해서 신진 기술관료가 등장하는 오늘날에도 그 관계만큼은 여전히 유효하다.

둘 다 자본주의 국가이지만 그 밖에는 공통점이 거의 없는 영국과 이탈리아 양국의 경제학자는 제1차 세계대전 이후 국가 재건과 공공정책 수립 방향을 제시하며 전례 없이 막대한 영향력을 행사했다. 양국 경제학자는 자신들이 '순수경제학'이라고 부르는 원칙에 크게 의존했다. 당시 이는 새로운 패러다임이었지만 오늘날 기준에서는 주류 경제학의 기초가 되는 원칙이며 종종 신고전학파 전통이라 불린다.

순수경제학 패러다임은 정치적 '중립성'을 토대로 정책과 개인 행동을 연구하는 학문으로 자리 잡았다. 순수경제학은 경제 과정과 정치 과정을 분리함으로써(즉 경제이론을 들어 시장을 사회적 지배관계에서 자유로운 것으로 개념화함으로써) 자본주의 체제에서 합의라는 환상을 되살리고, 이러한 지배관계를 경제적 합리성으로 포장했다. 사실 긴축의 가장 근본적인 목표는 따로 있으면서 겉으로는 경제를 자연 상태로 되돌리자고 주장하는 게 기술관료의 주특기였다. 이로써 자본주의 생산관계를 회복하고, 노동계급을 사유재산의 불가침성과 임금 관계에 복종하게 했다.

이들 경제학자의 '비정치적' 이론은 단순하게 이상화된 경제주체, 즉 합리적 저축자를 중심에 두었다. 이렇게 뭉뚱그려 묘사된 이상형에는 두 가지 효과가 있었다. 첫째, 물질적 조건과 물려받은 재산에 상관없이 누구나 열심히 일하면 합리적 저축자가 될 수 있다는 환상을 심어주었다. 둘째, 노동계급을 무시하고 노동의 가치를 깎아내렸다. 노동자는 한때 생산적인 사회 구성원으로 여겨졌으나, 이제는 경제의 미덕인 저축 능력이 없다는 이유로 사회의 짐으로 취급되었다(여기서 주의할 점은 사람들이 있지도 않은 돈으로 저축하기란 예나 지금이나 무척 어렵다는 것이다). 이렇게 전후기에 노동자는 그때까지 신질서Ordinovista 운동의 이론과 실천으로 쟁취한 모든 행위 주체성을 잃었다. 경제학자가 보기에 사회에서 생산적인 계급은 노동자 계급이 아니라 자본가 계급, 즉 저축과 투자로 민간 자본 축적에 기여할 수 있는 사람이었다. 경제이론은 더 이상 비판적 사고와 행동을 위한 도구가 아니었다. 대신 순순한 동의를 강요하고 하향식 현상을 유지하기 위한 기틀이 되었다.

긴축은 자본주의 체제의 결함으로부터 시선을 분산시키는 기능이 있어서, 대중을 수동적으로 만드는 데도 도움이 되었다. 경제학자는 전후 경제 위기를 시민권이 과하게 신장한 탓으로 돌렸다. 그 결과 시민은 자신들의 사회경제적 필요를 주장할 권리가 약해졌고 경제적 희생, 절제, 근면, 임금 삭감을 통해 각자도생해야 했다. 이 모든 것이 자본을 축적하고 경제적 대외 경쟁력을 확보하기 위한 필수 조건이었다.

'순수경제학' 정신을 정책으로 고스란히 옮긴 긴축은 1920년대 영국과 이탈리아의 대부분 국민에게는 청천벽력과도 같았다. 이 책은 이처럼 긴축이라는 공리가 겉으로는 비정치적으로 보이지만 역설적이게도 그 이면에 숨겨둔 중요한 목적을 파헤치고자 한다. 그리고 이 목적을 1908년 이탈리아 경제학자 움베르토 리치Umberto Ricci는 한마디로 '인간 길들이기'라고 표현했다. 기술관료제하에서 경제학자는 경제학에 비정치적 학문이라는 탈을 씌우고는, 소수의 부를 위해 노동계급을 자본계급의 의지와 요구에 굴복시키는 가장 정치적인 행동을 했다.

또한 긴축의 역사를 더듬다 보면 현대 경제학이 급부상해 엄청난 정치적 힘을 발휘하게 된 근원도 알 수 있다. 오늘날에는 자본주의가 유일한 선택지인 것이 사실이지만 제1차 세계대전 직후만 해도 그렇지 않았다. 주류 경제학이 말 그대로 주류로 자리 잡은 이유는 우리 사회가 소수의 자본가에게 노동력을 팔아야만 먹고살 수 있는 다수를 통제해야 돌아가는 구조이기 때문이다(경제학자 브랑코 밀라노비치Branko Milanović는 2019년 저서 《홀로 선 자본주의》에서 "전 세계가 똑같은 경제법칙을 따르는 오늘날의 현실은 역사적으로 전례 없는 일이다."라고 지적했다.)[14] 주류 경제학은 이 획일적인 현실의 기묘함을 인정하고 연구하기보다는 은폐하려 한다. 계급 갈등과 경제 지배는 최상위층의 개인이 이윤 추구라는 더 큰 경제적 미덕을 발휘해 모두를 이롭게 한다는, 이른바 조화로 탈바꿈한다. 이런 식으로 경제이론은 수직적 생산관계를 비판할 여지를 허용하지 않고, 자본주의를 정당화하며, 대중에게 순응하라고 설득한다.

오늘날 자본주의는 완전히 도처에 퍼져서 자본주의를 비판하거나 심지어 논평만 해도 별난 사람 취급을 받는다. 결국 사람들은 자신의 가치와 신념을 자본 축적에 부합하도록 맞출 정도로 자본주의 정신을 내면화하게끔 교육받았다. 이 정신이 워낙 깊이 내재한 나머지, 오늘날 미국의 대다수 노동자는 사회보험이 거의 또는 전혀 없이 하루 벌어 하루 먹고사는 자신의 처지를 그러려니 하고 받아들인다. 한편 미국의 부유층은 세금 부담이 조금이라도 높아질라치면, 표면상 전 국민에게서 나타나는 거부 반응이 그들의 방패막이가 되어준다. 오늘날의 상황은 1919년 기술관료가 직면했던 상황과는 많이 다르지만, 그때와 현재는 확실히 연결되어 있다.

실제로 대개 긴축에 가장 비판적이었다고 평가되는 경제학자 케인스조차도[15] 1919년에는 생각이 아주 딴판이었다. 그도 영국 재무부 동료들과 마찬가지로 자본 질서가 붕괴할 위기에 처했다고 걱정했다. 나아가 놀랍게도 자본주의 위기에 긴축으로 대응해야 한다는 동료들의 의견에도 공감했다. 위기를 피하는 최선의 방법에 관한 한 케인스의 경제관은 1920년대를 거치면서 분명 '변화'했다. 그의 마음속에서 '변화하지 않은' 것이 있다면 자본 질서를 보존해야 한다는 근본적 우려였다. 그는 문명이란 "얇고 불안정한 껍질로 둘러싸여"[16] 있어서 보호가 필요하다고 주장했다. 이러한 실존적 불안은 오늘날까지도 케인스주의의 중요한 특징으로 남아 있다.[17] 케인스가 여기서 주인공은 아니지만, 그가 긴축파의 주요 인물들과 학문적으로 교류했다는 점은 훗날 20세기 중반 소위 케인스 혁명의 본질과 추진력이 무엇이었는지 제대로 이해하는 데 빼놓을 수 없는 요소다.

그들만의 '자본 질서'가 작동하는 방식

하층계급의 부상에 대한 반격으로 등장한 긴축의 역사는 두 차례의 국제 재정회의로 거슬러 올라간다. 첫 번째 회의는 1919년 브뤼셀에서, 두 번째는 1922년 제노바에서 열렸다. 이 두 회의는 세계의 기술관료들이 모여 최초로 긴축을 본격 의제화했다는 점에서 획기적 사건이었다. 그들의 의제는 유럽 전역, 특히 영국과 이탈리아에서 곧바로 채택되어 적용되었다. 두 나라의 사회경제적 환경은 극과 극이었다. 영국은 안정된 제도와 빅토리아 시대의 정통 가치관이 자리 잡은 견고한 의회 민주주의 국가였다. 수 세기에 걸쳐 세계 경제와 금융을 주도해온 제국이었으나 이제는 막 떠오르는 미국과 패권을 놓고 경쟁을 벌여야 했다. 반면 이탈리아는 새로운 혁명의 물결과 내전으로 휘청이던 경제 후진국이었다. 자급자족 능력이 없었고 수입과 외국 자본에 상당히 의존했다. 그러다 1922년 10월 파시스트 무솔리니가 정권을 장악했다.

이 책은 제1차 세계대전 이후 영국과 이탈리아가 서로 비슷하고도 긴밀히 연관된 방식으로 긴축의 승리를 이끈 과정을 서술한다. 이 두 국가에 초점을 맞춘 이유는 양국의 정치제도상 차이를 살펴보면 시공을 초월해 긴축의 기본 요소와 자본주의의 생산 방식을 쉽게 식별할 수 있기 때문이다. 고전적 자유주의의 발상지인 영국과 파시즘의 발상지인 이탈리아는 두말할 나위 없이 각기 상반된 이념을 대표한다. 그러나 일단 긴축의 역사에 초점을 맞추고 나면 두 나라의 차이가 희미해지기 시작한다. 긴축은 어떤 이념적·제도적 차이든 초월해, 서로 다른 국가라도 비슷한 목표를 향해 질주하게 한다. 그 목표란 자본주의가 순수한 외양을 벗어내고 계급주의 본성을 드러내는 가운데서도 자본 축적을 멈추지 않게 하는 것이다.

또한 이 책에서는 자유주의 국가 영국이나 파시즘 국가 이탈리아나 긴축이 번성할 환경을 조성하는 방식은 엇비슷했다는 점도 설명할 것이다. 유사점은 양국의 시민이 공통으로 겪은 희생, 양국의 긴축 목표를 합리화한 비슷한 경제이론에만 국한되지 않는다. 이탈리아의 파시스트 독재 정권이 처음 형성되는 데는 이탈리아 자유주의 엘리트뿐 아니라 영미 금융기관의 지원도 필요했으며, 이를 바탕으로 무솔리니가 긴축을(대개 무력으로) 실행할 수 있었다는 것도 분명 무시 못 할 연결고리다. 확실히 1925년부터 1928년까지는 파시스트 정권이 가장 공고했던 시기이자, 미국과 영국 은행이 이탈리아 국채에 가장 활발히 투자했던 시기다. 긴축에 들어간 파시스트 치하의 이탈리아는 이 두 자유주의 국가에 자본을 보관하고 수익을 올릴 공간이 되어줌으로써 그들을 아주 흡족하게 했다.

자유주의의 중심축인 영국과 미국은 무솔리니와 파시스트 치하의 이탈리아를 바라보며 사실상 인지 부조화에 빠졌다. 그들은 1922년부터 폭력 정치에 기반을 둔 이탈리아의 부도덕한 정부에 눈감으며, 이탈리아의 안정된 경제에서 얻은 기회를 활용할 수 있었다. 영미 은행은 이탈리아처럼 혁명의 열기가 끓어오르는 국가에는 질서를 바로잡을 강력한 정부가 필요하다고 생각했다. 이탈리아가 독재 국가로 선회하는 동안, 급진적 노동계급은 긴축에 착착 종속되었다. 이 이야기에서 알 수 있듯, 파시스트 국가에서나 자유주의 국가에서나 경제학자들은 한마음 한뜻이었다.

이탈리아 경제학자가 민주주의에 대한 반감을 더 노골적으로 표출했지만(판탈레오니는 민주주의를 "가장 무지하고 무능한 자에 의해 국정이 운영되고 작동하는 것"[18]이라고 말했다), 영국 기술관료의 견해도 이에 못지않았다. 한술 더 떠 그들은 경제 제도가 가장 바람직한 방향으로 나아가려면 민주주의적 통제에 얽매이지 않아야 한다고 보았다. 실제로 브뤼셀과 제노바 회의에서는 이를 위한 중요한 단계로 중앙은행의 독립성을 공식 천명했다. 영국의 유명한 경제학자 랄프 호트리는 '비판과 압력'에 구애되지 않는 독립적인 중앙은행의 이점을 이렇게 설명했다. "중앙은행은 절대 설명도, 후회도, 사과도 하지 말아야 한다."[19]

이 이야기 전체를 훑다 보면 흥미로운 주제가 수면 위로 떠오른다. 바로 파시즘이든 자유주의든 양쪽 진영의 경제 전문가는 경제적 자유를 위해 국가가 정치적 자유라는 의제를 버리거나 최소한 구석으로 밀어놓아야 한다고 생각했다는 점이다. 그리고 여기서 경제적 자유란 '도덕적인' 저축자와 기업가가 시장에서 누려야 할 자유였다. 이는 특히 이탈리아에서 1919년~1920년의 '붉은 2년red years' 동안 명백히 나타났다. 당시 이탈리아 노동자 대다수는 자신들에게 위계적 생산관계를 강요하는 경제적 자유 개념을 거부했다. 그들은 다수의 해방을 위해 싸웠고, 전문가가 말하는 경제적 자유와 상반되는 의미에서의 자유를 옹호했다. 그들에게 경제적 자유란 사유재산과 임금노동의 폐지, 생산수단의 공유화, 생산 지배권의 민주화를 의미했다. 이쯤 되니 경제학자들은 자본주의의 운명이 불투명해졌다고 생각했다. 당파를 초월해 전면적인 반격을 준비해야 했다.

　이탈리아의 긴축은 영국에서는 잠복 상태에 그쳤던 억압성을 밖으로 표출한 사례였고, 이는 오늘날 전 세계에서 지속되는 현상이다. 이탈리아에서는 산업 긴축으로 파업과 노조(명칭 자체가 모순이긴 하지만 파시스트 노조는 예외였다)를 금지해 직접적으로 노동자를 꽁꽁 묶었다면, 영국은 통화 긴축으로 경기 침체를 초래해[20] 간접적으로 같은 목표를 달성했다. 1921년 영국은 피보험 노동자의 17%에 달하는 전례 없는 실업률을 기록했으며, 이는 노동자의 교섭력을 약화하고 임금을 낮추는 효과를 낳았다. 또한 세수가 줄어들면서 정부는 재정 운신의 폭이 좁아졌고 노동자의 필요나 요구에 공적으로 대응할 수 없게 되었다.

　영국 전문가들이 표면상 인플레이션을 잡겠다고 그토록 높은 실업률을 기꺼이 감수했다는 것은 앞서 마크 블라이스가 언급한 일종의 '광기'다. 그러나 높은 실업률이 자본주의에 위협이 되는 노동자의 각종 요구를 막아주는 기능이 있다는 점을 생각하면 이러한 광기는 일견 이해가 간다. 영국 경제학자 아서 피구Arthur. C. Pigou가 실업을 "피할 수 없는 사실"이라고 부른 것은 실업이 노동계급의 정치 세력화를 억누를 뿐 아니라 그들이 더 낮은 임금을 받아들일 수밖에 없게 하기 때문이었다. 영국에서는 전쟁 후 1920년부터 1923년까지 명목임금이 41% 하락했고, 그 덕에 전쟁으로 만신창이가 되었던 자본가의 이윤은 금세 회복세를 탔다.[21] 이렇게 보면 경기 침체의 가장 큰 이점은 자본주의 계급 구조를 명백히 복원하는 것이었음이 분명해진다. 영국은 이탈리아처럼 직접 정치적·경제적 강제력을 행사진 않았으나, 겉으로만 정치적 중립성을 표방하는 재무부와 영란은행(영국의 중앙은행-옮긴이)의 기술관료들에게 의탁해 통화 디플레이션과 예산 삭감으로 비슷하게 목적을 달성했다. 거시경제정책의 형태를 띤 제도적 폭력은 파시스트 민병대의 물리적 폭력과 결국 같은 효과를 냈다. 정치인들은 이 처참한 사회적 결과를 두 눈으로 목도했다. 1923년 노동당 의원 알프레드 솔터 Alfred Salter는 의회에서 다음과 같이 열변을 토했다. "안타깝게도 임금 문제 는 10년 전의 심각한 수준으로 돌아갔습니다. (…) 건장한 남성들이 완전고 용되는 희한한 광경까지 연출되고 있습니다. (…) 그들은 구빈법에 의지해 야만 할 정도로 낮은 임금을 받고 있습니다. (…) 정말 경악을 금치 못할 상 황입니다."[22]

긴축과 기술관료제 사이의 긴밀한 관계 그리고 강압적 정책으로 합의를 끄집어내려 한 20세기 초의 노력은 결과적으로 성공했고 오늘날까지도 생 생한 현실로 이어지는 중이다. 경제 위기는 늘 반복되는데도, 새로운 위기 가 닥칠 때마다 해결책을 고안하라고 부름을 받는 사람은 여전히 경제학자 들이다. 그리고 그들이 내놓는 해결책은 임금 삭감, 노동시간 연장, 복지 축 소 등 항상 노동자가 가장 큰 고통을 떠안는 방식이다.[23]

긴축의 승자와 다수의 실패자들

경제학자 중에는 긴축을 단순히 '정책상 실수'로 치부하며, 미세한 기술적 오판으로 내수가 억제되고 노동시장이 위축되는 것이라고 말하는 사람도 있다. 이 견해는 긴축의 영향, 오늘날까지도 지워지지 않는 긴축의 성공과 유산을 굉장히 과소평가한다. 결국 긴축 지침의 삼박자를 이루는 재정·통 화·산업 긴축은 노동계급 그리고 대안적 사회경제체제를 원한 그들의 기 대에 돌이킬 수 없는 타격을 입혔다. 계층적 임금 관계가 부활했고, 대다수 는 자신의 노동력을 시장에 상품으로 팔지 않고는 생계를 유지할 수 없게 되었다. 그럼으로써 상품으로 팔리는 자신의 가치에 대해 고용주에게 발언 권을 행사할 능력도 잃었다. 이 점이 어쩌면 긴축을 정의하는 대표적 특징일 것이다. 9장에서 자세히 설명하겠지만, 이렇게 되면 노동자에 대한 착취 강도는 높아지고, 고용주의 이윤은 급증한다.

정치경제학에서 자본가의 착취라는 개념은 노동자가 보수보다 많은 양의 노동을 제공하는 역학관계를 의미한다. 달리 말하면 자본가 계급은 이윤은 물론, 지대나 이자 같은 여러 형태의 잉여가치를 전유한다.[24] 착취 정도는 국민소득에서 이윤이 차지하는 비중과 임금이 차지하는 비중을 비교해 측정할 수 있다. 아니면 노동생산성 대비 노동자 임금을 확인하는 방법도 있다. 둘 중 어느 잣대로 봐도 이탈리아와 영국은 1920년대에 걸쳐 착취가 갈수록 심해졌다. 이 점을 당시 정치 상황과 나란히 놓고 보면 결론적으로 긴축이 노동자에게 미치는 영향은 분명해진다. 1918년~1920년의 '붉은 2년' 동안 착취는 현저히 줄었다. 노동자의 일일 명목임금은 전쟁 전에 비해 영국은 네 배, 심지어 이탈리아는 다섯 배 올랐다. 그러나 이러한 추세는 긴축정책이 도입된 즉시 바뀌었다.

한 세기가 지난 지금, 임금 정체로 인한 착취(이 책에서는 이를 긴축의 가장 고질적인 잔재로 다룬다)[25]는 계속해서 전 세계의 불평등 추세를 부채질하는 주된 요인으로 작용하고 있다. 예컨대 (미국보다 불평등이 훨씬 덜한) 이탈리아에서는 최상위층 600만 명의 재산이 지난 10년간 72% 증가했고, 최하위층 600만 명의 재산은 63% 감소했다. 공식 데이터에 따르면 2018년 이탈리아 인구의 8.3%인 500만 명이 최소한의 품위를 유지하는 생활이 불가능한 절대빈곤 가구에 속했다.[26] 2020년 통계는 더 나빠져서, 9.4%인 560만 명이 절대빈곤 속에 살고 있었다. 영국의 상황도 암울하기는 마찬가지였다. 2017년~2018년 영국 아동의 30%인 410만 명이 상대빈곤층이었고, 그중 70%가 노동자 가정에 살았다. 2020년에는 빈곤층 아동 수가 430만 명으로 늘어났다.[27]

경제학자 랜스 테일러Lance Taylor와 외즐렘 외메르Özlem Ömer가 2020년 미국 거시경제를 분석한 결과에 따르면 지난 40년 동안 국민총생산 대비 이윤 점유율은 현저히 증가한 반면, 노동임금 점유율은 감소한 것으로 나타났다. 고용주의 이윤과 노동자의 손실 간 관계가 대칭을 이루었는데, 이는 한쪽이 다른 쪽의 몫을 가져가는 제로섬이기 때문이다. 또 이 분석에서는 착취가 심화되고, 실질임금은 노동생산성에 크게 뒤쳐져 있음이 분명히 드러났다.[28] 독자 여러분도 일단 이 책의 이야기를 이해하고 나면 이러한 역학의 내부 작동원리가 익숙해지고, 바라건대 어쩌면 더 명확히 다가올 것이다.

1920년대나 지금이나 긴축의 승자는 언제나 소수의 부유층이다. 최상위층 1%는 주로 배당금, 이자 등 원래 가지고 있던 부가 부를 낳는 불로소득으로 살아간다. 노동소득에만 의존하는 나머지 인구, 즉 저임금과 사회보장에 의존하는 하위 60%는 패자가 되었다.[29] 승자와 패자의 격차가 워낙 크고 뚜렷해서 2019년 미국 남성 노동자의 중위소득은 실질임금 기준으로 1973년보다 줄었을 정도다. 2019년 이후 미국 노동자가 구조적 불평등으로 소수의 손에 빼앗기는 돈은 매년 2조 5,000억 달러에 달한다.[30]

투자의 거장이자 2020년 기준 전 세계에서 네 번째로 부자인 워런 버핏은 2006년에 "계급 투쟁이 벌어지고 있다. 그러나 투쟁을 일으키는 것은 내가 속한 부자 계급이다. 게다가 우리는 승리하고 있다."라고 말한 적이 있다.[31] 이 책은 무엇보다 거대했던 승리 그리고 이 승리를 미래에도 계속 이어가도록 길을 닦았던 100년 전의 투쟁을 기록한다.

방법과 출처

나는 긴축의 기원을 추적하기 위해 2013년 로마에 있는 이탈리아은행 서고와 이 은행의 데스테파니기록보관소De Stefani Archive부터 방문했다. 여기서 나는 이야기의 중심이 될 이탈리아 경제학자들이 남긴 문헌을 수년에 걸쳐 연구했다.

이 역사를 한 권의 책으로 엮는 동안 가장 큰 과제는 개인적, 학문적, 정치적으로 다양한 배경에서 살았던 이 학자들을 별개로 보는 대신 그들의 저술, 정치활동, 공개 논평 등에서 연결고리를 찾아 통합적으로 연구하는 것이었다. 그러자 그들이 이론과 실천 양면으로 추진한 긴축 계획에서 선명하게 드러나는 일관성을 발견할 수 있었다. 이 과정이 담긴 기록 자료는 대부분 이 책을 통해 처음으로 번역되어 소개된다.

같은 방식으로 영국 국립기록보관소British National Archives, 영란은행 기록보관소, 처칠기록보관소Churchill Archives Center에서도 연구를 진행했다. 이곳에서 영국의 긴축 기조를 주도한 영국 재무부 전문가들의 세계관을 알아내고 맥락을 파악하고자 했다. 랄프 호트리의 이론을 연구하는 과정은 길고 힘들었다. 학술 논문과 재무부 동료들에게 쓴 메모까지 합쳐 그가 쓴 글의 양이 상당했다. 게다가 그의 생각을 읽기가 어려울 때도 많았다. 그러나 퍼즐 조각을 맞추면서 전체적인 긴축의 그림이 보이기 시작했다. 앞으로 자세히 설명하겠지만, 긴축은 호트리의 선임인 바실 블래킷과 오토 니마이어가 공들여 설계한 결과물이었다. 나는 먼지 쌓인 재무부 자료를 읽다가 호트리가 이 두 관료를 설득했다는 점 그리고 전문 경제학자가 아닌 두 사람이 영국의 긴축정책을 전 세계 다른 국가까지 널리 퍼뜨린 전도사가 되었다는 점 등을 알아가며 시간 가는 줄 모를 만큼 몰입했다.

나는 전쟁기와 전후기에 영국과 이탈리아에서 일어난 계급 갈등의 연대기를 이해하고 정리하고자 좌우와 중도, 노동계급과 부르주아 등 다양한 성향의 당대 언론도 꼼꼼히 살폈다. 여기에는 이 책에서 자주 인용될 이탈리아 좌파 신문인 〈아반티L'Avanti〉와 〈오르딘 누오보〉, 영국 신문인 〈데일리 헤럴드The Daily Herald〉와 금속 노조 기관지가 포함되었다. 국립기록보관소는 영국 노동자의 목소리를 재구성하는 데 중요한 자원이었다. 또 그 시대의 다양한 부르주아 신문(《런던 타임스the London Times》, 〈이코노미스트the Economist〉, 〈스탐파La stampa〉, 〈코리에레 델라 세라Il corriere della sera〉)과 의회 의사록은 반대 진영의 목소리를 대변하는 유용한 자료였다. 국립기록보관소의 외무부 자료 구역에 보관된 로마 주재 영국 대사관의 공문서도 이 책에 중요하게 인용되며 보탬이 됐다.

새로운 역사를 공개할 때 애로점은 그것이 취사선택되었다거나 심지어 당파적이라고 치부되기 쉽다는 것이다. 이런 이유로 그리고 나도 어쩔 수 없는 경제학자이다 보니, 내가 책의 앞부분에서 기록과 이론에 근거해 서술한 이야기를 뒷받침할 통계 분석도 뒷부분에 포함했다. 나는 9장에서 긴축이 계급 통제의 도구였고 지금도 마찬가지라는 내 주장을 뒷받침할 근거로, 영국과 이탈리아의 경제 변화를 보여주는 가장 최근의 거시경제와 재정 통계를 수록했다. 8장까지 설명한 역사 이야기가 독자를 설득하지 못한다면, 아마 9장 이후 등장하는 경제 통계가 좀 더 설득력을 발휘할지도 모르겠다.

1부 전쟁이 만든 불평등의 역사

2부 긴축의 탄생과 배신

1부

THE CAPITAL ORDER

전쟁이 만든
불평등의 역사

막대한 규모의 제1차 세계대전은 유럽 자본주의 경제의 판을 다시 짰다. 많은 민간 산업이 국영화되었으며, 정부는 나라 안에서는 기본 수요를 창출하고 나라 밖에서는 전쟁을 치르느라 갑자기 구매자와 판매자 역할을 병행했다. 기존 질서는 그것이 무엇이었든 변하고 있었다.

그러나 변화는 지속되지 않았다. 전쟁이 끝나자 이들 자본주의 국가는 하나같이 자국 경제를 하향식, 자본가 및 민간 중심의 이전 상태로 되돌리고자 재빨리 움직였다. 전쟁기의 평등주의 정서는 억눌렸고, 노조의 힘은 약해졌다. 자본주의가 돌아왔다.

자본주의는 경제체제 그 이상으로서, 하나의 사회질서 체계이기도 했다. 전쟁기가 중앙 계획경제와 노조의 세력 강화 등으로 사회주의의 기본 원칙을 잠시 만끽할 수 있던 시기라면, 전후기는 이 모든 것이 뒤집히며 자본이 현대 국가에 행사한 막강한 힘과 영향력을 보여준 시기였다.

자본은 오늘날의 용법에서도 알 수 있듯이 단순한 부를 가리키지 않는다. 실제로 자본 축적에는 두 가지 밑바탕이 깔려야 한다. 첫째, 소수의 집단이나 개인이 생산수단을 소유한다. 둘째, 그들은 이 수단을 이용해 부를 축적하는 과정에서 임금노동자를 고용한다. '임금 관계'는 모든 자본주의 체제에서 중요한 사회관계이며, 노동자가 임금의 대가로 고용주에게 노동력을 파는 모든 곳에서 볼 수 있다. 이 생산관계는 곧 '자본'을 매개로 하는 관계다. 이런 식으로 노동자는 자신의 노동력을 어떻게 사용하고 어떤 제품을 생산할지 결정할 행위 주체성을 남에게 양도한다. 예컨대 은행원은 조직에서 주어진 업무를 수행하고 그 대가로 임금을 받는다. 이 임금은 그가 은행에서 창출한 이윤보다 의도적으로 낮게 책정된다. 이 조건은 고임금 직종이든 저임금 직종이든 우리 사회에 존재하는 모든 유형의 임금노동에 적용된다. 대부분은 이를 현대 사회의 자연 질서로 받아들인다.

그러나 원래부터 그랬던 건 아니다. 17세기에 자본주의 체제는 광범위한 정치적 실험이 행해지고 법체제가 정비되는 단계에 있었다. 18세기 중반이 되자 자본주의는 더욱 다듬어져 제도로 '순응화naturalize'되었다. 이제 사유재산과 임금 관계는 더 이상 다른 제도를 제치고 진화한 역사의 산물로 인식되지 않게 되었다. 마치 원래 있었던 듯, 인간과 사물의 자연스러운 질서로 자리 잡았다. 부동의 경제체제로 새로이 자리매김한 자본주의에서 정치와 경제는 별개로 취급되었다. 정치는 계속 변해도, 경제는 신이 설계한 순리처럼 자동으로 작동했다.[1]

이러한 관점에서 경제는 수요 공급의 법칙과 같은 시장 법칙에 의해 규율되기에 '객관적'이다. 이렇게 소위 객관적인 경제적 강압은 인격이 없어서 눈에도 안 보인다. 돈 없이는 의식주를 구할 수 없는 사회에서 살아남으려면 대부분은 노동시장에 자신을 팔아야 한다. 이처럼 자본주의 사회에서 사람들은 시장에 '의존'한다.

자본주의 체제의 강압은 초기 계급사회의 노예제나 봉건제와 달리 비인격적 특성을 띤다는 점에서 독특하다. 즉 우리에게 고압적으로 일을 시키는 주인은 따로 없다. 농노는 영주의 정치적 영향력과 신체적 보복의 위협 때문에 자신의 생산물 중 일부를 바치지만, 스타벅스 직원은 그러한 개인적 압력 없이 '알아서' 근로계약서에 서명한다. 그가 느끼는 압력이란 그 일을 하지 않음으로써 겪게 될 빈곤이다. 이렇게 자본주의 사회에서 그는 객관적인 시장의 힘, 즉 자본주의 이전의 사회와는 질적으로 다른 형태의 강압에 얽매일 수밖에 없다.

반면에 정치는 국가와 정부의 영역이다. 즉 자본주의 체제에서도 '정치적' 논쟁이 발생하긴 하지만 그로 인해 자본주의 체제가 도전받지는 않는다. 예를 들어 대중은 부유세 도입이나 노동자의 권리 강화를 요구하지만, 사유재산과 임금노동 폐지를 요구하는 건 꿈도 못 꾼다. 이처럼 국가는 시장과 관련해 중립적 주체로 남아 있으며, 국가의 주된 역할은 법치를 통해 사유재산과 임금 관계를 보호하는 것이다.

19세기 중엽에 금본위제가 확립되고 그에 맞는 재정제도가 수립되면서 고용주와 노동자 간 자본주의적 계급관계는 더욱 공고해졌다. 어떤 재분배 계획도 노동자 쪽에 유리하다 싶으면 사실상 차단되었다. 금본위제에서는 정해진 값으로 통화를 금으로 태환하겠다는 약속을 이행할 수 있도록 국고에 일정량의 금을 확보해야 했다. 따라서 국가는 무엇보다 금의 유출을 막아야 했고, 엄격한 재정 및 통화 정책을 시행해야 했다. 무역흑자 유지는 국가의 금 보유고를 늘리는 가장 확실한 방법이었다. 반대로 무역적자는 국가가 수입 대금을 금으로 치러야 했으므로 금 유출을 초래했다. 재분배 정책을 위한 추가 공공지출이나 양적완화는 금을 줄줄 새게 하는 격이므로 상상도 할 수 없었다.

반면 긴축재정은 국내 수요를 감소시켜 무역흑자 폭을 키울 수 있다. 그리고 금리를 인상하면 (국내 경기가 둔화해 수입이 줄어드는 한편, 자본이익률이 높아지므로) 금을 다시 국내로 유입시킬 수 있었다. 따라서 당시 재정정책과 통화정책은 당연히 엄격해야 했다.

제1차 세계대전 이전에는 200년 이상 세계 최고의 자본주의 제국이던 영국과 신흥 민족국가인 이탈리아에서 이 '자연스러운' 만물의 질서가 가장 견고하게 돌아갔다. 그러나 이 확고한 질서는 양국이 전시체제로 돌입하고 군수품 수요가 급증하면서 완전히 뒤집혔다. 한순간에 자본주의는 더 이상 자연스럽지 않아 보이기 시작했다. 지금껏 도전받은 적 없던 두 기둥이 흔들리면서 경제와 정치의 경계가 허물어졌다.

전쟁기 동안 국가는 기존의 행동반경을 허물었다. 생과 사, 승과 패의 기로에 선 전시 정부는 그전까지 들어본 적도, 나아가 상상할 수도 없었던 방식으로 경제를 운용해야 했다. 시장의 자기조절능력은 전례 없는 규모의 군수품을 생산해야 하는 전시 상황에 적합하지 않은 것으로 결론 났다.

1장에서 논하겠지만, 영국과 이탈리아에서는 국가가 생산자로서 중요한 역할을 맡을 수밖에 없었다. 전시에 주요 산업은 국가 통제하에 놓였다. 여기에는 군수품뿐 아니라 전략적 에너지와 석탄, 해운, 철도 등 운송 부문도 포함되었다. 이 점에서 사유재산과 공공재산 사이, 기업가와 관료 사이의 한때 확고했던 경계는 더 이상 고정불변으로 보이지 않았다. 국가는 전쟁 집산주의war collectivism라는 이름으로 신성한 민간 생산 영역에 쳐들어갔다. 또한 정치적 필요가 민간의 경제적 이윤보다 처음으로 우선시되었다. 이렇게 뒤바뀐 우선순위는 뒤따른 금본위제의 붕괴로 가속화됐다. 이로써 전에는 상상도 하지 못했던 대안적 경제체제가 들어설 여지가 생겼다.

그동안 또 하나의 근본적인 경계도 무너졌다. 국가는 전시의 모든 주요 산업에서 노동시장(노동 이동성, 노동 조건, 임금 등을 포함)을 강력히 규제했다. 심지어 국가가 직접 운영하지 않는 산업까지 전반에 걸쳐 손을 뻗쳤다. 그 결과 자본주의의 두 번째 기둥인 임금 관계가 위기에 처했다. 이를 계기로 노동자는 그동안의 저임금과 가혹한 노동 조건이 인격 없는 시장의 힘이 아니라 명백한 정부의 의지에 따른 결과였음을 깨달았다. 국가가 전쟁상의 필요로 산업에 개입하기 시작하면서, 노동자는 기존의 생산관계가 정치적 행동과 역사의 변화를 차단하는 가림막 역할을 해왔다는 사실을 각성하게 되었다.

시장에 중립적이던 태도를 버리면서 국가는 시장의 불가침성을 깨뜨렸다. 경제와 정치 사이의 전통적인 경계가 흔들리자 사유재산제와 임금 관계라는 규칙도 불안정해졌다. 낡은 규범을 뜯어고치자는 대중의 요구가 그 어느 때보다 거세졌다. 1919년 자본주의는 전대미문의 위기를 맞았다.

제1차 세계대전 시기와 전간기interwar period를 연구하는 경제사학자들은 대개 전쟁의 금전적·경제적 결과로 각국이 직면한 '경제문제'에 주목한다. 치솟는 인플레이션과 불어나는 부채는 국가신용을 떨어뜨려 심각한 불확실성과 자본 도피 위험을 초래했다. 그러나 이러한 역학관계를 더 깊이 살펴보면 경제의 불확실성은 문제의 일부일 뿐임을 알게 된다. 이 책에서 탐구할 내용 중 하나는 전후 이들 국가의 경제적 불확실성에 정치적 근거가 깔려 있었다는 점이다. 실제로 정치 위기가 경제 위기의 원인이 된다는 점에서 두 위기는 떼려야 뗄 수 없는 관계였다. 전후 경제 위기는 곧 자본 질서와 그 사회관계의 정당성이 처한 위기였다.

일반 대중은 국가의 경제 개입이 전체의 이익을 위한 중립적 행위가 아니라 오히려 지배계급의 이익을 보장하기 위한 권위적 권력임을 알아차렸다. 2장에서는 아래로부터의 압력을 느낀 국가가 언제 폭발할지 모를 시민을 달래기 위해 복지정책을 확대한 과정을 살펴본다. 이러한 국가의 조치는 의도상 개량주의를 지향했지만 결과는 그렇지 않았다. 오히려 국가가 수호하려던 자본주의의 기둥을 뿌리째 뽑으라는 추가 요구가 빗발치기 시작했다.

간단히 말해 전쟁기와 전간기를 거쳐 새로운 역사적 분기점을 맞은 시민 그리고 특히 노동계급은 지금까지 알던 세상과 다른 세상이 가능하다는 것을 깨달았다. 자본주의 체제의 자기합리화는 힘을 잃었고, 타락하는 자본주의를 넘어설 급진적 대안이 제기되었다. 이렇게 전쟁 후 절정에 이르러 영국과 이탈리아에서 노동운동의 중심이 된 정치 파업과 지배권 회복 움직임은 3장과 4장에서 다룰 예정이다. 한마디로 노동자는 현 경제체제를 샅샅이 바꾸자고 외쳤다. 자신들이 힘을 모아 부분적, 혹은 전면적인 산업 지배권을 직접 발휘하는 새로운 사회질서가 기존의 자본주의 산업 체제를 대체하길 바랐다. 이런 의미에서 노동의 해방은 자본주의적 착취를 대체할 테고, 공공 서비스를 비롯한 '사용을 위한' 생산은 '이윤을 위한' 생산을 대체할 것이었다.

이 책에서 다룬 두 나라 민중의 투쟁은 그들의 행동 방침이 매우 다양한 양상으로 전개되었음을 잘 보여준다. 그 사례는 기득권층에 불의의 일격을 날린 노조 운동부터 자본주의 시장 내에서도 꿋꿋이 '필요를 충족하기 위한' 생산을 지향한 영국 건축 길드에까지 이른다. 나아가 이탈리아에서는 혁명적인 노동자 평의회가 공장 점거 운동을 주도하기도 했다.

요컨대 전쟁기의 강력한 국가 개입과 노동계급의 고조된 적개심은 1918년~1920년의 거대한 혁명을 일으키는 도화선이 되었다. 이때 자본주의는 역사상 최대 위기를 맞았다. 그 증거는 진례 없는 대규모 총파업, 대안적 정책과 생산조직의 요구 등으로 나타났다. 긴축의 논리는 이러한 시대 상황에 대한 극적인 반작용으로 이해할 수밖에 없다.

01

1차 세계대전과
정부의 경제 개입

갈수록 전쟁의 규모와 강도가 커지고 그만큼 전쟁에 국력을 더욱 쏟다 보니, 각 산업이 하나둘씩 정부 손에 장악되었다. 원자재나 완제품이나 임금, 가격, 이윤을 정부가 통제한다. 국가가 통제 범위를 넓히고, 더 많은 노동력을 징발하고, 이 통제가 적용되는 제품 범위가 계속 '확대'되는 과정은 무한 반복되었다. (…)

-〈1917년 전시내각보고서〉(영국 정부 출판국)[1]

제1차 세계대전은 한마디로 산업 전쟁이었다. 전쟁의 승리는 무엇보다 각 교전국의 무기 생산력과 기술, 산업 수준에 달려 있었다. 실제로 전쟁이 예상과 달리 길어지자, 각국은 살아남기 위해 먼저 무기 생산부터 늘려야 했다. 이때 '국내의 산업역군home front'은 전쟁 수행에 결정적인 중책을 떠맡았다.

 이 점에서 영국과 이탈리아는 완전히 반대편에서 싸우면서도 비슷한 문제에 시달렸다. 영국은 세계 최초의 산업 강국이었다. 반면 이탈리아는 이제 갓 산업화를 시작한 농업국으로, 아직 외국 자본과 수입에 크게 의존하며 자본주의의 싹을 틔우고 있었다. 전쟁 직전 이탈리아의 GDP(공업 부문은 그중 4분의 1에 불과했다)는 영국의 절반도 안 되었다. 1913년 영국의 철강 생산량은 이탈리아보다 아홉 배 많았으며, 기타 원자재 생산량의 격차는 그보다 훨씬 컸다.[2]

이처럼 두 국가 사이에는 큰 차이가 있었지만 전쟁에 돌입하면서 정부와 시장의 관계에 비슷한 구조적 변화가 일어났고, 이는 각각 국내에서 심오한 정치 논쟁을 불러일으켰다. 이 장에서는 생산과 노동이라는 두 경제 부문에 정부가 깊숙이 파고들게 된 새로운 현상을 살펴본다. 또한 당대 관료와 노동자 양측의 목소리를 들어봄으로써, 과거와의 단절을 의미한 이 획기적 사건이 어떻게 본격적인 자본주의 위기의 서막을 열었는지도 탐구할 것이다.

대전환의 시작

제1차 세계대전의 휴전 협정이 체결된 1918년 11월에는 유럽 전역에서 시장과 정부의 전통적인 관계가 완전히 뒤바뀌어 있었다. 각국이 전쟁에서 살아남기 위해 자유방임 자본주의 관행을[3] 포기하는 사상 초유의 결정을 단행했기 때문이다.

참전 당시 영국은 애덤 스미스가 설명한 보이지 않는 손의 힘을 믿었기에, 민간 기업의 역량과 수요 공급의 법칙에 의존하는 것이 심지어 전쟁의 승리에도 가장 효과적일 것이라 확신했다. 영국 육군성에 재직 중이던 관료 E. M. H. 로이드Edward Mayow Hastings Lloyd는 전쟁에 임하는 정부의 접근 방식을 이렇게 설명했다. "공급의 절대적 법칙에 의하면 가격이 높을수록, 그리고 민간 기업에 더 많은 자유를 허용할수록 공급량도 늘어난다. 결론적으로 정부가 민간 기업을 자유롭게 놔두고 높은 가격에 그들의 물건을 사들인다면 풍부한 군수물자를 확보할 수 있을 것이다."[4] 그러나 불변의 법칙이 깨지는 데는 오래 걸리지 않았다. 1916년이 되자 자유방임주의와 자유가격 메커니즘은 확실히 실패했다. 정부가 높은 가격으로 열심히 구매해준 덕에 기업은 폭리를 취했지만, 공급량은 늘지 않았다. 온 나라가 공급 부족과 인플레이션에 시달리는 동안, 기업은 더 수익성 좋은 사치품과 수출업종으로 눈을 돌렸다.

시장에 대한 믿음이 사라지기까지는 시간이 좀 더 걸렸다. 영국 해운부정무차관이던 레오 조지 치오자 머니Leo George Chiozza Money가 썼듯, "정부는 나락의 끝자락에 이르러서야 개인주의에 대한 집착을 내려놓았다."[5] 영국해운업이 그 전형적인 사례다. 당시 영국 전시 내각은 의회에 "해운이 막히면 전쟁을 계속할 수도, 국민을 보호할 수도 없다."라고 보고했다.[6] 전쟁이발발한 후 정부의 필요와 민간의 이해관계는 더 극명하게 엇갈렸다. 영국선박을 외국에 수출하면 쏠쏠한 수익이 보장됐지만 정부에는 막대한 손해를 안기는 일이었다.[7] 1917년 2월 무렵에는 민간 선박업자들이 "말 그대로국가의 운명이 아슬아슬할 지경"에 이를 때까지 선박을 수출한 터였다.[8] 영국은 전쟁 와중에 최소한의 필수품을 수입할 선박조차 부족한 실정이었다.

어쩔 수 없이 정부는 지금까지 그들이 가장 중요시해오던 법칙을 다시생각해야 했다. 이러한 인식의 변화를 반영하듯 로이드는 "국가기관의 중앙 통제가 높은 가격과 '자유방임'보다 공급 촉진에 더 효과적이었다."라고 말했다.[9] 영국은 "즉흥적·실험적 정책을 간간이 시도해가며"[10] 국가 경제의 광범위한 영역에까지 손을 뻗쳐 점차 유기적 통제 체제로 나아갔다.[11] 결국 그 세력은 "국민 생활의 거의 모든 측면"까지 확장되었다.[12] 1918년에는 "사실상 공업과 농업 전체를 직간접적으로 통제"하게 되었다.[13]

해운업은 이 변화에서도 또 한 번 선봉장이 되었다. 정부는 전담 부처를 신설해 의회 보고서에서 권고된 요금, 즉 고정 운임비[14]를 상인들에게 지급하고 국내 상업용 선박을 모조리 징발했다. 이렇게 선박은 용도가 지정되며 사실상 국영화되었다. 정부는 수입해야 할 물자에 시급성에 따른 순서를 매겨, 물자를 더 가까이서 더 빨리 실어 나를 수 있는 선박에 우선적으로 선적량을 할당했다. 선박 제조는 국영 조선소가 맡았다.[15] 역사학자 R. H. 토니Richard Henry Tawney에 따르면 "당시 정부는 육로와 해로를 모두 장악했다."[16]

물론 전쟁 집산주의는 뜬금없이 등장한 게 아니라 고도의 재정 운용술에서 비롯되었다. 자유방임주의를 토대로 200년 이상 "극소수를 제외한 모든 사람에게 자연스러운 삶의 질서로 여겨지던" 균형예산의 전통은 제1차 세계대전을 계기로 깨졌다.[17] 균형예산에 상응하여 전 세계가 따르던 금본위제도 덩달아 폐기되어야 했다. 금본위제 시대에 각국 정부는 예산 운용에 제약이 따랐기에 금 유출을 초래할 수 있는 확장적 재정정책이나 통화정책을 펼칠 수 없었다.[18] 그러나 이러한 족쇄가 사라지자 대출에 의한 투자와 확장적 신용정책 같은 비정통적 재정 운용술이 새로운 시대사조로 자리 잡았다.[19] 국가가 개입하는 통화정책은 이제 그동안 상상할 수 없었던 양의 자원을 생산할 수 있게 했다.

이탈리아에서도 똑같은 움직임이 나타났다. 전쟁 집산주의의 두 가지 특징은 즉흥성과 점진성으로, 둘 다 자유방임주의에서 벗어나려는 회의적 시각의 확산과 함께 대두되었다. 얼마 후 정부는 부득이 경제에 전면적으로 개입했다. 이탈리아는 무역이 부진하고 대다수 노동자가 전쟁터로 송출되는 가운데서도 무기, 군수품, 식량, 원자재, 공장 인력을 부지런히 확보해야 했다.

당시 관측통들은 국가 경제 측면에서 이탈리아가 중앙정부에서 통제하는 '집산주의' 국가로 완전히 이행했다고 표현했다. 혹은 이탈리아 경제학자이자 1948년에 대통령이 되는 루이지 에이나우디가 즐겨 표현한 대로, 연합 경제economia associata가 출현했다고 볼 수도 있다. 1915년 이탈리아 경제학자 리카르도 바치Riccardo Bachi는 "정부는 마치 전쟁을 지휘하는 기업가처럼 국가 경제의 중심이자 중추, 동력장치로 우뚝 올라섰다."라고 썼다. 이탈리아 정부는 산업화를 촉진하기 위해 19세기 후반부터 보조금 제도와 기반시설 확충 등 먼저 온건한 형태로 시장에 개입하기 시작했다. 전쟁기라는 특수한 상황에서 그 규모는 당대 사람들이 깜짝 놀랄 만큼 전례 없는 수준이었다. 전쟁 전만 해도 실질 정부지출은 명목 GDP 대비 17%였다. 그러다 1918년에는 40%까지 치솟았다. 1913년부터 1918년까지 민간 소비지출은 6% 증가한 반면, 공공지출은 약 500% 증가라는 듣도 보도 못한 기록을 세웠다.

이탈리아 정부가 자본 축적을 촉진하기 위해 시장에 개입하면서 정부의 모습 자체도 변모했다. 첫째, 관료주의가 확대되었다. 경제에 개입할 일이 많아지니 이탈리아는 행정국가로 거듭나야 했고 이 과정에서 부처와 공무원 수가 늘어났다. 둘째, 국가권력이 더 '강력'해졌다. 행정부는 입법부를 무력화할 정도로 힘이 세졌고(의회의 반대로 결정이 지연되는 것을 막기 위해),[20] 민중이 정치적 반대 의견을 표출하지 못하게 그들을 전면적으로 억압했다. 이 정도 수위의 조치는 다른 의회 민주주의 국가로서는 생소한 것이었다.[21] 1917년 국가는 10월 패전론defeatism을 금지하는 왕실 칙령(사키Sacchi 명령이라고도 함)을 통해 모든 사상과 표현의 자유를 범죄로 규정했다(에토레 사키Ettore Sacchi는 이탈리아 급진당의 당수이자 법무부 장관이었으며, 패전 사상을 퍼뜨려 기소된 민간인을 군사 재판에 회부하는 법령에 서명했다-옮긴이). 이후 시민들은 기소될까 두려워서 심지어 빵 가격이 비싸다는 단순한 불평도 할 수 없었다.[22] 이는 이탈리아 국가가 독재 체제로 가는 역사적 전환이었으며, 그 법령의 대부분은 훗날 파시스트 정권에 의해 되살아났다.

국가의 산업 통제

전쟁 중 양국의 정부 기구는 광범위하고 다양한 범위에 걸쳐 산업을 통제했다. 대개 국가가 주요 군수업의 생산수단을 직접 취득하는 식이었다. 양조장, 국영 조선소, 특히 중요하게는 무기 부문이 이에 해당했으며, 정부는 항공기, 고성능 폭탄, 최루탄을 포함한 모든 유형의 군수 장비를 생산할 특수 목적으로 설립된 포탄과 군수품 공장을 소유했다. 1918년 봄, 영국에 국영 공장, 광산, 채석장은 250군데가 넘었다.[23] 공공 투자 규모도 어마어마했다. 이는 "스코틀랜드 남부 그레트나처럼 마을 전체가 공장이 된 곳도 있을 정도"로 완전히 풍경을 뒤바꿔놓았다.[24]

이탈리아도 국가가 60곳의 군수 공장을 소유했다. 1917년에는 국가가 공장을 징발할 권리를 확보하고 비효율적인 민간 기업의 생산 공정을 직접 통제할 수 있었다. 이것이 법제화되기에 앞서, 소유주의 동의 없이 사유재산을 몰수하는 조치도 이루어졌다. 여기에는 정부가 국가 안보를 위해 산업 특허권을 가져가는 것도 포함되었다. 전쟁에 필요하다 싶으면 어떤 재화와 서비스든 가리지 않았다.[25]

영국과 이탈리아 양쪽에서 가장 흔한 방식은 민간 기업을 계속 개인 소유로 놔둔 채 국가가 생산량과 가격을 결정하는 등 직접 통제하는 것이었다.[26] 1915년 7월 2일 영국에서 제정된 군수조달법Munitions Act에 따라, 군수물자 생산에 필요한 모든 민간 사업체를 통제하고 그들의 이윤을 전쟁 전 대비 20% 초과까지로 제한하는 권한이 군수부에 주어졌다.[27] 이탈리아 정부는 1915년 6월 26일 산업 동원에 관한 왕실 칙령[28]을 통해, 필요한 전쟁 물자를 생산하거나 앞으로 생산할 가능성이 있는 모든 민간 사업체를 '예비 공장'으로 분류할 권한을 부여받았다.[29] 당연히 그 범위는 굉장히 넓었으므로 거의 모든 경제 부문의 민간 기업이 이에 해당했다. 1915년 이탈리아에는 221곳의 예비 공장이 있었는데, 전쟁이 끝날 무렵에는 1,976곳이 되었다. 영국에서는 군수부가 관리하는 공장이 약 2만 곳에 이르렀다.[30] 양국 모두 정부가 통제하는 사업에는 "영국 (그리고 이탈리아) 산업의 혈액과도 같은"[31] 석탄은 물론, 주요 운송 부문(해운, 철도), 광업, 채석, 의류, 종이, 목재, 가죽, 농업, 공공재, 금속, 섬유, 화학 등이 있었다.

국가 통제 경제가 복잡했던 건 그만큼 자본주의 경제가 상호 연결되어 있다는 것을 방증했다. 다만 이 상호 연결성은 화폐 거래에 가려져 눈에 쉽게 띄지 않을 뿐이었다. 예를 통해 자세히 설명하겠다. 자본주의 화폐 경제에서 한 개인이 시장에 가서 돈을 주고 모직 재킷을 산다고 치자. 얼핏 단순한 거래이지만, 이 금전적 교환 행위는 겉으로 보이는 거래의 일부일 뿐이다. 그 이면의 복잡다단한 생산 과정은 드러나지 않는다. 모직 재킷을 만들려면 노동자가 (양모 운반에 사용할) 석탄을 캐고, 양을 기르고, 직물을 짜야 한다.[32] 전쟁 이전과 오늘날 같은 자본주의 경제에서는 생산 과정에서의 근본적 사회관계가 화폐와 상품에 가려 잘 보이지 않는다. 따라서 자본주의에서는 사람 관계가 사물 관계의 외양을 띤다. 그런데 전쟁 집산주의는 이러한 사회적 상호 연결성을 가시화했다. 앞서 예로 든 양모(민간인과 군인 모두에게 중요한 옷감)의 경우에서도 정부는 자본주의 체제에서 잘 보이지 않던 단계를 포함해 생산의 전 단계를 떠맡았다.

영국 군수부와 이탈리아 전쟁 군수부의 세력 확장은 국가 주도의 산업 동원에 따른 산물이었다. 그들의 운영 방식은 전체 경제에 손을 뻗치는 문어발과도 같았다. 군수품 통제로 시작해, 곧 필수 원자재, 공장 부지, 에너지원, 노동력 통제로 줄줄이 이어졌다.[33] 또한 이들 부처는 화학, 물리학, 전자공학 등의 연구 부서를 별도로 두고 실험과 기술 혁신을 지원했다.[34]

이탈리아에서는 중앙정부가 일련의 생산 지시를 내리면, 지역 위원회가 이 지시를 전달하는 창구 역할을 했다.[35] 이 일곱 개(나중에 열한 개가 됨) 지역 위원회는 '산업 계획'을 담당한 최초의 기관이었다. 그들은 예비 공장의 생산 공정을 지휘하고, 기술 정보를 수집하고, 전기 에너지와 원자재를 분배하고, (특히) 노동력도 규율했다.

전쟁기의 이탈리아 제조업은 국영 농업에 힘입어 활성화되었다. 국가는 특정 작물의 재배를 의무화하고 토지의 용도를 결정했다. 농무부 산하의 농업 동원국이 이 업무를 주로 관장했다.[36] 그들은 비료의 생산과 유통을 통제하고 대량생산을 위해 기계를 사들였다. 또한 농무부는 전국에 걸쳐 종자와 개인 농기계를 징발했다.

영국의 1917년 토지 경작 명령Cultivation of Lands Order은 생산량을 보완하기 위해 사유지를 소유자의 동의 없이 몰수해 시민 공영 농장으로 전용할 수 있는 권한을 지방 당국에 부여했다.[37] 이처럼 국가는 생산적·분배적 필요를 위해 사유재산의 불가침성을 명시적으로 깨뜨리며 물자를 징발했고, 이어서 시민에게 토지와 건물 점유권을 인정하는 국내법을 제정했다. 이 조치는 사회를 얼른 안정시키고, 시민의 최저 생계를 충족하며, 최악의 상황인 민중 봉기를 방지하는 데 매우 중요했다. 1917년 이탈리아 정부는 지주가 협조하지 않으면, 그의 토지를 점유할 권리를 농빈 조합에 부여했다.[38] 3장과 4장에서 살펴보겠지만, 실제로 이러한 개혁은 '농민에게 토지를 달라'는 정치적 움직임을 촉발했으며, 이 운동은 전쟁 직후 최고조에 달했다.

이러한 온건한 유화 조치에도 이탈리아에서는 특히 도시를 중심으로 심각한 식량난 때문에(토리노에서는 빵, 롬바르디아에서는 쌀, 리보르노에서는 기름) 광범위한 시위가 일어났다. 1916년 국가는 오랜 고민과 망설임 끝에 가정용 재화에 자유시장 메커니즘을 적용하지 않기로 하고 '식품 산업의 대대적인 국영화'를 실시했다.[39] 여기에는 국가의 식량 수매와 유통, 가격 상한제, 징발(예를 들어 곡물과 가축), 배급제 등이 포함되었다.[40] 영국에서도 1918년 식량부Ministry of Food가 민간인이 소비하는 전체 식량의 5분의 4 이상을 사고

팔았다. 그리고 인구의 90%가 먹을 양의 식량에 가격 상한선을 정했다.

　국가의 경제 개입은 기본적 필요가 충족된 생활이 이제 양도할 수 없는 권리이며 정부가 이를 지켜줄 의무가 있다는 대중의 인식을 고취했다. 경제의 우선순위가 소수의 이윤 추구에서 다수의 필요 보장으로 완전히 바뀌었다. 이탈리아에서는 "배급제가 여러 상품에 시행되었고 때로는 비필수재에도 적용되어, 이전에는 특정 계급만 누리던 소비 습관을 그 외의 계급까지 맛 들이게 되는 원치 않는 결과"도 가져왔다.[41] 이로 인해 전쟁 후 더 나은 삶의 질을 바라는 사람들의 열망이 한층 고조되었다.[42]

　해외 시장도 국가 개입의 영향을 받았다. 둘 다 수입 의존도가 높았던 영국과 이탈리아는 원자재, 상품, 식량의 수입과 유통을 통제했다.[43] 양국 정부는 자국의 최대 수입자가 되었고, 해외 시장에서 수입품을 대량으로 사들여 가격을 더 낮게 형성할 수 있었다.[44]

　요컨대 영국과 이탈리아는 산업 생산부터 토지 경작, 가격 결정까지, 앞서 논의한 온갖 방식으로 경제에 개입했다. 자본주의는 처음으로 사유재산의 불가침성이 깨지는 시련을 마주했다. 사유재산의 특권은 정치적·국가적 이익, 심지어 민중의 기본적인 필요에 자리를 내줘야 했다. 이런 식으로 국가는 자본 축적을 지탱하며 언제까지 든든할 줄로만 알았던 기둥 중 하나를 흔들어놓았다. 그러나 흔들리는 자유방임 자본주의의 불안은 여기서 끝나지 않고 또 하나의 근본적인 기둥, 바로 임금 관계에도 영향을 미쳤다.

국가의 임금 통제

시장경제에는 상품 수요가 증가할 때 언제든 현장으로 출동할 수 있는 유휴 노동력이 필요하다. 자본주의 사회에서 이들은 구조적으로 서로 경쟁

관계다. 이들이 있기에 인건비가 낮게 형성되고(노동자는 서로 대체 가능하므로), 일자리와 급여를 잃고 싶지 않은 노동자들의 기강은 '자연스럽게' 다잡힌다. 통상 산업예비군은 다름 아닌 자본 축적 과정을 통해 보충된다. 자본가는 상품 가격을 낮추려고 경쟁하므로 끊임없이 기술 혁신을 추구하며, 혁신을 이루고 나면 결국 일부 노동자를 해고한다. 산업예비군은 기계화를 통해서도 보충되는데, 생산 과정이 단순하게 기계화 및 자동화되면 숙련 인력은 필요 없어지기 때문이다.

제1차 세계대전은 자본과 노동 사이의 권력관계를 변화시켰다. 군수품 생산에 노동 수요가 쏠리는 바람에 고용주는 인력난에 직면했다. 징병과 자원입대로 인해 유휴 노동력이 고갈되었다.[45] 예컨대 영국에서는 남성 노동력의 3분의 1이 징집되었다. 따라서 자유시장의 메커니즘으로는 더 이상 노동력을 적재적소에 배치할 수 없게 되었다.

시장에서는 설상가상으로, 자본가와 노동자 사이의 자발적 합의에 시간이 오래 걸리고 그마저도 분쟁과 파업을 수반할 때가 많아 효율적인 군수품 생산을 방해하기 일쑤였다. 결과적으로 국가의 강력한 규제를 위해서는 전쟁 전 시장의 자기 규제 기능과 산업계의 자율성이라는 전통을 포기해야 했다. 영국 군수부의 노동 규제국 책임관인 험버트 울프Humbert Wolfe는 "노동은 더 이상 수요와 공급 법칙이 적용되는 상품이 아니다."라고 말했다.[46]

1918년 영국에서는 군수조달법이 적용되는 기업에 고용된 노동자가 남성 노동인구의 절반인 약 500만 명이었다.[47] 군수조달법의 목적은 생산의 효율성을 떨어뜨리는 주요 걸림돌을 해소하는 것이었다. 입안자인 울프는 걸림돌의 예로 "동맹 파업으로 인한 생산 중단, 노조 규약이나 기강 해이 등의 이유로 전심전력하지 않는 업무 세태, 임금에 대한 불만, 고용주의 이윤 독식에 대한 반감, 숙련자를 대체하는 비숙련자 고용에 대한 반대, 노동력의 최적 배분 실패, 고임금을 좇아 중요한 일 대신 덜 중요한 일에 노동력

이 쏠리는 현상" 등을 꼽았다.[48]

이탈리아는 영국과 똑같은 목적 그리고 아주 흡사한 수단으로 노동시장을 장악했지만 노동자에게 가하는 억압은 영국보다 훨씬 강도 높았다. 자본주의 시장 법칙이라는 암묵적인 강압은 이제 전례 없는 정치적 강압으로 대체되었다.[49] 이를 대강 표현하자면 반국가주의와 평화주의를 원하는 노동자에 대한 국가의 일차원적 대응이었다고 볼 수 있다. 한마디로 이탈리아는 전시에 다수 국민의 지지를 얻지 못했다. 실제로 이탈리아는 유럽국 중 노동계급 정당이나 노조의 공식적인 지지 없이 전쟁에 참여한 유일한 국가였다. 불만에 찬 노동자는 대부분 "이 끔찍한 전쟁은 폭력에서 태동한 자본주의 체제가 스스로 위기의 해결책을 폭력에서 찾음으로써 일어난 치명적 결과"라고 생각했다.[50] 전쟁 군수부 장관 알프레도 달로리오Alfredo Dallolio 장군이 설명했듯, 이탈리아 지역 위원회의의 우선 임무는 "노조 결성과 정치 세력화를 통해 공공연히 참전 반대를 외쳤던 노동자를 잠재우는 매우 민감한 문제"를 해결하는 것이었다.

1915년 6월까지 이탈리아 국가는 사업장 2,000곳에서 일하는 100만 명에 가까운 노동자(실제로 90만 2,000명)를 직접 통제했는데, 이는 산업계의 대부분을 차지했다.[51] 두 나라 모두에서 국가 통제는 크게 세 가지 규제로 나뉘었다. 바로 노동 공급(의 증가와 이동성), 노동 비용, 노동의 효율성이었다. 지금부터 각각 간단히 살펴보겠다.

노동자의 자유 통제

생산성을 높이려면 노동자의 기강을 잡아야 했다. 전쟁기에 이탈리아 정부는 민간 자본가를 대신해 노동자를 훈육하는 사령관이 되었다.

이를 위해 이탈리아 정부는 과감한 조치를 내놓았으니, 바로 노동력의 군사화였다. 영국에서는 노조가 이 극단적인 강제 조치를 성공적으로 막아내 무산된 바 있었다. 이로써 일단 예비 공장으로 선정된 사업체에서는 '여성, 노인, 어린이'를 포함해 수석 기술자부터 평직원까지 전부 군사 관할권에 속하게 되었다.[52] 이에 따라 노조 지도자 브루노 부오치Bruno Buozzi의 표현을 빌리자면 '공장의 병영화factory-barrack' 현상이 출현했다. 실제로 노동자는 공식적으로 군인과 동급이었다. 그들은 강제 노동에 소집되었고, 형법과 군인의 감시하에 엄격한 조건에서 일해야 했다.[53] 무단결근은 탈영에 비견할 만했다.

일부 민간 자본가가 자신의 사업체가 예비 공장의 지위를 획득하기를 '원했다는' 점은 주목할 만하다. 그러면 자기네 노동자가 "엄격한 군사 규율에 복종하고, 파업과 소요를 일으키지 못하기" 때문이다.[54] 특히 노동자의 집단행동, 불복종, 생산 방해, 사보타주 등이 처벌 사유가 되었다. 국가는 노동자를 엄격히 통제했다. 전쟁이 끝날 무렵에는 이탈리아 노동자의 50%가 벌금형 전과자로 기록되기도 했다. 특히 무력 시위자와 노조 지도자에게 흔하게 가한 다른 처벌로는 해고, 구금, 감금, 혹은 징집 대상인 경우에는 전선 복귀 명령 등이 있었다.[55]

영국의 경우 명백히 군사적으로 억압하지는 않았지만, 군수부는 고용주가 노동자를 더 엄격히 압박할 수 있도록 그들의 징계권 행사 조건을 완화했다.[56] 파업이 불법화되었을 뿐 아니라 과음, 도박, 무단결근 등도 위법으로 규정했다. 지각도 징계를 면할 수 없었으며 공식 죄목은 '무관심'과 '기질적 태만'이었다.[57]

정부는 원하는 결과를 얻기 위해 노동자의 적대감을 완화하는 양동 전략을 사용했다. 영국 전시 내각 보고서는 전쟁 중 기계화의 적극적인 도입이 "산업이 비인간화되고 있다는 정서를 심화"시켰다는 점을 인정했다.[58] 노동자들은 "근무 조건을 결정할 때 개인을 배려하고 자신들의 목소리가 더 많이 반영되기를" 원했다.[59] 강압적인 채찍이 효과를 발휘하려면 동의와 협력을 이끌어낼 당근이 보완되어야 했다. 따라서 전시 내각은 이듬해 보고서에서 "전쟁 이후 산업계의 새로운 질서를 위해 준비된" 노동자의 '민심'을 만족시켜야 한다며, 이 새로운 질서가 "산업계에 평화가 지속되기 위한 더욱 민주적인 기반을 제공할 것"이라고 기술했다.[60]

노동부는 이 약속을 법제화하기 위해 J. H. 휘틀리John Henry Whitley 하원의 이름을 딴 휘틀리 위원회 설립안을 1917년 통과시키고 노사 양쪽의 대표를 모아 위원회를 구성했다. 그들은 임금과 근로 조건은 물론 고용 안정, 기술 교육, 관리 개선 사항을 논의했다. 1920년 9월에는 노동자 350만 명 이상을 대표하는 61개의 위원회가 운영되었다.[61] 그러나 급진적인 노동자들은 휘틀리 위원회가 노동자로 하여금 계급관계에 협조하도록 유인해 고용주의 이익을 보장하려는 술수라며 강력히 반발했다. 노동자들은 휘틀리 위원회를 지원하는 국가의 조치를 "지배권을 쟁취하려는 노동자들이 본격적인 투쟁에 가담하지 못하게 주의를 돌리는 수단"이라 비난했으며, "위원회는 사회의 계급 분열을 영속시키고 자본주의의 이윤 창출 시스템을 온전히 지키려 한다."라고 주장했다.[62]

전쟁이 길어지면서 이탈리아 노동자의 시위가 거세졌고 혁명이 터질지 모른다는 우려가 나타났다. 관료들은 노동자를 법과 질서만으로는 달랠 수 없다는 사실을 점점 분명히 깨달았다. 정부는 영국의 모델을 따라 표면상으로나마 산업 동원 과정에 노동자를 참여시켰다. 예컨대 각지에 지역 산업 위원회Regional Industrial Committee를 만들어, 정부가 지명한 자본가 대표와 같은 수의 노동자 대표를 합류시켰다. 노동자 대표로는 롬바르디아 지역 위원회에서 주로 활동했던 브루노 부오치 같은 노조 대표가 참여했다.

하지만 가장 중요한 것은 양국 모두에서 사업장 내 자체 위원회가 점점 더 대표적 역할을 맡게 되었다는 것이다. 이들은 규율, 조정 등 일상 문제를 처리하는 고충 처리 위원회로, 공장 내 노조원이 직접 위원을 선출했다. 이처럼 전쟁 이후 노동자들이 평의를 열어 자기 손으로 대표를 뽑는 방식이 활성화되었고,[63] 비숙련 평노동자rank and file끼리 스스로 조직을 결성하는 경우가 늘어났다.[64] 전쟁기는 이런 식으로 양국의 노동자가 자생 조직을 결성할 씨앗이 심긴 시기였다. 4장에서 자세히 설명하겠지만, 1919년까지 이들 위원회는 자본주의 생산 방식에 도전하는 강력한 대안으로 성장해나간다.

정부의 노동력 착취

전시 국가들은 인력난을 해결하기 위해 노동력 공급을 진두지휘했다. 기본 방향은 비숙련자를 고용해 인력풀을 확대하는 것이었다. 즉 이전에는 숙련 남성에게만 국한되던 일자리에 여성을 포함한 비숙련 노동력을 채우기 시작했다. 다시 말하지만, 이 노동력 대체 과정은 자본주의 생산에 필수적이다. 자본가는 자기들끼리의 경쟁과 노동자의 압력 때문에 항상 기술 혁신과 공정 효율화로 비용 절감을 꾀하기 때문이다. 전쟁기에 국가들은 생산의 기계화로 이러한 추세에 더욱 불을 지폈고, 이로써 작업은 비숙련자도 할 수 있는 단순한 공정으로 잘게 분업화되었다. 영국 여성 고용 위원회 Women's Employment Committee가 확인한 바에 따르면, 여성은 "철강, 화학, 벽돌, 가스 공장에서 남성을 대체했다. (…) 분업화, 세분화 그리고 특히 기계화로 인해 이전에는 여성이 육체적으로 하기 힘들다고 여겨지던 업무에도 고용이 가능"해졌다.[65]

이탈리아는 인력풀을 확충하기 위해 노동 연령과 여성 노동에 대한 제한을 철폐했다. 1918년 8월 이탈리아 여성 노동자는 19만 8,000명으로 전체 노동력의 22%를 차지하는 한편, 어린이는 6만 명으로 6.5%를 차지했다.[66]

전쟁을 계기로 비숙련자인 농민, 장인, 여성, 청소년으로 폭넓게 구성된

'신新노동계급'이 탄생했다. 이 새로운 사회 구성원들은 조직화된 노동의 계급 역학에 익숙하지 않다 보니 잠재적으로 더 반항적이고 급진적으로 변하기 쉬웠다.

인력풀 확대의 대안은 업무 강도를 높이고 근무일을 연장해 노동자로부터 잉여가치를 더 많이 뽑아내는 것이었다.[67] 이탈리아는 인력풀 확대와 그 대안 조치를 광범위하게 병행했다.[68] 정부는 노동시간 제한과 일요일 휴무를 없애 '예비' 공장의 가동 시간을 늘렸다. 지역 위원회들이 기록한 업무일지에 따르면 노동자들은 거의 휴식시간 없이 하루 15~16시간을 일하기 일쑤였다.[69] 초과근무는 의무가 되었다. 심지어 정부는 "국익과 공익에 반드시 필요하다고 간주되는" 작업에 대해서는 여성과 아동의 야근 금지를 잠정 중단하기도 했다.[70] 이탈리아와 영국 노동자는 생전 처음 겪는 고강도의 노동에 사고와 결근이 잦아졌다. 이는 거의 생존의 문제였다.[71] 대체할 노동자가 없으면 과잉 착취 아니면 과로로 인한 생산성 저하 둘 중 하나로 이어지기 쉬웠다. 사태가 이쯤 되자 영국 정부는 등 떠밀리듯 과로 실태를 조사하고 노동시간 단축과 야근 폐지를 추진할 보건 및 군수 노동자 위원회Health and Munitions workers committee를 결성했다.[72] 2장에서 살펴보겠지만 이탈리아에는 그러한 위원회가 없었으나, 이탈리아 정부는 노동력의 재생산을 보장하기 위해 그들의 건강 상태를 개선하는 법령을 시행했다.

결과물에 따라 임금을 지급하는 성과급은 전쟁 전에는 드물었다. 그러다 전쟁기에 국가는 성과급이 생산성을 높이는 최선의 유인책이라 보고, 노동자 임금에서 결정적 비중을 차지하도록 보편화했다. 양국 모두 처음에는 비숙련자에게 돌아가는 보상이 숙련자보다 더 컸다. 전문 기술을 요하는 숙련자의 작업은 대체로 같은 시간에 더 적은 양의 결과물을 만들었기 때문이다.[73] 따라서 초기에는 숙련 노동자의 불만이 있었지만,[74] 임금의 평준화와 평탄화는 1914년 이전과 다르게 노동계급이 단결하는 기반을 마련하는 중요한 정치적 결과를 가져왔다.

시장의 법칙이 산업 간 노동력을 효율적으로 분배하지 못하자, 정부는 인력풀과 착취의 확대 외에도 여러 계획을 실행했다. 정부는 노동 이동성을 정치적으로 통제하면서 필요하다고 판단되는 어느 곳으로든 노동력을 보낼 수 있었다.

먼저 영국과 이탈리아 양쪽에서 공공 직업소개소가 기하급수적으로 증가했다.[75] 그들은 중앙에서 분석한 노동 공급 현황과 '과학적 인력 분류'를 토대로 노동의 수요와 공급을 조정하는 정밀한 작업을 수행했다.[76] 예컨대 1918년 이탈리아에서는 중앙 고용 사무소가 모든 공공 직업소개소를 조정했다. 그들은 노동력의 최적 배분책을 연구하고 노동시장에 관한 데이터를 수집했다.[77]

다른 한편으로는 노동 이동성에도 제한이 가해졌다. 영국에서는 군수법 제7조에 따라 노동자가 다른 직장에 취업하기 전에 퇴직 증명서를 받도록 의무화해 자유로운 이직을 막았다. 이 가혹한 규정에는 두 가지 동기가 있었다. 첫째, 산업예비군이 부족해지니 노동자의 교섭력이 강해졌다. 이로 인해 고용주는 가용 노동력, 특히 숙련 노동력을 데려오기 위해 임금을 높게 불러야 했다. 정부는 이러한 노동 이동성에 정치적 제한을 가해 임금 상한선을 유지했다. 둘째, 퇴직 증명서는 생산의 지속적인 걸림돌이던 직원 이직을 방지했다. 이 증명서는 굉장히 반응이 안 좋았고[78] 노예 조항이라 불리며 거센 항의를 불러일으켰다. 전국의 노동자는 해고할 자유는 있고 해고 후 증명서를 발급할 의무는 없는 고용주는 놔둔 채 노동자만 꽁꽁 묶어두는 조치라며 반발했다. 결국 노조 교섭을 통해 1917년 10월 증명서 제도가 폐지되었다.

이탈리아에서는 노조 교섭력을 억제하려는 정부를 저지할 정도의 강력한 반발은 일어나지 못했다. 전시 국가는 숙련 노조, 특히 금속 및 철강 노조인 FIOM_{Federazione Impiegati e Operai Metallurgici}의 저항 능력을 무력화했다.[79] 해고, 사직, 타 업종 간 이직은 지역 위원회의 서면 승인이 있어야만 가능했다. 지역 위원회는 의사결정권을 독점했고, 영국의 퇴직 증명서보다 훨씬 엄격한 기준을 적용했다.[80] 전쟁의 파생 이득을 함께 누리지 못한 노동자들은 "전쟁 중에 노동 수요가 막대했음에도 노동자 임금은 오른 물가에 비례해 인상되지 않았다."라며 국가에 분노했다.[81]

임금 설정

자유방임 자본주의에서 임금은 주로 노동과 자본이 균형점을 찾는 과정을 통해 결정되었을 뿐, 정부는 관여하지 않았다. 하지만 전쟁으로 상황이 바뀌었다. 자본가는 부족한 노동력을 확보하려고 경쟁적으로 임금을 올렸으며, 물가의 동반 상승에 대처하기 위해 점점 더 많은 노동자가 차출되면서 임금인상을 부채질했다. 여기에 국가가 개입하여 임금 결정을 통제함으로써 자본 축적을 위협하는 요소를 재빨리 제거했다. 역사학자 사무엘 허위츠_{Samuel Hurwitz}의 다음 주장은 양국에 동시에 적용될 수 있다. "정부 개입으로 영국 노동자의 생활이 전반적으로 더 나아졌다고 생각한다면 오산이다. 임금 결정에 국가가 간섭하면서 오히려 '임금 수준은 이전보다 낮게 유지'되었다."[82]

또한 국가는 임금률을 단순하게 통일하고, 자본 축적과 전쟁 물자 생산을 오랜 시간 가로막는 임금 분쟁을 예방하려 노력했다.[83] 이 목표에 따라 이탈리아와 영국 정부는 노동자와 고용주 간에 의무적 중재 기관을 설립해 파업과 직장 폐쇄를 막고자 했다. 이는 엄청난 변화였다. "이때부터 노동자는 (법적으로) 임금인상 요구나 해고에 대한 항의, 열악한 작업 환경 등의 이유로 파업을 벌일 수 없게" 되었다.[84]

영국에서 신설된 생산 위원회Committee on Production는 곧 노동쟁의 해결을 위한 주요 중재 기관으로 발전했다.[85] 처음에는 정부 관료로 구성되었다가 나중에 일부 고용주와 노조 대표가 합류해, 임금과 전시 수당 결정에 사용할 생계비 지수 도입을 개척했다. 〈글래스고 헤럴드Glasgow Herald〉에 다음과 같이 실린 한 고용주의 불만은 생산 위원회의 경제적 영향력이 얼마나 강했는지를 여실히 드러낸다. "현재 고용주는 임금 결정에 거의 목소리를 내지 못하는 실정이다. 고용주 의견에 상관없이 생산 위원회가 거의 다 결정한다."[86]

실제로 고용주들이 알고 있었듯, 국가는 심지어 전쟁기에도 비숙련 노동력의 과도한 착취를 막아달라는 요구를 자주 받곤 했다. 예컨대 1916년 영국 노조들은 숙련 노동자의 대체자로 고용된 비숙련 노동자에게 더 낮은 임금을 주지 못하게 군수법을 개정하도록 정부에 압력을 가했다.

한편 신설된 노동부는[87] 영국의 '체계화되지 않은 저임금 산업'을 규제하는 조항을 제정해 최소한의 노동 기준을 수립했다.[88] 노동부는 '임금 및 노동 조건의 실태 조사'에 들어갔고, 의회 절차를 거치지 않는 특별 명령을 발동해 재빨리 임금 위원회를 설립했다. 이 위원회는 비노조 산업까지 광범위한 부문에 걸쳐 최저임금을 설정하고 근로 조건을 개선하는 일을 담당했다.

이탈리아에서는 지역 위원회가 의무적 중재를 맡았고, 고용주와 노동자가 합의하지 못할 때 법령으로 결정하게 했다.[89] 사실 이탈리아가 평등 대우equal treatment 원칙을 채택한 것은 구색일 뿐이었다. 국가는 종전 후 3개월이 지나서까지도 예비 공장 노동자의 임금을 전쟁 전 수준으로 동결했다.[90] 현실적으로 노동자들은 치솟는 식비를 감당하기 위해 초과근무를 늘릴 수밖에 없었다. 이러한 냉혹한 현실은 부르주아가 전쟁 막바지 몇 년간 목청껏 주장하던 고임금 논쟁과 완전히 따로 놀았다.[91]

요컨대 국가는 전쟁으로 전례 없는 노동 통제에 착수했다. 이탈리아와 영국 정부는 노동 가격을 책정하고, 규율하고, 공급을 관리하면서 자본주의에 깊이 내재했던 경제의 정치성을 만천하에 드러냈다. 잉여 추출은 더이상 인격 없는 시장 법칙에 의한 단순한 경제적 강압이 아니었다. 알고 보니 착취는 국가 개입에 의한 것이었다. 다시 말해 잉여가치 추출은 명백히 정치적이었고, 자신의 노동력을 팔기 거부하는 이탈리아 노동자는 감옥행 아니면 전선행을 면치 못했다는 사실이 이를 방증했다. 따라서 변화기를 살아가던 이들은 경제력과 정치력의 연결고리를 서서히 인식하기 시작했다. 그 인식은 온전히 행동으로 발전했다. 경제의 힘이 정치적이라는 걸 바꿔 말하면 경제는 자연법칙이 전혀 아니라는 뜻이 된다. 그렇다면 결론적으로 이 힘을 분배하는 체제는 투쟁으로 '뒤집힐 수 있는' 것이었다. 4장에서 더 자세히 살펴보겠지만, 반국가통제주의anti-statism와 반자본주의는 나란히 진행되었다.

정부 개입의 결과

관료의 시각

제1차 세계대전은 그전까지만 해도 현실에서 상상해본 적 없는 결과를 낳았다. 전쟁 전까지 대표적인 자본주의 국가였던 영국은 생산수단을 광범위하게 국영화했고, 이탈리아 같은 신생 자본주의 국가도 그 뒤를 따랐다.

이렇게 사유재산과 임금 관계가 전례 없이 정치적으로 통제되면서, 사회적으로 자유시장 자본주의를 바꾸거나 심지어 완전히 폐지할 가능성이 제기되는 획기적인 결과가 나타났다. 이러한 변화의 기운은 전 세계에서 감지되었다.

　정부 내부에서는 많은 관료, 정치인, 석학이 국영화에 찬성하는 주의로 입장을 선회했고, 장기적으로 제도 개혁을 위해 국영화를 지향해야 한다고 보았다. 많은 사람이 전쟁이 '한 시대의 끝'을 맺었다고 생각했다. 이제 "전쟁 이전의 개인주의라는 무조건적 은혜로 돌아갈" 수는 없었다.[92] 국가 개입은 알고 보니 '낭비적이고 반사회적'이었던 시장의 비합리성과 이를 극복할 수 있다는 가능성을 동시에 드러냈다.

　1918년 영국 전시 내각은 "오늘날 영국은 그 어느 때보다 훨씬 체계적이고 생산적이다."라고 평했다.[93] 실제로 통제 경제는 모든 사람의 예상을 뛰어넘었다. 물자 부족, 해전에서의 패배, 인력난 가운데서도 전쟁 중 영국의 산업 총생산량은 별로 줄지 않았다.[94]

　시장의 뿌리 깊은 통념과 다르게, 과학적 가격 책정과 국가 개입은 알고 보니 전혀 비효율적이지 않았다. 이로써 오히려 국가가 주도하는 생산과 유통 시스템을 지지할 합당한 근거가 생겼다.[95] 높은 식량 물가에 대처하기 위한 식량 통제는 효과를 발휘해, 성인 남성 1인당 총 섭취 열량은 미미한 정도의 감소에 그쳤다. 분배는 "전쟁 전보다 훨씬 공평"해졌다.[96] 나아가 군수부는 담당하는 국유 기업에 혁신적 기술과 경영 방식을 도입하고 투자하는 등 탁월한 관리 능력을 보여 동시대인에게 깊은 인상을 남겼다.[97]

　영국 경제학자 레오 조지 치오자 머니는 1920년 저서 《국유화의 승리The Triumph of Nationalization》에서 국유화 원칙이 전쟁의 승리에 이토록 크게 기여했다면 평시에도 적용하지 못할 이유가 있겠냐는 질문을 던지고는, "더 나은 새 질서를 위한 발판이 충분히 마련되었다."라고 덧붙였다.[98] 이러한 사고방식은 영국 전시 내각의 문서에 다음과 같이 표현된 내용과 맥을 같이한다. "재건은 사회를 전쟁 이전으로 복구하는 것이라기보다 전쟁으로 달라진 사회적·경제적 여건을 바탕으로 더 나은 세계를 만드는 것이다."[99]

이러한 발언은 소수 의견이 아니었다. 영국 공론의 장에 널리 존재하는 공통된 정서였다. 1918년 11월 합동 선거 운동에서 당시 총리 데이비드 로이드 조지David Lloyd George는 다음과 같이 감정에 호소하며 연설의 포문을 열었다. "우리는 이전 상태로 돌아가선 안 됩니다. (군중의 환호) 전쟁은 마치 논밭을 갈고 고르는 것과 같았습니다. 유럽의 토양을 뒤집어엎었습니다. 이제 과거로 돌아갈 수 없습니다."[100]

이제 국유화는 앞으로 나아갈 정해진 방향인 것 '같았다'. 1918년 12월 자유주의자인 윈스턴 처칠도 던디에서 열린 유세에서 철도 국유화를 옹호했고, 정부가 철도 지분을 취득해야 한다는 제안에도 찬성했다.[101] 휴전 이후 재건부Ministry of Reconstruction는 광범위한 재정지출 계획을 제안했다. 3장에서 살펴보겠지만, 영국 정부는 석탄 산업의 영구적 국유화를 논하기 위해 법관 존 생키John Sankey를 의장으로 지명해 생키 위원회를 소집했다.

이탈리아에서도 마찬가지였다. 엄청난 비용, 부패, 관리 문제에 시달렸음에도(이 중 대부분은 전비 지출 조사를 통해 공개됨)[102] 이탈리아의 전쟁 수행력은 놀라웠다. 국영화 시행 후 불과 몇 년 만에 다른 교전국에 뒤지지 않는 무기고를 갖추게 되었다.[103] 심지어 대포 생산량은 7,709대로 6,690대인 영국을 능가했고, 군사 장비를 수출하기도 했다. 이 시기에 이탈리아 북부는 20세기 초에 시작한 산업의 대대적 개편을 마쳤다.

이탈리아 전쟁 군수부의 문서에 따르면 많은 지도자가 지역과 중앙 위원회의 역할을 전시 체제의 예외가 아닌, 더 장기적인 경제 전환으로 구상했음을 알 수 있다.[104] 중앙 위원회가 다달이 발간하는 소식지에는 찬사의 글이 넘쳐났다. 전쟁 동원은 '실로 장대한 업적'이자 미래를 위한 '지침'으로 칭송되었다.[105]

그러나 어디서나 칭찬만 있었던 건 아니다. 이 책의 2부에서 살펴보겠지만, 국가 통제에 반대하는 적들은 강력한 세력을 앞세워 자신들의 깊은 우려를 표출했다. 영국의 재무부 관료와 기득권층은[106] 이탈리아의 자유주의 엘리트 및 경제학자와 힘을 합쳐 '국가사회주의'에 반대하는 연합 전선을 형성했다.[107] 사실 그들이 충분히 우려할 만도 했다. 한때는 금과옥조와도 같았던 사유재산과 임금 관계 제도에 반대하는 목소리가 곳곳에서 거세졌으니 말이다.

노동자의 시각

2~4장에서 자세히 살펴보겠지만, 전쟁기에 자본주의의 두 기둥이 도전받게 된 것은 주로 노동계급의 자각 때문이었다. 그들은 자본주의 생산관계와 그 착취적 성격이 더 이상 인격 없는 '자연법칙'으로 결정되지 않는다는 걸 두 눈으로 목격했다. 알고 보니 명백히 정치적 선택의 결과였다.

한편에서는 산업자본의 이윤과 투기 이익이 치솟고, 다른 한편에서는 급등하는 물가를 임금이 따라잡지 못하는 현실에서 '평등한 희생'이라는 수사법은 공허하게 들렸다. 영국의 좌파 성향 독립 일간지인 〈데일리 헤럴드〉는 그동안 정치적 결정이 대부분 노동자에게 초래한 극악한 결과를 비판하는 기사를 내보냈다. 1919년 7월 10일자 기사 제목은 '무자비한 착취: 노동계는 정부가 물가를 안정시키지 못하면 퇴위할 것을 요구함', 1919년 8월 26일자 제목은 '가난의 대가: 고물가 시대에 생존하기 위해 매일 초과근무를 하는 노동자의 현실'이었다.[108]

1919년 8월 기사는 계속해서 이렇게 기술했다. "살기 위한 것이 아니라 단지 존재하기 위한 끝없는 분투는 부당이득자가 잘나가는 시대에 가난하다는 이유로 치러야 하는 대가다. 노동자가 고물가로 어떤 고통을 받고 있는지 명확하고 결정적으로 보여주는 보도가 전국 각지에서 들려오고 있다." 하루 전 기사는 한층 더 암울했다. "버는 족족 돈이 나가니, 다른 잡화

류는 살 엄두도 못 낸다. (…) 끼니조차 줄이거나 아예 굶어야 한다. (…) 나와 이야기한 여성 노동자들은 몇 달째 새 옷을 산 적이 없다고 말했는데, 그들의 행색을 통해 그 말이 사실임을 알 수 있었다. 그들은 극장의 싸구려 좌석에 앉아 영화를 보는 소소한 기쁨도 누려본 지 오래다. 맥주 한잔의 여유는 어느새 옛이야기가 되어가고 있다."[109]

영국이 물건값에 상한선을 적용해 기업 이윤에 제한을 둔 것은 사실이지만,[110] 민간 자본가는 여기에 화를 내지 않았다. 오히려 그들은 정부에 협조함으로써 일정한 이윤과 상당한 경제적 이점을 알아서 챙겼다. 게다가 노조에 제약적 요구 조건(예를 들어 노동시간 단축, 최저임금제)을 포기하게 하고, 공장주에게 더 엄격한 공장 규율을 허용함으로써 딸려 온 뜻밖의 이득은 어느 정도의 이윤 제한으로 인한 손실을 상쇄하고 남았다.[111] 영국 정부는 노동력 재생산을 위해 복지 지출도 아끼지 않았다.[112] 다시 말해 복지 부담이 민간 자본가로부터 공동체 전체로 전가되어, 노동 재생산 비용이 사회화되었다. 투지 가득한 영국 노조 지도자들은 정부를 두고 "본의 아니게 공정성의 가면이 벗겨지는 바람에 계급 지배의 앞잡이 본성이 드러났다."라고 주장했다.[113]

영국처럼 이탈리아도 전쟁 중에 자본가를 열과 성을 다해 지원했다. 국가는 산업계의 주된 공급자이자 소비자가 되었다. 원자재를 조달하고, 은행 신용을 보증했으며, 노동력을 규율했다. 그리고 보조금과 조정을 지원하기도 했다.[114] 전쟁 중 이탈리아 자본가는 훨씬 많은 것을 손에 넣었다. 영국과 달리 이탈리아는 이윤에 상한선을 두지 않았다. 기업가는 가격 인상을 요령껏 정당화했지만 정부는 생산 비용을 계산할 제대로 된 도구가 없어 결국 곧이곧대로 부풀려진 가격에 구매했다. 구매 계약은 비공식적인 경우가 많았으며 계약 체결상의 과실, 불공정 계약, 사기가 빈번했다.[115] 국가는 자본가의 비위를 맞추느라 세금도 감면해주었다.[116] 특히 금속과 기계 부문이 수혜를 입었다. 피아트Fiat, 일바Ilva(철강), 안살도Ansaldo(기계) 같은 대기업은 직원을 열 배 늘렸다.[117] 피아트는 1918년 차량 생산량을 1914년 대비 열다섯 배 늘렸다(이 중 90% 이상이 정부용이었다). 자동차 업계의 전체 매출액은 1913년 3,200만 달러에서 1918년 1억 6,000만 달러로 증가했다.[118] 전시에 국가 개입을 강력하게 지지했던 많은 이탈리아 자본가는 과잉생산에서 벗어나고 외자 의존도를 줄이고 싶었던 자신들의 기대가 틀리지 않았음을 급증한 이윤을 통해 확인했다.[119]

국가가 자비롭고 중립적인 주체가 아니라 오히려 자본 축적을 위한 '최상의' 조건을 부추기는 주체로 개입했다는 사실은 아무도 부인할 수 없었다. 그들은 노동자를 종속시키고 소수에게 엄청난 이윤을 집중시켰다. 국가 통합이라는 이데올로기는 자본주의의 신성성을 지키는 매우 근본적인 원리였지만 이제 무너지고 있었다. 그 결과 사회 내에서는 급진적 변화를 원하는 사고와 적대감이 전례 없이 강하게 퍼져나갔다.

특히 국민이 국가의 이념에 동화된 적 없었던 이탈리아에서는 더욱 그러했다. 이러한 국민과 국가 간의 생각 차이는 제1차 세계대전 동안 더욱 깊어졌다. 비토리오 에마누엘레 3세Vittorio Emanuele III 국왕과 몇몇 소수가 의회와의 협의 없이 참전 결정을 내리면서, 사람들은 '속고 당했다는' 기분에 휩싸였다.[120] 이 속임수는 전쟁 기간에 실질임금이 20% 감소했다는 점에서 명백히 사실로 드러났다. 실제로 1917년에서 1918년 사이에 생계비 지수는 40% 증가했다.[121] 산업, 농업, 공공 등 모든 분야에서 노동계급의 생활 수준이 심각하게 악화되었다.[122]

그러나 변화에 대한 열망은 부르주아 가치관이 지배하는 영국에도 스며들고 있었다. 영국에서 노동 착취 강도가 더 크긴 했어도, 전쟁기에 일부 노동계급의 생활 수준은 향상했다.[123] 1919년 어수선한 노동계에 관한 영국 정부의 한 보고서에는 이렇게 쓰여 있다. "전쟁기 내내 노동자는 이 적개심이 계속되다가는 사회경제 구조에 중대한 혁명이 뒤따를 것이라 예상했다."[124]

영국에서는 구질서로 회귀하거나, 적어도 구질서가 이어져서는 안 된다는 공감대가 커지고 있었다. 이러한 믿음이 널리 퍼진 것은 노동자가 새롭게 권력을 획득한 결과이자 경제 개입에 내재한 계급주의에 대한 반작용이었다. 사실 전쟁 중 영국은 개입주의 정책을 펼치려면 노조 대표들의 협력을 얻어야 했으므로 그들과 끊임없이 의견을 조율했다.[125] 이 과정에서 국가는 신흥 강성 세력이 된 노조들을 "이익집단에서 '자치기구'로 새롭게 승격"시켰다.[126] 영국의 노조 대표들은 전쟁기에 꾸준히 정부 위원회에 참여했을 뿐 아니라, 직접 국가기관의 각료나 관료로 진출하기도 했다.[127]

이탈리아에서는 산업 동원이 노조와의 합의를 거쳐 이루어지지 않았다. 이탈리아 노조는 영국 노조만큼 목소리를 내지 못했다. 그러나 FIOM은 국가의 특정 위원회에 참여했으며,[128] 여기서 노조는 처음으로 국가적 차원의 전반적인 생산 전략을 논하는 자리에서 기업가와 직접 대면할 수 있었다. 따라서 이탈리아에서 전쟁 집산주의는 국가적 차원에서 단체교섭의 서막을 올린 동시에,[129] 노동자가 노사관계에 대해 더 많은 것을 요구할 수 있다는 믿음의 싹을 틔웠다.

이러한 변화를 요구하는 압력은 아래에서 더욱 두드러지게 나타났다. 사실 전쟁 집산주의는 전후기를 특징짓는 노동운동에 커다란 분열을 일으켰다. 즉 부르주아 제도 내에서 온건한 정치 개혁을 계획하자는 쪽과 과거와 완전히 단절하고 경제 민주화를 이룩하자는 쪽이 대립했다. 영국의 클라이드사이드와 이탈리아의 토리노는 모두 이러한 정치화 과정을 상징하는 지역이다. 두 곳의 평노동자는 노조 지도부가 못마땅했고, 그들이 '노예 국가 servile state(영국 작가 힐레어 벨록Hilaire Belloc의 책 제목이기도 하며, 생산수단을 박탈당한 노동자가 생산수단을 소유한 소수의 자본가에게 제도상 종속된 국가를 노예제에 비유한 표현이다—옮긴이)'와 협력하고 있다고 생각했다. 두 지역은 자국 금속 산업의 심장부이자, 무엇보다 노동계급의 시위가 지역의 상징으로 자리 잡은 곳이었다. 특히 1917년 이후 러시아 혁명의 영향으로 불법 파업이 걷잡을 수 없이 퍼졌다.[130] 양국 정부 모두 무자비하게 파업을 진압하고 급진적인 노조 대표를 감옥에 가두었다. 그러나 탄압은 일시적 억제에만 효과가 있었다. 영국의 사업장 노조 대표들은 강력한 클라이드 노동자위원회를 결성해, 전국 공장의 비공식 노조 대표를 연결하는 전국 노동자위원회 운동 National Workers Committee Movement을 주도했다. 한편 이탈리아의 자치적인 공장평의회factory council들은 1920년 여름에 공장 점거 운동을 촉발할 만큼 성장했다.

결론

제1차 세계대전 중 영국과 이탈리아 국가는 자본주의의 교리를 깨고 과감히 경제에 개입했다. 이 개입은 자국 정치의 생존을 위해 불가피했다. 그들은 전쟁의 승리에 필요한 자본 축적을 촉진하려 했고, 그 과정에서 자유시장 자본주의의 불가침성을 훼손했다. 지금까지 1장에서 이 과정의 전개 양상과 그 원인, 방식을 살펴봄으로써 이후 결과로 나타난 급진적 정치 변화를 탐구할 초석을 깔았다.

  정부는 생산수단을 장악하고 민간 산업을 관리함으로써 국가의 중요한 생산자가 되었다. 그들은 생산량과 가격을 결정하는 동시에 자금을 대고 기술 혁신을 촉진했다. 영국과 이탈리아 정부는 재배할 작물을 지정하고, 미개간 농지를 관리하고, 소매가와 유통량을 정했다. 또한 식료품, 원자재, 상품의 주 구매자로서 국내외 시장에 관여했다. 이들 정부는 토지와 물품을 징발하고 개인 이윤에 제한을 두는 등 막대한 권한을 행사했다. 다시 말해 사회의 생산이 정치 영역으로 들어온 것이다. 노동시장도 마찬가지였다. 양국 정부는 인력난에 대처하기 위해 노동자를 규율하고, 노동 공급을 관리했으며, 임금도 직접 책정했다.

가장 중요한 것은 영국과 이탈리아에서 자본 축적의 두 기둥, 즉 생산수단의 사유화와 임금 관계를 국가가 통제하자 양국 경제가 정치화되는 근본적 변화가 일어났다는 점이다. 실제로 그 후 생산관계가 정치적 쟁점의 영역이 되면서, 곧 사회의 변화가 임박한 듯했다. 영국과 이탈리아 노동자는 이러한 전례 없는 사회 변화가 어떤 의미를 시사하는지 가장 온전하게 체감할 수 있는 입장에 있었다. 양국 정부는 노동자를 향한 착취의 고삐를 더 단단히 쥐었다. 그러나 국가의 통제는 보이지 않는 손의 통제와 달리 눈에 보였으므로, 노동자들은 이를 전복해서 막아내고자 했다. 그들은 전쟁기에 강화된 노조 교섭력을 바탕으로 이제 더 많은 사회권과 이전과 다른 생산 방식을 요구함으로써 입김을 행사할 수 있게 되었다. 2장에서 살펴보겠지만, 전쟁 직후 이탈리아와 영국 정부는 대중의 압박에 대응해야 했고, 나아가 변화를 요구하는 그들을 달래기 위해 실질적인 복지 조치도 시행하기로 했다.

02 재건주의 세력의 사고방식

이토록 엄청난 위기는 아무리 사색을 즐기지 않는 사람이라도 그간의 관습에 의문을 제기하게 한다. 질문의 끝이 어딘지 모를 만큼 꼬리에 꼬리를 물어, 이 제도는 왜 생겼고 저 제도는 왜 생겼으며, 나아가 이 모든 삶의 목적이 무엇인지 묻지 않을 수 없게 한다. (…) 하지만 이 어지러운 마음은 어떤 필연적인 것에 의해 이내 잠잠해진다. 특히 고통을 실제로 받는 육신이 남의 것이라면 더욱 그렇다. 그러므로 사회의 관점에 근본적인 변화를 일깨우려면 커다란 충격이 필요하다. 그러한 충격이 영국을 비롯한 전 세계에 찾아왔고, 독일의 패전이라는 대사건은 그것이 인류에게 양적, 질적으로 초래할 사고방식의 변화에 비하면 아무것도 아니었다.

- 제이슨Jason(필명), 《과거와 미래Past and Future》[1]

자본주의 국가들이 자본주의 관행을 한동안 중단하는 일이 벌어졌고, 게다가 그곳의 국민은 그때의 기억을 나중에도 잊지 않았다. 제이슨이라는 필명을 쓰곤 했던 영국 언론인 존 로런스 해먼드John Lawrence Hammond를 비롯해 많은 사람이 이 일련의 사건을 당시 사회에 닥친 근본적 위기로 보았다.

"전쟁은 무수히 많은 사람이 그동안 받아들여온 사고관을 흔들어놓았다."[2] 전쟁으로 각성한 사람들은 자본 축적의 목적에 의문을 제기했다. 과연 이 제도는 지금까지 겉으로 보였던 것처럼 필연적이었을까?

종전 1년 후인 1919년, 자본주의는 위기를 맞았다. 그리고 두 진영에서 이 위기를 자기편으로 끌고자 하는 움직임이 진행되었다. 첫째는 자본주의적 생산관계에서 방향을 틀거나 적어도 변형시키려고 노력한 노동자였다. 둘째는 '재건주의자reconstructionist'[3]였다. 그들은 새로운 사회정책을 옹호하고 이를 통해 더욱 평등한 사회를 이룩할 수 있다고 믿는 관료나 진보적 엘리트층이었다.

1918년 11월 휴전 협정이 발효될 무렵, 이 두 집단은 이미 서로 보완하며 움직이고 있었다. 한쪽에서 노동자는 사회 개혁에 대한 희망으로 의욕이 차올랐다. 국가 개입은 노동자의 생활 여건을 개선해 그들의 권리 의식을 자극했지만 그만큼 그들에게 큰 실망을 안기기도 했다. 통과된 개혁안은 해방을 꿈꾸는 그들의 기대에 결코 부합하지 못했다. 그사이 개량주의자는 몸집도 야망도 커졌다. 아래로부터의 압력을 느낀 그들은 혁명만큼은 막아야 한다는 생각에 골몰했다. 노동자의 요구가 거세질수록 재건주의자는 새로운 사회질서를 세우기 위해 더 열심히 노력했다. 결과적으로 이러한 대규모 사회 개혁은 기존 체제에서 벗어나려는 노동자의 열망을 고조했다.

정부 내의 '재건주의' 세력은 크게 두 가지 방식으로 자본 축적에 정면 공격을 가했다. 첫 번째는 3장에서 탐구할 주제로, 재건주의자의 사회적 유화 정책이 불가피하게 노동자의 혁명 정신에 불을 지폈다는 점이다. 이 장의 중심 주제인 두 번째는 재건주의자가 순수 자유방임 자본주의와 자본주의 국가의 기존 정체성에 도전했다는 점이다. 1918년에서 1920년까지 유례없이 몰아친 사회 개혁은 당시 자본주의가 실존적 위기에 부딪혔음을 반영한다. 이러한 사회정책들은 자본주의의 두 기둥인 사유재산과 임금 관계가 시장의 힘에서 떨어져 나와 전후기에 다시 정치 영역으로 넘어간 결과였다. 금단의 영역은 이미 깨져 있었다. 언제까지나 굳건할 줄 알았던 경제제도가 이제는 정치적 목적에 의해 재형성되는, 전에는 상상도 못 했던 일이 가능해졌다.

제1차 세계대전을 기점으로 국가는 재정·통화·산업 방면에 막강한 힘을 행사했다. 그에 따라 중요한 재분배 정책이 전통적 경제관의 고정관념을 훨씬 넘어 탄탄하고 실용적으로 개혁되었다.[4]

진보의 삼위일체

영국 관료 알프레드 D. 홀Alfred D. Hall은 영국과 이탈리아 지배층을 사로잡은 재건주의의 새바람을 가리켜 계몽의 시대가 왔다고 설명했다.

전쟁 경험을 계기로 아마 다들 새로운 의욕에 고취되고, 사회에 싹트는 강력한 새 희망의 기운을 감지하고 있을 것이다. 영국은 자유와 정의의 원칙에 따라 일상의 질서를 다잡기를 갈망한다. (…) 우리는 분명 역사의 전환점에 와 있다. 새로운 시대가 찾아왔다. 우리는 가만히 있어서는 안 된다. 과거의 방식, 과거의 폐단, 과거의 무지로 돌아갈 수 없다. (…) '자신의 마음을 따르겠다'는 의지에 가슴이 뛰는 대중은 이제 마음을 열고 완전히 새로운 사고를 받아들일 준비가 되었다.[5]

이 전환점은 실천뿐 아니라 사상에도 찾아왔다. 그리고 사회를 변화시키려면 결국 실천과 사상은 분리해서 생각할 수 없었다. 이탈리아 군사지원및전쟁연금부Ministry of Military Assistance and War Pensions 관료인 레오 파보니Leo

Pavoni와 디에고 아바렐리Diego Avarelli가 쓴 다음 글은 이 같은 믿음을 반영했다. "이번 전쟁은 사상의 전쟁이었다. 비참한 재앙에서 벗어나고 나니, 이나라의 목표로 향하는 길이 빛을 반짝이며 우리를 인도하고 있었다. (…) 전쟁은 인류의 단결이라는 고귀한 토대를 마련했다."[6]

그리고 역사의 종결aufhebung을 강조하는 다음 문장이 이어진다. "전쟁 이전에는 법치국가가 가장 고상한 국가 형태로 여겨졌다. (…) 그러나 법치를 따라잡고 나아가 능가하는 최상위 개념이 등장했다. 바로 '법치와 사회복지 국가'다."[7] 이탈리아 하원 부의장인 미켈레 피에트라발레Michele Pietravalle는 "국가가 특히 '소외 계층'을 비롯한 시민의 권리를 보호해야 한다는 '지체할 수 없는 의무'는 이제 하나의 '정언 명령'이 되었다."라고 열변을 토했다.[8] 법학 교수 필리포 바살리Filippo Vassalli는 한발 더 나아가 "전쟁은 소리 없는 대혁명을 일으켰다."라며, '국가사회주의'에 가까운 대담한 원칙이 합법적으로 도입된 것이 그 증거라고 평했다.[9]

표 2.1. 이탈리아와 영국의 경제활동인구 중 사회복지 수혜자 비율

국가	1910	1915	1920
이탈리아	4.8	4.8	27.3
영국	17.5	36.3	43.3

기준연도 = 1970 (1970년을 지수 100으로 설정함)
출처: Alber 1983, 220-21.

실제로 전시 국가는 복지국가 체제에 가까웠다.[10] 영국 빅토리아 시대에도 이미 최소한의 사회복지 제도가 확립되어 있었고, 20세기 초에 걸쳐 사회 개혁이 확대되었다.[11] 그러나 전쟁기 들어 국가가 이렇게 강력히 개입한것은 처음이었다.[12] 1918년 국민총생산 대비 중앙 및 지방 정부의 복지 지출은 전쟁 전보다 약 두 배인 8%로 증가했다.[13] 전쟁 전만 해도 공공복지가

거의 전무했던 이탈리아의 사례는 훨씬 인상적이다. 이탈리아는 1915년 이후 1920년에 복지 지출이 거의 여섯 배 증가해, 그 어떤 유럽 국가보다 사회복지의 범위를 크게 확장했다(표 2.1 참고).

재건주의자는 전쟁기에 도입된 진보적 정책들을 구체적으로 제도화하기로 하고, 이를 통해 사회 정의와 재분배가 실현된 더 나은 사회로 도약할 수 있기를 기대했다. 휴전 협정이 체결된 지 한 달 뒤, 전직 대법관 리처드 홀데인Richard Haldane은 "사회 어디에서든 사람들은 완전히 새로운 사고방식에 사로잡혀 있다."라고 말했다.[14] 이 새로운 사고는 정부 수뇌부 사이에 반향을 일으켰다.

1918년 11월 23일, 로이드 조지 영국 총리는 대세가 된 혁명론에 거스를 수 없다는 듯, 울버햄프턴에서 이렇게 연설했다. "우리의 임무는 무엇입니까? 영웅들이 제대로 대우받는 나라에서 살 수 있게 하는 것입니다. (…) 우리는 그동안 어둠 속에서 살았던 분들을 햇빛 따사로운 고원 위로 떠받들 것입니다." 이 어둠 속의 사람들은 끔찍한 환경에서 살고 있는 수백만 명을 가리켰다. "이 모든 불의를 바로잡겠습니다."[15]

영국 총리가 이 '신세계'에서 노동자들은 "자신의 요구를 굽히지 않을 것"이라고 확신에 차 연설할 무렵,[16] 1918년 11월 20일 이탈리아 총리 비토리오 오를란도Vittorio Orlando도 전쟁은 "역사상 가장 거대한 정치적·사회적 혁명"이었다고 공언했다.[17] 같은 날 안토니오 살란드라Antonio Salandra 전임 총리도 이에 보태 "전쟁은 혁명이었다. (…) 이제는 청년들의 시대다. 폭풍이 지나고 과거로 평화롭게 돌아갈 수 있으리라 생각해선 안 된다."라고 말했다.[18]

신사고에 눈뜬 재건주의 엘리트는 학자, 목회자, 교육자, 교수 등 다양한 직업과 정부 직위에 걸쳐 있었을 뿐 아니라, 진보적 자유주의에서 이탈리아의 개량적 사회주의, 영국의 노동당에 이르기까지 정치 성향도 다양했다. 그만큼 그들의 지지 기반도 다양했고, 그들이 계층적 사회질서에서 해체하고자 하는 목표도 서로 달랐다. 그러나 한 가지 공통점이 있었으니, 바로 경쟁적 개인주의와 자유방임 자본주의에 대한 반감이었다. 따라서 재건주의자는 수 세기 동안 자본 축적의 초석으로 자리 잡아온 경제 교리에 진지하게 이의를 제기했다.

이탈리아 하원 미켈레 피에트라발레는 "기존의 물질적·도덕적 가치를 수정해야 하며, 나아가 한때 근본적이고 신성해 보였던 법 제도를 다시 생각하고, 흔들고, 부수고, 무너뜨릴" 때가 왔다고 말했다.[19] 존 로런스 해먼드는 전쟁 이후 "정치 언어에서 '불가능'이란 없어졌다."라며, "모든 희망을 가로막고 방해했던 철칙 같은 미신이 깨졌으므로" 이제 "우리의 상상력은 확장되고 자유로워졌다."라고 단언했다.[20]

새로운 사회 분위기는 사회관계의 '보편적 결정권자'였던 인격 없는 경제법칙을 잠재울 만큼 강력했다. 이는 '특정한 경제 교리의 폭정'과의 결별을 의미했다. 이제 인류는 '부의 창출을 오만하게 요구'하는 하나의 경제 교리에 '종속되지 않은' 삶을 살기로 다짐했다.[21]

먼저 가장 중요하게, 인격 없는 경제법칙으로부터 해방된 인류에게 사회 개혁은 더 이상 "비용을 이유로 미루거나 거부할" 수 없는 문제가 되었다.[22] 특히 전후 개량주의 열풍의 살아 있는 화신이었던 재건부 장관 크리스토퍼 애디슨Christopher Addison은[23] 그러한 확신이 강했다.

노동자나 정부나 모두 전쟁을 계기로 경제적으로 중요한 문제가 곧 정치적으로 중요한 문제라는 걸 깨달았다. 그리고 국가는 정통적 재정 운용에서 벗어난 덕분에 비용이 얼마가 되든 원하는 정치 목표를 달성할 수 있게 되었다. 실제로 금본위제라는 제약이 해소되자 재정지출의 가능성에 새로운 지평이 열렸다. 사회정책에 필요한 재정지출이 그간 예산의 한계로 제약을 받아왔다면, 갑자기 이제는 한계가 없는 것처럼 보였다.

애디슨은 재건 비용에 관한 정부 메모에서 다음과 같이 단호하게 주장했다. "중요한 안건을 돈이 없어서 시행할 수 없다고 말하는 건 변명이 될 수 없다. '그런 말은 이제 아무도 안 믿는다.'"[24] 교통부 장관 에릭 게디스Eric Geddes도 대세론에 힘을 보탰다. "전쟁에 돈을 쓴 만큼이나 전후 처리에도 돈을 써야 한다. 자금줄은 찾으면 되고, 없으면 부채를 져서라도 마련해야 한다."[25]

영국 재무부의 경제 전문가는 자신들이 보기에 미래의 자본 축적과 번영의 유일한 원천인 채권자와 투자자 편에 서서, 빚 갚을 돈을 모으고 인플레이션을 억제해야 한다며 몸을 사렸다. 하지만 재건주의자는 재정지출을 늘리고 사회를 개혁해야 실제로 번영할 수 있다고 주장했다.[26]

재건주의자가 현실적인 해결책에 합의한 것은 재정·통화·산업 정책의 상호 조화를 통해 '인간의 힘'으로 경제를 바꿀 수 있다고 믿었기 때문이다. 누진세와 적극적 재정지출을 위해서는 적절한 신용 정책도 필요했지만, 무엇보다 산업에서 노동자의 지배권 보장과 업계의 협력이 함께 어우러져야 했다.[27] 이렇게 재정·통화·산업 정책이 '진보의 삼위일체'를 이루면 효율성, 높은 고용률, 사회 정의를 보장할 수 있을 것으로 기대되었다.

평화를 위한 복지

물론 전쟁 후 정통적 경제관과 결별하려는 움직임은 절로 생긴 것이 아니었다. 이런 정서는 이미 전쟁 전부터 어느 정도 사회에 스며들기 시작했고, 이는 대체로 격변하는 사회에 대한 현실적 반응이었다. 그리고 이러한 압력의 근원지는 대부분 노조였다.

영국과 이탈리아 노조와 노동계급 정당은 수십 년간 사회복지를 외치며 집결하곤 했다.[28] 전쟁기에 그들의 요구는 더욱 거세졌고, 이는 정부와 계급주의적 정책을 더욱 불신하게 되었다는 의미였다. 따라서 전시 국가는 국민의 이념적 결속을 촉진하기 위해 화해의 손길을 내밀고 다양한 복지정책을 실험해야겠다는 압박을 느꼈다.[29] 경제학자 아리고 세르퍼에리Arrigo Serpieri가 말했듯이, 사회 입법의 목적은 산업에서든 농업에서든 "다수인 노동자의 환심을 사고 그들을 안정시키는 것"이었다.[30]

이탈리아에서는 엄청난 인명 피해로 전 국민을 망연자실하게 한 1917년 11월 카포레토 전투의 패전 이후에야 국가가 사회적 행위자로서 중심 역할을 맡게 되었다. 그리고 군인은 물론 민간인에게도 복지 혜택을 주고자 군사지원및전쟁연금부를 설립했다.[31]

이탈리아 사회 개혁이 (장시간이 소요되는 의회 절차를 생략하고 긴급히 처리하기 위한) 행정명령으로 도입되었다는 사실을 통해, 국가가 대중의 요구를 인식하기 시작하고 노동계급을 신속히 달래려 했음을 알 수 있다. 이는 휴전 이후에도 여전히 중요했다. 국가가 제공한 빈약한 전쟁 복지수당이 불만을 가중시켰고, 그 금액은 그간의 착취와 인플레이션에 비하면 가소로운 수준이었기 때문이다.

1919년~1920년 이탈리아의 '붉은 2년'에 있었던 인플레이션 위기는 고물가와 '상어들i pescecani'(인플레이션의 영향에서 거저 득을 본 부당이득자와 투기꾼을 가리키는 별명)의 탐욕을 규탄하는 시위로 점철되었다. 굶주림에 성난 군중은 1919년 6월 11일부터 거의 한 달 내내 전국 각지의 상점으로 돌진해 음식, 옷, 그 외 온갖 종류의 물건을 빼앗았다. 약탈과 폭동은 라스페치아 지역에서 시작해 리구리아주, 피에몬테주, 롬바르디아주, 베네토주 등 북부, 토스카나주, 로마냐주 등 중부 그리고 로마와 팔레르모에 이르기까지 전국으로 퍼졌다.[32] 혼란과 절망으로 가득 찬 현장을 생생히 묘사한 언론 보도는 늘 같은 패턴이었다. 물가 폭등에 민중 봉기가 자발적으로 시작되었고 곧이어 사회주의 단체(특히 노동회의소camere del lavoro[33]와 노조)가 주도권을 잡으면서 사회 개혁, 총파업, 집회의 선동으로 이어졌다는 식이었다. 봉기의 진원지이자 사회주의자가 지자체 의회를 점령한 에밀리아주는 집회의 본거지로 뿌리박혔다.[34] 7월 6일 정부는 지자체장들에게 물건값을 최대 50%까지 인하해 통제할 권한을 부여하는 명령을 서둘러 통과시켰다. 명령 제6조에는 "적정 가격은 각지의 공공기관과 소비자 협동조합이 정한 가격을 기준으로 결정된다."라고 명시되었다. 가격은 이제 인격 없는 시장의 힘으로 결정되지 않았다. 어느덧 민주적 의사결정이 되어 있었다.

심지어 주류 신문을 포함한 많은 언론에서도 이러한 정치적 가격 결정을 지지했다. 1919년 7월 5일자 〈라 트리부나La Tribuna〉는 다음과 같이 동조하는 사설을 실었다. "우리는 노동계급과 대중의 동요를 탓하고 싶지 않다. (…) 불만은 당연하며 심지어 필요하기까지 하다. 시대를 막론하고 정치 역사를 보건대 국가기관은 늘 관료주의의 타성에 젖어 속 편히 잠만 자고 있었다. (…) 곤히 잠든 그들을 깨우려면 어느 정도 잡음이 필요하다. 이런 의미에서 때로는 전혀 해롭지 않은 잡음도 있다."[35] 이 기사에서 분명히 알 수 있듯, 아래로부터의 압력은 개혁을 위한 필수 원동력이었다.

한편 〈타임스〉 등 영국 부르주아 언론은 이탈리아의 상황을 걱정스러운 시선으로 지켜봤다. 좌파 신문 〈데일리 헤럴드〉는 마지막에 이렇게 질문했다. "영국 노동자들도 이탈리아를 따라 폭력으로 부당이득자를 물리칠 것인가? 코넌 도일은 뭔가 신속하고 철저한 대책이 없다면 그것이 현실이 될 것이라 예측했다."[36]

이탈리아 노동자는 영국 노동자보다 훨씬 적극적으로 자신들의 중요한 존재감을 사회에 알렸다. 이제 포괄적 사회권은 논쟁의 대상도 아니었다. 섬유 노동자이자 이탈리아 노조 총연맹CGdL의 사무총장 리날도 리골라Rinaldo Rigola는 "사회에 노동자가 존재하지 않는다면 모든 사람이 아무것도

얻지 못할 것"이라고 했다.[37]

1918년 10월 8일 상호부조 협동조합Society for Mutual Aid and Cooperatives은 CGdL과의 토리노 협동 집회에서 더욱 격식을 갖춰 다음과 같이 선언했다. "우리 노동자들이 질병 및 장애 보험, 노령연금 등을 요구하는 건 고질적 사회문제를 자선으로 해결해달라는 뜻이 아니며 자선을 원하지도 않는다. 우리의 '권리를 주장'하려는 것이다. 비록 과거에는 외쳐도 소용없었지만, 이 권리는 영광과 상처가 가득한 우리의 노동과 생산을 통해 긴 세월 동안 신장해온 것이다."[38]

그의 이어진 발언은 폭풍 전야를 예고했다. "우리 노동자는 조직을 이뤄 싸우는 중이고 앞으로도 싸울 각오가 돼 있다. (…) 부분적 해결책은 필요 없다. (…) 폭넓고 완전하고 과감한 해결책을 원한다."[39]

사회 긴장이 최고조에 이른 마당에 관료들은 이 요구를 받아들일 수밖에 없었다. 1917년 경제학자 출신 재무장관 프란체스코 사베리오 니티Francesco Saverio Nitti는 '참호와 전선'으로 나간 노동자들이 '온전한 시민권'을 누릴 자격이 있으며 "그들의 마음을 돌릴 다른 방법은 없다."라고 공개적으로 인정해야 했다.[40] 계속된 압박이 추진력에 불을 붙였다. 2년 후 레오니다 비솔라티Leonida Bissolati는 군사지원및전쟁연금부 장관직을 떠나며 동료 공무원들에게 다음과 같은 편지를 남겼다. "여러분의 임무는 아직 절대 끝나지 않았습니다. (…) 나는 기존의 연금과 사회복지 제도를 일원화하는 복지부를 창설하겠다고 약속합니다. 그렇게 되면 우리 사회는 민주주의로 한층 더 나아갈 것입니다."[41]

나아가 부유층과 자본가도 사회가 자본주의 질서와 단절되는 최악의 경우를 막기 위해 국가의 도움이 분명 필요했다. 1920년 부유한 자산가이자 자유 입헌주의 의원인 비토리오 코타파비Vittorio Cottafavi는 총리가 된 니티에게 편지를 보내 혁명을 막기 위한 국가의 사회적 역할을 널리 알리는 전략이 필요하다고 강조했다.

노동자에게 다가가겠다는 노력으로 (…) 가까이 끌어들여야 그들은 국가를 친구
이자 보호자로 생각할 것입니다. (…) 연금 지원이라는 거대한 계획을 비롯해 우
리가 노동자를 위해 현재 추진 중인 모든 계획을 대중에 알린다면 큰 도움이 될
것입니다. 이처럼 우리가 건전하고 의리 있는 일을 실행하고 있다는 사실을 널리
전파하면 국내 질서가 좀 잡힐 듯합니다.[42]

이탈리아의 일부 노조 대표는 영국을 자신들의 개량주의 포부를 자극하
는 영감의 원천으로 삼았다. 리날도 리골라 사무총장의 말마따나, 영국 지
배층은 확실히 "국가가 사회에 발 벗고 나설 의무가 있다고" 여겼기 때문
이다.[43] 실제로 영국에서는 개량주의와 비슷한 정치 역학이 작용하고 있었
다. 노동당과 손잡은 영국 노조는 이탈리아 노조보다 훨씬 영향력이 컸으
며 심지어 장관직까지 진출하기도 했다. 다음 장에서 더 자세히 살펴보겠
지만, 혁명도 불사하고자 했던 이탈리아 노조 지도자와 달리 영국 노조 지
도자 대다수는 명백히 재건주의 정신으로 무장했다. 그리고 공동선을 추구
하되 정부라는 통로를 반드시 거쳤다.

1917년에 설립되어 전후기 내내 활동했던 영국 재건부는[44] 전쟁을 위해
희생한 노동자들에게 보상하는 정부 부처였다. 그들의 핵심 임무는 교육,
실업급여, 주거 등 광범위한 계획을 포함해 전후 사회와 경제를 개선할 대
책을 세우는 것이었다.

주택문제는 확실히 '산업계의 동요를 야기하는 주된 원인'이었다.[45] 지저
분하고 비위생적인 집에 사는 영국 노동자의 실상은 계급 차이와 불의를
충격적으로 보여주는 표시였다. 전 세계에 혁명의 열기가 끓어오르는 가운
데, 주택문제는 부족한 재정을 무릅쓰고(전쟁에 엄청나게 쏟은 지출을 고려하면

변명의 여지가 없으므로) 꼭 해결되어야 했다. 노조 간부 출신 노동당 하원인 M. J. 데이비슨M. J. Davison은 "솔직히 저는 재정문제는 신경 안 씁니다. 여러분은 외국의 침략을 막기 위해 망설이지 않고 국민을 불러 모았습니다. 그들은 여러분의 재산을 지켜줬지만, 여러분은 그들에게 몇 페니, 몇 파운드를 보상할지 고민한 적이 없습니다."라고 말했다.[46]

전쟁기 동안 신규 주택을 건설할 수 없었으므로 "1918년 말 기준으로 노동계급을 위한 주택이 최소 30만~40만 채 부족한 것으로 추정되었다."[47] 빈민가 정화와 수리 활동이 전쟁 중에 중단되어 기존 주택의 유지 보수조차 할 수 없게 되자, 주택난은 더 심각해졌다. 사람 살 곳이 못 되는 주택이 허다했다.[48] 주택 위기는 전후기의 건축비 상승으로 더욱 확대되었고 이는 임대료 상승으로 이어져, 내 집을 마련할 수 없는 인구가 상당수였다.[49] 이제 노동당의 힘이 커진 만큼, 의회를 압박하는 데이비슨의 제안을 진지하게 받아들이지 않을 수 없었다.

이 정책이 채택되지 않는다면, 우리 국민이 품위 있고 안락한 삶을 누릴 수 없다면, 노동당은 지난 12월의 총선 결과를 뒤집기 위해 모든 수단을 동원하겠다고 말씀드리는 바입니다. 마음만 먹으면 가장 효과적으로 그렇게 할 방법은 제가 정말 옹호하고 싶지 않은 바로 그 최후의 방법입니다. (⋯) 이건 협박이 아닙니다.[50]

1919년 4월 주택 및 도시 계획법The Housing and Town Planning Act은 3년 안에 50만 채의 신규 주택을 건설하겠다는 약속을 골자로 했다.[51] 이 개혁은 과거와 단절한 '용기 있는 행위'였다.[52] 이는 시민에게 거처를 제공할 정치적 의무를 국가가 공식 인정한 첫 사례였다. 재건부 산하의 여러 진보적 위원회는 구체적 법안을 구상했고, 전쟁 전에 주택 건설의 약 95%를 담당했던 민간 기업은 이 사회 위기에 능숙하고 신속하게 대처할 수 없다는 광범위한 인식을 입증했다.

행동에 나선 재건주의자들

재건부의 계획

1919년 4월 주택법안을 둘러싼 의회 토론을 살펴보면 영국 정부 내 재건주의자의 결단력과 영향력을 엿볼 수 있다. 자유당 의원 제임스 길버트James Gilbert는 모두를 대변해 이렇게 말했다. "가능한 한 빨리 주택을 건설하는 것이 아주 중요합니다. 저뿐 아니라 여기 있는 하원 전원이 주택을 최대한 짓겠다고 약속했기 때문입니다. (…) 이로써 우리는 영국의 노동계급을 위한 새로운 시대를 열게 될 것입니다."[53]

정부는 '냉온수가 잘 나오는 제대로 된 욕실'을 약속함으로써 노동자 혁명의 급한 불을 껐다.[54] 재건부 산하의 튜더-월터스 위원회Tudor-Walters Committee는 이러한 주택의 새로운 표준을 자세하고 과학적으로 연구했다. 위원회의 명칭은 프랭크 베인스Frank Baines, 레이몬드 언윈Raymond Unwin 등 다른 유명 건축가와 협력한 바 있는 저명한 건축가 겸 자유당 의원 존 튜더-월터스John Tudor-Walters 위원장의 이름을 땄다. 그러나 가장 눈에 띄는 권고안은 (역시 재건부 산하의) '여성 주택 소위원회Women's Housing Sub-Committee'에서 나왔다. 전원 여성으로 구성된 이 위원회는 여성 참정권 및 여권 운동가인 메리 거트루드 에모트Mary Gertrude Emmott가 위원장으로, 굉장한 상향식 접근 방식을 취했다. 그들이 내놓은 최종 보고서에는 소위원회가 직접 밝혔듯, "실제 직장 여성들의 목소리를 통해 들은 개선안"만이 담겼다.[55]

여성 소위원회가 추진한 인상적인 계획에는 창문, 환기구 그리고 미국식

'붙박이 찬장'과 같이 주부의 '불필요한 동선'을 줄여주는 '노동력 절감 장치' 관련 규정도 있었다.[56] 가장 중요한 점으로 그들은 정원, 놀이터, 사교 공간 등 '공동생활의 다양한 가능성'을 실험했다. 위원회의 목표는 "온 힘을 기울여 사회적·지적 발전에 필요한 자원을 활용하는 것"이었기 때문이다.[57] 소위원회는 여성 해방을 위한 물리적 조건을 강조했다. 그들이 발표한 〈공동 별장Communal Holiday Homes〉이라는 보고서 중 한 대목은 '직장 여성이 제대로 된 휴식과 휴가를 누리지 못하는 어려움'을 정면으로 다루었다. 그들이 구체적으로 제안한 집 유형으로는 "첫째, 어린 자녀들만 두어도 안심할 수 있는 집, (…) 둘째, 직장 여성이 쉬러 갈 수 있는 해변이나 전원에 있는 넓은 집" 등이 있었다.[58]

여성 협동조합 길드Women's Cooperative Guild는[59] 여성의 출산과 양육 등 무보수 노동을 인식하고 이를 보상받고자 또 다른 캠페인을 대대적으로 주도했다. 여성 참정권 운동을 이끈 지식인 모드 로이든Maude Royden은 "모성이란 여성에게 경제적 독립을 부여하는 일"이라고 주장했다.[60] 가족 기금 위원회The Family Endowment Committee는 모든 유자녀 여성에게 임신 때부터 아이가 5세가 될 때까지 금전적으로 지원해줄 것을 정부에 촉구했다. 심지어 〈타임스〉도 예산이 많이 드는 이 조치에 찬성하는 기사를 발표했다.[61] 안타깝게도 1920년대에 긴축이 부활하면서 이 계획은 전혀 빛을 보지 못했다.

전후 초기에 이 모든 위원회는 더 폭넓은 노동계급의 목소리를 대변하고자 했다. 그들은 '협동조합을 통한 구매와 판매'와 특히 '공동생활의 확산'을 제시함으로써 이를 토대로 사회생활에 변혁을 일으키겠다는 목표를 세웠다.[62]

진보적 부르주아 관료와 노조 대표는 "서로 긴밀하고 돈독한 유대를 맺고"[63] 대대적인 사회 개혁으로 더 정의로운 신사회를 건설하자고 약속했다.[64]

성인 교육 위원회The Adult Education Committee는 2년 이상 운영되었다. 옥스퍼드대학교 교수 A. L. 스미스Arthur Lionel Smith가 위원장을 맡았고, 노동당의 어니스트 베빈Ernest Bevin, 노조 운동가 프랭크 호지스Frank Hodges, 경제사학자 R. H. 토니 등 대표적인 재건주의자가 힘을 합쳐 1919년 10월 통찰력 있는 최종 보고서를 발표했다.

1918년 8월 교육법은 공립 초등학교의 전면 무상교육, 의무교육 연령을 12세에서 14세로 연장, 지자체에서 14세~16세 학생들에게[65] 제공하는 시간제 보습학교 등을 규정했다. 이에 힘입어 성인 교육 위원회는 경제적·정치적 의사결정의 근본적인 민주화를 요구했다.

위원회가 노동계급의 중심성이 새롭게 인정받은 것을 기리며 문장 전체를 대문자로 표기한 다음 선언문은 오늘날까지도 아직 달성되지 못한 이상을 표현하고 있다는 점에서 가히 획기적이다. "성인 교육은 국가의 항구적 필수 의무이자 시민에게 꼭 필요한 과정이기에 누구에게나 평생 제공되어야 한다."[66]

'체계적·지속적·사회적' 교육은 '공동체의 의무'로서, 노동자가 '생각 없이 일하던' 지난날에서 벗어나 '지식을 향한 욕구'를 폭넓게 충족할 수 있게 해야 했다.[67] 이처럼 직업 교육에 한정되지 않은 다양한 성인 교육은 기존의 하향식 교육이나 국가 주도의 세뇌식 교육과 완전히 달랐다.[68] 무엇보다 점점 확대되는 대중 교육 운동에 발맞춘 시의적절한 대응이었다.[69]

실제로 위원회는 노동자 교육 협회Workers' Educational Association와 같은 모든 형태의 '자원봉사 조직'을 지원하기 위해 '국가 보조금을 대폭 늘리는 방안'[70]을 계획했다. 노동자 교육 협회는 여러 지역에 걸쳐 수업과 독서 모임의 '네트워크'를 제공해 '952개의 노조, 노조 협의회 및 지부, 388개의 협동조합, 그 외 대중 교육 기관 등 총 2,555개의 단체'를 통합했다.[71] 다른 중추 교육 기관들도 국가의 보조금 지원하에 자본주의의 역사, 경제학, 사회주의 이론 등 다양한 과목을 개설해 노동자의 의식을 일깨우는 데 앞장섰다. 런던의 WM 칼리지Working Man College, 러스킨 칼리지Ruskin College, 노동자 칼리지Labor College 등은 '청년 노조원에게 고등교육을 제공하는 것이 중요하다는 노조 측의 신념'을 구현한 대학이었다.[72]

이론과 실천, 즉 '지식과 실질적 행동'을 연결하는 통찰력이 확산하고 있었다. "최근 실용 교육을 중시하는 운동과 단체의 노력으로 학문의 가치에 대한 믿음이 커지고 있다는 것은 정말 의미 있는 현상이다. 그들은 강의, 수업, 독서 모임을 꾸리거나 회원들에게 책을 제공하며 학문의 가치를 점점 더 적극적으로 전파하고 있다."[73] 당시 이탈리아에서 일어난 신질서 운동은 이러한 사상을 완전히 혁명적 결과로 발전시켰다(4장에서 자세히 후술한다).

성인 교육 위원회는 필수 경제 지식을 농촌 지역까지 전파하고자 했다. "농업 노동자 사이에서도 노조가 성장하고 있는 만큼, 노동자의 경험과 관점에서 접근하는 경제사와 경제학 수업을 원하는 수요자가 분명 있을 것이다."[74] 이처럼 시민의 문화 역량을 키우려는 비전은 야심 찬 대중교통 및 도시 계획으로 발전했다. 그 계획이 구현된 한 가지 예는 마을 회관Village Institute으로, 이는 '춤, 영화 상영, 음악회, 연극, 공개 강연, 전시회 등이 가능한 넓은 무대 공간'뿐 아니라 '공공 도서관과 지역 박물관'의 기능도 갖춘 '공동체 활동의 살아 있는 핵심'이었다.[75]

재건주의의 도달 범위

영국에서 1919년은 노동계급의 염원이 담긴 국영·국유화 계획이 본격 가동된 한 해였다. 여기에는 다음 장에서 살펴볼 석탄 산업뿐 아니라 운송·의료 부문도 포함되었다.

교통부에는 도로, 철도, 운하, 항만 등 모든 운송업을 국영화하고 전력 공급을 통제할 권한이 있었다.[76] 특히 철도 국유화 계획은 보수 세력을 술렁이게 했다. 상공회의소 소장은 이 법안을 '의회가 일으킨 혁명'이라고 묘사했다.[77] 그러나 〈타임스〉조차도 이에 대해서는 진보적 태도로 정부를 지지했다. 그리고 정부의 '교통 혁명'을 가리켜 "낡고 비효율적인 산업과 사회환경에 맞서 이제 막 시작된 새로운 전쟁에서 매우 중요한 무기 중 하나"라고 서술했다.[78]

마찬가지로 보건 행정을 중앙에서 관리하고 '궁극적으로 구빈법을 폐지'할 목적으로 1919년에 보건부도 창설되었다.[79] 의원들은 "국가와 개인이 소유한 가장 중요한 자산, 즉 국민의 건강을 국가가 책임지게" 하자고 말했다.[80]

의원들은 보건부 법안을 '기막힌 아이디어'라고 환영했다.[81] 그들은 '정당을 막론하고 사방에서 만장일치로 지지'를 보냈다.[82] 그리고 "'예방'과 '치료'가 엄격히 구별되는 시대는 이제 지났다."라는 데 의견이 모아졌다.[83] 비판이라고는 더 많은 혜택을 집어넣자는 것뿐이었다. 특히 정신 건강과 의학 연구 자금 지원과 관련해 보건부의 활동 권한을 강화하자는 쪽에 의원 다수가 찬성했다. 이 책의 2부에서 살펴보겠지만, 안타깝게도 보편적 의료보험은 전후기의 긴축정책에 희생될 운명을 맞는다.

이탈리아 정부 내 재건주의자도 국가 의료보험이라는 비슷한 야망을 품었다. 마리오 아비아테Mario Abbiate 의원의 이름을 딴 아비아테 위원회는 '모든 시민에게 보험을 확대'하자는 보편적 복지 개혁을 제안했는데, 이는 이탈리아 최대 노조 CGdL과 사회당의 요구를 상당 부분 수용한 것이었다.[84] 이 계획은 영국처럼 의료보험, 상해보험, 모성보호 등 사회 서비스를 하나의 사회보험으로 중앙집중화하고 단순화하자는 취지였다.[85] 위원회에 소속된 미켈레 피에트라발레와 동료들은 영국의 개혁에서 직접 영감을 받았다.[86] 당시 영국은 '떠오르는 신생 분야이자 고차원의 과제'인 광범위한 공중보건 업무를 '한 부처가 통솔'할 수 있게 보건부 신설을 추진하고 있었다.[87] CGdL의 지도자들은 영국보다 범위를 넓혀 더 낮은 연령의 노동자를 포함하고 특히 저임금노동자에게 더 많은 보상을 지원하는, 훨씬 포괄적이면서 '더 유연한 계획'을 추진했다.[88]

국민을 의료비 부담에서 해방해주려던 계획은 전후 자유당 정부에서 보류되었다가 나중에 파시스트 정권의 긴축 조치로 증발했다. 보편적 국가 의료보험은 이러한 좌절을 거쳐 1978년에야 현실화되었다. 그러다 1990년대 초 다시 긴축이 부활하면서 이러한 정부 프로그램은 조금씩 축소되었다.

하지만 1919년은 사회 개혁이 절정으로 무르익은 때였다. 그해 12월 군사지원부 차관인 자유민주당 마리오 체르메나티Mario Cermenati는 이탈리아가 '밑바닥'에서 시작해 '사회보험의 선두주자'로 올라섰을 뿐 아니라 나아가 '이를 더 확대할 의지'가 있다고 칭송했다.[89] 체르메나티가 낙관적이었던 이유는 개량주의의 가장 중요한 승리 세 가지만 언급해도 충분히 입증된다.

1919년 4월, 국가는 장해보험과 노령연금을[90] 의무화하고 모든 민간 부문 노동자에게 확대 보장하기로 했다.[91] 이는 초기 형태의 계급 간 재분배 시스템의 서막을 올린 것으로, 소작농, 사무직, 저소득 자영업자를 포함한 약 1,200만 명이 수혜자가 되었다.[92] 농업산업통상부 장관 아우구스토 치우펠리Augusto Ciuffelli는 의회에서 "국가가 국민에게 이행해야 할 의무를 인식"하고 "평화와 사회 정의의 대업"을 구현할 입법이 필요하다고 주장했다.[93]

개혁의 물결은 계속 이어져 1919년 농업 노동자를 위한 의무적 상해보험이 제도화되었다.[94] 이 법은 국가 개입, 즉 신설된 국민 상해보험 기금Cassa Nazionale Infortuni, CNI을 통해 중앙에서 관리되는 보험 제도가 계급 구조를 영영 변화시킬 것이라 우려한 지주와 상공회의소의 반대에 직면했지만 강력한 지지를 보낸 사회당 노조들을 비롯해 찬성론이 더 우세했다. 1918년 1월 상공회의소는 이 법에 반대하며 "이 법령은 정치적·재정적 후폭풍으로 노사관계에 지각변동을 일으킬 것이다."라고 경고하는 선언문을 발표했다.[95]

이 법은 처음으로 농업 노동자를 위한 상해보험을 의무화하고 고용주 부담과 별개로 자동으로 보상권이 주어지는 현대적 원칙을 적용했다. 이 개혁으로 산업 노동자에 이어 900만 명의 농업 노동자가 추가로 사회보호를 받게 됐다. 1921년 조반니 졸리티Giovanni Giolitti 총리는 자격 장벽을 낮추어 법의 적용 범위를 더욱 확대하는 명령을 발동했다. 그러나 1923년 무솔리니가 꺼내 든 긴축의 칼날은 졸리티의 명령을 즉시 무력화했다.[96]

마지막으로 이탈리아는 노조 지도자들의 요구를 가라앉힐 또 다른 수단인 실업 개혁의 선봉장이었다. 1917년 소련에서 제정된 법을 제외하면, 1919년 이탈리아의 법은 15세~65세 산업·농업·사무직 남녀 노동자를 아우르는 대규모 실업보험 의무화를 최초로 도입했다.[97] 이는 1920년 제정된 영국 법보다 훨씬 포괄적이었다.[98]

양극화와 분열

1916년 설립된 영국 노동부와 매우 비슷하게 전후기 이탈리아에서 설립된 노동 사회복지부의 재건주의 계획은 이중적 의미를 지니고 있었다.[99] 한편으로 프란체스코 니티의 명시적 목표는 노동계급을 보호하기 위해 국가 개입을 강화하겠다는 것이었다. 다른 한편으로 이러한 개혁은 생산관계를 조화롭게 해 허약해진 자본주의 체제를 반드시 존속시키겠다는 노력이었다.

20세기 초부터 사회당, CGdL, 전국 협동조합 연맹은 '노동문제를 해결할' 전담 행정 부처를 요구해왔다.[100] 전쟁 전의 자유당 정부는 이를 외면했다. 이 부처가 생긴다면 '계급부ₐ class ministry'가 될 것이라는 이유로 반대하는 목소리가 압도적이었다.[101] 그러나 전쟁 후 상황이 달라졌다. 전쟁이 낳은 새로운 역학관계는 우선순위를 바꿔놓았다. 노동계급의 처지를 헤아리고, 자본주의 체제를 거부하는 그들을 달래는 게 급선무였다. 정부는 사회와 노동을 개혁해 사회를 안정시키고자 했다. 실제로 니티의 신조이자 영국의 재건주의와도 상당 부분 겹치는 '생산성주의적 개량주의productivist reformism'를 지탱하려면 노동자와 국가 간의 협력 관계가 절실했다.[102] 이쯤 되면 재건주의에 내재한 근본적 양면성을 알 수 있다. 아무리 사회 안전망을 제공하는 복지국가라도 역시 그들은 사회통제 기능을 수행한다. 그리고 노동자는 노동권을 보장받고 복지 혜택이 제공된다면, 기성 체제에서 벗어날 이유가 별로 없을 것이었다.[103]

특히 일촉즉발의 사회 분위기 속에서도 대부분 사회 개혁은 사실 결과 면에서는 그다지 개혁적이지 않았다. '계몽적 계획'은 결과적으로 노동자를 달래기보다는 더 나은 미래를 향한 그들의 열망을 더욱 증폭했다. 개량파와 급진파 간에는 균열이 나타났다.

예컨대 CGdL은 장해보험과 노령연금을 옹호하는 한편, 평노동자는 보험 부담액에 항의하는 시위를 벌였다.[104] 1920년 여름 밀라노의 비앙키 자전거 공장 노동자들은 노동회의소 볼로냐 지부와 토리노 지부의 지원 아래 파업을 일으켰다. "우리는 혁명을 일으키기 직전인데 이런 사회보험이 무슨 소용인가? 우리가 곧 모든 권력을 갖게 된다면 뭐 하러 비용을 지불해야 하는가?"[105] 이러한 균열은 점점 더 깊어졌다. 1920년에 집권한 베니토 무솔리니는 자신이 창간한 신문 〈포폴로 디탈리아Il popolo d'Italia〉('이탈리아 인민'이라는 뜻-옮긴이)에 기고한 글에서 자유주의 국가는 물론 노조의 개량주의적 태도도 심각한 위기에 처했다고 주장했다.[106]

개량주의 정부가 기반이 부족했다는 점은 그들 스스로도 인정하지 않을 수 없을 만큼 뼈아프고도 분명했다. 그렇게 해서 노동부가 탄생했고, 1921년 1월 이탈리아 의회 소위원회는 신설된 노동부에 대해 "노동자는 이제 자신들의 이해관계를 보호할 최고 기관이 생겼을 뿐 아니라, 이 기관으로부터 노동자의 물질적·정신적 여건을 개선할 추가 개혁을 기대할 수 있게 됐다."라고 선언했다.[107]

사회 평화에 대한 간절한 염원으로 시작된 이탈리아 재건주의자의 계획은 실패했고, 결국 1922년 파시스트 정권이 들어섰다. 이 책에서 앞으로 살펴보겠지만, 파시스트의 긴축은 개혁의 시기를 한순간에 끝내고 역사상 가장 비타협적인 지배계급의 복귀를 알리는 신호탄이었다. 1923년 노동부의 해체는 파시스트가 새로 고안한 '회유책' 전략의 상징이었다.[108]

재건주의는 국민을 통합하기보다는 양극화했다. 한쪽에는 혁명을 계획하는 노동자가 버티고 있었는데, 그들을 눈엣가시로 본 국가는 훗날 긴축정책으로 맞불을 놓게 된다. 또 반대쪽에는 이 책 2부의 주인공이자 영향력 있는 경제학자들의 지지를 등에 업은 반동적 부르주아가 있었다. 그들은 '온정주의적 관료제' 국가를 강력히 반대하는 운동을 시작하고 긴축 무기를 꺼내 들었다. 긴축은 끓어오르는 혁명의 기운을 잠재웠을 뿐 아니라, 전후기의 복지 자본주의 원칙과 그 확장 가능성에 맞서는 방어 메커니즘으로 작동했다.

확실히 영국의 재건주의 사례는 이탈리아만큼 격렬하지는 않았지만, 이는 정도의 차이였을 뿐 결국 같은 유형이었다. 성숙한 자본주의 경제였던 영국에서 노동자 대표들이 더 깊숙이 국가기구에 융합된 건 사실이지만, 은근히 사회를 좀먹은 분열은 역시 영국도 피해 가지 못했다. 3장에서 살펴볼 영국 광부의 투쟁은 생산수단을 거머쥐고자 했던 그들의 요구가 결국 사회 개혁을 계기로 증폭한 과정을 보여준다. 1919년 존 생키가 석탄 위원회 보고서에서 언급했듯이, 탄광 노동자는 '임금인상과 노동시간 단축 등 물질적 조건의 개선' 그 이상을 원했다. 그들은 '자신들 역시 산업 발전에 기여하고 있는 만큼, 산업에서 정당한 몫과 이득을 얻으려는 더 높은 야망'을 점점 더 소리 높여 표출했다.[109] 기존 질서가 더 이상 위협받지 않으려면 영국 재무부 관료들은 공공지출이라는 '돈 낭비'에 반대해야 했다. 그리고 그들의 긴축 대장정은 제도권의 강력한 지지를 얻었다.

결론

제1차 세계대전 동안 영국과 이탈리아 정부는 정치적 결속을 위한 강력한 전략으로 전례 없는 대규모 사회복지정책을 활용했다. 자유방임 자본주의가 계급주의적 편향을 드러내던 순간, 국가는 자본주의 체제가 제풀에 소멸하지 않도록 경제에 개입해 재분배 정책을 펼쳤다. 전쟁 직후 재건주의자는 이 전략을 더욱 강력히 밀어붙였다. 공정한 개혁으로 대중의 불만을 누그러뜨리고 노동자를 달래겠다는 심산이었다. 그리고 이들 대중과 노동계급이 사회경제적으로 부르주아 질서에서 벗어나면 결국 그들 자신만 손해를 보는 구조를 유지하려 했다. 그중 한 가지 회유책은 사회적 포용을 토대로 야심 차게 사회를 재건하겠다는 계획이었다. 그리고 그 계획에 가장 앞장선 이들은 영국 재건부와 그 산하의 수많은 계몽적인 위원회, 이탈리아의 노동 사회복지부처럼 국가기구 내에서 노동자의 목소리를 대변하는 부처들이었다.

근본적으로 재건주의가 자기 보존이라는 실존적 문제의 발로였다는 데에는 의심의 여지가 없다. 개혁은 부르주아 중심의 사회 계약이 즉시 무너지지 않게 막으려는 보호장치였다. 그러나 역설적이게도 재건주의자가 자기 보존을 위해 꺼내 든 카드는 그 자체로 자본주의를, 혹은 적어도 '순수' 자유방임 자본주의를 심각하게 위협했다.

실제로 전후 재건으로 경제체제의 우선순위는 개인의 이윤 추구에서 집단의 사회적 필요로 완전히 바뀌었다. 자원은 민간 자본에서 집단으로 이전되었다. 예를 들면 세수입과 신용 창출로 생성된 돈이 저축자, 투자자의 주머니로 가는 대신 공중보건, 교육 프로그램에 쓰였다.

전쟁이 끝난 후 많은 사람이 '낡은 경제 교리'를 버리고 '진보의 삼위일체', 즉 확장적 재정정책, 확장적 통화정책 그리고 인격 없는 시장 법칙을 거스르는 포용적 산업정책으로 마음을 돌렸다. 개인의 행위 주체성을 긍정한 재건주의자는 사회 분배정책에 그간 '경제적 한계선'을 그었던 예산 제약을 풀어 던지기로 했다. 이처럼 '새로운 사회'를 위한 계획은 여성의 권리를 신장한 공동생활의 확산부터 노동자의 권리와 사회주의 이론을 가르친 노동자 학교 지원에 이르기까지 노동계급 해방에 폭넓게 이바지했다.

결국 전통적인 경제 교리는 두 적과 싸워야 했다. 하나는 민간 자본 축적을 방해하고 사회 재분배를 강조함으로써 순수 자유방임 자본주의에 대적한 재건주의자였다. 그러나 동시에 등장한 다른 하나가 분명 더 강적이었으니, 바로 자본주의의 근본 자체에 반기를 들고 재건주의 개혁 이후 더욱 대담해진 혁명의 열기였다. 노동자들은 사회 재분배에 만족하기보다는 오히려 더 불끈 결의를 다졌다. 1919년~1920년은 그들이 대거로 집결해 생산수단의 사유화와 임금 관계를 극복할 대안적 사회경제체제를 부르짖은 시기로 특징지을 수 있다.

개혁과 노동자의 의식 세계는 상호 강화적인 관계를 이루며 폭발적인 시너지 효과를 일으켰다. 아이러니하게도 어떤 혁명을 피하려고 시장의 철칙을 우회한 개량주의자들이 실제로는 다른 혁명을 촉발하는 풍선효과를 낳았다. 이렇게 마치 잿더미에 숨은 잔불처럼 자본주의를 검게 물들인 급진적 운동에 관한 이야기가 다음 3장에서 만나볼 주제다.

03   경제 민주화를 위한 투쟁

경제 운동은 급속히 정치 운동으로 변모해갔다. 노동자의 세력이 전보다 훨씬 커졌고 그들 스스로도 이를 인식해서이기도 하지만, 그들이 주장하는 경제적 요구가 전체 자본주의 질서에 대해 꾸준히 누적되어온 적대감으로 촉발된 것이 더 큰 이유다. 노동자는 스스로 더 강해졌다고 느낄 뿐 아니라 자본주의가 불안정하다는 확신도 커졌다.

－ G. D. H. 콜George Douglas Howard Cole, 《산업의 혼돈과 질서Chaos and Order in Industry》[1]

자본주의는 제1차 세계대전 중 민낯이 드러나면서 정당성의 위기를 맞았다. 국가는 경제에 개입함으로써 기존의 한계를 넘어 정치적 운신의 폭을 넓혔고, 그 덕에 사회경제적 관계에서 더 다양한 아이디어를 실험할 수 있는 여지가 생겼다. 한마디로 전쟁기에 국가의 통제로 달라진 사회 환경은 그 직전까지 상식적·합리적으로 정당화되던 기성 체제를 무너뜨렸다. 2장에서는 이러한 붕괴가 전후 재건주의 정신과 사회 개혁이라는 회유책을 통해 분명히 나타났음을 자세히 설명했다. 지금부터는 정당성을 잃은 자본주의 정부가 더 깊은 나락으로 빠져든 과정을 살펴볼 것이다. 이때부터 자본주의의 핵심인 이윤의 동기뿐 아니라 자본주의의 근본적인 두 기둥인 생산수단의 사유화와 임금 관계에 의문이 제기되기 시작했다.

전쟁이 끝난 후, 유럽 전역의 노동자는 이윤보다는 사용이 생산의 주목적이 되어야 한다고 믿기 시작했다. 사유재산보다 공유재산을, 노동의 상품화보다 자유를 더 원했다. 전쟁 후 이탈리아와 특히 영국의 노동운동에 내재했던 힘과 혁명적 의미는 그 후 수십 년이 지나며 노동 역사학자의 관심에서 대체로 멀어졌다. 이 장 첫머리의 인용구를 쓴 정치학자 겸 경제학자 G. D. H. 콜은 1958년 저서 《사회주의 사상사, 4권A History of Socialist Thought, Vol. 4》에서, "나는 영국에서 혁명이 일어날 뻔한 적은 한 번도 없었음을 분명히 밝히고자 했다."라고 썼다.[2] 이 발언은 과거 그가 당대의 사회를 묘사한 방식과 완전히 달라진 것이었다. 이를테면 그는 1919년만 해도 "나는 현재의 경제 질서가 무너지고 있으며, 완전한 붕괴는 수십 년도 아닌 수년 안에 이루어질 것이라고 확신한다."라고 썼다.[3] 그는 그때까지 자본주의를 단단히 묶어주던 것, 즉 "자본주의는 대체 불가라는 대세론"[4]이 무너지고 있다고 주장했다.

실제로 1919년~1920년의 붉은 2년 동안 유럽 각지에서 일어난 사건은 집단적 상상력을 촉발했다. 개량주의-사회주의자인 피에트로 네니Pietro Nenni는 위기는 상호 연결되고 초국가적인 특성이 있다며 이렇게 썼다. "독일의 호엔촐레른 가문의 몰락, 합스부르크 제국의 해체 및 마지막 황제의 도피, 베를린의 스파르타쿠스 봉기, 헝가리의 볼셰비키 혁명, 바이에른 평의회 공화국의 탄생은 (…) 구세계는 무너져가고 새로운 사회질서의 신세계가 왔다는 희망과 상상력을 자극했다."[5]

이 시기에 자본주의가 무너지고 있었다고 주장하는 사람이 있다면(필자를 포함해) 당시 영국과 이탈리아에서 전례 없이 급증한 쟁의 행위를 그 근거로 들 수 있다. 전후기 노동자는 민주주의 사회를 이룩할 새로운 생산관계를 추구했다.

　노동운동의 본질은 노동자의 생산 지배권 쟁취다. 그럼으로써 노동자가 자본주의 산업 시스템을 완전히는 아니더라도 부분적으로나마 대체해 새로운 산업 질서로 나아가자는 취지다. 콜은 소싯적에 이렇게 설명했다. "그러나 노동자가 생산수단을 장악하려는 주목적은 이윤을 가져오거나 공유하는 게 아니라 산업의 진정한 민주화를 이룩하고 자신들의 노동 조건을 스스로 제어할 수 있도록 노조 활동을 보장받는 것이다. 부당이득자의 저주에서 벗어나기 위한 노동자의 해결책은 이윤 자체를 공유하는 것이 아니라 민주적 지배 시스템과 산업의 공유화를 결합하는 것이었다."[6] 노동자 지배권 운동처럼 급진적인 운동을 펼치려면 다양한 전략을 배치해야 했다. 이 장에서는 그 구체적인 세 가지로 영국 광부의 국유화 투쟁, 이탈리아 협동조합의 부상, 영국 길드의 확산을 설명하겠다.

역사를 뒤흔든 노동계급의 반란

1918년에 새로운 선거법으로 재산에 상관없이 모든 남성이 참정권을 획득했고, 영국에서는 제한적으로나마 여성도 참정권을 얻었다.[7] 달리 말하면 이제 노동자의 관심사가 정치 지형을 바꿀 수 있게 되었다.

　영국에서는 변화한 선거 판도에 힘입어(법 개정으로 유권자 수가 520만 명에서 1,290만 명으로 늘어났다) 노동당이 중심으로 우뚝 섰다. 노동당은 전쟁 전보다 여덟 배 많은 450만 표를 얻어 보수당의 가장 큰 적수였던 자유당을 밀어냈다. 1918년 선언한 강령처럼[8] 생산수단을 장악하자는 그들의 고결한 야망에 진정성이 있는지에 대해서는 사람마다 생각이 다르겠지만, 영국 역사학자 에릭 홉스봄Eric Hobsbawm이 평한 이 시기의 특징만큼은 부인할 수 없다. "역사상 처음으로 프롤레타리아 정당이 여당을 가장 위협할 만한 대안으로 올라섰다. 이제 중산계급은 세력이 강해진 노동계급을 두려워하고, 그에 따라 자신이 가진 것을 정부에 빼앗길까 봐 조마조마해졌다. 그들에게는 노동당 지도자들이 약속하거나 이행한 것보다, 그저 당의 존재 자체가 위협적이었다. 한 대중 정당이 전국에 잠재적인 소비에트 혁명의 붉은 그림자를 어렴풋이 드리웠으니 말이다."[9]

1919년 11월 이탈리아 선거에서는 자본 축적에 훨씬 더 위협적인 결과가 나타났다. 사회당과 인민당이[10] 의회에서 총 508석 중 256석으로 과반을 차지한 것이다. 사회당 혼자서 184만 600표를 얻어 전체 의회의 32%인 156명의 의원을 배출한 반면, 전통적인 자유당은 거의 전멸했다. 1920년 사회당은 4,367개의 지역구에 출마해, 전체 지자체장의 3분의 1(약 2,800개 코뮌 포함)과 지방 의원의 약 3분의 1 이상씩 자리를 차지했다.[11] 또 그들은 8,000개의 협동조합도 지휘했다. 이는 무시할 수 없는 위업이었고, 당의 급진적 성향이 전쟁 이후 호응을 얻은 것도 승리 요인 중 하나였다.[12] 그들은 "국가 부채를 억제하고 금융자본, 주택, 교통, 대농장, 대규모 산업 및 상업을 사회화"한다는 목표를 추구했다.[13]

더 과감하게도 사회당은 어떤 형태의 의회제도 거부했다. 그들은 혁명을 명확한 기치로 내걸면서도 선거라는 제도적 장치를 이용해 투쟁했다. 이렇게 공산주의 원칙을 가장 강력한 방식으로 전파한 그들은 "부르주아 지배 제도를 하루빨리 철폐하고자" 했다.[14] 따라서 그들에게 선거란 노동계급으로 권력을 이동하기 위한 수단이자 노동계급의 정신을 일깨울 강력한 무기였다. 프롤레타리아 정당이 힘을 키우는 동안 노조들도 성장했다. 영국과 이탈리아 모두에서 정당과 노조가 구조적으로 상호 연결되었다.

세계의 산업 수도인 영국에서는 1914년부터 1918년까지 노조원 수가 400만 명에서 650만 명으로 늘어났고, 결국 1920년에는 약 840만 명이 되어 신기록을 찍었다. 불과 6년 만에 노조 수는 두 배 늘어났고, 전체 노동인구의 40%가 노조에 가입했다. 이탈리아에서도 그 확장세가 굉장했다. 도시와 농촌까지 파고든 프롤레타리아 노조들의 기세는 전과 비교할 수 없을 정도로 커져, 전쟁 전보다 다섯 배 늘어난 약 380만 명이 시위에 참여했다. 게다가 사회주의 노조들이 압도적으로 인기였다. CGdL은 놀라울 정도로 성장했다. 전쟁이 끝나고 불과 2년 만에 가입자가 여덟 배 증가해 1920년에는 200만 명에 이르렀다.[15] CGdL의 가맹 조직은 특히 전투적이었다. 농업 노동자가 모인 '적색 동맹'인 전국 농업 노동자 연맹 FEDERTERRA과 금속 노동자의 '적색 노조'인 FIOM이 대표적이었다.

노조원 수가 급증한 것은 주로 전쟁기에 여성, 비숙련·반숙련 노동자 등 신규 취업자 (및 새로운 직업군의 노동자)가 합류한 결과였다.[16] 전쟁은 '전투력이 훨씬 업그레이드된 신노동계급'을 탄생시켰고, 그들은 별로 잃을 게 없었다. 1장에서 알 수 있었듯, 이 노동자들은 전쟁 집산주의로 깊이 정치 세력화되었고, 남에게 예속되는 데 참지 않았다. 그리고 일손을 놓고 직접 거리로 나섬으로써 급성장하는 자신들의 힘을 가장 생생하게 표출했다.

파업의 성과

전쟁 후 영국에서는 계급 간 긴장이 고조되고, 전쟁 전 파업이 가장 잦았던 해인 1912년보다 두 배나 파업이 늘어났다. 이러한 추세는 1919년에 절정에 이르러, 파업으로 손실된 근무일이 전년보다 여섯 배 많은 약 3,500만 근무일, 파업에 가담한 노동자가 일평균 10만 명에 달했다.[17] 광부, 철도 노동자, 운송 노동자, 항만 노동자뿐 아니라 경찰관, 전현직 군인, 기자, 도장공, 교사, 농장 노동자, 방직공, 그 외 많은 노동자 집단이 고용주나 국가에 맞서 거리로 나섰다.

1919년에서 1920년 사이 〈데일리 헤럴드〉를 쭉 훑어보면 영국 노동자가 들고일어났다는 내용의 기사가 셀 수 없이 자주 등장한다. 이를 통해 "당시 영국에 그 어느 때보다 광범위하고 뿌리 깊은 불만이 쌓여 있었다는 사실은 누가 봐도 명백했음"을 알 수 있다.[18]

1919년 7월 한 달 동안에만 광부가 전국에서 파업을 벌였고, 제빵사는 야간 노동에 반대하는 전국적 파업을 준비했으며, 경찰은 가두시위를 벌이기 직전이었다. 특히 경찰도 스스로 노동자라고 강력히 주장하며 노조를 결성하겠다고 투쟁하자, 정치적 긴장이 감돌았다. 이처럼 법과 질서를 지키는 세력도 정부 편이 아니었다.[19] 1919년 8월 리버풀 경찰의 파업은 다른 산업계 노동자와 연대해 엄청난 규모의 폭동으로 이어지는 바람에, 결국 군대가 출동해야 했다.[20] 한편 목공, 재단사, 요리사, 철강 노동자, 군인, 건축공도 지배권을 쟁취하거나 적어도 노동 조건을 개선하기 위해 싸웠다.

'광란의 파업scioperomania'이라는 이름에서 알 수 있듯 여기서 이탈리아를 빼놓을 수는 없다. 1919년 이탈리아에서 기록한 파업 횟수는 전쟁 전보다 두 배 이상 증가했으며, 영국처럼 전쟁기에서 평화기로 전환하는 동안 여섯 배 이상 증가했다. 1919년 농업과 산업 분야에서 쟁의로 손실된 근무일수는 2,200만 일이 넘었고, 1920년에는 약 3,100만 일로 늘어났다.[21] 1920년 파업 건수는 계속 증가했고, 약 231만 4,000명(산업 노동자 126만 8,000명, 농업 노동자 104만 5,732명)이 참여했다. 이는 산업, 건설업, 농업, 광업 등 자본주의 생산 부문의 노동력 중 약 50%에 해당했다.[22]

〈데일리 헤럴드〉가 영국 전역의 파업 상황을 현장감 있게 전달했다면, 이탈리아에서는 전쟁 후 노동자와 농민 구독자가 급증한 사회주의 신문 〈아반티〉가 자국의 상황을 생생히 보도했다. 〈아반티〉는 1920년 4월 2일 '노동계급의 사나운 전투'라는 제목의 기사를 내보내고 거의 한 달간 지속된 전국의 공무원 파업을 경과에 따라 기록했다.[23] 파다니아에서는 농업 노동자, 브레시아에서는 제빵사, 베르가모에서는 건설 노동자, 카살레몬페라토에서는 철도원, 밀라노에서는 전신 노동자 그리고 토리노, 피렌체, 파비아 등지에서는 금속 노동자가 파업을 벌였다. 다음 날 〈아반티〉는 '매일 싸워야 하는 프롤레타리아트'라는 제목을 달고 제지 공장 노동자 3만 명의 파업을 비롯해, 만토바에서의 석공 파업, 몬차에서의 가스 공장 노동자 파업, 포를리에서의 농민 집회 그리고 격렬한 파업 후 임금인상안에 타결한 밀라노 섬유 노동자의 소식을 전했다. 4월 한 달에만 이탈리아는 파업 195건, 참가자 수 22만 9,960명, 손실된 근무 일수 245만 4,012일을 기록했다.[24] 여성은 파업 참여도도 높았을 뿐 아니라 심지어 여러 산업에서 파업을 주도하기도 했다. 특히 가장 전투적인 파업이었던 섬유 노동자의 파업은 여성 참가자 수가 남성 참가자보다 3 대 1로 많았다(예컨대 1919년에는 여성 14만 8,832명, 남성 4만 4,991명이 참가했다).[25]

언론에서는 노동자의 투쟁뿐 아니라 그들의 유례없는 성과도 보도했다. 전국적으로 노동자는 경제권과 피선거권도 획득했다.[26] 1921년 이탈리아 산업 노동자의 일평균 명목임금은 전쟁 전 수준에 비해 다섯 배, 약 400% 증가했다.[27] 이는 전례 없는 진기록으로, 영국 산업이 발전한 20년 동안(1890년~1910년) 평균 명목임금의 '자연스러운' 인상분은 총 53%에 불과했기 때문이다. 1920년 영국 육체노동자의 주당 명목임금은 전쟁 전보다 178%나 훌쩍 올라, 1910년의 1.26파운드에서 최고 3.70파운드까지 뛰었다.[28] 전쟁 전 100년 동안 영국에서 평균 주급이 연 0.10파운드 이상 오른 적이 없다는 점을 감안하면 얼마나 놀라운 수준인지 감이 올 것이다.[29] 붉은 2년 동안 이탈리아와 영국 노동자들은 하루 여덟 시간 근무제를 외치며 싸웠고, 또 원하는 바를 얻었다. 〈아반티〉는 의기양양하게 이 성

과를 "전에 없던 쾌거이자 (…) 세계 프롤레타리아 운동 역사상 최초의 승리"라며 환영했다.[30]

시위와 혁명

노동자의 시위가 확산할수록 그들의 목표도 진화했다. 산업의 이해관계를 둘러싼 쟁의 행동으로 시작된 것이 나중에는 정치적·국제적 규모로 확대되었다.

영국과 이탈리아 노동자는 국내외 부유층이 벌인 반反소비에트 공세에 맞서기 위해 러시아 그리고 헝가리 노동자와 연대했다. 영국에서 가장 높이 평가된 사례는 졸리 조지Jolly George 화물선 사건이다. 영국 정부는 소비에트 러시아와 폴란드 간 전쟁에서 폴란드에 군수품을 지원했으나, 영국 항만 노동자가 보급선 운항을 방해했다.[31]

에식스주 하위치Harwich에서 폴란드로 무기를 운반하기로 한 졸리 조지 임대 화물선은 항만 노동자들이 화물 선적을 저지하는 데 성공한 후 세계적으로 유명해졌다. 이 사건은 파업 방해꾼을 동원해봤자, 벌 떼처럼 동정파업만 자극하게 된다는 것을 확실히 보여주었다. (…) 심지어 러시아에서는 영국에서 혁명이 일어났다는 소문이 났고 한동안 그렇게 믿기기까지 했다. 그도 그럴 것이, 영국 노동자는 격한 감정의 소용돌이에 휩싸였다. 그들에게 졸리 조지 사건은 그 자체로는 사소했을지라도, 자본주의-제국주의 적들에 맞서 러시아 혁명을 지지하는 국제적 연대를 상징했기에 의미가 남달랐다.[32]

한 달 후인 1919년 7월 20과 21일, CGdL과 이탈리아 사회당은 총파업을 벌이고는 전국의 노동자에게 투쟁 중인 러시아 동지들과 뜻을 함께하는 행진에 나서자고 촉구했다. 이후 1920년 6월 군인과 노동자는 앙코나에서 군 막사를 장악하고, 당시 이탈리아가 점령한 알바니아로 진군하기를 거부했다.[33] 이에 자극받은 사람들은 이탈리아 전역에 연대 파업과 대중 봉기를 일으켰고, 무기 생산에 반대했으며, 이탈리아 군인을 전원 송환하라고 요구했다. 결국 이탈리아는 알바니아의 독립을 정식으로 인정하고 파병을 중단했다. 그러나 전후기에 파업의 정치화는 외교문제에 있어서 국가와 직접 대립했다는 것 이상을 의미했다. 경제적 운동 '자체'가 더없이 정치적이 되었다.

이전에는 노동자의 요구가 근무시간 단축이나 임금인상과 같이 철저히 경제적 측면에 한정되었다면, 이제는 (사실상 고용주가 된) 국가와 직접적으로 관련된 제도적 측면으로 초점이 옮겨졌다. 고용주를 향하던 산업 투쟁은 국가가 생산에 직접 개입하게 된 직후 국가를 향한 정치 투쟁으로 발전할 수밖에 없었다. 따라서 노동자는 생산 과정의 민주적 통제에 권력을 사용하라고 국가에 요구했다.[34] 영국의 항만 노동자 제임스 섹스턴James Sexton은 "정치문제와 산업문제를 분리하는 것은 불가능까지는 아니더라도 상당히 어렵다."라고 말했다.[35]

더욱이 동요의 주된 원인은 당장 국가가 개입해서 경제적 이윤을 재분배해달라는 요구가 더 이상 아니었다. 오히려 그 반대로, 가장 큰 동기 부여 요인은 사회 혁명이었다. 1919년 2월 영국 정부의 한 문서는 이러한 변화를 강조했다. "최근 노동자가 동요하는 근본적 원인은 기존 자본주의 산업 구조 전체에 도전하려는 그들의 결의가 점점 굳세지고 있다는 점"에서 찾을 수 있었다. 이제 그들의 불만은 "어느 특정 시점에 특정 산업에서만" 발견되는 성질을 넘어섰다.[36]

노동자들은 자본주의의 핵심 전제를 부정했다. 영국의 한 보고서에 따르면 그들은 "자신의 노동력이 노동시장에서 상품으로 사고팔리는 시스템을 더는 순순히 받아들일 수 없었다."[37] 자신들을 "'손'만 쓰는 공장 설비의 일부로 취급하지 말고, 손과 머리를 써서 소수가 아닌 공동체의 이익을 위해 능력을 발휘할 권리가 있는 인간"으로 대우해달라고 요구했다.[38]

영국의 광부 노조 지도자인 프랭크 호지스는 이 운동을 자본주의로부터의 독립선언이라고 표현했다. "노동자는 자신이 하는 일의 사회적 목적을 알고 싶어 한다. 한마디로 직접 생산한 완성품에 자신의 온전한 인격이 각인되는 보람을 원한다. 자신의 존재 자체를 그저 시장 상품으로 바꾸는 시스템의 손에 플라스틱 점토처럼 주물러지기를 거부한다."[39]

이탈리아에서는 자치권을 원하는 노동자의 열기가 전국의 공장과 농장에 들불처럼 퍼졌다. 북부의 산업 노동자는 계속해서 생산수단의 지배권을 요구했다. 농업 노동자는 1920년 한 해에 총 50일간 꾸준히 도시로 집회를 나가, 피에몬테주와 롬바르디아주의 광범위한 지역(노바라, 파비아, 베르첼리, 보게라, 카살레몬페라토, 모르타라, 비엘라, 알레산드리아 등)에서 농업 생산이 마비될 정도였다.[40] 1920년 3월을 시작으로 이 파업에는 30만 명 이상이 참여했다. 그들의 요구는 보편적 최저임금제, 명실상부한 고용 기구 신설 등 경제적 측면도 있었지만, 가장 중요한 요구는 정치적이었다. 농업 노동자는 마침내 생산 과정에서의 지배권을 얻어냈고, 자신들이 세운 직업소개소를 공인받았다.[41]

1920년의 무수한 혁명 운동 중에서 특히 눈에 띄는 건 볼로냐 지역의 메디치나에서 일어난 농민 봉기다. 3월 22일부터 이튿날 저녁까지 농민들은 "곡괭이, 삽, 낫을 든 채 공산주의 인터내셔널을 외치고 노동가를 부르며 재결합을 기념하는 행진"을 벌였다.[42] 그들의 모습은 놀라운 결속력과 조직력을 보였다. 몇 달 후 이 사건을 다룬 한 특집 기사에서 사회주의 지도자 안젤로 타스카Angelo Tasca는 농민이 노동계급의 '가장 자명한 진리', 즉 '생산 과정을 스스로 책임지는 것'을 몸소 보여주었다고 평했다. 타스카는 고용을 조정하는 직업소개소, 기계와 비료를 공급하는 생산 협동조합 등 메디치나 농민이 운영하는 자치 조직 사례를 자세히 설명했다. 생산의 기술적 문제를 논의하기 위해 자발적으로 결성한 각 지역의 '평의회'도 흔히 볼 수 있었다. 그들은 생산 계획을 세울 때 자본 논리가 아닌 '사람들에게 필요한 영양'을 먼저 생각했다. 이를테면 산업용 대마 대신 곡물, 쌀, 약초를 재배했다. 한 농민은 언론 인터뷰에서 "모두에게 필요한 식량부터 생산하는 게 우선이고, 이윤은 그다음이다."라고 말했다. 메디치나 농민은 시민적 차원에서 자본주의의 전복에 앞장선 본보기였다.

전반적으로 1919년~1920년의 붉은 2년에는 노동자가 토지와 산업에 지배권을 요구하는 목소리가 절정에 이르렀다. 지배권 문제는 평노동자 사이의 주된 관심사인 동시에 주요 노조의 공식 강령에도 포함되어, 영국과 이탈리아에서 전후기 노동운동의 가장 중요한 정치적 요구 중 하나가 되었다.[43]

지금부터는 자본주의 이후의 사회에서 공동의 목표를 위해 투쟁한 광부 노조 운동, 농민 협동조합, 건축 길드를 살펴보겠다.

생키 위원회: 노동자의 권리를 확보하다

지배권을 쟁취한 광부들

제1차 세계대전 시기에 영국 광업은 하나의 산업으로서 중요도가 현저히 커지고, 고용 시장 내에서 노동자의 계급의식도 확연히 높아졌다. 전시에 광산이 국영화된 이래 결국에는 영국 광부 연맹Miners Federation of Great Britain,

MFGB이 공식적으로 인정받는 등 광부의 처우가 상당히 개선되었다. 전후기에 광부는 국가와의 직접 교섭을 성사함으로써 이후 대담한 계획을 실행에 옮길 발판을 갖추었다. 전쟁이 끝날 무렵, 광부 노조는 전국적으로 강력한 힘을 형성해 타 산업계의 다양한 노조와 적극적으로 연대를 맺었다. 노조원 수는 100만 명에 달해 영국 최대의 노조로 성장했다. 1919년에는 전국에 약 여덟 명 중 한 명꼴로 광산촌에 살거나 그곳 출신이었다. 광부 사회는 "노동계급의 쓰라린 상처와 결속력이 영국의 그 어떤 산업과도 비교할 수 없는" 곳이었다.[44]

전쟁이 끝난 후에도 광업은 여전히 사실상 국영화 상태였다. 그러던 중 1919년 1월 31일, MFGB는 정부에 기본급 30% 인상, 하루 여섯 시간 근무, 광산 국유화, 공동 지배권을 요구했다. 그리고 요구가 전부 충족되지 않으면 전국 파업을 벌이겠다고 경고했다.

정치적 상황은 노동자에게 유리했다. 전쟁 후 영국은 석탄이 부족했다. MFGB가 파업하면 에너지를 공급받지 못하는 각 가정은 물론, 전쟁기에서 막 벗어나 해외시장을 탈환하려 노력하던(운송에는 석탄이 꼭 필요하다) 산업계도 타격을 입을 것이었다. 게다가 위험도 매우 컸다. 정치 상황은 예측할 수 없었다. 전국적으로 산업계가 뒤숭숭한 가운데 광부의 파업은 어쩌면 정치를 마비시킬지도 모를 일이었다. 스코틀랜드 사회주의자 존 매클린 John Maclean과 MFGB의 다른 고위 간부는 "광부 노조가 노동시간과 임금 조건을 놓고 파업에 돌입하면 타 업종 노동자 수백만 명이 가담하는 대중 동원으로 이어져 혁명까지 가능하리라고 보았다."[45] 완전히 뜬금없는 발상은 아니었다. 1919년 초, 영국 정부의 자체 평가에 따르면 법과 질서의 힘에 기대기엔 역부족이었다. 만약 격변이 터져도 수습하기 힘들 듯했다.

내각 측 증거에 따르면 장관 대부분은 광부들의 요구를 못마땅해했다. 그러나 "긴급한 비상 상황이었기에"[46] 내각은 재건주의적 접근법을 택했다. 그래서 불편부당한 정부 위원회를 열어 법관 존 생키 의장이 중립적 위치에서 광부들의 요구를 검토하게 하자고 제안했다. 〈타임스〉는 석탄 위원회가 출범하게 된 긴장된 상황을 자세히 설명하며, 위원회가 끝없는 파업 재발의 위협을 피하게끔 '숨 돌릴 틈'을 줄 것이라고 평했다. "일주일 전만 해도 팽팽한 긴장감이 감돌았다. 누구도 비껴가지 못할 너무나 파괴적이고 거대한 폭풍이 다가오는 듯했다. 그러나 오늘은 날씨가 맑게 갰다. (…) 아직도 광부들이 언제든 들고일어나지 않으리란 보장은 없지만 (…) 그들은 오늘 열리는 석탄 위원회에서 자신들의 정당하고 현실적인 요구를 관철할 기회를 얻을 것이다."[47]

광산 노조 지도자들은 위원회의 절반(나머지 절반은 자본가 측 대표)을 MFGB가 지명한다는 조건을 걸고 이 제안을 받아들였다.[48] 그들은 노조에서 가장 카리스마 있는 고위 간부 세 명을 택했다. MFGB 회장 로버트 스밀리Robert Smillie, 사무총장 프랭크 호지스, 부회장 겸 요크셔 광부 노조 연맹장인 허버트 스미스Herbert Smith였다. 또한 앞 장에서 자세히 설명한 재건주의 성향의 전문가 세 명으로 경제학자 레오 치오자 머니와 시드니 웹Sidney Webb, 사회주의 역사학자 R. H. 토니도 지명했다.

세월이 흘러 일부 후대 역사학자는[49] 생키 위원회를 광부의 혁명 가능성을 억제한 시간 벌기의 사례로 보는 경향이 있지만, 여기서 노동자가 역사에 한 획을 그었다는 건 부정할 수 없다. 자본주의의 두 기둥에 도전한 그들은 자본주의 요새의 입구로 성큼 들어섰다. 광부의 파업과 그로 인해 초래될 생산 마비에 대한 우려는 의회와 언론을 비롯해 영국 제도권의 중심을 흔들 만큼 격렬한 정치 논쟁을 일으켰다.

자본주의 체제의 허점

영국 정부와의 협상에서 광부 대표 세 명과 경제 전문가 세 명은 모두 자유 시장 자본주의는 문제가 있고 대책이 필요하다는 기본 관점에 동의했다. 스밀리와 호지스는 공개 연설에서 자본주의를 '구체제the old regime'라고 표현했다.[50] 생산의 동력으로 인정되던 민간의 생산 주도권과 민간 이윤 제도가 이제는 심판대에 올라 철저한 조사와 공개적 질타를 받았다.[51] "위원회가 모인 장소가 왕이 상원 앞에 나서기 전 예복을 갖춰 입는 환복실이었다는 사실이 이번 자리에 더욱 의미심장한 인상을 부여"했다.[52]

전 국민의 눈과 귀가 쏠린 가운데 열린 청문회는 사유재산과 민간 기업계라는 불가침의 영역에 통렬한 일격을 가한 자리였다.[53] 미국 산업 연구국 American Bureau of Industrial Research의 아서 글리슨Arthur H. Gleason은 "공식적인 산업 청문회치고 이 정도로 거침없이 자유로운 질문이 허용된 건 처음이다. 이번 청문회에서는 한 광부가 끝없는 질문 공세로 백만장자 고용주를 궁지로 몰아넣는 광경이 연출되었다."라고 말했다.[54]

실제로 1차 청문회는 부르주아 언론에서도 노동자의 승리였다고 공개적으로 인정했다. 〈데일리 뉴스Daily News〉는 "참석자 중 누구도 심판받는 사람은 광부가 아니라 광산 소유주라는 인상을 지울 수 없었다."라고 보도했다.[55] 또한 〈타임스〉도 "중립적인 독자라면 한 가지 사실만큼에는 이견이 없을 것이다. 노사정 세 당사자 가운데 광부들이 제일 빛났다. 광부들은 논리정연했을 뿐 아니라, 정부나 광산 소유주보다 뛰어난 논거를 제시했다."[56]

청문회는 단순히 광부들이 자신의 목적을 이루기 위해 세력을 과시하는 무대가 아니었다. 그보다 그들은 전쟁 전부터 깊은 나락으로 고꾸라지던 자본주의 경쟁 체제의 허점을 까발렸다. 광부의 암울한 노동 여건을 들추고,[57] 자본주의의 구조적 결함을 비판했다. 경제의 비효율성은 "개인의 능력 부족 때문이라 판단해선 안 되었다."[58] 그보다 비효율성은 시장 경쟁의 부작용에서 비롯된 것으로, 이는 중앙에서 자원을 추출하고 사용하는 합리적 방법을 계획하는 걸 방해했다. 그리고 이런 시스템에서 당연히 개인 자본가는 노동자에게 더 박한 임금에 더 많은 일을 시키고 공공재를 아껴 쓰게 했다. 영국 최대의 산업인 광업에 있어서 보이지 않는 손은 애덤 스미스의 약속과 달리 최적의 효과를 내지 못했다. 청문회에서는 이윤 경쟁이 도덕적이기는커녕 공동의 번영에 도움이 되지 않았다고 강조하는 수많은 진술이 쏟아졌다.[59] 안 그래도 구조적 결함이 장기 투자 유인을 저해해 석탄 증산과 가격 안정을 가로막는 가운데, 여기에 더해진 이윤 경쟁은 오히려 기업 간의 협동을 방해하고 과도한 낭비를 초래한다는 것이었다.[60] 사실 석탄 회사 소유주들은 임금을 억제해 높은 이윤을 보장받을 수 있었다. 석탄위원회의 말마따나 "사실 영국은 국가 경제가 번영한 것에 비해 광산 노동자의 노동력을 너무 저렴하게 이용"해왔다.[61]

자본주의 전통을 비교적 온건하게 공격한(즉 민간 기업의 이익과 공공의 이익 사이의 모순을 공격한) 이번 청문회는 국내외 경제 전문가들의 귀에도 도달했다. 1919년 경제학자 H.D. 헨더슨Hubert Douglas Henderson은 〈이코노믹 저널 Economic Journal〉에 기고한 논설에서 생키 위원회의 사례를 논하고 이렇게 결론지었다. "요컨대 소비자로서 웬만한 대중이라면 그렇게 높고 속 보이는 가격을 치르고도 사유화를 기꺼이 지지할 사람이 얼마나 될지 매우 의심스럽다."[62]

경쟁의 비효율성 문제를 해결하려면 여러 기업에 분산된 개인의 광산 소유권을 통합할 필요가 있어 보였다. 한편 비효율성의 또 다른 원인은 그런 단순한 해결책으로 해결될 일이 아니었다. 자본가와 노동자 간의 반목은 자본주의의 사유재산제에 본질적으로 내재해 있었다. 따라서 후자의 해결책은 생키가 제시한 대로 생산 과정에서 "정당한 몫을 얻고자 하는 노동자들의 더 높은 야망과 산업의 방향을 결정할 지배권"을 충족시킴으로써 그들에게 새로운 지위를 인정해주는 것이었다.[63]

국유화의 기로

생키 보고서 제9조는 다음과 같이 영국 산업에 지각변동을 예고했다. "이미 증거에서 확인되었듯, 현행 석탄 산업의 소유 및 근로 체제는 규탄받아 마땅하며, 국유화나 국가 수매, 공동 지배 등 다른 통합적 체제로 대체될 필요가 있다."[64]

내각은 광산, 철도, 운송 등 주요 세 개 노조가 전국 파업에 돌입하거나, 혹은 그 이상의 시나리오가 벌어질까 봐 걱정했다. 따라서 그들은 1919년 3월 20일, 획기적인 조항 제9조가 포함된 생키 보고서를 채택하기로 결정했다. 〈타임스〉는 이 사건이 얼마나 급진적인지를 표현하기 위해 '석탄 위원회 보고서. 광부에게 대거 양보. 지배관계에 발언권 확보. 뭇매 맞는 자본주의'라는 헤드라인을 전부 대문자로 표기했다.[65] 이 기사는 "광부들은 사실 통상적인 개념의 국유화 그 이상의 것을 얻었다. 소유주는 그저 소유주 역할에 충실하게 될 것이다. 이제 유일하게 남은 질문은 광부가 경영 과정에 직접 발언권을 행사하게 될 새로운 체제에서는 어떤 형태가 최선이냐는 것이다."라고 기술했다.[66]

2차 청문회에서는 국유화와 노동자 지배권 문제를 단도직입적으로 논의했다. 노조 지도자 스밀리, 호지스, 노섬벌랜드주 광부 노조 사무총장 윌리엄 스트레이커William Straker 그리고 전문가 의견 청취를 위해 초대된 G. D. H. 콜은 노동자의 지배권 확보와 국유화가 법적으로 엮여야 한다고 주장했다(광산 소유주가 지대를 받는 사적 소유 시스템을 국가 소유로 전환하는 형태로). 그는

"노동자의 지배권 없는 국유화가 무의미하듯, 국유화 없는 노동자의 지배권도 무의미"하다고 말했다.[67] "노동자는 임금을 받는 대가로 고용주에게 노동력을 팔고, 이 거래 때문에 자신의 노동이 사용되는 방식을 결정할 권리를 전부 포기"하는 임금 관계에 놓여 있는데,[68] 이것이 사실 국유화만으로는 해소된다는 보장이 없었다. 여기서 광부들이 경제 민주주의를 실현하기 위해 내놓은 과감한 요구는 바로 노동자와 국가의 공동 지배였다.

생산 과정에서의 노동자 지배권 문제는 이미 전쟁 전부터 평노동자의 운동에서 주장된 민감한 사안이었다.[69] 이 운동은 전쟁기에 더욱 달아올라 좌파의 상당한 결집과 광산 현장, 나아가 MFGB의 강령에도 영향을 미쳤다. 1919년에 주목할 만한 점은 노골적인 혁명 메시지가 담겨 있지 않은 이 비전이 돌고 돌아 지배층까지 전달되었다는 것이다. 정부가 개혁을 주도해 산업계를 완전히 탈바꿈하자는 이 제안은 정식으로 공론화되기까지 했다. 석탄 위원회가 호소한 논거는 재건에 중점을 두었고, 그만큼 노동자의 지배권 문제를 계급의 이해관계보다 국가적 차원에서 접근했다.[70]

생키의 최종 보고서는 노동자 대표 여섯 명의 동의를 얻었다(이로써 사실상 보고서 채택을 위한 과반을 확보했다). 그리고 MFGB의 제시안과[71] 통합되어 석탄 산업의 민주적 경영을 위한 구체적인 청사진이 되었다. 두 보고서는 계급적·관료적 경영 방식을 지양하고, 노동자가 실질적으로 참여할 수 있는 협의회를 구상해 노동자 대표의 표결권을 상당 부분 반영하게 한다는 내용을 담았다.[72] 협의회는 광산 협의회, 지구 협의회, 전국 광업 협의회의 3단계 구조로 공식화되었다. 전국 광업 협의회가 위에서 조정 역할을 했지만, 다른 두 지역 협의회는 생산과 재정 면에서 상당한 자율성을 보장받았다.[73]

광부들의 패배

생키 위원회의 보고서는 1919년 6월 국내외 언론의 폭넓은 관심 속에서 발표되었다.[74] 헨더슨은 자신의 논설에서 "과거나 현 제도의 경험에서는 얻을 만한 실질적 지침이 없다."라며 이 획기적 사건의 잠재력에 긍정을 표했다.[75] 이렇게 새로운 정치 실험은 "전체 사회구조를 바꾸고자 하는 사람들에게 목표 의식과 결집력을 심어주었다."[76]

생키 위원회에서 진술한 웨일스 광부 노조 지도자 버논 하츠혼Vernon Hartshorn은 광부들이 영국의 산업 구조를 합헌적으로 변화시킬 메커니즘을 발견했다고 주장했다. 2차 청문회 보고서에 따르면 그는 "광부들은 자본주의 체제의 뿌리까지 개혁하길 원한다. 우리의 제안은 제도적 절차에서 전혀 벗어나지 않는 동시에 진정 혁명적 변화를 예고한다."라고 언급했다.[77]

실제로 광부들은 '국내 산업 구조상 가장 중요한 위치에 있는 광업'이 본격적인 노동자 지배 체제의 물꼬를 틀 선봉장이 될 수 있음을 알고 있었다.[78] 〈데일리 헤럴드〉는 같은 요점의 기사를 반복해 내보냈다. "전반적인 노동운동계는 광부들이 자본주의 체제를 조각내어, 큰 도약을 위한 주춧돌을 놓아주길 기대하고 있다."[79]

자본주의가 갈수록 위기에 몰리고 있다는 것은 광산 소유주도 인지하고 있었다. 그들은 청문회 내내 증인석에서 끊임없는 비판을 들어야 했다. 영국 국가도 훈계에서 자유롭지 못했다. "광산 국유화에 이어 모든 산업을 국유화해야 한다. (…) 국가가 산업 전반에 걸쳐 약속을 지키지 않으면 전국적 재앙이 될 것이다."[80] 광산 소유주들은 영국 광산 협회Miners Association of Great Britain, MAGB, 전국 상공회의소 협회와 부랴부랴 손잡고 대대적인 국유화 반대 투쟁을 벌였다. 이 투쟁에서 그들이 진다면 '영국의 주인은 바뀔 것'이었다.[81] 이 투쟁은 말 그대로 '물러설 수 없는 싸움'이었다. 1919년 여름, 영국 정치권은 온통 광산 국유화 논쟁으로 시끌시끌했다.

그러나 정국의 혼란 속에 몇 달간 결정이 미뤄지더니, 8월에 정부는 생키 위원회에서 과반으로(위원 열세 명 중 일곱 명이 찬성) 채택된 최종 보고서를 거부한다고 공식 선언했다. 재무부의 전문가들이 국가 재정을 보호하기 위해 국유화를 포기하자고 압력을 넣은 것이 결정적 요인이었다. 7월부터 정부는 재정 적자가 우려된다는 구실을 내세워 "광부들의 요구가 사회에 해롭고 도를 넘은 것으로" 몰아가려 했다.[82] 이것이 긴축을 공식 옹호할 때 내세우는 근거의 시초 격이었다. 이때부터 긴축 논리가 탄력을 받아 반복적으로 사용되기 시작했다.

당시 노동자들은 맞서 싸울 희망이 거의 없었다. 1920년 3월 호황의 끝은 광부의 정치 세력에도 마침표를 찍는 듯했다. 훗날 G. D. H. 콜이 회상했듯, 이제 요구의 우선순위는 바뀌어 있었다. "각 산업의 노조들은 당장 자기 앞가림을 해야 했다. 광부든 타 산업 노동자든 사회주의 요구를 관철하기보다 다가오는 불경기의 위협이 더 급한 불이었다."[83]

이 경기 침체는 '천재지변'이 아니라 금리인상과 신용 수축으로 경기를 크게 위축시키려던 재무부와 영란은행의 세심한 계획이었다. 통화 긴축은 영국의 무역, 특히 석탄 수출에 큰 피해를 입혔다. 외화에 비해 스털링 가치가 오르니, 해외시장에서 영국산 상품 가격이 비싸졌다. 불경기는 곧 실업률 급증으로 이어졌으며, 이는 노조와 특히 사회 변화를 외치던 그들의 기를 꺾기에 충분했다.[84]

이러한 긴축정책은 경제에 해가 되기 때문에 얼핏 경제적으로 비합리적으로 보일 수 있다. 그러나 자본주의의 생존과 생산관계를 보장했다는 점에서 보면 아주 합리적이었다. 이어지는 페이지에서도 살펴보겠지만, G. D. H. 콜은 긴축의 반격에 담긴 핵심을 이렇게 지적했다. "영국 자본주의는 거대 노동계급의 공격을 성공적으로 중단시켰다. 경제적 역경으로 한때 위협받긴 했지만, 노동자에게 쫓겨날 뻔한 왕좌의 자리를 산업계와 정치계의 대처 덕에 다시금 안전하게 지켜냈다."[85] 간단히 말해, 경기 침체가 자본주의를 굳건히 살려냈다. 긴축은 사유재산과 임금 관계라는 두 기둥을 건사했을 뿐 아니라, 임금 억제와 개인 이윤의 보장도 확실히 부활시켰다.

실제로 1921년 봄 석탄 산업이 다시 헤어나지 못할 불황에 빠지면서 광부들은 한때 생키 위원회에서 보장받은 임금인상과 전쟁기에 얻은 물질적 이득을 거의 다 잃었다. 1921년 4월 1일 광부들은 명목상 최저임금제를 위한 투쟁으로 후속 파업을 벌였다. 그들은 나날이 악화하는 생활 여건에 항의하고자 마지막 투지를 불태웠다. 결국 파업은 패배로 끝났고, 4월 15일 철도와 운송 노조 지도자들은 광부들을 덩그러니 남겨둔 채 파업에서 물러서기로 결정했다. 이 사건이 그 유명한 검은 금요일Black Friday로, 영국 노동운동이 수세에 몰린 시기였다. 그해 후반 석탄 산업은 다시 지역 간 경쟁 체제로 복귀했고, 그에 따라 철저한 민간 경영 시스템으로 돌아갔다. 1922년에도 여전히 일하던 광부들은 1919년 수입의 절반밖에 벌지 못했다. 주당 명목임금은 단 2년 만에 46% 떨어졌다.[86]

그 시점에 정부가 석탄업에서 발을 뺀 것은 임금 억제가 더 이상 국가가 고용주로서 얽혀 있는 '정치적 투쟁'의 문제에 속하지 않게 되었다는 의미였다. 계급 투쟁은 다시 인격 없는 수요와 공급 법칙이 지배하는 경제 영역에 국한되었다. 시장의 힘은 다시 커졌고, 그만큼 노동자의 행위 주체성은 쪼그라들었다.

결론적으로 노동자의 지배권을 위해 투쟁했던 광부들은 국가와 동맹을 맺고자 했지만, 국가로부터 버림받은 패자가 되었다. 앞으로 살펴보겠지만 재무부와 영란은행의 대응 능력은 민첩했다. 그들은 이 사건이 최고조에 달했을 때 통화 긴축을 시작했다. 그 시점에서 제도 변화는 물 건너갔고, 긴축이라는 더 거대한 변화의 족쇄에 갇혔다. 이제 새로운 우선순위는 어떤 대가를 치르더라도 인건비를 절감하고 정부지출을 삭감하는 것이었다.

협동조합과 길드

제1차 세계대전 후 산업 개혁을 추구한 노동자는 광부만이 아니었다. 이탈리아 협동조합과 영국 건축 길드도 노동계급의 열망을 구현했다. 이윤보다 사용을 위한 생산을 지향한다는 점에서 광부들과 목표가 같았지만 협동조합과 길드는 민간 자본가에게 직접 대항하지 않았다. 그보다는 국가의 도움을 받아 민간 자본가와 공존하며 자본주의 체제 '안에서' 다른 사회질서를 실험했다.

이탈리아의 협동조합

이탈리아 정부는 전쟁 중 선박과 철도에 쓰일 철을 생산하기 위해 볼로냐 교외에 있는 인구 6,000명의 작은 마을인 카스테나소에서 토마토 가공 공장을 징발했다. 징발 해제 후 공장은 몇몇 자본가에게 매각되었는데, 매각 조건 중 하나는 "자본가와 노동자가 협력하는 운영을 실험하는 것"이었다.[87] 그리고 이를 지키지 않을 경우 공장은 국가 소유로 넘어간다고 명시했다. 그러나 매수자는 공장을 사들이고 금세 조건을 어겼다. 노동자들이 장기 파업에 돌입하고 많은 협상이 오간 끝에, 결국 정부는 매수자들과 계약을 해지했다. 1920년 3월, 한 금속 노동자 공동체가 그 공장을 매입해 노동자 협동조합의 정신을 구현할 새로운 유형의 조직을 건설했다.

이 협동조합의 노동자 회원 300명은 직접 선출해서 구성한 행정 위원회를 중심으로 그 밑에 위원회를 편제해 조직을 꾸렸다. 조직의 규약에는 예비비(50%), 사회보험 및 교육(20%), 노동자의 실제 노동량에 따라 할당한 배당(30%) 등 잉여금을 재투자할 용도도 규정해놓았다. 자율 경영을 시험한 지 한 달 후, 카스테나소 협동조합은 다른 이탈리아 노동자에게 고하는 선언문을 썼다. "아직도 탐욕스러운 자본가에게 억압받고 착취당하는 모든 이탈리아 노동자에게 카스테나소 협동조합이 본보기가 되었으면 한다. 그리하여 그들이 고용주의 노예 상태에서 완전히 벗어나 공산주의 사회를 향해 용감하게 전진할 수 있기를 바란다!"[88]

카스테나소 협동조합 말고도 많은 협동조합이 있었다. 협동조합 운동은 이탈리아의 붉은 2년 동안 폭발적으로 증가했다. 민간의 자본 축적과 전통적인 임금 관계를 극복하자는 제안은 '자본주의의 만행에 대한 일종의 반작용'이었다.[89] 노동자들은 협동조합의 일원으로서, 생산수단의 주인이 되었고 잉여분을 나눠 가졌다.[90]

1921년 협동조합 안내서는 대안적 조직으로서 자신들의 성격을 다음과 같이 설명했다. "산업, 상업 조직은 투자한 자본 대비 최대 이윤을 목표로 하는 '자본가'가 운영한다." 반면에 "협동조합은 자본가와는 다른 생산 목표를 중시하는 사람들, 즉 자신의 노동력에서 최대 이익을 끌어내고자 하는 노동자들이 운영한다. (…) 일반 기업에서 순이익이 자본 이익을 증가시킨다면, 협동조합에서는 조합원의 이익을 증가시킨다."[91]

협동조합은 국가의 지원 덕에 번성했다. 그중에서 중요한 것은 (이미 언급한) 1919년 9월 2일 칙령[92]이었다. 이는 지자체장에게서 토지를 수용해 4년간 혹은 영구적으로 농민 협동조합에 나눠 줄 수 있는 권한을 부여했다. 그리고 도로, 학교 건설 등 공공사업 발주도 협동조합의 살림 밑천에서 중요한 비중을 차지했다.[93]

특히 산업 협동조합을 비롯해 대부분 협동조합은 자체 자본이 부족했는데, 여기서도 협동조합과 정부 간 협력이 빛을 발했다. 각지에 연결망을 갖춘 신용조합에서 저금리 대출을 받을 수 있었기 때문이다. 밀라노, 토리노, 로마, 나폴리, 살레르노, 크레모나, 마젠타 등 이탈리아의 주요 도시에 지점을 둔 노동 협력 은행La Banca del Lavoro e della Cooperazione과 로마에 있는 국가 신용 협동조합L'Istituto Nazionale per il Credito e la Cooperazione이 대표적인 대출 기관이었다. 후자는 국가 보조금의 도움을 받아 협동조합에 대출을 해줬다.

이탈리아 북부 베르가모에서는 1921년 당시 존재했던 생산 협동조합 열 개 중 여덟 개가 1919년~1920년의 붉은 2년 사이에 설립되었다. 더 광역인 롬바르디아주에서도 87개의 협동조합 중 41%가 같은 기간에 탄생했다.[94] 건축공, 석공, 목공, 유리 세공인, 농업 노동자, 목수, 재단사, 광부 등 다양한 부문의 남녀(기혼 여성도 얼마든지 남편과 따로 활동할 수 있었다) 노동자 수천 명이 협동조합에 가입했다.

CGdL이 이들 협동조합 중 약 800개를 이끌던 1920년경, 국내 경제 관료들 사이에는 불안감이 끓어올랐다. 협동조합이 아무리 점진주의 성향이라 해도, 이들 비자본주의 조직의 규모와 정치적 영향력은 현상 유지에 위협이 되었다. 마페오 판탈레오니 같은 경제학자는 그들을 "현존하는 모든 사업을 일으킨 부르주아를 파괴하는" 조직이라며, '볼셰비키 연대' 내지는 '적색 협동조합'으로 낙인찍었다.[95]

실제로 협동조합들의 규약은 철저히 민주적이었다. 큰 틀은 카스테나소의 협동조합과 같았다. 노동자만 가입할 수 있었고, 연 3회 정기 총회를 여는 심의회에서 연 예산과 순익의 사용처를 조합원 투표에 부쳐 결정했다. 조합원들은 총회에서 운영 위원회를 선출했다.[96]

영국의 길드

이탈리아 협동조합처럼 영국 길드도 생산수단을 집단으로 관리하고 생산

공정을 노동자끼리 민주적으로 정해, 경영과 재정 면에서 지역의 자율성을 중요시했다.[97]

그러나 영국의 길드는 사유재산과 임금 관계라는 자본주의의 두 기둥뿐 아니라, 심지어 생산의 원동력인 이윤도 모두 제거했다. 광부들이 그랬듯 길드도 개인의 이윤 동기보다 "자유로운 여건에서 공공 서비스를 제공"[98] 한다는 새로운 목표에 훨씬 우위를 두고, 이에 따라 '새로운 산업 시스템' 을 실현하고자 했다. G. D. H. 콜, 프랭크 호지스, S. G. 홉슨Samuel George Hobson 등 길드 사회주의Guild Socialist 선구자들은 경제 민주주의와 새로운 산업 시스템에 기초한 길드 사회주의 세계가 본격적으로 펼쳐지는 출발점을 구상했다.

영국에서는 맨체스터, 런던, 그 외 도시에 가구공과 재단사 길드가 형성 되었다. 또한 농업 노동자(허트퍼드셔주의 웰윈에서는 500에이커[60만 평, 200만 ㎡]의 농지에서 농업 길드가 운영을 시작했다), 항만 노동자, 우체부, 사무원, 악기 제작자, 기계 기술자로 구성된 길드도 있었다. 포장 상자 제작자와 마차 제 작자도 길드를 결성했다. 그중 가장 성공한 길드는 단연 건축 길드였다. 시 카고대학교 경영학 교수 가필드 콕스Garfield V. Cox는 1921년 〈정치 경제 저널 Journal of Political Economy〉에 길드의 실험을 자세히 설명하며, 건축 길드가 건축 공에게 힘이 되는 두 가지 환경적 이유를 지적했다.

첫째는 건축업 자체의 성격과 관련이 있었다. 건축은 공장이나 고가의 기계 같은 고정 설비가 별로 필요하지 않았으므로 "생산도구의 소유권 문 제가 비교적 덜 중요"했다.[99] 따라서 광부들과 달리 제도적 국유화를 직접 요구하는 정치 투쟁의 필요성이 크지 않았다. 둘째, 건축 길드는 부지를 선 정하는 안목이 있었다. "길드의 경쟁 상대인 민간 건축업자는 이윤 창출이 라는 자본주의 논리를 따랐으나 광범위하고 수많은 대중의 필요를 충족하 기에는 유독 무능"했다.[100]

2장에서 살펴봤듯, 전쟁 후 영국은 주택난이 심각했다. 게다가 변화를 원하는 민중의 강력한 압력도 있었기에, 정부는 야심 차게 주택법을 도입해 전국을 열한 개 구역으로 나누었다. 그다음 각 지자체는 자기 지역의 주택 수요를 조사해 이에 맞춰 재원을 조달하고 보건부의 승인을 받아 공사 낙찰을 확정 지었다. 정부는 지자체에 보조금을 제공하기로 했다.

이러한 확장 정책이 활기를 띠는 가운데, 건축 길드도 주택 건축 계약에 입찰할 수 있었다. 1920년 9월 보건부는 맨체스터 및 런던 길드와 노동자용 주택 800채 이상을 공급하기로 하는 계약을 승인했다. 주택 시공을 앞두고 11월에는 80개가 넘는 지역 건축 길드 위원회가 조직되었다. 12월에는 "1,000채가 넘는 주택 건설 계약이 체결되어 보건부의 승인을 기다리고 있었다."[101]

길드는 자본주의의 이윤 동기를 거부한다는 점에서 민주주의 정신과 원칙에 기초를 두었다. 조합원 개개인의 노동 의욕을 자극하는 원동력은 '창의력과 협동정신' 그리고 "주어진 일을 성심성의껏 하겠다는 사명감과 자유로운 근로 환경과 봉사정신을 갖춘 사람은 보통의 자본주의 방식대로 일하는 사람과 성과 면에서 확연한 차이를 낸다는 그들의 신념"이었다.[102] 실제로 길드는 노동자들 사이의 경쟁 인센티브와 효율성에 기반한 차별 대우, 개별 성과급을 거부하고 '공동 보상 기준'을 택했다.[103] 따라서 노동의 상품화에 기초한 임금 계약 대신, 노동의 사회적 가치를 인정해 "한 인간으로서 노동자의 필요를 더 적절히 충족하는" 보상 체계를 도입했다.[104] 건축 길드 정책의 핵심인 이른바 '일정급여continuous pay'[105] 조항은 악천후, 질병, 사고, 휴가에 의한 결근에 대해서도 조합원에게 급여 전액을 지급하기로 했다.

길드의 각 노동자는 1페니의 지분을 가지고 있었지만 배당금은 지급되지 않았다. 길드는 잉여가치를 축적할 목적이 없으므로 이 지분은 단지 상징적일 뿐이었다. "길드 시스템에서는 '이윤'과 '손실'이 둘 다 의미 없는 개념"이었다.[106] 길드는 원가에 충실한 비영리적 가격 책정 원칙을 철저히 따랐다. 따라서 국가와 지자체는 길드와 계약을 체결할 때 통상 자재비와 인건비에 해당하는 금액 그리고 길드가 일정급여 정책을 계속 유지할 수 있도록 집 한 채당 40파운드만 더해서 지불했다. 길드는 나중에 비용이 예상보다 적게 나와도 슬쩍 챙겨가는 법이 없었다. 초과 수익분은 알아서 지자체에 반납했다.

영국 건축 길드의 실험은 국내의 투사뿐 아니라 해외의 경제 관측통에 이르기까지 광범위한 관심을 끌었다. 나아가 가장 권위 있는 경제 학술지가 길드의 긍정적인 성과에 놀라움을 표하며 기존 생산조직의 대안이 될지 모른다고 진지하게 평가하기도 했다.

예컨대 길드가 일정급여 정책을 처음 발표하자 당시 전망은 대체로 비관적이었다. 경제학자는 노동자가 걸핏하면 꾀병을 부릴 테고 "자신의 일터를 사실상 요양소로 만들 궁리만 할 것"으로 예상했다.[107] 그러나 다름 아닌 〈계간 경제학 저널Quarterly Journal of Economics〉과 〈월간 노동 비평Monthly Labor Review〉 같은 유명 학술지에 이러한 의심을 무색하게 하는 통계가 실렸다. 건축 길드에서 질병과 사고로 손실된 근무 일수는 영국과 다른 나라의 민간 기업에서 손실된 일수보다 적은 것으로 나타났다.[108] 또 노동 효율성을 비교 분석한 결과, 전통적인 경제학적 기준에 따르더라도 길드가 민간 건설업자보다 훨씬 성과가 좋은 것으로 나타났다. 따라서 길드는 민간 업자보다 가격을 낮게 부를 수 있었고, 지자체는 그 덕에 비용을 절약했다. 길드는 더 양질의 주택을 더 낮은 비용으로 지을 수 있었다. 게다가 공공기관의 수주뿐 아니라 개인 고객의 의뢰도 받았다. 〈계간 경제학 저널〉의 기사에 따르면 "노동자 지배권과 일정급여가 보장된 길드는 주택의 품질로 보나 노동 숙련도로 보나 웬만한 민간 업자를 능가한다는 것이 입증"되었다.[109]

그러나 점진적 변화에 의한 혁명을 목표로 한 길드 사회주의는 평화적 접근법을 취하다 보니, 적어도 처음에는 화폐 자본주의 내에서 작동하고 생존해야 했다. 건축 길드가 자본주의 경제에서 생산활동을 하려면, 변동성이 클 수밖에 없는 시장에서 기계, 설비, 원자재를 구입해야 했다. 길드 사회주의자들이 스스로 깨달았듯, "자본주의 체제에서 특정 산업, 혹은 그 산업의 일부를 따로 떼어 길드의 오아시스로 만들기는 쉽지 않았다."[110]

건축 길드는 경제 호황과 국가의 지원 덕분에 1년 반 동안 무럭무럭 성장했다. 그러나 곧 긴축의 먹구름이 드리웠다. 1921년 7월 통화 긴축, 경기 침체, 엄습하는 '검약 캠페인' 속에서 정부는 지자체에 지원을 전면 중단하기로 결정했다. 그 결과 지자체는 주택 건설 계획의 자금줄이 끊겼다. 당시 공급난으로 서둘러 짓던 주택은 아직 건설 건수가 목표량의 5분의 1에도 미치지 못한 상태였다.[111]

1922년 게디스 삭감Geddes Axe[112](6장에서 자세히 설명하겠지만, 단연 긴축정책 중 가장 악독한 형태였다)은 주택 보급 프로그램을 중단시켰고, 건축 길드를 사실상 끝장냈다. 이후 길드는 수년에 걸쳐 쇠퇴하다가 결국 자취를 감추었다. 다른 모든 길드도 같은 운명을 맞았고, 그렇게 1924년에는 독립적으로 조직된 길드 사회주의 운동을 더 이상 찾아볼 수 없었다.[113]

G. D. H. 콜은 긴축의 습격에 관해 이렇게 논평했다.

건축 길드는 새로운 산업 민주주의라는 이상을 구현하는 것 못지않게, 양질의 주택을 짓는 것도 매우 중요시한다. 그런데 영국 정부가 '영웅들을 위한 집'을 아낌없이 짓겠다던 '재건주의' 시절의 약속을 전부 파기하자, 길드는 격렬히 항의하기 시작했다. 이제 재건주의라는 말은 한물간 사어가 되어버렸다. 대신 '검약'이라는 단어가 정치적 지혜를 상징하는 지배적 격언으로 자리 잡았다.[114]

결론

전쟁기에 이루어진 정부의 경제 개입 이후 영국과 이탈리아 노동자는 자본주의가 태연히 부활하리라고는 생각도 하지 못했다. 1919년 구체제는 완전히 위기에 빠졌고, 그 구성원인 노동자, 노조 지도자, 경제 전문가 모두 구질서의 종말을 선언했다. 어떤 형태가 될진 모르지만, 포스트 자본주의가 다가오고 있었다.

부르주아 기득권층은 세상이 멸망한 듯 망연자실했다. 이처럼 사람들이 자본주의가 끝났다고 확신한 근거는 무엇이었을까? 당시 자본주의가 급소를 정확히 가격당했기 때문이다.

지금까지 사유재산과 임금 관계를 폐지하려던 정치적 상상력이 추상에서 현실로 바뀌기까지의 과정을 살펴봤다. 우선 영국과 이탈리아 노동자 사이에 급증한 '광란의 파업'은 새로운 생산관계를 요구하는 '정치적' 파업이었다. 특히 1919년~1920년을 정점으로 그들은 다수의 해방을 위한 자치라는 목표하에 노동자 지배권을 쟁취하기 위해 싸웠다.

확실히 정치 세력화된 노동자의 직접행동이 2장에서 살펴본 재건주의 계획보다 자본주의에 훨씬 위협적이었다. 실제로 광부, 건축 길드, 협동조합은 이윤을 위한 생산, 임금 관계, 생산수단의 사유화를 정면 공격했다. 그러나 이 장에서 다룬 길드와 협동조합의 투쟁은 구질서를 무너뜨리기 위해 합법적 수단을 이용했고 국가 지원을 신뢰했다는 점에서 재건주의자와 공통분모가 있었다. 이제 자본주의 위기의 퍼즐 조각을 마저 완성하려면, 우리는 자본주의의 최대 숙적에 관한 이야기를 짚고 넘어가야 하겠다.

4장에서는 영국 클라이드사이드에서 발원하여 이탈리아 토리노에서 절정에 이른 산업 평의회 운동을 살펴볼 것이다. 이곳 평노동자는 자본 축적과 국가를 둘 다 반대하고 명확한 혁명의 의지를 불태우며 자본주의를 벼

랑 끝으로 몰고 갔다. 이때 전문가 계급은 가장 유용한 도구인 긴축을 정당화할 새로운 근거를 찾아냈다. 위협받고 있던 지배층의 반격 이야기는 여기서부터 시작된다.

04   전쟁 이후의 새로운 질서

현시대를 혁명기라고 볼 수 있는 이유는 노동계급이 자신의 국가를 건설하기 위해 모든 힘과 의지를 발휘하고 있기 때문이다. 그러므로 공장 평의회의 탄생은 인류 역사의 새로운 시대를 여는 역사적 대사건이다. (…)

- 안토니오 그람시, '공장 평의회The Factory Council'[1]

제1차 세계대전 이후 영국과 이탈리아의 금속 평노동자는 공장 평의회라는 자치 조직이 대안적 경제체제, 즉 '생산과 분배 관계의 새로운 질서'로 가기 위한 밑거름이라 믿었다.[2] 이 새 질서란 곧 자본 축적의 두 기둥인 생산수단의 사유화와 임금 관계가 철폐된 사회였다. 그리고 궁극적으로는 "프롤레타리아가 더 이상 하나의 계급이 아닌 인간 그 자체가 되는" 무계급 사회였다.[3]

이들 금속 노동자는 광부, 건축공, 농업 노동자와 목표가 같았다. 정치적 민주주의에 만족하지 않고 경제적 민주주의에 기반을 둔 새로운 사회를 건설하는 것이었다. 이런 의미에서 노동자는 경제와 정치가 불가분이라고 생각했다. 그들은 '임금 노예의 해방'을 위해[4] 집단행동과 공동생산에 돌입했다. 한마디로 경제적으로 해방되지 않으면 정치적으로도 해방되지 못한다는 생각이었다. 영국의 사업장 노조 지도자 J. T. 머피John Thomas Murphy는 "진정한 민주주의를 실천하려면 한 조직의 모든 구성원이 사회의 과업에 적극적으로 참여해야 한다."라고 말했다.[5] 노조 운동가 톰 월시Tom Walsh도 비슷한 맥락에서 이렇게 말했다. "새로운 정신이 퍼지고 있다. (…) 이 정신은 기껏 임금을 올려달라는 것이 아니라, 현재의 날강도 같은 제도를 완전히 폐지하고 자본주의Capitalism를 일소해 민중의 연방을 수립the Establishment of a People's Commonwealth하자는 것이다!"[6]

그러나 전략은 달랐다. 생키 위원회의 광부와 농업 협동조합, 건축 길드 등이 자본주의의 두 기둥을 극복하기 위해 국가와 동맹하려 했다면, 영국과 이탈리아의 공장 평의회는 전체 자본주의 체제에 전쟁을 선포하며 국가와 민간 자본가를 둘 다 적으로 돌렸다. 그들은 재건주의를 온건한 국가통제주의라며 혐오했고, 전쟁 집산주의에서 사회주의 국가로 전환하는 재건주의 이상이 노동자 해방의 길이라는 생각에 반대했다. 그들에게 국유화란 '자본주의 지배의 결정판'이자 "노동자들에게 국가의 노예가 될 불길한 운명을 가득 드리우는 것"이었다.[7]

이 급진적 운동은 대부분 러시아 혁명의 영향을 강하게 받은 좌파 사회주의자들(훗날 공산당원)이 주도해 자본가나 국가와의 공동 지배권도 일절 거부하고[8] 프롤레타리아의 전권만을 추구했다. 그들은 직접행동을 옹호했는데, 예컨대 이탈리아 노동자는 1920년 뜨거운 여름에 거의 한 달간 민간 생산수단을 빼앗아 스스로 공장을 운영한 적도 있다. 그해 9월부터는 약 50만 명의 노동자가 이탈리아 전역의 공장을 점거했다.[9] 그들은 북부 산업 지역뿐 아니라 베네토주, 에밀리아주, 토스카나주, 마르케주, 움브리아주, 로마, 나폴리, 팔레르모에 이르기까지 생산 과정을 직접 지휘했다. 역사학자 파올로 스프리아노Paolo Spriano는 "공장, 조선소, 제철소, 제강소, 주조소 등 금속 노동자가 일하는 어디든 점거 활동이 일어났다. 이렇게까지 널리 퍼지다니 놀라울 따름이다."라고 강조했다.[10]

이 장에서 자세히 논의할 1920년 이탈리아의 전설적인 공장 점거 사건은 투지 넘치는 신질서 운동가의 끝없는 실천적·이론적 노력의 결과물이었다. 그들은 (이탈리아에서 가장 사회주의 색채가 짙은 도시인) 토리노에 거점을 둔 주간지 〈오르딘 누오보〉와 뜻을 같이했고, 영국의 사업장 노조 투쟁에서 큰 자극을 받았다.

이탈리아의 공장 평의회 운동은 자본주의에 가장 직접적으로 도전한 사례였다. 공장 노동자는 부르주아 제도의 실체를 폭로함으로써 부르주아 세계관의 핵심도 폭로했다. 자본주의 제도는 영원해야 한다는 통념, 노동자는 생산 과정의 부차적 투입물이라는 통념, 현실과 동떨어진 채 난무하는 탁상공론, 경제와 정치 영역의 이분법을 부정했다. 이어지는 페이지에서 살펴보겠지만 공장 평의회는 위계적 생산관계와 위계적 세계관을 배격했다. 경제 전문가는 이들을 자본주의 체제의 가장 위험한 적으로 간주하고 긴축으로 물리치기로 결심했다. 실제로 이 사건은 혁명에 대한 공포가 긴축이라는 새로운 반격의 형태로 촉발되는 기폭제가 되었다.

전후기 공장 평의회의 탄생 배경

제1차 세계대전 동안 영국과 이탈리아에서는 독립적인(그리고 대개 반골 성향의) 노동자 조직이 급증했다. 그들의 부상은 여러 대상을 향한 적대감이 합쳐졌기 때문이었다. 그들은 국가도 싫고, 공식 노조도 싫고, 무엇보다 전쟁이 몹시 싫었다.

1장에서 자세히 설명했듯, 영국과 이탈리아에서는 국가가 기강 잡힌 노동력을 확보해 유연하게 배치할 수 있도록 경제에 개입했다. 그 결과 위계적 생산관계에 내재하던 모든 '자연법칙'이 깨졌다. 동시에 이는 국가와 자본 간의 깨질 수 없는 연합 관계를 드러냈다. "영국의 자본가 계급은 국가가 노동을 예속시키면 매우 좋아한다. (⋯) 그들에게는 국유화가 이득이다."[11] 이탈리아 노동운동 지도자도 같은 생각이었다. 전쟁기에 부르주아 국가는 착취의 '최고 보증자garante supremo'로서 진면모를 재입증했을 뿐이었다.[12]

한편 노조는 이러한 권력 구조를 생성한 공범이자 더 이상 믿지 못할 집단으로 전락했다. 그들은 파업권을 포기하고, 임금인상 요구를 보류했으며, 노동 이동 규제를 받아들였다. 1917년 영국 정부의 공문서 〈산업 노동자의 동요에 대한 분석Enquiry on Industrial Unrest〉에는 노조를 무능하게 보는 시각이 널리 퍼졌다는 내용이 기록되었다. 노동자 사이에서는 "노조 간부에게는 더 이상 현재 노동자들의 어려움을 해결할 힘이 없다. (⋯) 정부는 노조 간부와 협상할 뿐이지, 노동자 전체를 상대하지 않는다. 노조 집행부나 런던 지부 대표들은 이제 진정한 노동자의 목소리를 대변하지 않는다."라는 믿음이 퍼졌다.[13] 로이드 조지 총리의 신임을 받은 톰 존스Tom Jones 고문도 "현재의 어려움은 대부분 기존 노조 지도자에 대한 평노동자의 반항에서 비롯된다."라고 인정했다.[14]

또한 〈산업 노동자의 동요에 대한 분석〉은 아래로부터 쌓여온 적대감이 "각 사업장 내에서 노동자의 방어력을 키우고 사업장별로 직원이 지도자를 직접 뽑는 '사업장 노조 위원회Shop Committee'[15] 운동이나 '평노동자' 운동 등으로 이어졌다."라고 설명했다.[16] 공식 노조를 거부하는 사업장 노조 운동은 상호 연결된 두 가지 직접행동을 실행했으니, 바로 파업과 지배권 요구였다.

파업은 효과를 발휘해, 직접민주주의를 실현할 노동자위원회가 속속 구성되기 시작했다. 노동자위원회는 "생산 지배권을 노동자 자신의 손에" 넣었고,[17] 조직적 파업으로 힘을 키워 더 많은 위원회를 신설할 수 있었다. 따라서 이러한 자생 조직들은 산업 지배권을 위한 중요한 수단이자, 어쩌면 정치적 해방을 위한 중요한 수단이기도 했다. 파업과 노동자위원회는 전쟁기와 전후기에 더욱 공들여 다듬어진 혁명 조직의 탄생을 예고했다.[18]

영국에서 이 운동은 정부의 독단적 노동 정책을 최전선에서 반대하던 스코틀랜드의 군수 산업 밀집지 클라이드사이드에서 시작되었다. 1915년 2월 금속 노동자들은 임금인상과 근로시간 단축을 요구하는 비공식 파업을 벌이던 중, 산업별 노동자와 따로 협상하려던 고용주의 분할 정복 작전에 맞서기 위해 업종을 불문하고 하나로 뭉쳤다. 최초의 파업위원회는 숙련, 비숙련 할 것 없이 모든 직급의 노동자를 대표할 상설 기구인 클라이드 노동자위원회로 발전했다. 1917년 5월 파업은 전쟁기 중 최대 규모였으며, 금속 노동자 20만 명이 3주 넘게 참여했다. 셰필드 애터클리프 지역구 의원인 W. C. 앤더슨William Crawford Anderson은 이번 사태가 반란에 가깝다며, 의회에 "7만 명이 나팔을 불고 현수막을 펼친 채 글래스고 거리를 행진했으며 모두 붉은 옷을 입었다."라고 보고했다.[19]

전쟁이 끝날 무렵 이 운동은 전국으로 퍼졌다. 역사학자 브란코 프리비체비치Branko Pribićević가 말했듯, "비공식 평노동자 운동이 영국에서 이토록 위세와 영향력을 떨친 적은 이전에도 이후에도 없었다."[20] 노동자들이 노골적으로 표출한 정치적 야망으로 보건대, 이는 자본주의 체제가 만만찮은 도전을 받은 대사건이었다. 1919년 1월에 신문 〈소셜리스트The Socialist〉는 이렇게 보도했다. "대규모 파업 이후 노동자의 국가 건설을 위한 토대로 노동자위원회가 자생적으로 창설되었다. (…) 모든 광산, 제분소, 철도, 공장의 모든 작업조를 대표하는 이 위원회는 자본주의를 소비에트 공화국으로 전환하는 것을 기본 정신으로 삼는다. (…) 노동자위원회들의 건투를 빈다."[21]

같은 해, 이탈리아 노동자 마리오 몬타냐Mario Montagna는 자신의 조국에 대해 비슷한 낙관론을 이렇게 표명했다. "공장 평의회는 이탈리아 공산주의 혁명에 대한 우리의 굳은 신념을 상징하는 최초의 조직으로, 농민과 노동자로 구성된 이들 평의회가 미래의 새로운 체제를 형성할 초석이 될 것이다."[22]

이탈리아의 젊은 정치 지도자 안토니오 그람시는[23] 전쟁기에 영국 사업장 노조의 자율성, 호전성, 전통 노조와의 대립 관계에 특별한 관심을 두고 그들을 유심히 관찰했다. 건강상의 이유로 징집에서 면제된 그람시는 사회당 지역 지부장이라는 중책을 맡으며 정치 여정을 시작했다. 이때 그람시의 사상이 형성되었다. 그 후 그는 토리노 프롤레타리아와 동의어라 할 수 있는 혁명 정신을 실천에 옮겼다.

이탈리아의 노동운동은 클라이드사이드 파업이 있은 지 몇 달 후인 1917년 8월 토리노에서의 소요를 시작으로 불이 붙었다. 전쟁기에 반전과 반자본주의 정서가 고조되었던 북부 산업 도시 토리노는 계급 투쟁의 진원지가 되었다.[24] 여성 노동자의 대거 참여를 포함해, 5일 동안 노동자 수천 명이 공장을 떠나 총파업을 벌였다. 그들은 경제적 어려움에 항의하는 표시로 상점을 약탈하고, 도시 전역을 점거하고, 군대와 경찰 앞에 진지와 바리케이드를 구축했다. 금속 노동자 공장 평의회가 주도한 이 사건은 '대규모 무장 혁명 투쟁의 성격'을 띠었다.[25]

파업과 노동자위원회 결성을 병행한(영국의 동지들이 개척한 두 갈래 접근법과 같은) 이탈리아 노동자의 이중 전략은 전후기에 더욱 다듬어졌다. 그람시가 말했듯, "평의회와 내부 위원회의 활동은 파업 때 더욱 진가를 발휘"했다. 사실 '전문 조직'으로서 평의회와 그들의 행동력은 워낙 수준 높은 경지에 이르러, "앞뒤도 물불도 안 가리는" 파업은 사라진 대신 "피아트 공장 42개 작업조의 1만 5,000명을 5분 만에 불러내는" 파업이 가능해졌다.[26]

실제로 1919년이 되자 노동자위원회는 질적으로 완전히 환골탈태했을 만큼 역량, 동원력, 영향력을 크게 확대했다.[27] 이제 그들의 명칭은 공장 평의회가 되었다. 그리고 이탈리아 노동자의 대표는 모든 평노동자가 직접 뽑기 시작했다. 그들은 간부직에 오르기 위해 노조원이 될 필요가 없었다. 가장 중요한 점은 평의회의 역할이 경제적 차원을 넘어 정치적 영역으로 확장했다는 것이다. 피아트 본부 공장의 한 노동자위원회 사례는 이 평의회의 기능을 잘 요약해 보여준다. 그들의 역할에는 "고용주에 맞서 노동계급의 이익을 보호하고, 착취를 견디는 모든 이의 단결 정신을 고취하는 것"처럼 단기적·'경제적'인 것도 있었다. 그러나 더 중요한 것은 "새로운 사회를 준비하는" 장기적·정치적 목표였다.[28]

고용주가 사업장 평의회를 최초로 공식 인정한 것은 1919년 9월 이탈리아 최대 규모의 사업장인 토리노 피아트 브레베티 공장에서였다. 그람시는 이 일을 계기로 "우리 노동자 동지들의 영혼이 열정과 의욕으로 충만해졌다."라고 회상했다.[29] 도시 전역이 이 선례를 빠르게 따랐고, 5만 명 이상의 평의회 동지들이 생기면서 진정한 대중적 현상이 되었다.[30] 평의회 운동의 물결은 선구자인 금속 산업을 넘어 목재, 화학, 신발 공장에까지 이르렀다. 그람시가 인용한 브레베티 공장의 한 노동자는 이 새로운 자치 조직을 통해 노동자들이 "더 이상 혁명으로 '향하는' 행진이 아닌, 혁명 '안에서' 행진을 시작"했다며 "자본의 노예 상태로부터 노동을 해방하는 가장 위대한 목표"에 도달한 것에 흥분을 감추지 못했다.[31]

독립 주간지 〈오르딘 누오보〉의 사상

또한 1919년에 이탈리아 주간지 〈오르딘 누오보〉의 영국 통신원 A. 해먼

A. Hamon은 영국의 전개 상황에 대해 "대중은 급진적 변화를 추진하고 있으며, 평의회는 이들의 요구에 부합하고 있다."라고 썼다. 그는 영국에서의 운동이 금속 산업을 넘어 확산한 과정을 자세히 설명하고 다음과 같이 낙관적으로 글을 마무리했다. "이 노동자위원회가 지금 발전하는 기세로 보아, 이제 영국의 모든 프롤레타리아에게까지 전파될 것으로 예측해도 무리가 아니다."[32]

영국 노동운동의 전개와 이탈리아 동지들의 연계성은 일시적 사건이나 우연이 아니었다. 〈오르딘 누오보〉의 창간인 중 한 명인 팔미로 톨리아티는 국제 교류가 필요하다고 말했다. "만약 우리가 외국 사례를 계속 전해 듣는다면 계급 전쟁은 어느 곳이든 비슷한 패턴을 따르고 같은 문제를 겪는다는 걸 입증할 수 있을 것이다. (…) 우리가 영국 동지들의 업적을 논하고 있는 지금, 그들도 우리의 활동을 관심 있게 지켜보고 있다는 건 확실하다."[33]

이탈리아인의 '활동' 중 가장 인상적인 것이 평의회 운동의 똑 부러지는 지도력이라면, 이 '완전히 새로운 집단적 실험'에 가속도를 붙인 것은 〈오르딘 누오보〉를 중심으로 뭉친 투사들의 진심 어린 노력이었다. 이 독립 주간지는 1919년 5월에 28세의 책임 편집자 겸 대표 안토니오 그람시와 24세의 팔미로 톨리아티, 28세의 안젤로 타스카, 24세의 움베르토 테라치니Umberto Terracini 등 네 명의 젊은 마르크스주의자들이 문화적·정치적 실험정신으로 창간했다. 그들의 계획은 "공산주의 사회의 근본 동기와 그 실천적 조직에 대해 활발하고 풍성한 토론과 훈련의 장을 마련하는 것"이었다.[34]

〈오르딘 누오보〉는 노동자부터 사회주의 지도자, 지식인에 이르기까지 다양한 사상이 끓어오르는 도가니였다. 당시 유럽 전역을 휩쓸고 있던 혁명 운동과 이론을 전달하고 논평하는 기사를 실었다. 그리고 러시아의 블라디미르 레닌Vladimir Lenin, 니콜라이 부하린Nikolai Bukharin, 그리고리 지노비예

프Grigory Zinoviev, 레온 트로츠키Leon Trotsky 등의 글을 소개해, 제3 인터내셔널과 그 지도자들의 사상을 전파하는 반향의 진원지 역할을 했다. 헝가리인 벨러 쿤Béla Kun과 죄르지 루카치György Lukács, 베를린에서 활동한 폴란드인 로자 룩셈부르크Rosa Luxemburg, 영국인 실비아 팽크허스트Sylvia Pankhurst는 모두 영국의 사업장 노조 운동을 널리 알렸다.[35]

신질서 운동이 독특하게 기여한 점이 있다면 가공할 만한 방법론적 돌파구를 열었다는 것이다. 더 나아가 지식의 새로운 접근법을 고안해 경제문제가 정치 영역으로 확대되게 하는 가장 획기적인 결과를 이끌어냈다. 이러한 방법론적 혁신은 혁명이라는 목표의 기초가 되는 동시에 자본주의 질서에는 가장 치명적이었다. 실제로 인간 해방이라는 '새로운 질서'는 지식에 접근하는 기존의 방식으로부터의 해방을 전제했다.

신질서 운동가는 지식에 접근하는 모든 방식이 본질상 매우 정치적일 수밖에 없다고 굳게 믿었다. 누군가가 세상을 볼 때 어떤 관점을 취하느냐에 따라 상상력의 여지가 열리기도 하고 닫히기도 하기 때문이다. 그렇다면 개념적, 실천적으로 실행 가능한 대안이 있는지, 있다면 그 대안이 무엇인지 마음속에 정립하는 일도 각자의 관점에 좌우된다는 의미였다. 그리고 당시 세계를 해석하는 주류의 관점은 상상력을 배제하고 자본주의 질서를 받아들이라고 독려했다. 하지만 해방적 관점은 다른 사회를 꿈꿀 가능성을 열어주었다. 그리고 이는 다분히 정치적이었다.

신질서 운동가, 특히 그람시와 톨리아티의 방법론적 혁신에는 크게 네 가지 특징이 있다. 오늘날에도 여전히 유효한 이 해방적 접근법은 자유주의든 사회주의든 모든 형태의 정통론을 거부했고, 특히 전통 경제학 지식을 부정했다. 그들은 모든 자본주의 이데올로기, 심지어 개량주의 이데올로기도 실패했다고 보았다. 다음은 서로 밀접하게 관련된 신질서 운동가들의 네 가지 핵심 원칙이다.

경제 해방을 위한 지식

자본주의 질서에 반대하다

> 경제학은 '있는 그대로'의 경제 현실을 다루는 학문이 아니라, '사람들이 구축하고 싶어 하는' 현실을 다루는 학문이다. (…) 실천, 의지, 자기실현적 힘이 결여된 경제학은 학문이 아니다.
>
> — 안토니오 그람시, '사회주의와 경제학Socialism and Economics'[36]

톨리아티와 그의 동지들은 경제학을 "경제 사실을 다루는 암울한 학문"이라고 명명했다.[37] 그 이유는 과거로 거슬러 올라가 데이비드 리카도와 토머스 맬서스 등의 경제학이 불변의 '경제적 필연성economic necessities', 즉 인간과 분리되어 수동적으로 받아들여야 할 경제의 자연법칙을 확인했기 때문이다. 이 관점에서 보는 자본주의는 필연적이며, 인간의 행위 주체성은 무시된다. 그리고 현재의 사회경제적 구조는 운명이라는 생각을 내면화함으로써 우리는 새로운 역사를 쓰려는 진취성을 잃게 된다. 이러한 무력감 때문에 우리 머릿속엔 현재의 자본주의 사회가 고정불변이고 인간과 별개로 작용한다는 생각이 더 깊이 뿌리내린다.

이 광범위한 이념적 함정은 당파도 초월해 존재한다. 그람시는 〈오르딘 누오보〉에서 이렇게 말했다. "사회주의자는 자본주의의 주도로 형성된 역사적 현실을 대개 별생각 없이 받아들였다. 그들은 자유주의 경제학자에게도 영향을 미친 잘못된 사고방식, 즉 민주국가 제도는 영원하고 근본적으로 완벽하다는 믿음에 넘어갔다. 그들은 민주주의 제도가 여기저기 수정과 손질이 필요해도 근본적으로 존중되어야 한다고 생각한다."[38]

신질서 운동가들은 자본주의가 전지전능하다는 허상을 뿌리 뽑기 위해 자본주의에 내재한 '편협하고 오만한 심리'[39]에 도전했다. 그들은 특히 경제 제도를 비롯해 어떠한 제도도 '자연스러운' 건 없다고 주장했다. 그보다 제도는 그 사회의 특정한 '역사적' 생산관계의 산물이라는 것이다. 그람시는 "세상에 확실하고 절대적인 제도란 없다. 역사는 영원한 생성의 과정이다."라고 말했다.[40]

그람시와 동료들의 견해에 따르면, 사유재산 같은 경제 관습은 '논쟁의 여지가 없는 고정불변'이 아니라 오히려 역사적으로 특정 경제체제, 즉 자본주의 체제를 구성하는 '집단의 행동'이 구체화된 것이었다. 이 직관은 단순하지만 실은 급진적인 정치적 의미를 시사한다. 강력하고 의식적인 계급 투쟁이 현재 질서를 완전히 전복하고 새로운 사회를 재창조할 수 있다는 것이다.

톨리아티는 노동자가 "고용주가 누리던 절대적 자유에 선을 그었다."라고 썼다. 그들은 "시장의 '자연스러운' 상태"를 뒤집었다. 그리하여 그들의 노동력은 더 이상 "수요와 공급의 '철칙'에 지배되는 상품"이 아니었다. 다시 말해 "사람들은 경제학에 저항했다. 이제 그들의 양심과 의지가 경제학의 '과학적 법칙'보다 중요해졌다."[41]

제1차 세계대전 이후 공장 평의회들은 고용주가 노동자를 '자연스럽게' 해고하는 것은 물론 노동의 가격이 '자연스럽게' 결정되는 과정도 방해했다. 이는 노동자가 경제 관계를 급진적으로 재구성해 생산 과정에서 전권을 획득하기 위한 첫 단추에 불과했다. 전권을 획득한다면 그들은 임금노동자에서 자율적 생산자로 승격할 것이었다.

그들에게 혁명의 과정이란 '억압'에서 '자유'로의 전환을 입증하는 '해방 행위'[42]였다. 실제로 이 자유는 먼저 가장 기본적인 형태의 경제적 강압으로서 오늘날까지 우리 삶을 좌우하고 있는 '시장 의존'으로부터의 자유를 가리켰다. 자본주의 체제에서 대다수는 생계를 유지하기 위해 자신의 노동력을 시장에 팔아 임금으로 교환하지 않으면 안 된다.

이 발상은 곧바로 두 번째 중요한 방법론적 돌파구로 이어졌다. 노동계급이 경제와 정치의 중심에서 행위 주체성을 인정받아야 한다는 것이다. 그러면 마침내 노동계급은 역사의 주역이 되어, "긍정적 의미로 혁명적인" 사람은 바로 노동자 자신임을 깨닫게 될 것이었다.[43]

노동자의 행위 주체성

자기 자신이 되고, 스스로 일하고, 자아를 발견하라. 이것이 우리가 노동자에게 하고 싶은 말이다. 기사나 논설 내용을 다시 생각하고, 여러분의 눈으로 직접 확인하라. (…) 스스로 정복한 것만이 가치 있으며, 이는 특히 사회적 투쟁과 지적인 삶을 위해 중요하다.

- '신질서 연대기Cronache dell' Ordine Nuovo'[44]

노동자들이 새로운 경제체제를 향해 나아가는 정치적 주체로 거듭나자, 부르주아 경제학자들은 이 행위 주체성을 단호히 부정했다(그리고 오늘날에도 계속 그렇게 하고 있다). 실제로 주류 경제학자는 노동자를 경제라는 기계의 대체 가능한 톱니바퀴, 한마디로 생산 기계의 투입물로 취급한다. 노동자가 유일하게 할 수 있는 건설적 행동은 한 직장의 임금 관계에서 다른 직장의 임금 관계로 이동하는 것이다.

제1차 세계대전 이후 신질서 운동가들은 다시 한번 정통파의 기본 가설을 뒤흔들었다. "엉터리 환상을 떠드는 사람들은 사실상 노동계급이 항상 자본가에게 굴복해야 한다고 말한다. (…) 노동계급은 부르주아 계급과 다른 자신만의 사상을 지녀서는 안 되고 생각, 감정, 열망, 이해관계 등 내면의 모든 작용이 부르주아와 일치하게끔 스스로 세뇌하라는 뜻이다."[45] 하지만 부르주아의 바람과는 다르게, 노동자는 혁명가였다. 여기서 "혁명가란 사실상 노동을 통해 전체 생산 질서를 변혁하는 사람을 의미"했다.[46]

자본주의 체제에서 노동자는 잉여 인력이 된 기분, 다시 말해 자신들끼리 서로 완벽히 대체 가능한 경쟁의 힘 앞에서 무력한 기분에 빠지기 쉽다. 오늘날의 정통 경제학 모형조차 이러한 무력감을 더욱 거든다. 고용주와 노동자는 개별로 계약을 맺고, 그 결과 노동자는 자기와 같은 숙련도의 다른 노동자와 상호 교환될 수 있다고 가정한다.[47] 자본주의는 개인의 자유를 제한함으로써 집단을 억압한다.

반대로 신질서 운동은 노동자의 힘이 개인이 아닌 집단에서 나온다는 점을 강조했다. 생산 과정에서 노동의 역할은 물론, 대다수가 임금 관계에서 해방되어 자율적 생산자로 올라설 자본주의 이후의 사회를 건설하는 과정에서도 노동의 역할이 절대적으로 필요하고 중요하다는 점은 오직 한 계급의 구성원이자 '생산자'인 노동자만 인식할 수 있다는 것이다. 모든 부문의 전통적인 노조를 대체하고 숙련 노동자와 비숙련 노동자를 포용하여 단결시킨 공장 평의회는 이러한 집단적 주체성의 원칙을 구체화했다. 톨리아티는 "새로운 사회의 전 단계인 새로운 체제에 들어서기 위해 필요한 직함은 단 하나, 바로 생산 유기체의 세포인 노동자다."라고 말했다.[48] 이것이 바로 공장 평의회가 무엇보다 "노동자들의 의지를 직접적으로 발산하고 표현"했던 이유다.[49]

세 번째 (아마도 가장 날카로운) 원칙은 프롤레타리아의 행위 주체성 선언과 관련되어 있다. 이 원칙은 부르주아 경제학계 특유의 주지주의와 지식에 대한 기술관료적 접근법을 거부했다.[50]

실천

미래를 건설하는 구체적인 임무는 설명과 설득, 상호 교육 등 집단적·협력적 노력 없이는 이루어질 수 없다.

- 안토니오 그람시, 팔미로 톨리아티, '노동자 민주주의Democrazia operaia'[51]

물론 사상과 개념은 위에서부터 강요될 수 없다. 인간은 계획대로 행동하는 법이 거의 없다. 신질서 운동가들은 이론과 실제의 이분법을 '실천praxis' 개념으로 조화하려 했다. 이론과 실제가 상호 영향을 미치고 보강함으로써, 이미 시작된 변혁적 역동성을 강화할 수 있다는 생각이었다. '행동이 생각이고, 생각이 행동이다.'

이러한 지식의 전환점을 가장 잘 구현한 예가 신질서 운동의 실천이었다. 노동자와 지식인이 모여 공부 모임, 집회, 집단 토론, '상호 교육'을 실천하는 것이 그들의 일과였다. 그람시의 말에 따르면, 〈오르딘 누오보〉의 기사는 노동계급이 내면 해방과 자기표현을 이루어가는 현실의 사건을 가감 없이 '기록'했다."[52] 이 신문은 결코 "지식인의 술책을 무비판적으로 수용" 하지 않았다. 그보다는 "노동자의 필요를 충족하고, 그들 속에 잠재된 영감을 현실로 구체화하고자" 했다. 이어 그람시는 "이 이유로 우리는 서로를 쉽게 이해하게 되었고, 토론에서 행동으로 확실히 전환할 수 있었다."라고 덧붙였다.[53]

〈오르딘 누오보〉는 공공 지식인, 평노동자, 사무직 노동자, 대학생이 모인 집단적 노력의 산물이었다. 그들은 모두 자신의 임무에 더 뚜렷한 시각과 활기를 더해줄 지식과 일상 속 실천을 조화시키려 노력했다. 지식을 형성하는 것 자체가 곧 정치적 행위였다. 〈오르딘 누오보〉의 한 구절에 따르면, "경제문제나 정치문제는 그 자체로 구체적인 게 아니라, 그것을 역사적

현실로 바꿀 의무가 있는 사람들이 생각과 생각을 거듭해 구체화한 것"이었다.[54]

〈오르딘 누오보〉 운동은 마르크스의 〈포이어바흐 테제Thesen über Feuerbach〉 11번을 본격적으로 실험한 시도였다. "철학자들은 그저 세계를 해석해왔다. 이제는 세계를 바꿀 때가 되었다."[55] 따라서 공장 평의회의 설립은 실천적 경험이자 민중의 '새로운 학교'와도 같았다.[56] "평의회를 준비하기 위한 토론과 집회는《가로등의 악마diavolo nell'ampolla》를 쓴 작가(이탈리아 작가 아돌포 알베르타치Adolfo Albertazzi를 가리키며 소설, 동화, 비평 등 다작을 발표한 이야기꾼이었다—옮긴이)의 소책자와 비평을 10년 읽은 것보다 노동계급의 교육에 훨씬 유익했다."[57]

공장 평의회는 실천의 살아 있는 표본이었다. 그들의 내규는 자치에 필수적인 이론과 실제를 확실히 결합했다. 그중 한 예가 노동자를 위한 학교 설립이었는데, 이 학교는 1919년 11월 토리노에서 모두에게 개방되어 자본주의와 사회주의의 이론과 역사를 중점적으로 교육했다.[58] 또한 공장 안에 집행위원회를 설립해, "작업장에서 휴식시간에 자유롭게 읽을 신문을 비치했다. 또한 격주로 사보를 발행해 노동자들에게 깊이 있는 지식을 제공할 통계를 싣고, 집행위원회와 공장 평의회의 활동 내역을 알렸으며, 언론에 나온 공장 관련 소식을 발췌해 실었다."[59] 피아트 본부 공장의 집행위원회는 총무과와 협상해 "사내 도서관을 신설하고 산업, 역사, 정치 경제에 관한 서적을 다수 구비하게" 했다.[60]

혁명의 목표가 밑바탕에 깔린 이 계획들은 부르주아 이데올로기의 가장 치명적 측면이자 경제학 이론의 첫 번째 전제인 정치와 경제의 분리를 한층 더 강도 높게 반대한 것이었다.

정치와 경제의 이분법에 맞서다

> 공산주의 혁명은 경제와 정치 양면에서 생산자의 자율성을 실천한다. (…) 정치
> 적 행동이 성공하려면 경제적 행동과 일치해야 한다.
>
> – '노동자의 도구The Instrument of Labor'[61]

이탈리아의 철학자 지노 지니Zino Zini는 1920년 2월 설립된 토리노 사회주
의 문화 학교의 창립식에서 '시민에서 생산자로'라는 제목의 강연을 했다.
그는 부르주아 민주주의에서 으레 이해되듯 시민은 추상적 개인이라며 이
렇게 주장했다. "이론적으로는 주권이 있지만 실은 선거 당일에만 주권을
행사할 뿐이며, 나머지 시간에는 자신이 제정하지 않은 법률과 규칙에 종
속되어 살아갑니다."[62] 개인의 정치적 예속은 경제적 예속이 바탕에 깔려
있다. 경제적 조건의 불평등(또는 생산관계 내 지위의 불평등) 때문에 자유롭고
평등한 인간 간에 진정한 민주적 관계가 성립되기 어렵다. 한편 지니는 자
본주의 이후의 사회에는 경제적으로도 정치적으로도 자유로운 '새로운 인
간형', 즉 '의식 있는 생산자'가 탄생할 것이라고 썼다. 그렇다면 '자유롭고
평등한 생산자 중심의 새로운 사회' 펼쳐질 것이었다.

지니는 정치적 자유의 개념이 추상적이고 간접적이라고 비판했다. 간단
히 말해, 그는 대다수가 시장에 의존해 자신의 노동력을 팔아야만 하는 '경
제적 부자유' 상태에서는 정치적 자유가 불가능하다고 말했다. 부르주아
경제학자들의 이론은 대개 형식상으로는 경제적 강압을 숨겼지만, 그래도
노동자들은 강압을 느낄 수 있었다. "오늘날 굶어 죽거나 얼어 죽지 않으려
면 (…) 누구든 자본주의 계층 구조에 자신의 위치를 순응시켜야 한다. (…)
그러나 기존의 질서를 더 이상 받아들이지 않는 사람들이 점점 늘어나고
있다."[63]

프롤레타리아의 '굉장히 독창적인 기관'으로서 공장 평의회는 자본 축적의 기둥을 무너뜨릴 전략적 수단이었다. 또한 노동자가 정치와 경제의 통합을 구체적으로 경험할 수 있는 장이기도 했다. "노동자의 손에서 탄생한 평의회는 (…) 경제와 정치가 하나가 되고, 자주권 행사와 모든 생산 행위가 하나가 되는 생산 과정을 철저히 지향한다. (…) 그래야만 프롤레타리아 민주주의를 실현할 수 있다."[64] 실제로 평의회 내에서 생산 과정은 매우 정치적이었다. 평의회는 그들이 꿈꾸는 대안적 사회의 핵심 특성을 실천에 옮겼다. '부르주아의 허위 민주주의'와 그 화신인 '의회주의'를 배격하는 대신, 독재에 반대하는 '민중의 자치'와 그것이 실현된 '프롤레타리아 국가'를 목표했다. 이곳은 더 이상 인간이 소외되지 않고 오히려 일상 활동의 핵심 주체가 되는 사회였다.[65]

톨리아티에 따르면 "새로운 사회질서에서는 정치의 기원을 경제활동, 다시 말해 각 개인의 집단적 생산활동에서 찾으므로 자주권의 진정한 근원은 개인의 의식에 있다."고 보았다.[66] 실생활과 사상 양쪽에서 정치와 경제를 다시 통합하는 것도 중요했지만, 자치도 그에 못지않게 중요한 목표였다.[67]

또한 평의회는 조직을 구성하는 방식도 이 취지에 걸맞아야 한다는 의무감으로, 특히 평노동자가 직접 책임을 지는 수평적이고 완전한 대표성을 보장하는 조직이 되는 데 중점을 두었다. 그들은 〈오르딘 누오보〉의 지면에서뿐 아니라 집회, 그 외 프롤레타리아들이 모이는 곳마다 활발한 토론을 멈추지 않았다[68](이러한 열정이 반영된 영국의 예로, 1917년에서 1921년까지 주요 사업장 노조 지도자들은 일곱 가지 이상의 대안적 민주 체제를[69] 계획했다. 그리고 이 논의가 자주 오르내린 곳은 그들이 즐겨 보는 신문인 〈연대Solidarity〉와 〈노동자The Worker〉였다).

이탈리아의 공장 평의원은 6개월마다 교체되었고 "사회적·기술적 사안에 대해 수시로 투표에 부치고 회의를 소집할 의무"가[70] 있어서, 스스로 의사결정권을 행사하고픈 노동자의 욕구를 제도적으로 보장했다. 게다가 영국과 이탈리아의 평의회 모두 한 작업장이 저마다 외부에 수평적 대표성을 보장하는 일종의 연방주의 형태를 추구했다. 이를테면 "모든 작업조, 공장, 도시, 지역, 나아가 (노동자와 농민 대표로 구성된) 최고 전국 평의회에 이르기까지 각각을 대표하는 총괄 조직이 하나씩 생겼다."[71] 영국 노동자위원회는 작업장 위원회, 공장 위원회, 지역 위원회, 전국 위원회의 크게 네 단계로 구성되었다.[72] 한편 이탈리아 평의회는 도시와 시골을 잇는 안정적인 전국 연결망을 갖추기 위해 노력했다. 러시아의 경험에서 알 수 있듯, 도시와 농촌의 동맹은 혁명의 핵심 요소였다. 평의회는 (이전 장에서 논의한) 토지 점유를 향한 농민의 뜨거운 열정을 제도권으로 전달하는 창구가 되고자 했다.[73]

요약하자면 전간기 이탈리아와 영국의 공장 평의회는 부르주아식 지식 접근법을 전복시키는 데 영향을 미치고 동기를 부여한 네 가지 방법론을 취했다. 바로 자본주의에 대한 탈순응화, 노동자의 행위 주체성, 실천, 경제와 정치의 통합이다. 이러한 방법론적 돌파구는 당시 자본주의에 강력한 위협 요소였다. 실제로 그들은 헤게모니적 사회관에 반대하는 대안을 제시했다. 지식은 더 이상 위에서부터 전달되어 현재 체제에 수동적으로 수긍하게 강요할 수 없었다. 이제 지식은 아래로부터의 행동을 가능하게 했다. 네 가지 방법론적 특징이 공장 평의회에서 구체적이고 체계적으로 실현되면서, 자본주의 사회질서가 받는 위협은 증폭되었다.

변화의 물결은 방법론 혁명과 정치 혁명이라는 형태로 자본주의의 해안을 찰싹찰싹 때렸다. 노동자위원회와 평의회들은 새로운 생산관계를 위한 대안적 기반을 구현함으로써 이러한 이중적 접근법을 표출했다. 이 새로운 조직들은 비록 잠시뿐이었지만 임금노동과 민간 자본이라는 개념 자체를 뒤집었다. 노동자가 생산수단을 장악하려 움직이자, 구질서의 기득권층은 시름이 더 깊어졌다. 이 시기는 오늘날까지도 서구 자본주의 역사에서 다시 없을 유일무이한 사례로 남아 있다.

공장 점거의 의의

오늘 점거 운동으로 (…) 모든 공장은 불법 국가이자, 결과를 기다리며 하루하루 연명하는 프롤레타리아 공화국이 되었다. (…) 이제 노동계급이 정치력, 주도력, 혁명가로서의 창의력을 세상에 증명해야 할 때다.

- 그람시, '붉은 일요일Red Sunday'[74]

1919년 가을, 이탈리아 평노동자와 노조의 운동은 지지도가 절정에 달했다. 그람시는 이렇게 설명했다. "대중은 공장 평의회의 구호에 열광적으로 호응했다. 6개월 사이 모든 기계 공장과 작업장에 평의회가 설립되었고, 공산주의자가 기계 공장 노조의 다수를 차지했다. 공장 평의회와 생산 지배권 원칙은 FIOM 총회와 노동회의소 소속 노조로부터 과반의 찬성을 얻어 채택되었다."[75]

평의회 운동의 정치적 파장이 커지자, 산업가들은 더 이상 참지 못하고 평의회에 정면 공격을 개시했다. 1920년 3월, 이탈리아 산업 총연맹Confindustria의 회장인 산업가 지노 올리베티Gino Olivetti와 피아트 소유주인 조반니 아넬리Giovanni Agnelli는 토리노 시장을 만나 공장을 폐쇄하겠다는 의사를 밝혔다. 올리베티의 말마따나 작업장에서 "두 세력은 공존할 수 없었다." 특히 두 세력 중 한쪽이 '공산주의 사회의 세포'라면 더욱 그랬다.[76]

금속업 산업가와 노동자 간 투쟁은 한 달 뒤인 1920년 4월, 산업가들이 노동자 평의회의 권한을 축소하려 하자 폭발했다. 금속 노동자들은 한 달

동안 파업으로 대응했고, 20만 명 이상의 평노동자들이 군대에 맞서 싸웠다. 마지막 열흘 동안 이 파업은 피에몬테주 너머 전역까지 퍼져 산업 및 농업 노동자 약 50만 명이 참여한 총파업으로 발전했다. 4월 18일자 밀라노판 〈아반티〉는 이렇게 보도했다. "토리노의 불길은 처음에 알레산드리아로 확대되더니 이곳 밀라노까지 삼켰다. (…) 이탈리아 북부의 거의 전역이 고용주들의 권리와 오만에 맞서 들고일어났다.[77]

공장 평의회의 존속과 정당성, 노동자 지배권의 미래도 사활이 걸리기는 마찬가지였지만, 무엇보다 자본주의 자체가 위기에 처했다. 파업은 수많은 사람이 피를 흘린 후에야 사내 평의회를 인정하는 합의로 일단락되었지만, 대신 평의회의 권한은 대폭 축소되었다. 그래도 토리노 노동자들의 굴하지 않는 기개는 파업위원회의 마지막 회보에 다음 한마디로 정리되었다. "전투는 끝났지만, 전쟁은 계속된다."[78] 〈아반티〉는 이렇게 논평했다. "토리노 프롤레타리아는 토리노 안에서는 패했지만 그들의 전투가 전국 프롤레타리아의 전투로 확대된 만큼 국가적으로는 승리했다. 이탈리아 혁명에 드디어 구체적 계획과 진정한 목표가 생겼다. 바로 생산과 거래에서의 지배권 쟁취다."[79] 역시 이것은 투쟁의 시작에 불과했다.[80]

그해 여름 FIOM과 금속 공장주들이 넉 달간 치열한 계약 협상을 진행하는 동안, 금속 노동자는 '준법 투쟁'을 개시했다. 바로 최소한의 할 일만 하는 태업이었는데, 공장주의 눈에는 생산을 방해하는 행위였다.[81] 공장주들은 밀라노의 알파로메오 공장을 필두로 공장 폐쇄로 즉각 대응했다. FIOM 밀라노 지부는 공장 점거 운동으로 맞섰고, 이는 들불처럼 퍼졌다. 1920년 8월 31일 노동자들은 밀라노에 있는 공장 280곳 이상을 점거했고, 점거 운동은 마치 모세관처럼 이틀 만에 반도 전역으로 뻗어 나갔다. 최소 60개 도시에서 노동자 약 50만 명이 제철소, 광산, 조선소, 철도, 항만, 금속 및 비금속 공장을 점령했다. 9월 중하순에는 신발, 고무, 화학, 섬유 공장 노동자도 가세했다.[82] 그람시는 〈아반티〉에 다음과 같이 썼다. "사회의 위계질 서는 무너졌고, 역사적 가치는 전복되었다. '실제 일하는' 계급, '생산의 주 된 역할을 하는' 계급이 '지휘하는' 계급이 되었다."[83]

토리노, 밀라노, 제노바에서 공장 점거는 대대적인 민중 운동으로 확대되 었다. 이 운동은 연이어 시선과 관심을 끌었고 이탈리아 사회를 놀라게 했 다. 그야말로 진기한 현상이었다. FIOM과 산업가의 대결 구도가 예상치 못한 혁명의 실험으로 증폭된 것은 양측 모두 의도하지도 않았고 설명할 수도 없었다. 바야흐로 평노동자들의 열정은 그동안 상상할 수 없었던 무 언가를 만들어내기 직전이었다.

이탈리아의 주류 석간신문인 〈코리에레 델라 세라〉는 밀라노에서 예고 없이 시작된 역동적인 점거 현장을 생생히 포착했다. "엊저녁 공장들은 특 이한 풍경을 연출했다. 수많은 여성과 아이가 공장의 자발적 포로가 된 파 업자들에게 저녁 식사를 전달하느라 바쁘게 오갔다. (…) 입구는 노동자들 이 엄격히 지키고 있었다. 공무원이나 경찰은 코빼기도 안 보이고, 노동자 들이 현장을 독차지했다. 차나 마차를 타고 지나가는 사람은 누구나 마치 국경을 통과하듯, 경계 중인 노동자 부대와 그들의 혈기 가득한 동료들의 통제를 따라야 했다."[84]

점거는 비교적 평화롭게 진행되었다. 노동가가 울려 퍼지고, 공장 울타리 와 굴뚝에 붉은 깃발이 세워졌다. 토리노에서 파업 중이던 노동자 바티스 타 산티아Battista Santhià는 이 일화를 이렇게 설명했다. "그땐 노동자의 미래 가 정말로 우리 손에 잡힐 듯했다. 공장주는 쫓겨나고 노동자들이 공장의 주인이 됐다."[85]

1921년 〈사회주의 연감Socialist Almanac〉에 실린 한 사진에서는 노동자들이 매점 테이블에 앉아 있었다. 여기에는 '점거 중인 공산주의자의 주방'이라 는 캡션이 딸려 있었다.[86] 다른 사진에는 곤봉과 소총으로 무장하고 주먹

경례를 하는 모습도 있었다. 가장 상징적인 것은 공장 평의회 일원들이 이탈리아 최대 자동차 공장의 소유주인 조반니 아녤리의 집무실 책상에 앉아 있는 사진이었다. 공장에서 일하고, 자고, 불침번을 서는 수십만 명이 현재 진행형인 혁명 속에서 살아가고 있었다.

공장 평의회는 전체 생산 공정을 직접 통제했다. 그들은 선임급 기술직원들이 고용주의 지시로 자리에서 철수하자 이제 이판사판이라고 느꼈다. 신질서 운동가들은 공장 점거를 적극적으로 도왔다. 그리고 평의회가 생산, 거래, 판매 등 모든 일을 그때그때 조정해나가는 동시에 자신들의 방어기지도 지키는 능력을 외부에 널리 알렸다. 점거 2주 차가 되자 토리노에서는 모든 산업 분야에 걸쳐 대부분의 노동자가 점거 운동에 참여했다. 크고 작은 금속 관련 공장(자동차, 객차, 주물, 자동차 수리, 철도 자재, 선박 엔진, 공구, 타자기 등)뿐 아니라 고무, 신발, 섬유, 견사 공장 등도 도시와 지방을 가리지 않고 합류했다. 이 진기한 사건은 그 주에 밀라노에서도 비금속 부문, 특히 원자재 공급을 좌우하는 화학 산업으로까지 퍼졌다.[87]

재정적·기술적 제약이 따라오고 직원의 임금 지급과[88] 자재 공급에 지장이 있었지만, 생산은 (여전히 평의회의 생산 방해 명령하에서) 정상적인 속도로 계속되었다. 공장 노동자는 주기적으로 원자재와 연료를 트럭으로 날라주는 철도 노동자 연대의 도움 덕에 꿋꿋이 대의를 지킬 수 있었다. 마찬가지로 평의회도 여러 공장 간에 연결망을 확보해 서로 원자재를 주고받았다.[89]

투쟁의 의도는 노동자 평의회가 장악하고 계급 질서가 사라진 산업 생산 관계란 어떤 것인지 그리고 얼마나 좋은지 보여주려는 것이었다. 토리노의 안살도 공장 노동자 안토니오 오베르티Antonio Oberti는 "우리는 산업가들에게 그들 없이도 온갖 어려움을 극복하고 공장을 최대로 가동해 물건을 생산할 수 있음을 입증해야 했다."라고 말했다.[90] 노바라 지역에 있는 로톤디 공장의 견습공 피에라 스탄갈리니Piera Stangalini는 이렇게 회상했다. "우리는 공장의 주인이 되었다는 벅찬 마음에 다들 의욕적으로 일했다. 공장 깃대에 걸린 붉은 깃발을 보고 모두가 축제 분위기에 빠졌다. 나도 깃발이 나부끼는 모습에 황홀할 정도로 행복했다."[91]

점거 운동이 얼마나 위력적이었는지는 뒤이어 등장한 지배층의 회유책을 통해서도 알 수 있다. 먼저 조반니 졸리티 총리는 이 사태에 과도한 군사력을 투입하지 않겠다고 단호히 선언했다. 그는 의회에서 이렇게 주장했다. "무슨 수로 점거를 막겠습니까? 참여한 금속 공장만 해도 600곳에 달합니다. 점거를 막으려면 적게는 100명, 많게는 수천 명이 진을 치고 있는 공장마다 일일이 수비대를 배치해야 할 겁니다. 이 정도면 나라 안의 병력을 전부 끌어와야 한단 말입니다! 그리고 공장 밖에 있는 50만 명은 누가 감시합니까? 그리고 그동안 나라는 누가 지킵니까?"[92] 상업 은행장들도 FIOM 측에 자신들도 인심 써서 중립을 지킬 테니, FIOM도 노동운동이 혁명으로 번지지 않도록 약속해달라고 당부했다. 이제 갓 파시스트 운동을 주도하기 시작한 베니토 무솔리니는 정략적 차원에서 점거에 공감을 표했다.[93]

혁명의 긴장은 9월 6일~7일에 최고조에 달했다. 이때 운동은 공장을 넘어 남부 농업 지방의 토지 점거로까지 번졌다.[94] 사회당은 직접 협조하지는 않았지만 농민과 군인에게 고하는 선언문을 전 지역판 〈아반티〉에 발표했다. "내일 결전의 시간이 닥친다면, 여러분도 모든 고용주, 모든 착취자에 맞서 집결해야 합니다! 코뮌과 토지를 장악하고, 헌병대carabinieri를 무장 해제시키고, 노동자들과 단결해 부대를 구성하고, 대도시로 나가 행진하고, 부르주아가 고용한 패거리들에 맞서 무장한 동료들과 함께하십시오! 어쩌면 이제 정의와 자유의 날이 왔는지도 모릅니다."[95]

북부 도시 브레시아에서는 한 조사관이 점거 공장에서 무기와 폭탄이 제조되고 있다고 주 관리들에게 경고하기도 했다.[96] 내무부 장관 엔리코 코라

디니Enrico Corradini도 졸리티에게 "점거자들이 기관총으로 무장한 듯합니다. 그들 말로는 전쟁 때 피아트에서 생산한 군수용 탱크도 갖고 있답니다. 이대로 가다가는 최악의 위기가 올 겁니다."라고 보고했다.[97] 인근 밀라노 지사인 알프레도 루시뇰리Alfredo Lusignoli는 코라디니에게 사태가 악화할 경우 군대로는 도시의 5분의 1밖에 방어할 수 없다고 단언했다. 따라서 중앙정부에 왕실 근위대, 군대, 헌병대까지 파견해달라고 요청했다.[98] 이제 영구적 자치권을 획득한 노동자들은 임금노동자가 아닌 자율적 생산자로서 '자본주의 체제의 실제 중심인 언론, 은행, 군대, 국가'를 공격하고 있었다.[99] 그러나 결국에는 전국적 조정과 공동의 방향 설정에 마찰이 생겨, 혁명은 고지를 눈앞에 두고 멈춰버렸다.

생산의 자유를 향한 노동자의 짧고도 매서웠던 실험은 결국 신생 조직인 이탈리아 산업 총연맹과 FIOM, CGdL 간의 합의로 끝났다.[100] 산업가들은 정부의 강력한 압력에 항복했다.[101] 그리고 한 달 전만 해도 논의조차 거부했던 협상안에 결국 서명했다. 그들은 전에 강력히 반대했던 노조의 산업 지배권과 더불어 임금의 대폭 인상, 유급 휴가, 해고 노동자를 위한 퇴직수당 등을 받아들여야 했다.

1920년 9월 19일 정부는 양측을 로마로 소집해 협상의 막바지 단계를 중재했다. CGdL의 노동자 지배권 제안을 전적으로 지지한 졸리티 총리는 이 자리가 자본가와 노동자 관계가 근본적으로 변화하는 역사적 순간이 되어야 한다고 주장했다. 그는 "한 명이 명령하고 수천 명이 복종"하는 산업 생태계는 더 이상 용납할 수 없다며, "우리는 노동자에게 알고 배우고 성장할 권리 그리고 회사 운영에 참여하고 일부 책임을 떠맡을 권리를 주어야 한다."라고 말했다.[102]

언론인 마리오 미시롤리Mario Missiroli는 이 발표 직후 밀라노의 산업가 모임에서 나타난 근심 가득한 반응을 이렇게 묘사했다. "마치 날벼락과 같았다. 모임에 참석한 산업가들은 큰 충격을 받고 해산했다가, 몇 시간 후 여전히 머릿속이 마비되고 말문이 막힌 채 다시 모였다."[103] 몇 년 후, 노조 지도자 브루노 부오치는 "금속 노동자의 승리는 전 세계 노동자 운동의 전체 역사에서 유례없는 일이었다."라고 평했다.[104]

후폭풍과 반동

노조의 승리는 혁명을 기대한 많은 평노동자에게 전혀 성에 차지 않았다. 사회당과 FIOM은 최종 권력 장악을 위한 반란을 주도하기를 꺼렸고, 이 때문에 신질서 운동가와의 갈등이 커졌다. 신질서 운동가는 그들이 우유부단하고 결국에는 민중이 추진하는 혁명 추진력을 방해했다고 비난했다.

오늘날 역사가는 이 순간을 전후 혁명 물결의 결정적 종착점으로 해석하는 편이지만,[105] 역사를 더 정확히 재구성하려면 당시의 시대정신을 놓치지 말아야 한다. 사실 이 사건은 사회를 급격히 바꾸기 위한 더 큰 과정의 일부였다. 사회주의자만이 이렇게 생각한 건 아니었다. 협약이 체결된 9월, 〈코리에레 델라 세라〉의 대표 겸 상원인 루이지 알베르티니Luigi Albertini는 당시 민주자유당 의원 조반니 아멘돌라Giovanni Amendola와의 전화 통화에서 직설적으로 "이제 남은 일이라고는 자리에서 물러나 CGdL에 권한을 이양하는 것"이라고 말했다.[106] 심지어 알베르티니는 개량주의-사회주의 지도자 필리포 투라티Filippo Turati를 찾아가 이제 사회주의자가 정권을 잡을 때가 됐다고 말하기도 했다. 피아트 집무실로 돌아온 아녤리는 회사 전체를 협동조합으로 전환할 것을 공식적으로 제안했다. 그는 〈가제타 델 포폴로La gazzetta del popolo〉와의 인터뷰에서 이렇게 설명했다. "현재 체제로는 관리자와 노동자 간의 원만한 관계가 도저히 불가능하다. 오늘날 민중은 더 이상 일할 마음이 없다. 그들의 마음은 오직 정치적 목표에 의해서만 움직인다. 그들이 최근 얻은 결실은 그들에게 아무것도 아니다. (…) 2만 5,000명을 적으로 돌려서 어떻게 생산할 수 있겠는가?"[107] 몇 년 후 가에타노 살베미니 Gaetano Salvemini 하원은 "은행가, 대자본가, 대지주는 도살장으로 끌려갈 운명의 양처럼 사회주의 혁명을 기다리고 있었다."라고 술회했다.[108]

그해 가을부터 1921년까지 사회당(최대강령파maximalist부터 개량주의자까지)과 신질서 운동가들은 공장 점거를 근본적으로 혁명을 위한 예행연습처럼 생각했다. 1920년 9월 21일자 〈아반티〉는 "산업 지배권을 정복하고 금속 노동자가 승리했다고 해서 고용주와의 싸움이 느슨해져선 안 된다."라고 주장했다. 이어 기사는 "이번 합의는 모든 목표를 이룬 게 아니라 한 단계 올라선 것에 불과하다. 합의로 계급 투쟁이 끝나지는 않는다. (…) 사유재산에 처음으로 자랑스럽게 일격을 가했지만 더 많은 일이 분명히 남아 있다. 노동자가 슬기롭게 싸울 방법을 터득한다면 그들은 영원히 승리할 것이다."[109] 기사에서 인터뷰한 밀라노 평노동자들도 이 같은 혁명 정신에 한마음 한뜻이었다.

〈오르딘 누오보〉도 사회주의 평론가이자 언론인 체사레 세사로Cesare Seassaro의 논설을 포함해 같은 취지의 글을 실었다.[110] 세사로는 "프롤레타리아와 인류 문명의 기억 속에 붉은 정열로 각인될 이 역사적인 날들은 프롤레타리아 부대의 위대한 작전의 공이 컸다."라고 선언했다.[111] 그는 혁명의 선봉대가 "앞으로도 부르주아의 폭정을 공격해 최후의 승리"를 거두려면 그동안의 모든 노력을 자랑스럽고 소중히 여겨야 한다고 말했다. 이 사건의 중요한 교훈은 군사력을 보강하고 하루빨리 제대로 된 공산당을 창당해 정권 장악으로 가는 혁명의 밑그림을 짜야 한다는 것이었다. 기사는 "혁명은 피할 수 없다. 배부른 부르주아여, 혁명은 치명적일 것이니 기뻐하지 말라."라고 마무리된다.[112]

반혁명의 씨앗

> 이탈리아 계급 투쟁의 현 상황은 혁명을 꿈꾸는 프롤레타리아가 정권을 장악하고 생산 지배권을 회복하는 새로운 생산 체제로 전환하기 직전의 단계에 있다. 아니면 자본계급과 지배계급의 격렬한 반동을 눈앞에 둔 단계일 수도 있다.
>
> — 안토니오 그람시, '사회당의 쇄신을 위해Toward a Renewal of the Socialist Party'[113]

산업가들은 대변화로 심리적 충격을 겪은 후 단단히 싸울 태세에 돌입했다. 그들은 졸리티 정부가 "범법자들을 완전히 묵인하며 사실상 부재중"이라고 비난했다. 게다가 '재산'과 '개인의 자유'를 지킬 군인이나 경찰을 한 명도 파견하지 않았다고도 한탄했다.[114]

산업 및 농업 자본가를 분노하게 한 건 정부의 중립적 태도뿐이 아니었다. 이 협상이 마무리됐을 때 그들은 사실상 모든 게 끝났다고 생각했다. 게다가 의회에 참석한 노동부 장관이자 사회주의자인 아르투로 라브리올라Arturo Labriola는 그간 인터뷰나 언론에서 자본주의 경제가 사회주의 경제로 전환하고 있다고 공공연히 말하곤 했다. 또한 3장에서 살펴봤듯, 이 시기에는 투기 억제책, 전시 초과이윤세, 특별 재산세, 본인 명의로 주식 신고 의무, 상속세 인상, 토지 점유 합법화 등의 개혁으로 자본주의가 한창 공격당하고 있던 터였다.

1920년 3월에 산업 총연맹은 자신들만의 정치 노선과 전술을 갖춘 국가기구로 자리매김했다. 이제 산업가는 체계화된 조직 구조를 갖춘 전국적·정치적 권력 집단으로서 '산업가 계급'을 자처하게 되었다.[115] 72개의 단체가 참여했고 회원 수는 1만 1,000명이었다. 모든 대규모 산업 부문의 크고 작은 기업 중 4분의 3이 가입했다. 그해 8월 농업 경영자들도 똑같이, 크고 작은 농장과 농기업을 아우르는 농업 총연맹La Confederazione Generale dell'Agricoltura을 결성했다. 그들은 "자신의 소유권과 농업을 지키기 위해 온 힘을 합쳐 싸울 준비가 된 신생 정치 단체"였다.[116]

이러한 전개 양상에 그람시의 다음 분석은 기막히게 시의적절했다. "산업가들은 이윤과 경제적·정치적 경쟁 때문에 서로 분열되어 있지만, 프롤레타리아 계급 앞에서는 철벽같이 단결한다."[117] 레닌과 그람시는 둘 다 부르주아가 전통적인 자유민주주의 틀을 깨는 새로운 유형의 반동을 촉발할 것이며, 이로써 일종의 맹렬한 내전이 닥치리라고 예견했다. 그 복수의 욕구(정부가 해결하지 못한 욕구)는 나중에 파시스트의 폭력으로 충족되었다. 곧 많은 노동 조직의 본부가 불태워졌다. 노동회의소, 시민회관, 협동조합, 신문사도 잿더미가 되었다. 사회주의자부터 평노동자까지 수천 명이 무장 공격에 목숨을 잃은 후, 1922년 10월 결국 파시스트 정부가 출현했다.[118]

타스카는 "산업가들은 충격사 직전까지 갔다가 기사회생해 새사람이 된 기분이었다."라며 당시 피어오르던 반혁명 기운을 설득력 있게 포착했다.[119] 그리고 "그들은 앞으로 자신들이 흘릴 피가 더럽혀진 사유재산의 성전을 씻어내기 위한 속죄 의식과 같다고 생각할 것이다."라고 덧붙였다.[120]

결론

이 장에서는 제1차 세계대전 이후 자본주의의 붕괴와 그 상징적 사건으로 영국과 이탈리아의 공장 평의회 운동을 자세히 살펴보았다. 자본과 국가에 맞선 금속 노동자들의 투쟁은 구질서가 받은 위협을 잘 나타냈다. 그 위협은 1919년~1920년 이탈리아에서 폭발해, 소비에트 러시아와 헝가리 평의회 공화국에 버금갈 정도에 이르렀다. 이탈리아 평노동자들은 신질서 운동가들의 주도하에 2년간 자본주의의 구체적 대안을 실천하고 발전시켰으며, 1920년 공장 점거가 그 시험대 역할을 했다. 이쯤 되니 노동자들이 "혁명으로 '향하는' 행진이 아닌 혁명 '안에서' 행진"을 시작했다는 표현은 더 이상 생뚱맞은 소리가 아니었다. 그들은 가장 원대한 목표인 "자본의 노예화로부터 노동의 해방"에 성큼 다가갔다.[121]

신질서 운동은 자본주의 질서와의 두 가지 단절을 제시했으니, 바로 제도적인 동시에 방법론적인 단절이었다. 이제 지식은 자본주의 질서를 수동적으로 따르라고 강제하는 수단이 아니라 비판적·자율적 사고를 심어주는 수단이 되었다. 이러한 지식은 앞서 탐구한 네 가지 주요 요소를 기본으로 한다는 점에서 인간을 해방할 잠재력이 있었다. 네 가지는 바로 '경제적 필연성'에 대한 집착의 탈피, 노동자의 (이론적·경제적·정치적) 행위 주체성, 이론과 실제의 결합, 정치와 경제 영역의 연결이었다. 이 기본 요소는 긴축 전문가들이 다시 일으켜 세우려고 줄기차게 노력했던 하향식·기술관료적 지식 개념에서 벗어난 것이었다.

공장 평의회는 그러한 방법론적 혁명을 구현했다. 그들은 사상가이자 생산자인 모든 노동자를 단결시켰다. 그래서 생산을 지배하고, 생산수단의 사유화와 임금 관계를 끝내고, 경제와 정치의 경계선을 지워 종국에는 진정한 경제 민주주의를 이루고자 했다.

평의회들이 전국의 공장을 조직적으로 점거하면서 기득권층은 최악의 공포에 직면했다. 자유주의자, 국가주의자, 보수주의자가 모두 모여 반사회주의 연합을 굳게 형성했다. 이 파벌들은 곧 파시즘의 무장 공세와 철저히 반노동적인 광범위한 긴축정책에 합류하게 된다.

무솔리니 정권을 대표하는 무기는 몽둥이와 피마자기름만이 아니었다 (피마자기름의 지나친 섭취는 복통과 설사를 일으켜 무솔리니 추종자들이 반대 세력에 고문 도구로 썼다-옮긴이). 진짜 대표적인 건 '내핍austere' 파시즘이었다. 두체가 중용한 경제 전문가들은 노동자가 무너뜨린 경제와 정치의 경계를 다시 이론과 정책 양쪽에서 단호하게 갈라놓았다. 이 책의 2부에서 살펴보겠지만, 자본주의의 새로운 수호자로 탄생한 긴축은 자본주의에 도전하는 어떤 대안적 체제도 배제했다. 사실 자본주의가 이 정도로 큰 위기를 맞은 상황에서는 사회의 조직 구조가 자본주의 관계를 극복하게끔 재편되든지, 지배계급이 원래의 규칙을 되살려내야 했다. 긴축은 후자의 목표에 해당했다.[122]

2부

THE CAPITAL ORDER

긴축의
탄생과 배신

제1차 세계대전 이후 자본주의 위기는 일부 부유층에게 날카롭고 무시무시하게 전개되었다.

노동자가 대안적 사회를 주창하며 역사의 무대에 뛰어들자, 자본주의 체제는 새롭고 더욱 강력한 형태의 방어책을 내놓았다. 자본주의 수호자들은 구질서를 재정비하기 위해 계획을 원점에서 다시 짰고, 긴축정책을 그들의 주요 무기로 꺼냈다. 긴축은 물질적인 동시에 이념적인 측면도 있었다. 아니면 강압과 합의라는 두 전략으로 구성되었다고 보는 게 더 정확할 수도 있겠다.

노동자에 대한 강압은 1920년 브뤼셀과 1922년 제노바에서 열린 두 번의 중요한 국제 재정회의에서 공식화된 긴축의 모토, 즉 '더 열심히 일하고 덜 소비하라'에서 분명히 드러났다. 자본주의 국가와 경제 전문가는 자본 축적을 보장하기 위해 대다수 시민에게 '적절한(즉 자기 계급에 걸맞은)' 행동을 강요하는 정책을 내놓았다. 그들은 재정, 통화, 산업이라는 세 종류의 긴축정책으로 노동계급을 무장 해제시키고 임금에 하방 압력을 가했다.

이러한 긴축 삼위일체가 어떻게 작동하고 이것이 물질적·경제적 압박 전략으로서 어떻게 전개되는지를 이어지는 상자에 설명해놓았다. 여기서는 재정·통화·산업 긴축의 상호 강화적 메커니즘을 강조하고자 했다. 이 대략적인 개념은 다음 장부터 더 구체적으로 살펴볼 것이다. 대략적이긴 해도 다음의 분석은 독자 여러분이 긴축에서 강압 메커니즘이 어떻게 돌아가는지 큰 그림을 파악하는 데 도움이 될 것이다.

재정 긴축 → 통화 긴축

재정 긴축은 특히 복지 예산을 비롯한 예산 삭감과 역진적 과세(즉 저소득층들에서 더 큰 비중의 세금을 가져가는 조세정책)의 형태를 취한다. 두 정책 모두 유산계급과 무산계급의 대립 관계를 확실히 굳히고 더 많은 자본 형성을 보장할 목적으로 대다수 시민으로부터 소수의 저축자·투자자 계층으로 자원을 이전하게 한다. 한편 예산을 삭감하면 크게 두 가지 메커니즘을 통해 인플레이션이 진정된다. 첫째, 공공 부채를 축소하고 통합하면 채권자가 만기 채권을 더 이상 지불 수단으로 쓸 수 없으므로 경제의 유동성이 감소한다. 둘째, 예산이 삭감되면 총수요가 줄어든다. 국민의 가처분소득도 줄고, 국가의 투자도 줄기 때문이다. 상품과 자본 수요가 적어지니 국내 물가는 낮게 유지된다. 게다가 총수요를 억제하면 수입이 줄어, 무역수지가 개선(즉 수출이 수입을 초과)되고 자국 통화의 대외 가치가 상승한다. 실제로 한 국가의 무역수지가 흑자일 때 자국 통화의 대외 가치는 경쟁력 있는 상태다.

통화 긴축 → 재정 긴축

통화 긴축(즉 앞서 설명한 통화량 축소)은 경제에서 신용 축소를 수반하며 주로 금리인상의 형태로 나타난다. 이른바 '고금리dear money' 정책이라고도 하며, 정부가 대출 비용을 증가시켜 돈을 구하기 더 어렵게 하고 그 결과 확장 정책에도 제동을 건다. 20세기 역사에서는 금본위제가 재도입되었을 때(영국의 경우 1925년) 국가 지출의 제약이 더욱 엄격해진 바 있다. 금과 자국 통화의 태환 비율을 일정하게 유지하려면 먼저 자본 도피를 방지해야 한다.

따라서 국내 경제에 자본을 묶어두는 재정정책을 펼쳐야 한다. 그 방법은 정부지출을 최소화하고 자본세를 인하해 자본 친화적인 환경을 조성하는 것이다.

산업 긴축 → 통화 긴축

산업 긴축은 산업에서 서로 지배권을 놓고 다투는 경쟁 없이, 계층적 생산 관계가 평화롭게 유지되는 상태를 말한다. 물론 이러한 '평화'는 장기적으로 재산권, 임금 관계, 통화 안정을 보장하므로 자본 축적의 토대가 된다. 또한 산업 긴축은 통화량을 수축시키는 편리한 방법이어서 결과적으로 자산 가치를 더욱 높여준다. 평가절상(즉 통화가치의 상승)이 성공하려면 생산비를 절감하기 위해 결정적으로 물가, 특히 노동 가격을 하향 조정해야(즉 임금 하락) 한다. 생산비가 낮아지면 제품 가격이 낮아져, 국가가 수출 확대로 환율을 개선하고자 할 때 자국 제품의 국제 경쟁력이 높아지기 때문이다. 따라서 통화가치가 일단 절상된 가운데 해외시장 점유율을 잃지 않으려면 경쟁력 상실을 벌충하도록 생산비를 낮추는 것이 더욱 중요하다. 이탈리아 파시스트 국가처럼 국가가 충분한 강제력이 있으면 직접 법으로 명목임금을 삭감할 수 있으며, 이를 통해 당장 물가를 떨어뜨려 금본위제 달성에 필요한 경쟁력을 보장할 수 있다. 물론 독재 국가가 아니어도, 연대 파업을 불법화하는 영국처럼 법적 구속력을 이용해 산업의 교란을 막는 방법도 있다. 금본위제에서 또 하나의 특권으로, 산업의 평화와 임금 억제는 투자를 유치하고 자본 도피를 막는 데도 중요하다. 또한 저임금은 소비 수요를 감소하고, 그 결과 외국산 수입을 줄게 한다. 그러면 무역수지가 개선되어 평가절상에 도움이 된다.

통화 긴축 → 산업 긴축

고금리 정책은 대출 비용을 늘리고 투자 의욕을 떨어뜨리므로 경기를 둔화시킨다. 디플레이션이 시작되고 물가가 하락하면 미래 이익에 대한 기대치가 떨어져 투자도 더욱 위축된다. 투자가 위축되니 고용도 줄어든다. 그러면 실업률이 높아져 노동임금이 낮아질 뿐 아니라 노동자의 정치력과 전투력을 꺾어 '산업의 평화'가 보장된다.

산업 긴축 → 재정 긴축
힘없고 만만한 노동계급이 강력히 요구하는 사회보장, 누진세, 기타 재분배 정책은 저축자, 투자자에 유리하게 자원이 이동하는 긴축정책보다 우선순위에서 밀린다. 결국 노조는 사유재산에 반대하는 급진적 제안과 실행을 포기하고, 나라를 위한다는 구실로 생산 효율성을 높이는 데 기꺼이 협력한다.

재정 긴축 → 산업 긴축
예산 삭감은 공공사업, 더 일반적으로는 공공 고용의 축소를 수반해 산업예비군(일하기를 원하는 인력풀)이 확대되는 결과를 낳는다. 그러면 노조의 교섭력이 약해져, 임금은 하락하고 노동자 간 경쟁은 더 치열해진다.

지금까지 설명한 순환 관계는 긴축의 이야기와 역사에서 중요한 핵심이다. 더 자세히 살펴보면, 정부가 균형예산과 인플레이션 억제에 엄격히 집착해야 (사회관계로서) '자본'을 불가침 영역에서 안전하게 보호하고 자본주의의 두 기둥인 임금 관계와 사유재산을 강력히 유지하는 최종 목표를 달성할 수 있다. 예컨대 재정 긴축과 통화 긴축의 주된 성과도 산업 긴축의 성과와 똑같았다. 바로 노동계급을 인격 없는 시장 법칙에 종속시키는 것이다. 실제로 세 가지 형태의 긴축은 모두 전쟁 집산주의가 잠시 허물어놓았던 경제와 정치의 관계를 다시 떼어놓는 데 도움이 되었다. 국가가 경제주체(이자 고용주) 역할에서 물러나면 임금 관계는 다시 인격 없는 시장의 힘에 좌우된다. 긴축은 이 후퇴가 다시 확실한 표준이 되게끔 부채질했다.

여기서 이 책의 핵심 주제 중 하나를 언급하고 가야겠다. 긴축의 가장 큰 목적은 '경제의 비정치화the depoliticization of the economic'였다. 즉 전쟁기의 정치 지형으로 한때 구분이 흐릿해졌던 정치와 경제 사이에 다시 경계선을 긋는 것이었다. 이러한 경계선의 재설정은 현실에서 세 가지 형태를 취했다.

'비정치화'는 국가가 경제 행위에서 물러선다는 뜻이다. 그러면 첫째, 생산관계(자본가 대 노동자)가 다시 인격 없는 시장의 힘으로 통제된다. 그 결과 임금 관계나 사유재산제에 정치적 논쟁을 제기할 여지가 틀어막히게 된다. 그러나 비정치화에는 그 이상의 함의가 있었다. 이어지는 페이지에서 살펴볼 내용이기도 한 비정치화의 둘째 특징은 특히 '독립적' 경제 기관을 설립하고 보호한다는 것이다. 덕분에 이 기관들은 정밀한 민주주의 절차를 거치지 않고 경제적 의사결정을 내릴 수 있다. 셋째, 경제 개념을 '객관적'이고 '중립적'인 것처럼 선전해, 경제이론이 계급관계를 초월하게 한다. 이 일종의 전지전능함은 긴축의 목표 중 하나인 합의 구축을 위한 기반이 된다.

이 세 가지 관습은 상호 보완적이었다. 예컨대 경제적 객관성(셋째)이라는 개념을 구축하려면 먼저 시장의 비인격성(첫째) 규칙을 회복해야 했다. 이는 뒤숭숭한 당시 사회 분위기상 특히 쉽지 않은 일이었기에, 오직 민주주의의 통제를 받지 않는 여건에서만(둘째) 가능했다.

따라서 긴축은 기술관료제와 끈끈한 동맹을 맺었다. 기술관료제는 객관적 진리를 연구하는 경제학자의 힘을 신뢰한다는 전제를 바탕으로 했다. 5장은 이 강력한 긴축과 기술관료제의 협력 관계를 탐구한다. 그간 현대 학자는 여기서 설명할 1920년 브뤼셀과 1922년 제노바에서의 두 국제 재정회의를 대체로 눈여겨보지 않았다. 그러나 사실 이 두 회의는 자본주의 체제가 끄떡없이 장수하기까지 중심적 역할을 했다.

6장과 7장에서 자세히 설명하겠지만, 정부에서 요직을 차지하고 있던 경제 전문가는 (생산의 사회관계로서) '자본'을 아예 주어진 것으로 보고 변수에서 제외하는 경제 모형을 통해 합의를 구축했다. 계층적 사회관계가 깊이 내재화된 그들의 신고전학파 모형은 이윤의 기초가 되는 착취 개념을 '시장에서의 자유'라는 개념으로 대체했다. 노동은 더 이상 경제의 중요한 원동력이 아니라 선택 혹은 소명이 되었다. 그사이 경제의 원동력은 '기업가'의 저축과 투자 능력으로 옮겨 갔다('자본가capitalist'라는 용어가 개인의 성취를 내포하는 '기업가entrepreneur'로 바뀌었다는 점에 주목하라). 실제로 이러한 모델은 자본가와 노동자 사이의 계급 갈등을 전제하지 않고, 자신의 돈을 저축 (및 투자)할 '가능성'이 있는(즉 미덕을 행하는) 개인들의 이익이 나머지 사회 구성원의 이익과도 조화를 이룬다고 가정한다. 이런 식으로 기술관료는 수직적 생산관계를 향한 비판에 대항하고, 자본주의가 사회 전체를 이롭게 하는 체제라고 정당화했다. 긴축파 학자는 자본가 계급의 이익을 '사회 전체의 이익'과 동일시했다. 그들은 민간 자본주의의 이익이 곧 국익이라고 상정했다. 이 믿음이 그때뿐 아니라 지금까지도 긴축 논리에 힘을 불어넣는다.

긴축은 강압적 정책이라는 물리적 형태로나 일련의 합의를 구축하는 이론적 형태로나, 전쟁기 노동자의 혁명적 시도와 전후기 그들의 성과 그리고 특히 신질서 운동의 성과를 부정했다. 신질서 운동가의 실천적·이론적 대안은 자본주의 체제의 가장 큰 적이자 긴축 원칙의 창시자들이 패배시켜야 할 적이었다. 책의 후반부에서 더 자세히 살펴보겠지만, 사실 긴축은 신질서 운동가의 방법론적·제도적 기반을 산산조각 냈다. 긴축은 첫째, 자본주의의 두 기둥인 사유재산과 임금 관계를 다시 순응화한다. 둘째, 노동자의 정치적·경제적 행위 주체성을 부정한다. 셋째, 하향식 경제의 정당성을 입증한다. 넷째, 경제와 정치의 구분을 재확인한다.

현실 사회에서 이러한 긴축적 관점은 이탈리아 파시스트 정권을 옹호한 자유주의 지배층 사이에서도 찾아볼 수 있었다. 8장에서 살펴보겠지만, 실제로 세계의 자유주의 세력은 '들끓는' 이탈리아 국민을 잠재우려면 독재자 무솔리니가 강제 긴축을 밀어붙이는 게 유일한 상책이라 확신했다. 파시스트 정부는 경제적 성과를 위해 정치적 방법을 썼고, 그 방법이 아무리 끔찍해도 경제와 정치는 별개라는 확신 덕에 대체로 용인되었다. 따라서 8장에서는 어떻게 자유주의 기술관료가 무솔리니의 권력을 강화하는 데 적잖은 역할을 했는지 자세히 설명할 것이다.

9장은 긴축을 정책으로 활용해 정치적 승부를 마무리 지으려 했던 전문가들의 동기를 경험적 증거를 통해 파헤친다. 그때나 지금이나 알 수 있는 것은 배고픈 대중을 구하기 위한 수단으로 자본 축적이 부활했지만, 언제나 그 진짜 목적은 다수에서 소수로 자원을 영구적·구조적으로 추출하는 것이었다는 점이다.

마지막으로 10장에서는 그 후 한 세기 동안 긴축이 우리 사회를 계속 형성해왔고 자본주의를 민주주의의 잠재적 위협으로부터 꾸준히 보호해온 과정을 추적할 것이다.

05 경제 전문가들의 긴축 설계도

본 회의에서 채택이 요청된 위원회의 결의안은 유스티니아누스 법전 못지않게 오늘날 세계에 중요한 재정 규칙을 구성합니다. 유스티니아누스 법전은 유럽의 많은 국가뿐 아니라 전 세계에서 법의 기초가 되었습니다. 이곳 제노바에는 재정과 경제 전문가가 모였습니다. 지금 우리가 다루고 있는 주제에 관해 다들 자신의 조국에서 최고의 권위자로 알려져 있습니다. 이분들의 지혜가 모여 (…) 앞으로 지침이 될 만한 일련의 결의안을 합의할 수 있었습니다. 이번 합의도 유스티니아누스 법전처럼 모두가 따르고 잘 준수하기를 바랍니다.

– 제노바 재정 위원회 의장, 레이밍 워딩턴-에반스Laming Worthington-Evans 영국 전시국무장관[1]

노동계급이 역사의 무대로 뛰어들어 자본주의가 가장 심각한 위기에 처했을 때, 또 다른 배우들이 무대에 등장해 지휘권을 되찾았다. 그중에는 1920년 브뤼셀과 1922년 제노바에서 열린 최초의 국제 재정회의에 모여 전례 없는 영향력을 발휘한 '재정 및 경제 전문가'도 있었다. 영국 보수당 소속 장관인 워딩턴-에반스는 제노바 재정 위원회의 의장을 맡았고, 여기 모인 고위 관료들의 지혜가 모여 새로운 '재정 규칙'이 마련될 것이라 확신

했다. 이 규칙의 내용은 오늘날 긴축의 핵심 원칙과 동일했다. 바로 (국가의 재정지출과 노동계급의 소비지출을 모두 줄여야 한다는 의미의) '검약'과 (역시나 노동자에게만 강요된) '근면'이었다. 워딩턴-에반스가 거창하게 서기 529년의 유스티니아누스 법전까지 거론했다는 점에서 이 규칙이 얼마나 영향력이 크고 광범위한 계획이었는지 알 수 있다. 유스티니아누스 법전이 유럽 법의 뼈대를 확립했듯, 긴축도 우리 사회를 형성할 임무를 띠고 탄생했다. 그리고 사실 그 임무는 지금도 현재 진행형이다. 이로써 회의 참석자들은 원하는 성과를 거뒀다.

이 장에서는 고도로 학술적이면서 강력한 영향력을 남긴 두 회의에서 이 규칙이 탄생한 순간을 살펴본다. 긴축의 국제적 청사진을 구상하고 재확인한 두 회의의 목표는 자본주의를 '적'으로부터 지키는 것이었다. 긴축의 논리는 적들을 국가 경제문제를 일으킨 원흉으로 비난하고, 그들에게 열심히 일하고 씀씀이를 줄여 희생하라고 강요했다. 정책 측면에서 세 가지 긴축의 순환 관계는 이러한 형태의 강압을 확실히 했다. 즉 재정·통화·산업 긴축이 조화롭게 작동해 경제와 정치를 다시 분리하고, 임금 관계와 사유재산을 다시 순응화하고, 마지막으로 민중의 행위 주체성을 앗아갔다. 이는 우리가 4장에서 탐구한 이탈리아 신질서 운동의 대안적 사회와 정반대됨은 물론, 나아가 3장의 영국 길드와 2장의 재건주의 운동의 지향점과도 정반대되는 결과를 낳았다.

자본 축적에 적합한 환경을 복구하려면 민중이 전쟁 중에 치른 희생에 사회적 해방으로 보상받으리라는 기대를 모두 무너뜨려야 했다. 전후 재건의 보상은 더 이상 민주적인 산업 지배권도, '영웅들을 위한 집 짓기'도 아니었다. 투자그룹 라자드 브라더스Lazard Brothers 런던 지사의 은행가 R. H. 브랜드Robert Henry Brand의 표현을 빌리자면, 보상은 '노동의 고통'은 피할 수 없다는 '냉혹한 진실'이었다.[2] 이 발상은 회의에 참석한 동료 전문가 사이에 공감을 일으켰다. 전직 영국 재무부 사무차관인 로버트 차머스Lord Robert Chalmers는 '균형'을 회복하기 위한 '고통스러운' 해결책이란 "열심히 일하고, 열심히 살고, 열심히 저축하는 것"이라고 말했다.[3]

노동계급을 정면 공격하려면, 즉 사회자원과 임금을 삭감하고 특히 대안적 사회를 원하는 그들의 비전을 짓누르려면 믿음직한 근거가 필요했다. 따라서 권위자인 전문가들의 입에서 나오는 냉혹한 진실은 '보편적'이고 '객관적'이었기에, 비록 '힘들고 고통스럽다지만' 참고 견뎌야 한다는 공감대를 형성할 힘이 있었다. 이들 기술관료에게는 긴축의 합리성이 곧 합리성 자체였다. 그들은 자본주의 질서가 존재 가능한 유일한 질서라고 믿었기 때문이다.

검약과 근면의 창시자들

1920년 2월, 국제연맹 이사회는 1920년 9월 24일부터 10월 4일까지 브뤼셀에서 개최될 '세계 최초의 국제 재정회의'를 위해 런던에서 예비 소집을 열었다. 세계 인구의 4분의 3을 대표하는 39개국이 회의에 참석했다. 회의의 주요 목표는 "재정 위기를 연구하고, 위기의 위험한 결과를 해결하거나 완화할 방법을 찾는 것"이었다.[4]

그로부터 2년도 안 되어 영국의 인플레이션이 디플레이션과 심각한 불황으로 완전히 반전되자, 연합국 최고 위원회는 1922년 4월 10일부터 5월 19일까지 제노바 경제 재정회의를 개최한다고 발표했다.[5] 역시나 목표는 국가 간에 협력 정신으로 위기를 극복하고 경제를 정상화해 '유럽의 평화와 재건'을[6] 이룩하자는 것이었다.

그동안 학자들은 브뤼셀 회의에 대부분 큰 관심을 두지 않았고, 제노바 회의는 주로 외교적 영향에 주목할 뿐이었다.[7] 그나마 두 회의를 연구한 극소수의 경제사학자는 대실패로 평가한다. 예컨대 배리 아이켄그린Barry Eichengreen은 명저 《황금 족쇄》에서 애초의 한계 때문에 "국제 협력을 위한 체계적 뼈대를 마련하지 못했다."라고 주장했다.[8] 전쟁 부채와 배상 문제는 미해결 상태로 명백히 제외되었고, 따라서 이들 문제는 회의 기간 내내 별로 관심 대상도 되지 못했다. 아이켄그린의 평가는 존 메이너드 케인스, 구스타프 카셀Gustav Cassel, 프란체스코 니티와 같은 앞 세대 경제학자들의 견해와 같은 맥락이었다. 세 학자는 모두 1922년 〈맨체스터 가디언 커머셜 Manchester Guardian Commercial〉의 특별판에 제노바 회의에 관한 글을 기고했다.[9] 상호 원조가 결여되었다고 지적한 아이켄그린처럼, 그들도 상호 원조가 처음부터 헛된 바람이었다고 입을 모았다. 또 〈이코노미스트〉에서도 "비교적 강대국이 약소국을 지원하는 계획은 수립되지 않았다."라고 지적했다.[10]

이처럼 아무 성과가 없다는 게 두 회의에 대한 일반적인 평가지만 관점을 달리하면 이야기가 완전히 달라진다. 즉 당시 계급 투쟁의 시대 상황을 염두에 둔 새로운 관점에서 보면, 지금까지 경시되어온 두 회의의 중심적·근본적 임무가 눈에 들어온다. 사실 이 회의 참석자들은 현대판 긴축의 중심 모토, 즉 '검약'과 '근면'의 창시자들이었다.

두 회의는 흔들리는 자본주의의 기둥을 공고히 하기 위한 의제를 수립하는 데 성공했다. 자본주의 세력은 (상호 간 권력 체계를 구축하는) '수평적' 관계는 수립하지 못했지만, 노동계급을 예속시키는 '수직적' 관계는 확실하게 세워놓았다.

스탠퍼드대학교 경제학 교수 조셉 데이비스Joseph S. Davis는 브뤼셀 회의를 '재정병financial disease 전문가들이 모인 회의'라고 칭찬했다. 그는 "각국의 급성 질병을 진단하기 위한" 회의의 참석자들이 "주요 진단과 현재 질병에 맞는 치료법에 만장일치로 합의"했다는 점에서 성공이었다고 주장했다.[11]

데이비스가 말하길 만장일치로 합의했다는 대상은 국제 협력보다는 긴축을 가리켰다. 혹은 국제 협력을 추구하려다 그 과정에서 긴축의 유용성을 발견했다는 것이 더 옳겠다. 긴축은 자본 축적에 대항하는 강적들을 침묵시키고, 전후 재건 단계에서 경제 민주화 계획을 포함한 모든 비자본주의적 대안을 배제했다.

브뤼셀 회의가 상호 원조 계획을 세우지 못했다던 바로 그 〈이코노미스트〉 기사는 국가 간 긴축 의제를 설정했다는 성과만큼은 높이 평가했다. 해당 기사는 "이번 결의문의 의의를 과소평가하는 경향"[12]을 안타까워하며 "'다수의 강력한 반대 세력에 맞서' 통화가치 절하가 아닌 점진적 통화량 축소 정책 그리고 유럽에 만연한 저금리 정책이 아닌 고금리 정책안을 통과시킨" 대표들을 치켜세웠다.[13] 이어서 기사는 참석자들이 통화 긴축과 더불어 역시 꼭 필요했던 재정 긴축에도 합의했다며, "약소국 대표들은 재정 건전성이 올바른 정책일 뿐 아니라 대외 신용도와 지원을 확보하기 위한 유일한 정책이라는 확신을 얻고 돌아갔다."라고 덧붙였다.[14] 이렇게 다들 긴축의 필요성을 받아들였으니 '유럽의 경제 회복을 위한 기반'이 다져진 셈이었다.[15] 이후 1922년 제노바 회의도 긴축 원칙에 대한 만장일치 합의를 재확인했다.

요컨대 두 회의는 기술관료제의[16] 지휘 아래 긴축을 구축하고 실행하기 위해 유럽 지배층을 다시 뭉치게 했다. 기술관료들이 자본주의의 새로운 수호자로 떠올랐고, 그들의 설교는 유럽 전역에 또렷이 울려 퍼졌다.

지휘봉을 잡은 경제학자들

경제 관측통들은 쟁쟁한 학자들이 모인 수준 높은 브뤼셀 회의에 진심 어린 흥분을 표출했다. 회의 참석자는 대부분 전문가였는데, 특히 '정치' 전문가보다는 '경제' 전문가가 우세했다는 건 여러모로 확실했다. 따라서 이 회의의 특징은 첫째, 각국 대표단 중 정치인이 거의 없었고 노동계급의 목소리는 확실히 소거되었다는 점이다. 경제학 교수 H. A. 시프먼Harry Arthur Siepmann은 각국 대표들에 대해 "정치인이나 외교관이 대표로 참석한 국가도 드물었지만 노동자가 대표인 경우는 한층 더 찾아보기 힘들었다."라고 썼다.[17] 각국은 대표단에 노동계 대표를 포함할 생각조차 없었다. 그보다 조셉 데이비스가 지적했듯이 "대표들은 '기존 정책의 대변인이 아니라 전문가 자격으로 참석한' 주요 은행가와 재무부 관료 들"이었다.[18]

둘째, 전문 문서가 유난히도 넘쳐났다. 국제연맹 사무국은 회의에 앞서 각국 정부와 은행에 통화, 재정, 무역, 소매가, 석탄 생산량 등에 관한 정보를 제출해줄 것을 요청해, 상당량의 경제 통계를 수집했다. 시프먼은 "이렇게 자료 준비가 잘된 회의는 처음이다."라고 강조했다.[19] 그는 자신이 가진 자료 문서의 "총 두께가 10㎝"라고 말했다.[20] 데이비스는 "국제회의에서 통계를 활용한 장족의 발전"과 국가 간 비교를 위해 국가 통계(예: 예산)를 정교하게 표준화한 시도를 칭찬했다.[21]

셋째, 무엇보다 중요한 점은 결의문 초안에서 가장 효력이 강력한 본론을 작성한 사람이 특히 경제학 교수들이었다는 것이다. 여기서 회의 자문 위원회의 (자화자찬격) 편향이 드러났다.[22] 그들은 다양한 분야의 대표단을 소집하지 않고 "세계적 명성이 있는 유수의 경제학자"만을 초청하길 잘했다고 생각했다. 경제학자는 '개별 국가의 관점'이 아닌 '세계의 관점'을 대변하기 때문이었다.[23]

그들은 실로 놀랍게도 학술적·전문적 지식을 체계적으로 활용하고, 그 '불편부당한' 지식을 완전히 신뢰했다. 이렇게 해서 이탈리아의 마페오 판탈레오니, 프랑스의 샤를 지드Charles Gide, 네덜란드의 기스베르트 바이예르 얀 브루인스Gijsbert Weijer Jan Bruins, 영국의 아서 피구, 스웨덴의 구스타프 카셀 등 저명한 경제학자 다섯 명이 모두 연단에 올랐다. 그들은 회의 참가자에게 일일이 설명 자료를 나눠 준 다음, 사회자의 요청에 따라 연단 위에서 긴축 의제를 선언하는 공동성명을 발표할 준비를 했다.[24] 브뤼셀의 최종 공식 결의문에는 전문가들의 '과학적' 조언이 유감없이 농축되었다.

마찬가지로 2년 후 제노바 회의의 재정 위원회도 경제학자, 금융가, 사업가, 은행가의 조언을 십분 반영했다.[25] 이 장의 이야기에서 주인공 중 한 명인 재무부 관료 바실 블래킷은 명망 높은 전문가로 구성된 한 소위원회의 위원장을 맡았다. 이 위원회에는 R. H. 브랜드, 스웨덴 경제학자 구스타프 카셀, 네덜란드 중앙은행 총재 제라르 비세링Gerard Vissering, 독일 중앙은행 총재 루돌프 하벤슈타인Rudolf Hevenstein, 훗날 〈이코노미스트〉 회장이 될 헨리 스트라코시Henry Strakosch 등이 있었다. 그들은 긴축 계획을 수립하기 몇 달 전에 미리 런던에서 회동했다. 여기서 자본주의 위기의 '자연스러운' 해독제로 과감한 긴축정책을 앞장서서 처방한 사람은 영국 재무부 소속 경제학자이자 6장에서 더 자세히 다룰 또 다른 주인공 랄프 호트리였다. 제노바 회의의 공식 결의문은 호트리의 긴축 처방을 완전히 반영했고, 참가자들 사이에 거의 논쟁 없이 채택되었다.

이 두 회의의 진행 과정은 기술관료제, 즉 경제 전문가에 의한 지배의 첫 번째 기본 특징을 구체화했다. 경제학자들은 경제정책에 대해 조언하고, 그 실행 과정에서도 지대한 영향력을 행사했다. 이러한 그들의 사회적 권위는 기술관료제의 두 번째 기본 특징과 연결되었다. 경제학자들은 '무계급성'과 '중립성'의 경지에 있었다는 점이다. 그들은 몰역사적 대상으로 여겨지는 보편적·가치중립적인 경제 진리의 대변인으로 인식된다. 긴축은 이 '진리'가 실현된 형태로, 본질적으로 기술관료주의적이다.

데이비스는 브뤼셀 회의가 성과를 거둔 것이 회의에 참석한 기술관료들의 역량과 데이터에 충실한 그들의 논리적 근거 덕분이었다고 평했다. 그의 발언을 통해 부르주아가 재구성하기를 원하는 구체적 사회상이 어떤 것인지 여실히 알 수 있다. "회의 참석자들은 모두 상당한 명성을 자랑했다. 결론이 만장일치로 나온 것도 놀라웠다. 아마 그 결론이 각국을 대표하는 최고 재정 전문가들의 지혜가 모인 정수라 보면 될 것이다. 그러므로 앞으로 여러 유럽 정부에 이번 권고문을 따르고 실행하도록 상당한 압박이 가해지리라 예상할 수 있겠다."[26]

다음 단락에서는 이 기술관료들이 긴축의 '검약'과 '근면' 원칙을 현실화하기 위해 계획한 바로 그 권고가 어떤 것들이었는지 살펴볼 것이다.

긴축의 성질과 목적

국가가 빚지지 않고, 신용의 기초인 재정의 균형과 안정을 이루지 못하면 아무 희망도 없습니다. 그러므로 우리는 모든 노력을 쏟아부어야 합니다. 어떻게 해야 할까요? 제 생각에 대답은 매우 고통스럽긴 하지만 아주 간단합니다. 온 국민이 열심히 일하고, 열심히 살고, 열심히 저축하는 것입니다.

– 로버트 차머스[27]

브뤼셀 회의에서 '재정병 전문가들'이[28] 공유한 긴축 안건은 '진단'과 '치료법'으로 나뉘었다. 진단은 가혹했고 극적인 위기의식을 불러일으켰다. 세계 경제는 심각한 위기에 처해 있었고 '질병의 위중한 정도'는 '각 국가가 전쟁의 소용돌이에 파묻힌 깊이에 따라' 편차가 컸다.[29]

브뤼셀 회의의 첫 열흘은 참가국의 재정 상황을 청취하는 시간이 대부분이었다.

지금까지 진술을 검토해보면 전 세계, 특히 유럽의 국가 재정이 극도로 심각하다
는 사실을 알 수 있다. (…) '이러한 사태는 여론의 책임이 크다.' (…) 거의 모든 정
부가 새로운 지출 거리를 늘리라는 성화에 시달리고 있다. 민중이 요구하는 새로
운 지출 거리는 폐단을 가중해 결국 자신들에게 그 폐단이 부메랑처럼 돌아올 미
봉책이다. 따라서 첫 단계는 상황의 본질적 사실을 모든 국가의 여론에 깨우치는
것이다. 특히 세계인이 요구하는 사회 개혁을 실행하기 전에, 먼저 재정을 건전
한 상태로 돌려놓을 필요성을 알려야 한다.[30]

회의 참석자들은 각국의 재정난을 증명하는 실증적 증거를[31] 제시했지
만 그다음에 구조적·경제적 모순이나 값비싼 대규모 전쟁을 벌이기로 한
결정 같은 폐단의 근원에 대해서는 함구했다. 오히려 그들은 자국 시민에
게 책임을 돌렸다. 분수 넘치는 삶을 바라는 시민이 자신들의 '지나친' 욕망
을 충족하게끔 정부에 사회정책을 요구하고 나아가 자본주의의 기둥을 전
복하려 한 게 잘못이라는 것이다. 금융가 R. H. 브랜드의 말마따나, 이는 역
사적 역설이었다.

재정적·경제적 이유로 허리띠를 얼른 졸라매야 하는데도 '아직도 여론의 모든
세력이 반대 방향을 향하고 있으니' 참으로 역설적 상황입니다. 전쟁 때문에 거
의 모든 면에서 정부 역할을 확대하라는 요구가 빗발쳐왔습니다. 다들 국가의 지
원과 개입에 익숙해졌습니다. 사회주의와 민족주의가 이 시대의 질서가 됐습니
다. 육체노동자는 (…) '새로운 생활 방식'을 기대하게끔, 또 자신들의 운명이 한
결 나아지리라 기대하게끔 부추김을 받고, 또 실제로 기대하고 있습니다. 그들은
민간 산업을 국유화나 공유화하면 이러한 변화가 가능한 줄 압니다. 그들은 전쟁
의 폐허 속에서 더 나은 삶이란 '노동의 고통이 따라야만' 얻을 수 있다는 (…) '냉
혹한 진실'을 전혀 모릅니다.[32]

민중이 자신들을 위해 더 많은 것을 요구해서 골치 아픈 이 시기에, '냉혹한 진실'은 그들의 '치료법'에 있었다. 시민의 행동은 자본 축적 환경을 회복해야 한다는 경제학 법칙에 따라 형성되고 통제되어야 했다. 개인은 더 열심히 일하고, 더 적게 소비하고, 한 사회 주체로서 정부로부터 받고자 하는 기대치를 낮추고, 생산 흐름을 방해하는 모든 형태의 쟁의 활동을 포기해야 했다. 로버트 차머스는 이를 "열심히 일하고, 열심히 살고, 열심히 저축하라."라고 깔끔하게 정리했다.

브뤼셀 회의의 통화 및 환율 위원회 부위원장이자 네덜란드 중앙은행 총재인 제라르 비세링은 긴축정책을 잘 요약했다. 경제를 확실히 회복하려면 "우선 파업을 자제하고 나아가 더 집약적인 생산을 통해 효율성을 높여야 한다는 것"이다. 또한 절제도 노동자의 기강 확립을 보완하는 역할을 할 수 있었다. 경제 회복을 위해 "가계는 필수재 이외의 소비를 되도록 줄이고 버터, 설탕 등의 과소비를 삼가야" 했다.[33]

근면과 검약(예: 예산 삭감과 개인의 금욕)은 위기 대응책으로서 긴축의 본질을 형성하는 지침 원리였다. 그 자체로는 별로 새로운 원리도 아니었다. 이미 적어도 한 세기 동안 애덤 스미스, 데이비드 리카도, 토머스 맬서스 같은 고전학파 이론의 근간으로 전승되어온 개념이다. 다만 20세기 초에 달라진 점이 있다면 일반 대중이 고전학파 이론의 내러티브에서 허점을 보았다는 것이다.

제1차 세계대전 이후 일반 대중은 금욕적인 경제 '구제책'을 받아들이지 않을 터였고, 브뤼셀과 제노바에 모인 기술관료도 그 점을 충분히 인지하고 있었다. 실제로 경제 전문가는 특히 '볼셰비즘'에 빠져든 노동자가 재정 정통론에 광범위한 반발을 일으키리라 직감했다. 〈이코노미스트〉는 '마르크스주의의 부활'이라는 표현을 썼다.[34] 기스베르트 바이예르 얀 브루인스는 자신이 쓴 회의 문서에 "이른바 전후기의 사고방식이라는 것"을[35] 언급했는데, 그 사고방식이 확산하고 있다는 건 '누구나 아는 사실'이었다. 마페오 판탈레오니는 "여론이 대체로 사회주의와 온정주의에 끌리고 있다."라고 비난했다.[36] 이러한 위기의 현실과 어쩔 수 없이 마주하게 된 기술관료들은 현대 긴축의 본질을 형성하는 데 깊이 관여했고, 이에 따라 합의와 강압이라는 두 가지 명민한 전략을 고안했다.

첫 번째 전략인 합의를 위해서는 경제 안정화를 향한 과학적·필수적 개혁에 대해 일반 대중을 "정신이 번쩍 들도록 깨우치려는" 의식적 노력이 필요했다.[37] 경각심을 퍼뜨려야 했고, 경제의 올바른 우선순위를 설득해야 했다. 대중을 '계몽'하겠다는 의지는 두 회의의 여러 결의문에서 명백히 드러난다. 예를 들면 "공공의 이익을 도모하려면 각국은 재정 상황을 최대한 널리 알려야 한다."라는 식이다.[38] 또 "'모든 불필요한 지출은 삼가야 한다.' 이 목표를 달성할 가장 강력한 방법은 여론을 계몽하는 것이다."라는 구절도 역시 빠지지 않았다.[39] 국가들은 '재정과 관련해 세계 여론을 계도'하는 데 도움이 될 예산 정보나 그 외 제안을 주기적으로 수집하도록 촉구받았다.[40]

같은 맥락에서 국제연맹은 '소득 범위 내에서 지출을 유지'하고 수입과 지출의 균형을 유지해야 한다고 언급했다. "이 원칙은 모든 국가의 국민에게 분명히 전달되어야 한다. 그렇지 않으면 그들은 잘못된 희망과 환상에 사로잡혀 냉혹한 진실을 인식하지 못할 것이기 때문이다."[41]

두 번째 전략인 강압은 합의가 달성되지 않거나 충분하지 않을 수 있다는 우려 때문에 등장했다. 경제 건전성을 추구하는 과정에서 필요하다면 민주주의를 접고 강제력을 동원해야 한다는 것이다. 긴축정책의 설계자이자 나중에 무솔리니 독재 정권의 고문이 되는 판탈레오니는 "사회주의와 민주주의가 강한 국가에서는 재정이 잘못된 방향으로 가기 쉽다."라고 지적했다.[42] 당시 경제 전문가들은 불만 가득한 민중이 자신의 삶을 개선하려면 어떤 결정이 '옳은지' 제대로 판단하지 못하리라 생각했을 것이다. 앞으로 살펴보겠지만, 긴축은 경제정책의 결정에 민주적 절차를 적용하지 않아도 된다는 원칙을 내포했다. 기술관료제도, 혹은 이탈리아의 파시스트 정부도 그 원칙이 발현한 예다. 긴축파 경제학자는 오늘날에도 여전히 반민주주의적 직관력을 보여주고 있다.[43]

강압은 경제정책이 입법화되고 나아가 작동하는 원리에도 영향을 미쳤다. 기술관료는 기강이 필요한 사람들에게 열심히 일하고 절약하라고 강요하는 통화·재정·산업 정책을 고안했다. 브뤼셀 회의의 공식 결의문은 이렇게 지적했다. "재정 적자를 방치하는 국가는 힘든 길을 걷다가 완전히 파산할 것이다. 그 길을 걷지 않기 위해서는 어떤 희생도 감내할 필요가 있다."[44]

다음은 브뤼셀 회의의 공공 재정 위원회와 통화 및 환율 위원회의 결의문에 제시된 이들 권고를 살펴볼 것이다. 제노바 회의의 공공 재정 위원회는 앞서 브뤼셀 회의에서 채택한 결의문이 '이번 성과의 주춧돌'이 되었다고 언급하며 브뤼셀 원칙을 힘주어 반복했다.[45] 두 회의에 참가한 국가들은 이러한 긴축 원칙을 만장일치로 지지했다.

재정 긴축

국가도 개인처럼 생활비를 벌고, 빚지지 않아야 한다.

- 로버트 차머스[46]

브뤼셀에 모인 전문가들의 공동성명은 유럽 국가가 앞으로 경제 입법에 매겨야 할 새로운 우선순위에 의심의 여지 없는 결론을 도출했다. "균형예산을 회복"하고 "유동 부채는 가능한 한 빨리 자금을 조달해 갚아야" 했다.[47]

제노바 회의에서는 다음 구절을 후렴처럼 반복했다. "그러므로 모든 개혁 중 가장 중요한 과제는 순자산 증가에 도움이 되지 않는 부채 창출을 삼가고 국가의 연간 예산에 맞게 지출하는 것이다."[48]

이렇게 균형예산에 집착한 것은 자본 축적에 유리한 여건을 다지려는 동기가 분명했다. 실제로 결의문 2조는 "국민이 관심을 쏟아야" 할 일은 무엇보다 생산량 증가라는 점을 단호히 밝혔다. 단, 이 생산은 민간 생산이라는 조건이 붙는다는 점에 유의하기 바란다. "정부의 계속되는 초과 지출로 인한 재정 적자가 생산량 증가에 가장 큰 걸림돌이 되었다."[49]

'모두의 운명이 걸린' 가장 시급한 사회·재정 개혁은 국가의 경상지출과 임시지출을 모두 광범위하게 삭감하는 것이었다.[50] 브뤼셀 회의 결의문 4조는 가장 먼저 군비와 전비부터 삭감해야 한다고 강조했다. 결의문 5조는 한층 더 강도 높게 "이번 회의를 통해 각국 정부가 자국 국민에게 '경제 실상을 은폐하는' 모든 비경제적·인위적 조치를 가능한 한 조속히 포기할 것을 권고한다."라고 촉구하고 있다.[51] 이러한 조치의 예로는 복지 및 사회 지출, '빵, 식료품' 등 필수재에 대한 가격 통제, 실업수당, 저렴한 교통 및 우편 요금제가 거론되었다. 결의문은 이러한 '과도한' 정책이 공공 재정의 '낭비'를 초래하고 시장을 교란한다고 비판했다.

실제로 재정 긴축은 두 가지 비슷한 논리를 통해 작동했다. 첫 번째 논리는 생산수단의 사적 소유권 보호와 주로 관련 있었다. 벨기에 총리이자 재무장관인 레옹 들라크루아Léon Delacroix는 공공 재정을 논의하던 중 명시적으로 "우리는 절약해야 한다. (…) 산업에 방해가 될 사회정책을 시행해서는 안 된다. 또 민간 기업의 활동을 정부가 대체하는 국유화나 사회화도 안된다."라고 말했다.[52] 두 번째 논리는 저축과 투자 능력이 있는 계급으로 자원이 이동하도록 보장하고자 했다. 이 기준에 따르면 자본 축적의 유일한 동인은 저축이고, 모든 저축은 저절로 투자로 전환되었다. 이 가설은 훗날

1930년대 케인스주의 이론으로부터 도전받게 된다.

1936년 케인스는 《고용, 이자 및 화폐의 일반 이론》(이하 《일반 이론》)[53]에서 저축과 투자가 직접적으로 연관되어 있다는 가설을 반박하고, 공공 투자를 자본 축적의 걸림돌이 아닌 안정적인 자본 축적의 전제 조건으로 되돌렸다. 케인스 이론에서는 경제가 완전 고용 상태가 아닐 때 총수요가 증가하면 기업가의 기대 이윤에 긍정적 영향을 미치므로 재정 적자가 오히려 민간 생산을 증가시킨다. 간단히 말해, 공공 투자는 기업가들에게 투자를 독려한다.[54] 그러나 제1차 세계대전 이후 붉은 2년의 급박했던 시기에는 특히 케인스 본인을 포함해 긴축 경제 전문가들에게 더 큰 우려가 있었다. 일종의 사회관계 역할을 하는 '자본'을 지켜야 한다는 생각이었다. 실제로 '모든' 투자의 실존주의적 전제 조건은 안전성이었다.

정부가 복지 지출과 사회 서비스를 줄이자 잉여 인력풀이 확대되었다. 예산 삭감분은 민간 투자나 국채 상환에 쓰였고, 결과적으로 채권자(즉 도덕적인 저축자)에게 보상으로 흘러갔다. 따라서 균형예산에 도달하려고 긴축재정을 활용한 국가는 재정 안정성과 신용도를 입증했으며, 이를 통해 저축자는 자본 축적에 유리한 환경이 지속되리라고 확신할 수 있게 되었다. 로버트 차머스는 "국가가 빚지지 않고, 신용의 기초인 재정의 균형과 안정을 이루지 못하면 아무 희망도 없다."라고 했다.[55]

자본 축적을 촉진하고자 아래에서 위로 자원을 재분배하는 역진적 논리는 세입 측면에도 적용되었다. 모두를 위한 혜택을 구실로 보편적 조세를 늘리자, 다수에서 소수로 부가 이전되었다. 브뤼셀 회의 결의문 6조에는 "재정 적자를 충당하기 위해 새로운 세금을 매겨야 하고, 그것도 '무자비하게' 계속되어야 한다."라고 적혀 있었다.[56] 물론 중요한 주의 사항이 딸려 있었으니, "민간 산업에 부담을 주는"[57] 조세는 피해야 했다. 브뤼셀 회의의 대표 대부분은 자본세에는 회의적이었는데, 다른 국가로 '자본 유출'

을[58] 초래해 자본 축적을 방해한다는 이유에서였다. 따라서 새로운 세금은 '일반 대중'을 겨냥해야 했다. 다들 같은 생각이었지만, 스웨덴 은행가 오스카 리드벡Oscar Rydbeck도 소비세(대표적인 역진세)를 "대중의 저축을 직접적으로 촉진하는 과세 방식"이라고 찬양했다. "어떤 물건을 사고 싶어도 특정 세금이 붙는다면, 누구나 자신이 그 물건을 살 형편이 되는지, 돈을 아낄 방법이 있는지 고민할 수밖에 없기 때문"이다.[59]

크게 봐서 요점은 명쾌했다. 바로 일반 대중에 절약의 '미덕'을 재교육하는 것이었다. 스웨덴 은행가 리드벡은 국민이 일상 소비를 줄여야 한다며 단호하게 다음과 같이 말했다. "대다수 민중이 예전보다 재산이 늘었지만, 그들이 저축하지 않는 이상 사회에 별 도움이 안 된다고 봐야 합니다. 대중의 광범위한 저축을 유도하려면 간접세를 도입해야 합니다."[60]

기술관료는 대중이 구질서에 한창 적대감을 보이던 역사적 시점에 그들에게 저축하라고 유도하기가 쉽지 않다는 것을 잘 알고 있었다. 이탈리아의 경제통계학 교수이자 국립보험연구소National Institution of Insurance, INA의 CEO 그리고 훗날 국회의원, 상원, 무솔리니 정권의 경제 고문으로 지속적인 경력을 쌓을 알베르토 베네두체Alberto Beneduce는 이렇게 확신했다. "국가는 대중의 심리 상태와 여론에 맞춰 정책을 짜야 한다. 그래야 그들을 재정 재건의 '방해자'가 아닌 협조자로 전향시킬 수 있다."[61] 베네두체는 1920년 9월 20일 총회에서 자신의 이러한 오랜 우려를 표명했다. 이 날짜는 중요하다. 그날 이탈리아에서는 전례 없는 계급 투쟁이 최고조에 달했기 때문이다. 공장 점거는 거의 한 달째 이어졌다. '대중의 심리 상태'는 사유재산제와 임금 관계가 사라진 자본주의 이후의 사회를 투사하고 있는 것 같았다.[62]

이토록 격동적인 시대에 어떻게 긴축이 진행될 수 있었을까? 이번에도 전문가들은 '객관적인' 경제학의 설득력으로 합의를 유도했다. 그들은 사회 개혁이 단지 "국민에게 경제 '실상'을 은폐"하는 것이라며 재정 긴축의 필요성을 정당화했다.[63] 여기서 다시금 우리는 '진정한' 경제적 구원을 향한 길을 스스로 찾지 못하는 사람들에게 길을 '알려준다는' 전문가들의 '중립적' 관점을 확인할 수 있다.

합의가 실패하면 대안은 강압이었다. 사실 여론이 이러한 경제적 '진실'에 반대하더라도 예산 삭감의 미덕이 일단 실행되면, 여론은 어쨌든 순응하는 수밖에 없었다. 복지 프로그램의 축소는 대다수에게 절약을 '강요'하는 효과가 있었다. 게다가 재정 긴축은 노동자들을 사회 안전망 없이 자유시장에서 경쟁하도록 내버려두는 것과 같았다. 따라서 노동자는 생존 본능이 발동해 파업을 삼가고, 임금인상 요구를 자제하고, 모든 저항 행동을 죄악시하게 된다.

사실 국가는 재정지출을 삭감함으로써 경제와 정치 영역을 다시 분리하기 위한 물질적 (및 이념적) 여건을 재구성했다. 국가가 경제 개입에서 물러나는 것은 분명 과감하고 중대한 정치적 결정이었음에도, 정치성이 배제된 경제적 필연성을 근거로 정당화되었다. 그리고 그 근거는 전문가들의 논리였으므로 절대 틀릴 리 없었다.

결론적으로 우리는 특히 복지 삭감을 비롯한 예산 삭감과 역진세 등의 재정 긴축이 대다수 시민의 자원을 저축자, 투자자 계층으로 이전해 유산계급과 무산계급의 대립 관계를 굳건히 하고 더 거대한 자본 축적을 가능하게 하는 것을 살펴보았다. 재정 긴축은 또 다른 근본적인 목적인 통화 안정성을 회복하고 기술관료의 지배를 확고히 하는 데도 도움이 되었다.

통화 긴축

인플레이션과 고금리 정책

> 유럽의 경제 재건을 위한 필수 요건은 각국의 통화가치 안정이다.
>
> — 1922년 제노바 회의, 제2차 재정 위원회 결의문 1조[64]

교환의 매개체로서 화폐의 가치를 안정화하는 것은 효율적인 시장 거래와 투자의 전제 조건이다. 브뤼셀과 제노바 회의에 모인 전문가들은 "단순히 자본이 있다고 무역과 산업이 제대로 작동하는 건 아니다. 물가 안정, 환율 안정, 대내외 금융 메커니즘의 안정이 필요하다."라고 주장했다.[65] 두 회의의 통화 위원회는 인플레이션을 물리치기 위해 발 벗고 나서기로 하며 "신용과 통화 인플레이션은 최대한 빨리 모든 국가에서 막아야 한다."라고 공동성명을 발표했다.[66]

두 회의의 경제 전문가들은 인플레이션을 통화 단위당 구매력을 감소시키는 '인위적·무제한적 통화 팽창'으로 정의했다. 인플레이션은 '통화가치를 떨어뜨리고' 그 결과는 끔찍하게 부풀어 오를 것이다. 소비자가 같은 물건을 더 높은 가격에 사려면 통화가 더 필요하고, 이 통화를 조달하느라 추가 '인플레이션'이 일어나고 '물가와 임금이 계속 오르는 인플레이션의 악순환'이 발생한다.[67]

진단 결과 인플레이션은 전쟁 집산주의의 부작용으로 판명되었다. 즉 수요와 공급의 '자연'법칙을 거스른 국가의 간섭 탓이었다. 전쟁기에 경제가 정치 영역으로 들어가면서 인플레이션과 특히 그 후의 임금 및 생산비 상승을 부채질했고, 이 모든 것이 자본 축적을 방해했다는 것이다. R. H. 브랜드는 "주로 과도한 정부지출 때문에 발생하는 지속적인 인플레이션이 생산에 심각한 영향을 미친다는 것은 대부분 아는 사실이다."라고 말했다.[68] 회의 전문가들의 견해로는 재정 적자 때문에 정부가 지폐나 국채를 더 많이 발행해 자금을 조달했고, 이로써 법정화폐의 유통량이 늘어난 게 원흉이었다.[69]

한편 제노바 회의에서는 호트리의 통찰력 중 하나가 큰 힘을 발휘했다. 바로 국가는 물론 일반 대중의 소비도 억제하기 위해 예산 삭감이 필수라는 것이다. 실제로 호트리의 이 원칙은 노동계급의 가처분소득을 감소시켰다. 이로써 공공 수요가 억제되어, 국내 물가가 낮아지고 안정되었다. 동시에 정부와 민간 지출의 감소로 수입이 위축되어, 국제수지가 개선되고 대외 통화 안정성을 확보했다.[70]

인플레이션을 물리치고 노동자의 구매력을 완전히 억제하려면 재정 긴축에 통화 긴축을 병행해야 했다. 통화 긴축은 금리를 올려 직접적, 고의적으로 신용을 수축시키는 것으로, 물가를 떨어뜨리고 결과적으로 통화가치의 신뢰도를 높인다. 이것이 이른바 '고금리' 정책의 핵심이었다.[71] 제라르 비세링은 "화폐를 어느 정도 귀하게 만들면 화폐의 구매력을 올릴 수 있다."라고 주장했다.[72]

재정 긴축과 마찬가지로 통화 긴축도 근본적으로 경제주체가 자본 축적에 유리한 방향으로 행동하게끔 작용했다. 통화의 평가하락이 "무분별한 낭비 그리고 무엇이 됐든 결국 손해가 될 가능성이 높은 것을 충동 구매하려는 생각을 조장하는 반면",[73] 평가절상은 경제활동의 가장 큰 미덕인 저축을 유인한다. 영란은행의 전 총재인 브라이언 코케인Brien Cokayne은 애슈본 1대 남작 컬렌first Baron Cullen of Ashbourne이라는 새로운 칭호를 얻고 통화 및 환율 위원회의 위원으로 활동했다. 그는 "최근 영국의 마땅한 금리인상은 절약을 장려하는 데 상당한 도움이 된 것으로 보인다. 이제 금리가 꽤 높아져서, 예금 약관에 대해 문의가 은행에 빗발치고 있다."라고 말했다.[74]

전문가들은 재정 긴축에 '고금리 정책'까지 보태면 여론이 굉장히 나빠질 것이라는 점을 알고 있었다. 통화 긴축은 나머지 사회 구성원, 특히 노동계급을 희생시켜 저축자의 기를 살려준다는 점에서 역시 재정 긴축과 목적이 같았다. 디플레이션이 찾아오면 사회 지출을 위한 정부의 차입 비용이 늘어나고, 노동자 임금은 더 무자비하게 깎인다는 의미였다. 결국 금리인상은 실업률을 높여 노동계의 교섭력과 임금 삭감에 저항할 능력을 약화했다. 이에 따라 신용이 위축해 실업률이 높아졌다. 따라서 국내 경기가 둔화하고, 통화 평가절상으로 대외 경쟁력이 약해져, 침체의 골도 더욱 깊어졌다. 남아프리카 공화국 대표로 참석한 헨리 스트라코시의 말마따나, 고금리 정책은 곧 '힘든 시기와 실업'을 의미했다.[75]

디플레이션의 불평등한 악영향은 널리 퍼졌고, 특히 안 그래도 이를 갈고 있던 영국 대중에게서 세찬 비판을 받았다. 영국의 시사 주간지 〈뉴 스테이츠먼New Statesman〉도 경기 침체의 부작용에 대해 수시로 비판했다. 특히 경기 침체기에 "이익을 얻는 사람은 불로소득자와 채권자뿐이며, 이들의 소득은 물가가 하락할수록 더 쏠쏠하게 증가한다."라고 지적했다.[76]

경제의 비정치화와 경제 전략

브뤼셀과 제노바 회의에 모인 전문가들은 현실적 문제에 직면했다. 공익과 대중의 정서에 완전히 반하는 정책을 어떻게 설계할(즉 제약 없이 작동하고 정착하게 할) 것인가? 해결책은 말할 것도 없이 강압이었다. 기술관료는 순수한 학문적 지식으로 정당화되는 자신들의 권위를 이용해 경제 제도와 경제적 의사결정의 비정치화를 강요했다. 브라이언 코케인이 보기에 앞으로 나아갈 길은 "화폐 발권 문제를 국가의 직접적인 통제 밖에 두는 것"뿐이었다.[77] 비세링은 덧붙여 이렇게 설명했다. "중앙정부나 지방정부는 정치 세력화된 노동자들의 압력에 무력할지 모른다. 반면에 독립된 은행은 그들이 휘두르는 어떤 힘에도 끌려다닐 필요가 없다."[78]

이러한 비정치화를 실행할 정치적 전략은 두 회의의 공식 결의문에서 구체적으로 드러났다. 그들은 특히 중앙은행을 비롯한 은행들이 "재정을 신중히 운용한다는 방침"을 확실히 따르게끔 "'정치적 압력으로부터 자유로운' 독립적 기술관료 기관"이 되어야 한다고 주장했다.[79] 이 목적에 따라 "중앙은행이 없는 국가도 중앙은행을 설립할" 필요가 있었다.[80] 더욱이 제노바 회의는 '중앙은행의 재량'이 "어떤 명확한 규제에 의해 구속"되어서는 안 되므로, 중앙은행이 절대적 재량권을 누릴 것이라는 점을 명백히 밝혔다.[81]

말하자면 기술관료제가 전쟁기에 빼앗긴 통화 관리 권한을 사회문제에 민감한 국민의 대표들에게 맡길 수 없었다. 그보다 다른 어떤 선입견도 없이 순수한 자본 축적의 회복을 우선 과제로 삼는 기술관료에게 맡겨야 했다.[82]

이러한 관점에서 볼 때, 제노바에서 강력하게 재천명한 금본위제에 대한 집착은[83] '집산주의로 갈 가능성이 농후한 공동체'를 위해서라기보다 주로 자본주의 관습이 최우선이라는 원칙을 수호하기 위한 정치적 완충 장치로 설명될 수 있었다.[84] 물론 세계의 통화 안정을 위해 금본위제로 복귀할 필요가 있다는 인식도 있었다.[85] 그러나 더 중요한 것은 금본위제가 정부들로 하여금 통화 긴축과 재정 긴축의 필요성과 불가피성을 받아들이지 않을 수 없게 한다는 것이었다.

우선 금본위제로 복귀하고 이를 유지하는 것은 중앙은행의 통화 수축 정책을 계속 정당화하는 방법이었다. 중앙은행은 금본위제로 복귀한 후에도 금 대비 자국 통화가치를 유지하기 위한 독점적 목적으로 운영을 계속했다.[86] 금리인상으로 대표되는 통화 긴축은 금 유출을 막기 위해 사용된 중요한 도구였다.[87] 금본위제는 원칙상 공공지출을 최소한으로 유지하는 재정 긴축 체제이기도 했다. 개혁은 이제 정치적 논쟁의 문제가 아닌 경제적 필연성의 문제가 되었다. 금 유출을 막으려면 국내 소비와 수입을 최소화해야 했다.[88] 따라서 전문가들은 금본위제에 집착했다. 그래서 긴축을 강요했고, 이로써 올바른 자본주의 계급관계를 강화했다.

관념적으로나마 이 전문가들은 금본위제로 돌아가려면 극심한 디플레이션과 불황에 대한 두려움은 감수해야 한다고 여겼다.[89] 이러한 위험 때문에 '고통스러운 치료법'을 포기할 순 없다는 것이었다.[90] 그만큼 이 목표는 그들에게 금과옥조였다. 1921년 영국의 디플레이션 위기에서 구체적으로 드러났듯, 전문가들은 디플레이션이 사회에 어떤 부담을 안길지 분명 알고 있었다. 하지만 그들은 제노바 회의에서 디플레이션 처방책을 포기할 수 없었다. 그들에게는 금본위제로의 복귀가 비록 고통스럽더라도 '공공의 이익'을 이유로 정당화될 수 있었다.[91]

한마디로 통화 긴축과 재정 긴축은 상호작용하는 동전의 양면이었다. 영국 재무부 관료 오토 니마이어는 영란은행의 이사로 재직 당시 브라질 정부에 이를 명확하게 요약하는 조언을 다음과 같이 건넸다. "균형예산과 통화 안정이라는 두 가지 요소가 병행되어야 한다. 이 둘 중 하나라도 빠지면 나머지 하나도 유지될 수 없다."[92] 실제로 이 책에서도 전통적인 균형예산이 평가절상의 전제 조건이었다는 사실을 확인했다. 동시에 금리인상과 통화량 축소 등의 통화 수축 정책으로, 정부는 차입 비용이 증가해 확장 정책을 펼치기 어려워졌다. 브뤼셀 통화 및 환율 위원회의 결의문 7조는 다음과 같이 명시적으로 밝혔다. "신용을 현명하게 관리할 목적의 고금리 정책이라면 결과적으로 경제가 저절로 회복되는 데 도움이 될 것이다."[93]

재정 긴축과 통화 긴축은 쌍방을 강화하는 동시에 존재 목적도 같았다. 이 둘은 부유한 저축자들에게 유리한 반면, 나머지 사회 구성원에겐 정부 지원과 임금이 줄고 세금은 늘어 씀씀이를 줄일 수밖에 없게 했다. 두 긴축의 이중 작용은 노동계급에 자본 축적의 부담을 안기고, 궁극적으로 경제와 정치의 간극을 재확립하며, 사유재산과 임금 관계를 보호한다. 가장 중요한 것은 이러한 정책이 민중의 경제주체성을 전부 앗아가고, 국유화와 대안적 생산관계에 대한 요구는 물론 임금인상과 사회 재분배 요구마저 침묵시켰다는 점이다.

흔히들 인플레이션을 화폐적 현상으로 둔갑시켜 비판하곤 하지만, 더 깊이 파고들면 이 비판에는 특히 소비 감소와 생산 증가를 유도해 자본주의적 생산관계를 강화하려는 목적이 있음을 쉽게 알 수 있다. 이는 다음 단락에 인용된 브뤼셀 회의의 통화 및 환율 위원회 결의문에 뚜렷이 명시되어 있다. 사실 '근면'에 중점을 둔 긴축의 두 번째 모토는 자본 축적을 구제하기 위한 마지막 필수 조건이었다. 이것이 우리가 살펴볼 다음 주제다.

산업 긴축

통화량 증가에 따른 인플레이션을 억제할 보완책은 한마디로 생산 증가와 소비 감소다. 전쟁기에 낭비한 돈을 벌충하고 인플레이션을 잡으려면 가능한 한 집약적인 생산이 필요하다. 그러나 현재 많은 국가에서 생필품이 부족한데도 이를 해결하기는커녕 빈번한 파업으로 사태의 심각성만 키우고, 생산량은 평소 수준만도 못 한 것이 현실이다. (…) 그러나 본 위원회는 많은 국가가 봉착한 생산의 어려움이 사실 정부가 직접 제거할 수 있는 요인에서 비롯되었다는 의견을 제시하고자 한다. 그 요인이란 바로 '다양한 형태의 규제'다. 정부는 전시에 종종 규제를 부과했으나 아직도 완전히 완화하지 않고 있다. 그중에는 정부가 민간으로부터 빼앗아 국유화한 사업도 있는데, 경험상 이 민간 기업들이 국가 재정 회복에 훨씬 큰 도움이 된다. 또 하나 긴요한 대책은 최대한의 무역 자유화다.

- 결의문 5조, 통화 및 환율 위원회[94]

지금까지 이 책은 두 국제회의에 모인 전문가들이 공식화한 긴축의 주목표가 자본 축적을 재개하는 것이라고 강조했다. 이를 위한 재정정책과 통화정책은 다수의 소비를 줄이고 소수의 저축과 투자를 늘렸다. 동시에 경제 부문과 정치 부문을 다시 구분해, 자본주의의 두 기둥을 되살려냈다.

하지만 이러한 노력도 생산 과정이 지장을 받는다면 무용지물이 될 것이었다. 브뤼셀 회의의 공동성명에 따르면 "유럽에 가장 시급한 과제는 노동과 생산의 재개"였다.[95] 그러나 전문가들은 '단지' 생산량 증가만 목표로 한 게 아니었다. 그들은 역사상 한 번도 그토록 강력한 도전을 받은 적이 없었던 자본주의적 착취 관계를 복원하고 그 안에서의 생산을 추구했다. 그리고 앞서 인용한 결의문 5조가 보여주듯, 통화 안정성을 보장하려면 기본적인 두 기둥인 임금 관계와 사유재산도 튼튼히 복구해야 했다.

결의문 5조는 자본주의 생산 체제를 지키기 위해 대안 체제에 대한 노동자의 열망을 없애야 한다고 명시하고 있다. 그들의 열망을 좌절시킬 두 방법은 바로 민영화와 노동 통제였다. 이 두 가지가 결국 경제 위기의 근원인 정부와 개인(다시 말해 노동자)의 잘못된 행동을 막아줄 것이었다. '학문적 소양과 현실 감각이 뛰어나다고' 칭송되던[96] 제라르 비세링은 "통화가치의 하락은 그 자체가 원인이 아니라, 다른 원인의 결과일 뿐이다. 그리고 이 원인은 한편으로는 국가 및 지방정부의 행동에, 다른 한편으로는 개인, 특히 노동자의 행동에 있다."라고 주장했다. 그리고 "정부와 시민 둘 다 합리적으로 행동해야만, 현 통화 체제에서 더 나은 여건을 조성하기 위한 다른 조치도 적절한 효과를 발휘할 수 있다."라고 결론지었다.[97]

인플레이션을 화폐적 현상으로 보는 것은 일견의 해석임에도, 경제학자는 그 해석만 좇아 시민을 자본주의에 종속시키는 것이 해결책이라고 장담했다. 이러한 생각은 인플레이션이 미치는 정치적 영향에 대한 뿌리 깊은 두려움과 긴밀히 연관되어 있었다. 당시 가혹한 고금리를 옹호했던 경제학자 케인스는[98] 지금은 유명해진 다음과 같은 말을 남겼다. "통화팽창주의와 고물가가 지속되면 거래가 위축될 뿐 아니라 가격에 미치는 그 여파로계약, 안보, 자본주의 체제의 기반이 전체적으로 타격을 입을 것이다."[99] 비슷한 맥락에서 이탈리아 경제학자 루이지 에이나우디는 "사회 전체를 심히 뒤흔들고 사회 혁명이 임박한 작금의 현상을 (…) 전문 용어로 통화 인플레이션이라고 한다."라고 썼다.[100]

민영화 논쟁

긴축파 경제학자들은 정책이 '정부 영역을 축소하는' 쪽으로 바뀌어야 한다고 보았다.[101] 이러한 '건전한 정책'은 "경제의 자연법칙이 스스로 강도를 조절하며 잘 작동하게"[102] 하여, '건전한 재정'[103]으로 이어지고 특히 생산의 효율성을 향상한다는 것이다.

긴축 옹호자들은 자신들의 처방책을 홍보하기 위해 '구축효과crowding out' 논거를 적극적으로 내세웠다. 구축효과는 영국 재무부가 자주 써먹는 레퍼토리로, 영국 대표들은 회의에서 이 논거를 다음과 같이 설명했다. "자본이 충분히 유통되지 않을 때 정부와 민간 중 어느 쪽이 자본을 가져가야 하는가? (…) 정부가 더 많은 자본을 흡수할수록 민간이 이용할 자본은 줄어든다. (…) 정부와 민간 중 누가 자본을 더 생산적으로 사용하겠는가? 답은 민간이다."[104]

이탈리아 경제학자 마페오 판탈레오니도 한 메모에서 '국가사회주의'를 격렬하게 공격하며 구축효과론에 힘을 보탰다.[105] 그는 정부가 간섭을 중단하고 "민간 기업이 자유롭게 활동할 여건을 제공하는 본연의 임무"에 더욱 충실해야 한다고 주장했다.[106]

이쯤 해서 잠시 이러한 관점을 이 책의 1장에 설명한 관점과 대조해보는것이 좋겠다. 제1차 세계대전의 교훈은 워낙 강력했기에 노동자는 물론 많은 관료, 사회경제 전문가들도 자유방임 자본주의의 교리에서 벗어나, 더 생산적인 국가 통제와 중앙 계획경제로 마음을 돌렸다. 리처드 홀데인이 언급했듯, '완전히 새로운 사고방식'이 '사람들을 사로잡고' 있었다.[107] 경제학자 레오 치오자 머니는 1920년 저서 《국유화의 승리》에서 '교조적 개인주의'의 비합리성을 폭로했고, 그의 동료들로 구성된 생키 위원회는 사유재산제를 '낭비적', '반사회적'이라는 죄목으로 공개 재판에 넘겼다.

이러한 당시 상황을 감안해 두 회의의 자본주의 결의문을 해석하면, 기술관료는 자신들의 주장대로 객관적 진리를 표현한 게 아니라 사유재산제를 끝까지 방어하려 했다는 게 틀림없다. 실제로 민간 기업을 다시 생산의 으뜸 주체로 복귀시키려는 시도에는 생산 효율화라는 단순한 목표를 넘어선 훨씬 중요한 이해관계가 얽혀 있었다. 민영화의 복귀는 경제의 비정치화를 의미했다. 그러면 대안적 사회체제를 꿈꾸던 노동계급의 꿈이 멀어지고 다시 그들을 자본주의식 생산의 경계 안으로 끌어들일 것이었다. 즉 이윤을 위한 생산이 사용을 위한 생산보다 우선시되려면, 민간 생산이 안전하게 보장되어야 했다.

노동자 통제와 임금 삭감

민영화는 자본 질서 내에서 노동자가 '협조'하지 않는 한 의미가 없었다. 그만큼 전간기의 유례없는 산업 동원은 전문가들의 등골을 오싹하게 했을 것이다. 수많은 노동자가 생산량 증대를 위해 열심히 일하기는커녕 정반대의 일을 하고 있었으니 말이다. 비세링은 "그들은 더 집약적 생산을 위해 작업 방식을 개선할 생각은 안 하고, 작업 시간만 줄여달라고 한다."라며 우려를 표명했다. 그리고 이 요구를 관철하고자 "그들은 더 자주 파업하고, 그 결과 생산량은 더 감소한다."라고 말했다.[108] 또 그는 손실된 노동시간이 "돈으로 환산하면 수십억은 못 돼도 수억 달러에 해당한다."라고 주장했다.[109]

또한 노동자의 쟁의 활동에 이어 그들의 노동 윤리도 싸잡아 이렇게 질책했다. "그리고 설령 일을 하더라도 대부분이 게을러서 효율성도 감소한다. 그러니 다시 생산량도 감소하고 물건값은 비싸진다."[110]

마페오 판탈레오니는 훨씬 더 거칠게 표현해서 노동자를 폭력적이고, 불성실하며, 정부를 협박하는 사람이라 비난했다. 그가 보는 노동자의 작업 시간 단축 요구는 "입에 파이프를 꼬나물 듯" 팔자 좋게 일하려는 것일 뿐이었다.[111] 여기서 판탈레오니는 확신에 찬 어조로 "노동의 한계생산성보다 임금이 훨씬 높다."라고 주장했다. 그리고 그 원흉은 "처음에는 전쟁의 압박 때문에, 그다음에는 사회주의와 볼셰비즘의 압박 때문에" 등장한 '법률과 정부 개입'이었다.[112]

전문가들은 대다수에게 (소비를 줄이고) 열심히 일하라는 설득이 통하지 않는다면, 경제의 비정치화로 그들을 굴복시킬 수 있음을 알고 있었다. 실제로 노동을 보호하는 법규를 포함해 '다양한 형태의 규제'를 철폐하는 것이 그들의 목표였다. 특히 디플레이션 시대에 노동시장을 유연하게 재구축하면, 저임금을 거부하는 노동자는 산업예비군 대열에 합류하게 될 거라는 위협으로 자연스럽게 노동자의 기강을 확립할 수 있었다. 7장에서 살펴보겠지만, 이탈리아 경제학자들은 근면이라는 궁극적인 긴축 목표를 확실히 하기 위해 파시스트 정권 때 노동자를 대놓고 억압하는 노동법까지 정당화했다.

결론

당시 자본주의의 위기를 중심에 놓고 보면, 브뤼셀과 제노바 회의는 일각에서의 평가와 달리 의미나 성과가 없지 않았다. 실은 자본주의 역사에서 획기적인 전환점이었다. 두 회의는 전 세계 기술관료들이 모여 현대판 긴축의 밑그림을 계획한 자리였다.

오늘날 우리가 알고 있는 긴축은 위기의 산물이었다. 단순한 경제 위기가 아니라 사회경제체제로서의 자본주의의 위기였다. 앞 장까지는 전쟁 후 처음으로 자본 축적의 두 기둥이 대중으로부터 도전받게 된 과정을 살펴보았다. 노동계급은 권리 의식을 획득하고 정치 현장의 주인공으로 참여했다. 사람들의 마음속에 생산수단의 사유화와 임금 관계는 더 이상 자연스럽고 당연한 것이 아니었다.

당시 자본주의는 이전과 달리 보호가 필요했다. 그래서 두 회의의 전문가들은 발 벗고 나서기로 결심했다. 그들의 궁극적인 목표는 자본주의 체제의 재생산을 굳히는 것이었다.

그들은 두 회의에서 자본주의 체제가 위기에 처하고 붕괴한 원인을 체제에 반항하는 개인에게로 돌렸다. 이들 개인은 저임금에 생산적으로 일하기 싫어하고 과소비하는 모습으로 비쳤다. 당시의 두 가지 큰 폐해인 인플레이션과 재정 적자는 훨씬 깊은 곳에 잠복한 '결함'이 밖으로 표출된 증상일 뿐이었다. 그 결함은 바로 개인들의 잘못된 행동이었다.

따라서 전문가들은 국가(또는 적어도 국가 경제)의 이익을 위한다는 명목상의 이유로, 근면과 검약을 원칙으로 삼는 과감한 긴축 치료법을 제안했다. 긴축은 '애국적' 시민이 일상에서 검소함을 실천하고 직장에서 기강을 다잡아야 한다는 개인적 희생을 가리켰다. 반세기 후인 1979년 막강한 권력자인 미국 연방준비제도 의장 폴 볼커Paul Volcker는 또 다른 중대한 위기에 대처하기 위해 "이제 미국인은 생활 수준이 떨어질 것을 각오해야만 한다."라며 똑같은 주문을 들고나왔다.[113] 그리고 파업을 막겠다는 정부의 확고한 결의를 지지하고, 충격적인 수준의 고금리 정책을 발표했다.

브뤼셀 공공 재정 위원회의 최종 결의문은 오늘날에도 여전히 울려 퍼지고 있는 긴축의 억압적 특성을 요약하고 있다.

> 본 회의는 건전한 국가 재정을 재구축하기 위해 앞서 설명한 원칙을 각국이 엄격히 적용하도록 권고하는 바이다. 이 원칙을 최대한 빨리 이행하지 않는 국가는 두 번 다시 경제를 회복하지 못할 것이다. 그러나 정부들이 이 원칙을 시행할 수 있으려면 각 공동체의 전 계층이 자기 몫을 다해야 한다. (…) 무엇보다 상품의 공급과 수요 격차를 메우기 위해 경제를 가능한 한 바싹 조이고, 공동의 복리를 위해 최대한의 노력을 기울이는 것이 '모든 애국 시민의 의무'다. 이러한 민간의 협조가 공공 재정의 회복에 필수 불가결한 기반이다.[114]

당시와 같은 격동기에 긴축 원칙을 적용하려면 강력한 근거가 필요했다. 현대 긴축의 가장 새로운 측면 중 하나는 자본주의 위기의 해결책을 구상하면서 바로 그 위기에 책임이 있다고들 하는 당사자들을 더 이상 가볍게 보거나 무시할 수 없게 되었다는 것이었다. 전문가들은 합의나 강압, 혹은 현실적으로는 둘 다 동원해 여론을 다루어야 했다. 이렇게 해서 긴축의 이중 전략이 구성되었다.

긴축이 합의를 이끌어내려면, 탄탄한 학문적 기반과 정치적 영향력을 두루 갖춘 기술관료의 지원과 권위에 의지해야 했다. 경제 전문가들은 '순수 경제학'의 설교자가 되어 모든 시민에게 가르침을 전수했다. 그들은 일반 대중에 어떤 경제 행동이 올바른 것인지에 관한 진리를 가르치기 시작했다. 대안적 경제체제를 건설하려는 자들의 행위 주체성을 전부 무장 해제시키면, 그들은 경제적 필연성을 따르거나 따르도록 강요받는 수밖에 없을 것이기 때문이다. 그리고 경제와 정치 사이에 칸막이를 다시 세우면 시장의 강제력은 무장 해제된 노동자들을 자연스럽게 규율할 수 있었다.

긴축은 브뤼셀과 제노바 국제회의에 참석한 전문가들의 단순한 희망 사항 그 이상이었다. 6장과 7장에서는 이 전문가들이 어떻게 긴축을 전 세계에서 성공적으로 이행했는지 탐구할 것이다. 먼저 1920년부터 긴축에 앞장선 영국을 살펴보고, 1922년부터 무솔리니 치하에서 그 발자취를 열심히 따른 이탈리아를 살펴보겠다. 이 시점이 브뤼셀과 제노바에서 열린 두 국제회의의 날짜와 매우 근접하다는 점에서 당시 긴축이 유럽 전역에서 급속히 확산하고 있음을 알 수 있다.[115]

06 영국의 긴축 이야기

경제 회복을 위해 가장 시급한 일은 생산량 증대, 정부의 차입 중단, 정부와 국민 개개인의 지출 축소다.

- HMSO, 〈통화 및 환율 위원회 최종 보고서〉[1]

1920년부터 브뤼셀과 제노바에서 긴축 원칙이 명문화되기 전에도 이미 긴축의 성격을 띤 정책이 확산하는 중이었다. 특히 당시 유럽에서 가장 선도적인 자본주의 국가였던 영국이 그러했다. 물가도 오르고 노동자의 기세도 오르는 상황에서, 국가는 탈자본주의 미래는 물론 재건주의 계획에 대해서도 희망의 끈을 원천 봉쇄할 두 격언, 즉 더 생산하고 덜 소비하라는 원칙을 채택했다.

이 캠페인은 범정부 차원의 문제가 되어 1918년 통화 및 환율 위원회(혹은 의장을 맡은 월터 컨리프Walter Cunliffe의 이름을 따 컨리프 위원회라고도 한다)의 소집으로 시작되었다. 이 위원회에는 재무부, 학계, 영란은행의 전문가가[2] 모여 재건 기간의 '통화 불확실성'에[3] 대처할 방법을 모색했고 이는 훗날 브뤼셀과 제노바 회의에서 완성될 의제의 지적 기반을 형성했다. 이 장 첫머리의 인용구를 통해, 이제는 이 책에서 친숙해진 당대의 두 필승 과제(즉, '생산량 증대'와 '지출 축소')와 날로 고조되던 위원회의 위기의식을 엿볼 수 있다.

영국의 초기 긴축정책에서 눈에 띄는 것은 극도의 희생을 반복해서 요구했다는 점이다. 빵과 같은 개인의 가장 기본적인 소비조차 '국가 경제의 이익'보다 뒷전으로 밀려났다.[4] 오스틴 체임벌린Austen Chamberlain 재무장관이 빵 보조금을 어떻게 생각했는지를 보면 긴축의 우선순위가 무엇인지 여실히 알 수 있다. "빵 보조금에 4,500만 파운드가 소모된다. 이 문제부터 처리한다면 나로서는 더할 나위 없이 환영이다. (…) 이런 보조금은 빨리 없앨수록 좋다. 보조금 때문에 온 국민이 현실을 직시하지 못하고, 국가는 막대한 재정 부담을 떠안고 있다. (…) 거듭 말하지만 빨리 없앨수록 좋다."[5]

1920년 봄부터 극도의 통화량 축소로 영국 고용 시장은 큰 타격을 입었다. 그리고 금세 재정 긴축과 산업 긴축으로 전례 없는 지출 삭감, 역진세, 민영화, 노동자의 직접행동을 억압하는 조치 등이 이어졌다.

1922년 산업 노동자의 명목임금은 1920년에 비해 3분의 1 수준으로 줄었다.[6] 1926년 허리띠를 졸라매던 영국은 전투적인 노동자를 비난하고, 복지 재원을 삭감했으며, 금본위제로 복귀해 파운드와 금의 태환 비율을 전쟁 전 수준으로 맞췄다.[7] 전쟁이 끝난 지 불과 몇 년도 안 되어, 집산주의 정서와 그에 따른 '완전히 새로운 사고방식'은 역사의 기록 속으로 묻혔다.

이러한 대반전에 결정적 역할을 한 사람은 이를 세밀히 계획한 소수의 재무부 관료들이었다. 이 반전은 제1차 세계대전 직후만 해도 상상할 수 없었다. 격동의 전후기 동안 바실 블래킷과 오토 니마이어는 금융 감독관으로 임무를 수행하면서 재무장관에게 영향력을 십분 행사했다. 그들은 재선을 걱정할 필요 없는 비선출직 공무원이었고, 그들의 이름도 대중의 뇌리에 강하게 박혀 있지 않았다. 따라서 그들은 배후에서 긴축을 계획하고 합리화하는 일에 착수할 수 있었다.

그렇지만 쉽지 않은 일이었다. 정치적 상황이 더없이 불리했기 때문이다. 1부에서 살펴봤듯, 전시의 압박 속에서 시민은 정치 세력화되었다. 대다수에게 경제적 희생을 강요하는 것은 전쟁기에 이미 유물이 되었다. 영국이 사회 재분배와 경제적 집산주의가 특징이 된 '완전히 새로운 시대에 진입'했다는 게 대부분의 생각이었다.[8] 이러한 녹록지 않은 환경에서도 건전한 경제이론을 내세워 긴축정책을 어떻게든 밀어붙여야 했다. 재무부 소속 경제학자이자 거시경제이론의 선구자인 랄프 호트리가 바로 그 이론적 기반을 제시했다.

호트리는 경제를 하나의 거대한 신용 조직으로 모형화했고 인플레이션, 즉 신용 팽창이 경제를 서서히 좀먹는다고 보았다. 그는 생생히 표현하기를, "인플레이션은 치명적 질병이다. 일단 이 질병이 장악하면 전체 경제체제가 쇠약해지며, 진이 빠질 정도의 노력을 쏟아부어야 해소할 수 있다."라고 말했다.[9] 호트리가 보기에 신용을 안정화하려면, 통화를 꾸준히 관리해야지 저절로 안정되지는 않을 것이었다. 이러한 관리의 핵심 방법은 소비자를 통제하거나, 더 정확히 말하면 예속시키는 것이었다.

과소비를 지적하는 이론은 겉으로 비정치적으로 보일 뿐, 그 안에 계급주의적 특성이 내재해 있다. 하지만 정통적인 문헌도 으레 그렇듯, 이를 간과하는 사람이 많다. 실제로 긴축을 구성하는 두 방책인 합의와 강압에는 특정 계급을 협박하는 동시에 경제이론에서 계급의식을 제거하려는 목적이 일부 섞여 있다. 자세히 살펴보면 이러한 경제이론은 모든 소비자가 미덕을 실천하는 건 아니라고 가정하며, 계급 차를 은근히 다시 끌어들인다. 전문가들 시선에서 비생산적 소비자는 지배권을 요구하는 노동자이고, 생산적 소비자는 보상을 요구하는 채권자와 투자자였다. 따라서 전문가들이 구상한 긴축은 저축자, 투자자에게 유리하고 소득과 저축 비중이 작은 노동계급에 불리하게 강제 재분배하는 필수 도구였다. 이것이 바로 통화를 안정시키고, 민간 자본을 늘리고, 임금 관계를 정상화하는 비결이었다.

긴축은 확실히 정치적 계획이었지만 그 가설이 꼭 틀리지만은 않았다. 실은 부정할 수 없는 진실을 드러냈다. 자본주의가 작동하려면, 자본 축적의 두 기둥인 사유재산과 임금 관계의 우위를 받아들이도록 노동자들을 단련시켜야 한다는 것이다.

이러한 긴축의 핵심 원칙은 특히 정치적 목적이 내재해 있다는 특성으로 말미암아, 오늘날 주류 경제이론의 기본 가설로 기능하기도 한다. 그리고 호트리의 이론도 오늘날 표준 경제이론의 전형적 특징인 사회적 추상화를 다수 시도했다는 점에서 광범위한 정치성을 띠었다. 호트리는 가장 영향력 있는 저서 《통화와 신용Currency and Credit》의 서문에서 전쟁 전 체제가 거의 '과거의 유물' 취급을 받고 있다며, 자신이 목격한 획기적 변화에 심각한 우려를 표명했다.[10] 또 본문에서는 "세계의 통화 체제가 지금처럼 위기 직전까지 몰린 적은 결코 없었다."라고 서술했다.[11] 그는 자신의 이론을 기준으로 '정상'에서 벗어난 당시 시국을 개탄했다. 게다가 그의 내면은 계급주의에 깊이 편향되었고, 그것이 외면으로 표출된 게 그가 꺼내 든 기술관료적(반민주적) 위기 해결책이었다. 호트리의 의중은 중앙은행의 (민주적 절차의 압력으로부터 자유로운) 독립성을 주장한 처방에서 가장 구체적으로 드러났고, 곧 영국 정부에 전략적으로 채택되었다.

긴축 전문가의 가장 중요한 목표는 경제 관계를 정치 세력과 국가 개입으로부터 보호하는 것이었다. 그렇게 해서 경제정책을 민주적 의사결정에서 배제하고 경제이론을 비정치 영역으로 다시 분리했다. 물론 경제이론이 비정치화되려면, 객관적 법칙에 따라서만 움직이는 자유시장이 필요했다. 그리고 이 위업을 달성하려면 대중이 한창 들끓고 있는 시기에 그들이 경제적 의사결정에 끼어들지 못하게 막아야만 했다. 실제로 비정치화의 본질

그리고 긴밀히 상호 연결된 비정치화의 세 가지 특징(즉 경제 관계에서 국가를 배제하고, 경제정책 결정에 민주적 절차를 적용하지 않고, 경제이론을 비정치적으로 이해하는 것)을 통해 영국 같은 의회 민주주의 국가에서도 본질상 긴축이 얼마나 반민주적으로 시행되는지 알 수 있다. 이러한 특성에다가 노동계급에 더 많이 생산하고 더 적게 소비하라는 처방책까지 더해졌으니, 긴축은 노골적인 억압 행위였고 또 지금도 여전히 그렇다.

이러한 억압을 수행하려면 함께할 팀이 필요했다. 지금부터는 (재정, 산업, 통화 등 세 가지 형태의) 긴축정책을 결합하고 촉진한 인물과 수단 그리고 이를 형성하고 합리화한 경제이론을 소개하겠다. 이 이야기는 (대부분 경제나 역사 관련 문헌에서 밝혀진 적 없는) 재무부 정책 문서와 메모 그리고 당시 호트리가 발표한 문헌과 그의 이론적 결과물을 기반으로 했다. 이들 자료에는 개인의 행동을 특정 방향으로 유도하겠다는 의지가 어떻게 통화 관리 이론과 긴밀히 연결되고, 그 연결고리가 견고하게 구축되었는지에 대해 지금까지 알려지지 않은 이야기가 담겨 있다. 그리고 이 연결고리에는 중앙은행의 독립성을 확보하기 위한 선전 활동(학술적 관심에서 벗어나 있지만 실은 오늘날 긴축의 본질을 이해하기 위해 반드시 알아야 할 또 다른 이야기)이 빠질 수 없었다.

경제 권력을 장악한 영국 재무부

제1차 세계대전 이후 영국 재무부는 위상이 높아졌고[12] 영국 정부의 핵심 부처가 되었다. 재무부의 권한은 두 관료 바실 블래킷과 오토 니마이어의 엄청난 개인적 영향력으로 대변되었다. 두 전문가는 조세, 부채 관리, 국내외 통화정책을 포함한 모든 재정문제에 대해 재무장관에게[13] 직접 중요한 조언을 제공했다. 재무부는 연간 예산을 짜고, 종종 재무장관의 시정연설문도 작성했다.[14] 블래킷은 거의 어디에나 빠지지 않고 관여하던 자신의 역할을 이렇게 생생하게 설명했다. "재무부의 (…) 일상 업무 중 (…) 금융 감독관이 맡은 일은 그 범위가 어디까지인지 생각하는 게 부질없을 만큼 어마어마했다."[15]

재무부, 영란은행, 금융 시장 사이의 모든 관계는 두 감독관의 손에 있었다. 블래킷과 니마이어는 1920년부터 1944년까지 영란은행 총재로 재직한 실권자 몬터규 노먼Montagu Norman과 직접 개인적으로 연락하는 사이였고, 심지어 니마이어는 노먼의 절친한 친구였다.[16] 전후기에 영란은행과 재무부는 통화 관리 권한을 분담했다. 국채가 대량 유통되던 1921년 봄까지 영란은행은 금리를 인상할 때 재무부의 결정에 의존했다.[17]

이 '중립적인' 경제 전문가 두 명은 지배층에 속했다. 중상류층 출신인 그들은 명문 옥스퍼드대학교를 나왔고, 비록 경제학 전공은 아니어도 '국익'을 생각하는 관점으로 사회를 공부했다.[18] 각각 1904년과 1906년 국가 고시에 수석 합격한 두 사람은 즉시 재무부에 발령받고 긴 경력을 이어갔다. 블래킷은 1920년에 금융 감독관이 되었다. 다음 서열인 니마이어가 1922년에 블래킷의 후임으로 5년 동안 그 직책을 맡았다.

두 사람의 권력은 기술관료제에서 비롯되었다. 선거와 정쟁의 압력을 받지 않는 상임 고위 관료직에 있다 보니, 정책 결정에 깊숙한 영향력을 행사하고 재량껏 의사결정을 할 수 있었다. 1925년까지 블래킷과 니마이어는 대체로 매우 짧은 기간 재직하고 재정 전문가도 아니었던 재무장관보다 더 영향력이 컸을 정도였다.[19] 처칠 같은 거물급 장관이 재임한 후에도 마찬가지였다. 1927년 프랑스은행 총재 에밀 모로Emile Moreau는 런던 주재 프랑스 대사가 언급한 바를 이렇게 전했다. "프랑스 대사는 푸앵카레Raymond Poincaré 프랑스 총리를 싫어하는 윈스턴 처칠 재무장관이 재무부의 실권자가 아니란 걸 알고 있다. 재무부의 실세는 몬터규 노먼의 절친한 친구인 오토 니마이어이다."[20]

니마이어와 블래킷의 영향력은 나중에 영란은행까지 확대되었다. 둘 다 노먼 총재에게 발탁되어 영란은행 고위직에 올랐다. 블래킷은 1929년부터 1935년 사망할 때까지 이사로 재직했다. 니마이어는 1927년~1938년 최초의 상임이사이자 노먼의 고문을 지냈고, 그 후 1938년~1952년의 장기간에 걸쳐 이사로 활동했다.

가장 중요하게, 그들은 자국 국경을 훨씬 넘어 정치적 영향력을 확장했다. 둘 다 여러 타국까지 힘을 뻗쳐 긴축 개혁을 도왔다. 또 국제연맹 재정위원회의 위원으로서 전후기에 오스트리아, 불가리아, 그리스의 재정 재건 계획을 실행했다.[21] 이 계획은 균형예산, 통화 안정 그리고 특히 정부로부터 독립된 민간 중앙은행 창설을 조건으로 국제 대출을 제공하는 것이었는데, 이 조건들은 모두 긴축의 핵심 원칙이기도 했다.

블래킷은 특히 세계의 동쪽으로도 손을 뻗쳤다. 1922년~1928년 인도 총독 집행위원회의 재정 위원으로서 그는 인도로 하여금 유동 부채 상환을 위한 자금을 조달하고, 균형예산을 달성하고, 지출을 삭감(특히 철도)하고, 환율을 안정화하고, 독립적인 중앙은행을 설립하고, 금본위제를 유지하게 하는 긴축정책을 추진했다. 니마이어 역시 재정 전문가로서 1930년 호주, 1931년 브라질, 1933년 아르헨티나의 재정정책에도 관여해 긴축을 옹호했다.[22]

두 전문가가 영국 재무부 역사에서 예외적인 존재는 분명 아니었다. 균형예산 전통과 엄격한 통화 관리는 빅토리아 시대부터 논쟁의 여지 없이 영국 재무부의 원칙을 대표해왔다.[23] 그러나 제1차 세계대전 이후 전례 없는 상황을 고려하면 이 기간 블래킷과 니마이어의 영향은 현대 긴축의 진화와 특별한 관련이 있다. 두 사람은 자본주의가 (3~4장에서 다룬) 노동계급과 (1~2장에서 다룬) 영국 정부 관료 양쪽의 공격을 받던 시점에 가장 순수한 형태의 자유방임 자본주의를 옹호했다. 긴축은 바로 이 자본주의의 시련기에 구체화되었다. 아이러니하게도 자유방임 자본주의의 '자연스러운 작동'을 방어하려면, 확실히 직접적인 강압이 필요했다.

긴축에 반발하는 국민

전쟁 후 정통 경제론에 대한 반발이 폭발하면서, 재무부 감독관들은 밤잠을 못 이루었을 것이다. 정부 관료와 공무원마저 영국의 경제와 재정에 관한 전통적 지론을 외면했고, 전쟁을 계기로 국가기구의 무한해 보이는 재정적 잠재력을 접했다. 자본 창출과 정부 차입에는 자연스레 한계가 있다는 '재무부의 정통적 관점'은[24] 더 이상 의지가지없게 되었다. 반대로 당장 시급한 재건과 사회사업을 위해 저금리 차입이 필요하다는 주장이 계속 탄력을 받았다. 게다가 1919년 3월 금본위제가 공식 중단되자, 실업 방지가 새로운 우선순위로 떠올랐다. 심지어 주류 신문 〈타임스〉에서도 표현했듯, 그 시점은 '효과 없고', '값비싼' 희생을 수반한다는 낙인과 함께 "고금리 옹호자들의 완패"로 기록되었다.[25]

금융 감독관들은 정통 경제론에 반발을 표출한 글들을 비밀리에 수집했는데, 이는 적을 진압하기 전에 동태를 주시하려는 목적이 있었다는 방증이다. 긴축이 공격을 개시했을 때도 반대자들이 곧바로 사그라진 건 아니었다. 따라서 재무부는 각종 자료를 수집해 경과를 꼼꼼히 추적했다. 그림 6.1과 6.2는 1920년대 전반에 걸쳐 대중의 불만이 계속되었음을 보여준다.

1920년 5월 〈타임스〉에는 한 독자의 가시 돋친 편지가 실렸다. 그 편지 내용은 이 책에서 전달하고자 하는 직관적 사실 중 하나와도 일맥상통한

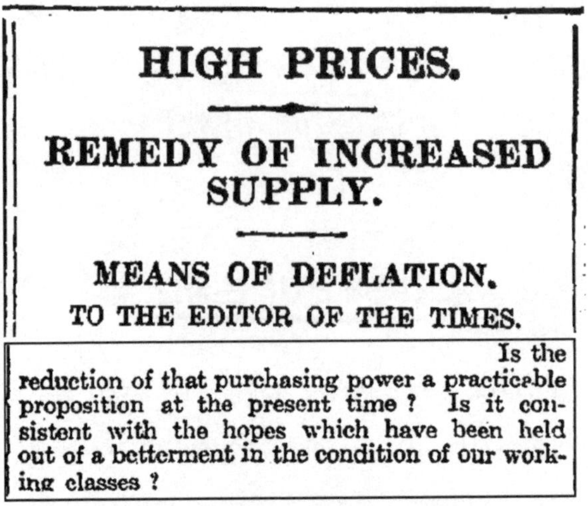

HIGH PRICES.

---◆---

REMEDY OF INCREASED SUPPLY.

---◆---

MEANS OF DEFLATION.
TO THE EDITOR OF THE TIMES.

Is the
reduction of that purchasing power a practicable
proposition at the present time ? Is it con-
sistent with the hopes which have been held
out of a betterment in the condition of our work-
ing classes ?

그림 6.1. '고물가'라는 제목의 독자 편지 발췌
출처: 〈타임스〉, 1920년 5월 18일, 10면

다. "지금 돈 쓰지 말라는 게 최선인가? 좀 잘살아보려는 노동자의 실낱같
은 희망을 생각한다면 과연 그런 말이 나올 수 있는가?"[26]

1923년 10월, 〈타임스〉는 런던 조인트 스톡 미들랜드 은행the London Joint
Stock and Midland Bank의 회장이자 1915년~1916년 재무장관을 지낸 레지널드
매케나Reginald McKenna의 비판을 보도했다. 매케나는 벨파스트 상공회의소
에서 연설 중 "구매력을 강제로 제한해 물가를 낮추는 디플레이션 정책은
(…) 거래를 침체시키고 실업을 야기할 수밖에 없습니다."라며 재무부의 처
신을 비난했다.[27] 따라서 일반 대중에게는 이중의 희생이 따랐다. 소비해도
안 되고, 일자리도 잃었다.

1924년 6월, 노동조합 회의Trades Union Congress의 재정 및 상업 자문 위원회
와 노동당은 금본위제를 확립하려고 디플레이션을 더욱 심화시키는 정부
조치에 '강경히 반대'하는 선언서를 발표했다. 그들은 실업 대란을 우려하
며, 다음과 같이 항변했다. "지금 은행 금리를 올리자는 제안은 장기적으로

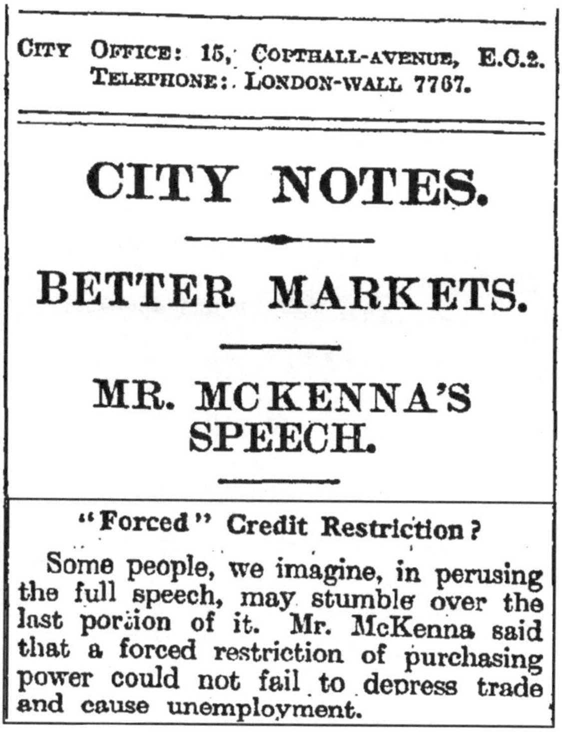

CITY OFFICE: 15, COPTHALL-AVENUE, E.C.2.
TELEPHONE: LONDON-WALL 7767.

CITY NOTES.

BETTER MARKETS.

MR. MCKENNA'S SPEECH.

"Forced" Credit Restriction?

Some people, we imagine, in perusing the full speech, may stumble over the last portion of it. Mr. McKenna said that a forced restriction of purchasing power could not fail to depress trade and cause unemployment.

그림 6.2. '지역 단신'
출처: 〈타임스〉, 1923년 10월 25일

는 어떤 구실을 대든 은행가의 이익을 챙기겠다고 '당장 사회의 이익을 희생하는 셈'이다."[28] 그림 6.3에서 볼 수 있듯 니마이어는 문서에 진하게 밑줄을 긋고 메모도 달았다. 다른 많은 문서처럼 이 선언서도 이 중요한 정치 이슈를 바라보는 다수의 인식이 어땠는지를 입증한다. 긴축정책의 기반에는 대다수 영국 시민의 희생이 깔려 있었다.

전문가들은 어떻게 중앙정부의 맹공격에도 맞서 싸울 수 있었을까? 고차원의 경제이론에 호소했기 때문이다. 실제로 논쟁이 한창 치열하던 시기에 경제이론과 긴축정책이 결정적으로 합쳐지면서, 오늘날 우리가 아는 대로 합의가 강압을 보완하는 긴축의 특징이 완성되었다.

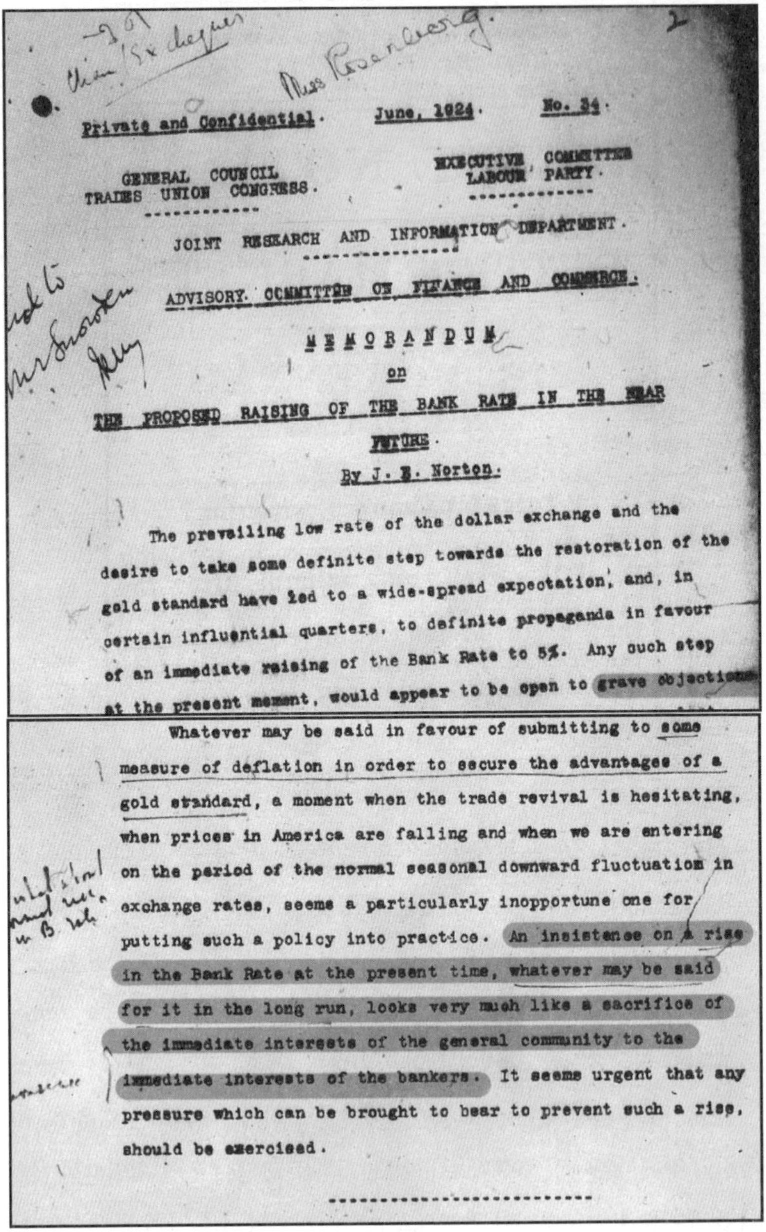

Private and Confidential. June, 1924. No. 34.

GENERAL COUNCIL
TRADES UNION CONGRESS.

EXECUTIVE COMMITTEE
LABOUR PARTY.

JOINT RESEARCH AND INFORMATION DEPARTMENT.

ADVISORY COMMITTEE ON FINANCE AND COMMERCE.

MEMORANDUM
on
THE PROPOSED RAISING OF THE BANK RATE IN THE NEAR FUTURE.

By J. E. Norton.

The prevailing low rate of the dollar exchange and the desire to take some definite step towards the restoration of the gold standard have led to a wide-spread expectation, and, in certain influential quarters, to definite propaganda in favour of an immediate raising of the Bank Rate to 5%. Any such step at the present moment, would appear to be open to grave objections

Whatever may be said in favour of submitting to some measure of deflation in order to secure the advantages of a gold standard, a moment when the trade revival is hesitating, when prices in America are falling and when we are entering on the period of the normal seasonal downward fluctuation in exchange rates, seems a particularly inopportune one for putting such a policy into practice. An insistence on a rise in the Bank Rate at the present time, whatever may be said for it in the long run, looks very much like a sacrifice of the immediate interests of the general community to the immediate interests of the bankers. It seems urgent that any pressure which can be brought to bear to prevent such a rise, should be exercised.

그림 6.3.
노동조합 회의의 재정 및 상업 자문 위원회, 곧 예정된 금리인상안에 부치는 글(1924년 6월).[29]

긴축 재정을 보호하는 호트리의 경제이론

니마이어와 블래킷은 엄청난 반대 속에서도 재무장관에게 금리를 인상하고 공공지출을 대폭 삭감하도록 촉구하기 위해 탄탄한 학문적 근거를 들어야 했다. 재무부 기밀문서(사실상 그들의 경제학적 신념을 직접 확인할 유일한 정보 출처)를 조사하다 보면, 블래킷과 특히 니마이어가 경제관을 형성하는 데 가장 큰 영감을 준 경제학자 랄프 호트리가[30] 구석구석 행사한 영향력에 놀랄 사람도 있을 것이다. 실제로 호트리의 이론이 재무부 고위 관료들의 정책 방향을 다듬고 강화해,[31] 긴축 원칙의 본격적인 출현을 가능하게 했다는 증거는 충분하다.

호트리는 런던 중심부에서 서쪽으로 20km 떨어진 슬라우Slough의 부유한 가정에서 태어났다. 그는 영예로운 영국 엘리트 코스를 밟아왔다. 최고의 사립 학교인 이튼스쿨을 졸업하고 케임브리지 트리니티 칼리지에서 수학을 전공한 후 공무원이 되었다. 1919년에는 금융 조사국장으로 임명되었고 마침내 "재무부에서 내부 정책 결정에 참여할 수 있을 만큼 높은 위치"에 올랐다.[32] 호트리는 최초의 '재무부 소속 경제학자'였다. 그의 임무는 모든 측면의 경제정책에 관해 의견과 조언을 제공하는 것이었고,[33] 1947년 은퇴하여 왕립 국제 문제 연구소Royal Institute of International Affairs의 교수직을 맡을 때까지 이 직위를 유지했다. 재무부 재직 기간 호트리는 공무원 중에서 유일하게 국제적으로 인정받는 경제학자이기도 했다. 그의 학문적 경력은 1959년 케임브리지 트리니티 칼리지의 명예 석학회원으로 임명되면서 정점을 찍었다.[34] 호트리는 1913년에 화폐 경기 변동을 명확히 설명한《호황과 불황Good and Bad Trade》을 출간해 화폐 경제학자로 명성을 쌓았다. 그의 명성은 1919년《통화와 신용》으로 더욱 높아졌다.

동료이자 친구인 호트리에게서 큰 영향을 받은 케인스는《통화와 신용》

을 "지난 수년간 발표된 화폐 관련 이론서 중 가장 독창적이고 심오하다."
라며 칭찬했다.[35] 이 책은 화폐 경기 변동에 영향을 미치는 소비자의 소득
과 지출의 중요성 및 그 의미를 포함해, 오늘날 케인스주의로 알려진 통찰
력을 처음으로 제시했다. 요지는 통화 관리의 본질이 전통적인 화폐 수량
설에서 주장하는 단순한 통화량의 조종 그 이상을 의미한다는 것이다.[36] 그
보다는 실제 경제주체의 수입과 지출 행위를 조종하는 것과 더 깊은 관련
이 있다고 주장했다.

《통화와 신용》은 1920년대에 교과서로 널리 사용되었다. 케임브리지
대학교 우등졸업 시험Tripos의 표준 교재가 되었을 뿐 아니라, 호트리가
1928년~1929년에 객원 교수로 몸담았던 하버드대학교 경제학과 등 해외
에서도 채택되었다. 현대 경제학자 데이비드 레이들러David Laidler는 전쟁기
에 호트리의 영향력이 시카고학파까지 도달했다고 기록했다.[37]

호트리가 특히 빛을 발한 순간은 1922년 제노바 회의에서 그 누구보다
자신의 의견이 강하게 반영된 결의문이 채택되었을 때였다. 몇 년 후 그는
"매일 하루의 절차가 끝나면 대표단, 그 외 관료들과 저녁에도 어김없이
회의를 열었다."고 회상했다.[38] 호트리는 이미 제노바 회의에 앞서 런던에
서 열린 사전 회동에서 (블래킷과 노먼이 찬성한) 처방책의 초안을 발표했다.
이 초안들을 집대성해 제노바 회의의 긴축재정 규칙이 탄생했다. 또 다른
중요한 순간은 그가 개인적으로 처칠 재무장관에게 논란의 여지가 있는
금본위제 복귀를 선언하도록 조언했을 때였다.[39] 그러나 호트리의 실제
영향력은 이러한 특정 에피소드만으로 설명할 수 없다. 그 이상으로, 호트
리는 재무부 최고위급 관료들의 정책 결정에 지울 수 없는 자신의 흔적을
남겼다.[40]

블래킷과 니마이어는 매우 전문적이고 통계적인 질문부터 구체적인 정
책 제안에 이르기까지, 수시로 호트리에게 메모를 보내 경제문제에 대한

조언을 구했다.[41] 두 사람은 문서화된 호트리의 수많은 답변을 꼼꼼히 밑줄 긋고, 연구하고, 남들과 돌려보고, 검토했다. 재무부뿐 아니라 영국에서 또 하나의 중요한 기술관료 기구인 영란은행에서도 통화 및 재정 정책과 관련 해 호트리에게 조언을 구했다.

호트리는 한창 어수선한 시기였던 1919년~1924년에 몬터규 노먼 총재 와 개인적으로 자주 교류했다. 노먼은 호트리에게 종종 어떤 통화정책을 실행해야 하는지 조언을 구했으며, 두 사람은 대개 기본적으로 관점이 일 치했다. 1920년 노먼은 금리를 7%까지 인상하는 결정에 찬성한 호트리의 메모에 관심과 의심이 동시에 섞인 답장을 보냈다. "물론 친히 보내주신 메 모에 매우 동의합니다. (…) 그런데 이 점도 한번 고려해주셨으면 합니다만, 혹시 지금 금리를 올린다면 고금리를 지지하는 우리한테 비난의 화살이 몰 려들지 않을는지요?"[42]

노먼이 호트리의 경제 업적을 높이 평가하다 보니, 1920년대 내내 영란 은행 전 직원이 호트리식 경제학을 학습했다. 1923년에 노먼은 이렇게 편 지를 썼다. "호트리 씨에게, 이번에 발표하신 신간 한 부를 보내주셔서 정 말 감사히 받았습니다. 호트리 씨의 글은 이곳에서도 항상 많은 관심 속에 서 읽히고 있답니다. 저희는 전에도 호트리 씨의 책 한두 권을 정독했습 니다만, 이번 책도 역시 기대를 저버리지 않는군요. 그럼 이만 줄이겠습니 다."[43] 호트리는 영국 지배층 사이에서 자신의 지식을 설교할 기회가 잦았 다. 은행가, 재무부 관료, 경제학자 들과 어울려 다니는 모습이 자주 포착되 었다. 예컨대 1917년 주식 중개인 오스왈드 토인비 포크Oswald Toynbee Falk가 시작한 소규모 정찬 모임인 화요일 클럽Tuesday Club은 금융가, 금융 언론인, 경제학자, 재무부 관료가 모여 경제문제와 재정문제 이후의 안건들을 의논 했는데,[44] 정회원 중에는 블래킷, 니마이어, 노먼 그리고 창립 회원인 케인 스도 있었다.

요컨대 호트리의 경제론은 제1차 세계대전 이후 긴축을 선도한 기술관료 실권자들의 세계관에 뿌리내리며 널리 퍼졌다. 예산 삭감과 고금리 정책이 '자연스럽게' 보이지 않은 대중의 극심한 반발 속에서 이를 설득하려면 경제이론을 내세워야 했다. 게다가 그 이론적 근거는 권력을 쥔 경제학자들의 입에서 나왔다. 이처럼 당시 긴축에서 새로웠던 점은 바로 이 계획이 이론이자 정책이었고, 동시에 이념적·물질적·개인적 과정이었다는 것이다.

인플레이션이 만든 윤리적 허상

《통화와 신용》은 세계 경제의 일반 모형을 전제로 쓰였지만, 당시 경제문제를 우려하던 호트리의 개인적 시선도 반영되었다. 실제로 그의 분석에는 자신의 한 가지 중요한 고정관념이 적잖은 영향을 끼쳤다. 바로 시장경제는 본질적으로 인플레이션으로 치닫기 쉽다는 점이었다.

호트리는 인플레이션이 신용의 '무질서한 특성'이 악독하게 표출된 형태라 믿었다. 신용은 시장경제의 기반이었다. 호트리는 시장경제를 일종의 신용 체제로 모형화해, 모든 유형의 경제 거래가 구매자와 판매자 간 대차 관계를 이룬다고 보았다.[45] 이러한 틀에서 보면 생산 과정 내에서의 계급관계는 소비자와 생산자의 교환 관계에 가려지므로 놓치기 쉽다.

전문 용어 때문에 어려워 보이지만, 사실 호트리 모형의 메시지는 아주 간단했다. 인플레이션은 시장경제의 주된 위협이었고, 인플레이션의 원인은 근본적으로 일반 대중, 특히 하층계급의 과소비였다. 실제로 신용의 '무질서한' 특성과 과도한 팽창 경향은 근본적으로 '비생산적' 소비를 일삼는 대다수 시민의 '무질서한' 행동에 기초하고 있다는 것이었다. 그렇다면 신용의 팽창 '자체'가 아니라, 신용 팽창을 부추기는 '과소비'가 문제였다. 호트리는 "생산을 목적으로 창출된 신용은 생산자들의 손에서 구매력이 된다. 그리고 신용 창출의 규모가 클수록 구매력도 커진다."라고 주장했다.[46]

호트리는 신용 팽창이 '유효 수요'에[47] 미치는 영향을 지적했다. 거시경제학에서 중요한 개념인 유효 수요는 호트리가 1913년에 도입했고, 케인스가 《일반 이론》에서 더욱 발전시켰다. 신용 팽창은 '대중이 지닌 구매력의 규모'를 뜻하는 유효 수요를 증가시켰다.[48]

호트리에게 이러한 과소비의 악순환은 자기 교정이 불가능하므로 더욱 위험했다. 호황기에 소득이 증가하면 일반 소비자(노동자)의 구매력도 커진다. 그러면 상인(또는 중개상)이 "재고 상품을 보충하려고 얼른 주문량을 늘리므로" 신용 창출이 과도하게 활발해진다.[49] 어느 시점부터는 생산이 한계에 이르러(즉 공급량이 증가하지 않음) 물가가 오르기 시작한다. 그 결과 신용 시스템은 더욱 악화하고 화폐 가치는 더욱 떨어진다.[50] 이 악순환은 자동 반복된다. 수요가 증가할 때 고용 수준이 안정되고 그러면 사람들의 소비가 상품 재고를 고갈시키기 때문이다. 상인은 재고를 채우려고 주문량을 늘리고, 생산자는 생산량을 늘리느라 더 많은 노동자를 고용하는 것이다. 이 점에서 호트리는 고용과 임금인상을 경제 발전의 성과가 아니라 가치 표준을 저하시키는 위협으로 간주했다.

전쟁기와 전후기에는 분위기상 이러한 역학관계가 더욱 뚜렷해졌다. 호트리는 "재고가 고갈될수록 유효 수요가 대폭 늘어나는 데다가, 전시에 대중의 구매력이 부쩍 높아졌고 그들의 소득은 생산활동에 상응해 높게 유지되므로 물가가 오른다."라고 주장했다.[51]

호트리는 신용의 '악독한 확장'이 국내에서뿐 아니라 대외에서도 가치 표준을 떨어뜨린다고 보았다. 호트리는 이를 더없이 명쾌하게 설명했다. "무역적자의 '직접적인' 원인은 지나친 소비다. (…) 중간상이 물건을 많이 사는 이유는 대개 소비자가 많이 사기 때문이다."[52] 호트리의 모형에서 소비자 지출(구매력)이 증가하면, 수입이 늘고 일부 수출 품목도 내수시장으로 가기 때문에 무역수지가 악화한다고 한다.[53]

블래킷은 오스틴 체임벌린 재무장관에게 조언하던 중, 호트리의 관점을 빌려 전후 영국의 심각한 인플레이션을 설명했다. 물가 상승은 전쟁기와 전후기 정부의 확장 정책으로 '국민의 구매력'이[54] 높아졌음을 가장 눈에 띄게 보여주는 징후였다. 블래킷은 정부가 국민의 수중에 있는 돈의 양을 인위적으로 늘려 이러한 악순환을 부채질했다고 주장했다. 더 정확히 말하면, 그는 '특정' 인구 집단의 구매력이 커지는 바람에 물가가 급등했다고 직설적으로 주장했다. "각 계급 간에 구매력이 재분배되면서, 그동안 가장 지갑을 쉽사리 열지 못했던 계급의 구매력이 향상했다."[55]

블래킷은 호트리의 모형 속 중립적 문장에 숨겨진 계급주의적 결론을 도출해냈다. 즉 위기의 원인은 노동계급의 낭비에 있다는 것이다. 전쟁 전 노동자들은 형편상 소비에 제약을 받았지만, 전쟁 후에는 임금이 올라도 도통 저축하기를 꺼렸다.

블래킷은 전시 저축 위원회War Savings Committee에서 활동하는 동안 "모든 참전국에서 전쟁이 임금노동자의 주머니에 막대한 돈을 안겨주었다."라고 비판했다.[56] 덕분에 '필수재를 사고도 남는 약간의 여윳돈'이 생겨 그 돈을 저축할 수도 있었다고 말했다. 그러나 저축 대신 '안타깝게도 끔찍할 정도로 쓸데없는 낭비와 사치'가 만연하고, '저가 장신구 거래가 성업 중'이라고 덧붙였다. 이러한 계급주의적 공격은 실제로 호트리 본인의 생각과 별반 다르지 않았으며, 적어도 경제적 추상화라는 베일로 둘러친 그의 생각도 다 숨기지 못하는 건 어쩔 수 없었다.

《통화와 신용》은 두 유형의 소비자를 이렇게 설명한다. "뜻밖의 소득이 들어왔을 때 검소한 사람은 자신의 횡재를 투자하고, 낭비벽 있는 사람은 소비한다."[57] 인플레이션의 악순환을 막는 사람은 지출하기보다 저축하는 '검소하고 신중한' 사람이었다. 호트리, 블래킷, 니마이어는 다들 정통 경제학의 기본 가설을 믿었다. 저축은 곧 투자로 이어지고, 따라서 '국내의 고정 자본과 상품 재고'가 다시 채워진다고 보았다.[58] 재건을 위해서는 자본이 풍부하게 공급되어야 했고, "자본을 모으려면 저축 외에는 도리가 없었다."[59]

이처럼 도덕을 강조하는 개인주의적인 프레임은 모든 국민을 방탕한 소비자, 아니면 절약하는 소비자인 '양자택일'로 묘사했다. 그러나 호트리가 (주로 소비자에 초점을 맞추는 그의 성향과 비교해) 드물게나마 노동계급에 대해 언급할 때, 그들이 '낭비할 수밖에 없는' 사회구조적 여건을 속으로는 고려하지 않을 수 없었다. 호트리가 보기에 임금노동자의 행동 방식은 일차원적이었다. 그들의 지출은 '그날 벌어 그날 먹고사는' 패턴이었다.[60] 당시 구체적인 현실을 포착한 호트리는 국가의 유동 자산이라 할 수 있는 예금 계좌를 (그가 명시하기를, 드물게 검소한 일부를 제외하고)[61] 노동자들이 갖고 있으리라 기대하지 않았다. 따라서 노동자의 임금은 대부분 "상품 구매에 쓰여 소매상에게 돌아갔다."[62]

결과적으로 저축의 미덕을 실천할 수 있는 유일한 소비자는 사실 부르주아였다. 나머지 사람들이 이 미덕을 갖추려면 극도의 절제된 생활을 해야만 했다. 따라서 사회에는 두 가지 범주의 경제주체가 존재했다. 하나는 긍정적인 의미에서(투자를 통해) 저축을 수행할 수 있는 부류, 다른 하나는 부정적인 의미에서(절제를 통해) 저축 행위를 유도해야 할 나머지 대다수였다.[63] 오늘날까지도 주류 경제학자들은 저축성향과 소비성향이라는 이러한 이분법적 개념을 들어 사용하는데, 자세히 살펴보면 이 개념은 암묵적으로 계급 차를 반영하고 있다. 이는 자본주의의 사회적 생산관계에 종속된 노동자의 처지가 아닌, 개인의 낭비 습관이 낮은 소득의 원인이라는 의미를 함축한다.

블래킷과 니마이어는 전후기 들어 개인의 여건이 유례없이 반전되면서 자본 축적의 미덕이 일그러진 사회가 됐다고 비판했다. 실로 계급 간 구매력의 분배 양상이 어느새 노동계급에 유리하게 재편되었다. 인플레이션이 실질임금을 잠식해도, 노조들은 더 높은 명목임금을 요구했으므로 노동자의 구매력은 떨어지지 않았다. 심지어 필요하다면 파업에 돌입하기도 했다. 그리하여 노동자들은 소득이 늘었고 그만큼을 국산품과 수입품을 소비하는 데 썼다. 반면 이자나 임대 수익이 소득원인 중상류층은 실질소득이 물가를 따라잡지 못해 감소했다.[64] 이 상황은 마치 통화 안정과 자본 축적에 대한 천벌과도 같았다.

계급주의적 진단에서 계급주의적 해결책이 나왔다. 호트리는 다음과 같이 직설적으로 말했다. "국민의 정당한 '희생'보다 적은 비용으로 전쟁 자금을 조달하다 보니, 신용 인플레이션이 발생해 사실상 불필요한 수입으로 이어졌다. 그렇다면 수입 자금을 마련하는 것보다 수입할 유인을 억제하는 게 관건이다. 따라서 해외에서 돈을 더 빌리기보다 '국내에서 금욕을 장려하고 실천하는' 해결책이 필요하다."[65]

전문가들이 사회문제를 금욕에 초점을 맞춰 접근한 것은 개인주의적 관점이었다. 그들은 브뤼셀 및 제노바 회의의 결의문에서도 그랬듯, 경제문제의 원인을 개인의 잘못된 행동으로 돌렸다. 따라서 해결책도 경제 회복이라는 미명하에 개인의 희생으로 향했다. 이런 수사법은 오늘날의 공개 담론에도 널리 퍼져 있어서, 독자 여러분도 익숙할 것이다.

금욕의 가르침

일반 대중에 절약을 가르치는 게 시급했지만, 당연히 쉽지 않은 일이었다. 금욕 캠페인은 제1차 세계대전 중 이미 시작되었으며, 블래킷과 니마이어는 영국 전시 저축 위원회의 주축 위원으로서 국민에게 "방종에서 벗어나 애국 시민이 되라."고 외쳤다.[66] 그들의 운동은 국채를 구매해 국가의 전비를 조달하자는 직접적 근거를 들며 '애국적 금욕'을[67] 설교했다.

블래킷은 이 사명을 마음에 새겼고, 1916년~1917년에 영국과 미국을 순회하여 청중에게 '안락과 사치의 유혹을 뿌리치는' 방법을 열렬히 설교했다.[68] 그는 뉴욕시에서 공개 연설 중 긴축의 기초가 되는 희생정신을 다음과 같이 설명했다. "더 많이 생산하고, 덜 소비하고, 절대 낭비하지 마십시오. (…) 여러분이 봉사한 대가가 있든 없든, 있다면 얼마가 되든 중요하지 않습니다. 여러분의 돈과 여러분 자신을 국가를 위해 바치십시오"[69]

그는 이 처방을 암울한 예외 상황으로 볼 게 아니라 경제 발전을 위한 조건으로 보고, 이러한 희생정신이 보편적 규범으로 자리 잡아야 한다고 밝혔다. 블래킷은 군중에게 이렇게 설득했다. "전쟁 전 만연했던 보여주기식 사치가 지긋지긋하지 않으십니까? 전쟁은 우리의 가치관이 잘못되었다는 것을 가르쳐주지 않았습니까?"[70] 그리고 뉴욕시 교사들에게 아이들이 아주 어릴 때부터 절약 습관을 가르쳐야 한다고 말했다. "사탕을 사 먹지 않고, 영화관에 가지 않는 아이들은 교내 전시 저축 조합War Savings Association에서 신용 점수를 올릴 수 있게 합시다."[71]

부유층은 미덕의 본보기로서 중요한 역할을 했다. 블래킷은 "부유층은 노동자들에게 귀감이 되는 행동을 실천하고 여론에 영향을 미칠 수 있다. (…) 부유층 중에서도 특히 여성이 전시 저축 운동에 몸소 모범을 보일 때 노동자들에게 미치는 효과는 실로 놀랍다."라고 주장했다.[72]

니마이어도 같은 생각이었다. 10년 후 그는 영국 모델을 브라질로 수출하면서 브라질 정부에 "적절한 인물들을 발탁해 전 국민에게 절약을 유인하고 선전할 자율 위원회를 구성하는 게 좋다."라고 조언했다.[73]

그러나 영국 전문가들은 착각에 빠져 있지는 않았다. 전쟁이 끝난 후 자본주의 체제가 도전받고 있다는 것은 노동자가 더 이상 지배계급의 명령에 따르고 싶어 하지 않는다는 의미였다. 1919년 4월 체임벌린은 시정연설에서 사람들의 변화한 태도를 이렇게 표현했다.

우리 모두 휴전 협정이 체결된 후 어떤 변화가 일어났는지 알고 있습니다. 사람들의 마음에 응어리져 있던 냉전의 긴장이 풀렸습니다. (…) 전쟁 때 모은 돈을 정부에 맡기고 최선을 다해 저축하던 사람들은 이제 희생할 생각이 별로 없습니다. (…) 오늘날 의원이나 국민이나 다들 생각이 예전 같지 않습니다. 저는 사명감을 느낍니다. (…) 몇 달이 걸리든 몇 년이 걸리든 새로운 천지를 창조할 방법을 찾겠습니다.[74]

이렇게 국민의 '나사 풀린' 정신을 걱정한 호트리, 니마이어, 블래킷은 노동자에게 직접 금욕을 강요하고 희생정신을 되살릴 경제정책을 지지했다. 그리고 재정, 통화, 산업 긴축은 이 목적에 딱 부합했다.

재정 긴축 : 예산을 삭감하라

1919년 여름, 체임벌린 재무장관은 재무부 전문가들의 직언에 따라 공개 최후통첩을 발표했다. "내년에 세입과 세출의 균형을 맞추지 못하면 국내외에서 영국의 신용이 심각하게 흔들리고 끔찍한 결과를 맞이할 것입니다."[75]

　엄격한 균형예산은 인플레이션을 해결할 목적으로 '무질서한' 다수의 행동 변화를 이끌어낼 조치(이자 구실)였다.[76] 또한 (역진적) 세금 인상과 정부지출 삭감을 정당화하는 역할을 했다. 둘 다 대다수의 소비를 줄이고 소수의 저축과 투자를 장려하기 때문이다.

절약을 유도하는 세금

호트리는 "과세는 사람들의 자금을 줄여 소비를 덜 하게끔 유인한다."라고 썼다.[77] 노동계급에 유독 혹독한 세금으로 반대 여론이 한창이던 당시, 호트리는 국민에게 절제를 강요하는 세금의 효과성을 높이 평가했다.

　전쟁기 동안 국가가 전례 없이 광범위한 노동계급을 과세 대상에 포함하자, 이는 착취라며 반대하는 노동운동이 더욱 거세졌다.[78] 세제 개편의 논란성과 정치적 의도성은 전쟁 이후 급등한 물가 때문에 더 불이 붙었다. 노조들은 물가가 올랐으니 세금 부담을 낮춰달라고 요구했다.[79] 그러나 전쟁이 끝난 후에도 재무부는 대중의 여전한 요구를 뒤로하고, 재정적 이유로 물가 변동을 감안한 전쟁 전 세제로 돌아가기를 거부했다. 원래 세제로 돌아갔다면, 소득세 납부자 340만 명 중 220만 명을 생활고에서 해방할 수 있었을 것이다.

　전문가들은 사회구조적으로 저축과 투자가 불가능한 계층에 '강제적 절약'을[80] 시키려면 소비재에 부과하는 간접세가 가장 효과적인 수단이라고 보았다. 간접세는 눈에 덜 띄고(따라서 논란의 여지가 적고) 소비자에게 은근히 더 타격을 주었다. 이는 소득이 너무 적어 소득세 대상은 되지 않아도 여전히 생필품은 사야만 하는 사람들의 구매력을 다른 계급으로 이전하는 효과가 있었다. 역진세의 정의는 "소득이 적은 사람에게 세율이 더 커지는 세

금"이었다.[81]

체임벌린 재무장관은 재무부 전문가들의 조언에 이끌려 1920년 4월 노동계급이 주로 소비하는 담배, 맥주, 증류주 등에 세금을 인상했다. 이들 품목의 세금은 모두 전년도에 이미 인상된 터였다.[82] 표 6.1에서 알 수 있듯, 간접세의 비중은 지난 10년 동안 증가했다.

호트리는 이러한 역진세가 자본주의를 하루빨리 복구하기에 안성맞춤이라는 말을 반복했다. "개인의 소비재 지출을 줄일 수 있는 과감한 세금 등 재정적 수단을 통해서만 인플레이션도 억제하고 자본 지출도 장려할 수 있다."[83]

표 6.1. 영국의 조세 분배

연도	직접세(백분율)	간접세(백분율)
1919-20	75.1	24.9
1924-25	66.9	33.1
1929-30	64.2	35.9

출처: 재무부 예산, vol. 1, 1924-25, T 171/232, 235; 내국세 세무청 1931년 4월 및 9월 예산, IR 113/42.

실제로 부채 원리금을 상환할 목적으로 활용된 역진세는 수요에 따른 신용 팽창을 피하고 '빈곤층에서 부유층으로' 부를 이전해 투자의 미덕을 유도하는 데 '도움'이 되었다.[84] 1921년부터 1932년까지 재무부 예산 중 가장 큰 비중을 차지한 항목은 실제로 부채 상환이었다. 이는 당대의 기술관료들이 보기에 저축성향과 투자성향이 높은 집단인 국채 보유자에게 국가 세수입이 이전된다는 의미였다.[85]

1921년 10월 니마이어는 재무장관에게 이러한 경제 논리를 아주 명확히 설명하는 메모를 보냈다. "'일반 시민'에게서 징수한 세금으로 부채를 상환하면 이 돈은 채권자에게 갑니다. 채권자들은 나머지 시민보다 '저축하려는 경향'이 더 크고, 상환받은 돈을 다시 다른 증권에 재투자합니다. 한마디로 부채 상환은 저축과 투자 가능성이 없는 사람들에게서 '돈을 추출해' 저축과 투자 가능성이 높은 사람들이 활용할 수 있게 해줍니다."[86] 다시 말해 국가가 노동계급으로부터 돈을 추출하는 것이 자본 축적의 핵심이었다.

아니나 다를까 니마이어의 설명은 1920년에 호트리가 쓴 글의 일부인 "부채 상환을 목적으로 거둔 세금은 평소 같았으면 자신을 위해 돈을 쓸 사람들에게서 돈을 거둬 자본 시장의 자원을 늘리는 데 사용된다."와 같은 맥락이었다.[87] 1932년에 블래킷의 생각도 여전히 매우 비슷했다. "감채기금을 비축하는 것은 실제로 자본을 생산적 목적으로 축적하는 유용한 방법이 될 수 있다."[88]

전문가들은 저축자, 투자자에게 보상한다는 같은 목표로 부유층 감세 방법을 고안했다. 이번에도 근거는 간단했다. 부유층은 저축성향을 타고나서 이들에게 높은 직접세를 매기면 저축과 투자가 위축된다는 논리였다. 니마이어는 "과세 수준은 국가의 경제생활과 신규 자본 축적에 방해가 되면 안된다."라고 썼다.[89] 또 상속세와 "자본세를 올리면 국가 전체에 훨씬 더 심각한 손실을 초래한다."라고 덧붙였다.[90] 블래킷의 말을 빌리자면, 이는 '국가 자본'을 '침해'할 것이기 때문이다.[91]

그의 어법은 다수에서 소수로 자원을 이동(또는 추출)하는 긴축을 미묘하게 합리화하고 정당화한다. 이 도덕적 소수가 부유해진 이유는 개개인이 미덕을 갖춰서일 뿐 아니라, 자본 축적을 강화해 국익에도 이바지하기 때문이었다.

오늘날에도 널리 퍼져 있는 이러한 사고는 부자 과세를 포함해 전쟁 직후 일기 시작한 여러 급진적인 재분배 개혁을 물리치는 데 성공했다. 1920년 4월에 도입된 법인세는 일찍이 1923년에 절반으로 깎였고, 1924년에 결국 폐지되었다. 이 법인세는 제2차 세계대전 이후에야 다시 하원에서 거론되기 시작했다. 마찬가지로, 영국 노조의 중요한 승리였던 1915년 초과 이득세는 1921년에 완전히 철폐되었다. 긴축의 승리를 더 대표적으로 상징하는 것은 자본세였다. 자본세 도입은 전후기에 부당이득자를 향해 합동 공격을 주도한 노동당의 단골 주제였으나,[92] 1920년대 중반에는 완전히 사장되었다. 국채 및 과세 위원회The Committee on National Debt and Taxation는 자본가 계급이 축적하는 부와 이윤 창출이 옳은 것이라는 새로운 발상을 사회가 내재화하게끔 목소리를 높였다. 그들은 자본세가 "마치 절약에 대한 처벌과 같다며, 부당하고 경제 논리에 맞지 않는다."라고 주장했다.[93]

물론 국가가 세금을 낮추려면 엄격한 균형예산이라는 미명하에 공공지출을 삭감해야만 했다. 국가의 검약은 기술관료들에게 전후 위기를 극복하기 위해 주문처럼 외어야 할 절대 조건이었다.[94] 대다수 민중의 개인 소비는 물론 국가 전반적으로 소비를 줄여야 했고, 이로 인해 전후 재건주의 흐름이 완전히 뒤집혔다. 블래킷은 시민들의 생활 수준을 그들의 소득 이상으로 향상하게 하는 정부 지원이 위험하다며, "세금으로 조달된 국가 지원을 통해 모든 국민의 생활 수준을 높이는 것은 경제 위기의 한 요인이 될 수 있다."라고 경고했다.[95] 당시 전문가들은 이러한 과잉 친절을 용납할 수 없었다.

예산 삭감의 압박

호트리는 《통화와 신용》에서 이 뜻을 확고히 했다. 과세뿐 아니라 공공지출 삭감도 소비자의 가처분소득을 줄이고 민간 자본 투자로 자원을 전환하기 위한 필수 조건이었다.

1920년 여름 재무부는 2주 이내에 지출 삭감을 완료하기 위해 모든 부처에 진행 상황을 보고하라고 압박을 가했다.[96] 결국 1920년 12월에 내각은 이러한 반反재건주의 압력에 명시적으로 항복의 뜻을 밝혔다. "영국의 상황을 개선하고자 계획된 여러 개혁이 취지 자체는 바람직하다고 인정하는 바이다. (…) 다만 그 개혁들이 재무부나 금리에 추가 부담을 수반하는 한, 지금은 개혁을 시작하거나 시행할 적기가 아니다."[97] 이렇게 해서 내각은 "아직 지출이 실행되지 않은 모든 계획은 보류"하라고 지시했다.[98]

재무부의 재정 긴축은 2장에서 논의한 재건주의 계획을 축소하는 것보다 훨씬 멀리 갔다. 재무부의 가장 큰 승리는 전례 없는 1921년 게디스 삭감이었다. 이 기록은 20세기 영국 정치 역사상 지출을 최대로 압박한 전설적 사례로 남았다.[99] 1970년대 후반과 1980년대 그 유명한 마거릿 대처Margaret Thatcher 행정부의 삭감 수준을 능가했을 정도다. 게디스 법안은 재무부가 이미 여름에 계획한 삭감액 7,500만 파운드를 넘어 공공 예산에서 5,200만 파운드를 추가로 삭감했다(표 6.2 참고). 이 둘을 합쳐 정부지출의 약 20%를 차지했으니, 역사적으로 봐도 상당한 감소치였다.[100] 긴축의 실제 목적을 보여주는 증표였던 이 삭감은 영국이 이미 전년도에 이자 지급분을 제외하면 흑자를 달성했음에도 영국 민중에 불의의 일격을 가했다. 영국의 공공 예산을 관장한 국가 지출 위원회Committee of National Expenditure, 세칭 '게디스 위원회'는 재무부와 긴밀히 협력하는 기술관료 집단이었다. 재무장관과 그의 참모들은 위원회의 임무를 소개하는 수많은 브리핑에서 항상 예산 삭감을 1순위로 강조했다.[101] 1922년 3월 로버트 혼Robert Horne 재무장관은 하원 의회 연설에서 재무부가 '끊임없는 일거리'를 안겨주며 '부담을 지운' 가운데서도 "힘든 임무를 수행해낸 매우 유능한 각 부처 직원들"[102]에게 깊은 감사를 표했다. 그는 이 절약의 노력을 "공동체를 위한 가장 가치 있는 봉사"라고 일컬으며 높이 평가했다.[103] 이 '공동체'를 위한 '봉사'는 전후기에 제안된 모든 인간 해방 계획을 몰아내는 것이 목적이었다.

영국 시민은 공공 주택 계획의 실패를 목격했다. 이 계획은 시작부터 많은 재무부 관료가 반대해왔다.[104] 물론 앞서 3장에서 살펴본 건축 길드 운동도 정부 보조금이 삭감되고 공공 주택을 적극적으로 매각하는 정책이 시행되면서 실패를 맞았다. 1919년 주택 및 도시 계획법을 옹호한 크리스토퍼 애디슨은 이에 항의하여 보건부 장관직에서 사임했다.[105] 후임인 알프레드 몬드Alfred Mond 장관은 이 삭감이 '지역사회의 주택 수요'를 외면하는 처사라며 "여러 지역에 심히 과밀화되고 살벌한 빈민가가 방치될 것이다."라고 개탄했다.[106]

또한 시민은 보편적 건강보험 계획이 폐기되는 것을 지켜보았고, 이 개혁은 결국 제2차 세계대전 이후에야 재추진되었다. 대신 보건부 예산을 15% 삭감하자는 제안이 나왔고, 하필 그때 의무 교육 연령을 1918년 교육법에서 약속한 16세까지 확대하는 등의 교육 개선안들도 사문화되었다. 특히 교육부는 '경제 회복을 구실로 공공지출을 삭감하려는 정치적 압력'이 '정상적인 교육 지원의 확대를 중단'하게 해서는 안 된다며 단호하게 나와 재무부의 애를 태웠다. 그러자 게디스 위원회는 교육부 예산을 전년도보다 32% 줄어든 1,800만 파운드 삭감하겠다고 반격했다. 최종적으로 정부는 교육부 예산을 1,600만 파운드 이상 깎았다. 그 결과 소규모 학교들이 문을 닫고, 교사 급여가 삭감됐으며, 학급당 정원이 늘어나는 등 교육 시스템이 가차 없는 역풍을 맞았다.[107] 교사 급여는 5% 깎였다. 이 삭감 후 (2장에서 살펴본) 성인 노동자 교육을 위한 야심 찬 계획이 좌절된 건 말할 것도 없었다. 심지어 중앙 노동 전문대학Central Labour College은 자금난으로 1929년에 문을 닫았다. 정부가 교육과 건강보험에 투입한 지출 규모는 1920년대 말까지 1921년~1922년 수준보다 줄곧 낮게 유지되었다.[108]

표 6.2. 1922년~1923년 영국의 주요 예산 항목별 지출 삭감액(단위: 100만 파운드)

	국방	교육	사회 보장	보건	대외 지급	급여	총액
명목 기준	79	15	13	12	20	6	162
실질 기준 (1922년 물가 기준)	85	16	14	13	22	7	176

물가 하락 효과 때문에 1922년~1923년 실질 기준의 삭감액이 명목 기준보다 훨씬 눈길이 간다. 이 삭감 폭이 얼마나 큰지 강조하는 차원에서 실질 기준으로 표시했다. 게디스 위원회가 나서기 전에 이미 재무장관이 7,500만 파운드의 삭감을 계획했다는 점에 주목하기 바란다. 위원회는 총 8,700만 파운드까지 추가 삭감할 것을 권고했다.

출처: Hood and Himaz(2014).

이 영향은 영국 전역에 반향을 일으켰다. 게디스 위원회는 아프리카 식민지에도 공공 서비스를 축소하자고 제안하며 "재무부가 우리 아프리카 식민지에 제공하는 지원은 해당 식민지가 여건상 자기네 자원으로 직접 충족할 수 없는 가장 긴급한 필요에 한정되어야 한다."라고 분명히 밝혔다.[109]

1922년이 되자 모든 부문의 사회정책이 경제 살리기의 추동력을 이기지 못했다. 국가의 부채 감소가 우선 과제가 되자, 자원이 노동계급에서 채권자 계급으로 흘러가는 흐름이 계속 촉진되었다. 실제로 이자 지급분을 제외한 재정 흑자가 1923년에는 명목 GDP의 9%에 이를 정도였다. 흑자분은 주로 부채 상환에 쓰였다. 1921년~1922년 회계연도부터 10년 동안 국가가 명목 GDP 대비 채권자에게 지출한 금액은 매년 보건, 교육 등 사회정책으로 지출한 비용의 거의 두 배였다.[110]

이 기간 감소하기는커녕 도리어 급증한 재정지출이 딱 하나 있었으니, 바로 실업보험 지출이었다.[111] 이는 지급액이 더 후해져서가 아니라 1920년부터 1921년까지 실업자가 네 배 증가한 결과였다. 이후 1920년대 내내 실업보험 가입자 기준으로 실업률이 10%를 넘었다. 실업은 긴축이 초래한 사회적 희생을 가장 상징적으로 보여주는 척도라고 할 수 있다. 이어지는 페이지에서 설명하겠지만, 이러한 사회적 재앙은 영국 기술관료들이 긴축에서 예상한 결과이자 심지어 의도한 결과이기도 했다.

사실 재정 긴축의 두 동반자인 산업정책과 통화정책은 활발히 상호작용해, 영국 노동자의 고용 상황을 악화하고 그에 따라 임금도 떨어뜨렸다. 역시나 노동자는 강제로 절약에 돌입해야 했다.

산업 긴축 : 민영화를 추진하라

재무부의 기술관료들은 산업 긴축 없이는 인플레이션 기세를 꺾고 자본 축적을 되돌릴 수 없다는 걸 알고 있었다. 산업 긴축은 민영화 그리고 노동자를 합법적으로 규율하고 억압하는 형태로 이루어졌다.

민영화와 구조조정

국가의 전시 동원이 대거 해제되면서 경제의 탈정치화가 촉진되었다. 그동안 사유재산과 임금 관계의 두 기둥은 다시 강화되고, 투자자 계급에 든든한 환경이 조성되었다.

재무부는 '필요 없는 정부 부처'의 폐지를 포함해 민영화를 열렬히 지지했다.[112] 그중에는 재건부, 교통부, 군수부, 해운부, 식량부가 포함되어, 모두 1921년에 폐지되었다. 노동부 역시 재무부의 집중타를 받다가 간신히 살아남았다.

긴축의 칼날이 공무원도 겨냥했음은 두말하면 잔소리다. 1919년 여름 재무장관은 노골적으로 불평을 토로했다. "공무원 고용 인원은 전쟁 이후 전체적으로 눈에 띄게 감소하지 않았다. 변명의 여지가 없다. (…) 초과 인원은 가차 없이 감축해야 한다. 경제적 이익을 위해 치러야 할 최선의 대가가 너무 비싸다면 차선으로 기꺼이 만족해야 한다."[113]

재무부의 요구가 승리했다. 1920년~1921년 사이 총 공무원 인원은 1,953만 7,000명에서 1,741만 7,000명으로 감소해,[114] 한 해 동안 전체 공무원의 11%가 해고되었다. 게디스 삭감도 해고와 임금 삭감을 통해 GDP의 5%에 해당하는 예산 절감에 기여했다.

물론 명백한 구실은 돈을 아끼자는 것이었다. 더 근본적으로, 이들 정책은 3, 4장에서 자세히 설명한 전후기의 사회 변화, 특히 아래로부터의 풀뿌리 세력을 한풀 꺾었다. 니마이어의 말마따나 "부처들의 거창한 사업 계획"에[115] 공식적으로 반대하는 것은 중요한 효과가 있었다. 일단 "각 부처의 계획에 확실히 퇴짜를 놓으면" 그 밑에 필요한 직원 수도 적어지기 때문이다.[116] 긴축의 논리는 깔끔했다. 일단 공무원들이 일자리를 잃으면 그들은 무한 경쟁의 민간 노동시장으로 밀려날 테니, 수요와 공급의 절대 법칙을 따라야 할 것이다. 그리고 경제적 필연성은 노동자를 단련해, 정치적으로 잘못된 행동을 할 가능성을 억제했다.

이러한 인식 방식은 실업률 증가에 대처하려던 국가의 공공사업 계획에 재무부가 격렬히 반대한 이유를 설명한다. 1921년 가을 스코틀랜드 게어로크 사건은 특히 주목할 만하다. 당시 로이드 조지 총리의 주도하에 몇몇 자유당 각료들이 게어로크에 모여 일자리를 늘리기 위한 공공사업을 벌일 테니 차입금 조달에 협조해달라고 재무부에 요구했다.[117] 재무부는 국가 개발을 위한 게어로크 대출 계획,[118] 철도 전선 부설 계획,[119] 보건부 장관이 요청한 전시 저축 자금의 실업 구호 활용 계획[120] 등 온갖 안건으로 뒤덮였다. 블래킷과 니마이어는 이러한 '무모한 계획'에[121] 강력히 반대했고, "국가는 재정상 국민의 굶주림을 면할 만큼만 최소한의 지원으로 제한해야" 한다고 재무장관에게 충언했다.[122]

민영화는 노동자가 수직적 생산관계에서 자신의 위치를 받아들이도록 다스리는 동시에, 저축자와 투자자 계급을 이롭게 했다. 블래킷과 니마이어의 목표는 요지부동이었다. 국가가 가능한 한 모든 자원을 민간 기업으로 돌려야 한다는 것이었다. 니마이어는 "국가가 투자 가능한 저축의 대부분을 흡수해버리면 산업은 번영의 길이 영영 막혀버린다."라고 말했다.[123] 1922년에 블래킷도 같은 어조로 "자본이 상업 거래용이 아닌 정부 대출용으로 쓰이면 투자 자본이 부족해진다."라고 말했다.[124] 여기에 구축효과 논거의 핵심이 있다. 투자 시장에서 정부는 더 생산적인 민간 기업에 투자되었어야 할 민간 저축을 엉뚱한 방향으로 돌리는 장본인이라는 것이다.[125]

적어도 1924년까지는 케인스도 이러한 긴축을 지지했다. 그는 《화폐론 Treatise on Money》을 집필할 당시 이렇게 확신했다. "신규 자본의 공급은 사회 내 소득 흐름의 소유권자가 자신의 권리 행사를 보류할 때, 즉 저축을 인출하지 않을 때만 가능하다. 차입으로 공적 자금을 조달해 고정 자본 생산에 지출하는 것은 그 자체로 문제 해결에 아무 도움이 되지 못한다. 오히려 기존 운전 자본을 상품 생산이 아닌 다른 목적으로 돌리면 해를 끼칠 가능성이 있다."[126]

기술관료가 생각하는 공공사업의 폐해는 그 외에 또 있었다. 공공사업은 인플레이션까지 초래할 수 있었다. 정부가 항상 '순수한 저축'(예: 세금 또는 국채)에서 차입하는 게 아니라, 신용을 창출해서 투자 자금을 조달했기 때문이다. 전쟁기의 산물인 이 관행을 당대의 기술관료는 고개를 절레절레 흔들 만큼 반대했다. 호트리는 저금리 정책을 제일 싫어했다. 고인플레이션을 촉진해 고용을 증가시키고, 결국 임금인상과 노동계급의 소비를 촉진하기 때문이다. 그러면 통화가 불안정해지고 자본 축적이 더 큰 위협을 받는다는 것이었다.[127]

재무부는 1929년 대공황 이후 사회적 위기에 직면했음에도 구축효과 논거를 포기하지 않았다. 1929년 스탠리 볼드윈Stanley Baldwin 총리의 보수당 정부는 실업자 150만 명의 '비참한 상황'을 해결하고자 공공사업을 벌이려 했지만,[128] 아무도 귀담아듣지 않았다. 실제로 재무부는 긴축이라는 진언으로 정부를 대공황에 가까워지도록 몰아넣었고, 심지어 1931년 금본위제가 붕괴한 이후에도 마찬가지였다.[129]

임금, 실업, 파업

긴축의 교리에는 임금을 대폭 삭감하면 어떤 경기 침체도 해결할 수 있다는 기본 정신이 깔려 있었다.

임금인상은 과소비로 이어질 뿐 아니라, 생산비 상승 문제까지 야기한다. 제1차 세계대전 이후 기술관료는 노조 교섭력이 강해지면서,[130] 인플레이션이 실질임금을 낮추는 장치로 작용하지 못한다는 것을 깨달았다. 오히려 인플레이션은 단지 생산비를 증가시켜 수출 가격을 비싸지게 할 뿐이었다.[131]

블래킷과 니마이어의 메모와 문건에서는 수출을 촉진하기 위해 가격을 낮춰야 한다는 주장이 반복해서 강조된다.[132] 니마이어는 명시적으로 "영국 무역이 세계 시장에서 경쟁하려면 영국산 상품 가격이 낮아져야 한다는 것이 통념이다. 그러려면 사실상 영국 노동자의 임금부터 낮아져야 한다."라고 주장했다.[133]

'장기적으로 공익에 도움이 되는 방법'은 소비 감축(내수 감소와 그로 인한 가격 하락)과 임금 하락(생산비 절감에서 오는 경쟁력 향상)의 두 가지 희생을 국민이 떠안는 것이었다. 블래킷은 "건전한 재정으로 돌아가기 위한 고통스러운 시기 뒤에, 임금과 가격 하락을 토대로 산업이 부활하는 날이 올 것이다."라고 말했다.[134]

호트리는 1919년 영국 과학 진흥 협회British Association for the Advancement of Science에서 이러한 예상을 반영한 연설을 했다. "디플레이션 때는 불가피하게 임금을 삭감할 수밖에 없습니다. 생산비와 유효 수요를 둘 다 줄이려면 어쩔 수 없는 선택입니다. (…) 우리는 시련을 기회 삼아 건전한 통화로 돌아갈 수 있고, 우리 앞에 펼쳐진 밝은 미래로 보상받을 것입니다."[135]

이 전문가들이 보기에 실업은 시장 자본주의의 특징이 아니라 일시적 현상일 뿐이었다. 설령 실업이 너무 오래간다 해도, 이는 노동자가 도덕적 시민 역할을 하지 못한 탓이라고 보았다. 따라서 실업은 경제 위기의 근원을 나타내는 또 다른 지표였다. 대다수 시민이 너무 많이 벌어 너무 많이 지출하는 바람에, 이른바 신용 확장과 인플레이션의 악순환으로 이어졌다는 것이다. 니마이어는 실업과 과한 임금의 상관관계를 명쾌하게 설명했다. "임금이 현재 수준으로 유지되려면 일부 인구는 임금 없이 생활해야 한다. 그 구체적 결과가 바로 실업이다."[136]

물론 자본주의가 부활하기 위한 '필수 조건'인 저임금은 국민의 요구와 정반대였다. 그리고 역시나, 전문가들은 곧 다가올 계급 갈등을 인식하고 있었다. 호트리는 "임금을 추가로 삭감하는 어려운 결정이 앞으로의 통화 안정을 위한 관건이 될 듯하다."라고 썼다.[137]

경제학자들에게는 다행스럽게도 경기 침체 덕분에 어려움을 크게 덜었다. 1920년 여름부터 흐름이 노동자들에게 불리해지기 시작하면서 실업률이 급증했다. 그래도 노동자들은 1년 내내 대규모 파업을 계속했다. 역사학자 제임스 크로닌James Cronin은 "1919년~1920년 계급 간 적대감이 얼마나 깊었는지 이해하려면, 그 적대감이 약해지기까지 걸린 시간이 가장 좋은 지표일 것"이라고 평했다.[138] 분명 노조의 조직력이 탄탄해진 시국에 시장의 힘이 우세해지려면, 정치적 지원을 동원해야 했다. 따라서 영국 정부가 실행한 산업 긴축은 노동자의 교섭력과 결사의 자유를 축소하기 위해 법적으로 고안한 계책이었다. 아이러니하게도 재무부 관리들은 법과 질서 문제에 관한 국가 개입은 비난하지 않았다. 오히려 그런 개입이라면 두 팔 벌려 환영할 일이었다.

1920년 10월 비상 권한법Emergency Powers Act은 엄청난 파업 물결에 대응해 제정한 최초의 기본권 제한법이었다. 이 법으로 정부는 '공공의 안전과 공동체 생활을 위해 필요하다고' 판단될 시 광범위하고 강압적인 권한을 행사할 '비상 상태'를 선포할 수 있게 되었다.[139]

정부는 1926년 총파업 동안 이 특권을 널리 활용했고, 새로 제정한 법의 힘으로 일주일 남짓 만에 파업을 중단할 수 있었다. 1927년 8월 법무장관 더글러스 호그Douglas Hogg의 표현을 빌려 '국가의 권위를 수호하고 시민의 자유를 보호하기 위한' 쟁의 및 노동조합법Trade Disputes and Trade Unions Act이 의회를 통과했다.[140] 미국 경제학자 H. A. 밀리스Harry A. Millis는 이 쟁의 및 노동조합법Trade Disputes and Trade Unions Act을 오랫동안 분석한 결과를 1928년 〈정치 경제 저널〉에 발표해 법에 담긴 무자비한 특성을 요약했다.

새로운 법안은 여러 면에서 변화를 몰고 올 것이다. 첫째, 파업과 직장 폐쇄가 어려워진다. 둘째, '피켓 시위'도 더 어려워진다. 셋째, 노동자의 정치활동에 자금을 지원하면 불이익이 따른다. 넷째, 공무원 결사체는 다른 노조나 노동당과 거리를 두고 정치활동에 관여하지 않아야 한다. 다섯째, 친노동 지방정부와 기타 공공기관에 제약을 가한다.[141]

당국은 공익을 명분 삼아, (특정 업종을 넘어) 노동 조건의 전반적 개선과 국유화를 요구하는 파업을 비롯해 모든 유형의 동정파업과 정치파업을 금지함으로써 총파업이 재발하지 않도록 단단히 방어막을 쳤다. 한마디로 명목상 파업은 가능했지만, 명분상 파업은 금지되었다. 불법 파업을 선동하는 행위는 범죄로 간주되어 최대 2년의 징역형도 가능했다. 법무장관은 그러한 파업에 연루된 노조의 자산과 자금을 압류할 권한을 부여받았다. 이런 식으로 국가는 노동 연대와 사회 변화의 요구를 관에 집어넣고 마지막 대못을 박았다.

이 법이 '산업과 정치 양쪽 분야에서 노동권을 축소'했던 만큼, 밀리스도 영국 역사상 특이한 사례였음을 인정했다.[142] 효과는 바로 나타났다. 1927년~1928년의 평균 쟁의 건수는 1924년~1925년에 비해 절반으로 줄었다.[143] 훨씬 인상적인 것은 사회학자 랄프 밀리밴드Ralph Miliband가 말했듯, "1919년부터 1921년까지 파업과 직장 폐쇄에 참여한 노동자 수는 연평균 210만 8,000명이었던 반면, 1927년부터 1939년까지 13년 동안에는 30만 8,100명이었다. 물론 노동당의 불만이 어떤 식으로든 줄었다거나 의석에서 주목할 만한 성과를 냈기 때문은 아니었다."[144] 노조원 수는 1920년 840만 명에서 1930년 480만 명으로 절반 가까이 줄었다(9장의 그림 9.4 참고).

노동계급이 부상하고 몰락하기까지 이 중대한 역사적 전환은 통화량 축소(영국의 모든 긴축정책 중 결정판)를 빼놓고는 제대로 설명할 수 없다. 디플레이션이 없었다면 영국 노동자를 종속시킬 수 없었을 것이다.

통화 긴축 : 금리를 올려라

고금리 정책과 저축

재무부 감독관들은 호트리의 주요 이론적 원칙을 확고히 고수했다. 블래킷은 체임벌린 재무장관에게 보낸 메모에서, 신용은 '무질서한' 특성이 있어

'유독 불안정하고 민감'하다고 표현했다. 그의 이론에는 중요한 정책적 함의가 담겨 있었다. 신용은 자기 통제 기능이 없고 계속 팽창하는 경향이 있으므로, 신용 공급을 '국가가 통제'해야 한다는 것이었다.[145] 따라서 영국 전문가들은 비개입 통화정책보다는 바람직한 경제 '균형'을 달성하기 위해 은행 금리를 조종하는 통화 관리를 전적으로 지지했다.[146]

호트리는 통화가 다시 안정되려면 '고통스럽고 힘든 여정'이 필요하며, "이 고통스럽고 힘든 여정은 인플레이션이 찾아올 때마다 겪어야만 한다. (…) 방탕한 생활에는 골칫거리가 뒤따른다."라고 썼다.[147] 이번에도 이 여정의 부담은 주로 노동자에게 안겨졌다. 그 형태는 소득 감소와 소비 절제로, 둘 다 통화 관리의 성공에 필요한 조건이었다.[148]

호트리의 모형에서는 금리를 인상하면 상인들이 대출을 꺼리고 시중에 신용이 감소하므로, 고금리는 매우 효과적인 정책이었다.[149] 상인이 신용 기계를 중단시키면 제조업자는 생산과 고용을 줄인다. 그러면 임금노동자의 소득과 지출이 감소하고, 상인이 재고를 보충하기 위해 대출할 유인이 훨씬 줄어 경제는 더욱 둔화한다. 간단히 말해, 고금리는 고용 감소와 소비자의 주머니에 들어가는 소득의 감소로 귀결된다.[150]

재무부와 영란은행은 반대를 무릅쓰고 호트리식 경제이론을 굳게 고수하며 역대급의 고금리 정책을 밀어붙였다. 1920년 4월 노먼 영란은행 총재와 재무부는 1년 넘게 7% 금리를 유지하기로 합의했다.[151] 물가 안정을 목표로 금리를 인상하는 방법이 사용되기는 이번이 처음이었다.

이러한 '신속하고 혹독한 금리인상'은 재무부는 물론 영국 학계에서 가장 명성 있는 학자들에게서도 지지를 받았다. 아서 피구와 존 메이너드 케인스는 모두 금리를 더 높이길 바랐다. 피구는 1920년 3월 1일자 〈타임스〉에 8% 금리를 주장해 반향을 일으키는가 하면, 케인스는[152] 재무장관에게 보낸 개인 서신에서 다음과 같이 한술 더 떴다. "금리는 먼저 7%로, 그다음

8%로 재차 올려야 합니다. 이 조치의 결과는 두고 봐야겠습니다. 그러나 제 개인적 의견으로는 필요한 결과를 달성하려면 10%까지 올려도 무리가 아니라고 봅니다."[153] 이러한 과감한 처방은 영국 기술관료가 다 같이 현 상황을 재앙으로 진단한 결과였다. 그들에게 인플레이션은 단순한 경제문 제가 아니라 자본주의 질서에 대한 실존적 위협이었다. 실제로 물가가 오를수록, 노동자는 임금인상과 재분배를 더 격렬히 요구할 테고 심지어 혁명에 불을 댕길지도 모를 일이었다. 케인스는 1919년 베스트셀러 《평화의 경제적 결과》에서 레닌의 말을 바꿔 이렇게 경고했다. "자본주의 체제를 파괴하는 가장 좋은 방법은 통화가치를 후려치는 것이다."[154]

1920년 8월에도 호트리는 여전히 금리를 더 올리자고 주장했다. 물가가 떨어졌지만, 아직 충분하지 않았는지 그는 "국가가 당면한 과제는 물가를 20~25% 정도 낮추는 것이다."라고 주장했다.[155] 1년 후, 호트리는 디플레이션 정책이 마침내 효과를 발휘했다고 자랑스럽게 주장했다. 그는 "높은 금리, 흑자 예산, 은행들이 합의한 여신 규제가 합쳐져 이루어낸 결실이었다."라고 썼다.[156]

니마이어는 교훈적 근거를 들어 디플레이션을 옹호했다. 그는 인플레이션 호황기 동안 "사람들이 허황한 낙원에 살고 있었다."라고 말했다. 1921년에는 "결국 우리는 더 큰 진전을 위한 한발을 내디뎠다. 4년간의 처참한 전쟁 후 우리 나라가 전보다 가난해졌고, 당연히 더 가난해질 수밖에 없다는 것을 우리 모두 깨달았다."라고 말했다.[157] 니마이어는 영국이 저금리 시절로 되돌아가면 정부는 디플레이션의 '교훈적 효과'를 망각할 것이라 경고하며 이 변화를 장기간 받아들여야 한다고 주장했다. "사람들은 이제 결핍을 모르고, 돈은 싸게 빌릴 수 있고, 절약할 필요도 없다고 생각할 것이다. 그리고 인플레이션의 벼랑 끝으로 냅다 달려가다가, 어느새 실링이 프랑과 마르크의 전철을 밟고 있다는 걸 깨달을 것이다."[158]

기술관료는 역진세처럼 디플레이션도 사회 계급에 따라 영향을 다르게 미치기 때문에 효과적이라고 믿었다. 디플레이션으로 노동자는 허리띠를 졸라맸지만, 채권자는 더 높은 자본 수익을 보상받았다. 덕분에 채권자는 더 열심히 저축할 맛이 났다.[159]

물론 파운드 가치가 상승하면서 국제 경쟁력이 저하되는 영국의 수출 기업은 피해를 입었다. 하지만 전문가들은 이를 단기적 조정으로 보았다. 디플레이션으로 실업률이 치솟았지만, 생산비 절감에 도움이 되어 결국 영국 수출품의 경쟁력이 더욱 높아졌다.

1921년 10월 니마이어는 자랑스럽게 "여신 규제의 결과로 일부 업종에서 이미 임금이 하락하는 추세가 나타났다. 이 흐름을 끊을 만한 어떤 조치도 취해서는 안 된다."라고 발표했다.[160] 이 가혹한 고금리 시대의 시작은 곧 전후 호황기의 끝이었으며, 분명 1921년에 영국 경제가 20세기 통틀어 실질 GDP 최저치를 기록하게 한 주요 요인이었다.[161] 불황의 터널은 깊었다. 1919년에는 생산량과 소득 수준이 전쟁기보다 향상했으나 1년도 안 돼 도로 아미타불이 됐고, 1921년 12월에 실업률은 18%로 최고치를 찍었다.[162]

오늘날 일부 경제학자는 긴축을 경제정책상 실수로 평가하지만, 정치적으로는 분명 이점이 있었다. 자본 축적의 기본 원리인 착취가 앞으로도 존속하려면, 실업의 해악은 그다지 해악도 아니었다. 실업은 노동자의 지위를 약화했고, 더 광범위하게는 경제적 민주주의에 대한 요구를 침묵시켰으며, 인건비를 확실하게 낮췄다(9장 참고). 크로닌은 "특히 노동자의 전투 성향이 강하고 파업이 잦은 일부 산업에서 실업률이 천문학적으로 증가한 결과, 노동자의 눈높이가 낮아지고 노조의 기반이 약해졌음을 확연히 알 수 있다."라고 평했다.[163] 실제로 긴축으로 찾아온 경기 침체기에 임금이 엄청나게 떨어졌으니, 기술관료는 원하던 결과를 얻었다. 평균 명목임금과 소매 가격은 1920년에서 1923년 사이 30%나 급락해, 놀라운 수준의 가격 탄력성을 입증했다.[164] 〈이코노미스트〉는 1922년에 노동자의 임금이 전시에 인상된 수준에서 4분의 3이 날아간 것으로 추정했다. 불과 몇 년 전만 해도 노동자 지배권을 목청 높여 외치던 요구는 점점 어렴풋한 소리로 희미해졌다. 게다가 그 후 노조 세력이 약해지고 (불황기에 세수가 감소해) 나라 곳간이 썰렁해지면서 재건주의 계획과 같은 확장 정책은 쑥 들어가는 정치 지형이 형성되었다.

고금리로 국내 물가를 진정시킨 다음에는 비용이 훨씬 더 많이 드는 다른 목표가 또 기다리고 있었다. 이번에는 1914년 전쟁 전 수준으로 금본위제를 복구하기 위해 고금리를 계속 끌고 가야 했다. 파운드 가치를 1920년 3.40달러에서 1925년 4.86달러로 절상하는 과정에서 장기간의 디플레이션이 수반되었다. 이때 물가 하락률은 10%에 달했다.[165]

사실 1921년 이후 호트리는 디플레이션이 장기화되자 걱정을 감추지 못했다.[166] 그러나 그 걱정도 전쟁 전의 금본위제로 돌아가고자 하는 그의 의지를 꺾을 정도는 아니었다. 다시금 호트리는 비록 노동자들에게는 힘들지라도, 금본위제로 자본 축적의 이득을 볼 수 있는 사람인 채권자, 즉 "현대 자본주의 체제의 동침 상대이자, 비투기 목적의 투자로 사회에 상당히 이바지하는 투자자 계층"을 보호해야 한다고 분명히 밝혔다.[167] 이 이유로 그는 금태환 비율을 낮춰서 금본위제로 회귀하자는 여러 사람의 제안에 딱 잘라 반대했다. 그랬다면 틀림없이 "자본주의 체제가 지속되는 한 불공정"을 피할 수 없었을 테니 말이다.[168]

재무부와 영란은행으로서는 금본위제로 돌아가면 실업과 사회 구성원의 희생 등 '어떤' 경제적 희생도 상쇄하고 남을 만큼의 값진 정치적 보상을 얻을 수 있었다. 금본위제는 통화정책과 재정정책이 정치적 논의와 개입에서 면제될 수 있게 뒷받침해주었다.

이러한 경제문제의 비정치화, 혹은 경제의 반反민주화는 체제에서 자본 축적이 우선시되도록 보장했다. 그러려면 통화 긴축과 재정 긴축이 필수였다. 더 구체적으로 말하자면, 재무부 관료는 일단 고정 환율 통화정책이 유지되면 더 이상 정치인들이 통화량이나 금리를 자유롭게 결정할 수 없게 된다는 것을 알고 있었다.[169] 예산 정책도 무역수지의 제약을 거스르지 못하므로 마찬가지였다. 이런 식으로 금본위제는 어떤 확장 정책도 막을 수 있는 완충 장치를 제공했다. 그리고 무엇보다 중요한 것은 금본위제가 노동자가 더 낮은 임금을 받아들이도록 단련하는 영구적 메커니즘으로 작용할 것이란 점이었다. 이에 저항하는 노동자는 스스로 대가를 치르게 될 터였다. 분명 이러한 강압적 효과는 금융자본뿐 아니라 산업자본에도 이득이 되었다.[170] 덕분에 전반적인 이윤율이 상승했다. 실제로 1926년부터 이윤율은 직전 5년간보다 훨씬 가팔라졌다.[171]

니마이어는 비판에 더할 나위 없이 직설적으로 응수했다. "금본위제로 복귀하는 과정에서 우리가 한동안 어려움을 겪으리라는 사실은 틀림없다. 그래도 우리가 생산량 이상으로 소비하려는 생각을 버리고 생산비를 절감할 방법을 강구해야 한다는 현실의 문제와 씨름하는 것에 비하면, 그나마 지금의 이 어려움이 훨씬 극복하기 수월하다."[172] 결국 니마이어의 주장은 원래대로 돌아가자는 것이었다. 신용을 억제하려면 소비를 줄이고 생산량을 늘리는 황금 비법이 최고였다.

영국 국민이 소비를 절제하면 영국산 상품은 누가 사줘야 할까? 블래킷은 동료들과 마찬가지로 단순한 대답을 내놓았다. "사실 이 상황을 타개하는 데 유일하게 도움이 될 수요는 해외 수요다. 국내 수요를 인위적으로 촉진해봤자 자국민끼리 품앗이하는 효과밖에 없어서 에너지 낭비일 뿐이다."[173] 이 관점에서 보면 수출이야말로 경제 성장의 원동력이자 무역흑자의 미덕을 가져오는 핵심 요인이었다.[174]

아이러니하게도 전문가들은 금본위제 복귀를 '계급 문제'가 아니라 '공익의 관점'에서 내린 결정으로 여겼다.[175] 혹은 몬터규 노먼 총재의 거창한 표현을 빌리자면, 금본위제는 한 국가의 한 계급이 아닌 '전 세계'에 이익이 었다. 이러한 사고는 오늘날에도 만연한 긴축의 근거와 일맥상통하기에 놀랍지도 않다. 즉 자본 축적의 합리성이 곧 합리성 '자체'라는 가설이 기저에 깔려 있었다. 무엇보다 자본 축적이 최고였다.

금본위제에서는 긴축이 기술적으로 자연스럽고 불가피한 메커니즘으로 받아들여졌다. 그러나 이 책에서 살펴봤듯, 사실 금본위제는 되돌리고 유지하기까지 긴축정책이 받쳐줘야 한다는 점에서 절대 자동 메커니즘이 아니었다.[176]

호트리는 금본위제 '자체'만으로는 인플레이션 방지에 역부족이라는 점을 매우 분명히 밝혔다. 제노바 회의에서 그가 요구한 것은 '관리되는' 금본위제였다. '세계의 주요 중앙은행들'[177]이 통화정책을 오롯이 책임져야 하고, 그래야만 그들이 온전한 '재량'을 누릴 수 있었다. 언뜻 악의 없이 들릴 수도 있지만, 이 말의 정치적 의미는 온전히 곱씹어볼 가치가 있다.

경제 기득권자의 장기 프로젝트

블래킷, 니마이어, 노먼은 제노바 회의의 교리에 '광적으로 집착'했다.[178] 제노바 결의문에는 영국을 본보기로 전 세계가 기술관료제를 따르길 바라는 그들의 이상이 압축되어 있었다.

제노바 회의의 결의문은 호트리의 초안에서 비롯되었다는 점을 기억할 필요가 있다. "정부가 직접 조치를 취하기보다는 각국의 중앙은행끼리 국제적으로 공조해야 더 수월하게 건전한 통화로 복귀할 수 있을 것이다."[179]

'민간 기업'으로서 중앙은행은 "정치적 압력으로부터 자유로워야 하며 오직 재정 건전성에만 의거해 운영되어야" 했다.[180]

민주주의적 책임이 전혀 없는 기관에 중요한 경제적 의사결정을 맡기자는 이 결의문은 기술관료제에 대한 확고한 신념이 묻어 있다. 호트리가 대놓고 말했듯이 "정부는 대중의 지지가 임기를 좌우하므로 비판에 대응해야" 한다. 반면 중앙은행은 "'절대 설명도, 후회도, 사과도 하지 말아야 한다.'라는 격언을 얼마든지 따를 수 있다."[181]

절대 사과할 필요가 없는 중립적인 전문가는 시장의 적절한 작동을 위해 아무런 방해받지 않고 행동할 수 있었다. 이러한 견해를 기술관료는 좋아했지만 큰 논란을 불러일으켰기에 방어막이 필요했다. 디플레이션과 실업으로 얼룩진 격동기 동안 영국 시민은 통화정책이 자신들의 삶에 미치는 엄청난 영향을 모르지 않았다. 1925년 독립노동당은 중앙은행의 국유화를 지지하는 대중 캠페인을 시작했다. 격노한 호트리는 이에 반박하고 중앙은행의 기술관료주의적 특성을 전면적으로 두둔하는 글을 발표했다.

그는 통화 관리가 '전문가의 분야인 기술적 업무'이므로[182] "폭넓은 정치적 결정을 적용하기엔 부적합하고, 철저히 과학적인 연구 대상으로 취급되어야 한다."라고 단언했다.[183] 그리고 어떤 예외도 허용되어선 안 될 만큼 단호하게 "전문기관인 중앙은행을 행정부와 분리"해야 한다고 주장했다.[184] 호트리는 독자에게 이 분리가 완전히 이루어졌다고 알렸다. "영란은행은 주주의 소유물이기에 총재와 이사는 주주 외 누구에게도 책임을 지지 않는다." 그러고는 한마디 덧붙였다. "그런데도 영란은행이 공익 신탁의 위치에 있다는 게 사람들의 생각이다."[185]

이러한 틀에서 보면 당연히 중앙은행에 좋은 것이 보편적으로나 일반 대중에나 좋은 것이었다. 민간 기관인 중앙은행이 지배층에 유리하게 작동하리라는 일각의 의심은 완전히 논외로 밀려났다. "인플레이션을 방어할 유

일한 대책은 금융계, 특히 중앙은행과 재무부의 지혜에서 찾을 수 있기 때문"이었다.[186]

호트리는 바로 '민주주의 시대'야말로 민주주의에서 면제되는 기술관료제의 '이점'이 빛을 발하는 시기라고 철석같이 믿었다. 가령 노동자와 업주가 디플레이션에 반대하는 것처럼, '중대한 시기에 막무가내로 쏟아지는 압박'을 피할 수 있기 때문이다. "여신 규제 문제에 대해 건전한 여론이 형성될 때까지(호트리는 그런 날이 올지에 대해서는 스스로 불가지론이라고 잘라 말했다) 공동체의 복지는 전적으로 전 세계 주요 중앙은행 전문가들의 능력과 계몽에 달려" 있었다.[187]

이렇게 기술관료는 자신들의 엘리트 의식에 학문적 지식의 탈을 씌워 전 국민의 생활에 막강한 권력과 영향력을 미치는 비민주적 정책을 합리화했다. (호트리가 "국가 전체의 경제생활에 직접 영향을 미칠" 것이라고 인정한) 중앙은행의 업무와 식민지를 통치하는 식민부의 업무가 본의 아니게 유사하다는 점은 긴축이 근본적으로 반민주적, 나아가 강압적이라는 것을 넌지시 시사한다.

케인스도 호트리의 생각에 진심으로 동의하고는 이렇게 썼다. "제 생각도 이 업무는 일거수일투족이 정치적 간섭을 받지 않는 준자치적 기관이 맡아야 한다는 호트리 씨의 견해와 완전히 일치합니다."[188] 경제가 정치 영역에서 벗어나야 한다는 이들의 공통된 야심은 철두철미했다.

전쟁기 때 이례적으로 경제에 개입했던 재무부를 통화정책에서 차단하려한 호트리, 블래킷, 니마이어의 노력은 경제와 정치를 분리하려는, 어쩌면 돌이킬 수 없을 장기 프로젝트 중 한 단계였다. 존 브래드버리John Bradbury는 "영란은행은 재무부의 하부기관으로 처신해야 했고, 월터 컨리프 총재는 항상 재무장관의 지시를 따르는 입장이었다."라고 회상했다.[189] 특히 유동부채의 상환을 비롯해 재무부의 긴축재정 목표는 아무리 봐도 정치적 의미를 띠었다. 이로써 영란은행은 통화정책을 완전히 자율적으로 관리할 권한을 되찾을 수 있기 때문이다.[190]

1929년 2월 17일, 블래킷은 당시 영란은행 이사로서 자신의 지난 노력을 자랑스럽게 술회했다. "나는 1920년 4월 회계연도가 개시되자마자 재무장관과 협의해, 전쟁 전처럼 사전에 재무장관에게 통지하지 않고 금리를 변경하거나 목요일 오전 10시 30분 혹은 11시경에만 통지할 수 있는 원래 관행을 되돌렸다."[191] 정부 측 대표인 재무장관은 금리에 개입할 어떠한 공식적 권한도 없으며, 개입해서도 안 되었다. 니마이어는 금리 결정은 '민간 기관'이 결정할 일이라고 말했다.[192]

민간 기관인 영란은행은 어떤 사회문제보다 경제문제를 우선시했다. 그동안 재무부는 특히 실업을 비롯해 긴축이 영국 국민에게 가한 모든 사회적 희생의 책임을 운 좋게 피할 수 있었다.

1921년 3월 체임벌린 재무장관은 "이 시점에서 가장 시급한 문제로, 이번 금리 인하가 실업보다 중요하냐."는 질문을 받자, "금리 결정은 전적으로 정부 활동의 영역 밖에 있다."라고 받아쳤다.[193] 2년 후 비슷한 논쟁이 벌어지자 재무부 재정 보좌관 윌리엄 조인슨-힉스William Joynson-Hicks는 노골적으로 "우리 나라의 전통과 브뤼셀 및 제노바 회의 전문가들의 만장일치 결의에 따라 금리 결정권은 정부가 아닌 중앙은행에 있다."라고 말했다.[194] 1925년 3월 처칠 재무장관도 '비정치적' 디플레이션 정책을 일종의 도의적 관례a matter of etiquette로 존중해야 한다고 말했다. 그러고는 "영란은행의 어떤 결정에든 재무장관이 찬반을 표명하는 선례를 남긴다면 주제넘은 행동이 될 것 같다."라고 덧붙였다.[195]

그의 메시지는 분명했으니, 바로 기술관료제에서는 정치적 비판이 통할 여지가 없다는 것이었다. 니마이어와 블래킷은 이러한 긴축 이데올로기를 유럽 밖에까지 널리 전파하고자 더 많은 노력을 기울였다. 블래킷은 1935년 인도에 독립적인 중앙은행을 설립하는 데 성공했고, 니마이어는 자신의 청사진에 따라 1931년 브라질과 1935년 아르헨티나 정부가 중앙은행을 설립하게 설득하는 성과를 거두었다.

니마이어는 브라질 정부에 기술관료제를 설득하기 위해 작성한 문서에서 그동안 자신이 으레 써오던 논리를 적용했다. 그는 독립적인 기술관료 기관을 설립하지 않으면 "건전한 통화 체제를 고민하기보다 조만간 정부의 정치 상황과 재정적 비상사태에 좌우되기 쉽다. (⋯) 과도한 화폐 발행, 인플레이션, 통화가치 하락의 위험이 늘 도사리고 있을 것"이라고 경고했다.[196] 이 커다란 재앙을 피할 해결책은 당연히 뻔했다. 중앙은행은 어떤 정치적 대표와도 무관하게 민간인이 운영하는 '철저한 민간 상업 기관'[197]이어야 했다. 영국에서 시작된 기술관료제의 반격은 이 무렵 전 세계로 뻗어 나갔다.

전문가 중심의 기술관료주의에는 전문지식으로 무장한 우월 의식이 기본으로 깔려 있다. 이런 의미에서 전문가는 때 묻지 않은 객관적 지식을 바탕으로 신용을 적절히 안정화하고 시장경제를 운영하는 방법을 탐색하고자 했다. 그리고 우리가 앞서 살펴봤듯, 그들의 지식으로 탄생한 긴축의 모토는 더 많이 생산하고 더 적게 소비하라는 것이었다. 따라서 긴축은 반민주적 계획인 동시에, 본질상 억압적 계획이기도 했다. 긴축은 사람들에게 잠자코 희생하라고 강요했다.

결론

이 장에서는 민주주의가 전례 없이 요구되던 시대에 어떻게 긴축이 반민주적이고 본질상 억압적인 계획으로 등장했는지를 탐구했다. 대안 체제를 요구하는 목소리가 힘을 얻어가고 시민들이 더 이상 빠듯한 검약으로 희생하고 싶어 하지 않는 시기에, 전문가들은 경제 안정을 이유로 호트리식 경제 이론을 처방해 사람들에게 더 큰 희생을 부과했다.

생산량을 늘리고 경쟁력을 높이려면 (내수 축소와 물가 하락을 위한) 소비 감소와 (비용 절감을 위한) 임금 삭감의 두 가지 희생이 필요했다. 이것이 바로 '장기적 공익을 위한 비결'이었다.

이를 위한 첫 단계는 경제의 비정치화, 즉 임금이 정치적 논쟁의 대상이 되지 않고 다시 인격 없는 시장의 힘으로 움직이게끔 모든 형태의 국가 규제를 폐지하는 것이었다. 자세히 살펴보면, 전문가들이 균형예산과 인플레이션 억제에 집착하는 이유에는 더 '깊은' 목표가 숨어 있음을 알 수 있다. 즉 (우리가 익히 아는) 사유재산과 임금 관계의 기둥에 기초하여 자본주의 생산관계를 절대적으로 재구축하는 것이다.

실제로 재무부와 영란은행은 인플레이션이 진정된 후에도 고금리 정책을 멈추지 않았다. 더욱이 영국은 1920년 흑자 예산을 달성한 후에도 졸라맨 허리띠를 풀지 않았다. 긴축으로 인한 경기 침체와 실업은 경제적 실책이 아니라, 폭발 직전의 노동계급을 차분히 가라앉히는 강력한 수단이었다. 이로써 재건주의 계획을 해체하고 채권자 계급으로 자원을 이전하는 길을 닦았다.

물론 영국 전문가들은 중립적이지 않은 계급에 긴축이 미치는 영향을 알고 있었다. 1920년 영란은행의 한 문건에는 다음과 같이 적혀 있다. "신용 팽창을 억제하면 예상되는 디플레이션은 분명 사회 일부 계층에게 고통스럽겠지만 피할 수 없는 과정이다."[198] 이들 전문가만이 표현할 수 있는 이런 문장은 '피할 수 없는', '자연스러운' 경제 진리라는 사고를 통해 긴축이 계급 억압을 정상화하는 수단이었음을 보여준다.

하지만 시위는 쉽게 가라앉지 않았다. 희생을 사람들의 일상에 정착시키려면 경제를 비정치화해야 했다. 그래야 경제정책이 어떤 형태로든 대중의 감시로부터의 멀어질 수 있을 터였다. 이상적인 것은 '정치적 간섭 없이 전문가의 지도'에 따라 돌아가는 경제였다.[199] 호트리식 경제학은 시장경제의 통화 관리(즉 '긴축' 관리) 개념을 강화하고 이 관리 임무를 기술관료에게 맡기는 데 크게 공헌했다. 호트리는 민간 기관으로서 영란은행이 '설명, 후회, 사과'할 필요 없이 긴축정책을 시행할 '자유'가 있다고 말했다. 이 점에서 경제의 비정치화라는 기술관료들의 사명만큼 정치적인 것은 없었다는 것을 알 수 있다.

영국 사례가 아무리 과감했더라도 이탈리아의 긴축에는 비할 바가 아니었다. 이탈리아의 긴축은 파시즘과 결합해 정치적·억압적 특성에서 단연한 수 위였다.

07 이탈리아의 긴축 이야기

> 이탈리아 국내 정책의 방향을 요약하자면 검약, 근면, 규율이다. 재정문제는 매우 중요하다. 가능한 한 빨리 균형예산을 달성해야 한다. 따라서 긴축 정권 Austerity regime[1]을 확립하고, 능력껏 지출을 줄이고, 국가의 생산력을 향상하고, 모든 전시 통제와 국가 간섭을 끝내야 한다.
>
> ― 베니토 무솔리니, 1922년 11월 16일 의회에서의 첫 연설[2]

파시스트 부대가 좌파 반대자들을 맹공격한 지 몇 달 후, 베니토 무솔리니는 1922년 10월 29일에 정식으로 정권을 장악했다.[3] 무솔리니의 악명 높은 로마 행진은 쿠데타라기보다 자신의 힘을 과시하는 의식이었다. 이 파시스트 지도자는 전후 정치 위기를 해결하라는 비토리오 에마누엘레 3세의 부름을 받았다. 그리고 그는 분부대로 실행에 옮겼다.

신임 총리 무솔리니는 첫 연설에서 긴축의 언어인 '검약, 근면, 규율'을 언급하며 모든 '국가 간섭'을 끝내고 경제를 정치와 분리하겠다고 약속했다.

무솔리니는 약속을 이행했다. 1922년~1925년 재정 및 산업 긴축에 이어 1926년~1928년 산업 긴축의 연장과 통화 긴축으로, 힘들게 이룬 사회 개혁과 노동자의 열망을 갈아엎었다. 이 정책은 자본 축적의 두 기본 기둥을 재건한다는 공통 목표를 정립하는 데 도움이 되었다. 파시스트 정권만큼 '산업의 평화' 보장에 전심전력을 기울인 정부는 없었다. 새 정권이 들어선 지 1년 후 재무부 장관 알베르토 데 스테파니는 노동계급의 패배를 축하하며 이렇게 말했다. "1920년~1921년에 파업으로 손실된 근무 일수는 820만 1,000일이었고, 1921년~1922년에는 733만 6,000일이었다. 반면 1922년 11월 1일부터 1923년 10월 31일까지는 24만 7,000일에 불과해 2년 만에 97% 감소했다. 기업 이윤과 정부 세수입이 증가하고 있다."[4]

긴축이 빨리 성과를 내려면 국가주의 정신을 강력하게 주입할 수 있는 하향식 파시즘 정부가 적격이었다. 역으로 파시즘도 통치자의 지배를 확고히 할 수단으로 긴축이 필요했다. 실제로 무솔리니를 국가의 공식 독재자로 지정한 1925년~1926년의 극極파시스트 법Leggi Fascistissime 이후에도 국내외 자유주의 세력이 무솔리니 정부를 지지한 것은 긴축정책 때문이었다. 이탈리아,[5] 영국, 미국의 자유주의 전문가는 중앙에서 '전권'을 획득한 독재자가 여러 방면에 분포한 '적'들로부터 이탈리아 자본주의를 보호하는 가장 효과적인 수단이라는 점을 재빨리 간파했다. 8장에서는 파시스트 긴축이 외국에서도 호응을 얻은 원인을 탐구하고, 그 전에 이 장에서는 기존의 정통 문헌에서 다루지 못한 이탈리아 자유주의와 독재주의 간의 긴밀한 상관관계를 파헤치고자 한다.

이탈리아 긴축을 가능하게 한 조력자들은 이탈리아에서 가장 명성 높은 경제학자이자 새롭게 부상하던 순수경제학 패러다임의 옹호자들이었다. 그들은 오늘날 주류 경제학의 근간인 신고전학파의 선도자였다. 그중 알베르토 데 스테파니와 마페오 판탈레오니는 파시스트로 유명했다. 나머지 두 명인 움베르토 리치와 루이지 에이나우디는 자칭 자유주의자였다.[6] 서로에게서 중요한 공통점을 찾은 그들은 긴축의 한배를 탔다. 그리고 둘 다 긴축에서 아주 쓸 만한 기능을 발견했다. 바로 자본주의 체제를 상징하는 동시에 강화하는 수단이라는 점이다.

이 경제학자들이 촉진한 긴축 (및 그에 따른 파시즘 지지)은 중요한 질문을 남긴다. 순수경제학 원칙은 그들이 긴축정책에 동기를 부여받고, 이탈리아 계급 전쟁에 정치적으로 가담하는 데 얼마나 영향을 미쳤을까? 또한 순수경제학은 참으로 순수했을까? 아니면 순수경제학의 저변에 심오한 계급주의 성향이 내재했던 것일까? 확실히 대답하기 어렵다면, 이들 경제학자 네 명의 생각과 행보를 살펴보면 단서가 될 통찰력을 얻을 것이다.

그렇다고 오늘날 주류 경제학의 지적 토대가 된 순수경제학이 1920년대 파시스트 경제정책을 유일하게 견인했다는 뜻은 아니다. 분명 국가주의와 금융업의 이해관계도 원흉이긴 했다. 하지만 이 둘은 이미 연구 주제로 광범위하게 논의되어왔다.[7] 반면에 이 장에서 탐구할 긴축과 경제 전문가의 관계는 완전히 외면받거나 간과되었다. 아마도 이 주제들은 현대 경제학의 억압적 특성을 폭로할 뇌관과도 같아서가 아닐까 싶다.

또한 긴축을 잘 들여다보면 이탈리아 파시즘과 그 경제적 목표를 역사적으로 재평가할 새로운 관점을 얻을 수 있다. 실제로 전통 역사학에서는 초기의 자유방임 시대(1922~1925)와 뒤따른 협동조합주의 시대(대개 사실상 파시즘을 가리킨다고 알려짐) 사이를 엄격히 구분하지만, 이 책에서는 두 시기가 연결되었다고 주장하고자 한다. 그 연결고리는 긴축이다. 역사책에서는 어떻게 기록하든, 긴축은 항상 자유방임주의를 훨씬 뛰어넘는 의미가 있었다. 그것은 자본주의 위기에 맞선 국가의 적극적 개입을 상징했다.

무솔리니의 경제 정책

새 내각이 구성되고 불과 한 달 후인 1922년 12월 3일, 무솔리니는 조세 제도와 행정을 개혁하기 위해 스스로 전권을 부여하는 칙령을 발표했다.[8] 이렇게 이른바 전권의 시대가 시작되었다. 이는 이탈리아 경제 전문가들이 자국민에게 긴축 조치를 얼마든지 강요할 수 있는 발판이 되었다.

알베르토 데 스테파니, 마페오 판탈레오니, 옴베르토 리치, 루이지 에이나우디는 명문 대학의 교수직을 거쳐간 성공한 경제학자였다.[9] 네 명 모두 이탈리아에서 가장 권위 있는 연구 기관인 린체이 아카데미Accademia dei Lincei의 회원이기도 했다. 그리고 국내외 학술 토론에 열심히 참여했을 뿐 아니라, 사회문제에도 깊이 관여했다. 그들은 정책 토론에 자주 참여하고 국내외 신문에 기고했다.[10] 그러나 실제 정책 '결정'에 참여한 정도는 저마다 달랐다.

근엄한 외모의 알베르토 데 스테파니는 파시스트 정권의 경제 입법을 주도했다. 폭풍 같던 파시즘 운동이 한바탕 지나가고, 1921년 42세의 데 스테파니는 파시스트당 소속으로 국회의원이 되었다. 그가 선거 정치에 뛰어들었다는 사실이 파시즘에 대한 그의 강한 의지를 입증했다. 그는 자유당원과 국가주의자들이 결성한 '국민 연합National Bloc'의 일원이기보다는 오로지 파시스트로서 자신의 정체성이 규정되길 원했고 실제로 그렇게 여겨졌다. 1921년에는 자신의 고향 비첸차를 대표해 유일한 파시스트당 의원으로 선출되었다.[11] 그때부터 정치 경력에서 쭉쭉 출세 가도를 달렸다. 로마 행진 이틀 후, 왕은 무솔리니에게 신정부를 세울 것을 촉구했다. 무솔리니는 재정부 장관으로 데 스테파니를 임명했고, 재정부는 곧 재무부와 통합되었다.[12] 데 스테파니는 1925년 6월까지 장관직을 유지했고,[13] "세상에 공짜는 없다. 세출을 천억 아끼는 게 곧 세입을 천억 늘리는 길이다."라는 자신의 신조를 끝없이 되뇌며 전례 없이 빡빡한 긴축을 추진했다.[14] 이탈리아 국가와 경제가 새로운 정체성으로 맹렬하게 무장하기 시작한 이 시기, 데 스테파니의 가장 가까운 기술 고문은 그가 가장 존경하는 동료 두 명이었다. 그의 주요 멘토인 판탈레오니 그리고 학자로서의 경력을 인도하고 지지해준 리치였다.

순수경제학파의 창시자인 판탈레오니는 단언컨대 당시 이탈리아 출신 경제학자 중 제일 명성이 높았다.[15] 그의 평판은 전 세계로 퍼졌고, 1889년 고전인 《순수경제학 원리Principi di economia pura》는 1898년에 영어로 번역 출간되었다. 판탈레오니는 윌리엄 스탠리 제번스William Stanley Jevons, 헤르만 하인리히 고센Hermann Heinrich Gossen, 알프레드 마샬Alfred Marshall, 레옹 발라Léon Walras 등 유명한 신고전학파 창시자들과 어깨를 나란히 하며 주목을 받았다. 판탈레오니의 《순수경제학 원리》는 이탈리아 경제 연구 방법론이 더욱 발전하는 전환점으로 작용해 현대 표준 경제이론의 길을 닦았고,[16] 여러 세대에 걸친 후배 경제학자들에게 영향을 끼쳤다(그중에는 경제학을 철학의 영역에서 수학의 영역으로 확장하는 데 공헌한 박학다식한 경제학자 빌프레도 파레토Vilfredo Pareto도[17] 있었다. 두 사람은 친구이자 협력자가 되었다). 5장에서 살펴봤듯, 판탈레오니는 매파적 성향으로 정평이 난 덕에 1920년 브뤼셀 재정회의의 고문 중 한 명으로 선정되었다.

판탈레오니의 정치 경력도 역시나 범상치 않았다. 1900년대 초 국회의원이자 집념의 국가주의자였던 그는 1919년 3월 시작된 파시스트 운동에 호기롭게 가담했다.[18] 1920년에는 영토수복주의자irredentist들이 점령한 크로아티아 피우메에서 지도자 가브리엘레 다눈치오Gabriele D'Annunzio와 합류해, 그곳에서 잠시 재무부를 지휘했다. 1923년 파시스트 정부는 그의 업적을 높이 사고 상원 의원직을 부여했다. 이때 데 스테파니와 판탈레오니의 협력이 더욱 굳건해졌다. 리치는 전심전력으로 긴축정책을 추진하던 두 사람을 이렇게 설명했다. "판탈레오니는 나무랄 데 없고 용감무쌍한 시민이 었다. 또한 여러 전투에서 승승장구하는 바람에, 그에게 원한을 품는 적들 이 양산되기도 했다. (…) 나는 판탈레오니가 위원장을 지낸 공공지출 삭감 위원회를 포함해 여러 위원회에서 운 좋게도 그와 함께 일할 기회를 얻었 다. 그는 밤낮없이 열심히 일했다."[19] 판탈레오니의 정치적 영향력과 대외 에서의 학문적 명성은 그가 사망한 1924년 절정에 이르렀다.

안경을 쓴 리치는 네 사람 중 가장 열성적인 자유주의자이면서도 파시즘 경제정책의 부상에 결정적 역할을 했다. 1923년에 무솔리니는 교육부 장 관 조반니 젠틸레Giovanni Gentile에게 편지를 보내 아직 젊은 리치로 하여금 교 수직을 그만두고 정부에서 전임으로 근무할 수 있게 요청했다. 1925년 재 무부의 한 문건은 당시 리치의 활발했던 활동 이력을 요약했다.

판탈레오니의 뒤를 이어 로마 라 사피엔차 대학교 정치경제학 학과장이 된 움베 르토 리치는 1923년 6월부터 1925년 2월까지 재무장관의 권한을 대행하기도 했다. 이 기간 리치 교수는 비교적 중요도가 덜한 일부 위원회에서 재무장관을 대신해 활동했다. 그 내역에는 1) 중앙 인구조사 위원회 위원 2) 예산 개혁 및 공 공지출 삭감 위원회 위원 3) 재무부 기술 조직 조사위원회 위원 및 위원장 등이 있다. 또한 리치 교수는 a) 철도 공사 b) 국립 보험 연구소의 이사였다.[20]

리치는 결단력 있게 행동했다. 앞으로 살펴보겠지만, 국영 철도 공사는 지출 삭감의 타격을 가장 크게 받은 기관 중 하나였고, 국립 보험 연구소 도 파시스트 정권에서 민영화되었다. 그러나 결과론적으로 리치는 파시즘 이 흡족할 만한 수준 이상으로 긴축을 몰아붙였다. 1925년 2월에는 긴축을 엄격히 옹호한다는 명목으로 정부 활동을 그만두었다. 사실 리치를 정부와 멀어지게 만든 논쟁은 정치적 자유의 침해와는 별 관련 없었고 오로지 '경제적 자유', 즉 시장의 자유 침해와 관련이 있었다. 이 균열은 1928년에 더욱 커져, 리치는 이탈리아에서 교수직도 잃었다.[21] 46세에 그는 이집트 카이로로 이주해 학자로서 경력을 이어갔고, 그곳에서 정부 고문으로도 활동했다. 1941년 한 책에 실린 그의 이력에 따르면 그가 이집트 재정 위원회의 위원이었고, 반향을 일으킨 연설을 했으며, 이집트의 주요 신문에 "이집트 여론에 중앙은행을 창설하도록 설득했다."는 내용의 기사가 실린 적 있다고 나와 있다.[22] 그의 임무는 그곳에 이탈리아와 영국의 긴축 체제를 옮겨 심어, '독립적인 재정 감독 기관'을 세우는 것이었다.[23]

4인방 중 마지막 인물은 1919년부터 이탈리아 상원으로 활동했고 무솔리니 정부 초기의 재무장관 후보 중 한 명이었던 명망 있는 자유주의 경제학자 루이지 에이나우디다. 그의 제안이 실현된 적도 없고 파시스트 정권에서 자리 하나 차지한 적도 없지만, 에이나우디는 국내외에서 파시즘 긴축의 공감대가 형성되는 데 중요한 역할을 했다. 1924년 사회주의 정치인 자코모 마테오티Giacomo Matteotti가 살해된 후[24] 정치적으로는 파시즘에 반대했다. 그러나 자유주의 신문 〈코리에레 델라 세라〉에서 활동한 이력과 특히 〈이코노미스트〉의 통신원으로서 저술한 수많은 기사를 보건대, 그가 1920년대 전반 내내 파시즘 경제정책을 열렬히 지지했다는 사실은 부인할 수 없다.[25]

제2차 세계대전으로 파시즘이 몰락한 후, 에이나우디는 1946년 이탈리아 제헌 의회에서 자유당 대표 중 한 명이 되었고, 1948년~1955년에는 이탈리아 최초의 선출직 대통령을 지냈다. 이런 직책들을 거치며 그는 독재 정권의 부상을 지지했던 지배층과 새로운 민주 공화국 사이의 제도적 연속성을 암묵적으로 상징하는 인물이 됐다. 그는 오늘날까지도 이탈리아에서 가장 존경받는 공인 중 한 명이다. 전국에 그의 이름을 딴 대학, 거리, 문화 재단이 있다. 에이나우디는 토리노대학교 외에 보코니대학교에서도 교수직을 맡아, 이곳이 신고전학파의 전통적 중심지로 요새화되는 데 일조했다. 오늘날에도 보코니대학교는 영향력 있는 긴축 매파들의 본거지로 남아 있다. 예컨대 이 대학의 오랜 총장이었던 경제학자 마리오 몬티Mario Monti는 2011년부터 2013년까지 이탈리아의 비선출 총리로서 '피땀 쏙 빼는' 긴축 개혁을 주도했다. 또한 프란체스코 자바치Francesco Giavazzi도 있다. 그는 2022년 마리오 드라기Mario Draghi 총리의 비선출직 기술관료 정부에서 경제 고문이었고, 그의 유명한 동료 알베르토 알레시나Alberto Alesina 등 이른바 '보코니 동문들Bocconi boys'과 함께 2009년 금융 위기 이후 경제 및 재정 문제 협의회the Economic and Financial Affairs Council(유럽연합 전체 회원국의 재무장관으로 구성됨)를 비롯해 ECB(유럽중앙은행), IMF 등 유럽 및 국제기구에 긴축 처방을 내렸다.[26]

에이나우디와 파시즘의 관계는 에이나우디가 파시스트 정부의 긴축정책을 꾸준히 지지한 사실에서도 알 수 있지만, 현대 역사와 서사에서 잊힌 것까지는 아니어도 경시되어왔다. 그러나 이 둘의 관계는 이 책에서 제기하는 중심 주제 중 하나다. 이탈리아에서 가장 골수 자유주의 홍보대사로 알려진 리치와 에이나우디에게는 위기의 전후기에 무엇보다 시급한 임무가 생겼다. 붕괴가 임박한 시장경제를 보호하기 위해 긴축을 시행해야 했다. 긴축은 정치 탄압과 함께 1920년대 파시스트 정책의 쌍두마차였다. 리치와 에이나우디는 파시스트 정부에 충성을 서약할 필요가 없었다. 파시즘과 자유주의는 긴축이라는 하나의 강압적 목표 아래 함께 얽혀 있었기 때문이다.

이 네 사람의 경제관에 주목하면 두 파시스트와 두 자유주의자 간의 이념적 차이는 무색해진다. 동시대인들은 이러한 연관성을 알고 있었던 듯하다. 1921년 데 스테파니 본인은 파시스트 신문 〈포폴로 디탈리아〉에 이렇게 주장했다.

빌프레도 파레토, 마페오 판탈레오니, 움베르토 리치, 루이지 에이나우디를 파시스트 당원으로 맞아들이고 싶다. 파시스트가 알아야 할 필수 지침은 바로 이들의 업적에서 얻을 수 있다. 그들의 연구 업적을 파시스트들이 공부한다면, 다 함께 지적 사고로 무장해 지적 행동을 실천하는 데 도움이 될 것이다.[27]

취임 후 데 스테파니는 〈포폴로 디탈리아〉를 통해 자신의 '걸출한 친구' 루이지 에이나우디에게 보낸 공개서한에서 자신의 견해를 재입증했다.

용감한 청년 동지들이 파시스트 사고방식을 사회·경제·재정 문제 같은 전문 분야에서도 발전시킬 방법을 묻는다면, 비록 투사도 아니고 파시스트 당원도 아니지만 이탈리아의 위대한 파시스트인 다음 네 명을 소개하고 싶다. 빌프레도 파레토, 마페오 판탈레오니, 움베르토 리치 그리고 '마지막으로 언급하지만 역시 중요한 인물' 루이지 에이나우디가 있다. 에이나우디가 〈코리에레 델라 세라〉에 파시즘을 선전하는 칼럼을 싣더라도, 나는 동지들에게 용서해달라고 간청하고 싶다.[28]

이들은 잘못된 만남이었을까? 아니면 그저 정치적 기회주의자들이었을까? 대중의 해석과 논평에서는 대개 '그렇다'고 답한다. 하지만 이 장의 나머지 부분에서는 이 너그러운 평가가 잘못된 이유 그리고 세간의 평가와 다르게 데 스테파니의 설명으로 알 수 있는, 긴축에 진심이었던 네 학자들의 의지를 탐구한다. 이는 그들의 행보와 언론 및 학술활동에서 분명히 드러난다.[29] 실제로 그들의 사례는 (대개 학자들이 별개로 평가하는 두 영역인) 정치활동과 학술활동이 심오하게 맞물려 있다. 이 네 학자를 홍보대사 삼아 긴축은 경제이론을 널리 전달할 유용한 수단을 찾았다. 실제로 덜 소비하고 더 생산하라는 긴축의 두 모토는 노동계급의 종속을 전제로 도덕적이고 이상적인 자본주의 모델을 시행하고 '현실화'하려는 이 경제학자들의 의지로 추진되었다.

'순수경제학'과 네 명의 경제학자

알베르토 데 스테파니, 마페오 판탈레오니, 움베르토 리치, 루이지 에이나우디는 자본 축적을 사회의 최우선 목표로 되돌리려는 과정에서 두 가지의 전투를 치렀다.

첫 번째 전투는 이미 세기의 전환기에 학계에서 시작되었다. 네 사람은 스위스에 거주하던 동료 파레토와 힘을 합쳐 이탈리아 경제사상의 역사적 전통을 뒤집는 기나긴 캠페인을 벌였고 또 성과를 거뒀다. 그들은 "모든 잘못된 학파에 맞서 정의를 실현하고 순수경제학의 최고 권위성을 선포"하기 위해 행동에 나섰다.[30] 이를 위해 판탈레오니가 1910년 이탈리아에서 가장 영향력 있는 경제 학술지인 〈경제학 저널Il Giornale degli Economisti〉을 매수하고 운영한 것은 새로운 경제학 패러다임의 헤게모니를 구축하기 위한 중요한 단계였다.

동시에 네 사람은 '잘못된 방향'으로 가는 여론을 바로잡기 위해 분투했다. 전쟁이 끝나자 이 두 번째 전투가 더 중요해졌다. 제1차 세계대전 이후 그들로서는 도무지 상상할 수 없었던 일이 닥쳤다. 순수경제학 규범의 전제 조건인 자본주의 가치와 자본주의 사회관계를 전 사회 구성원의 공격으로부터 지켜내야 했다.

리치는 경제학자들이 대중의 공격을 방어하려는 노력을 "기차는 달까지 갈 수 없다는 사실을 대중에 이해시키려고 애쓰고 있다."라고 설명했다. 경제학자들은 대중이 경제 진리를 교육받지 못해서 자신의 이익에 반하는 행동을 한다고 주장했다. 애석하게도 이 경제 진리는 전문가들이 아주 고상한 자기들만의 용어로 바꿔놓았기 때문에 대중은 물론 의원들까지 모든 비전문가가 '더 이상 쉽게 이해할 수' 없게 되었다. 경제의 균형과 발전을 위해 인류에게 올바른 경제 행위를 가르쳐야 할 고된 임무를 맡은 전문가들에게 후광을 안겨준 것은 다름 아닌 순수경제학의 카리스마였다. 리치가 설명했듯이 경제학자란 전체의 이익을 위해 사심 없이 행동하는 사람들이었다. 그는 이 대장정을 통해 "전체의 이익을 위해 한 개인, 집단, 계급으로서 자신의 이익"을 희생했다.[31] 판탈레오니가 생각하기에 이 교훈적 임무는 워낙 '힘든 거사'였으므로 '많은 노력, 남다른 열정, 시민의 꿋꿋한 용기, 섬세한 통찰력'이 필요했고, 거기에 '재정적으로 독립된 주류' 신문과 연줄이 닿을 수 있어야 했다.[32]

리치는 이 문제에 관해 두 차례 중요한 연설을 했다. 그중 1921~1922학년도 피사대학교 개강식에서 했던 연설의 제목은 '정치경제학의 쇠퇴'였다. 1922년 1월 볼로냐대학교에서 발표한 또 다른 연설의 제목은 '인기 없는 정치경제학'이었다. 두 연설에서 그는 무지하고 기회주의적인 대중이 경제학자를 싫어하고 공공의 적으로 여긴다고 시인했다.[33] 그는 대중의 경멸을 분노로 바꿔 해석했다. 결국 경제학자들은 사회가 그 자체의 나태로 자멸하지 않도록 막아야 할 존재였다. "보편적 조세 원칙, 쓸모없는 정부 부처 폐쇄, 잉여 직원 해고, 공공사업 포기를 주장하는 경제학자는 확실히 친구 사귀기에는 소질이 없다."[34]

그래도 리치는 경제학자가 결코 낙담해서는 안 된다고 충고했다. 경제학자는 인류 가운데 가장 순수한 세력이기 때문이다.

경제학자의 말을 누구나 귀담아듣는 것도 아니고, 경제학자가 자신의 임무를 완수했을 때 반드시 기분 좋은 결과만 뒤따르는 것도 아니다. 그러나 가끔 자신의 말이 공허한 외침일 뿐이라는 슬픔에 사로잡히더라도, 언젠가는 그 누구도 빼앗을 수 없는 '보상이 찾아올 것'이다. 경제학자가 상아탑을 한 계단씩 오르며 서서히 편견과 이해관계를 벗어던질 때마다, 그의 비전은 더욱 다듬어지고 지평은 넓어진다. 마침내 상아탑의 정상에 다다랐을 때 그는 '진리에서 통일성을, 무질서에서 질서'를 발견하게 된다. (…) 그리고 기업, 집단, 계급, 국가 간의 거래에서 천체 역학에 비견할 '엄격하고 우아한 법칙'이 도출되는 장관을 보노라면 더욱 경이를 느끼게 된다. 이 아름다운 가능성이 경제학자가 누릴 수 있는 최고의 보상이다.[35]

이탈리아 긴축을 대표하는 네 경제학자 모두 자화자찬 경향은 말할 것도 없고, 지식인으로서 엘리트 의식도 다들 한결같았다. 리치는 종교적 은유를 들어 '신성한 학문'인 경제학을 '고찰'하는 일은 '소수의 특권'이며, 이것이 "속세의 민중에게는 그다지 아름답고 진실하며 좋게 보이지만은 않는다."라고 말해 일련의 거만함을 표출했다.[36]

이렇게 순수경제학에는 실증주의가 스며들어 있다(이는 오늘날의 신고전학파 이론까지 지속되고 있기에 현재 시제를 사용했다). 시간이 지날수록 순수경제학은 다른 자연과학 부럽지 않은 엄격성과 지적 정당성을 자랑하는 학문으로 거듭났다. 리치는 회심의 한마디를 남겼다. "경제학자에게 있어서 사회주의자와 보호무역주의자는 천문학자에게 점성술사, 화학자에게 연금술사, 의사에게 주술사와 같다."[37] 데 스테파니와 리치는 스승인 판탈레오니에게 경의를 표했다. 판탈레오니를 '불타는 검을 든 대천사'로 칭송한 그들은 모든 역사주의에 맞서 싸우며 이렇게 주장했다. "경제학에는 개인 의견은 물론 윤리, 정치, 종교적 편견과도 무관한 이론적 핵심 법칙이 존재한다. 이 점에서 물리학이나 수학과 비슷하다. (…) 이것이 바로 '순수경제학'이다."[38]

1923년 데 스테파니는 서점에서 판탈레오니의 《순수경제학 원리》와 파레토의 《경제학 강의Cours d'economie》를 읽고 처음으로 순수경제학을 접한 기뿜을 이렇게 회상했다. "나는 우리 경제 질서의 유익과 유해, 쾌락과 고통, 그 외 가장 복잡한 세상만사를 미적분으로 풀어내고 그래프로 분석하는 방식에 매료되었다. (…) 균형은 방정식을 풀어내는 숫자와 곡선 그래프의 교차점에서 생성되었다. 이러한 공식적 진리에서 인간의 정신은 평온을 찾았다."[39] 경제학자들은 호소력 있는 고도의 화술을 동원해 사회의 경제 영역과 정치 영역을 분리함으로써 순수경제학의 객관성을 만천하에 알렸다. 그들은 경계선을 확실히 그었다. "경제는 초월적 개념으로, 사회정치 영역의 다른 요소와 분리된 추상적 시스템이다." 이런 식으로 순수경제학자들은 사유재산권이나 계급관계의 기원 같은 역사적 문제를 외면했다. 이런 문제들은 자연스럽게 주어진 것이어서 경제학의 영역 밖에 있다고 여겨졌다.[40] 경제학자들이 주장하는 경제학의 객관성은 계량적 접근법으로 더욱 힘을 얻는다. 숫자는 거짓말을 하지 않는데, 어떻게 경제학이 거짓일 수 있겠는가?[41]

순수경제학은 플라톤식 사회 탐구를 지향했다. 플라톤의 사상이 현상의 참된 본질과 관련되었듯, 경제사상도 현실 자체보다 '더 현실적'이었다. 경제사상은 진리의 모델이자 현실의 축소판이었다. 자칭 경제학의 '순수함'은 현실 세계와 유리되었다는 의미가 아니었다. 오히려 경제학에는 명백하고 현실적인 최종 목표가 있었다. 플라톤의 철학자처럼 경제학자도 동굴로 돌아가 무지한 사람들을 구출해 계몽해야 했다. 네 명의 경제학자는 현실 세계의 불순한 요소를 제거해, 현실을 순수한 수학 모델에 맞추겠다는 야심을 품었다.

리치는 정책 결정의 전제 조건으로 경제이론을 중심으로 삼아야 한다는 판탈레오니의《순수경제학 원리》중 유명한 구절을 요약했다.

우선 순수경제학을 정독하고, 그다음에 순수 이론인 응용경제학을 익혀야 한다.

그러고 나서야 구체적인 경제문제, 즉 일상의 현실에서 마주하는 특정한 경제문제를 상황별로 해결할 수 있다.[42]

좀 더 명확히 말하자면, 모형과 법칙은 실용적인 경제 지식을 제공했을 뿐 아니라 사람들에게 순종을 요구하는 역할도 했다. 리치는 "훌륭한 정치경제학 이론가라면 이론을 구상하는 일이 단지 지식인이 누리는 호사가 아니라, 순수하게 사건을 설명하고 예측하며 '인간을 길들이는' 필수 과정으로 받아들여지기를 바랄 것이다."라고 말했다.[43] 실제로 전쟁이 끝난 후 길들여야 했던 대상은 대다수 시민이었다. 그들은 만물의 이치에 반발했기 때문이다.

이 네 경제학자의 모형 속 사회에서는 노동이 아닌 자본이 경제를 움직이는 원동력이었다.

도덕적인 저축자와 무절제한 노동자

1920년에 루이지 에이나우디는 자유주의 성향 신문 〈코리에레 델라 세라〉에 마르크스주의 경제학자와 그들이 주장하는 노동 가치설이 어이없다는 투의 논평을 썼다. 그는 비아냥거리듯 질문했다. "왜 자본가는 기계가 자기 것이라는 이유만으로 이윤을 얻어야 하는가? 왜 아무 일도 안 하면서 먹고 사는가? 그의 이윤은 남의 노동을 착취해서 나오는 게 뻔하지 않은가? 이게 그 유명한 마르크스의 《자본론》에 나오는 저속한 궤변이다. (…) 하지만 질문은 해볼 수 있다. 저축자들이 자본을 생성하지 않는다면 생산량은 얼마가 될 것인가? 답은 0이다. 자본이 없으면 노동자는 아무것도 생산하지 못한다."[44]

데 스테파니도 학생들에게 비슷한 방식으로 설명했다. "자본주의는 한 계급이 특정 자본의 생산성으로 생활을 영위하는 현상이며, 이 자본은 노동자의 희생으로 추출하는 게 아니라 재산권과 상속권에서 비롯된다." 그는 구체적으로 자본이 "저축과 절약으로 생성된 결과이며, 실은 노동계급에도 이로운 것"이라고 주장했다.[45]

노동이 자본 형성의 원천이라는 노동 가치설이 한창 노동자의 지지를 얻던 이때, 전국적 유명 인사인 경제학자 4인방은 그와 정반대되는 이론을 지지하고 나섰다. 그들은 실제로 현 체제를 끌고 가는 열쇠를 쥔 사람이 저축자와 투자자라고 설파했다. 이런 식으로 경제학자들은 계급 사회를 순응화했으며, 이 순응화가 불가피하고 궁극적으로는 공정하다고 합리화할 과학적 근거를 제시했다. 그 방법은 부르주아 계급을 호모 에코노미쿠스Homo economicus(이기심에 따라 행동하는 합리적 행위 주체) 개념과 동일시하는 것이었다.[46]

리치의 분석법은 (오늘날 신고전학파 모형에서 여전히 사용되는) 경제적 미덕을 수학적으로 개념화한다는 점에서 더 정밀한 설득력을 발휘했다. 그는 이른바 경제적 금욕을 가상의 비용으로 계산했다. 그때나 지금이나 이 비용은 주관적 할인율로 측정된다. 할인율은 다른 모든 조건이 같을 때 미래 상품보다 현재 상품이 선호된다는 심리적 잣대에 기초한다. 이러한 사고방식에서 보면 도덕적 경제주체는 주관적 할인율이 낮고 저축할 가능성이 더 높다.

예리한 선견지명으로 미래 자신의 만족과 필요를 정확히 예측할 수 있는 사람, 스스로 절제를 실천하는 정력적이고 반듯한 사람, (…) 냉철한 판단력이 몸에 밴 사람은 미래 가치의 주관적 할인율이 낮다. 장기적 관점, 자제력, 자녀 사랑, 검소한 습관 등의 모든 미덕을 갖추고, 여기에 스스로 오래 살 것이라 확신하는 사람

일수록 할인율은 매우 낮다.[47]

실제로 이러한 개인의 미덕이라는 틀에서는 어떤 경제주체라도 호모 에코노미쿠스의 미덕을 실천할 가능성이 있다. 그러나 적어도 리치에 따르면, "인간이 문명 수준을 높이는 방법 중 개인의 금욕이야말로 가장 효과적이면서도 가장 인기 없다."는 것이 현실이었다.[48] 실제로 '극소수의 선택받은 자'만이 자신의 수입에 맞게 생활하는 기질이 있었고, 그 기질을 실천하는 사람조차 드물었다. "사업가는 검소하고, 생각이 깊으며, 셈에 능하다. 그들은 경제학에서 추상적으로 묘사하는 이상적 인간에 가장 가깝고, 다가올 고난에 여자애donnicciuola처럼 징징대지 않는 진짜 남자다."[49] 판탈레오니는 기업가가 다른 사람과 달리 '여자애' 같지 않다는 말에 전적으로 동의했다. 그는 진화론적 용어로 기업가가 합리적이고 자기 이익을 추구하는 미덕을 실천해 종을 보존하는 능력이 있다고 말했다.[50] "호모 에코노미쿠스의 원형을 거의 완벽히 실현하고, 그만큼 이윤을 얻을 모든 기회를 알고 활용하는" 사람이 바로 기업가였다.[51] 판탈레오니와 리치는 이러한 사상을 함께 연구하면서 저축자와 기업가 개념의 차이를 명확히 구분하지 않았다. 그들이 보기에는 두 개념 모두 개인의 효용을 극대화하는 합리적 경제주체였다.

이러한 애매한 핵심 개념은 당시 영국 경제학자들이 교리처럼 떠받들던 세이Say의 법칙과 잘 들어맞는다. 세이의 법칙에 따르면 경제 내에서 모든 저축은 생산적 투자로 전환된다.[52] 판탈레오니는 이 전환이야말로 자본주의 과정의 전부이자, 경제가 진보하기 위한 기초라고 생각했다.[53] 따라서 순수경제학파가 보기에 저축자나 기업가 등 호모 에코노미쿠스가 추구하는 자기 이익은 곧 사회 전체의 이익을 대변한다. 판탈레오니와 그의 동료의 모형에서 시장경제는 모두를 이롭게 했다. 경제 내 자원과 상품의 가격,

수량, 배분에서 최적의 결과를 낳기 때문이다.

따라서 민간의 저축과 자본 축적은 절대 공익과 충돌하지 않는다고 보았다. 오히려 공익이 이러한 개인의 '미덕'에 달려 있었다. 이 원칙은 요즘 표준 경제학 교과서에도 담겨 있다. 오늘날까지 워낙 깊숙이 자리 잡은 나머지, 이 책의 주인공들이 너무 과잉 방어하는 것처럼 보일 정도다.

한편 판탈레오니는 노동계급의 경제적 지위가 곧 그들에게 사회적·경제적 장점이 없다는 사실을 반영한다고 믿었다. "아무리 봐도 저소득층은 다른 계층에 비해 한참 무능력한 게 틀림없다. '따라서 이 무능력deficienza은 그들의 소득이 낮은 원인이지, 소득이 낮은 게 무능력의 원인은 아니다.'"[54] 판탈레오니는 노동계급이 과소비같이 구제 불능의 부도덕한 습관이 있는 데다, 저축자들 덕에 완벽히 돌아가는 경제체제에 기생해 살아간다고 보았다. 저소득층이나 노동계급이 된 것은 본인의 선택이자 병리였다.

판탈레오니가 이탈리아 노동계급을 설명한 방식은 그 시기에 단연 눈에 띄었다. 전쟁 후 명목임금이 오르고 정부가 식료품과 공공재 가격을 통제한 덕에, 이탈리아 노동자는 '분에 넘치는' 부를 얻었다. 판탈레오니는 노동자가 이 돈을 저축하기보다 도덕적·경제적 타락에 빠졌다고 말했다.[55]

노동계급은 기본적으로 모든 돈을 저축이 아닌 쾌락에 써버리며, 그 결과 그들의 도덕성이 현저히 타락하고 있다. (…) 이렇게 된 원인은 처음에는 전쟁기의 급박한 상황이었고, 그다음에는 사회주의와 볼셰비즘의 압력이었다.[56] 지금 이 상황은 자본주의를 좀먹고 저축과 생산량 증대를 방해하기 때문에 언젠가 무너질 수밖에 없다.

이번에는 러시아 혁명의 음흉한 영향을 지적하며 다음과 같이 적나라한 표현으로 주장을 이어갔다.

볼셰비즘 덕분에 이탈리아인의 특징이던 검소한 생활 양식이 사라졌다. 노동자도 농민도 마찬가지다. 온 도시에서 수많은 노동자의 술 취한 광경은 역겨울 정도다. (…) 임금이 현저히 오른다고 교양 수준도 올라가는 것은 아니기에, 노동자와 그들의 배우자는 선술집에서 포도주 마시는 데 수입의 대부분을 탕진하며 돼지처럼 살고 있다.[57]

좀 더 자유주의자로 알려진 에이나우디도 특히 주류 소비에 대해 동의하며 매우 계급주의적 태도를 보여주었다.

이탈리아의 산업 및 상업 노동자 임금이 크게 올랐다는 사실은 잘 알려져 있다. (…) '술, 사탕, 초콜릿, 비스킷 등 불필요한 소비가 현저히 늘었다는 게 그 증거다.'[58]

리치도 쓴소리에 가세했다. "전쟁기와 전후기 경제정책의 가장 큰 수혜자는 대도시 노동자들이었다. 한마디로 저축한 사람은 벌을 받고, 돈을 펑펑 쓴 사람은 보상을 받았다."[59]

이탈리아 긴축을 설계한 경제학자들은 경제 성장의 원동력인 저축에 서투른 노동계급을 못 미더워했고, 어쩌면 경멸하기도 했을 것이다. 순수경제학이 이 경제학자들의 계급주의 사고에 '일차적'으로 영향을 미쳤는지 알 길은 없지만, 적어도 그들의 계급주의 사고를 '강화'했다는 건 확실하다.

물론 이러한 무절제한 노동자들을 교육하려 항상 노력하는 사람도 있었다. 네 명의 경제학자는 모두 희생, 금욕, 검약, 절제를 꾸준히 설교했다. 가장 열정적인 설교자는 단연 에이나우디였고, 전쟁 때부터 이 문제를 심각하게 받아들였다.[60] 〈코리에레 델라 세라〉에서 그의 논설은 인정사정없었다. '절약의 의무The Duty to Save'(1919년 7월 7일), '삶의 열병과 금욕의 필요The

Fever to Live and the Necessity of Renunciations'(1919년 4월 11일) 등이 그 예였다. 특히 '소비는 그만!Don't Buy!'(1920년 6월 19일)의[61] 일부를 발췌하자면 다음과 같다.

> 졸부, 농민, 노동자에게 금욕과 참회를 설득하는 신문 기사를 내보낸다면, 그들이 도덕적이고 사회에 유용한 행동을 하게끔 유도할 수 있을 것이다.[62]

이러한 캠페인은 영국 전시 저축 위원회에서 블래킷과 니마이어가 기울인 노력과 매우 흡사하다. 그러나 이탈리아 경제학자들은 전쟁 후 영국보다 자국의 상황이 완전히 통제 불능이 됐다고 확신했다. 무지한 노동자들이 정말로 경제적으로나 정치적으로나 강성해졌으니 말이다. 오직 강력한 정부만이 자본 축적을 바로잡을 수 있다는 게 확실해졌다. 여기서 무솔리니의 독재가 시작되었다.

격동의 시대에 등장한 파시즘의 긴축

> 볼셰비즘 정권에서는 (⋯) 생산과 저축이 될 리가 만무하다.
>
> ‐ 마페오 판탈레오니[63]

파시스트와 자유주의 경제학자는 경제 전문가로 구성된 정부, 즉 기술관료제의 힘과 장점을 믿는다는 공통점이 있었다. 또 그들은 건전한 경제 원칙을 보장하기 위한 정책이 정치적이어서도 안 되고, 당파적 이익을 추구해서도 안 된다는 생각에 동의했다. 그들에게 이는 그저 불변의 진리였다. 이 진리를 분명히 밝히고 실행에 옮기는 것이 전문가의 역할이자 의무였다.

이러한 기술관료주의 정신은 1927년 데 스테파니가 영국 은행가 협회

English Institute of Bankers 앞에서 연설한 내용에서 잘 드러난다. "우리는 여전히 정부 관행이 '정치적 법칙이 아니라 자연적·인간적 법칙'을 엄격히 준수하는지에 따라 재정 건전성을 판단합니다. 그리고 어떤 나라에서든 사람들이 이 법칙에 '불복종'하면 혹독한 대가를 치러야 합니다."[64]

물론 전쟁이 끝난 후 사람들의 '불복종'은 상상할 수 없을 정도로 극에 달했다. 네 명의 전문가들에게 전후기 정치 상황은 끔찍했고, 경제가 저절로 혹은 고통 없이 구제될 가능성은 없어 보였다. 판탈레오니가 작성한 브뤼셀 회의 문서는 다음과 같이 좌절감이 역력했다.

정부가 간섭을 중단하고 자유로운 민간 활동의 여건을 조성하는 본연의 업무로 돌아갈 가능성은 희박하다. 여론의 지지가 정부를 잘못된 방향으로 이끌기 때문이다. (…)[65]

마찬가지로 리치도 로마대학교에서 열린 공개 강연에서 "도덕적 설교는 별 도움이 안 된다."라고 말했다. 사람들이 덜 소비하고 더 많이 생산하라는 긴축의 두 '구제책'과 완전히 정반대로 행동했기 때문이다. 리치는 이렇게 말을 이었다. "모두가 뻔뻔하리만치 근시안적 태도와 광란의 소비로 자포자기 인생을 살고 있다. (…) 사람들은 파업, 영국식 토요 휴무, 노동시간 단축, 노동 강도의 완화를 원한다."[66]

이 격동의 순간에 엄격한 긴축을 추진하려면 기술관료제 정부가 필요했다. 그러나 그것만으로는 부족했다. 강한 정부도 필요했다. 그리고 여기서 이탈리아 경제학자들이 말한 '강한' 정부란, 정부의 경제적 영향력을 의미하지 않았다. 그들은 시장경제와 시장의 자연법칙을 수호하기 위해 대중에 억압도 마다하지 않을 '법과 질서' 중심의 독재 정부를 마음에 그렸다.[67]

폭력도 용인하는 판탈레오니의 성향은 기록으로 잘 남아 있다.[68] 그는 연설과 대화에서 노동계급 운동에 반대하는 개념으로 '파시스트 몽둥이'를 자주 언급했고, 심지어 내부의 적인 '볼셰비키 지도자들'과 '전멸전guerra di sterminio'을 벌여야 한다는 언급도 했다.[69] 사회주의를 타도하기 위해서는 폭력도 괜찮다는 그의 태도는 종종 유대인을 반자본주의 음모론자로 결부하는 반유대주의적 발언과 나란히 그를 따라다니곤 했다.[70] 마찬가지로 자유주의자 리치조차도 격동의 이탈리아 전후기 동안 억압 정책을 대놓고 옹호했다는 낌새가 다분하다. 인플레이션에 반대하는 대중의 봉기에 대해 리치는 이렇게 논박했다. "반란을, 더 정확하게는 야만스러운 발광을 최소한 일찍이 진압했더라면 좋았을 것이다. 대신 정부는 아무런 공권력도 투입하지 않고 뒷짐 지고 있었다."[71]

에이나우디도 리치처럼 파시즘 정권 이전 전후기의 무력했던 졸리티와 니티 정권을 불평했다. 그는 그동안 이탈리아인이 "낡고, 무능하고, 타협적이고, 무신론적인 정치인들의 전제 정치에 억눌려"왔다고 생각했다.[72] 사회의 적대적 세력에 맞서 이기려면 긴축 조치를 꼼꼼한 점검을 거쳐 시행해야 했다. 행동은 신속하되 무자비해야 했고, 답답한 민주주의 절차는 이 목표에 어울리지 않았다. 반면에 파시스트 운동은 긴축 임무를 수행하기에 적격으로 보였다.

에이나우디의 신문 논설을 통해, 긴축정책과 정치적 억압 사이의 깊은 연관성이 파시스트 경제학자뿐 아니라 자유당 긴축주의자에게도 적용된다는 사실을 알 수 있다.[73] 실제로 그는 〈코리에레 델라 세라〉에서 전국의 정적들을 구타하고 살해하고 고문한[74] 파시스트 부대의 만행을 은근슬쩍 얼버무리고는, '볼셰비키의 폭정과 무지에 결정타를 안겨준' 파시스트에 깊은 감사를 표했다.[75] 에이나우디는 정부와 협력해 자신들의 합헌성을 다시 인정받고 무솔리니의 부상을 막으려 노력한 온건 사회주의자를 공격했다. 그리고 그들이 "군대와 왕실 근위대를 통제하고 이 통제력으로 파시즘과

국가에 대항하려 한다."라고 비난했다.[76]

에이나우디도 비슷한 맥락에서 〈이코노미스트〉에 이렇게 썼다.

최악의 상황이 발생한 지난 9월 그리고 무장한 노동자와 공장의 소비에트 분자들이 공장을 점거했을 때 이탈리아에서는 공산주의 혁명이 임박한 것 같았다. (…) 분노한 중산층 청년, 귀환한 병사와 장교는 '파시Fasci(무리)'를 자처하며 모였다. (…) 공산주의자는 어디서든 그들에게 패했다. (…) 이처럼 우리 나라의 미래에 새로운 희망의 분위기가 감도는 걸 보니, 암울한 교역 상황도 조만간 먹구름이 걷힐 것 같다.[77]

파시즘을 새로운 정치 계급, 즉 '젊고, 정력적이고, 활력과 애국심 넘치는 또 다른 정치 집단'으로[78] 생각한 네 명의 경제학자는 마침내 대중의 의지에 반해 긴축을 밀어붙이기로 결의를 다졌다. 로마 행진이 있던 바로 그날인 1922년 10월 28일, 에이나우디가 제기한 질문은 매우 의미심장하다.

중요한 질문은 신당의 경제 강령이 무엇이냐다. 무솔리니 씨는 경제학자가 아니다. 열정적이고 활력이 넘치는 그는 자신의 당을 미지의 바다로 뛰어들게 할 수 있다. 지금까지 그는 나폴리에서 경제와 관련해 단 한 문장만 언급했다. "이탈리아에는 모든 신규 공공사업 요구를 '거부'할 수 있는 지도자가 필요하다."라고 말이다. 여기까지는 좋다. (…) 민중은 공공지출의 증가를 막고 나아가 유용한 지출까지 줄여야 한다는 진지하고 엄중한 경고를 들은 상태다. (…) 신당은 국가의 어려운 재정 상황을 바로잡을 의지와 힘이 있을까? (…)[79]

이 질문들은 에이나우디가 파시스트 국가를 마음 깊이 지지했다는 점을 고려하면 사실상 말잔치일 뿐이었다. 이 글을 쓰기 며칠 전 에이나우디는

〈코리에레 델라 세라〉에서 1922년 10월 22~24일 파시스트당(PNF)의 나폴리 전당 대회 중 데 스테파니가 발표한 당의 경제 강령을 높이 평가했다. 에이나우디는 데 스테파니의 정통론이 자신의 신조와 정확히 일치한다고 주장했다. 그는 파시스트당을 전적으로 지지한다는 말로 글을 마무리했다. "우리는 적절한 수단을 이용해 정신적, 경제적으로 위대한 조국을 이룩할 정당을 간절히 원한다. 그 일을 잘해낼 정당이 없다면 파시스트당이어도 좋다."[80]

에이나우디가 이른바 전권 위임법안에 열렬히 찬성한 것은 "기존 세금을 줄이든 단순화하든 늘리든 해서, 공공재를 축소하고 철도 및 기타 국영 산업을 민영화하겠다는 공약" 때문이었다. 에이나우디는 이렇게 열변을 토했다. "의회가 행정부에 그렇게 절대적 권한을 넘겨준 건 처음이었다. (…) 의회가 권한을 장기간 포기하니 대중은 박수를 보내며 좋아했다. 이탈리아인들은 말뿐인 정치인과 나약한 정부에 진절머리가 났다."[81]

긴축파 경제학자는 카리스마 넘치는 무솔리니 인물 자체에 빠져들었다기보다는, 그를 순수경제학 원칙을 적시에 실행할 적임자로 여긴 게 분명해 보인다. 그리고 그들은 실제로 무솔리니의 정책이 긴축 원칙에 부합하지 않으면 주저 없이 비판했다. 예컨대 판탈레오니는 1921년 월간지 〈이탈리아 생활La vita Italiana〉의 한 기사에서 무솔리니가 사회주의 정당들에 동조하는 것으로 보이자 그가 실수를 범하고 있다고 비난했다.[82] 에이나우디도 초창기에 파시스트당의 일부 볼셰비키적 정략 때문에 심기가 불편한 적이 있었다.[83] 그래도 그들의 걱정은 곧 누그러졌다. '그들은' 훗날 무솔리니 곁에서 조언하게 될 전문가들이었다.

재무장관이 된 데 스테파니는[84] 긴축정책으로 노동계급에 저축과 근면을 강요해, 자본 축적에 가장 알맞은 여건에서 시장의 힘이 작동하게 하고 안정적인 이윤 추구의 환경을 보장했다. 그 과정을 좀 더 자세히 살펴보겠다.

모든 정책에 영향을 주는 긴축

재정 긴축 — 국가의 후퇴

적어도 파시스트당과 그 경제학자들에게 균형예산 정책의 목표는 자본 축적을 재개하기 위한 최적의 경제 행동을 회복하는 것이었다.[85] 그러려면 저축자, 투자자에게 유리하게 자원을 배분할 수 있도록, 대다수 시민이 소비를 억제해야 했다. 데 스테파니는 한 공개 연설 중 긴축정책의 보편적 이익이 무엇인지를 일말의 모호함도 남기지 않고 설명했다.

> 분명히 말씀드립니다. 자본의 숨통을 조이는 재정정책은 절대 안 됩니다. (…) 민간으로 흘러가면 재투자될 수 있는 저축을 국가가 압박해 부채 상환만 어렵게 할 게 아니라, 소비를 압박해야 합니다. 이것이 결국에는 취약 계층에도 진정한 이익이 됩니다.[86]

이탈리아 경제학자들이 말하는 '취약 계층'의 실제 이익은 자본주의에 달려 있었다. 자본주의가 번영해야 민중도 번영할 수 있었다. 그러나 이 번영에는 대가가 따랐고, 그 희생은 불균등하게 부담되었다. 재정 긴축은 세입 쪽에서는 역진세, 세출 쪽에서는 예산 삭감의 방법으로 이루어졌다. 이 두 방법은 국민에게 '의무적 절약'을 강제하고 도덕적인 엘리트들의 자본 투자를 도왔다.

세금

전후기에 데 스테파니와 그의 동료들은 '몰수성 누진세'에 맞서 싸웠다. 네 명의 경제학자 가운데 가장 유명한 세금 전문가 에이나우디는 전후 정부의

'재정적 만행'과 '노동자를 위해 자본을 몰아내는' 비합리적 조세정책에 강력히 반대했다.[87]

중도-자유주의 성향의 조반니 졸리티 총리는 무기 팔아 떼돈을 번 '전쟁 부당이득자'와 부유층에 누진세를 매기겠다는 공약으로 1919년 선거에서 승리했다.[88] 한편 사회당은 자코모 마테오티 대변인과 함께 자원을 이윤에서 임금으로 광범위하게 재분배해 노동자에게 유리하게 사회구조를 개혁하겠다고 공약하며 상속세 확대 운동을 벌였다.[89] 1919년 파시스트조차도 당대의 시대정신을 반영해 '모든 부에서 일부를 확실히 거두기 위한 강력한 누진적 자본세 부과'를 강령으로 내세웠다.[90] 에이나우디의 말마따나 그때는 어떤 누진세도 '탐욕'스러운 대중의 성에 안 찰 위험한 시기였다.[91]

그러나 1923년 5월 밀라노 스칼라 극장에서 연설한 데 스테파니는 시대의 전환점을 선언했다. "우리의 노력 덕분에 정치권의 자본 탄압에 급제동이 걸렸습니다."[92] 이 한마디는 그가 국민을 대표하는 의원들 앞에서가 아니라, 장엄한 극장의 푹신한 좌석에 앉아 있는 금융자본 엘리트들 앞에서 연설했음을 알 수 있다. 내친김에 그는 국가가 민간 자본의 '자연스러운' 용도인 민간 투자를 장려하고,[93] 더 많은 저축을 촉진하며, 외국 자본을 유치하기 위해 민간 자본을 국가의 제약에서 해방해야 한다고 강조했다.[94] 실제로 파시스트 국가는 외국 금융자본에 과세를 면제했다.[95] (8장에서 자세히 설명하겠지만, 이 조치로 파시스트 정권은 국제 금융계에서 큰 호응을 얻었고 막대한 신용을 확보했다.)

새로운 과세 원칙은 생산성주의produttivista로 분류되었다. 이는 '사회 정의의 실현이나 좀 더 평등한 부의 재분배'보다 부의 축적을 우선시했다.[96] 그 근거는 영국 제도와 비슷하게 본질상 계급주의적이었다.[97] 즉 국가가 세금 부과의 형태로 전체 구성원에게서 자원을 모아다가, 이를 국채를 소유한 채권자 계급에 상환하는 방식이었다.[98]

1923년 데 스테파니의 재정 개혁은 과세 대상자를 확대하여 하류층에 세금 부담을 강화했다. 이번 과세 구간의 변경으로 소득세imposta di ricchezza mobile를 처음으로 부과받은 계층이 생겨났다.[99] 의기양양해진 데 스테파니는 이렇게 말했다. "이번에 보니 소득세 대상자가 무려 60만 명이었다. (…) 임금노동자 중 소득세 대상자가 10만 명 추가되었다. (…) 국민은 이 세금이 국가가 필요해서 거두는 것이라는 점을 이해했다."[100]

데 스테파니는 부자들의 돈을 거두기는커녕 실은 임금노동자를 압박하려 노력했다. 더욱이 파시스트 정부는 저소득층으로부터 자원을 더욱 (그리고 조용히) 추출하기 위해 1920년대 내내 꾸준히 소비세를 인상했다. 직접세와 간접세의 비율은 1922년 0.94에서 1925년 0.72, 1929년 0.61로 감소했는데, 이는 영국보다 훨씬 뚜렷한 감소 추세였다. 더 구체적으로 살펴보면, 필수재에 대한 세금은 1922년에서 1925년 사이에 실질 기준으로 매년 약 5%씩 증가했다.[101] 한편 정부는 '사치재에 대한 과도한 세금'을 폐지했다.[102]

긴축 원칙에 따라 전쟁기와 전후기에 생긴 모든 누진세가 폐지되면서, 이탈리아의 중상위 소득 계층은 감세 혜택을 누렸다. 예컨대 오랜 논란의 대상이 됐던 전시 초과이윤세와 자산 신고 의무도[103] 폐지 대상에 포함되었다.[104] 자산 신고 의무의 폐지는 자본 소득에 누진세를 부과할 사실상 모든 가능성을 닫아놓았다.[105] 게다가 일찍이 있었던 판탈레오니의 상속세 연구 결과를 참작해, 1923년 7월 데 스테파니는 사실상 상속세를 완전히 폐지하는 명령을 내렸다.[106]

또한 데 스테파니의 개혁은 구조적으로 최상위층의 탈세를 유발하기 쉬웠다.[107] 1934년까지 이탈리아에서 발생한 총 탈세액은 180억 리라로 추산되었는데, 그중 80억 리라가 거의 부유층이 독점하다시피 하던 배당금과 공채 이자였다. '상위층으로 갈수록 감세 폭이 커지는' 구조였고, 데 스테파니도 소득 세수가 '50~75%' 줄었음을 스스로 인정해야 했다.[108] 그러나 이렇게 세수가 줄어도 상관없었다. 정말 중요한 목표는 따로 있었으니, 바로 자본 질서의 부활이었다.

사회정책

자원을 공공지출에서 민간 자본 투자로 전환할 핵심 방법으로는 조세 개편에 더해 공공지출 삭감도 있었다.

데 스테파니는 장관으로서 행정권이 물이 오른 1922년 12월, 영국 게디스 위원회의 성과를 참고해 자신이 직접 조직한 '예산 개편 및 공공지출 삭감 위원회'의 위원을 지명했다. 이 위원회를 통해 국가 예산의 모든 항목을 수정하고 삭감하고자 끊임없이 노력했다. 판탈레오니가 위원장을 맡았고, 리치도 주요 위원 중 한 명이 되었다. 리치는 이 시절의 좋은 추억을 이렇게 표현했다. "데 스테파니 장관은 지출 삭감을 자신의 가장 중요한 의무로 삼았다. 강박적이라는 비난을 받을 만큼 열심히 몰두했다. 그는 직접 소위원회를 구성해 매일 관여했고, 위원회는 석 달 동안 밤낮으로 일하며 예산 현황과 각 부처가 제출한 예산안을 조목조목 검토했다."[109]

이 '새로운 의지'를 발휘한 결과, 드디어 '지출을 억제하는 기적'을 이루었다.[110] 데 스테파니는 "재무장관의 기운이 전 행정 부처에 맴돌고 있다."라는[111] 완곡어법을 즐겨 썼다. 일단 참전용사와 그 가족을 위한 연금과 보조금이 제일 먼저 폐지되었다. 1923년부터 1924년까지 총 재정지출은 3분의 1이 줄었으며,[112] 특히 재분배 지출이 가장 큰 폭으로 삭감되었다.[113]

에이나우디는 〈이코노미스트〉에서 위원회가 달성한 개혁을 응원하며, 개혁의 자명한 장점은 "더 이상 말할 필요도 없다."라고 덧붙였다.[114] 그는 '이탈리아 재무부의 권한을 강화'하려는 노력이 영국에서 직접 영감을 받은 결과라며, "데 스테파니 장관은 비용을 확인하고 지출을 통제하는 영국

재무부의 역량을 무척 강조했다."라고 썼다.[115]

반동에 나선 경제 전문가들은 2장에서 자세히 설명한 전후기 개량주의의 세 가지 주요 성과인 장애 및 노령 연금, 농업 노동자를 위한 상해보험,[116] 의무적 실업보험을 폐지했다.[117]

전시 경제의 산물에 날린 결정적 폭격은 1923년 4월 노동 사회복지부의 해체였다. 이는 20년의 투쟁 끝에 불과 얼마 전 이 부처가 창설되는 결실을 맛본 모든 이탈리아 노동자에게 쓰라린 한 방이었다.[118]

1925년 6월 30일에 예산은 균형을 이루었다. 공공지출(방위비 및 이자 지급분 제외) 금액은 명목 GDP 대비 환산율로 전쟁 전 수준(1912년 13%)에 도달했다. 1922년 약 29%였으니 상당한 감소치였다.[119] 그 후로도 긴축재정은 고삐를 늦추지 않았다. 특히 사회 지출은 1920년대 내내 쭉 감소하여 1934년에 최저치를 기록했다(이때 사회 지출 금액은 1924년보다 4분의 1 이상 감소했다).[120] 부채 원리금에 지출된 금액은 사회 지출 금액의 두 배가 넘었고, 1920년대 전체와 1930년대 대부분 기간에 계속 증가했다.[121] 긴축 시기의 파시스트 국가를 엄한 아버지에 비유한다면, 이 아버지는 분명 자녀를 차별 대우했다. 다수에게는 검약을 강요했지만, 기업가 자녀에게는 상당히 후한 인심을 베풀었다.

긴축에 돌입한 이탈리아 재정정책의 우선순위를 여실히 보여주는 증거로 산업-금융 연합체의 두 중요한 사례가 있다.[122] 바로 안살도와 로마 은행 Bank of Rome 그리고 일바와 크레디토 이탈리아노Credito Italiano의 유명한 구제금융 사건이다. 파시즘을 정석적으로 이해하면 이러한 개입 조치와 데 스테파니의 자유방임 파시스트 정책이 서로 충돌하는 것처럼 보인다.[123] 그러나 긴축에 중점을 두고 보면, 예산 삭감과 구제금융 사이에 공통점을 발견할 수 있다. 바로 둘 다 자본 축적을 적극적으로 강화했다는 것이다. 이 점에서 분명 긴축은 단순한 자유방임주의를 넘어, 지배층이 권력을 휘두르는 수단이다. 따라서 겉으로 모순처럼 보이는 일련의 정책들이 오늘날 금융 위기 때마다 구원 등판하는 정부의 개입으로 계승되고 있다는 점은 시사하는 바가 크다.[124]

결국 사회 지출의 삭감에는 단순한 적자 방지보다 더 엉큼한 목적이 깔려 있었다. 건전한 생산관계를 확립하고, 특히 노동자의 군기를 잡아야 한다는 목적이었다. 리치는 일말의 의심도 없이, '사기꾼과 말썽꾼을 보호'하는 사회 개혁을 비난했다.[125] 그는 특히 노동에 미치는 시장의 힘을 방해하는 실업수당에 비판적이었다. 그는 "정부가 실업자에게 보조금을 지급하면, 실업자는 실업 상태로 남고 싶어 하며, 보조금에 기대어 적게 일하고 적게 생산하게 된다."라고 주장했다.[126] 국가 지출 삭감은 산업 긴축과 상호작용하며, 노동자의 정치적 요구에 시달리는 기업가의 숨통을 틔워줬다.

시장 우선주의

민영화

리치는 동료들을 대표해, 국가를 "끔찍한 생산자이자 끔찍한 관리자"라고[127] 반복적으로 일컬었다.[128]

그가 국가를 경제 관리에 무능하다는 이유로 경멸한 것은 내심 불안했기 때문이었다. 경제와 정치의 경계가 불분명해지고 나서, 경제주체들은 자기 계급에 걸맞지 않게 행동하기 시작했다. 정부 개입으로 하류층의 살림이 윤택해지니, 민간 부문에는 별로 득이 될 게 없었다. 이렇게 해서 저축자, 투자자 계층은 '추방'되었다.[129] 영국 재무부에서 빌려 온 이 구축효과 논거는 이탈리아 전문가들 사이에서 단골 레퍼토리였다. 이 관점에서 경제를 이해하면 부는 사실상 제로섬이다. 데 스테파니는 〈코리에레 델라 세라〉에 "국가기관은 화폐 이용과 국부를 놓고 민간 기업가와 경쟁하는 사이다. 오

병이어의 기적은 단 한 번뿐이었다."라고 썼다.[130]

　반면에 사회주의 경제는 노동계급에 덜 일하고 더 많이 소비할 수 있는 '무임승차'를 제공한다고 그려졌다. 이탈리아 경제학자들은 일단 국가에 고용된 직원은 점점 나태해져 도덕적인 호모 에코노미쿠스와 정반대의 인간형이 된다고 보았다. 공무원은 자유시장의 건전한 경제적 유인을 잃고 도덕성이 결여된 '게으름뱅이'가 되었다.[131] 에이나우디는 "노동자는 고정급을 마치 어떤 의무도 딸리지 않고 보장된 연금 같은 기득권으로 간주하게 되었다."라고 주장했다. 그는 "그들에게 일할 의무는 초과근무 시점에야 생긴다. 초과근무 수당은 불확실하고 일한 만큼 지급되기 때문이다."라고 질타했다.[132] 이러한 비판적 논평은 오늘날 경제학 문헌에도 흔하다. 하버드대학교에서 경력을 쌓기 전에 보코니대학교에서 경제학을 전공한 이탈리아의 유명 경제학자 알베르토 알레시나는 공공 부문 일자리가 '의존 문화'를 조성했다고 한탄했다. 다시 말해 "이탈리아 남부 주민들이 고소득과 고용 안정성을 누리려고 더 많은 공공 일자리를 요구한다."는 것이다.[133] 알레시나와 그 앞 세대 학자들이 보기에 공공 고용은 '시장에 내몰릴' 준비가 되지 않은 개인들을 위한 것이었다.[134] 다시 말해 시민들은 강도 높은 착취를 받아들이려 하지 않았다.

　알레시나의 사고방식은 한 세기 전 판탈레오니의 주장을 연상시켰다. 판탈레오니는 정부의 진보적인 개입이 없었다면 "특히 저소득층을 중심으로 전 국민이 사치를 억제하고 더 열심히 일했을 것"이라고 주장했다.[135] 파시즘 치하의 기술관료는 이탈리아 국민을 '구원'할 도구를 갖고 있었다.

　1922년~1923년 회계연도는 공공사업 지출의 중요한 전환점이 되었다. 불과 1년 전만 해도 공공사업은 역사상 최고조에 달했다. 그러다 데 스테파니가 1924년~1925년과 1925년~1926년 지출이 전쟁 전보다도 적을 정도로 급격히 지출을 축소하기 시작했다.[136] 이탈리아인은 갈수록 인격 없는 시장 법칙에 의존해 먹고살아야 했다. 이와 같이 산업 긴축은 (특히 복지 지출을 삭감하는 형태의) 재정 긴축과 상호작용하며 사람들을 더욱 시장에 의존하게 했고 그 결과 정치적 반대 목소리를 잠재웠다.

1923년 관료제 개혁[137]은 효율성의 실마리를 해고로 풀었다. 이 정권은 6만 5,000명 이상을 해고했다.[138] 국영 우편 및 철도 부문 노동자가 가장 큰 표적이 되었다.[139] 데 스테파니는 우편과 철도 부문의 심각한 적자가 주로 '과도한 인건비', 즉 '인원이 너무 많고 보수가 과한' 노동력 때문이라고 천명했다.[140]

1923년~1924년 파시스트 국가는 철도 노동자(전체 노동자 대비 15%) 2만 7,000명을 해고했을 뿐 아니라, 추가로 1만 3,000명을 감원하고 병가 일수를 축소하기로 했다. 이탈리아 주재 영국 대사인 로널드 윌리엄 그레이엄Ronald William Graham은 이 사건으로 "노동자의 기강을 단단히 확립하고 일여덟 시간 노동시간을 엄격히 적용하게" 되었다고 설명했다.[141] 한편 수익성을 높인다는 명분으로 기차 요금이 역진적으로 인상되는 바람에, 노동자는 기차를 타지 말든지 인상된 요금만큼 그 외 일상에서 '덜 소비'하든지 택해야 했다.[142]

대대적 민영화는 긴축 모토의 나머지 한쪽인 '더 많이 생산하라'를 영구히 강요하는 해결책이었다.[143] 국가의 전시 독점권을 걷어내면, 노동자들은 자유 경쟁 체제의 노동시장 내에서 살아남도록 단련될 것이었다. 판탈레오니는 과장을 섞어, 경쟁이 워낙 치열해져 파업은 '불가능'해진다고 말했다.[144] 철도를 민영화하는 과정은 예상보다 몹시 힘들었지만, 다른 주요 부문에서는 이탈리아 전문가들이 승리했다. 오늘날 학자들은 이 사건을 '한 자본주의 국가에서 대규모 민영화를 벌인 최초의 사례'라고 평가할 정도다.[145]

이러한 민영화는 부문을 가리지 않았다. 국가는 1907년부터 제일의 통신 서비스 회사 역할을 해왔고, 이전에 민간 기업이 소유했던 서비스를 국유화했다. 그러다 1923년 2월 칙령을 통해 민간 서비스 업자들에게 프랜차이즈를 부여하기로 했고, 1925년에는 통신 부문을 완전히 민영화했다. 1912년에 설립된 국립 보험 연구소는 그전까지 외국 기업이 관리하던 생명 보험을 이탈리아 대중에 제공하기 위한 국가기관이었다. 그러나 1923년 4월에 국가는 독점을 포기하고 앗시쿠라치오니 제네랄리Assicurazioni Generali, 아드리아 보험Adriatica di Sicurta 등 민간 기업과 나란히 공존하는 사실상 과점 형태를 형성했다. 또한 1923년에는 1916년에 시작된 성냥 독점 판매권을 포기했다. 고속도로 사업도 민간 기업들에 매각했다.[146]

임금, 파업, 협동조합주의

긴축이 경제와 정치를 다시 갈라놓은 후, "노동자 대중을 지휘하는 일"은 다시금 "기업가로서 재능과 인격을 갖춘 선택받은 사람들의 손에" 맡겨지게 되었다.[147] 순수경제학은 산업계 내에서 계급 투쟁의 불씨를 제거했다. 자본과 노동 간의 수직적 관계는 조화를 이루는 동시에 노동자 본인에게도 이득이라는 식으로 묘사되었다. 사실 노동자의 생계와 생산성은 호모 에코노미쿠스에 가장 가까운 선택된 소수의 능력과 저축, 투자에 달려 있었다.

이 모형에서는 노동자의 경제주체성을 인정하지 않는다는 점에서, 판탈레오니의 《순수경제학 원리》에서 노동을 '보완재'로 정의한 것과 궤를 같이한다. 이러한 노동 개념은 노동보다 자본이 우선이라는 이념을 강조하며, 이는 역시나 순수경제학의 중요한 구성 요소인 임금 기금설에도 반영되어 있다. 임금 기금설은 임금이 항상 기업가의 자본에서 지급될 수밖에 없다고 가정한다. 즉 임금은 노동자의 노동에서 거둔 잉여의 일부가 아니라, 도덕적인 기업가의 저축으로 거슬러 올라간다는 얘기다. 기업가는 가처분 자본으로 예상 임금을 추산하며, 노동자를 규율하고 지휘하는 중책을 맡는다. 그리고 노동자는 자율 관리 능력이 부족하다. "기업가는 노동자를 규율하고, 여기서 규율은 조정을 의미한다. (…) 이 조정은 해결 방법을 아는 사람이 거의 없을 만큼 어려운 문제이며, 그나마 해결 방법을 아는 극소수의 사람을 기업가라고 한다. (…) 기업가는 노동자에게 그냥 일하라고 지시하는 게 아니라, 특정 방식으로 일하라고 지시한다. 기업가 없이 조직이 돌아갈 방법이 있겠는가? 있다면 그렇게 해보라."[148]

4장에서 설명한 신질서 운동의 사상 및 실천과 이보다 더 상극인 경제이론도 없을 것이다. 그람시와 톨리아티는 노동자의 정치적 주체성이 노동의 중심성(그리고 그로 인해 얻게 될 자율성)에서 비롯된다고 보았다. 하지만 네 경제학자는 노동자가 경제적 주체성을 잃으면 정치적 주체성도 잃으리라 장담했다. 그들은 노동 가격이 다른 재화와 마찬가지로 수요와 공급의 법칙에 따라서만 책정된다고 여겼다.[149]

판탈레오니는 대학에서 강의하던 중 학생들에게 "기업가는 노동자에게 얼마만큼 임금을 줄 수 있습니까?"라고 물었다. 그리고 이렇게 자답했다. "그의 가치만큼입니다. 노동자는 확실히 자기 가치보다 더 많이 지급받을 수 없으며, 노동시장의 경쟁 체제 때문에 가치보다 덜 받을 수도 없습니다. (…) 노동자는 그 이상도 그 이하도 아닌, 딱 자신의 가치만큼 지급받는다는 게 원칙입니다."[150]

분명 이러한 틀에서 보면 사회 계급관계로서의 착취 개념(즉 잉여가치가 실은 무급 노동시간에서 창출된다는 것)이 사라진다. 시장 경쟁에서 노동 가격은 한계 생산성과 같다는 법칙에 따라, 오직 '평등한' 시장 거래와 노동의 공정한 보상에만 초점이 맞춰진다. 판탈레오니와 그의 동료들은 이 법칙이 전후기에 노동운동이 흐름을 타고 노동 보호법이 생기면서 완전히 망가졌다고 생각했다. 경제법칙과 달리 정치 법칙은 본질적 한계가 없어 무시무시한 극단까지 갈 수 있었다. 결국 실업수당, 최저임금제, 노동시간 규제로 인

해 임금은 '한계 효율을 훨씬 넘어설 만큼'[151] 높아졌다.[152]

파시스트 국가는 진정한 경제법칙을 수호하기 위해 임금을 삭감하고 노조 활동을 금지하는 강압적 노동법을 통과시켰다. 여기서 극명한 역설이 드러난다. 국가에 맞서 자유시장을 보호할 때는 매우 단호했던 경제학자들이 국가의 노동시장 개입은 거의 문제 삼지 않았다. 이는 긴축을 뒷받침하는 또 다른 핵심 가설을 반영했다. 위기의 순간에 자본주의의 '순수경제학'은 스스로의 힘으로 부활할 수 없다는 것이다.

공장 점거가 끝난 1920년 가을부터 파시스트가 노조에 폭력을 휘두르는 건 다반사였다. 그러나 무솔리니가 집권한 후에도 노동자는 쉽게 물러서지 않았다. 예컨대 1924년 산업 위원회를 되살리기 위한 토리노 투표에서 대체로 노동자들은 파시즘과 대립하는 CGdL에 투표했다. 한편 국익을 위한 생산을 설파하던 파시스트 노동조합은 겨우 소수의 표만 획득했다.

파시스트 긴축 국가는 이 난관을 법으로 극복했다. 1925년 10월 팔라조 비도니Palazzo Vidoni 협정은 노동자의 내부 공장 평의회를 모조리 탄압하고, 모든 노동 조직을 파시스트 협동조합 연맹Confederation of Fascist Corporations의 배타적 통제하에 두었다. 이 연맹은 이탈리아의 산업 평화를 지지했고, 또 실행에 옮겼다.[153]

1926년 4월 3일자 칙령 563호[154]는 협정을 공식화하고, 독립 노조를 법적으로 인정하지 않기로 했다. 나머지 파시스트 노조들은 파시스트당과 파시스트 국가의 연장선에 지나지 않았다. 파시스트 정권은 파업과 공장 폐쇄를 불법으로 규정하는 동시에, 제1차 세계대전 중 노동력을 군사 동원할 때 이용한 강제 중재를 재도입했다. "국가의 공정한 심판으로 반대 세력들의 파괴적 투쟁을 척결한다."라는 이념하에, 파업권은 부정되고 대신 파시스트 노조를 거쳐 노동 행정관에게 탄원할 권리로 대체되었다.[155]

노조의 폐지는 자유주의 경제학자 리치의 목표에 딱 들어맞았다. 리치는 노동조합주의의 논리에 공개적으로 반대하며, 노조가 국가 주권과 자본주의식 생산 양쪽에 위협이 된다고 주장했다. "노조는 독점 조직이다. 독점은 자기네 이윤을 극대화하는 것이 목표이며, 그 이윤은 판매량을 사회의 최적 수준보다 적게 설정함으로써 얻는다."[156]

노동자의 열망이 마지막으로 패배한 것은 1927년 노동 헌장으로, 이는 계급 투쟁의 가능성을 원천 봉쇄했다.[157] 이 헌장은 협동조합주의 정신을 성문화한 것으로,[158] 그 목적은 무솔리니의 말마따나 '자본력과 노동력의 해로운 이원론을 주권국가 내에서 통합하는 것'이었다. 자본과 노동은 더 이상 '반드시 서로 반대되는 것이 아닌, 생산의 이익을 더 높일 수 있고 또 높여야 하는 공동의 목표'로 간주되어야 했다.[159]

이렇게 이탈리아에서 새로운 조합이 탄생하면서 '생산과 작업의 규율을 유지하고 완성'할 '단일 생산조직'을 대표하는 고용주와 노동자 간의 합법적 연합체가 승인되었다.[160] 에이나우디가 〈이코노미스트〉에 썼듯, 이들 연합체는 "노동자들 사이에 선별적 영향력을 행사해 그들의 기술 능력과 도덕 수준을 최대한 높여야" 했다.[161] 데 스테파니는 이 헌장을 '제도의 혁명'이라고 치켜세우는가 하면, 에이나우디는 '협동조합주의'식 임금 설정이 신고전학파 경쟁 시장의 최적에 가까운 결과를 가져올 유일한 수단이라고 합리화했다.[162]

노동이 사회의 의무가 되자, 노동자들은 굴복하고 '국력 신장'에 도움이 되는 일을 수행하기 시작했다.[163] 이 같은 수사법은 날로 심화하는 착취를 은폐하는 가장 강력한 수단으로 기술관료가 널리 애용했다. 잉여가치의 추출이 확대되던 당시 추세를 상징한 한 예는 1927년 피아트가 미국의 테일러 시스템을 따라 이탈리아에 처음 도입한 작업 측정 및 과학적 관리법인 이른바 '베도Bedaux 시스템'의 보급이었다(베도 시스템은 당시 영국에서 확고히 기반을 잡았다).[164] 강도 높은 노동을 요구하는 이 시스템은 아무리 파시스트 노조라도 좋은 말이 나올 수 없었다. 역시나 곧 노동자들은 피로에 찌들고 건강이 나빠졌다. 노조들은 심지어 '미래 세대의 충직성l'integrità della stirpe'에 대한 우려를 제기하기도 했다.[165]

긴축과 파시스트 협동조합주의[166] 사이의 연속성과 일관성은 노동을 강압하는 과정에서는 물론,[167] 자본주의적 생산 원칙을 다른 어떤 정치 원칙보다 명백히 우선시하고 생산수단의 사유화 원칙을 노골적으로 수호한 사실에서도 드러난다. 헌장 7조는 "협동조합주의 국가는 민간 주도의 생산이 가장 효율적이고 유용하다고 간주한다."라고 되어 있었다. 이는 "국가는 민간 주도의 생산이 결여되거나 부족한 경우에만 생산에 개입할 수 있다."라는 의미였다.[168]

따라서 협동조합주의의 긴축은 본질적으로 소유주, 투자자 계급의 이익을 '국가 전체의 이익'과[169] 동일시했다. 또한 그 국가 전체의 이익에는 다수 국민을 자본 질서에 종속시키는 것도 포함되었다.[170]

파시스트 정권은 이러한 독재 조치를 통해 긴축의 핵심 목표인 유례없는 임금 삭감을 달성했다. 1929년에 일일 명목임금은 1926년에 비해 26% 감소했다.[171] 이렇게 1920년대 전반에 걸쳐 산업 성장과 노동생산성 향상은 가혹한 실질임금 하락과 나란히 진행되었다(9장, 그림 9.7 참고).

실제로 영국과 달리 독재 치하 이탈리아의 산업 긴축은 임금을 억제하기 위해 경기 침체까지 기다릴 필요가 없었다. 1923년에서 1925년 사이에 실질임금은 국가 경제가 성장하는 중이었음에도 대폭 감소했다. 다음 단락에서 살펴보겠지만, 통화 긴축과 금본위제 달성이 국가의 다음 목표가 되자 정치적으로 의도된 임금 억제는 더욱 중요해졌다.

소수를 위한 가격 경쟁력

> 정부가 리라를 방어한다면 이는 저축자들의 이익을 위해서입니다.
>
> — 주세페 볼피Giuseppe Volpi, 1926년 12월 9일 의회 연설[172]

네 명의 이탈리아 경제학자들은 복잡한 호트리식 통화 이론, 특히 인플레이션이 시장경제의 기능 자체에서 비롯된 태생적 위협이라는 호트리의 사상을 접해본 적이 없었다. 그들이 알고 있는 인플레이션이란 외부, 특히 정치적 간섭으로 가격 불균형(다른 형태의 경제 불균형과 마찬가지로)이 발생한다는 기본 가설에 근거한 가장 정통적인 접근법이었다. 따라서 그들은 제1차 세계대전 이후 이탈리아의 인플레이션이 그저 정부가 전비를 조달하려고 통화량을 늘린 결과라고만 생각했다.

인플레이션이 심화하자 이탈리아 정부는 가격 상한제로 이를 완화하려 했다. 그러나 오히려 상황을 악화하기만 했다. 판탈레오니가 한탄했듯, "인위적으로 낮춘 상품 가격은 소비를 늘릴 뿐"[173] 물자난을 부채질했다. 대신 판탈레오니는 브뤼셀 보고서에서, 국가가 통화 창출을 중단한다면 "명목 가격은 저절로 균형으로 향할 것이다. (…) 민간 상업은 절대 균형 가격에 문제를 일으킬 리가 없다."라고 썼다.[174]

이러한 자기 균형적 접근법이 통하려면, 영국 재무부가 시행한 것과 같은 유형의 긴축정책을 도입해야 했다. 그래서 이탈리아 정부는 경제의 유동성을 줄이고, 이를 위해 차입을 줄이기로 했다.[175] 이는 채권자에게 돌아가는 자원을 늘리는 동시에 일반 대중의 지출을 조정하는 조치였다. 리치의 말마따나 이로써 저축자, 투자자는 통화적 불확실성(인플레이션)으로 '자기 소득이 감소'할 것이라는 우려를 씻고 안심할 수 있게 되었다.[176]

이탈리아 경제를 주물럭거리던 주류 경제학자들은 인플레이션을 완화하기 위해서라면 경기 침체를 기꺼이 받아들이고자 했다. 또한 그들은 자신들이 설계한 낮은 국내 가격이 이탈리아 제품의 해외 수요를 증가시킬 것이라 믿으며 위안을 얻었다. 잘못되긴 했지만, 마냥 터무니없는 믿음은 아니었다. 나중에 보니 파시스트 정부 초기에 리라화는 놀라울 정도로 안정되었으며, 오늘날 경제학에서 '수출 주도 성장'이라 부르는 방법에 의지할 수 있는 합리적인 기반을 마련했다. 6장에 나온 영국 학자들처럼 이탈리아 학자들도 저렴해진 이탈리아 상품에 외국의 수요가 늘어날 것이라 장담했다.

그러나 선진국이 아니었던 이탈리아로서는 해외시장에만 기대서는 역부족일 때가 많았다. 1925년 봄에 리라의 운명은 갑자기 하락세로 반전되었다. 〈타임스〉는 이 원인을 '투기 열기의 혹독한 공격'으로[177] 돌렸다.[178] "이탈리아의 경제 상황으로는 (…) 최근 리라 가치의 하락을 설명할 수 없었기" 때문이다.[179] 이 사례는 국가의 경제 기반이 건전하더라도 가치가 고정되지 않은 통화는 대외적 압력에 얼마나 취약해질 수 있는지를 보여주었다. 이에 대응해 무솔리니는 금태환 비율을 필사적으로 지키려고 리라화의 환율 방어에 열중했다. 1926년 8월 그는 유명한 페사로 연설에서 소위 리라의 전쟁을 천명했다. 그리고 이를 위해 "모든 계급이 규율과 책임감을 최대한 발휘하며 다 같이 노력하고 희생할 것"을 명령했다.[180] 이번에도 주된 희생양은 노동계급이었다.

에이나우디, 리치, 데 스테파니(1925년 7월 사임하고[181] 재정 전문가 주세페 볼피가 승계했다)는 무솔리니의 리라 전쟁에 참전한 충성스러운 군인이었다. 그리고 그들도 무솔리니처럼 이를 특히 도덕적 목표를 위해 전 계급이 다 같이 져야 할 부담이자 '국익'의 문제로 제시했다. 사실상 이 거국적 부담은 민중이 짊어졌다.[182] 정부의 목표는 불과 몇 년 전만 해도 대다수 민중이 맞서 싸우던 부르주아 경제 질서와 그 가치를 확고히 하는 것이었다. 에이나우디는 〈이코노미스트〉에서 '리라 평가절상에 따른 일부 부작용은 피할 수 없지만', '적자생존의 원리'를 보장함은 물론 '신중과 절제', '회복과 미래 번영을 향한 최선의 길'로 인도할 것이라고 썼다.[183]

영국의 경우와 마찬가지로 고금리 정책은 통화량 축소(1925년에서 1929년 사이 21.4% 감소)와 특히 은행 금리의 인상을 의미했다. 1925년 6월 데 스테파니는 재무장관으로서 화려한 피날레를 위해 '최근 영국과 미국의 금리인상'을 좇아[184] 금리를 3%에서 6.5%로, 그다음에는 7%로 인상했다.[185]

1927년 12월 무솔리니는 자랑스럽게 승리를 선언했다. 리라 환율은 영국 파운드 대비 90%(파운드당 92.46리라, 달러당 19리라)에 고정되었다. 1926년 8월 대비 가치가 39% 상승한 리라의 평가절상에는 물가와 임금을 조정하려는 특별한 노력이 필요했다. 무솔리니는 여기까지의 과정을 세심하게 요약해 공표했다.

1) 이탈리아 국민의 엄격한 기강과 근면 2) 예산의 균형과 흑자 3) 화폐 발행권의 단일화 4) 통화량의 상당한 감소 5) 대외 전쟁 부채 청산 및 유동 부채 통합 6) 국제수지 흑자 달성 7) 8개월간 환율 안정 8) 임금, 생산비, 물가 조정 9) 새로운 금 태환 비율을 기반으로 한 넉넉한 금 보유고 확보[186]

무솔리니의 감사장에 나열된 목록은 파시스트 경제정책의 핵심인 통화, 재정, 산업 긴축의 공생을 고스란히 드러냈다. 또한 그의 발언은 이 긴축 삼위일체가 강요한 선별적 희생을 사실상 인정한 셈이었다.

무솔리니의 거창한 발표에도, 이탈리아는 (수출가가 올라 수출 감소를 초래할 수 있는) 리라의 지속적인 절상으로 재정 긴축을 강화했다.[187] 한마디로 수출이 감소하니 이를 보상하기 위해 내수도 감소해야 했다.[188]

같은 견지에서 데 스테파니는 특히 '경제적으로 시급하고 중대한 대책'으로서 통화 절상을 위해 공무원 보조 수당 삭감에 찬성했다.[189] 마찬가지로 볼피도 "가능한 모든 방면에서 경제를 지키겠다는 (…) 결의"를[190] 흑자 예산을 기록한 순간에도 포기하지 않았다.[191] 절약 운동은 '회색 빵'이라고 불리던 잡곡빵 판매의 의무화로까지 나아갔다. 이탈리아 주재 영국 대사관은 "언론은 모든 이탈리아인에게 현재의 경제난 극복에 참여하는 차원에서 자랑스럽게 잡곡빵을 먹으라고 열심히 권장하고 있다"라고 보고했다.[192]

자국 통화의 가치 상승으로 떨어진 국제 경쟁력을 보완하려면, 소비량은 줄이고 생산량은 늘리고 생산비는 낮춰야 했다. 리라의 강세로 명목임금은 낮아져야 했고,[193] 그래야 해외시장에서 더 낮은 가격으로 국제 경쟁력을 다시 확보해 국제수지를 개선할 가능성이 있었다.[194] 이러한 의미에서 리라화의 절상은 전례 없는 수준의 산업 긴축을 몰고 왔다.

노동 헌장으로 노동계의 모든 반대 목소리를 침묵시킨 파시스트 국가는 법령에 따라 임금을 과감히 삭감했다. 철도 공사와 그 외 자치 행정 기관의 직원을 포함한 모든 공무원은 원래 고물가를 벌충할 물가 보조 수당을 받기로 되어 있었지만, 1927년 5월 (물가가 내리지 않았음에도) 계획이 폐기되었다. 그달에 농업 및 산업 노동자의 임금은 약 10% 삭감되었다. 10월에는 10~20% 규모의 또 다른 명목임금 삭감이 일괄적으로 이루어졌다.[195] 볼피가 1928년 2월 이탈리아 상원에 말한 표현을 빌리자면, '리라 가치에 맞춰 도소매 물가를 서둘러 조정'하는 '감복할 만한 노력'을 기울인 덕분에 이때 이탈리아는 "엄격한 규율 아래 하나가 될 수 있었다."[196]

기업가들은 급격한 인건비 삭감이 제품 가격의 하락을 충분히 상쇄한다는 이유로 통화의 평가절상을 받아들였다.[197] 디플레이션은 대출 비용을 높여 생산비 증가와 국제 경쟁력 저하를 초래하는 단기적 손실을 끼쳤으나, 이는 미미한 희생일 뿐이었다. 대신 안정적, 구조적 착취로 가는 직통로가 뚫렸다(그림 9.2 참고). 실제로 영국의 사례와 같이, 실업률 증가로 노동자들은 이윤 창출의 필수 조건인 계층적 생산관계를 받아들여야만 하는 처지가 되었다.

공식 통계상으로는 실업률 증가가 나타나지 않았지만, 해외에 유출된 다른 소식통을 보면 이야기가 달랐다. 1926년 10월 영국 대사관은 피아트의 해고 사태에 대해 "노동자 수천 명이 해고되고 생산량이 줄었다는 심상찮은 소문이 돌고 있다."라고 보도했다.[198] 1928년 말 높은 실업률과 낮은 인건비는 빠른 경제 회복과 이윤 증대를 보장했다. 자본의 보상은 이윤율 통계로 확인할 수 있다(그림 9.3). 1927년에서 1930년 사이에 전체 이윤율은 8.68%에서 16.6%로 껑충 올랐다.

분명 리라의 '회복' 과정은 단순한 통화정책이 아니라 전후기 자본주의의 훨씬 근본적인 목표가 깔려 있었다. 바로 경제 회복에 필요한 국가적 노력이라는 이름 아래, 계급제를 안정된 위계질서로 봉인하는 것이었다. 무솔리니는 1926년 7월 1일 〈데일리 메일Daily Mail〉과의 인터뷰에서 전후기 개량주의 노동계급의 가장 중요한 승리 중 하나인 일 여덟 시간 노동법을 폐지하는 새로운 입법을 준비 중이라고 언급했다. 로널드 윌리엄 그레이엄 대사는 다음과 같이 보고했다.

> 무솔리니 총리가 하루 아홉 시간 근무라는 새로운 강제 조치가 반대는커녕 열렬한 찬성 속에 받아들여질 것이라 말한 것으로 전해졌다. 그는 만약 국민에게 아홉 시간이 아닌 열 시간 근무를 지시했더라도 찬성을 얻었으리라는 것을 알고 있었다. 혁신은 정부의 변덕이 아닌 국가의 필요에 의해 결정된다는 사실을 다들 인식하기 때문이다.[199]

요컨대 영국과 마찬가지로 이탈리아의 금본위제도 단지 매우 고통스러운 긴축의 완성에 그치지 않았다. 금본위제에서는 긴축의 제약이 더 이상 정치적 논쟁거리도 아니었으므로, 그보다는 '순응화'를 강제하기 위한 수단이었다. '금빛' 긴축의 유산은 단기간에 끝나지 않았다. 1929년 경기 침체 이후 국가는 금태환 비율을 유지하기 위해 1930년 12월에 임금을 8~12% 추가 삭감하는 법령 그리고 재정과 신용을 더욱 옥죄는 정책을 시행했다.[200] 실제로 대부분 영국 자유주의자들과 이탈리아 파시스트 경제학자들은 1929년 대폭락의 원인과 해결책을 자꾸 긴축 이론에서 찾으려 했다. 위기의 일차적 원인이 '타락한 도덕성'과 '과소비'의 만연에 있었다면 그 해결책은 더 깊은 임금 디플레이션, 즉 덜 소비하고 더 많이 생산하라는 똑같은 모토였다.[201]

결론

이 장에서는 유명한 경제학자 네 명의 '공명정대한' 지휘 아래 이탈리아에서 긴축이 탄생한 과정을 탐구했다. 네 사람은 이념적 차이는 있었지만 그보다 깊은 신념과 명확한 사명을 공유했다. 그들은 보편적 경제학의 수호자로서 협력했다. 물론 이 경제학은 이른바 순수라는 수식어가 붙었지만, 시민들에게 더 적게 소비하고 더 많이 생산하라고 '길들이기' 위한 본질적, 실용적 목표가 있었다. 파시스트 신정부는 이 경제학자들에게 일생일대의 기회를 부여했으니, 바로 현실 사회를 경제 모형의 이상향에 맞게 형성하라는 임무를 맡긴 것이다.

전쟁 집산주의가 시장의 효율성에 도전하던 시기에, 네 명의 경제학자는 시장을 이상화하고 보호하겠다는 확고한 의지를 보였다. 그들은 계급 투쟁이 고조되고 있을 때 '무계급' 모형을 들고나와 계급 적대를 부정하기 시작했다. 실제로 순수경제학은 계급 분석을 배척함으로써 경제이론을 비정치화하고, 엄격한 미시경제학적 계산에 계급주의적 가설을 은밀히 다시 도입했다. 이런 식으로 모든 계급 격차는 개인의 합리적 경제 행동의 여부로 갈린 결과로 간주되었다.

그들의 계급주의적 신념에 대한 전체 견해를 이해하려면 학문 연구의 추상화에서 한 발짝만 벗어나면 된다. 판탈레오니는 가장 노골적으로 이렇게 말했다. "부르주아는 자신의 지위에 걸맞은 도덕적, 지적 가치관을 지닌 사람이다. 재능, 활력, 인내 그리고 자기 열정과 충동에 대한 통제력이 없는 사람은 더 이상 부르주아가 아니다. 이는 모두 좌파 무리와 구별되고 평민 계급에 섞이지 않기 위해 필요한 자질이다."[202]

강력한 정부 아래 재정, 통화, 산업 긴축은 부유한 소수 자본가의 저축, 투자 그리고 궁극적으로 이윤 창출 능력을 보호하는 동시에 다수에게 덜 소비하고 더 많이 일하도록 강요하려는 목표에 딱 맞았다.

정리하자면, 영국과 마찬가지로 '비정치적' 이론을 표방한 이탈리아 전문가들의 움직임은 대다수 시민을 자본 축적의 논리에 종속시키려는 '정치적' 목적이 있었다. 데 스테파니의 스칼라 극장 연설로 돌아가서, 우리는 이제 그가 사용한 '긴축'이라는 단어의 참된 의미를 파악할 수 있다. 그는 개인의 희생을 독려하고, 특히 개인보다 더 중요한 국가의 재정적 필요를 이유로 사회 보호를 포기하라는 의미에서 이 단어를 사용했다.

저는 11월 25일 연설에서 로마 행진 직후 최하위층을 포함한 전 국민이 국가의 재정적 필요를 널리 인식하고 있다고 의회에 알렸습니다. 어제도 말씀드렸지만 이 자리에서도 저는 상이군인, 병상병을 포함한 군인들이 기득권을 기꺼이 포기할 것을 국가적 목표로 삼아야 한다고 거듭 주장합니다. 이러한 포기는 우리의 영혼을 위한 신성한 희생입니다. 이것이 '긴축'입니다.[203]

데 스테파니의 발언은 영국 재무부 관료들이 노동계급에 연설할 때 부드러운 화법 속에 담긴 '희생'과 '금욕의 강요'라는 개념을 떠올리게 한다.[204] 실제로 이탈리아의 사례는 6장에서 다룬 영국의 긴축에서 이미 명백히 나타난 역학과 목표를 더욱 분명하게 드러낸다. 경제이론(호트리식 경제학이든 순수경제학이든)은 강압적 정책에 대한 합의를 이끌어내고, 그 정책이 사회 전체에 유익한 것인 양 위장했다. 이 장에서 우리는 경제 전문가들이 오직 지배관계를 지탱하기 위해, 긴축의 형식을 빌려 이 지배관계를 추상적 경제법칙 안에 숨겨 온 과정을 살펴보았다.

8장은 두 나라 이야기의 상호 연관성을 더 깊이 파헤칠 것이다. 파시스트 긴축정책은 영국 정부의 폭넓은 갈채와 지지를 받았다.

08 이탈리아의 긴축을 추동한 외부 조건

이탈리아는 이러한 근본적 진리를 충분히 숙고해야 합니다. 이탈리아의 희망은 오직 국민에게 있으며, 전 국민이 묵묵히 금욕을 실천하지 않으면 그에 응당한 공로를 인정받을 수 없음을 분명히 알아야 합니다. 따라서 우리가 가야할 길은 단순하고 명백합니다. (…) 우리에겐 생산을 촉진하는 경제정책, 국내질서를 바로잡는 내무 정책, 각 계급 간에 더 이해하는 배려심, 알뜰한 재정정책이 필요합니다. 무엇보다 근본적 진리는 늘 변함없습니다. 아무리 재미도 융통성도 없지만, '덜 소비하고 더 많이 생산'해야 한다는 것입니다. (…) 무엇보다 필요한 것은 자본가들이 자신감을 회복하는 것입니다. (…) 최근 영국의 입법을 본보기로 삼아야 합니다.

-1922년 3월 12일 프란체스코 니티가 멜피에서 행한 연설 중 발췌 번역[1]

제1차 세계대전 이후 영국과 이탈리아는 동일한 전개 과정과 동일한 내용의 정책을 거쳐 전면적인 긴축 법안을 통과했다. 영국은 탄탄하게 확립된 제도와 정통 빅토리아 시대의 가치관을 지닌 유서 깊은 의회 민주주의 국가였다. 그리고 수 세기에 걸쳐 세계 금융 및 경제 패권을 누려왔다. 반면에 이탈리아는 경제가 낙후되었고, 전쟁기와 전후기에 볼셰비키 혁명의 기운과 사회 갈등에서 이제 막 벗어난 상태였다. 그렇다면 이렇게 완전히 다른 두 국가가 자국 경제를 재편하는 과정에서 외견상 같은 길을 걸었던 이유는 무엇일까?

사실 영국과 이탈리아의 이야기는 서로 깊이 얽혀 있다. 긴축은 본질적으로 국내 정책을 외부의 관점에 맞춰 결정하는 것이다. 특히 이탈리아 경제학자들은 자국 상품과 통화의 가치를 올리고, 특히 영국을 비롯한 해외 시장에 접근 가능성을 높이려 노력했다. 그래야 결국 이탈리아 내에서 자본 축적이 촉진될 것이었다. 양국의 경제 기술관료들은 전쟁으로 유례없이 흔들리던 자본주의를 글로벌 경제체제로서 안정시키기 위해 국경 밖까지 긴축의 씨앗을 뿌리려 노력했다. 국내 복지 문제는 그들의 안중에 없었다. 파시스트 정권의 이탈리아와 영국의 관계는 자유주의와 파시즘 사이의 경계를 포함한 전통적인 이념적 경계가 경제적 필연성이라는 구실 아래 허물어지는 비뚤어진 동반자 관계를 상징한다.

영국보다 뒤처진 국가였던 이탈리아의 경우, 과연 긴축이 그들의 절대적 선택이었는지 질문을 던져볼 만하다. 어떤 면에서는 틀림없이 그랬다. 7장에서 논의했듯, 이탈리아의 경제 전문가들에게는 긴축이 국내 계급 투쟁에 맞서는 무기이자 도덕적인 저축자, 기업가의 자본 축적을 확실히 돕는 수단이라는 인식이 뚜렷했다. 이 목표를 위한, 그리고 사회의 소수를 위한 긴축은 성공적이었다. 이탈리아의 긴축은 국내의 지배적 정통론인 순수경제학과 판탈레오니, 파레토, 리치, 에이나우디의 이름값에 힘입어 뒷받침되었다. 그러나 이 학자들의 관심은 국내에만 국한되지 않았다. 영국 기술관료들과도 교류하고 또 그들에게서 영향을 받았다. 주이탈리아 영국 대사관이 반복해서 말했듯, 이탈리아 경제학자들은 "전형적인 영국 전통에 깊이 고취되어" 있었다.[2]

더욱이 이탈리아에서 긴축이 번성한 이유를 온전히 설명하려면 이야기의 또 다른 측면으로, 볼셰비즘에 휩싸이기 직전까지 간 이탈리아를 다시 일으켜 세우는 데 외국의 이해관계가 어떻게 영향을 미쳤는지(그리고 어떤 특징을 남겼는지) 알아야 한다. 1920년대 이탈리아는 막대한 전쟁 부채를 지고 있었으며, 상품과 원자재의 수입 의존도가 높았다. 그만큼 투자와 경제 발전을 위해 기본적으로 외국 자본과 신용에 의존해야 했다. 이런 이탈리아의 처지 때문에 외국 채권자들은 이탈리아 국민을 희생시켜서라도 외국인 투자를 허용하라는 압력을 포함해 강력한 입김을 행사할 수 있었다. 그 결과의 한 형태가 긴축이었다.

이 장 첫머리의 인용구는 경제학자이자 이탈리아 총리인 프란체스코 니티의 1922년 연설에서 발췌했다. 그는 특히 신용과 투자에 대한 '자본가들이 자신감'을 회복하기 위해 이탈리아 국민에게 '묵묵히 금욕을 실천'하라고 대놓고 요구했다. 니티는 정부가 '덜 소비하고 더 많이 생산하라'는 긴축의 '불편한 진실'을 반영해 경제정책을 바꾸지 않는 한, 외국으로부터 대출 도움을 받는 것은 환상에 불과할 것이라고 경고했다.

영국도 이 판에 이해관계가 걸려 있었다. 여기에는 이탈리아와 마찬가지로 혁명을 방지하기 위한 정치적 목적과 자본 및 상품의 수익원을 더 발굴하기 위한 경제적 목적이 병존했다. 실제로 긴축으로 감소한 내수를 벌충하기 위해 외부 수요를 확대하려 노력하던 영국 기술관료들은 이탈리아로 수출을 늘리는 것이 매우 중요하다고 생각했다.[3] 긴축에 돌입한 파시스트 이탈리아와 영국 간의 교역은 전쟁 전보다 상당히 돈독해졌다. 영국은 특히 석탄과 양모를 중심으로 미국에 이어 두 번째로 이탈리아에 수출을 많이 하는 국가였다. 이탈리아는 영국에 주로 비단과 자동차를 수출했다.[4]

영국의 기술관료는 이탈리아에서 자본주의를 보호하기 위한 기초 공사가 긴축의 형태를 취할 것이며, 긴축을 실행하려면 강력한 정부가 필요하다는 것을 알았다. 그리고 그것이 현실이 되었다는 걸 무솔리니의 독재 정부에서 발견했다. 파시즘은 긴축의 원칙을 그대로 따라 하고 있었다. 영국 외 다른 나라들도 같은 생각이었다. 이탈리아의 자유주의 경제학자들이 영국의 긴축에서 동기 부여를 받았듯, 역으로 그들도 대외에 자신들의 긴축 효과를 널리 증명했다. 이로써 대외적으로 파시즘에 대한 암묵적 합의를 이끌어냈고, 파시즘 통치를 강화할 토대를 마련했다.

이 장은 잔 자코모 미고네Gian Giacomo Migone의 1980년 고전이자 2015년 영어로 번역 출간된 《미국과 파시스트 이탈리아: 유럽에서 부상한 미국 금융The United States and Fascist Italy: The Rise of American Finance in Europe》을 토대로 했다. 그 책은 무솔리니 정권에 미국 금융가들, 특히 J. P. 모건John Pierpont Morgan이 끼친 실질적 영향력을 기록했다. 실제로 미고네가 탐구한 바와 같이, 파시스트 이탈리아는 제1차 세계대전 이후 유럽에서 미국 자본주의가 확장하는 데 중요한 역할을 했다. 다른 모든 유럽 국가들과 달리, 미국은 전쟁 이후 약해지기는커녕 오히려 강성해졌다. 미국 GDP와 수출액은 두 배 늘었고, 세계 나머지 국가를 상대로 125억 6,200만 달러의 자본을 수취했다.[5] 전쟁 후 미국은 대대적 산업 긴축으로 노동계급을 묶어놓아, "노조를 통해 미국 사회 내에서 상당한 재분배 혜택을 가져가지 못하게 하고 그들의 자율성을 강화할 국제적 연대를 막았다."[6] 미국은 유동성 과잉 상태에, 재화와 서비스 수출도 그 어느 때보다 늘어나고 있었다. 1920년대 미국 정치가 고립주의 노선이었다는 점을 고려하면, 미국 자본의 유럽 진출과 대유럽 관계는 비공식 경로에 맡겨졌다. "물론 이 경로들은 뉴욕의 금융 기관, 특히 J. P. 모건 은행이 지배했다."[7]

이어지는 페이지에서는 국제 질서 안에서 자본주의 계급관계를 걸어 잠그려는 특정 목표와 함께, 미국과 영국 자본이 무솔리니의 경제정책에 끼친 영향력이 긴축으로 귀결된 과정을 살펴보겠다.

이 장은 무솔리니의 집권으로 이어진 자본주의 위기에서 출발해, 긴축과 강한 공권력의 필연적 밀월 관계 그리고 결국 정치 폭력을 정당화하기에 이른 엘리트 지배층의 이야기까지 더듬어볼 것이다. 마지막에는 전쟁 부채를 청산하고 금본위제 달성하기 위해 분투하던 이탈리아의 다사다난한 사정을 탐구할 것이다. 당시 전 세계에서 긴축 압력이 엄청났고, 이탈리아 국민에게는 아무 혜택도 돌아오지 못했다.

대외 의존도 문제

전쟁 후 이탈리아는 경제적 자립 능력이 부족했다. 이탈리아 관료들은 자국의 대외 의존 문제를 이렇게 분명히 표현했다. "프랑스나 심지어 독일과도 다르게, 이탈리아는 망하지 않는 한 대외 관계를 끊을 수 없다. 그러다간 모든 필요한 원자재가 고갈되든지, 부족해질 것이다. 식량과 기름은 초과 수입이 심각하며 철, 석탄, 비료, 직물 등도 부족하다."[8]

이탈리아의 무역 불균형 위기는 갈수록 심각해졌다. 1918년 휴전 협정으로 환율과 통화 관리를 둘러싼 다툼과 전시 협정이 모두 마무리되었다. 수입이 수출보다 많은 이탈리아는 그 후 즉시 통화가치가 떨어졌다.[9] 평가절하된 리라는 대외 부채 부담을 커지게 할 뿐 아니라 수입품 가격의 상승, 국내 물가 상승, 원자재 부족으로 산업 활동의 차질을 초래했다.

1919년 1월, 이탈리아 산업부 장관 주세페 데 나바Giuseppe De Nava는 영국 총리 데이비드 로이드 조지에게 불길한 메시지를 전보로 보냈다. 그는 이탈리아에서 석탄이 부족해 "산업 재건은 물론 안 그래도 심각한 노동 문제를 해결하지 못하고" 있다고 귀띔했다.[10] 이탈리아 주재 영국 대사 J. 레넬 로드James Rennell Rodd는 암울한 미래를 전망했다. "현재 물가는 천정부지로 치솟고 민심은 일촉즉발인 상황에서 이탈리아 북부의 주요 공장들마저 문을 닫으니 혁명의 위험이 머지않아 보입니다. (…) 실업과 식량난 때문에 사람들에게는 자포자기가 가장 쉬운 선택이 될지도 모릅니다."[11]

석탄뿐 아니라 양모, 고기도 부족했다. 1919년 재무부 자료에 따르면 "국가의 경제생활에 다른 많은 상품도 중요하기는 마찬가지지만 현재 재정 부족으로 인해 수입하지 못하는" 실정이었다.[12] 부채 누적으로 채권자의 속을 태우고 통화 불안정을 악화하는 악순환이 계속되면 리라가 완전히 구매력을 상실하는 전면적 통화 붕괴를 초래할 수도 있다는 우려가 자자했다.

영국 재무장관 앤드류 보너 로Andrew Bonar Law는 이탈리아 국민의 어려운 사정을 인식하면서도, 영국 재무부가 '홀로 감당하기에는 벅찬 문제'라고 분명히 밝혔다.[13] 1919년 2월 영국은 이탈리아에 대출을 전보다 축소하겠다고 발표해, 이탈리아 관료들 사이에 진심으로 심각한 공포를 불러일으켰다. 양국의 재무부는 치열한 협상 끝에, 결국 영국이 이탈리아에 상당한 금액의 대출을 제공하는 것으로 합의했다. 합의 내용에는 차관이 "우선 영국 정부에 대한 모든 미결제 부채를 상환하기 위해 사용"되어야 한다고 명시되었다.[14] 그리고 1919년 8월에 또 다른 대출을 제공하기로 했고, 이는 니마이어와 블래킷도 이미 찬성한 사안이었다.

이탈리아는 외국 차관에 대한 의존도가 나날이 심각해져 1919년에 영국이 제공한 대출로는 역부족이었다. 이탈리아 지도부는 정권이 완전히 붕괴하지 않도록 필사적으로 지원을 요청했다. 그들은 자기네가 붕괴하면 동맹국 영국에도 영향을 끼칠 것이라고 강조했다.

1920년 4월, 로마 주재 영국 대사관의 상무 참사관 에드워드 헨리 카펠-큐어Edward Henry Capel-Cure는 이탈리아 재무장관이자 훗날 제노바 회의에 참석해 긴축을 적극 지지하게 될 카를로 샨처Carlo Schanzer와 대화한 내용을 즉시 영국 재무부에 보고했다. 이 대화에서 샨처는 수입 물가 상승으로 이탈리아의 재정 상태가 '거의 버틸 수 없을 정도'라고 털어놓았다. 그는 "지출이 이런 속도로 계속되면 국가 파산, 나아가 혁명으로 이어질 수 있다."라고 한탄했다.[15] 카펠-큐어는 영국 재무부에 샨처의 말이 과장이 아니라고 강조 했다. "샨처 장관은 '혁명'이라는 단어를 여러 번 반복했다. 꽤 오랫동안 그와 개인적으로 알고 지낸 내 기억에, 그가 이런 표현을 쓰기는 처음이다." 카펠-큐어는 회의에서 샨처의 고민을 요약해 보고했다. "그는 혁명이 분명 프랑스와 스위스까지 퍼질 것이라고 말했다. (…) 볼셰비즘의 기운이 아주 명백히 감지된다."[16] 카펠-큐어가 전달한 긴급한 메시지는 분명했다. 이탈 리아와의 교역이라는 초미의 문제를 '당장 진지하게 고려'해야 영국의 이 익에 부합한다는 것이었다.[17]

한편 이탈리아 재무장관 루이지 루자티Luigi Luzzatti는 이탈리아에 대출을 제공하는 것은 단순히 자비를 베푸는 게 아니라 혁명을 방지하기 위한 상 호 이익의 문제라고 대외에 외쳤다. 이탈리아로서는 '사람들의 절박함이 폭발하면 혁명이 발발할지도 모를 일'이었다. 루자티는 이러한 전개가 '영 국까지 퍼질 수 있다'고 경고했다.[18] 영국 금융가는 이탈리아의 절박한 상 황이 경제적, 정치적으로 맞물린 문제라는 것을 알고 있었다. 예를 들어 은 행가 허버트 햄블링Herbert Hambling은 정치 혼란이 자본주의 문명 전반을 위 협할 뿐 아니라, 이미 투자된 영국 자본도 즉시 손실을 입을 것이라고 문서 를 통해 주장했다.[19]

영국 재무부가 추가 대출을 꺼리는 상황에서 이탈리아는 미국과 영국의 민간 은행에 재정 지원을 기대해야 했다. 물론 세상에 공짜는 없다. 카펠-큐 어는 샨처에게 이렇게 보고했다. "지난 8월 샨처 장관에게 1,000만 달러를 제공하겠다던 한 은행장이 며칠 전 말한 바에 따르면, 영국 민간 은행은 아 마 이탈리아가 빵 보조금을 중단하고 다른 재정 개선 작업을 시작하기 전 까지는 대출 요구를 절대 받아들이지 않을 것이라고 한다."[20] 여기서 카펠-

큐어는 긴축의 씨앗을 뿌릴 텃밭을 일군 셈이었다. 이탈리아는 재정 지원을 받을 수 있다 해도 빵 보조금을 삭감해야 했다. 우리가 알고 있듯, 이런 식의 긴급 처방은 갈수록 꼬리에 꼬리를 물게 된다.

이탈리아와 영국 지배층은 하나같이 문제에 접근하는 공통된 화법을 취했다. 그들은 이탈리아 경제 위기를 이해하기 위해 "먼저 정치적 이유부터 살펴야 했다."[21] 이탈리아의 경제문제는 정치문제를 해결해야만 풀 수 있었다. 결국 노동자 파업과 재분배 정책은 '외국이 이탈리아 재정을 못 미더워하는' 주된 요인이었으며, 더욱이 외국 금융계 관찰자들은 재산이나 사치재에 매기는 세금을 '개인과 계급의 이기심과 탐욕'이 표출된 결과로 해석했다.[22] 여기서도 비난의 화살은 인구의 대다수, 즉 너무 많이 소비하고 너무 적게 생산하는 우매한 대중을 향했다.

1922년 여름에도 이탈리아의 경제 상황은 나아지지 않았다. 7월 4일 카펠-큐어는 이탈리아 주재 영국 대사 로널드 윌리엄 그레이엄에게 일간지 〈일 메사제로Il messaggero〉에 실린 '외국에서 비판하는 이탈리아 금융 정책'이라는 제목의 '흥미로운 기사'를 전달했다.[23] 이 기사는 이탈리아를 향한 외국 금융계의 '불신이 널리 커지고 있다'고 전했다. 그리고 외국 이해관계자들이 특히 "이탈리아의 과세 방법, 정부가 자국에 투자된 외국 자본에 과세한다는 소식, 채무 불이행에 관한 소문 등으로 노심초사하고 있다."라고 보도했다. 그리고 자본세를 특별히 언급하고는, 다음과 같이 비판적인 결론을 내렸다. "그 결과 외국 자본은 이탈리아를 외면할지도 모르며, 이미 이탈리아에 투자한 사람들도 수익 실현 후 철수할 수 있다."[24]

그해 7월 말, 카펠-큐어는 우유부단한 이탈리아에 이렇게 깊은 불만을 표출했다. "이탈리아 정부는 밑 빠진 독에 물 붓는 수많은 사업을 처분해야 한다. 철도, 우편, 전신은 나날이 적자가 불어나고, 이는 조만간 납세자가 감당해야 할 것이다."[25] 카펠-큐어는 임금인상이 문제의 핵심이라고 주장했다. "정부 관료 그리고 노조를 결성한 직원들은 나랏돈으로 상당한 급여를 받고 있었다." 그리고 그는 이러한 추세가 비노조 노동자들에게 확산하여 국가 재정을 더욱 고갈시킬 것이라고 경고했다.[26]

영국 외무부는 이탈리아에 대한 비판에 한목소리로 동조했다. "힘없는 중앙정부는 쩔쩔매고 있다. 국정 운영은 비효율적이고, 공무원은 충성심이 없으며, 군대는 재편으로 혼란스러운 상태다. (…) 농업 쪽도 상황이 위험하다. (…) 이탈리아 정부의 평판은 국내외로 심각하게 실추되었다."[27]

이들은 이탈리아의 유일한 탈출구는 영국식 긴축이라는 점에 동의했다.[28] 그리고 마침 등장한 적임자는 곧 긴축의 격언에 따라 이탈리아의 재정 의존도 문제와 씨름하기 시작했다.

긴축과 '큰' 국가

데 스테파니: 긴축의 총대를 멘 훌륭한 군인

카펠-큐어가 앞서 언급했듯 이탈리아의 '정치 상황'은 재정 복구에 중요했다.[29] 로마 행진과 이탈리아 파시스트 국가 수립 전날인 1922년 10월 27일, 이탈리아 주재 영국 대사 로널드 윌리엄 그레이엄은 리라와 파운드 가치의 격차가 점점 벌어지는 상황을 정치문제로 규정짓고 상부에 이렇게 보고했다. "리라 가치가 급락하자, 이탈리아 언론은 이를 특별히 주목하고 있으며 보도 내용도 암울합니다. 국가주의자 진영에서는 어지러운 국내 상황을 탓하며 강력한 정부가 필요하다고 주장합니다."[30]

무솔리니가 권력을 장악한 지 일주일 후 그레이엄 대사가 급히 타전한 소식은 다음과 같이 어조가 좀 더 낙관적이었다. "지난주의 정치 사건으로 이탈리아 교역이 호전할 것으로 보인다는 보고를 전하게 되어 영광입니다."[31] 낙관적인 이유는 간단했다. 일단 집권한 무솔리니는 신속하게 우선순위를 자본 친화적으로 바로잡았다. 1922년 11월 10일, 영국 대사관은 이탈리아에서 외국의 자본 투자를 보장하고, 특히 그 자본이 이탈리아와 본국 양쪽에서 과세를 면제하려는 계획이 진행 중이라고 발표했다.[32]

〈타임스〉는 자본이 유입된 것으로 보아 '상속세의 전면 폐지'를 지지할 설득력 있는 근거가 생겼다고 기술했다. 그리고 상속세 폐지가 비록 '당장 상당한 세수 감소'를 수반하더라도, 꿋꿋이 무기한 유지해야 한다고 주장했다.[33] 이 주장은 긴축 논리의 핵심과 일치했다. 균형예산은 구실이고, 실제 목표는 자본 축적에 유리하게 자원을 이동하겠다는 것이었다. 그리고 이 목표야말로 무엇보다 최우선이었다.

불과 1년 후인 1923년 12월, 그레이엄 대사는 이전에 깨진 신뢰가 회복되고 있다며 영국 관측통들을 안심시켰다. "외국 자본가들은 과거의 지당했던 의구심을 걷어 내고 다시 안심하며 이탈리아에 투자하고 있다."[34] 그레이엄은 전쟁 후 부패하고 불안하고 무능했던 이탈리아의 의회 민주주의를 데 스테파니의 효율적 경제 관리 능력과 대조했다.

과연 외국 자유주의 언론은 데 스테파니를 칭찬했다. 그는 서로 연결된 그럴듯한 두 이유로 미국과 영국 금융계로부터 높은 평가를 받았다. 첫째, '전업 정치인에게서 보기 힘든' 전문가다운 결단력이 있었다. 둘째, 영국식 긴축에 감탄사가 절로 나올 정도로 헌신했다. 〈타임스〉는 그를 이탈리아판 '옥스퍼드 교수'라며, '영국 경제학자들의 사상에 완전히 도취된' 참모들을 곁에 두고 있다고 소개했다. 이 도덕적 이탈리아인들이 '공공연히 드러낸 이상'은 '영국의 재정 시스템을 파악하고 따라 하는 것'이었다.[35] 루이지 에이나우디는[36] 〈이코노미스트〉에 '이탈리아판 게디스 위원회'라는 제목의 기사를 썼다. 거기서 그는 "데 스테파니는 비용을 확인하고 각 부처의 지출을 통제할 때 영국 재무부의 효율성을 매우 중요시했다."라고 강조했다.[37] 로마 주재 영국 대사관에서도 비슷한 칭찬이 나왔다. 그레이엄은 데 스테파니를 '화폐를 발행하려는 유혹을 뿌리치고 균형예산을 맞출 계획'을 몸소 구상한 '전공자 출신의 전문적 이론 경제학자'라고 일컬었다.[38]

〈타임스〉와 〈이코노미스트〉는 둘 다 데 스테파니의 가장 큰 미덕 중 하나가 '인기 없는 결정을 내릴 용기'였고, 이로 인해 그가 '고집불통의 확신'으로 긴축정책을 밀어붙일 수 있었다고 강조했다.[39] 그리고 실제로, 대중의 반대를 무릅쓰고 '인간을 길들이려는' 데 스테파니의 의지는 순수경제학을 연마해서 힘들게 얻은 소신이었다. 그의 용기는 순수경제학파에서 자칭하기로 이른바 '엄격하고 우아한 경제법칙'을 실현하겠다는 사명에서 비롯되었다.[40]

데 스테파니의 부지런함은 자유주의 언론에서도 널리 보도되었다. "그는 재무부에서 먹고 자고 살다시피 했다. 그는 주 7일 동안, 하루에 점심 30분을 포함해 아침 8시에서 저녁 8시까지 일한다. 그가 이토록 무리하는 이유는 아마 전임자의 일 처리에 대한 당연한 불신 때문일 것이다."[41] 물론 언론도 표면상 기사화하지 않았을 뿐 이미 알고 있었듯, 데 스테파니가 민중의 요구에 귀를 닫을 수 있었던 것은 그의 단호한 성격 외에 더 큰 요인이 있었다. 그는 독재 국가 지배층의 든든한 일원이었기에 '불굴의 통제력'을 휘두를 수 있었다.

무적의 콤비: 긴축과 독재주의

무솔리니가 권력을 장악한 후 몇 주 동안 외국 관측통은 공권력으로 긴축정책을 시행하는 그의 놀라운 능력에 주목했다. 1922년 11월 3일 영국의 그레이엄 대사는 경제정책과 정치 권력 양쪽에서 벌써 돌파구가 열렸다고 강조하는 특전을 전했다. 그는 이탈리아의 민영화와 공공 서비스 축소 계획을 설명하며 "현 정부는 전임 정부보다 훨씬 강력하게 긴축 조치를 시행하고 있다."라고 결론지었다.[42]

한편 〈타임스〉는 무솔리니의 대국민 개회 연설 직후, 파시즘을 '낭비를 척결하는 정부anti-waste government'로[43] 정의했다. 무솔리니의 연설은 객관적인 듯하면서도 그 안에는 독재와 긴축의 어조가 농후했다. "우리의 대내 정책은 (…) 검약, 근면, 규율이라는 세 단어로 요약할 수 있습니다. 우리는 최대한 빨리 균형예산을 달성해야 합니다. (…) 법은 어떤 희생을 치르더라도 지켜져야 합니다. 국가는 강하며, 그 강한 힘을 모두에게 발휘할 것입니다. (…) 누구든 국가에 거역하는 자는 처벌받을 것입니다."[44]

1923년 6월 8일 무솔리니는 상원 연설에서 "공장 점거 그리고 무한 반복되는 공무원 파업이 (…) 1919년~1920년에는 일상이었다면" 이제는 그런 행위가 축출되고 처벌되었다고 주장했다. 파시스트 정부가 '정력 빠진' 국가를 '국민의 군기를 다잡고 나날이 강력해지는 국가'로 거듭나게 한 덕분이었다.[45] 영국 대사관은 이 연설에 "일리가 있다."라고 표현했다. "무솔리니의 연설은 정부가 '자유'가 아닌 '권위'로서 나머지 구성원을 완전히 종속시키는 (…) 파시스트 운동의 진수를 다시금 보여주었다."[46]

파시스트 정권 초기 영국 관측통의 어조는 비난이 아니라 파시스트 우두머리의 분별력에 엄지를 들어 올리는 인정에 가까웠다. 예컨대 그레이엄은 이탈리아의 "가장 큰 실패는 '의회주의'에 있었다."라고 말했다.[47] 급박한 경제문제와 혁명의 위협으로 더 강력한 공권력이 필요한 시기에, 의회주의(또는 민주주의)의 당파성 때문에 통제 불능 상태만 커졌다는 것이다.[48]

파시즘에서 '타자화되는 모든 대상'이 '제거'되고 '모든 반대 목소리가 사라졌다는' 사실에 한때 경계심을 표한 바 있던 몬터규 노먼 영란은행 총재도 기다렸다는 듯 이렇게 말을 보탰다. "현재 상황은 바람직하며, 이번 정부는 이탈리아에 가장 적합한 정부가 될 것 같습니다." 그러고는 다음과 같이 말을 이었다.

> 지난 몇 년 동안 파시즘은 확실히 혼란을 질서로 바꿔놓았습니다. 흔들리는 진자가 완전히 엉뚱한 방향으로 갈 때는 분명 뭔가 대책이 필요합니다. 두체는 중요한 순간에 나타난 적임자입니다.[49]

외국 기관들이 강력한 국가를 수립하려는 이탈리아를 지지한 것은 이상하지도 예외적이지도 않았다.[50] 이러한 정서는 영국 외교관들과 자유주의 언론에 널리 퍼져 있었다. 즉 파시스트 독재는 격동기의 국가를 통치하고 건전한 경제 목표를 달성하기 위해 불가피하고 필요한 수단이었다.[51] 로마 주재 영국 대사관의 2등 서기관 올리버 하비Oliver Harvey는 이 판단의 기준에 대해 명쾌한 답변을 남겼다. "무솔리니의 실험은 킨키나투스Cincinnatus(고대 로마의 정치가, 위기 때마다 독재관으로 임명되었고, 임무가 끝나면 미련 없이 독재 권력을 내려놓고 고향으로 돌아간 것으로 유명하다-옮긴이)처럼 독재의 순수하고 온전한 장점을 바탕으로, 혹은 상황의 엄중함과 성과에 따라 정당화되어야 한다."[52] 독재는 결과가 잘못되어야만 나쁘다는 것이었다.

집권 첫해 이후에도 외국 언론과 대사관은 무솔리니의 승리에 계속 환호했다.[53] 무솔리니는 긴축의 본질인 정치 질서와 경제 질서를 성공적으로 결속했다.[54] 1923년 그레이엄 대사는 영국 총리에게도 전달된 종합 보고서에서 계속 무솔리니를 높게 평가했다.

> 1년 반 전만 해도 이탈리아 상황을 알 만큼 아는 관찰자라면 누구나 이곳이 몰락하고 있다고 생각할 수밖에 없었다. (…) 이제는 파시즘을 싫어하고 그들의 수법에 탄식하는 사람들조차 상황이 완전히 바뀌었다는 사실을 대체로 인정하고 있

다. (…) 국가 재정이 놀라울 정도로 안정되고 있고 (…) 파업 노동자는 90%, 손실 근무 일수는 97% 이상 감소했으며, 전국 저축액이 전년도보다 40억 리라 증가 했다. 실제로 저축액은 처음으로 전쟁 전 수준보다 약 20억 리라 늘어났다.[55]

이 메시지는 달리 해석될 여지도 없이 명확했다. 파시스트의 정치 탄압에 대한 우려는 긴축정책이 성공하면서 잠잠해졌다. 영국-이탈리아 은행 조합British-Italian Banking Corporation의 회장인 J. W. 보몬트 피스John William Beaumont Pease는 긴축의 성패가 '최고 지위인 국가권력' 밑에서 '열심히 일하고 절약하기'에 달려 있다고 촌평했다.[56]

파시스트 국가가 자본 축적을 위해 정치 탄압과 폭력을 사용한 것은 무솔리니와 그의 정권에 찬성한 자유주의 진영을 최종 시험대에 올린 것과 같았다. 그리고 자유주의 기득권층은 이러한 정치 탄압을 눈감고 옹호한 순간 그 시험에 완전히 실패했다.

정치 탄압과 이중 잣대

이탈리아의 긴축은 산업의 평화, 이윤 증가, 영국의 사업 진출 기회 확대 등의 측면에서 대외로 널리 알려질 만큼 성공했다. 하지만 이 높은 성과를 상쇄하고도 남을 만큼, 행정부에 제도적 권력을 집중하고 의회 승인 절차를 생략하는 등 억압적 측면도 만만찮았다. 무솔리니는 자신의 탄압을 대중의 시선으로부터 감출 생각도 없었다. 결국 그는 "공공질서를 재건하려면 이른바 체제 전복을 꿈꾸는 불순분자를 진압하는 게 우선"이라고 주장했다.[57]

예를 들어 외국 관찰자들은 1919년~1922년 격동기에 잔혹한 폭력으로 악명 높았던 파시스트 부대가 국가기구의 필수 조직이 되어 정부를 더욱 군사화하는 모습을 목격했다.[58] 1923년 7월, 파시즘 대평의회는 공개적으로 위헌 논란이 제기되는 가운데서도 소위 검은 셔츠단Black Shirts이 '파시스트 정부의 영속을 보장하고 정부와 한 몸과도 같은 강력한 부대'를 결성했다고 발표했다.[59] 이렇게 본격적으로 출범한 연방 민병대는 '무솔리니의 정적들을 억압하는 거대 세력'으로, '국가 전체가 완전히 파시스트화되기 전까지는' 없어서는 안 될 존재였다.[60]

영국 대사관은 이탈리아에서 벌어진 여러 사건을 고국에 전했다. 파시스트는 반대 세력을 계속 공격하고,[61] 사회주의자들의 본부와 노동회의소를 불사르고, 사회주의 지자체장들을 퇴진시키고, (무솔리니 집권 3년 후 선거 자체가 완전히 폐지되기 전까지) 부정 선거를 자행하거나 유권자를 대놓고 협박하고,[62] 정적을 처단하고, 공산주의자들을 감옥에 잡아넣고,[63] 몇몇 정치적 살인으로도 악명을 떨쳤다. 그중 가장 중요한 사건은 파시스트 정부와 부정 선거에 반대했던 사회당 의원 자코모 마테오티의 피살이었다.[64]

미국과 영국 금융계가 이 '마테오티 위기Matteotti Affair'를 대한 방식은 정치적 자유보다 경제적 결과를 우선시하는 그들의 태도를 반영했다(그리고 이런 태도가 정치 폭력에 대한 우려보다 더 대세였던 것 같다). 〈타임스〉와 〈이코노미스트〉는 모두 이 사건을 이탈리아 정부가 '행정부 내부를 청소'하고 무솔리니 정부와 당에서 불순분자를 제거하기 위한 목적으로 해석했다.[65] 무솔리니는 극단주의 분파를 추방함으로써 당을 강화하고 정상화할 수 있었다.[66] 그래도 무솔리니와 데 스테파니의 재정 정통론에 더 나은 기반을 마련하기 위해서라면 눈감아주는 분위기였다.[67] 한편 마테오티 위기가 절정일 때도 앤드류 멜론Andrew Mellon 미국 재무장관은 정견 발표에서 무솔리니의 권력 남용에 대해서는 말을 아꼈다. 대신 그는 국가를 악하게 물들이는 사회주의자들을 제거한 동시에 균형예산을 달성하고 산업을 정부 규제로부터 해방한 무솔리니의 지도력을 높이 평가했다.[68]

영국-이탈리아 은행 조합의 회장인 보몬트 피스는 마테오티 위기 중 흥흉한 소문 속에서도 파시스트 정부를 명백히 두둔하며, 대신 파시스트 정부를 위한 지지와 '따뜻한 공감'을 독려했다.[69] 피스는 '영국에서 거의 유일하게 이탈리아와 거래하는 금융 기관'의 수장인 자신의 '독특한' 위치에서 봤을 때, 본인의 개인적 이익은 둘째 치고 더 폭넓게 '무솔리니가 이룩한 산업의 번영'이 '결국 영국 산업에도 이익이 된다'고 주장했다. 이어서 그는 "우리가 이탈리아를 신뢰한 덕에 독일, 미국 등 다른 지역에 뺏길 뻔한 많은 사업 기회가 영국 기업들에 갔다. 그 결과 단 한 번도 재정적으로 실망스러운 결과를 낸 적이 없다."라고 말했다.[70]

피스처럼 대체로 긴축을 긍정하는 관점은 흔히 볼 수 있었다. "이탈리아 고위층 중 무솔리니의 조치가 과하다거나 다소 위법적 요소가 있음을 모르는 사람은 없다. 그러나 현 정부의 정책이 국익에 기여한 바는 십중팔구 인정한다." 물론 이러한 국익은 산업, 통화, 재정 긴축의 형태로 나타났다. 그리고 이들 정책은 대다수 이탈리아 시민에게는 전혀 득이 될 게 없었다.

피스의 주목할 만한 다음 발언을 통해 당시 영국 자유주의자들의 전형적인 합리화 방식을 엿볼 수 있다. "내가 보기에는 걱정할 이유가 딱히 없는 것 같다. (…) 이탈리아는 그들만의 방식이 있기에, 우리 관점에서는 불쾌해 보일지라도 무시하면 그만이다. 그들은 알아서 자구책을 찾을 것이며, 또 이미 먼 길을 달려왔다." 이 사고방식은 확실히 귀에 걸면 귀걸이, 코에 걸면 코걸이였다. 경제와 정치는 분리해서, 그것도 불균등하게 판단해야 하는 별개의 영역이었다. 독재 정치가 아무리 보기 불편해도 경제를 살리려면 불가피했다. 그리고 경제 회복이 파시스트 정권을 판단할 유일한 보편적 기준이라는 사실도 마찬가지였다. 목표를 위해서라면 수단이야 어찌 됐든 정당화할 수 있었다. 게다가 관용도 필요했다. 정치 체제는 이탈리아 국민이 결정할 몫이었다.

관찰자들은 전통적인 서구 민주주의 국가에서 용인될 수 없는 것도 제

1차 세계대전 직후의 이탈리아 시민에게는 잘 통한다는 점에 동의했다.[71] 〈타임스〉는 이러한 이중 잣대를 다음과 같이 분명히 밝혔다. "영국인이 생각하는 민주주의가 무솔리니 치하의 이탈리아에서는 살아남기 어려울 것이다. 그러나 항상 비평가들은 두 나라에서 민주주의의 의미가 서로 얼마나 다른지도 모르고, 무솔리니가 집권하기 전에 이탈리아 의회가 얼마나 형편없었는지를 자주 잊곤 한다."[72]

노먼 총재도 다음과 같이 동의했다. "이탈리아는 일반적인 의미의 자유 국가가 아니어서, 영국 같은 자유 국가에서는 없어선 안 된다고 간주되는 표현의 자유, 언론의 자유, 정치적 자유 등이 결여되어 있다. 그러나 이탈리아의 경제와 재정이 개선된 것은 엄연한 사실이다. (…)"[73] 이탈리아인은 영국인과 달라서, 민주주의와 자유주의 가치가 없어도 아쉽지 않을 것이란 얘기다.[74]

1925년 영란은행에서 수기로 작성된 익명의 '이탈리아 파시스트-파시스트의 해결법Fascist Italy–Fascist Methods'이라는 문서는 이러한 이중 잣대를 극명하게 표현했다. 이 문서는 '파시스트 반대 운동에 빠져들 가능성이 농후한' 모든 공무원의 해고,[75] 모든 비파시스트 지자체의 해산, 이들 지자체를 점령한 포데스타podestà(선출직 지자체장을 대체한 중앙정부 관료)의 통치권 장악 등 파시스트들이 수행한 온갖 종류의 억압을 나열했다. 게다가 이 문서는 "초기는 물론 집권 이후에도 불쾌한 정적들을 진압할 목적으로 구타와 피마자 기름 고문 외에 대대적 살인까지 자행되었다."라고 지적했다.[76] 그리고 마지막에는 이 정권이 저지른 주요 정치적 살인 사건을 목록으로 열거했다. 그러나 이러한 정치 탄압을 비난하기는커녕 이탈리아의 열악한 상황을 '현실주의적' 어조로 보고했다.

이탈리아인은 로마제국 노예의 후손이다. 로마제국이 쇠퇴한 후에도 약 14세기 동안 여러 다른 국가의 각축장 속에서 지배받아왔다. (…) 대개 노예 민족은 자치 능력이 없다. (…) 따라서 이탈리아에서는 한 번도 민주 정부가 이렇다 할 성공을 거둔 적 없다가, 동요하던 이탈리아 국민이 세계대전을 기점으로 도덕성을 극도로 상실하면서 하염없이 무너졌다. (…) 이 국가는 볼셰비즘이 무르익었다. (…) 하지만 국가는 (혹은 비라틴계 지도자들은?) 자멸할 지경까지 가진 않았다. (…) 무솔리니와 그의 파시스트 부하들은 권력을 장악하고 질서를 회복했다. 현재 그들은 자신들의 의지에 따라 무력으로 국가를 통치하고 있으며, 국민은 2,000년간 자신들의 운명이었던 노예 상태로 전락하고 있다.[77]

이렇게 무솔리니의 독재를 지지하는 논거는 다양한 양상을 띠었다. 위와 같이 '라틴족'은 민주주의 정치에 태생적으로 무능하다고 주장하는 노골적인 인종차별적 평가도 있었다. 아니면 문화적 상대주의와 선의의 실용주의를 바탕으로 한 약간 더 온화한 노선도 있었다. 그 외에는 이 저주받은 나라를 좋게 표현할 길이 없어 보였다.[78]

실제로 관찰자들이 제기한 의문이 있다면 그것은 민주주의에 대한 우려가 아니라 무솔리니가 없을 때 일어날 일에 대한 우려였다. 이러한 우려는 1926년 영란은행 내부 메모에서 뚜렷이 드러났다. "만약 그 체제가 실패한다면 (…) 내전이나 혼란 등 어떤 일이든 일어날 수 있다."[79] 1928년 6월에 이나우디는 〈이코노미스트〉에 정치적 대표성의 결여가 걱정되긴 하지만 더 걱정되는 것은 자본 질서의 결여라고 썼다.[80] 그는 영국인들이 마음속에 품고 있는 '매우 심각한 질문'에 대해 이렇게 썼다. "다시 말하지만 지도력 강한 위대한 두체가 불가피하고 자연스러운 과정을 통해 조타수 자리에서 물러나면, 이탈리아에는 그만한 능력을 갖춘 또 다른 사람이 있는가? 어느 시대든 두 명의 무솔리니가 배출될 가능성이 있는가? 그렇지 않다면 다음은 어떻게 될 것인가? 권력도 지력도 떨어지는 차기 정부가 들어서면 혼란의 반발이 뒤따르지 않겠는가? 그러면 이탈리아는 물론 유럽에는 어떤 결과가 초래될 것인가?"[81]

1928년 여름에도 지난번 자본주의 위기의 망령은 여전히 무시할 수 없어 보였다. 〈이코노미스트〉는 조반니 졸리티 전 총리의 경력을 되짚어 보며 그때의 어두운 부분에 초점을 맞췄다. "안타깝게도 그는 1920년 9월 노동자들이 공장을 점거하고 소작농들이 사유지를 점령했을 때도 간섭하지 않을 만큼 '두고 보기'식 정책을 지향했다."[82]

외국의 자유주의 지배층은 무솔리니의 긴축 방식에 워낙 매료된 나머지, 무솔리니 정권이 전쟁 부채 청산과 리라 안정화를 통해 정치적, 경제적 지배력을 더욱 공고히 할 수 있게 자금 지원으로 힘을 보탰다. 1927년 뉴욕 연방준비은행 총재 벤저민 스트롱Benjamin Strong이 단언했듯, 이탈리아는 '자제력과 자기희생 능력'을 보여주었으므로, 금본위제 계획을 달성하기 위해 지원받을 자격이 있었다.[83]

이처럼 타국의 자유주의 지배층은 이탈리아 국민의 바짝 강해진 자제력이 실은 무솔리니의 독재 때문이라는 사실은 못 본 체하며 무솔리니에게 보상을 내렸다. 임금, 노동 3권 그리고 단순한 생계마저 억압하는 등 노동계급에 '자기희생'을 강요한 무솔리니의 목표는 폭력적 수단을 동원한 디플레이션으로 귀결되었다.

부채 그리고 리라의 강세

영국과 미국의 금융가들은 파시스트 긴축을 단순히 먼발치에서 응원하는 데 그치지 않았다. 무솔리니 정권을 국제 자본주의 질서 안으로 받아들임으로써 이 정권의 강화에 결정적 역할을 했다.

무솔리니는 1925년 초여름 외국의 투기 공격이 계속 리라화를 무너뜨리자[84] 데 스테파니에게 편지를 보내 국제 자본과 상호 의존해야 할 필요성을 충분히 인식하고 있다는 뜻을 내비쳤다.

우리는 전 세계 금융계가 이탈리아 재정을 불신하고 있으며, 이 불신이 통화가치를 하락시키고 투기를 유발하는 원흉이라는 것을 알아야 합니다. 이것이 국내에 악영향을 미치기 전까지는 급박한 위험이 눈에 보이지 않았습니다. 그러나 (장기적으로는 불가피하게도) 정치가 국경을 넘는 순간, 외국의 불신은 국내 전역으로 퍼져 510억 달러에 달하는 예금이 인출될 것이고 정부는 국가가 붕괴하는 모습을 속수무책으로 지켜보고 말 것입니다.[85]

무솔리니가 하고자 하는 말은 분명했다. 외국 금융계의 신뢰가 파시스트 정권의 성패를 좌우할 수 있다는 것이었다. 그 신뢰를 가장 확실히 지킬 길은 전쟁 부채를 청산하고 금본위제를 달성하는 것이었다. 특히 무솔리니의 이번 목표는 긴축을 통해 국가의 신뢰도를 입증하는 것이었다.

제1차 세계대전이 끝난 이후 미국과 영국 재무부는 전쟁 부채를 탕감해 달라는 이탈리아의 요청을 거절했다.[86] 따라서 파시스트 정권이 시작될 때부터 영미 금융가는 하나같이 무솔리니가 '이탈리아 채무를 최대한 빨리 합의 보려 안달하고' 있음을 알았다.[87] 물론 부채를 상환하려면 막대한 자본 유출과 정부 세입의 비교적 큰 출혈이 필요하므로 재정 긴축의 고삐를 더욱 조여야 했다. 두체는 서둘러 예산을 정리하고 산업의 평화를 보장하려 노력 중이라며, 이탈리아를 믿어도 좋다고 대외에 안심시켰다.

부채 청산 전후로 몇 년간 영국과 미국의 대사관, 재무부, 중앙은행 등은 이탈리아 재정 상황을 눈에 불을 켜고 감시했다.[88] 그리고 자신들이 본 광경에 흡족해했다. 영국 재무장관 윈스턴 처칠은 1926년 전쟁 부채 문제를 논의하기 위해 이탈리아 재무장관 주세페 볼피와 회의를 마친 후 이렇게 말했다. "이탈리아 현 정권이 이룬 엄청난 성과에 큰 감명을 받았다. 상당한 재정 흑자로 균형예산을 달성하고, 주요 산업이 빠르게 성장하면서 국제수지가 개선되었다. (…) 정부는 질서 있고 진취적이고, 국민은 '알뜰하고 부지런하며', 실업률은 제로에 가깝다."[89] 특히 한때 어지러웠던 이탈리아의 국내 질서가 바로잡혔다고 칭찬한 처칠은 긴축 조치도 칭찬 대상에 빠뜨리지 않았다.

이탈리아가 금본위제를 달성하려면 1925년과 1926년 각각 미국과 영국에 진 부채를 청산해야 했다. 그래야 추가 대출의 기회가 열리기 때문이었다.[90] 실제로 통화 안정화 메커니즘을 통제하는 두 기관인 영란은행과 미국 연방준비제도의 협조를 얻으려면 부채부터 청산해야 했다. 그러고 나면 이탈리아는 외국 자본 시장에 접근할 수 있는 추가 혜택을 얻을 것이었다.[91] 이탈리아가 잔여 부채를 상환한 직후 J. P. 모건 체이스 은행은 리라화의 안정을 지원하기 위해 1억 달러 대출을 확정했다.[92]

데 스테파니가 영국 외무부에 '국고 재정 자료를 꾸준히 발송'할 정도로, 파시스트 국가는 자기네가 국제 긴축 규정을 잘 준수하고 있다고 열렬히 홍보했다.[93] 이탈리아가 긴축을 끈덕지게 실천한 결과, 1926년 10월부터 국제 시장은 리라화의 하락세 베팅에서 상승세 베팅으로 전환해 리라의 절상에 도움이 되었다.

볼피는 1926년 무솔리니에게 쓴 편지에서 "영국 전문가들은 (…) 우리를 가장 예리하게 평가합니다."라고[94] 말했다. 무솔리니 정부가 금태환 환율을 발표한 다음날, 처칠 재무장관은 무솔리니에게 '이탈리아 재정을 다시 일으켜 세운 위대한 업적에 진심으로 축하'를 전한다고 편지를 썼다.[95] 이 위대한 업적에는 무역수지를 개선하기 위해 국민에게 강요한 소비 축소도 포함되었다.[96] 1927년 정부는 "수입량은 21% 감소하고, 수출량은 상당히 증가했다."라고 발표했다.[97] 이는 '이탈리아 국민의 애국적 협력'[98] 덕분이었다. 이탈리아 국민은 독립 노조들이 싹 제거된 노동시장 속에서 버티느라 덜 소비하고 더 열심히 일했다.

실제로 외국의 금융 전문가들은 파시스트 정부에 노동자의 요구를 뿌리 치라고 노골적으로 압박했다. 예를 들어 스트롱 연준은행 총재는 이탈리아 가 요청한 대출을 검토하는 동안 이탈리아에 생활 물가와 임금을 추가로 낮춰 무역수지 균형을 유지하라고 촉구했고, 보날도 스트링거_{Bonaldo Stringher} 이탈리아은행 총재는 그러겠다고 약속했다.[99] 영국 대사관이 "CGdL 지도 자들은 이제 자신의 조직이 서류상 이름만 남게 된 만큼 해산을 결정했다." 라고 보고했듯, 노동계급은 완전히 패배했다.[100] 그레이엄 대사는 "현 정부 의 노동 체제에서 분명 CGdL 같은 조직은 설 자리가 없으며, 그 존속 가능 성도 기대하기 어렵다."라고 결론지었다.[101]

이탈리아는 노동계급을 억지로 희생하게 한 후 마침내 국제 자본주의 질 서에 합류하게 되었다. 금본위제가 안정되자, 〈이코노미스트〉는 '주로 미국 과 영국을 중심으로 외국 자본'이 '이탈리아에 더 자유롭게 일시적 및 영구 적 투자를 모색'할 것으로 예상된다고 발표했다. 이 기사는 신설된 중앙은 행의 인플레이션 억제책을 다음과 같이 칭찬했다. "이탈리아은행은 외국 자본 유입이 신용 인플레이션을 초래하고 물가에 악영향을 미치지 않도록 필요한 조치를 취할 것이다."[102] 5, 6장에서 설명했듯, 인플레이션을 막기 위해 독립된 중앙은행을 세우자는 기술관료의 계획은 영국 긴축정책의 중 심 기둥이었다. 그리고 파시스트로서는 유일하게 달성에 애를 먹은 기둥이 었다.

중앙은행의 독립성 논쟁

이탈리아의 긴축 과정에서 저임금을 제도로 정착시키려면 국가가 노동시장에 강력히 개입해야 했다. 외국의 기술관료들은 말 안 듣는 이탈리아 노동자를 꽉 붙잡은 국가의 경제·정치 양면 작전을 칭찬했지만, 통화정책에서 경제 · 정치 양면 작전은 썩 높이 평가하지 않았다.

이탈리아는 긴축정책의 핵심으로 중앙은행 설립을 규정한 1922년 제노바 규칙을 따랐다. 19세기부터 존재했던 이탈리아은행은 1926년 5월 이탈리아의 중앙은행이자 유일한 발권은행의 지위를 얻었다.[103] 그 후 금보유고나 금에 상응하는 준비금 그리고 J. P. 모건의 대출로 대폭 증가한 자본까지 전부 이곳으로 옮겨졌다.

영란은행 총재 몬터규 노먼은 1922년부터 이탈리아은행이 돌입한 디플레이션 조치 소식을 전해 들었다.[104] 노먼은 이 은행이 이탈리아의 중앙은행이 되고서도 형식적·실질적 독립성이 없다는 점에 심기가 불편했다. 이탈리아은행은 영란은행과 마찬가지로 민간 기업인 주식회사였다. 그러나 여전히 정치적 통제를 받고 있었다. 새로운 법령에 따르면 '재무장관은 이탈리아은행을 영구적으로 감독하며 매년 대차대조표와 계정, 금 보유고 등을 확인'하게 되어 있었다. 게다가 이탈리아은행은 공식적으로 정부에 가장 먼저 자금을 제공할 의무가 있었고 재무장관의 명령에 의해서만 금리를 변경할 수 있었다.[105] 노먼은 이러한 '파시즘적 태도'가 이탈리아의 통화 시스템으로 확대되자 불안해졌다.[106] 그는 타국 중앙은행 총재들에게 편지를 보내거나 그 외 기회가 있을 때마다, 정치에 종속된 보날도 스트링거 이탈리아은행 총재에 대한 푸념을 빼놓지 않았다.[107] 그리고 이런 상황에서 자신이 리라 안정화를 지지해도 될는지 확신이 들지 않는다고도 했다.[108] 그 외에 호트리, 블래킷, 니마이어를 포함한 영국의 다른 기술관료들도 우려하기는 마찬가지였다.

노먼은 1926년 3월 4일 스트롱에게 보낸 편지에서 이탈리아은행에 대한 볼피 재무장관의 태도에 불만을 표출했다. 볼피는 '안정과 협력'을 위해서는 은행의 독립성이 필요하다는 충고를 듣고도,[109] 전반적인 금융 정책의 일부를 포함해 "중앙은행 정책을 본인이 직접 지휘할 것"이라고 재차 강조했다.[110] 1926년 11월에 노먼은 독일 국가은행Reichsbank 총재 얄마르 샤흐트Hjalmar Schacht에게 이렇게 편지를 썼다. "스트링거 씨는 거의 70세이고, 제 생각에는 연 꼬리만큼 독립성이 없는 사람입니다. 그가 분별 있다면 아마 독립성이 없는 편이 낫겠죠. 어차피 파시스트가 권력을 행사하는 한 독립성은 의미도 없을 것이고, 두체를 건드려봐야 갈수록 상대방을 더 옥박지르고 가만두지 않을 테니 말입니다."[111]

주목할 점으로, 노먼이 독재 정권에 대해 걱정한 것은 노동자의 권리와 자유의 박탈에 관한 것이 아니라 중앙은행이 '미래를 통제와 예측 불능으로' 만들 수 있는 변덕스러운 정치권에 휘둘릴 가능성이었다. 무솔리니 정권의 재정 전문가들은 정통론에서 마음을 점점 멀리하고 있었다. 노먼은 이 정권의 정치적·경제적 행보를 좋다 나쁘다 판단할 생각이 없었다. 그저 정권이 바뀌어도 긴축의 방향이 그대로 유지되게 해줄 통화정책상의 '안전장치'가 없다는 점을 지적했을 뿐이다. 노먼의 딜레마는 각국 기술관료들의 전형적인 이중 잣대를 다시금 강조하는 역할을 한다. 정치 영역의 문제는 그것이 경제 영역으로 가는 천국의 문을 두드리기 시작할 때만 중요했다.

J. P. 모건과 다른 은행가들은 "통화 안정화는 할 수 있을 때마다 진행해야 하며 다음 행선지는 당연히 이탈리아가 되기를 갈망"했다. 즉 통화를 안정화하기 위해서라면 어떤 개입이라도 필요하다고 생각했다.[112] 미국 연준은행의 스트롱 총재도 흔들림 없는 신념을 유지했다. 그는 의구심을 품는 노먼에게, 노먼이 주장하는 '정통적 독립성 개념'보다 안정화를 우선시해

야 한다는 소신을 단호하게 밝혔다.[113] 그는 이탈리아의 볼피 재무장관이 태세를 바꾸었다고 확신시키며, 편지에 "볼피 장관은 이탈리아은행이 가능한 한 빨리 정치적·국가적 통제에서 벗어나야 한다는 견해를 표명했습니다."라고 썼다.[114]

이러한 호언장담에 마음이 누그러진 노먼은 1927년 10월에 이렇게 답장했다. "이탈리아은행이 점점 독립성을 갖춰가고 있다니 이제 불평할 일은 없을 것 같습니다." 그리고 그는 영국과 이탈리아 중앙은행 간에 '포괄적 협력과 합의'가 곧 이루어질 것이라 발표했다. 그리고 이탈리아 정부는 통화 안정에 필요한 대출을 꼭 받기 위해 외견상 중앙은행의 독립성을 강화하기 시작했다. 1927년 가을에 스트롱은 노먼에게 확신에 차서 "스트링거 총재의 확약을 받았습니다. 이탈리아은행은 재정 통제권과 독립성을 갖춘 기관으로 거듭났습니다."라고 말했다.[115]

분위기를 파악한 볼피는 이전의 고집을 버렸다. 1928년 연설에서는 "금융 시장의 통제자로서 이탈리아은행의 역할도 명시되었다. 즉 건전한 자본 상태, 충분한 준비금, 독립적인 관리, 통화가치를 지키고 통제할 수단을 보유할 것이다."라고 분명히 밝혔다.[116] 결국 국제 금융가들도 이탈리아가 긴축정책을 시행하고 있었던 만큼 그의 말을 기꺼이 믿었다.

비록 영국의 경우와 똑같지는 않아도, 기술관료제는 이탈리아 중앙은행에서 승리했다. 호트리와 그의 영란은행 동료들이 중앙은행의 독립성을 요구한 주된 이유는 민주적 감시에서 벗어나야 긴축에 반대하는 사람들의 방해를 피하고 경제정책을 원하는 대로 세울 수 있기 때문이었다. 이탈리아은행도 방법은 달랐지만 영란은행처럼 대중의 비판으로부터 면책권을 획득했다. 이탈리아 경제학자들은 오랜 전통의 기술관료제에 의존하기보다, 자신들의 경제 모형을 이행해줄 강하고 억압적인 행정부를 지지하는 쪽을 택했다.

결론

이 장에서는 제1차 세계대전 이후 이탈리아에 긴축을 추동한 외부의 세력을 자세히 살펴보았다. 간단히 말해 국내외 재정 전문가들은 긴축에 워낙 골몰한 나머지, 무너져가는 자본 축적의 기둥을 되살리기 위해 피비린내 나는 독재 정권에도 기꺼이 의탁했다. 강력한 독재 권력으로 마침내 이탈리아 국민을 '규율 있고 조용하며 얌전하게' 길들인 무솔리니는 모두의 시선을 한 몸에 받았다.[117]

이런 관점에서 외국 관찰자들은 파시즘의 경제적 성과만 평가하고 판단했다. 대신 정치적 수단에 관해서는 불가지론적이었다. 그들에게 난폭한 독재는 '로마 바로크 건축물'과 비슷한 것이었다.[118] 다시 말해 다른 민주주의 국가에서라면 불쾌하게 받아들여졌겠지만, 이탈리아에서는 사실 국가나 국민에게나 아주 잘 맞았다.

긴축과 정치 억압의 명백한 연관성은 파시스트 정권에서 특히 두드러졌다. 그리고 이탈리아 정부가 국민을 경제주체로서 대하는 방식은 그야말로 영국 전문가들이 국민을 경제주체로서 대하는 방식과 별 차이가 없었다. 실제로 6장에서 강조했듯, 영국의 기술관료는 중앙은행의 독립성과 권위를 통해 비민주적 경제정책을 강력히 추진했다. 이탈리아와 영국의 기술관료제는 성격이 달라도 목적은 같았다. 바로 대다수 대중에 희생을 부과하는 체제를 구성하고 그 체제를 민주적 방해로부터 차단하는 것이다.

1927년 12월 이탈리아가 '금본위제 클럽'에 가입하면서 긴축의 승리를 발표한 사건과 파시스트 정권의 권력이 부쩍 강해진 것은 시기상으로 맞물렸다. 그러나 정치 권력이 강해졌다고 해서 영국과 미국의 자본에 더 이상 의존하지 않아도 된다는 의미는 아니었다. 도리어 이탈리아의 통화정책은 이제 금본위제를 지키느라 한없는 긴축에 묶이게 되었다. 이는 결국 외국 금융자본의 영원한 이익을 보장했다. 사실 균형예산과 금본위제는 채무 국인 이탈리아를 납작 엎드리게 했다. 또한 영미 자본가로서는 평가절하된 리라와 경쟁하고 값싼 이탈리아산 제품이 미국과 영국 시장에 밀려오는 시나리오를 면할 수 있었다.

이러한 긴축의 역학은 현대 IMF의 전문가들이 고안해 세계 대부분 주변국에 적용 중인 정책의 선조 격이어서, 지금 봐도 익숙하게 느껴진다. 예컨대 오늘날 IMF도 긴축을 조건으로 대출해주고, 정치적 자유보다 '경제적 자유'를 강조하며, 한 국가의 경제를 강제로 국제 감시에 노출시키려 한다.[119] 이탈리아 이야기는 우리가 최근의 다른 긴축 사례를 더 예리한 시선에서 접근하는 데 도움이 된다. 자세히 들여다보면 이러한 긴축에 기반한 조정 프로그램들은 기본 목표가 다 같다. 자본 축적을 지키기 위해 국민을 더 많이 생산하고 덜 소비하도록 길들이는 것이다.

다음 장에서는 긴축이 근면과 절제를 강요하는 데 거둔 '성공'의 경험적 증거를 알아볼 것이다. 1920년대의 흐름을 살펴보면 21세기에도 긴축이 지속되는 이유를 이해할 수 있다.

09 긴축의 '승리'

긴축은 영리한 시도였고, 그 시도는 현재도 진행형이다. 긴축이 어떻게 누구에 의해 탄생했는지 비판적 관점에서 탐구하면 할수록, 그것은 대중을 향한 반격이었고 결과도 성공적이었다는 것을 거듭 확인할 수 있다. 긴축은 자본주의가 정치적 위협을 받을 때 자본주의의 우위와 절대 진리성을 보존하는 기능이 있다. 그 방법은 다수의 노동자에서 소수의 저축자, 투자자에게 자원을 이동하는 정책을 도입하는 것이다. 그러면 단기적으로는 다수의 권한을 박탈하고, 장기적으로는 자본 축적의 두 기둥인 생산수단의 사유화와 임금 관계를 일반 대중이 수용하게 하는 중요한 결과가 나타난다. 노동자는 사장이 부르는 대로 임금을 받는다.

긴축을 주도한 이탈리아와 영국의 전문가는 대승리를 거두었다. 그들은 소수의 경제 지배가 경제 회복의 유일한 길이라고 주장하는 모형과 정책을 내놓아 자본주의 경제를 회복했다. 이 장에서는 이 양국의 긴축이 거둔 성과를 비판적으로 개괄하고자 한다. 그리고 여기서 '성과'는 반드시 '착할' 필요는 없었다.

분명한 것은 긴축이 경제 안정이 아니라 계급관계 안정에 특히 효과적이라는 점이다. 결국 역사상 긴축은 인플레이션과 예산 통제가 주목적인 적은 없었다. 총수요를 조종하는 긴축에는 항상 더 깊은 목적이 깔려 있었다.

긴축이 시행된 이후 자본가는 이윤을 눈덩이처럼 불릴 최적의 여건을 확보한 반면, 정치적으로 소외된 대다수는 이제 막 시작된 경제 민주화의 포부를 모두 포기한 채 적게 벌고 적게 쓰며 '더 열심히 살아야' 했다. 긴축 자본주의는 예나 지금이나 패자와 승자를 갈랐다.

노동 분배율(즉 임금의 비율 대 이윤의 비율)을 살펴보면 긴축의 승자와 패자 그리고 그 결과가 지니는 정치적 함의가 확연히 드러난다. 노동 분배율은 GDP에서 노동과 자본에 돌아가는 부분을 측정한 것이다. 이는 사회의 두 계급 간에 힘이 치우친 정도를 나타내는 가장 직접적인 지표다. 자본주의식 투자를 촉진하기 위한 기초 공사는 노동보다 자본이 우위라는 자본 질서를 재천명하는 것이었다. 노동자가 종속되고, 임금이 낮고, 규제가 완화될수록 자본은 더 많은 이윤을 낸다. 제1차 세계대전 이후, 긴축은 당시 사상 최고치를 기록한 노동 분배율을 폭삭 떨어뜨리며 제 역할을 톡톡히 해냈다. 이렇게 자본주의 착취에서 해방될 수 있다는 노동자들의 기대감에 찬물을 끼얹었으니, 긴축이 정치적으로 얼마나 유용한지 확연히 알 수 있다. 노동자와 자본가 간에 수직으로 분할된 계급관계는 제1차 세계대전으로 촉발된 자본주의 위기(그리고 이후 평등주의를 향한 욕구)에서 탈출할 좋은 수단이었다.

누가 '노동자'의 일부고 누가 '자본가'의 일부인지 알려면 1921년 영국 인구의 60% 이상은 노동계급이었고 '자산가 계급'은 약 7%였다는 점을 참고하면 되겠다.[1] 이탈리아에서 자산을 소유한 부르주아 상류층은 전체 인구의 1.7%에 불과했지만, 농업과 산업 양쪽의 노동계급은 인구의 거의 절반을 차지했다.[2] 긴축의 승자가 사회의 소수였던 반면, 패자의 범위는 임금노동자를 훨씬 넘어섰다. 여기에는 공무원, 자작농, 자영업자, 군인, 기타 전문직 등 인구의 중간을 구성하는 대부분 중산층도 포함되었다. 이 중 전문직은 디플레이션으로 연금과 저축의 가치가 오르긴 했으나, 그만큼 고용 축소와 사회복지의 손실도 함께 겪었다.

긴축이 영국과 이탈리아 경제에 미친 효과를 측정하면 이 책의 중심 주제, 즉 민주 국가의 긴축과 파시스트 국가의 긴축이 심오하게 유사하다는 사실에 더 확고한 힘이 실릴 것이다. 1920년대 영국의 긴축은 주로 시장의 힘을 빌린 강압이었다. 다시 말해 재무부와 영란은행이 고안한 정책은 실업자 양산과 복지 축소를 감안한 것이었고, 이후 노동자는 어쩔 수 없이 자본 축적의 논리를 따라야만 했다. 노동자는 경제적 필연성의 힘 앞에 무릎을 꿇었다. 반면에 이탈리아의 긴축은 실업률이 오르길 기다릴 필요가 없었다. 파시스트 국가가 개입해 법으로 명목임금을 깎고 순수 노동자 조직을 전멸시켰기 때문이다.

파시스트와 민주주의 국가에서 각각 두 형태의 긴축은 반대 세력을 좌절시키는 데 나란히 성공했다. 양국에서 비슷하게 나타난 노동자 파업 건수의 상승 및 하락 패턴 그리고 이윤율과 노동 분배율의 상승 및 하락 패턴이 그 증거다. 이 장에 제시된 데이터를 보면 의회 민주주의 국가인 영국의 긴축이나 엄격한 파시즘 국가인 이탈리아의 억압이나 비슷한 효과를 냈다는 것을 알게 될 것이다. 이처럼 독재 국가의 내핍과 민주 국가의 내핍을 관통하는 유사점은 20세기 내내 눈에 띈다.

긴축의 3가지 지표 : 노동 분배율, 착취율, 이윤율

긴축의 정치적 (및 경제적) 영향을 파악하려면 세 가지 주요 지표를 시간 순으로 살펴봐야 한다. 바로 국민소득 중 임금의 비율, 임금 소득 대비 비임금 소득 비율(이른바 착취율), 이윤율이다.

그림 9.1은 노동 분배율, 즉 GDP 중 이윤(자본가 계급의 소득)이 아닌 임금

그림 9.1 이탈리아와 영국의 국민소득에서 임금이 차지하는 비율. 노동 분배율은 전체 명목 GDP에서 이윤 소득이 차지하는 부분을 빼고 계산한다.
출처: Gabbati 2020a(이탈리아); Thomas and Dimsdale 2017(영국).

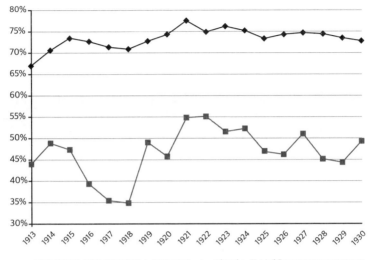

(노동계급의 소득)으로 들어가는 비율을 보여준다. 본질적으로 이 관계는 제로섬이어서, 한 계급의 이득은 다른 계급의 이득을 가져옴으로써 증가한다.

영국과 이탈리아의 패턴은 이처럼 놀랍도록 비슷하다. 영국은 100년 전통의 산업 투쟁을 겪으며 산업 사회로서 성숙해졌고, 그 결과 영국 노동자들은 이탈리아 노동자들보다 더 높은 수준의 노동 분배율을 기록할 수 있었다. 게다가 전쟁은 양국의 노동력에 서로 다른 영향을 미쳤다. 이탈리아에서는 노동 분배율이 1913년 44%에서 1918년 35%로 급감했다. 다시 말해 국민소득의 9%가 노동자에서 자본가로 넘어갔다. 한편 영국에서는 노동 분배율이 1913년 67%에서 1918년 71%로 증가했다(그림 9.1 참고). 이 현상은 1장에서 자세히 설명한 역학과 관련이 있다. 이탈리아 노동력은 비교적 대규모로 병력에 동원된 반면, 영국 노조들은 국가에 협력하든 반대하든 더 확고한 자기 목소리를 냈다.

전후 자본주의 위기 동안 양국에서 노동 분배율은 동반 급증했다. 이 사실은 전례 없고 깊은 역사적 중요성이 있었다. 두 나라의 노동자 모두 생산에서 이토록 큰 비중을 차지하기는 처음이었다. 이 붉은 2년 동안 이탈리아의 노동 분배율은 1918년 35%에서 1919년 49%로 증가했고, 1922년 55%로 정점에 달했다. 전쟁 전 수준(1913년 44%)과 비교해도 엄청난 도약이었다. 이는 1921년 자본가가 노동자보다 경제 성장에서 거둔 결실이 더 적었다는 의미로, 그전까지 볼 수 없던 현상이었다. 이윤율은 1918년 65%에서 1922년 45%로 떨어졌다.

비교적 완만하기는 하지만, 영국의 경우도 매우 인상적이다. 영국의 노동 분배율은 1918년 71%에서 1921년 78%로 증가했다. 전쟁 전(1913년 67%)에 비해 상당한 증가 폭이었다. 수치상 이탈리아 사례만큼 놀라울 정도는 아니지만, 두 가지 요소를 고려하면 영국의 상황은 잠재적으로 폭발력 있는 효과를 일으킬 수도 있었다. 첫째, 영국 노동자는 그들의 힘의 척도라 할 수 있는 노동 분배율을 상당 부분 차지하며 경제적 의사결정에 더 큰 목소리를 낼 수 있었다. 둘째, 그들의 신장세는 이전과 다르게 멈출 기미가 보이지 않았다. 반면에 이윤율은 1918년에서 1920년 사이에 7퍼센트포인트 하락해, 자본가는 전시에 누린 초과이윤이 모두 증발하는 시련을 겪었다. 전후기에 이윤율은 전쟁 전 대비 3분의 1이었다. 이탈리아처럼 영국 노동자들도 이렇게 신장한 세력을 바탕으로 국유화 운동에 더욱 힘을 냈으며, 생산 과정의 중심적 주체이자 어쩌면 독립적 주체까지 노려볼 수 있는 위치에 올라섰다.

긴축의 반격은 양국에 명백히 똑같은 영향을 미쳤다. 이때부터 두 나라의 노동 분배율은 극적으로 반전되었다. 파시스트 긴축 체제에서 이탈리아의 총 노동 분배율은 1920년대 내내 뚝뚝 떨어져 1929년에 1913년 수준에 도달해 최저치를 기록했다. 자본은 지배적 지위를 되찾았다. 영국의 노동 분배율도 비슷하게 감소했다. 전후기에 올라간 노동 분배율은 1929년에 모두 원래대로 돌아갔다.[3]

긴축이 계급관계에 미치는 극적인 영향을 눈으로 확인할 또 다른 방법은 '착취'의 추세를 추적하는 가시적 척도인 이윤과 임금 간 비율을 살펴보는 것이다. 그림 9.2에서 볼 수 있듯 영국에서는 10년간 착취율이 32% 증가했고, 이탈리아에서는 (파시스트의 긴축이 시작된 1922년부터 1928년까지) 54%나 급증했다.[4] 여기서도 두 나라는 붉은 2년 직후 강한 반동이 나타나는 비슷한 추세를 보여준다.

착취율이 높아졌다는 건 바꿔 말해 생산성이 향상했다는 것이다. 즉 자본가는 매출이 줄어도 더 큰 잉여가치로 보상받았다. 영국에서는 긴축 초기에 이러한 추세가 강하게 나타났다. 1920년~1922년 1인당 노동생산성은 18%에서 20%로 향상했지만, 실질임금은 제자리였다.[5] 이탈리아에서는

그림 9.2 이탈리아와 영국의 착취율. 착취율은 이윤율과 노동 분배율 간 비율로 계산된다. 양국의 축은 각기 다른 쪽에 표시했다. 왼쪽의 세로축은 이탈리아의 착취율, 오른쪽의 세로축은 영국의 착취율을 나타낸다(필자의 계산).

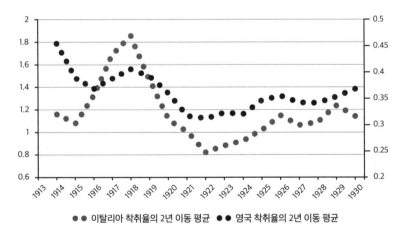

● ● 이탈리아 착취율의 2년 이동 평균　 ● ● 영국 착취율의 2년 이동 평균

1922~1926년 실질임금이 감소한 반면, 생산성은 20% 향상했다.[6] 이 추세는 리라 가치가 불안정한 탓에 물가 하락세가 명목임금 하락세보다 가팔랐던 1926년까지 특히 뚜렷했다.

이렇게 착취율이 높아지자 이윤율은 급등했다.[7] 그림 9.3은 양국에서 1920년대 전반에 걸쳐 자본의 이윤율이 증가했음을 보여준다. 1920년부터 20년대 말까지 영국의 이윤율은 세 배 이상 증가했다. 이탈리아에서도 비슷한 증가세로, 1920년 4.9%에서 1926년 8.3%로 뛰어올랐다.[8]

1924년에 〈타임스〉는 파시스트 긴축의 성공에 대해 다음과 같이 보도했다. "지난 2년 동안 자본가가 흡수한 이윤의 비중이 커졌다. 이는 기업계에 활력을 불어넣어 국가에 확실히 도움이 되었다."[9] 이런 식의 판에 박힌 내러티브는 역사 전반에 걸쳐 긴축의 교리를 선전하고 고수하는 과정에서 빠지지 않았다. 공공 부문과 대중의 희생은 전체의 이익을 위한 것이라는 미사여구는 합의를 끌어내기 좋은 방편이었다.

이탈리아의 내수 억제는 풍부한 해외 수요와 리라 가치 하락에 힘입어 수출 주도 성장으로 상쇄되었다. 실제로 1923년 이탈리아는 실질 GDP가 9.3% 상승하면서 3년간 경제 호황을 누렸다. 1926~1927년에 경기 침체로 수출과 실질 GDP가 타격을 입었지만(1927년에 3% 하락), 기업으로서는 조금만 참고 견디면 임금 억제로 더 높은 이윤이 보장될 테니 손해 보는 장사가 아니었다(그리고 이번에는 금세 회복되었다). 이탈리아의 실질 GDP 성장률은 1928년에 다시 6.3%로 돌아왔다.[10]

영국에서도 1920년대 내내 지속된 긴축이 경기 침체를 몰고 와,[11] 명목임금이 정체 상태에 머무르는 비슷한 보상 역학이 나타났다. 경제 성장이 둔화했다고 해서 기업들이 부를 쌓는 데 지장받는 건 아니었다. 오히려 긴축으로 인한 경기 침체는 자본과 노동의 역학관계를 확실히 뒤집어놓기에 '요긴'했다. 그 결과 자본가 계급은 기존의 부를 안심하고 지킬 수 있었다.

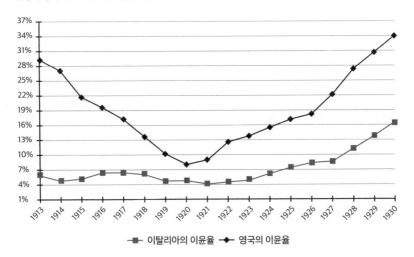

그림 9.3 이탈리아와 영국의 이윤율. 이윤율은 이윤의 비율(명목 GDP에서 노동 분배율을 뺀 값)을 비주거용 자본량의 명목 가치로 나누어 계산한다(필자의 계산).

긴축의 작동 방식

6장에서 설명했듯, 1920~1922년 영국은 통화량 축소와 막대한 정부지출 삭감으로 역대급 실업률을 동반한 경기 침체를 통해 인플레이션을 '격퇴' 했다. 1921년 전국 실업률은 2%에서 11.3%로 급등했고,[12] 약 250만 명이 일자리를 잃었다.[13] 그해 영국은 제조업 부문에서만 전체 제조업 인력의 약 4분의 1인 130만 명이 해고되었다.[14] 그때부터 공식 실업자 수는 10년 동안 전쟁 전 수준의 최소 두 배인 연평균 약 170만 명을 맴돌았다. 이 수치는 1916년 실업률이 0.3%까지 떨어지는 등 전쟁기의 영국이 완전 고용에 가까웠다는 점을 고려하면 더욱 놀랍다.

영국의 긴축과 뒤이은 경기 침체는 즉시 효과가 나타났다. 시장의 힘에 휩싸인 영국 노동자는 경제적 힘을 잃었다. 실업률이 높아지면서 노조의 정치적 힘도 현저히 약해졌다. 1920년대 말 무렵 노조 가입자 수는 총 노동자의 25%에 불과했고, 이는 제1차 세계대전 직후 약 40%와 비교해 감소한 수치다(그림 9.4 참고).

영국 파업의 횟수와 참여도(즉 전체 노동자 대비 파업 참가자의 비율)는 전후기 노동계급의 세력과 전투력을 파악할 좋은 척도다.[15] 그림 9.5와 9.6의 지표를 봐도 앞서 서술한 내용과 비슷한 양상을 보인다. 1919년에는 전체 노동력의 12%인 약 260만 명이 파업에 참여했다. 그러나 1927년에는 96% 감소해 거의 수직 낙하했다. 그해에 노동자 파업은 최저치를 기록했고, 피켓 시위에 참가한 노동자는 전체 노동력의 0.5%인 10만 8,000명에 불과했다. 1926년에는 이 추세에서 잠시 벗어나 총파업이 벌어졌지만, 그만큼 더 혹독한 대가를 치렀다. 그 총파업은 널리 알려졌듯, 사실상 영국 계급 투쟁의 종말을 고했기 때문이다.[16] 이 패배로 건축 길드부터 국유화 계획, 광산 및 기타 부문의 노동자 지배권 등 3장과 4장에서 자세히 설명한 수많은 대안적 경제체제의 실험이 물거품이 되었다.

그림 9.4 영국 고용 인구 대비 노조 가입률
출처: Thomas and Dimsdale 2017.

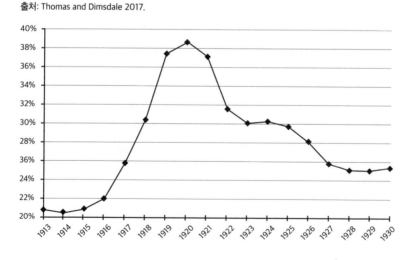

그림 9.5 이탈리아와 영국에서 파업에 참가한 노동자들
출처: Mitchell 1998, table B.3, "Industrial disputes".

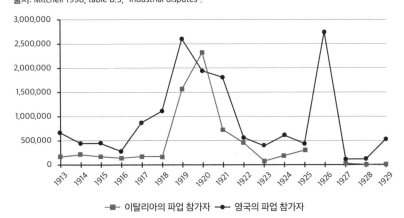

그림 9.6 이탈리아와 영국의 파업 참여도. 파업 참여도는 전체 산업 고용 인구 대비 파업 참가자 수를 백분율로 나타낸 것이다.
출처: 영국: Mitchell 1998, table B.3 및 Thomas and Dimsdale 2017; 이탈리아: Lay et al. 1973 및 Mitchell 1998.

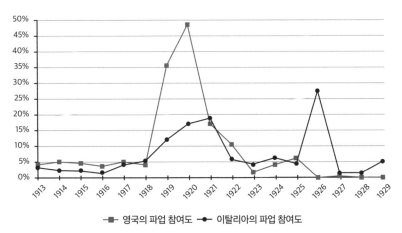

　　이탈리아의 파업 횟수와 참여도의 흐름을 보면 세상을 바꾸려던 노동자가 긴축을 기점으로 무장 해제되었다는 사실을 더 극명히 알 수 있다. 노동자 시위는 1920년에 최고조에 이르러, 농업과 산업 분야에서 230만 명 이

상이 파업에 참여했다.[17] 이는 전체 노동력의 12%, 자본주의적 생산 부문 노동력의 48.5%를 차지했다.[18] 대대적인 산업 동원령이 일어난 이탈리아의 붉은 2년도 영국처럼 노동시장이 노동자에게 유리하게 편제된 시기여서, 실업률이 꽤 낮았다. 이미 무솔리니가 집권하기 전부터 노동자들의 추진력이 쇠퇴하기 시작했다 해도(1921년 불황으로 실업자가 증가했다), 노동력과 임금을 작정하고 억압한 파시스트 산업 긴축이 파괴적 효과를 발휘했음은 의심의 여지가 없다.

1923년 이탈리아 주재 영국 대사 로널드 윌리엄 그레이엄은 영국 상부에 다음과 같이 보고했다. "파시스트 정부 출범 첫해에는 직전 12개월과 비교해 파업이 75%, 파업 참가자가 90%, 손실된 근무 일수가 97% 이상 감소한 것으로 나타났다. 그 결과 근무 일수는 708만 9,418일 회복되었고 근무 인력은 46만 9,750명 추가되는 효과가 꾸준히 나타났다."[19]

국내외 자유주의 지배층은 그레이엄의 말마따나 새로 찾아온 '산업의 평화'를 축하했다. 그레이엄이 전한 속보는 다음과 같이 만족감이 묻어났다. "이탈리아 정부는 엄격한 통치로 국내 질서를 잡았을 뿐 아니라, 자신들에게 타고난 분별력이 있음을 드디어 입증했다. (…) 12개월간 이어진 산업의 평화는 충분히 만족스럽고 알찬 성취였다."[20] 1927년 파시스트 노동 헌장은 이탈리아 노동자를 완전히 독재적으로 통제할 수 있는 발판이 되었다(7장 참고). 공식 통계상 이듬해 파업 참가자가 거의 전멸되다시피 한 것은 우연이 아니었다(1928년 파업 참가자 수는 총 3,000명이었다).

무솔리니의 산업 긴축은 독립 노조를 불법화하고 법으로 임금을 깎는 등 영국에서는 상상도 못 할 정치 탄압의 형태로 이탈리아 국민을 저임금노동의 수렁으로 밀어 넣었다. 그러나 양국 간에는 커다란 교집합이 놓여 있다. 영국의 긴축 정부는 시장 법칙이라는 경제적 강압을 보완하기 위해 파업을 법으로 금지하는 정치적 강압도 마다하지 않았다. 반면 이탈리아 국가는 시위하는 노동자들을 난폭하게 진압하는 정치적 강압에다가, 인격 없는 시장 법칙에 의한 실업률 증가가 경제적 강압으로 보완되었다. 파시스트 정권 초기에 경제가 급성장했음에도 1924년 이탈리아의 실업률은 1920년보다 여전히 높았다.[21] 게다가 7장에서 설명했듯 1926~1927년에는 디플레이션 정책에 공공 예산의 추가 삭감까지 더해져 노동계급에 또 한 번 일격을 날렸다.[22]

영국과 이탈리아 노조의 정치적 패배는 곧 경제적 패배로 직결되었다. 그 후의 경기 침체는 양국 지도자들 모두 놀랍지 않았을 것이다. 임금 억제는 각국에서 긴축의 주된 목표이자 결과였으며, 다른 지표의 손실은 그 과정의 일부였다.[23] 이탈리아에서는 양차 대전 기간 내내 실질임금이 내리 하락하는, 산업 국가들 사이에서 보기 드문 독특한 추세가 나타났다.[24] 이탈리아의 일일 실질임금은 1920년대에만 약 15% 하락했다(그림 9.7 참고).

파시스트 정권의 긴축이 임금 억제에서 거둔 성과는 전후기 직후 그 어떤 성과보다 특히 두드러졌다. 1919년 여덟 시간 노동법이 제정된 이후 1921년 일일 실질임금은 1918년보다 50%, 1913년보다 35% 올랐다. 시간당 실질임금은 훨씬 더 큰 폭으로 올라, 1921년에는 전쟁 전(1913년)에 비해 거의 두 배가 되었다.[25] 그러나 1923년 무솔리니가 근무시간 제한을 비공식적으로 철폐해, 고용주는 작업 시간을 연장할 수 있게 되었다. 이로써 2년 만에 통계상으로는 일일 실질임금이 4% 하락했으나, 늘어난 작업 시간을 고려해 시간당으로 계산하면 임금 감소 폭은 더욱 가팔랐다(1922년부터 1926년까지 13% 감소). 노동자들은 더 오랜 시간 일하고 더 적은 임금을 받았다.

실질임금은 노동자의 구매력을 반영하지만, 임금의 실제 삭감 수준과 이탈리아 국민이 체감하는 삶의 질, 특히 자본과 노동 사이의 역학관계는 포착하지 못한다. 그림 9.7은 전쟁 이전부터 1920년대까지 이탈리아의 실질임금을 도표화했다. 예상대로 붉은 2년 동안 껑충 뛰었다가 긴축의 시작과

그림 9.7 1938년 리라 가치로 환산한 이탈리아의 실질임금. 왼쪽 세로축은 시간당 실질임금, 오른쪽 세로축은 일일 실질임금이다.
출처: Zamagni 1975, tables 1 and 2.

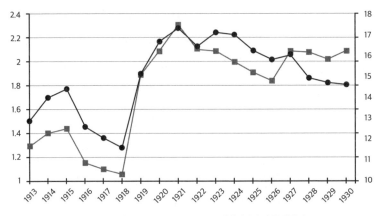

─■─ 이탈리아의 시간당 실질임금(기준연도: 1938년)　　─●─ 이탈리아의 일일 실질임금(기준연도: 1938년)

함께 거의 정체 상태에 머물렀다. 이 기간 임금 삭감에 따른 손실은 디플레이션으로 소비재 가격도 하락했으므로 일부 상쇄될 수도 있었다(그랬다면 실질임금 지표로는 손실이 반영되지 않았을 것이다). 그러나 1926년~1928년에도 이탈리아 노동자의 일일 명목임금은 26% 줄었고, 이는 디플레이션으로 인한 구매력 상승 효과를 잠식했다.[26] 이탈리아 노동자의 일일 명목임금이 전쟁 전보다 400% 증가한 1921년과 비교하면 격세지감이 느껴질 정도다.[27]

　영국의 경우에도 같은 요인이 적용했다. 영국의 경기 침체와 디플레이션의 악순환을 고려하면, 긴축의 사회적 영향(그리고 긴축이 동원령의 경제 효과를 전쟁 후 상쇄할 가능성이 크다는 점)은 실질임금의 역사적 기록에서 과소대표된다. 따라서 이 사실이 여기 수록된 영국의 통계에 온전히 반영되지 않는다는 점도 감안해야 한다.

　실제로 1920년부터 하락한 영국 가구의 실질임금 추이는(그림 9.8 참고) 훨씬 가파르게 하락한 가처분소득 추이와 맞아떨어졌다. 명목임금 추이

그림 9.8 1913년 물가를 기준으로 한 영국의 주 평균 실질임금.
출처: Feinstein 1972, table 65, T140-41.

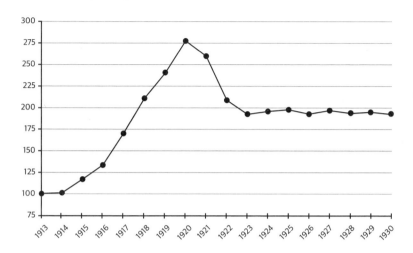

가 얼마나 빨리 반전되었는지를 보면 긴축의 구체적 영향을 쉽게 알 수 있다. 영국 육체노동자의 주당 명목임금은 1913년 1.33파운드에서 1920년 3.70파운드로, 전쟁 전보다 178% 올랐다. 그러나 이러한 이득의 대부분이 2년 새 날아갔다. 1923년 통화 긴축과 게디스 삭감으로 공중보건과 교육 예산이 큰 타격을 입었을 때, 주당 평균 소득은 29% 감소했고 임금은 전 간기 동안 약 2.61파운드 선에서 맴돌았다.

국민의 주요 사회보장이 박탈된 동시에 많은 사람이 일자리마저 잃었고, 실직을 면한 사람도 더 적은 임금에 더 열심히 일해야 했다. 여기서 그들은 긴축의 두 번째 격언인 소비를 줄여야 할 필요성을 깨달았다. 대부분 국가는 소비 줄이기 외에 선택의 여지가 없었다. 대다수 대중의 생활 수준이 저하한 것은 이미 심각하게 낮은 수준이었던 생필품 소비량이 더욱 감소한 사실에서 알 수 있다. 당시 통계에 의하면 영국과 이탈리아 시민은 절약하라는 기술관료들의 충고를 본의 아니게 '그대로 실천'했다. 영국에서 소비량은 전쟁기 동안 증가했다가 이후 몇 년 만에 쑥 들어갔고 술, 담배 등 대중 기호품의 소비량은 1920년대 내내 반등하지 않았다. 이탈리아에서처럼 영국의 주거 지출은 1920년부터 1930년까지 3분의 1 이상 증가했다는 점에서 유일하게 증가세를 보인 지출 품목이었다.[28] 물론 주거비는 선택이 아니라 의무 지출이라는 차이가 있었고, 임대료가 인상된 점을 고려하면 당연했다. 전반적으로 긴축 초기에 영국의 국내 소비 수요는 급감했다. 1919년부터 1923년까지 40% 감소했고, 전간기 동안 결코 회복되지 않았다.[29]

긴축의 잔인한 본성은 당시의 빈곤율에서 드러난다. 파시즘 정부는 "'빈곤층'이라는 단어를 인식하지도 사용하지도 않았지만"[30] 경제학자 조반니 베치Giovanni Vecchi는 1920년대 이탈리아에서 절대빈곤층의 인구 비율이 약 30%에 달했다고 계산했다.[31] 이는 1861년 이후 쭉 감소하던 빈곤율 추이를 뒤집은 결과다.[32] 영국은 소소한 사회 조사에서조차 놀라운 결과가 나타났다(빈곤의 기준을 깐깐하게 정해 빈곤층에 불리하게 편향되었는데도 그랬다). 예컨대 1928년 리버풀대학교에서 실시한 머지사이드 사회 조사Social Survey of Merseyside에 따르면 인구의 16%가 빈곤층이며 그중 공적 부조를 받는 인구는 2%에 불과했다. 마찬가지로 1929~1930년에 실시한 런던 생활 및 노동에 대한 최신 조사New Survey of London Life and Labour에서는 현재의 빈곤 추세가 계속되면 이스트 런던 인구의 약 14%가 "최소한의 생필품밖에 사지 못하고, 현대 진보의 산물과 문화 혜택에 접근할 수 없을 것"이라는 사실을 발견했다.[33]

긴축이 임금, 실업, 생활 수준에 미친 파괴적 영향은 긴축의 정당성에 의문을 제기해야 할 강력한 근거가 된다.[34] 그런데도 전혀 의문시된 적이 없다는 건 그만큼 긴축이 추진된 동기가 근본부터 정치적이었다는 뜻이다. 자본주의를 완전히 복구해 자본 축적을 원활히 하고 특히 소수 지배층에 부를 집중하려면 다수의 민중을 종속시키는 게 선결 과제다.

긴축은 소득을 한곳에 집중시켜 영국과 이탈리아 지배층의 배를 불렸다.[35] 이탈리아에서는 1925년~1930년 전체 소득에서 소수가 가져가는 비중이 눈에 띄게 증가했다. 상위 1%는 9.6%, 0.1%는 29%, 0.05%는 41%씩 소득이 늘어났다.[36] 1929년 대공황에 진입하는 동안에도 소득 양극화는 계속되었다.[37] 이 추세는 최근 자본주의 역사에서 규칙으로 굳어졌다. 가장 최근의 두 차례 글로벌 경제 위기였던 2008년 금융 위기와 2020년 코로나19 때 소득 통계를 보면 경제 위기가 소득 분배를 평준화하는 게 아니라 소수를 더 부유하게, 다수를 더 빈곤하게 양극화한다는 걸 알 수 있다. 이 양극화를 더 공고히 하는 것은 위기 때마다 경제를 살린다는 구실로 해묵은 긴축 논리를 고착화하는 정책들이다. 그리고 그 속셈은 자원을 다수에서 소수로 이전하는 것이다.

결론

긴축과 그에 따른 내수 억제는 단순한 경제 충격을 극복하는 이상의 목적이 있었다. 실제로 제1차 세계대전 이후 긴축 기간에 영국과 이탈리아의 부르주아 사회질서는 더없이 단단해졌다.

이 장에 수록된 통계는 긴축이 예나 지금이나 실업률, 착취율, 이윤율을 높이고 임금은 낮춰 자본 축적을 위한 최적의 조건을 회복하는 효과가 있음을 확증한다. 긴축은 다수를 가난해지게 하여 노동자를 자본가의 이익에 순응시킨다. 이런 의미에서 긴축의 목표는 '인플레이션 타깃팅'이라기보다는 '착취율 타깃팅rate-of-exploitation-targeted'이라고[38] 보는 게 더 옳다.

미하우 칼레츠키Michał Kalecki가 1943년 고전적 논문 〈완전 고용의 정치적 측면Political Aspects of Full Employment〉에서 날카롭게 정리했듯, 자본 투자에 유리한 사회관계, 특히 노동자 규율 효과가 있는 자본과 노동 간의 갑을 관계를 영원히 확보하려면 실업이 필수다. 반대로 정부지출과 통화 팽창은 팍팍한 노동시장에 활기를 불어넣는다. 칼레츠키는 이렇게 썼다. "완전 고용이 뿌리내린 체제에서는 직원 '자르기'가 규율 효과를 내지 못해 (…) 정치적 긴장이 일어나기 쉽다."[39]

긴축은 주로 정치적 긴장을 정치적 안정이라는 얄팍한 개념으로 대체해 투자에 다시 활기를 불어넣고 이득을 얻는다. 영국과 이탈리아의 유사하고도 서로 얽힌 두 사례는 체제가 달라도 양국의 기술관료들이 같은 결과를 달성했음을 보여준다. 양국의 노동 분배율이 감소하고 그 결과 이윤율이 증가했다는 게 증거다. 영국 재무부 관료는 주로 인격 없는 시장의 힘이라는 경제적 강압에 의존한 반면, 이탈리아 학자는 필요하다면 무력으로까지 임금을 누른 파시스트 독재 정권의 정치적 강압으로 이득을 챙겼다. 양국 모두 자본 축적이 재개되면서 최상위층에 부가 더욱 쏠렸고, 그 외의 모든 계층은 소비를 줄여야 했다.

물론 많은 케인스주의와 마르크스주의 경제학자가 지적하듯, 내수를 억제하면 장기적으로 자본 축적에 문제가 될 소지가 있다. 공공 및 민간 수요가 부족하니 이윤도 안 남고 그에 따라 투자도 막히기 때문이다.[40] 그러나 이 책에서 강조하려는 한 가지 주장은 긴축이 오늘날까지 계속 이어지는 이유가 단순히 경제 전문가들의 비합리적이고 잘못된 경제이론 탓이 아니라는 것이다. 긴축은 자본주의식 생산의 사회관계, 즉 계급제를 존속시키는 도구다. 긴축 자본 질서에서도 민중은 시위를 일으킬 수 있지만, 그들은 정치 구조적으로 패할 수밖에 없는 환경에 있다. 생존을 위해 자본주의에 의존해야만 하는 상황에서 긴축 자본주의에 저항하기란 녹록지 않다. 이 책의 마지막 장에서 살펴보겠지만, 1970년대 후반 긴축이 부활한 이래 세계 대부분 국가에서 이윤율과 착취율은 꾸준히 증가했다.

10 영원한 굴레

연방준비제도는 제일 먼저 거시경제부터 챙겨야 합니다. 그들이 다양한 집단의 실업률이 적정 수준이 될 때까지 금리를 올리지 않겠다고 말하는 걸 보면 저는 슬슬 걱정됩니다. (…) 연준이 인플레이션을 심각하게 받아들이고, 면밀히 모니터링하고, 고통을 감내할 각오를 해야 인플레이션을 억제할 수 있을 겁니다.

-로렌스 서머스Lawrence Summers,
2021년 3월 5일 〈블룸버그 월스트리트 위크Bloomberg Wall Street Week〉 인터뷰

과거와 현재의 케인스주의자들처럼 긴축이 자본주의 경제를 관리하는 도구라고 믿는 사람은 사회와 경제 전반에 걸쳐 긴축이 멈추지 않는 현상을 정해진 목표 달성에 전혀 성공한 적 없는 잘못된 경제이론에서 잘못된 정책을 도출하는, 일종의 정치적 부조리로 치부할지도 모른다. 이 책에서 다룬 역사적 사례들을 봐도 그렇다. 세계 경제를 안정시키겠다는 약속과 달리 1920년대의 긴축 프로젝트는 처참히 실패했다. 전문가들이 '의도'한 총수요 감소는 훗날 1929년 대공황의 원흉으로 흔히 거론되고 있다. 아이러니하게도 이는 또 다른 세계대전의 경제 부양 효과로 해결되었다. 지난 수

십 년간 경제 침체를 무수히 몰고 온 라틴 아메리카와 유럽의 긴축 개혁도 마찬가지로 실패작이라 볼 수 있다.[1] 2002년 아르헨티나의 경제 붕괴는 10년간의 긴축에 따른 결과였다. 여기에는 1920년대 산업, 재정, 통화 긴축의 모든 특징이 다 들어 있었다. 대규모 민영화가 진행되었고, 사회 지출비가 엄청나게 삭감되었으며, 금리는 1996년 5.8%에서 2001년 9.4%로 대폭 인상되었다.[2] 그 결과는 긴축이 경제 성장을 촉진한다는 목표에 부적합하다는 케인스주의 견해를 확증하는 것으로 보인다. 그러나 이 책에서 설명했듯, 계급 구조를 구축하고 강화하는 긴축의 능력이야말로 긴축의 효능을 가늠하는 진정한 척도다. 긴축은 자본 질서의 심부름꾼이자 중요한 보호장치였다. 그런 의미에서 긴축의 부작용은 결코 계산 착오가 아니었다. 오히려 그 부작용이 철저히 계산적이었다는 것은 자본주의가 정면에서 도전을 받은 시점에 맞춰 긴축이 등장했다는 점에서 분명히 드러난다. 이 책에서 살펴봤듯, 대안적 경제체제의 유혹은 동유럽뿐 아니라 전쟁의 여파로 영국과 이탈리아 같은 유럽 중심부에서도 시민 속에 파고들었다. 이 새로운 경제체제는 '임금노동자'와 민간 자본이라는 개념 자체를 없애겠다고 위협했다. 긴축은 이러한 초기 위협에 맞설 보루였다.

요즘도 그렇지만, 일찍이 영국과 이탈리아의 사례에서도 소수의 기술관료는 자신들의 눈에 엉망이 된 세상을 바로잡기 위해 뛰어들었다. 예나 지금이나 경제학자는 (오늘날에도 전문가의 수사법에서 기본 쟁점을 이루고 있는) 인플레이션을 억제하고 균형예산을 맞춘다는 미명하에 더 본질적 목표, 즉 다수를 지배적 경제 질서에 종속시키는 일을 하고 있다.

다시 말해 '경제를 바로잡겠다'고 긴축을 행하는 경제학자의 속내는 더욱 음흉하다. 긴축에 부정적 입장인 영국의 경제학자 G. D. H. 콜은 1921년 긴축 이후의 침체기를 관찰하며 긴축이 어떻게 사회를 움직이고 형성하는지를 정리해서 설명했다. "노동계급의 대공세는 완전히 저지되었다. 영국 자본주의는 존립의 위협을 받았음에도 다시금 권좌를 되찾았고, 자신을 몰아내려는 노동자들의 모든 노력을 산업계와 정치계의 양쪽에서 잘 막아냈다."[3]

긴축은 절대 단순한 계산 착오에 의한 부작용이 아니라, 민주주의의 침략에 맞서 자본주의와 그 생산관계를 보호하기 위한 영악한 반격이었다. 분명 긴축은 대다수 민중의 권익을 성공적으로 박탈했다.

다시 시동을 켠 긴축 삼위일체

재정, 통화, 산업 긴축의 총공격은 1920년대 영국과 이탈리아에서 모든 형태의 계급 운동을 질식시켰다. 영국에서 그나마 간간이 일어난 파업은 생산 체제의 전면적 개혁이 아닌 각 업계의 부문별 이익 달성이 목적이었다. 이탈리아에서는 파업이 완전히 자취를 감췄다. 1926년에 알베르토 데 스테파니는 이렇게 금세 사회가 진정되자 의기양양해졌다. "지난 4년 동안 파시스트 정권은 균형예산을 달성하고, 노동자의 기강을 확립했으며, 비록 희생이 있었지만 전쟁 부채를 청산했다."[4]

이 성공적인 선례에 힘입어 긴축은 전 세계에서 널리 반복해서 사용되는 경제 도구가 되었다. 영국과 이탈리아를 포함해, 대부분 자본주의 국가에서 긴축이 다시 유행한 1970년대 후반부터 특히 그랬다.

이 시기의 긴축 역사를 본격적으로 조사(사후검사)하자면, 특히 IMF가 주도한 남반구 여러 국가의[5] 구조 조정 사례를 조사(사후검사)하자면 책 한 권을 써도 모자랄 판이다. 그러나 특히 잘 알려진 사례 몇 건만 얼핏 봐도 긴축 논리가 현재까지 끈질기게 이어지고 역사가 반복되는 경향이 있다는 걸 발견할 수 있다.

국가 개입과 공공복지는 제2차 세계대전 이후 다시 활발해졌다.[6] 전쟁의 여파로 영국과 이탈리아의 노조는 다시 결의를 다지고 정치 세력화를 강화했다. 그들은 1970년대 중반 고인플레이션을 계기로 한층 더 목소리를 높였다. 노조 세력이 커지고, 파업이 증가했으며, 자본이 지배하는 질서에서 벗어나자는 요구도 늘어났다.[7]

1970년대 내내 임금이 오르고 노동자 권익도 신장했다. 이탈리아에서는 1970년~1977년에 실질임금이 연평균 약 7% 올랐고,[8] 노동 분배율도 증가해 1977년 최고 70%까지 도달했다. 영국도 전후 수십 년간 노동자들이 행동에 나서면서 1975년 전국 노동 분배율이 무려 79%까지 높아졌다.[9] 영국은 1978년 10월부터 1979년 2월까지 이른바 불만의 겨울winter of discontent 동안 1926년 총파업 이래 최대 규모의 파업이 일어났다. 1979년에만 400만 명이 파업에 참여했고, 이는 1919년~1920년 파업 노동자 수를 합친 것과 맞먹었다.[10]

그러나 1979년에 마거릿 대처 총리가 집권했다. 그는 노동자들이 '게으르고, 속 검고, 열등하고, 못된' 사람이라는 어록을 남겼고, 계급 문제에 입을 다무는 대신 '개인의 책임'에 초점을 맞췄다. 대처는 그 유명한 몽페를랭회Mont Pelerin Society[11] 회원들이 포함된 전문가 집단의 조언 따라 영국에서 긴축을 재개했다. 몽페를랭회는 신자유주의의 창시자로 널리 알려진 지식인 단체로, '문명의 중심 가치'를 지키자는 기치를 내걸고 창설되었다.[12]

1983년~1989년 대처 행정부의 재무장관이었던 나이젤 로슨Nigel Lawson은 1920년대 전임자들과 비슷하게 '신중한 재정 운용으로 뒷받침되는 엄격한 통화 규제'의 미덕을 칭송했다.[13] 1988년 시정연설에서는 1984년 법인세 개혁의 효과를 열심히 설명했다. "이번에 우리나라는 세계에서 가장 낮은 법인세율(35%)을 기록했습니다. 덕분에 외국 기업들이 영국에 활발히 투자했습니다."[14] 또한 그는 자본세를 폐지하고 곡물, 궐련, 잎담배, 맥주, 사과주, 포도주, 증류주에 소비세를 대폭 인상하는 등 역진세 범위를 확대한다고 발표했다.[15] 그는 노동자들의 '나쁜 습관'에 세금을 매기겠다고 말했다. 그런 식으로 영국의 산업 긴축은 널리 확장되었다. 1982년부터 1986년까지 재무부 전문가들은 재규어 자동차, 브리티시 텔레커뮤니케이션British Telecommunication, BT, 브리티시 가스British Gas를 포함해 대규모 공기업 22곳 이상을 민영화했다. 수자원 공사와 전력 공사도 매물로 내놓았다.[16] 1988년 로슨은 "1979년부터 지금까지 공기업의 40%를 민영화했다."라고 자랑한 뒤 "민영화는 기업, 직원, 나아가 경제 전체에 이롭다."라고 덧붙였다.[17] 새로운 법률은 고용주가 파업에 가담한 노동자를 해고하고 해고 수당을 삭감할 수 있게 했다. 또한 동정파업도 금지했으며, '불법' 파업이 지속되면 노조의 자산을 몰수한다는 위협적 조항도 들어 있었다.[18] 날벼락은 가장 먼저 1980년 철강 노동자에게 떨어졌다. 그들은 장장 13주간 파업 전투를 벌였다가 패배하고, 그 대가로 수천 명이 일자리를 잃었다. 그러다 1985년 3월, 광부들이 1년간의 대규모 파업 끝에 항복하는 상징적인 사건이 있었다. 영국에서 가장 강력한 노조가 무너지자 영국 노사 관계의 양상이 달라졌다. 1979년에는 영국 노동자의 절반이 노조원이었고 460만 명이 파업에 참여한 반면, 1998년에는 노조원이 전체 노동자의 3분의 1 미만으로 줄었고 파업에 참여한 인원은 9만 3,000명에 불과했다.[19] 1975년부터 1996년까지 경제적 착취율은 거의 두 배 늘었고, 이윤율은 21%에서 32%로 증가했다.

　1970년대에 이탈리아 노동자의 권익이 신장하자 다시 긴축이 도입되었고, 예상대로 다수의 민중을 얌전하게 길들이는 데 성공했다. 그 시작은 1979년 유럽 통화 제도European Monetary System, EMS를 준수하기 위한 첫 번째 조정이었고, 이후 1992년 마스트리흐트 조약(긴축 원칙을 근간으로 하는 EU의 창설 문서)을 준수하면서 한층 강화되었다. 이 조약을 통해 열두 개 EU 회원국은 '다각적 감시' 아래 긴축 의무를 영원히 지게 되었다.[20]

이탈리아의 EU 가입 조건을[21] 충족하려 노력한 인물 중에는 마스트리흐트 조약을 구체화한 정부 간 회의에서 이탈리아 대표단을 이끈 마리오 드라기도 있었다. 이후 그는 이탈리아 기술관료제의 최전선에서 권력을 행사했다. 1991년~2001년 이탈리아 재무부 국장, 2005년~2011년 이탈리아은행 총재, 2011년~2019년 ECB 총재를 역임했다. 2021년 2월 5일에는 대통령의 직접 지명으로 비선출직 총리가 되었다.

드라기는 이탈리아은행의 총재와 국장을 각각 지낸 카를로 아젤리오 참피Carlo Azeglio Ciampi(1993년~1994년 재임)와 람베르토 디니Lamberto Dini(1995년 ~1996년 재임) 다음으로, 마스트리흐트 조약 이후 기술관료 출신의 비선출직 총리 계보를 이어갔다. 그들은 모두 복지국가를 조준하고 노동보다 자본에 유리한 권력관계를 조성하는 긴축 개혁을[22] 시행했다. 이탈리아 정부가 사회 지출을 대폭 줄이는 동안, 노동 분배율은 GDP의 70%였던 1983년부터 꾸준히 감소해 2001년에는 최저치인 61%에 이르렀다.[23]

또한 이탈리아는 임금과 가격의 '신축성'을 촉진하기 위해 산업 긴축 조치를 도입했다. 이러한 노력의 정점은 이탈리아 노동계의 상징적인 승리로 1975년에 도입된 물가 연동 임금제scala mobile가 1992년 폐지된 것이었다(9장 각주 7번 참고). 또한 국가는 부족한 예산을 메우고 '효율성을 높이고' EU 회원국으로서 입지를 강화하기 위해 획기적인 민영화 운동을 시작했다. IRI(산업 재건 연구소), ENI(석유·천연가스 공사), ENEL(가스·전력 공사) 등 공기업과 대부분 국책은행을 매각했다. 그리고 유로화가 이탈리아의 통화가 되면서, 사실상 독자적 통화정책이 불가능해졌다. 따라서 어떤 경제 목표를 달성하려면 그만큼 재정 긴축과 산업 긴축에 더욱 의존해야 했다. 금본위제에 묶여 있던 전간기에 그랬듯, 이제는 통화 주권의 상실을 이유로 '비정치화된' 긴축이 국가 경제문제의 유일한 해결책으로 남았다.

이 모든 것의 정점은 2011년 6월이었다. 이탈리아 국민은 물을 포함한 모든 공공재의 민영화를 중단할 것을 촉구하는 국민투표에 참여했다. 당시 이탈리아가 이 같은 직접 민주주의식 헌법 장치를 성공적으로 활용한 지는 50년이 넘은 터였다. 많은 사람은 이 국민투표를 민중의 행위 주체성이 표출된 중요한 사건이라고, 혹은 더 급진적으로는 이탈리아인의 사회생활을 재설계하기 위한 첫걸음이었다고 해석한다. 그러나 약 100년간 이탈리아에서 늘 그랬듯, 두 달 후 긴축의 맞불이 시작되었다.

최악의 채권 시장 위기가 닥친 2011년 8월 5일, 이탈리아 총리 실비오 베를루스코니Silvio Berlusconi는 ECB 총재 장 클로드 트리셰Jean-Claude Trichet와 그의 후임자로 지명된 마리오 드라기가 서명한 극비 서한을 받았다. 이 서한은 당시 상황이 '중대'하니 '투자자의 자신감 회복'을 위한 '과감한' '필요' 조치를 촉구했다.[24] ECB는 무기를 갖고 있었으니, 이탈리아가 긴축 개혁에 느슨해지면 이탈리아 국채 환매를 중단할 생각이었다. ECB의 분명한 요구는 이탈리아가 (2012년 초까지 공공 적자를 GDP의 1% 수준으로 줄이도록) 혹독한 재정 긴축에 돌입하고 '근본부터 개혁해서 엄격한 예산 규칙을 수립'하라는 것이었다. 그 서한은 공공시설과 (마침 국민이 한창 반대하고 있던) 수도를 포함해 지역 공공 서비스의 '대대적 민영화'를 촉구했다. 또한 고용, 해고, 임금 교섭에 대한 규제를 전면 재검토하고 '필요하다면' 임금도 억제해 공무원 인건비를 줄이라는 요구도 포함했다.

무솔리니 정부는 1922년 외국의 이해관계에 따라 구상된 대외적 긴축을 성공적으로 이행했지만, 2011년 베를루스코니는 비슷한 목표 달성에 실패했다. 그리고 ECB의 압력과 이탈리아 채권에 대한 투기 악재가 겹쳐 결국 사임했다. 그해 11월 후임으로는 "생산성과 경쟁력 향상을 위해 이탈리아 경제를 뿌리부터 구조 조정하겠다."던 보코니대학교 출신 경제학자 마리오 몬티가 (역시나 비선출직으로) 총리직에 올랐다.[25] 몬티의 행보는 1922년 대외 신뢰도를 높이려고 특히 사회의 약자를 비롯한 국민을 기꺼이 희생시킨 데 스테파니를 떠올리게 했다. 데 스테파니가 "상이군인, 병상병을 포함한 군인들이 기득권을 포기하는 의지를 발휘해야 한다."고 주장했듯, 몬티도 비슷하게 근위축성 측삭 경화증ALS 환자들의 의료보험 지원을 축소했다. 이 개혁의 사회적 영향을 어떻게 생각하냐는 질문을 받자 그는 간단히 대답했다. 지금까지 '자신의 특권을 보호하고' '영악하게 행동해온' 이탈리아 국민의 부도덕 때문에 재원이 모자라니 어쩔 수 없다는 것이었다.[26] 이런 상투적 표현은 이제 익숙하게 들린다. 위기는 자신의 소득 이상으로 돈을 쓰고 생산적으로 일하지 않는 사람들에게 찾아온다는 얘기다.

이탈리아 민주당(PD)이 집권했을 때를 포함해 이후 정부들도 모두 긴축을 추진했다. 예컨대 2014년 마테오 렌치Matteo Renzi 총리의 일자리법은 1970년 노동자 지위 강화법의 역사적 권리를 뒤엎고 '경제적 이유'로 언제든지 노동자를 해고할 수 있게 합법화했다. 비정규직 노동 형태와 불완전 고용이 확대되면서 실질임금은 2010년에서 2017년 사이 4.3% 떨어졌다.[27] 이 기간의 긴축이 이탈리아 국민의 생활 수준에 미친 영향은 공식 통계상 2011년~2014년에 7% 급감한 1인당 실질 소비로 알 수 있다.[28]

이탈리아의 긴축은 3대 경제 기구(ECB, EU 집행위원회, IMF)가 부과한 외부 압력과는 거리가 멀었다. 이탈리아 내에서는 소위 '보코니 동문들'이라는 긴축 경제학자들의 학문적 영향력이 국내외 정치와 경제를 여전히 꽉 잡고 있다. 보코니대학교가 그곳에서 1902년부터 1925년까지 재정학을 가르친 루이지 에이나우디의 전통을 자랑스럽게 유지하는 것도 여기에 적잖게 한몫한다. 1920년대 전임자들과 마찬가지로 알베르토 알레시나, 실비아 아르다냐Silvia Ardagna, 카를로 파베로Carlo Favero, 프란체스코 자바치, 귀도 타벨리니Guido Tabellini 같은 이탈리아 경제학자들은 IMF, 세계은행, ECB의 저명한 고문으로 활동하는 한편, 대중이 저임금에 더 열심히 일하도록 순응해야 경제가 성장한다는 신념을 꿋꿋이 지켰다.[29]

다수의 권리를 박탈하는 경제 이론

브뤼셀과 제노바 회의의 경제 전문가들은 본인들의 결정이 '이른바' 다수의 행위 주체성을 종속시키는 것이었다고 생각하지 않았을 것이다. 그보다 경제학자들 간에 으레 나타나는 엇박자를 극복하고, 자신들이 추진하려는 개혁이 세상의 원리에 대한 고차원적 이해에 기반을 두었다고 여겼을 것이다. 오늘날 주류 경제학의 아버지들은 긴축을 객관적이고 중립적인 이론, 즉 계급관계를 초월하는 세계관이 빚어낸 결실로 제시했다. 결과적으로 '인간을 길들이겠다'는 그들의 주장은 지배욕이라기보다는, 단순히 정치나 계급을 넘어 사회의 질서를 잡겠다는 필요로 탈바꿈했다. 그들의 비정치화 방식은 예나 지금이나 합의를 이끌어낸다는 구실로 경제적 강압을 은폐하는 역할을 했고, 결국 이는 다수의 권익을 박탈했다.

그러나 계급을 초월한다고 가장하는 이론은 다시 말해 그 이론적 틀에서 계급 현상을 설명하기를 거부한다는 뜻이다. '계급 불가지론적' 경제이론은 사상 초유의 계급 갈등이 일어난 제1차 세계대전 직후에 등장해 제 역할을 쏠쏠히 해냈다. 이렇게 긴축의 창시자들이 전쟁의 여파가 가시지 않은 가운데 긴축을 꺼내 든 것은 그들의 우월감과 묵비권의 의지를 보여주는 증표다.

경제학자들은 대안 체제가 등장할 가능성을 봉쇄해 자본을 하나의 사회관계로 다시 순응화했다. 〈오르딘 누오보〉는 고용주가 얻는 가치의 원천이 노동이라는 이론을 정립하고, 착취를 노동자를 향한 구조적 함정이라 비판했다. 반면에 경제학자들은 이러한 노동 관계를 동등한 개인 간의 동등한 교환, 즉 최적의 합리적 의사결정력을 갖춘 모든 개인이 번영으로 가는 길이라 묘사했다. 또 그들은 시장을 합리적이고 도덕적인 사람은 누구나 충분히 번영할 수 있는 사회로 모형화했다. 겉보기에 이 통찰력은 인간 해방을 얘기하는 듯하지만, 실은 가장 계급주의적인 관점이었다. 사회 계급은 개인의 강점에 순위를 매긴 결과이고, 최상위층이 아닌 사람은 그만한 자격이 없다는 의미다. 저축자, 기업가의 이윤은 노동자를 임금 주고 고용해 경제 성장을 이끈 도덕적 행동의 결실이었다.

이론적 기틀은 노동자의 행위 주체성을 제거하고 사적 이윤을 정당화하는 데 웬만한 물리적 무기보다 강력한 효력을 발휘했다. 그 이론이 전하는 메시지는 오늘날 이미 모두가 내면화한 상태다. 누구나 충분히 노력하면 저축자와 투자자 계급으로 올라설 수 있다는 것이다. 그러지 못하는 사람은 오직 자기 자신을 탓해야 한다.

현재의 경제 모형은 우리에게 이러한 자본 질서를 잠자코 받아들이라고 쉬지 않고 강요한다. 1970년대 후반부터 부상해 영향력을 강화한 이탈리아 긴축파 경제학자들, 즉 '보코니 동문들'의 이론은 저축자와 투자자가 경제 번영을 이끄는 주역이라는 가설을 반영한다. 이 가설은 지금도 그들의 이론을 줄곧 관통한다.[30]

따라서 경제정책의 목표는 다수에서 소수로 자원을 이동하는 것이라는 당연한 결론이 도출된다. 알베르토 알레시나는 사회 지출을 삭감하는 것이 "미래에 세율을 인상할 필요가 없다는 신호이므로 투자자들이 '더 적극적으로' 투자하도록 자극한다."라고 썼다.[31] 특히 기업의 이윤 기대치를 높이기 위해 정부는 "예산에서 '정치적으로 가장 민감한' 부분인 이전지출과 공무원 임금 및 고용을 줄이려는" 유인이 생긴다고 한다.[32] 여기에서 전반적인 메시지는 분명하다. 사회 지출과 인건비를 삭감하면 선택된 소수의 이윤만 증대하는 게 아니라, 자칫 게을러질 수 있는 다수를 통제하는 역할도 한다(그리고 이 게으름 때문에 다수는 저축자나 투자자가 되지 못한다).[33]

재정 긴축과 산업 긴축이 상호작용하면(경제학에서 '공급주의 개혁supply-side reforms'이라고 하며, 민영화와 노동시장 규제 완화 등이 그 예다),[34] 시장의 힘이 노동자를 규율하는 효과가 최대치로 발휘된다. 여기서 다시 한번 알레시나와 그의 동료들은 바람직한 경제 관리법을 알려준다. "정부가 공공 고용을 줄이면, 구직자는 민간 부문이 아니고서야 일자리를 구하기 힘들어진다. 또 정부가 임금을 삭감하면, 공공 부문 노동자의 소득이 감소한다." 그들은 두 경우 모두 "민간 부문 노조가 요구하는 임금 기대치를 낮춰 이윤, 투자, 경쟁력을 높이는 효과가 있다."라고 설명한다.[35] 전문가들의 생각은 명쾌하다. 바로 전체의 이익을 위해서는 '임금 억제'가 필요하다는 것이다. "더 이상 크리스마스 특별 수당은 없어야 하며",[36] 정년 연장은 아주 바람직한 정책이었다. 언젠가 알레시나는 나지막이 "프랑스인들이 여전히 60세에 은퇴할 수 있다고 생각한다면 착각이다."라고 말하기도 했다.[37]

초기 긴축 창안자들은 이론이 계급을 초월해 고차원으로 작동한다고 전제했다면, 후대의 긴축 매파가 자신들의 처방책이 노동계급에 미치는 영향을 인식하는 방식은 1995년 알레시나와 로베르토 페로티Roberto Perotti의 논문에서 힌트를 얻을 수 있다. 두 사람은 "재정을 조정하다 보면 소득 불평등이 심화할 수 있다."라고 인정하는 동시에, "기업 이윤이 차지하는 비중은 증가"한다고 덧붙였다. 또한 "조정기에 노동 분배율은 감소하고 조정이 끝난 후에도 여전히 전보다 낮은 상태로 남는다."라고 지적했다.[38] 이러한 계급 효과는 자본 질서가 작동하기에 최적의 여건을 조성한다.

온갖 전문 용어로 뒤덮이고 기술관료적 정책 기조가 물씬 풍기는 여러 논문을 발표해온 알레시나와 그의 동료들은 제1차 세계대전 직후 루이지 에이나우디와 마페오 판탈레오니처럼 노동계급에 대한 불신을 감추지 않는다. 알레시나는 IMF를 위해 쓴 한 논문에서 이탈리아 남부인들의 '의존 문화'를 비판했다. 그는 이 문화가 기업가 정신을 한풀 꺾는 확장 정책으로 조장된다고 주장한다. "'시장에 내몰릴' 준비가 되지 않은 개인일수록 더 공공 일자리를 좋아한다. 게다가 이로 인해 대체로 시장 친화적 정책과 노동시장 유연화에 반대하는 공무원과 공무원 노조라는 강력한 유권자층이 형성된다."[39]

처음부터 긴축의 촉매제는 '권익이 신장한' 시민의 의지와 행동에 대한 불안감이었다. 알레시나의 말에 따르면, 긴축은 전문가와 지도자들에게 '단기적 확장 정책을 요구하는 민중의 불가피한 정치적 압력'으로부터 경제적 의사결정권을 '보호'할 무기를 제공한다.[40]

반민주주의와 독재

1920년에 판탈레오니가 툭 내뱉었듯, 경제정책을 수립하는 일은 '인기와 정밀성'의 두 마리 토끼를 잡을 수 없었다. 그가 생각하는 정치적 민주주의의 문제점이란 민중은 무엇이 자신에게 최선의 이익이 되는지 모른다는 것이었다. 그래서 민중을 그들의 이익과 직결된 경제적 의사결정에서 떼어놓아야 했다. 오늘날의 긴축 역시 대중의 요구로부터 경제 통치권을 보호하려는, 즉 경제가 정치 영역에 휘말리지 않게 막으려는 노력에 기반을 두고 있다.

이미 정치 지도자의 승계 과정도 반민주적 방식으로 이루어지는 이탈리아에서는 1920년대 기술관료들의 반민주주의 사고가 나날이 정교해지면서 현재에도 재창조되는 중이다. 1980년대 초에 시작되어 여전히 지칠 줄 모르고 진행되는 학문적 노력의 일환으로, 긴축 경제학자들은 선거 민주주의(특히 비례 대표제)가 부채를 축적하는 태생적 성향이 있어서 경제에 부적합하다는 개념을 발전시켰다. 한 주목할 만한 논문은 "재정 관리가 엄격하게 안 되는 것은 대체로 대의 민주주의 국가에서만 발견되는 특징이다."라고 주장했다.[41] 이러한 어조는 1920년 브뤼셀 회의에서 "사회주의와 민주

주의가 강한 국가에서는 재정이 잘못된 방향으로 가기 쉽다."라던 판탈레오니의 명언을 연상시킨다.[42]

파시즘 치하의 이탈리아 경제학자들은 자신의 모형을 직접 실행할 기회를 준 독재 정부 덕에 민주주의의 책임으로부터 면제되었다. 반면에 영국 버전의 기술관료제는 독립된 중앙은행에 경제 관리를 맡기자는 캠페인에 중점을 두었다. 이 캠페인은 전 세계에 수출되어 바실 블래킷은 인도에서, 오토 니마이어는 동유럽, 호주, 브라질, 아르헨티나에서 중앙은행의 독립성을 열심히 설파했다.

파시즘에서는 워낙 노골적이었고 다른 곳에서는 정책의 형태로 가려져 있었을 뿐이지, 결국 긴축과 정치 탄압 사이에는 보편적 연관성이 있었다. 이 점에서 이탈리아와 영국이 각각 경제주체로서 시민을 대한 방식은 서로 큰 차이가 없었다. 실행 방식은 달라도 이탈리아와 영국의 기술관료는 대다수의 대중에 희생을 강요했다는 점에서 목표는 같았다. 그리고 그들은 아무런 책망도 듣지 않았다.

민중이 의사결정 과정에서 제외되자, 순수경제학 모형은 시장이 최고라고 재천명함으로써 시장이 노동자의 요구에서 벗어나 온전하게 작동할 수 있게 했다. 그들이 보기에는 경제적 자유가 정치적 자유, 특히 경제를 민주주의에 따라 관리할 정치적 자유보다 더 중요했다. 사실 이 경제학자들은 경제적 자유의 의미를 (4장에서 자세히 설명한) 안토니오 그람시가 말한 착취로부터 다수의 해방이 아닌 소수의 저축자와 투자자 그리고 그들의 활동 영역인 자유시장을 지키는 것으로 이해했다. 다시 말해 경제적 자유는 자본 축적이 제대로 작동하는 것을 의미했고, 이는 임금 관계에 내재한 경제적 강압과 그에 따른 민중 계급의 부자유를 수반할 수밖에 없었다. 사실 기술관료들이 생각하는 경제적 자유 개념은 다수의 권익이 신장한 환경에서는 존립할 수 없었다.

영국 재무부 전문가들은 금리와 예산을 조정하는 방법으로 노동자를 직장과 사회 안전망에서 몰아냈기에 물리적 폭력을 가할 필요가 없었다. 자유 자본주의 환경에서도 여전히 전문가 지배층은 거시경제를 관리하고 조정할 권한을 뺏기지 않기 위해 이 권한을 대중의 시야에서 숨기려는 비슷한 전략을 개발한다. 중앙은행의 독립성 보장은 오늘날까지 긴축의 상징적 정책 중 하나다. 수많은 문헌에서는 경제적 의사결정에 시민을 배제하는 '사회적 바람직함social desirability'을 칭송하고, 대신 '인플레이션 회피를 사회의 어떤 구성원보다 유독 선호하는 경제주체'를 두둔하는 내용이 대부분이다.[43]

1999년 이래 모든 EU 회원국의 유일한 발권 은행 역할을 해온 ECB의 규약은 기술관료적 긴축에서 큰 성과를 거두었다. ECB는 1920년대 호트리식 경제론을 본보기로 한 권한과 구조 아래 운영된다. 마스트리흐트 조약 이후 ECB는 물가 안정이라는 주 임무를 '편견 없이' 수행하고자 공식적으로 '선출직 관료로부터 독립성'을 유지했다. 또한 그들의 규약은 ECB 이 사회가 '어떤 국가나 국가기관으로부터 지시를 받는 것'을 명시적으로 금지한다.[44] 정치적 독립성은 경제적 독립성을 동반한다.[45] ECB는 재정 적자에 시달리는 회원국에 자금을 지원할 의무가 없으므로, 회원국은 확장 재정정책을 수행하기가 아주 어려워진다.[46]

또한 EU 시대의 개막은 긴축 매파들이 제도를 개혁해 민주주의 원칙의 밑동을 확실히 잘라낼 기회였다. 특히 이탈리아로서는 과거 파시스트와 공식적으로 거리를 둘 수 있는 정치적 보호막이 생겼다. 1920년대 초 파시스트 경제학자들과 비슷하게, 이 현대 전문가들은 (정부 권력을 더 강화하도록) 비례 대표성을 축소하는 선거제 개혁과 균형예산을 의무화하는 개헌안을 주장했다. 2010년대에 이탈리아는 이 두 정책을 모두 시행했다.

자본 질서에 도전하는 대중의 목소리가 점점 거세지는 가운데 긴축 목표를 달성할 유일한 돌파구는 독재 정부를 지지하는 것이었다. 이탈리아 파시스트의 긴축은 1973년~1990년 칠레의 아우구스토 피노체트Augusto Pinochet의 군사 독재 하에서 각본처럼 되풀이되었다. 그 시작은 재분배 정책과 국유화를 외친 민중 투쟁의 상징적 존재인 사회주의 대통령 살바도르 아옌데Salvador Allende를 축출하고자 1973년 9월 11일 모네다 궁전을 폭격한 사건이었다. 이후 시카고대학교 출신의 선택받은 칠레 경제학자 집단인 소위 '시카고 동문들Chicago Boys'이 등장했다. 그들은 신고전학파 경제학자 밀턴 프리드먼Milton Friedman과 아놀드 하버거Arnold Harberger 밑에서 수학했고, 쿠데타를 계기로 라드리요Ladrillo(벽돌)를 실행할 기회가 열렸다. 라드리요는 치밀한 긴축 계획을 요약한 벽돌 색깔의 문서로, 칠레에서 자본주의의 대안 체제가 들어설 여지를 성공적으로 막아냈다. 2010년 산티아고에 개관한 기억과 인권 박물관Museum of Memory and Human Rights은 긴축으로 탄생한 정권에서 희생된 사람들을 추도하고자 설립되었다. 피노체트의 독재 기간에 4만 명 이상이 사망하거나 실종되거나 탄압을 겪었다. 시카고대학교 출신이자 피노체트 치하에서 재무장관을 지낸 칠레 경제학자 롤프 뤼더스Rolf Lüders는 이 사건에 관해 질문을 받자 긴축과 정치 탄압 사이의 연관성을 명료하게 요약했다. "인권 침해를 정당화할 수 있냐고 묻는다면 아니라고 답하겠다. 내가 봐도 끔찍했다. 하지만 독재 정권이 아니었다면 칠레의 변화는 불가능했을 것 같다."[47] 그가 말한 '변화'는 긴축의 전형적 과정을 초래했다. 1983년 실업률이 32%로 급등하고, 착취율도 1971년 0.62에서 1985년 1.28로까지 거의 두 배 증가했다. 그동안 기업의 이윤율은(세금 및 감가상각비 제외) 31.4%에서 42.4%로 증가했다.[48] GDP 대비 노동 분배율은 17.6% 감소한 반면 이윤율은 10% 증가했다. 빈곤율은 20%에서 44%로 증가했다.[49]

독재, 경제이론, 긴축의 혼합은 현대사에서 반복되는 추세다. 1967년

~1998년 인도네시아 수하르토Suharto의 독재 치하에서 활동했던 버클리대학교 출신 경제학자들의 경우와 소련 해체 이후 러시아에서 '자본 질서'가 확립된 극적인 역사가 그 예다. 러시아의 보리스 옐친 대통령은 경제 안정을 위해 자신이 환심을 사려 노력한 IMF의 뜻대로 긴축을 추진하다가 의회가 반대하자 사실상 선전 포고를 했다. 민주주의를 향한 옐친의 공격은 1993년 10월 탱크, 헬리콥터, 군인 5,000명을 동원해 러시아 의회에 집중 포화를 퍼부으며 최고조에 이르렀다. 그 공격으로 500명 이상의 사망자와 그 이상의 부상자가 발생했다. 사태가 진정되자 러시아는 통제 불능의 독재 정권기에 들어섰다. 옐친은 '말 안 듣는' 의회를 해산하고,[50] 헌법을 정지하고, 헌법재판소를 해체하고, 신문사를 폐쇄하고, 반대 세력들을 감옥에 보냈다.[51]

1920년대 무솔리니 독재에서 그랬듯, 이번에도 〈이코노미스트〉는 주저 없이 옐친의 독재 통치를 자본 질서를 보장할 유일한 방법이라고 감쌌다. "옐친은 자신의 정적들을 무력으로 깔아뭉갤지, 자신과 정부, 개혁의 모든 가능성이 무너지는 걸 가만 지켜볼지 선택해야 했다. (…) 옐친의 반대 세력은 온갖 종류의 극단주의자들이 모인 기묘한 조합이었고, 그중에는 서구인의 기준에서 완전히 제정신이 아닌 사람들이 상당수였다. (…) 결국 옐친은 극도의 위협감을 느꼈고 그만큼 대응 방식도 극도로 치달았다." 그리고 기사는 이렇게 결론지었다. "옐친이 통치권을 되찾고 경제 개혁을 재개해서 거둔 성과는 실로 대단하다."[52] 그 후 몇 달 동안 〈이코노미스트〉는 러시아 산업의 급속한 민영화를 집중적으로 보도했다. 세계은행은 실업률이 두 자릿수에 이르렀다고 밝혔다.[53] 1987년~1988년 러시아인의 2%가 빈곤(하루 생활비 4달러 미만) 속에 살았다면, 1993년~1995년 그 수치는 50%에 이르렀다. 불과 7년 만에 러시아 인구의 절반이 빈곤층이 된 것이다.[54] 같은 기간 불로소득 비중은 GDP의 5%에서 23%로 증가했다.[55]

이러한 긴축의 즉각적, 파괴적 영향은 이미 예견된 바였다. 이는 빌 클린턴 행정부 시절 재무부 관료였던 로렌스 서머스가 1994년 정의한 '경제학자들의 합의'에 따라 정해진 결과였다. 서머스는 러시아가 "민영화, 안정화, 자유화라는 세 가지 '~화'를 최대한 빨리 완료해야 한다. 개혁에 탄력이 붙었을 때 이 기세를 유지하는 건 정치적으로 중요한 문제다."라고 잘라 말했다.[56] 이 중요한 문제에 이해관계가 걸린 국가 중 하나였던 미국은 특히 적극적으로 발 벗고 나섰다. 클린턴 대통령은 옐친 대통령에게 수십억 달러를 원조했고,[57] USAID(미국 국제개발처)는 경제학자 제프리 삭스Jeffrey Sachs가 이끄는 하버드 국제개발연구소Harvard Institute for International Development에 아낌없는 자금을 지원해 옐친의 긴축 프로젝트에 조언을 제공했다.

20세기 정치 이론가 한나 아렌트는 논설 〈권위란 무엇인가?What Is Authority〉에서 이렇게 썼다. "최선의 정부 형태가 무엇인지 답을 구하고자 한다면 철학자(즉 답을 구하는 사람들)의 관점에서 최선의 정부가 무엇인지 생각하면 된다. 그리고 그 정부는 철학자들이 도시국가의 지배자가 되는 정부다."[58] 1920년대 이후 경제 과도기에 자신들의 의지를 대중에 강요했던 긴축 경제 전문가들에게도 그 과정은 매우 비슷하다. 그들이 순수하다고 말하는 초월적 지식이 현실 세계를 지배할 목적으로 쓰이는 순간, 그 지식은 이미 초월적이지 않다. 이 경제학자들은 동의하지 않을지 모르지만, 어쨌든 역사가 후대에 어떻게 전해지길 바라든 간에 그들은 자신들이 상상할 수 있는 유일한 질서인 자본 질서를 보존하려는 투쟁에 가담함으로써 곧 정치에 깊숙이 개입했다는 사실은 부인할 수 없다.

긴축을 향한 욕구는 의외의 영역에서도 존재한다. 21세기에 들이닥친 두 번의 금융 위기 때는 삭감보다는 지출을 독려하는 '케인스주의'를 처방해 대응했다. 하지만 역시 오랜 습관은 고치기 힘든 법이다. 2008년 금융 위기 후 정부는 금융기관부터 구제하느라 전력을 기울였고, 그 후 몇 년간 공적 자금이 고갈되었다. 이러한 구제금융의 근거는 우리가 지금까지 이 책에서 살펴본 내용에서 찾을 수 있다. 바로 자원을 다수에서 소수로 이동하려는 목표다.

코로나19에 대응하는 과정에서도 같은 긴축 패턴이 나타났다. 금융기관과 대기업에는 아낌없는 자금이 지원되었지만, 대다수 국민에게는 빈약한 콩고물만 떨어졌다. 미국에서는 2020년 4월 경기부양 패키지법CARES Act으로 대기업에 대출과 보증을 위해 7,900억 달러라는 전례 없는 액수를 할당하고 감세 혜택도 주었다. 한편 직접 소비하는 주체인 1억 6,000만 미국 가구에 할당된 자금은 그 3분의 1에도 못 미쳤다.[59] 실업률이 나날이 증가하는 가운데(전 세계에 일자리 부족분은 2020년에 1억 4,400만 개 늘어났다)[60] 임금에 하방 압력이 커지고 민간 이윤에 대한 기대감은 되살아났다. 팬데믹 기간에 불평등도는 신기록 수준이었다. 2021년 6월 국제노동기구(ILO)는 "현재 전 세계에 극빈층 내지 빈곤층에 해당하는 노동자 수가 2019년보다 약 1억 800만 명 늘었다. 그들은 구매력 평가 기준으로 하루에 3.20달러도 안 되는 돈으로 생활하고 있다."라고 발표했다.[61] 같은 시기에 정책 조사 연구소Institute for Policy Studies의 분석에 따르면 2020년 3월부터 2021년 3월 사이에 전 세계 억만장자 2,365명의 부가 54%, 즉 4조 달러 증가한 것으로 나타났다.[62] 긴축이 갈수록 정교한 형태를 취하는 만큼, 소수 부유층은 아직도 혜택을 누릴 기회가 더 남아 있다.

코로나19로 치솟은 재정 적자 때문에 조만간 더 가혹한 긴축이 요구될 것이다. 2021년 2월 로렌스 서머스 하버드대학교 교수는 프린스턴대학교에서 연설 중, 바이든 정부가 국민을 위해 제안한 현금 부양책이 인플레이션 위험이 있다고 경고하며 그것이 "경기 부양에 도움이 된다는 이렇다 할 경제학적 근거는 없다."라고 말했다.[63] 그는 정부가 가계에 '필요 이상'의 소득을 제공하면 가계는 그 돈을 펑펑 써서 경제의 섬세한 균형 상태를 깨뜨릴 것이라며, "중산층 가구의 소비성향은 경제학자들이 보통 주가 변동으로 부의 추정치를 도출해 계산하는 소비성향보다 훨씬 크다."라고 말했다.[64] 서머스는 소비해선 안 될 사람이 소비하면 부유층이 지탱하는 경제에 인플레이션 피해를 끼칠 수 있다고 경고한다.

랄프 호트리 이후 100년이 지나 서머스도 호트리와 똑같은 걱정과 예측을 했다. 이러한 사고 자체가 틀리거나 비합리적인 건 아니다. 그저 명확한 가치관의 하나를 표현한 것뿐이다. 문제는 그 가치관이 100년에 걸친 긴축 프로젝트를 통해 여전히 세계에서 군림하고 있다는 것이다. 그리고 그것은 사람들을 현 상태에서 옴짝달싹 못 하게 하는, 암울한 학문 내에서도 가장 암울한 부분에 확고히 기반을 두고 있다.

이 책은 전 세계에 널리 퍼져 있고 우리의 일상생활을 형성하는 강력한 경제적 패턴을 자세히 설명했다. 그러나 긴축파가 우리에게 생각하기를 요구하는 방식과 다르게, 지금의 이 사회경제체제는 불가피한 것도 아니고 우리가 마지못해 받아들여야 할 유일한 길도 아니다. 긴축은 자본주의의 계급 지배관계를 보존하려는 필요에서 계획된 정치 행위다. 자본주의의 모든 대안 체제를 배제하는 것은 집단적 행동의 결과다. 그러므로 자본주의는 집단적 대응으로 전복될 수 있기도 하다. 그 방향으로 가는 첫 단계는 긴축의 논리와 진짜 목적을 탐구하는 것이다.

책을 마치며

이 책은 긴축에 초점을 맞추고 제1차 세계대전 이후 재건 과정을 새롭게 접근함으로써 정치 경제, 경제사, 경제사상사, 노동 및 사회 역사 사이의 표준적인 학문적 경계를 넘어서고자 했다. 이 노력이 잘 전달되었다면 긴축의 성과는 더 널리 토론의 대상이 되고 비평되며 어쩌면 학계의 고정관념에서 탈피할 수 있을 것이다. 이 책의 주된 목표는 긴축을 다른 시선에서 접근하고 이해하자는 것이었다. 더불어 케인스주의와 신자유주의의 관계, 신자유주의의 역사, 전간기의 역사 그리고 특히 이탈리아 파시즘의 역사와 성격을 다시 생각할 필요성도 제시하고자 했다.

우선 긴축을 중심에 두는 관점은 20세기와 21세기의 정치 경제 역사를 재평가하기 위한 강력한 도구다. 이렇게 두 상반된 전통적 경제이론인 신자유주의와 케인스주의 간의 세기적 대결 구도를 너무나 익숙한 내러티브에서 벗어나 재평가한다면 풍부한 이야깃거리가 쏟아질 것이다. 신자유주의와 케인스주의는 긴축의 중요한 목표가 경제를 비정치화해 자본주의의 대안 체제를 봉쇄하는 것이라는 점에서 교집합을 갖는다.

이 교집합의 근원은 다른 누구도 아닌 케인스 본인으로 거슬러 올라간다. 우리가 아는 바대로 그는 영국 재무부 전문가들 사이에서 중요한 연락관 역할을 했고, 유효 수요에 대한 통찰력은 랄프 호트리의 영향을 크게 받았다. 또 앞서 살펴봤듯 그도 다른 영국의 긴축파들과 마찬가지로 제1차 세계대전 이후 자본 질서가 무너질까 봐 진심으로 걱정했다. 경제학자 제프 만Geoff Mann의 2017년 저서 《언젠가는 우리 모두 죽는다In the Long Run We Are All Dead》는 현대 케인스주의자들도 실은 자본주의 외에 다른 어떤 사회질서도 상상할 수 없기에 이러한 '실존적' 불안에서 늘 벗어나지 못한다는 것을 명쾌하게 설명한다.

분명 케인스는 세이의 법칙을 부정함으로써 재무부의 정통론을 깨뜨렸다. 실제로 세계 금융이 붕괴하고 대부분 산업 국가에서 실업이 만연했던 1930년대 불황기는 케인스의 사고관에 커다란 영향을 미쳤다. 오죽하면 그는 자신의 저서 《일반 이론》을 "습관적 사고방식과 표현에서 벗어나기 위한 기나긴 분투의 결과"라고 묘사했다.[1] 그는 국가가 개입해서 유효 수요를 늘리고, 거시경제를 안정화하고, 기업가가 민간 저축으로 적절히 투자할 수 있는 환경을 조성해야 한다고 주장했다. 그러나 케인스는 긴축 프로젝트의 가장 깊은 본질에서 절대 벗어난 적은 없다.

케인스는 기술관료들의 가장 근본적인 욕구를 지지했다. 케인스의 경제 이론도 그의 긴축파 동료들과 마찬가지로 계급 갈등이라는 개념을 몰아내고 계급 억압을 은폐했다. 노동 가치설과 착취의 중요성을 무시한 채 자본 축적을 설명하는 케인스의 모형은 모두의 번영을 이끄는 기업가와 그의 투자가 경제의 핵심 원동력이라고 전제한다. 《일반 이론》은 유효 수요가 부족한 이유를 궁극적으로 기업가의 투자 부족으로 돌린다. 따라서 거시경제를 관리하는 목적은 최적의 투자 환경, 즉 '보통의 사업가에게 적합한 정치적, 사회적 분위기'를 조성하는 것이다.[2] 우리가 2장에서 살펴본 여러 급진적 재건주의자들과 달리, 케인스가 옹호하는 형태의 국가 개입은 경제적 우선순위에서 정치적 우선순위를 해방하려는 취지가 아니었다. 오히려 반대로 정치 영역은 도덕적 소수가 이끄는 '질서', 즉 '자본 질서'의 재생산을 돕는 역할을 한다.

따라서 긴축의 기본 원리와 비슷하게 케인스주의의 틀에서도 노동자는 자본주의의 재생산 과정에서 제일의 지위를 상실한다(그들의 노동은 더 이상 가치의 원천이 아니다). 경제주체성을 상실한 노동자는 정치 주체성도 경제 전문가에게 양도하며 상실한다. 케인스도 동료 긴축파처럼 경제학자가 계급을 초월하는 진리의 수호자이므로 무엇이 국민에게 이로운지 알고 국민을 대신해 경제적 의사결정을 맡아야 한다고 확신했다. 이는 사람들의 현실 생활에 깊은 영향을 미치는 빈곤과 실업문제가 정치 담론에서 제외되고 '논리적, 합리적인 전문 영역'에서 다뤄야 할 기술적 문제로 이해된다는 의미다.[3] 따라서 경제 영역을 비정치화하려는 욕구는 사회질서를 보존하기 위한 핵심 해결책으로 존속한다. 자본주의 국가가 사회 전체의 이익을 위한다는 구실로 경제 통제권을 전문가의 손에 맡기고 역사적 의무에서 벗어나면, 국가는 더 이상 계급 투쟁의 영역이 아니라 기술관료들에게 후광을 비춰주는 도구가 되고 만다. 케인스학파가 긴축과 과감히 결별하고 경제주체로서 국가의 역할 확대를 지지한 근거가 바로 기술관료들의 직관적 통찰력과 똑같다는 점은 무척 흥미롭다. 한마디로 자본주의의 두 기둥은 보호되어야 하고, 사람들은 전문가가 정해준 규칙을 따라야 한다는 것이다.

경제이론을 기술관료의 관점에서 접근한 결과는 신케인스주의 유파에서도 볼 수 있다. 예컨대 저명한 경제학자 칼 샤피로Carl Shapiro와 조지프 스티글리츠Joseph Stiglitz가 1984년에 쓴 논문 〈노동자 규율 장치로서의 균형 실업Equilibrium Unemployment as a Worker-Discipline Device〉은 노조와의 전쟁이 절정에 달한 레이건, 대처 정부 때 쓰인 글답게 실업을 '순응화'한다. 노동자 규율의 효과가 있는 균형 실업률은 전형적 경제주체의 합리적 결정에 따른 당연한 산물이지, 분명 자본주의식 권력 행사나 계급 갈등의 결과는 아니라는 것이다. 정보의 비대칭성과 일하기 싫어하는 노동자의 성향을 고려하면 현상태는 합리적 경제 논리로 귀결된다고 한다. 이처럼 신케인스학파도 주류 신고전학파와 마찬가지로 노동자를 이기적이고, 기회주의적이고, 게으른 존재로 모형화한다. 공익의 명분 아래 노동자들에게 임금 억제와 감시 등 경제적 희생이 필요하다는 가설을 이론적 기틀에 집어넣는 것은 비약이다.

긴축의 측면에서 과연 케인스주의와 신자유주의가 전혀 별개인지 의문을 제기하면, 역사학자 퀸 슬로보디안Quinn Slobodian의 2018년 저서 《글로벌리스트Globalists》처럼 분명 신자유주의의 역사와 기원을 재평가할 눈이 뜨일 것이다. 실제로 제1차 세계대전 직후의 긴축 과정을 재구성해보면 지금까지 이어지는 신자유주의의 기나긴 생명력을 계급 투쟁의 맥락에서 논할 수 있게 되고, 그에 따라 20세기와 21세기 자본주의의 역사도 재고할 수 있을 것이다.

제1차 세계대전 직후 자본주의가 커다란 실존적 위협에 직면했다는 사실은 중요하고도 자주 간과되는 요소 중 하나이며, 이 내용은 이 책의 전반부에 걸쳐 재구성되었다. 슬로보디안의 《글로벌리스트》는 합스부르크 제국이 무너져갈 때 법제적 틀을 통해 국제 경제를 통합하고 '세계를 통치'하려는 노력이 있었다는 점을 주목했다. 반면에 이 책은 동유럽과 중유럽 이외 국가에서 기존 질서를 정통으로 공격한 것이 신생 민족 국가들이 아닌 계급 갈등이었다는 사실을 깊이 파헤쳐보았다. 긴축 국가들은 경제 전문가들의 지휘에 따라 적극적으로 개입 정책을 펼쳤다. 그 정책들의 핵심은 자원을 몰수하고 임금을 삭감해 사회의 다수를 물질적 어려움에 단련시키는 것이었다. 이러한 정책과 경제이론은 자본 축적의 원활한 기능을 되살리고 국내외로 상품과 재산권의 흐름을 보장하기 위해 필요했다.

이 책은 제1차 세계대전 이후 재건 과정을 긴축의 관점에서 이야기하며, 긴축이 예나 지금이나 계급 지배를 위한 정교한 관행이었음을 설명했다.

따라서 긴축의 참모습은 전쟁 후 여러 국가가 연합해서 국제 교역을 확보하고 안정화할 의도로 금본위제를 재확립하려 노력했다는 기존의 전형적인 스토리텔링보다 단연 더 악독하다(이 이야기를 가장 명쾌하게 전달하는 책은 배리 아이켄그린의 1992년 명저《황금 족쇄》다). 이 책을 통해 처음 번역, 공개된 기록 보관소 자료들에서 알 수 있듯, 이 '금본위제를 향한 노력'은 기술관료들이 협력해 자본주의의 대안 체제를 성공적으로 봉쇄한 더 깊은 목표가 표출된 것이었다.

1929년 경제 붕괴와 대공황이라는 극적인 사건은 학자들의 충분한 관심을 끌었다. 다만 그들의 초점은 온통 경제적 초점에 맞춰져, 대공황 직전과 제1차 세계대전 직후 몇 년간의 정치적·이념적 역학이 일부 눈에 띄지 않았다. 이 책은 1920년대 후반보다 초반에 초점을 맞췄지만, 이 시기가 대공황과 무관했다고 볼 수는 없다. 독자 여러분도 알게 되겠지만, 긴축을 해부하면 경제 붕괴를 촉진하고 대공황을 악화시킨 요인이 더욱 잘 이해된다. 이는 영국, 이탈리아 그리고 미국도 예외가 아니다. 미국은 이 책에서 중심 배경이 아니지만, 일종의 계급 억압으로서 긴축 프로젝트의 기원을 온전히 이해하려면 더 자세히 조사할 가치가 있는 국가다. 몽고메리David Montgomery(1987)와 미고네(2015)는 이러한 발굴 작업이 계속되어야 할 충분한 근거를 제공한다.

마지막으로 이 책은 이탈리아 파시즘(1922~1945)의 역사와 본질은 물론 그 경제 목표에 관한 논의와 재평가에 보탬이 되고자 했다. 특히 1922년 10월은 무솔리니가 집권한 지 100주년이 되는 시점이니 더욱 시의적절하다. 전통적인 역사학은 파시즘의 초기 자유방임 시대(1922~1925)와 이후의 (보통 파시즘의 '실제' 명칭으로 통하는) 협동조합주의 시대를 단절된 두 시대로 상정한다. 그러나 긴축의 관점에서 동 기간의 경제정책과 경제 이데올로기를 살펴보면 두 시대의 일관성이 더 크다는 걸 알 수 있다. 사실 긴축은 이 두 시대를 하나로 이어준다. 이는 국가가 민영화, 금융산업복합체의 구제금융, 통화 디플레이션, 특히 노동자의 강압적 통제 등으로 적극적으로 개입해 자본 축적을 강화했다는 점에서 구체적으로 드러났다. 더 일반적으로 말하자면, 파시스트 긴축의 국가주의 특성은 전체 국익을 대변한다는 소수의 저축자와 투자자를 위해 다수에 희생을 강요함으로써 나타났다. 이 책의 이야기는 전간기 경제의 진정한 파시스트적 요소는 노동자에 대한 강압적 통제에 있었음을 뒷받침한다.[4] 최근 학자들도 비슷한 견지에서, 사회 지출이 늘었다는 이유로 1930년대를 1920년대와 구별해서 보던 세간의 통념에서 벗어나기 시작했다. 실제로 그들은 1930년대 국가가 개입해 사회 정책을 펼쳤다는 선전 내용 그리고 국가 재분배 정책의 결여와 비효율성으로 국민의 생활 수준이 악화한 실상 간의 괴리를 강조함으로써 파시스트 정책이 1920년대와 1930년대 내내 연속성을 띠었음을 발견했다.[5]

물론 파시스트 경제정책을 논하려면 이와 밀접하게 연결된 파시스트 경제이론의 특성을 논하지 않을 수 없다. 이 주제에 있어서 내 연구는 이탈리아 정치학자 루카 미첼리니Luca Michelini[6]의 연구 결과에 더욱 힘을 실어준다. 미첼리니는 이렇게 썼다. "파시즘과 경제학의 관계는 협동조합주의 교리의 탄생과 확립에 결정적 역할까지는 아니어도 꽤 중요하게 작용하긴 했다. 그러나 그에 못지않게 중요했던 건 판탈레오니를 필두로 시대의 변화에 맞서 논문과 학술지를 통해 자신의 이론적·정치적 가르침을 적응시키고자 한 '파시스트 우파'의 역할이었다."[7] 여기서 '파시스트 우파'는 내가 말한 긴축 파시즘을 가리킨다. 그들의 경제이론은 순수경제학의 창시자들로부터 직접 영향을 받았다. 게다가 그 영향은 파시스트가 '자유주의' 경제정책을 시행한 초창기에만 국한된 게 아니라, 협동조합주의 시대까지 내내 계속되었다. 이 계급주의와 협동조합주의가 뒤얽힌 국가는 민간 이윤을 보호하고 노동자를 손아귀에 확실히 넣었다. 그것은 판탈레오니와 파레토가 구상한 긴축 프로젝트의 핵심 목표이기도 했다. 이처럼 순수경제학, 긴축, 파시즘 사이의 관계를 역사적으로 탐구하는 일은 순수경제학이 오늘날 주류 경제사상의 뼈대를 이룬다는 점에서 더욱 중요하다.

감사의 글

이 책은 드넓은 대서양에 걸쳐 여러 학자의 개인적 노고와 끈끈한 유대 덕에 탄생했다. 이 책을 집필하느라 열과 성을 다 쏟은 지난 수년을 되돌아보니 내 삶을 격려와 통찰력, 기쁨으로 채워준 수많은 멘토와 친구들이 떠올라 마음이 따뜻해진다. 그중 몇 분께 순서대로 감사의 말씀을 전하고 싶다.

먼저 내가 파비아대학교에서 철학을 공부할 때 경제사상사를 권해주시고 경제학 박사학위까지 취득하도록 격려해주신 나의 첫 학문적 멘토 조르지오 룽기니 교수님께 감사드린다. 사실 이 책의 아이디어를 처음 떠올린 건 피사에 소재한 산트아나 고등교육 대학에서 박사 과정을 밟을 때였다. 나는 2013년 이탈리아가 극심한 긴축을 시행하던 시기에 지아니 토니올로Gianni Toniolo의《파시스트 이탈리아의 경제L'Economia dell'Italia Fascista》를 처음 읽었다. 그러다 문득 무솔리니 시대와 현시대 사이의 흥미진진한 유사점이 연구된 적이 없다는 걸 깨달았다. 이 연구의 가장 초기 단계이자 가장 어려운 단계에서 용기를 불어넣어준 산트아나 고등교육 대학의 모든 동료에게 감사드린다. 특히 조반니 도시 지도교수께 가장 신세를 졌다. 교수님과 무수히 토론하는 세월 동안, 그의 비판 정신은 이 책을 어떤 식으로 접근해야 할지 답을 찾아가기 위한 채찍질이자 자양분과도 같았다. 또 알레산드로 누볼라리, 안드레아 로벤티니, 알레시오 모네타, 프란체스코 람페르티와 풍성한 대화를 나눈 시간도 소중했다. 경제사학자 리카르도 파우치, 루카 미첼리니와 많은 대화를 주고받은 것도 큰 자극제가 되었다. 그러나 내 논문 지도교수가 되어주신 두 분, 니콜라 지오콜리와 조지 페든의 결정적 도움이 없었다면 이 책을 끝까지 완성할 만큼 힘을 내지 못했을 것이다. 특히 어떤 학문적 표준에도 맞지 않고 다방면에 걸친 접근법 때문에 내가 깊은 혼란과 회의감에 빠질 때도, 두 분은 열정적으로 학문적 조언과 초고의 수정 및 편집에 관련해 아낌없는 도움을 주셨다. 나는 페든 교수와 부인 앨리슨의 초대로 스코틀랜드 칼란더에서 즐겁게 시간을 보낸 추억이 있다. 그때 나는 맛난 음식을 대접받았고, 스코틀랜드 벌판을 마음껏 산책하며 이 책을 어떻게 쓸지 감을 잡아갈 수 있었다.

이 책의 글감이 될 수많은 자료를 수집하느라 로마에 머문 2년 동안, 피에를루이지 치오카 전 이탈리아은행 부국장은 내게 더없이 영광스럽게도 꾸준한 멘토가 되어주셨다. 코르소 비토리오에 있고 빼곡한 책들이 나를 압도한 그의 사무실을 거의 매주 방문하며 이 책 작업에 대한 개인적·학문적 의욕이 더욱 솟아올랐다. 그분의 도움으로 나는 이탈리아은행 도서관에 들어가 굉장히 희귀한 책들을 검색할 수 있는 환상적인 경험을 할 수 있었다. 또 이 분야의 두 석학인 지아니 토니올로와 로버트 스키델스키와의 (지금까지 지속되는) 만남은 학자로서 또 하나의 엄청난 영광이었다.

콘퍼런스와 워크숍에 자금을 아낌없이 지원해준 신경제 사고 연구소 Institute for New Economic Thinking의 차세대 학자 지원 프로그램Young Scholar Initiative, YSI은 이 책을 향한 나의 열정을 더할 나위 없이 북돋워 주었다. 흥미진진한 지적 교류의 장을 열어준 YSI 커뮤니티의 모든 구성원에게 고마운 마음을 전하고 싶다. 특히 젊은 사상가들에게 깊은 영감을 주는 프로젝트를 성심성의껏 지원해준 로버트 존슨과 제이 포클링턴에게 감사드린다.

내가 2016년 사회연구 뉴스쿨New School for Social Research의 경제학과 조교

수로 임용되는 일생일대의 사건이 없었다면, 이 책도 절대 세상 빛을 보지 못했을 것이다. 나는 이곳에서 마르크스주의 정치경제학 관점을 다듬었고, 지금도 계속 다듬는 중이다. 임용 과정에서 도와주신 모든 분께 진심으로 감사를 전한다. 특히 박사학위 논문 초고를 읽었을 때부터 내 연구에 믿음을 보내준 안와르 샤이크에게 감사드린다. 지금은 동료이기도 한 안와르 샤이크, 던컨 폴리와 숱하게 나눈 대화는 나의 이론적 시야를 다듬는 데 참으로 큰 도움이 되었다. 또 어퍼 웨스트 사이드에서 자주 만나 점심을 함께하며 최근의 책 집필 과정을 헌신적으로 도와준 던컨에게도 각별한 감사를 전하고자 한다. 그는 모든 장에 꼼꼼한 피드백을 주었고, 그와의 토론은 이 지적 모험에 있어서 최고의 추억으로 남아 있다. 또 특히 직장 동료로서 도와주고 통찰력을 공유해준 잉 첸, 테레사 길라두치, 파울로 도스 산토스, 빌리 세믈러, 마크 세터필드, 산자이 레디, 윌리엄 밀버그에게도 고마움을 표하지 않을 수 없다.

사회연구 뉴스쿨의 가장 주목할 특징은 학과와 학문 분야를 뛰어넘어 끈끈한 유대를 자랑하는 학자 및 인류 공동체라는 점이다. 철학자 신시아 아루자, 리처드 번스타인, (볼로냐에서 와서 1년간 머물다 간) 산드로 메자드라, 역사학자 아론 제이크스, 에마 파크, 줄리아 오트(내 연구를 지원해준 하일브로너 자본주의연구센터 소장), 정치학자 앤드류 아라토, 틴 브루노, 카를로스 포먼트, 안드레아스 칼리바스와의 대화는 내 눈을 번쩍 뜨이게 할 만큼 신선하고도 즐거운 경험이었다.

2018~2019년에는 고등연구소Institute for Advanced Studies에서 축복 같은 시간을 보냈다. 바쁜 뉴욕 생활에서 잠시 벗어나 마음의 평화를 찾고 흩어진 연구 자료들을 체계적으로 정리할 수 있었다. 훌륭한 학자이자 친구들인 무니라 카얏, 리마 마제드, 대니얼 알다나 코헨, 매기 헤네펠드, 데이비드 본드, 디디에 파생, 니콜라 디 코스모, 마일스 잭슨은 IAS에서의 경험을 더욱

특별하게 해주었다. IAS의 수석 사서인 마샤 터커에게도 특별히 감사를 드린다. 그의 전문지식과 헌신 덕에 숨겨진 연구 자료를 체계적으로 찾을 수 있었고, 매주 연구 목표와 조사 목록을 의논하느라 월요일 아침마다 시간을 내준 것도 고마웠다. 그가 아무리 희귀한 기록 자료도 귀신같이 찾아내는 덕에, 나는 이 책을 마무리하는 마지막 순간까지도 풍성한 글감을 확보할 수 있었다. 그해 나는 뉴욕대학교 레마르크 연구소의 칸더슈테크 세미나 '1919년을 다시 논하며Revisiting 1919'에 참석해 달라는 초대를 받았다. 여기서 수전 페더슨 등 많은 참석자를 만나 대화한 것도 좋은 기억으로 남아 있다.

샘 살루르의 혁혁한 공로도 인정하지 않을 수 없다. IAS에서 보낸 한 해와 그 이후에도 내게 가장 큰 영감의 원천이자 인생의 지적·정신적 지주, 진정한 동지였다. 그와 함께 이 연구를 정돈된 지적 결과물로 승화할 수 있었다. 그의 배려, 헌신, 인내에 말로 표현 못 할 감사를 전한다.

2020년 1월 연이은 강의에 지치고 종신 재직권 문제로 한창 걱정하며 뉴욕으로 돌아왔을 때 인생을 바꿀 기회가 나를 기다리고 있었다. 시카고대학교 출판부의 훌륭한 편집장 채드 지머맨에게서 책 의뢰에 관한 이메일을 받은 것이다. 그는 이 책에 엄청난 열의를 쏟았을 뿐 아니라, 뛰어난 편집 능력과 지력을 발휘해 이 책을 탄생시켰다. 채드의 건설적, 창의적인 협조도 충분히 고맙지만, 변함없는 응원이야말로 이루 말할 수 없이 감사했다. 초기 편집 과정의 몇 달간 친절과 관용을 베풀어준 즈비 벤 도르 베니치에게도 깊이 감사드린다.

원고 막바지 작업 때에는 가까운 친구, 동료들과 함께한 두어 번의 워크숍에서 귀중한 조언들을 얻었다. 바스마 N. 라드완, 알렉스 제빈, 루카 팔시올라, 카를로 인베르니지, 아마나 폰타넬라 칸, 틴 브루노, 아론 제이크스, 닉 멀더, 제레미 케슬러, 바나비 레인, 시아바시 래드푸어, 안드레아스 칼리바스, 테디 파이킨의 우정과 헌신에 감사드린다. 특히 기획 단계에서 중요한 의견을 개진한 호마 자르가미 그리고 내 작업실에서 가장 흥미진진한 역사 토론을 촉발했을 뿐 아니라 지난 몇 년간 내가 지적으로 성숙해지는 데 커다란 영향을 준 애덤 투즈에게 특별한 감사를 표한다. 또 나와 절친한 학자이자 뛰어난 식견을 자랑하는 제임스 갤브레이스는 수년간 내 연구와 저술에 피드백으로 힘을 보태주었기에 감사의 마음을 전한다. 따뜻한 우정을 베풀고 지식을 나누어준 스티븐 미어던, 내 원고를 중요한 비판적 통찰력으로 읽고 평가해준 수전 호슨, 특히 통계 관련 부분에 피드백과 값진 전문지식을 제공한 자코모 가부티에게 감사드린다. 자코모는 2019년 10월 옥스퍼드에서 파시즘 치하의 이탈리아 경제에 관한 워크숍을 열어 해당 분야의 학자들 간에 전반적인 아이디어 교환의 장을 열어주었다. 경제사상사의 권위자인 로베르토 마르치오나티는 자신이 운영하는 토리노의 루이지 에이나우디 재단Fondazione Luigi Einaudi에서 영양가 있고 꼼꼼한 의견을 개진해주신 데 특별히 감사드린다. 또 연구에 신속하고 실질적인 도움을 준 재단의 모든 직원들에게도 감사드린다.

누구보다 애정을 담아 감사를 전하고픈 사람은 정치경제학자로 똑똑하고 촉망되는 나의 대학원 제자 아디트야 싱이다. 그가 매일 도와준 덕에 퇴고 과정이 즐거웠고, 이 책도 기한 맞춰 완성할 수 있었다. 또한 시의적절한 비평과 피드백을 제공해준 뉴스쿨의 재능 있는 제자들 로렌 스위거-홀링스워스, 세자르 가르시아, 리카르도 에르난데스, 로렌 존스턴, 페넬로페 키릿시스, 마크 트릴러에게도 고마운 마음을 전한다.

마지막으로 잔프란코 마테이를 언급하고 싶다. 그는 27세의 젊은 나이에 이미 밀라노 공과대학교의 화학과 교수가 되었고, 로마의 한 아지트에서 게릴라 부대 GAP를 위해 파시스트를 겨냥한 폭탄 제조를 도왔다. 얼마 후 내부 고발자가 그와 동료들을 밀고했다. 잔프란코는 악명 높은 비아 타소 감옥에 수감되었다. 그곳에서 파시스트 민병대는 늘어나는 반파시스트 저항 세력에 대한 정보를 캐내기 위해 반대 세력을 잔인하게 고문했다.

잔프랑코 마테이는 내 종조부이자 내가 이름을 물려받은 증조모 클라라 마테이의 아들이다. 그는 이틀 동안 잔인한 고문을 받다가 동료 저항군을 배신하는 대신 벨트로 목을 매어 스스로 목숨을 끊었다. 그가 감옥 동료를 통해 부모님께 전달한 수표 뒷면에는 이런 유언이 적혀 있었다. "힘들어도 힘내세요. 저도 그랬으니까요."

나는 그의 동료들을 지킨 용감한 희생, 폭군과의 꿋꿋한 투쟁, 모두를 위해 세상을 바꾸려 한 이타적 헌신을 마음에 새기며 내 삶의 개인적·정치적 목표 의식을 잃지 않으려 한다. 잔프랑코 마테이 종조부와 모든 혁명가들에게 이 책을 바친다.

주

서문

1 Luis Ferré-Sadurní and Jesse McKinley, "N.Y. Hospitals Face $400 Million in Cuts Even as Virus Battle Rages," *New York Times*, March 30, 2020, https://www.nytimes.com/2020/03/30/nyregion/coronavirus-hospitals-medicaid-budget.html.

2 Camila Vergara, "The Meaning of Chile's Explosion," *Jacobin Magazine*, October 29, 2019, https://www.jacobinmag.com/2019/10/chile-protests-sebastian-pinera-constitution-neoliberalism.

3 Third Greece Bailout: What Are Eurozone conditions?" *BBC News*, August 21, 2015, https://www.bbc.com/news/world-europe-33905686.

4 다음을 참고하라. Peter Coy, "Why are Fast Food Workers Signing Noncompete Agreements?," *New York Times*, September 29, 2021, https://www.nytimes.com/2021/09/29/opinion/noncompete-agreement-workers.html.

5 Saez and Zucman 2019.

6 이 책에서는 '정부government'보다 '국가state'라는 용어를 더 자주 사용할 예정이다. 흔히 두 단어가 같은 의미로 쓰이지만 국가는 단순한 정부(행위 주체가 특정 책임자들이다) 그 이상을 의미하기 때문이다. 국가는 입법부(의회), 사법부(법원), 행정부(집권 정부: 장관 및 기타 선출직 공무원), 국가기관(중앙은행과 같이 경제를 관리하는 유관 기관들), 집행기관(경찰 등)을 모두 아우른다. 사회학자 랄프 밀리밴드에 따르면 "'국가'는 이른바 국가 시스템의 일부로 상호작용함으로써 다 함께 그 실체를 이루는 여러 특정 기관들을 의미"한다(Miliband 1969, 49).

7 Blyth 2013, 203.

8 자본주의 체제는 이윤으로 돌아가고, 따라서 이윤을 추구하는 민간 기업끼리 실질적으로

경쟁하게 된다는 역학을 경제학적으로 자세히 분석한 글은 Shaikh(2016)를 참고하라.

9 Gallacher and Campbell 1972, 12.

10 Einaudi 1959–65, 904; Togliatti 1919b.

11 "Reconstruction in Europe," *Manchester Guardian Commercial*, May 18, 1922, p. 66.

12 유럽 제국들이 자국 식민지에서 시행한 긴축정책의 역사에 대해서는 Park et al.(2021) 을 참고하라. 유럽 식민지 긴축의 역사는 이 책에 포함하지 않았다. 이 책에서 다루는 유형의 긴축은 행위 주체들이 법적으로나마 평등하다는 전제에 의해서만 유의미해지는 민주주의 문제가 쟁점이기 때문이다. 그런데 이것이 유럽 식민지에서는 (정치적·법적 합의에 의해) 해당 사항이 아니었다.

13 Maffeo Pantaleoni, Brussels 1920, vol. 5.107.

14 Milanović 2019, 2.

15 Skidelsky 2009; Krugman 2015.

16 Keynes 1971, 447.

17 지리학자 제프 만Geoff Mann은 케인스주의의 유산에 문명의 붕괴 가능성이 따라붙는다 고 주장하는데, 여기서 문명이란 자본주의 문명을 가리킨다는 게 정설이다. "케인스의 문명론이 명백히 보여주듯이, 부르주아는 비부르주아 사회를 상상도 할 수 없기 때문에 부르주아의 종말이 곧 세상의 종말이라고 생각할 수밖에 없다(Mann 2017, 23)." 제프 만 의 고찰은 케인스의 견해를 제1차 세계대전의 여파라는 시대적 상황을 감안해 해석했을 때 그 근거가 훨씬 확고해진다.

18 Pantaleoni 1922, 269.

19 Hawtrey 1925a, 243.

20 분명 긴축정책이 경기 침체를 일으킨 핵심 요인이기는 했지만 '유일한' 요인은 아니었 다. 예컨대 영국 사회학자 사이먼 클라크Simon Clarke는 영국의 전후 호황을 붕괴의 중요 한 원인으로 꼽고, 과잉생산과 국제 경쟁력 상실을 강조한다(Clarke 1988, 209-10).

21 Pigou 1947, 43. 모든 육체노동자의 주당 평균 수입은 1920년 3.7파운드에서 1983년 2.31파운드로 떨어졌다(Scholliers and Zamagni, 1995 참조).

22 Dr. Alfred Salter, 161 Parl. Deb. H.C.(March 7, 1923), cols. 627-75.

23 예컨대 옥스팜은 2020년 분석한 한 보고서(https://www.oxfam.org/en/blogs/virus-austerity-covid-19-spending-accountability-and-recovery-measures-agreed-between-imf-and)에서 서술하기를, 팬데믹이 선언된 2020년 3월 이후 IMF 대출을 협상한 81개 국의 대출 91건 중 76건에서 공공의료 시스템과 연금제도를 대폭 축소할 수 있는 긴축 이 추진되었다고 한다. 이를테면 의사, 간호사, 교사 등 공공 부문 종사자의 임금 동결 및 삭감 그리고 유급 병가와 실업수당 삭감 등이 포함되었다(https://www.oxfam.org/en/press-releases/imf-paves-way-new-era-austerity-post-covid-19 함께 참조).

24 Foley 1986.

25 분명히 말하건대 긴축이 불평등은 물론, 임금 억제를 설명할 '유일한' 요인이라는 뜻은 아니다. 예컨대 자본이 더 저렴한 노동력과 기술 변화를 찾아 국경을 넘어 이동하는 것은 낮은 생산성과 불안정한 노동시간이 특징인 서비스업 노동자를 다수 끌어들이는 요인이 된다(Taylor and Ömer, 2020).

26 이탈리아 통계청 자료(2021년 6월 16일자)를 참고하라. 절대빈곤 수준은 가족 구성원의 연령, 지리적 분포, 거주지별로 가족 각자에게 필수적이라고 간주되는 재화 및 서비스 묶음의 가치를 현재 물가로 환산해서 구한다(Istituto Nazionale di Statistica, February 2, 2021).

27 Inman and Booth 2019. 공식 통계는 영국 근로연금부의 다음 자료를 참고하라. "Households Below Average Income(HBAI) Statistics," https://www.gov.uk/government/collections/households-below-average-income-hbai--2.

28 Shaikh 2016, 60.

29 Taylor and Ömer 2020.

30 Wartzman 2020. 여기서 인용된 랜드RAND 연구소의 보고서를 확인하려면 Price and Edwards(2020)를 참고하라.

31 Stein 2006.

1부

1 초기 자본주의의 역사와 발전, 확립 과정에 관해서는 Wood(1999), Polanyi(1944), North and Thomas(1973)를 참고하라.

1장

1 His Majesty's Stationery Office(이하 HMSO) 1918a, 130.

2 Caracciolo 1969, 163–219.

3 전쟁 전 자유방임 자본주의 체제에서 국가의 역할은 제한적이었다. 예컨대 전형적인 자유방임 체제였던 빅토리아 시대의 영국은 국가가 사회정책, 금융, 상거래 등 세 가지 경제 영역에만 개입할 수 있었다. "정부는 우정부와 해군 및 군사 시설 외에는 사업체를 소유하거나 운영하지 않았고, 산업 조직이나 제품 유통에도 관여하지 않았으며, 거래 과정에 직접 영향력을 행사하지도 않았다. 또한 채권자로서가 아니고는 국가가 화폐 및 자본 시장에 개입하는 일도 거의 없었다(Tawney 1943, 1)."

4 Lloyd 1924, 23.

5 Chiozza Money 1920, 44, viii.

6 HMSO 1918a, 106.

7   Chiozza Money 1920, 73 참고.

8   Hurwitz 1949, 194.

9   Lloyd 1924, 23.

10   Cole 1923, xi–xii.

11   영국의 고위 관료 J. A. 솔터J. Arthur Salter의 다음 설명은 전쟁기에 형성된 전반적 통제 메커니즘에 적용될 수 있다. "국가 통제의 중요한 특징은 어쩔 수 없는 상황에 의해 야금 야금 확장되었다는 것이다. 의도적인 정책으로 채택되었다기보다는 어느새 통제가 여기 저기 뿌리를 내리게 된 것이었다. 통제가 하나둘 늘어날 때마다 이는 대개 긴급 상황에 대한 미봉책이었다(Salter 1921, 62)."

12   Armitage 1969, 1.

13   Pollard 1969, 47.

14   '블루북Blue Book'이라고도 불리는 의회 보고서에 기록된 이 요율은 정부, 선주, 화물주, 해상 보험업자, 항해사, 선원을 대표하는 72명의 위원회가 중재하여 결정했다. 이들 중 선주와 화물주가 24명으로 가장 큰 비중을 차지했다. 결정된 금액에 따르면 그들은 선 박의 장부가격 대비 연평균 10%가 넘는 이윤을 낼 수 있었다. 그러나 레오 조지 치오자 머니는 "상당한 액수이긴 하지만 선박난으로 폭등한 시세에 비하면 훨씬 낮은 수준이 다."라고 평했다(Chiozza Money 1920, 73).

15   HMSO 1918a, 110–14.

16   Tawney 1943, 2.

17   Morgan 1952, 34. 전쟁 전까지만 해도 영국과 이탈리아는 균형예산 전통을 충실히 지 켰다. 지출은 수입에 맞춰 최소화했다. 그러나 1918년 영국의 정부 지출은 1913년 수준 의 거의 열네 배로 치솟았고, 이탈리아에서도 거의 아홉 배나 증가했다(Mitchell 1998, Table G-5, 820-21). 세수로 이를 만회하기에는 역부족이었다.

18   금본위제의 작동 방식에 대한 설명은 배리 아이켄그린의 1992년 명저 《황금 족쇄》를 참 고하라.

19   전쟁기에 영국의 환율은 외화를 차입하고 금 유출을 공식적, 비공식적으로 막았기에 유 지될 수 있었다(Moggridge 1972, 18). 금본위제의 통제를 벗어나면서부터는 금과 통화가 치를 고정적으로 연동할 필요가 없었다. 따라서 금 유출이나 통화 평가절하를 걱정하지 않고도 신용확장 정책을 펼치고 외국산 수입도 늘릴 수 있게 되었다. 또한 국가는 '황금 족쇄'에서 벗어나면 금 보유고를 초과하는 신용을 창출할 수 있는 은행으로부터 대출을 받을 수도 있다. 영국의 전시 재정에 대한 자세한 분석은 Morgan(1952), Peden(2000) 을 참고하라. 이탈리아의 전시 재정에 대해서는 Einaudi(1933, 27-57), Frascani(1975, 1-85), Forsyth(1993)를 참고하라.

20   영국과 이탈리아는 정부에 더 많은 권한을 부여하고, 민간 부문에서 군사력을 강화하 며, 행정절차를 단축하기 위해 '예외 상태state of exception'를 선언했다. 그러나 영국 의회 는 견제 기능을 여전히 유지한 반면, 이탈리아 의회는 모든 권한을 박탈당했다. 실제로

1915년 5월 22일 정부는 전권 위임법을 통해 "국방, 공공질서, 그 외 국가 경제에 긴급하고 특별한 필요가 있을 때 의회를 거치지 않고 입법할 권한"을 부여받았다. 전체적으로 영국 의회는 1915년부터 1917년까지 총 423회 개회했으나 이탈리아 의회는 단 158회만 개회했다(Procacci 1983, 44).

21 Procacci 1999, 13.

22 Procacci 2013, 107-33 참고.

23 Tawney 1943, 2.

24 Wolfe 1923, 65; 그레트나 대목은 Chiozza Money 1920, 62-64 참고.

25 De Stefani 1926a, 412-13; Miozzi 1980, 41-42 참고.

26 예컨대 이탈리아의 1915년 6월 26일자 왕실 칙령(Royal Decree 997, GU 177 [June 26, 1915], 4296) 제7조에는 다음과 같이 명시되어 있다. "사업주들은 전쟁에 필요한 물자의 생산과 유통을 거부할 수 없다. 또 그들이 가격을 지나치게 높게 책정했다면, 행정부가 다시 정한 가격을 받아들여야 한다(Franchini 1928, 81)."

27 노조는 (군수조달법을 탄생시킨) 재무부와의 협정을 통해 통제 대상 사업체에 전쟁 전 '표준'을 초과하는 모든 이윤의 100%와 여기에 20%의 군수 가산세 부과를 이끌어내는 데 성공했다. 그러나 이 세금은 자본 지출, 감가상각, 그 외 표준 개념을 무의미하게 만드는 방법으로 쉽게 회피할 수 있었다. 결국 가산세 수입은 미미했다(Pollard 1969, 64). 1915년 2차 예산에 도입된 초과이윤세(통제 대상이 아닌 사업체에도 적용됨)는 비교적 성공적이었다. 이는 전시 영국 세수의 4분의 1을 차지했다. 전시에 평균 세율은 63%였지만, 많은 탈세와 연체, 세금 사기 때문에 실제로 징수된 비율은 34% 정도에 불과했다. 군수 기업은 1917년까지 초과이윤세에서 면제되었다. 전시 조세 제도에 대해서는 Daunton(2002, 36-59)을 참고하라.

28 Royal Decree 997, GU(관보) 177(June 26, 1915).

29 Article 13, Franchini(1928[인용], 96-97) 참고.

30 Tawney 1943, 2.

31 증기 시대에는 석탄이 주요 동력원이었다. 더욱이 1913년에도 영국은 여전히 최대의 석탄 수출국이었다. 1915년 7월 런던에서 열린 전국 광산 회의에서 로이드 조지 총리는 영국에서 석탄의 중요성에 대해 다음과 같이 적절한 비유를 들어 설명했다. "평화기에 석탄은 영국의 산업에서 가장 중요한 요소입니다. 국가 산업의 혈관을 흐르는 피는 증류된 석탄으로 만들어집니다. 평시에나 전시에나 석탄은 산업을 지배하는 절대군주와도 같습니다. 모든 소비재와 공공재에 들어가는, 우리의 진정한 국제통화입니다. 우리는 해외의 상품, 식량, 원자재를 구입할 때 금이 아닌 석탄으로 지불하는 셈입니다(Redmayne 1923, 2)." 전쟁기와 전후기의 석탄 산업에 대해서는 Armitage(1969, 101-58), Hurwitz(1949), Kirby(1977)를 참고하라. 이탈리아의 석탄 통제에 대해서는 Franchini(1932, 39-40)를 참고하라.

32 영국의 양모 구매와 제조에 대한 자세한 설명은 Lloyd(1924, 125-48)를 참고하라.

33 Wrigley, 출처: Burk 1982, 46 참고.

34 영국 군수부와 기술 연구에 대해서는 Wrigley(출처: Burk 1982, 47-49)를 참고하라. 이탈리아에서는 기술 연구 결과를 〈산업 동원 총위원회 회보bollettino del comitato generale di mobilitazione industriale〉에 공개했다.

35 이탈리아 지역 위원회의 역할에 대한 자세한 분석은 Franchini(1928)를 참고하라.

36 각 지자체의 농업 위원들이 농업의 공적 관리를 조율했다(De Stefani 1926a, 109 참고). 또한 국가는 이러한 위원회를 통해 군인과 전쟁 포로를 고용하고 강제 농업 노동을 시켰다.

37 Hurwitz 1949, 216.

38 1917년 5월 10일자 왕실 칙령, n 788; 1917년 10월 4일자 칙령, n. 1614; 1918년 2월 14일자 칙령, n. 147 그리고 De Stefani(1926a, 112-13)를 참고하라.

39 Bachi 1926, 158.

40 이탈리아의 복잡한 식량 정책은 De Stefani(1926a, 257-71)와 Bachi(1926, 151-65)를 참고하라.

41 Bachi 1926, 165.

42 ibid., 166-67.

43 "전쟁이 발발하자 영국은 국내에서 소비되는 곡물의 5분의 4, 고기의 5분의 2, 과일의 4분의 3 그리고 모든 설탕과 식민지 생산품, 상당량의 식량을 해외에서 수입했다(Pollard 1969, 58 참고)." 이탈리아도 마찬가지로 필수 식량의 상당 부분을 수입에 의존했다. 전쟁기에 이탈리아의 수입품 중 15~20%가 영국산이었다(Zamagni 1990, 280). 전쟁이라는 비상사태를 해결하기 위해 1918년 8월 31일자 왕실 칙령은 "국내에 필요한 모든 군사 및 비군사 물자를 수입하고 이를 배급제 형식으로 상업용, 산업용으로 재분배할 권한을 국가에 부여"했다(Porisini 1975, 57). 국내외 수입 및 수출 규제에 대한 자세한 내용은 De Stefani(1926a, 206-23)를 참고하라.

44 정부 관료 레오 치오자 머니에 따르면, "만약 정부가 대량 구매를 하지 않고 일반 민간 기업에 맡겼다면 원자재 수입 비용은 몇 배나 더 비쌌을 것"이다(Chiozza Money 1920, 128).

45 영국에서는 "전체 남성 노동인구 약 1,500만 명 중 육군 497만 명, 해군 40만 7,000명, 공군 29만 3,000명이 징집되었다(Wrigley 1987, 23)." 여기에 자원입대도 더해져 전쟁이 시작된 지 불과 1년 만에 이미 인력난이 초래되었다. "1915년 7월까지 석탄 및 기타 광산 노동자의 총 감소분은 21.8%, 철강 18.8%, 토목 19.5%, 전기 23.7%, 조선 16.5%로 추정"된다(Wrigley 1987, 24).

46 Wolfe 1923, 102.

47 1911년 인구 조사에 따르면 총 남성 노동인구(실업자 포함)는 1,509만 3,000명이었다. 전쟁에 동원된 인원이 약 567만 명임을 감안하면 가용 남성 노동력은 950만 명 정도였다. 이 계산은 전쟁 중 노동력의 성비 변화를 고려하지 않는다. 전쟁기에는 전보다 더 많은 여성이 산업에 고용되었다. 예컨대 1914년 산업 및 운송 부문에 종사한 여

성 비율은 23%였지만 1918년에는 34%로 증가했다. 여성 유급 노동자의 수는 1914년 7월 600만 명 미만에서 1918년 7월 731만 1,000명으로 늘어나, 10세 이상 모든 여성의 31%에서 37%로 증가했다(전쟁기의 여성 노동과 노동시장에 대한 자세한 내용은 Pedersen 1993, chapter 2, 72-133을 참고하라).

48 Wolfe(1923, 101).

49 전쟁기 이탈리아가 공장 노동자를 넘어 전반적인 노동계급을 억압한 내용에 대해서는 Procacci(2013); Procacci(1999); Procacci and Corner(1997); 그리고 Procacci (ed.) (1983) 중 특히 '억압적 입법과 그 적용Lalegislazione repressiva e la sua applicazione'이라는 제목의 장(41-59)을 참고하라.

50 〈전쟁에 직면한 인터내셔널L'Internazionale di fronte allo scoppio della guerra〉은 전쟁을 사회주의적 관점에서 반대하는 근거를 설명하기 위해 사회주의 의원들이(1916년 주세페 에마누엘레 모딜리아니Giuseppe Emanuele Modigliani가 집필) 제작한 팸플릿이었다. Vivarelli 1967, 56 참고.

51 Luigi Tomassini, "Gli effetti sociali della mobilitazione industriale: industriali, lavoratori, Stato", 출처: Menozzi et al. (eds.) 2010, 25-57 참고.

52 Einaudi 1933, 111.

53 이탈리아 노동력의 군사화에 대한 자세한 내용은 다음을 참고하라. Franchini 1928, Labanca and Procacci 2018, Tomassini 1991.

54 Einaudi 1933, 105.

55 Procacci 1999, 1983 참고. 1916년 11월 5일에 범죄와 처벌을 엄격하게 규정한 법안이 통과되었다. 이후 국가는 직장 이탈에는 1~2년의 징역형을, 무허가 노동운동에는 2~6개월의 징역형을 선고할 수 있게 되었다. 불복종은 최대 1년의 징역형에, 상사 폭행은 15~24년의 징역형에 처할 수 있었다. 에이나우디는 "군사적 강제의 효과는 놀라웠다. 그전까지 8.40%에 달했던 무단결근율이 강제 조치 직후 4.88%로 줄었다."라고 평했다(Einaudi 1933, 113).

56 영국이 군수 노동자를 다스리기 위해 사용한 다양한 수단과 노조의 순응에 대한 자세한 분석은 Rubin(1987, chapter 7, 178-202)을 참고하라.

57 군수부 메모, Rubin 1987(인용), 179-80.

58 HMSO 1918a, 100.

59 ibid.

60 HMSO 1919a, 145, 149.

61 Miller 1924, 17.

62 Hannington 1941, 72.

63 이탈리아에서는 공장 내 위원회가 20세기 초에 탄생했는데, 상설 대표기관이라기보다는 노동자 대표로서 노사분쟁에 참여하기 위한 자생 조직이었다. 그들의 역할은 1918년에야 법적으로 인정됐지만 사실상 전쟁과 동시에 이미 적법화되었다(Spriano 1960, 467-

71 참고).

64   Tomassini, 출처: Menozzi et al. 2010, 43-44; Bezza 1982 참고.

65   Ministry of Reconstruction 1919, Cd. 9239, p. 14.

66   Franchini(1928, 123)의 통계를 참고하라. 전시 이탈리아의 여성 노동력에 대해서는 Camarda and Peli(1980, 21-42), Isnenghi(1982, 237-48)를 참고하라.

67   인력풀을 확대하기 위한 다른 수법으로는 이동의 자유 제약, 군수품 생산에 종사하는 병사(특히 숙련 노동자)의 징집 면제, 식민지 노동력 차출, 전쟁 포로나 수감자의 강제 입대 등이 있었다.

68   학자들은 이탈리아 군수산업의 생산성 향상은 산업에서의 기술 발전보다는 고용 증가, 특히 노동력 착취가 강화되었기 때문이라 지적한다(Alessandro Camarda, "Salari, organizzazione e condizioni di lavoro," Procacci [ed.] 1983, 166 참고).

69   Camarda and Peli 1980, 158-59.

70   De Stefani 1926a, 22.

71   1916년 밀라노의 예비 공장에서만 사고로 50만 근무일 이상이 손실되었다(Renzo Paci, "Le trasformazioni ed innovazioni nella strutturaeconomica italiana," 출처: Caracciolo 1968, 52-53 참고). 업무 중 사고 문제에 대해서는 Camarda and Peli(1980, 65-71), 〈중앙 동원 위원회 회보Il bollettino del comitato Centrale di mobilitazione〉(February-March 1918, 96-103)의 "Il Problema sociale dell'infortunio sul lavoro"를 참고하라. 영국에서는 공식 사고율이 14%에서 48%로 증가하는가 하면, 업무상 질병도 모든 국가에서 크게 증가했다. 예컨대 폭발물 제조 노동자는 작업장에서 독성 물질에 많이 노출되었다. 이탈리아에서 일어난, 월요일에 출근하지 않는 사람들의 소위 월요병lunedianti 현상에 대해서는 Camarda and Peli(1980, 72-83)를 참고하라.

72   생산성이 우선시되면서 공장은 광범위한 영향을 받았다. 국가는 공장에 보조금을 지급하거나 공장을 직접 운영했다. 국가의 통제를 받는 공장에서는 구내매점을 두어 저렴하고 따뜻한 식사를 제공했다(1918년 말에는 900개의 매점이 들어서 직원 약 100만 명분의 끼니를 제공할 수 있게 되었다. HMSO 1918a, 195 참고). 또 국가는 공장에 양호실과 식수 시설, 더 위생적인 화장실과 세탁실도 갖추었다. 1918년 매점과 관련해 한 보고서에는 군수 (식품) 위원회가 "직원의 영양을 개선해 그들의 에너지와 생산성을 높였다는 점에서 매점의 가치는 의심할 여지가 없다. 이 가치를 유지하고 향상하는 것은 물론, 모든 실질적인 방법을 동원해 매점의 확대를 장려할 조치가 필요하다."라고 평가했다고 적혀 있다(ibid.).

73   성과급 도입과 그 후 이탈리아의 임금 구조를 변화에 대해서는 Camarda and Peli(1980, 121-33)를 참고하라.

74   Cole 1923, 165-66 참고.

75   1920년 직업소개소의 업무를 조사한 조사 위원회에 따르면 직업소개소가 전시 노동 통제에서 폭넓은 역할을 수행했음을 알 수 있다. 보고서에는 다음과 같은 내용이 실려 있다. "전쟁 중 직업소개소의 업무량은 늘어났다. 이 기간에 매우 많은 노동자와 고용주가

이곳을 방문해야 했고, 일평균 일자리 충원 건수는 1916년 상반기 4,713명에서 1918년 상반기에는 5,071명으로 증가했다(Ministry of Labour 1920, 6)."

76 Wolfe 1923, 69.

77 De Stefani 1926a, 17. 국가가 전국적으로 노동 이동성을 지휘한 또 다른 두드러진 사례는 최전선에서 병참 업무에 투입될 민간인을 모집한 것이었다. 이는 조직적인 노동 이동을 끌어낸다는 목적에 부합하는 실험적 조치였다. 1916년과 1917년에 이탈리아는 남부 지역(시칠리아, 칼라브리아, 아브루초, 풀리아, 캄파니아)에서 21만 명 이상의 노동자를 차출해 전선 부근에 배치했다(Ermacora 2014; Ermacora 2005, 53-54, 63-64, 89-92, 134 참고).

78 Hurwitz 1949, 107.

79 전쟁 중 숙련 노동자가 비숙련 노동자로 대체된 과정을 자세히 알아보려면 Wolfe(1923, chapter 9, 148-73); Cole(1923, chapter 6, 83-114; chapter 8, 129-41)을 참고하라. 이탈리아 숙련 노동자의 사례와 그들의 자율성 상실을 훌륭히 다룬 문헌으로는 Bezza(1982, 75-78)를 참고하라.

80 Franchini 1928, 99.

81 Buozzi, 출처: Bezza 1982, 84.

82 Hurwitz 1949, 129.

83 전쟁 초기 유명무실해진 영국의 교섭 과정과 국가의 점진적인 개입 추진에 대한 분석은 Cole(1915, chapter 6, 138-67)을 참고하라.

84 Wolfe 1923, 102.

85 1915년 2월 설립된 생산위원회는 종전 때까지 기능을 유지하다가, 1918년 임금 (잠정 규제)법에 따라 중재 재판소로 바뀌었다.

86 Glasgow Herald, September 25, 1917, Rubin 1987(인용), 22.

87 로이드 조지 총리가 선출 후 가장 먼저 행한 조치 중 하나는 1916년 12월 노동부를 신설한 것이었다. 노동부는 상무부에서 준독립적으로 운영되던 노동 관련 부처(직업소개소 및 실업보험을 담당하는 고용국, 조정과 중재를 담당하는 산업 최고 위원회, 아홉 개 업종의 최저임금을 감독하는 임금 위원회)를 새로운 부처로 통폐합해 만들었다. 1917년 노동부는 노동 현황에 대한 전시 내각의 주간 보고서를 마련하는 노동 정보국 그리고 산업 전반에 걸쳐 휘틀리 위원회 설립을 촉진하기 위한 노사 협의회Joint Industrial Council 등 두 산하 부처를 창설했다. 이들의 자세한 활동과 행정상 애로점에 대한 내용은 Rodney Lowe, "The Ministry of Labour, 1916-1919: A Still, Small Voice?", Burk(1982, 108-35)를 참고하라.

88 HMSO 1918a.

89 정부는 중재 범위를 예비 공장 외에도 교전 지역의 산업과 '국가 경제에 중요한' 산업으로까지 확대했다. 이탈리아의 중재 절차에 대한 자세한 내용은 Franchini(1932, 162-66)를 참고하라.

90 Royal Decree 1277, August 22, 1915, 출처: De Stefani 1926a, 420.

91 Frascani 1975, 69 참고.

92 Tawney 1943, 11.

93 HMSO 1918a, xvi.

94 Pollard 1969, 53-54. 또한 1918년 보고서에는 다음과 같이 기록되어 있다. "1918년 육군, 해군, 군수품, 선박, 운송에 대한 수요가 엄청났음에도 생산량은 잘 유지되었다. 특히 원자재와 식량 생산량은 오히려 현저히 증가했다(HMSO 1919, x)."

95 레오 치오자 머니는 이렇게 썼다. "쉽지 않은 과정이었지만 군인은 식량, 군수품, 보급품을 문제없이 획득했다. 민간인은 꽤 수월하게 공급받았다. 면직물 같은 생필품은 그 필요성을 충분히 참작해, 최소한의 생활에 지장이 없도록 공급되었다(Chiozza Money 1920, 89)."

96 Pollard 1969, 51.

97 Wrigley, 출처: Burk 1982, 47-49.

98 Chiozza Money 1920, 137-38.

99 HMSO 1918a, xix

100 "New Ideals in Politics," The Times, November 18, 1918, 4.

101 "A Nationalization Proposal," The Times, December 11, 1918, 16. 윈스턴 처칠은 1900년부터 1904년까지 보수당 소속이었다. 그 후 1904년부터 1924년까지는 자유당에 있었고, 결국 1924년에 보수당에 복당해 은퇴 때까지 머물렀다.

102 1920년~1923년 전비 지출 조사서의 원본은 Crocella et al.(2002)에 인용되었다.

103 Romeo 1972, 116.

104 Zaganella 2017, 192-94 참고.

105 "Le ricerche statistiche per la mobilitazione industriale e gli ammaestramenti per il dopoguerra," Il bollettino del comitato centrale di mobilitaione industriale, October 1917, 130.

106 순수 자유주의의 전형을 대표하는 〈이코노미스트〉는 당연히 국가의 경제 개입에 강력히 반대했다. 예컨대 일찍이 1918년 12월 21일에는 "정부는 민간 기업을 어려움에 처하게 하는 사람들에게 보상"해선 안 된다고 주장했다. 〈이코노미스트〉의 입장, 성향, 영향력을 오랜 역사에 걸쳐 분석한 연구는 Zevin(2019)을 참고하라.

107 이탈리아의 산업 동원 기구는 휴전 직후 해체되었고, 곧이어 국가도 농업 생산과 가격을 통제하던 관행을 끝냈다(Paola Carucci, "Funzioni e caratteri del Ministero per le armi e munizioni," Procacci 1983, 60-79 참고). 영국의 통제 해제 과정은 우리가 이 책의 2부에서 탐구하게 될 1921년의 광범위한 긴축 조치와 상당 부분 맞아떨어졌다. 그해에 군수부, 식량부, 석탄관리국, 철도청도 해산되었다(Tawney 1943 참고).

108 Daily Herald, July 10, 1919, p. 1 (late London edition); Daily Herald, August 26, 1919, p. 5.

109 "Profiteering Is a Plague: How It Has Reduced the People to Poverty and Is Building Up a C3 Nation," *Daily Herald*, August 25, 1919, 5.

110 실제로 국가는 국익을 앞세워 민간 이윤을 제한했다. "국가는 전쟁기에 수많은 민간 대기업을 통제했고 80%의 초과이윤세를 부과해 이윤에 제한 폭을 두었다. 그리고 국가가 요구하는 필수 물자에 대한 폭리를 방지하기 위해 시장에 개입했다(HMSO 1918a, xvi)." 나아가 고용주들은 경영 간섭, 정부 조사, 감시를 받을 때가 많았다(Pedersen 1993, 84; Rubin 1987, 20-23 참고).

111 Rubin 1987, 19.

112 예컨대 영국 군수부는 내무부와 협력해 시민의 여가를 장려하는 정책을 펼쳤다. 가장 중요한 것으로, 1914년~1918년에 산모와 영유아를 위한 복지 지원이 크게 확대되었다. 1918년 모자 복지법Maternity and Child Welfare Act은 기존 제도를 통합하고 확대 적용했으며 방문 간호사 도입, 산모 및 아동 복지 센터 건립, 산파 서비스, 산모와 아기를 위한 산후조리원과 병원 지정 등을 골자로 했다. 또 놀이방, 탁아소, 고아 및 사생아를 위한 보육시설이 늘어나 여성이 직장에 나갈 수 있게 되었다(HMSO 1919a, 286). 지자체들은 시각장애인 복지 지원, 결핵 치료 감독, 전염병 예방 등을 담당했다. 1917년에 국가는 군인뿐 아니라 민간인에게도 성병 무료 진료를 시작했다. 학자들은 이 조치를 '국가 무료 의료보험의 효시'라고 설명한다(Titmuss 2018, 48). 이 주제는 2장에서 더 자세히 논의하겠다.

113 Gallacher and Campbell 1972, 6.

114 De Stefani 1926a, 144-55 참고. 전시 이탈리아 산업 부문의 발전을 다룬 문헌은 방대하다. 그 가운데 역사학자 루치아노 세그레토Luciano Segreto(1982, 146-47)는 이러한 생산적·기술적 성취의 음과 양에 대한 훌륭한 개요를 제공한다. 또 많은 학자가 당시 금융과 산업 부문 간에 발생한 수직적·수평적 통합 과정을 연구했다(Romeo 1972, 115-26; Castronovo 1982, 139-46; Castronovo 1995, 203-7; Grifone 1971, 22-31 참고).

115 불공정 계약과 사기를 다룬 자세한 조사는 "L'inchiesta parlamentare sulle spese di guerra(1920-1923)," Crocella et al., eds.(2002)를 참고하라.

116 Segreto 1982, 42-43.

117 Zaganella 2017, 190. 예컨대 1914년 피아트 직원은 4,300명이었다가 1918년에 4만 명 이상으로 늘어났다. 차량 생산량은 1914년 4,800대에서 1918년에는 7만 862대로 증가했으며, 그중 6만 3,000대가 관용 차량이었다. 1913년에 사실상 존재하지도 않던 항공 산업에는 전쟁이 끝날 무렵 약 10만 명이 고용되어 있었다. 화학과 섬유업도 눈부시게 발전했는데, 특히 국가에서 거액의 보조금을 지급하고 화학 산업 위원회를 구성해 직접 기술 지원에 나선 것이 한몫했다(De Stefani 1926a, 151-53 참고).

118 공개 유한회사들이 신고한 이윤은 전쟁 직전 4%에서 1917년 8%로 늘어났다. 철강 산업의 이윤은 6%에서 17%로, 자동차 산업은 8%에서 31%로, 양모 산업은 5%에서 19%로 뛰었다(Porisini 1975, 34).

119 Porisini 1975, 8.

120 Tasca 1965, 11.

121 Frascani 1975, 60.

122 전쟁기 실질임금 하락에 대해서는 Zamagni(1991, tables 2 and 3, 140-47)를 참고하라. 독일의 잠수함 전쟁으로 수입이 제한되었던 1917년에는 엄격한 배급제, 낮은 농업 생산성, 고물가로 이탈리아 대도시 노동자의 생활이 한계에 이를 지경이었다(Bachi 1926, 159). 시골에서는 남성 노동력 부족과 식량 징발로 더욱 견디기 힘든 상황이었다. 역사학자 에르네스토 라조니에리Ernesto Ragionieri의 다음 주장이 인상적이다. "전쟁기에 민간인 사망자 수가 60만 명을 넘어 그전까지 전선에서 사망한 군인 수와 맞먹었다는 사실은 아마 제대로 설명된 적이 없을 것이다(Fava 1982, 176)." 인플레이션이 사회에 미친 영향과 다양한 산업 분야에서 일어난 노동자의 생활 수준 저하에 대한 자세한 분석은 Frascani(1975, 59-83)를 참고하라.

123 이탈리아와 달리 영국에서는 국가가 농업 생산량을 유지하려 노력하고 소비재 수입, 배급, 임대료를 통제한 덕에 최빈곤층의 생활 수준이 개선되고 공중보건과 식량의 질도 향상했다(Procacci 2013, 48). 이탈리아에서는 전쟁 기간 일평균 실질임금이 감소한 반면(1915년부터 1918년까지 계속 하락), 영국에서는 주 평균 실질임금이 증가했다(1913년부터 1919년까지 계속 상승). 9장의 그림 9.7과 9.8을 참고하라.

124 "Memorandum on the Causes of and Remedies for Labour Unrest," February 27, 1919; Cole 1920a(인용), 247.

125 영국의 사례와 관련해 페더슨Susan Pedersen은 다음과 같이 썼다. "영국에서 노조가 오롯이 유지된 것은 처음부터 자신들의 힘을 인식한 그들이 국가의 전쟁 수행에 협력하는 대가로 어느 정도 원하는 조건을 내걸 수 있었기 때문이었다(Pedersen 1993, 82)."

126 Middlemas 1979, 20.

127 로이드 조지 정권 때 노동당 의원 아서 헨더슨Arthur Henderson이 전시 내각에 합류했다. 영국 철강제련 노조협회의 사무총장 존 호지John Hodge와 합금 노조협회의 전 사무총장 조지 반스George Barnes는 각각 노동부 장관과 연금부 장관에 임명되었다. 그 후 노조의 목소리가 꾸준히 내각에 반영되었다. 전직 노조 간부 출신의 몇몇 다른 노동당 의원도 하급 관료직에 진출했다.

128 예컨대 1916년 산업 동원 때 정부는 성과급 위원회la commissione cottimi를 구성하면서 노조를 이에 참여시켰다.

129 Bezza 1982, 99.

130 안토니오 그람시는 1917년 토리노에서 있었던 인상적인 일화를 이렇게 술회했다. "1917년 7월 소련 페트로그라드의 서유럽 파견단이 토리노에 도착했을 때, 스미르노프Smirnov와 골뎀베르크Goldemberg 대표가 5만 명의 노동자 군중 앞에 모습을 드러냈다. 군중은 귀청이 터질 정도로 '레닌 만세! 볼셰비키 만세!'라고 외치며 그들을 맞이했다(Gramsci [1921], https://www.marxists.org/archive/gramsci/1921/03/turin_councils.htm)."

2장

1   Jason(pseud.) 1918, 3-4.

2   Jason(pseud.) 1918, 9.

3   나는 '재건주의자'라는 용어를 P. B. 존슨Paul Barton Johnson에게서 차용했다. 그는 제1차 세계대전 이후의 사회 개혁을 연구한 1968년의 명저 《영웅을 위한 땅Land Fit for Heroes》에서 이 단어를 썼다(Johnson 1968, 220 참고).

4   이러한 사고방식은 100년 후 '현대 통화 이론'과 그쪽 계통에서 국가와 경제 관계를 바라보는 관점을 통해 다시 인기를 얻었다. 예를 들면 Taylor(2019) 및 Kelton(2020)을 참고하라.

5   Ministry of Reconstruction 1918, 28-29. 홀의 발언은 그 후 일부 재발표되었다. Ministry of Reconstruction(1919, 6-7) 참고.

6   Ministero per l'Assistenza Militare e le Pensioni di Guerra 1919, vi-vii.

7   ibid., 26.

8   Pietravalle 1919, 109-11.

9   Filippo Vassalli, 1919-1920학년도 제노바대학교 개학식에서, Pavan 2016(인용-), 180.

10   이탈리아 사례와 관련해 역사학자 일라리아 파반Ilaria Pavan은 1917년~1919년이 복지국가가 탄생한 '진정한 출발점'이었다고 강조한다(Pavan 2019, 835 참고).

11   Peden 1985, 16-35 참고. 자유당 정부(1905-1915) 시절 가장 주목할 개혁 중에는 1906년~1907년 교육법 제정이 있다. 이때부터 지방 당국은 학교 급식비를 지원하고 취학 아동의 신체검사를 의무화했다. 1908년에는 소득 조사 결과에 따라 고용주 부담으로 지급되는 노령연금이 도입되었다. 1911년 국가 보험법은 단연코 가장 중요한 성과였다. 이 법은 본인 및 고용주 공동 부담의 국가 보험제도를 규정한 것으로, 임금노동자의 질병보험과 경기 순환의 영향을 많이 받는 일부 업종의 실직보험을 포함했다. 20세기 초의 복지정책에 대한 더 자세한 연구는 Peden(1985, 16-35), Thane(1996, 49-94)을 참고하라.

12   전시 내각에서는 "지금과 같은 방식의 복지정책은 전쟁 전만 해도 영국 산업계에서 거의 보기 드문 형태였다."라고 강조했다(HMSO 1919a, 289).

13   Peden 1985, 57 참고.

14   홀데인이 에셔 자작Viscount Esher, Reginald Brett에게 한 말, December 26, 1918, Haldane papers, folder 103, 출처: Johnson(1968, 245).

15   "Mr. Lloyd George on his Task," The Times, November 25, 1918, 13. 같은 연설에서 로이드 조지는 이렇게 덧붙였다. "전쟁에서 승리해 돌아온 사람과 그들의 자녀가 슬럼에서 살아서는 안 됩니다. (…) 그러므로 국민의 주거 문제는 국가적 관심사가 되어야 합니다."

16   Tasca 1965, 18.

17 ibid.

18 ibid.

19 Pietravalle 1919, 103-6.

20 Jason(pseud.) 1918, 35.

21 Jason(pseud.) 1918, 5-6. 해먼드는 전쟁 선의 사회를 다음과 같이 자세히 기술했다. "부를 창출하라는 오만한 요구에 온 국민이 종속되어야 했다. (…) 사람들은 먹고사느라 최악의 환경에서 꾹 참고 살았다. 아이들은 대를 이어 공장의 노예가 되었고, 도시는 흉측하게 슬럼화되었으며, 사람들은 존엄성을 완전히 잃었다. 우리 나라가 전 세계를 호령하는 산업 강국이 된 사이, 대다수 노동인구는 아메리카 인디언보다도 자유 없는 삶을 살게 되었다. 이 나라의 국가적 가치관과 목적이 모든 사람을 만족시키지 못했지만 전반적으로 지배계급을 만족시킨 건 확실하다(ibid.)."

22 Addison 1922, 1.

23 애디슨의 전기는 Morgan and Morgan(1980)을 참고하라.

24 ibid., 5, 작은따옴표 강조 표시는 필자가 첨가함.

25 내각 문서, February 25, 1919, GT 6887, Cab 2; Clyne 1970(인용), 169.

26 로이드 조지는 "심신이 강건한 남녀가 사는 활기찬 공동체는 수준 이하의 열악한 환경에서 사는 공동체보다, 설령 인간적 관점이 아닌 상업적·산업적 관점에서 본다 해도 더 가치가 있다."라고 강조했다("Mr. Lloyd George on his Task," The Times, November 25, 1918, 13).

27 휘틀리 위원회(1장 참고)는 재건주의적 산업 원칙을 잘 구현했다. 그들은 계급 간 반목을 없애고 '공동의 이익'을 위한 '모든 계급의 협력'을 독려하고자, 사람들에게 '더 건전한 정신'(HMSO 1919b, 152)을 함양할 제도적 기틀을 마련했다(Ministry of Labour 1917, 9). 1918년 영국에서는 전쟁 동원 해제 후 노동 공급량이 급증하는 최악의 결과를 막고자 휴전 후 6개월간 임금 삭감을 금지하는 법안을 제정했다. 이는 재건주의 산업 계획에 있어서 중요한 요소였다.

28 전쟁 전과 전쟁 중 이탈리아 노조가 보편적 사회복지를 달성하고자 투쟁한 기록을 잘 조사한 자료로는 Rigola(1918), Cherubini(1977, 236-54)를 참고하라.

29 양국은 군인에게 전쟁연금과 가족수당을 제공했다. 게다가 1장에서 설명했듯, 공장들도 노동력의 높은 생산성을 유지하기 위해 복지 서비스를 개선했다. 국가는 화장실과 세탁실을 개선하고 구내매점, 양호실, 식수대도 마련했다(HMSO 1919b, 285-98). 이런 식으로 국가는 노동력의 사회적 재생산 비용을 상당 부분 부담했다. 이탈리아의 전쟁 복지 조치에 관해서는 Procacci(2013), Pavan(2016)을 참고하라. 영국의 사례는 Pedersen(1993, 79-133), Pedersen(1990)을 참고하라. 페더슨은 영국의 여성 복지 시스템과 그것이 전후 영국 사회에 미친 장기적 영향을 강조한다.

30 Serpieri 1930, 343.

31 레오니다 비솔라티의 주도하에 탄생한 군사지원및전쟁연금부는 "전쟁으로 피해를 입은

'모든' 사람에게 혜택을 주는 '모든' 형태의 지원을 관리하여(Ministero per l'Assistenza Militare 1919, 28)" "원생적 보편 복지주의proto-universalist"의 토대를 마련했다(Pavan 2019, 840). 여기서 흥미로운 점은 동거인에게도 배우자와 동등한 권리를 부여함으로써 진보적 복지 정신을 채택했다는 것이다. 또한 군인을 위한 국영 생명보험도 마찬가지여서, 피보험자가 사망할 경우 동반자, 사생아, 심지어 '오랜 친구'까지 수혜자로 지정될 수 있었다. 프란체스코 니티 재무장관은 이렇게 말했다. "참호, 전선, 또는 우리 국토 어디든 나가서 싸운 모든 군인은 형제, 아내, 연인, 어머니, 사생아, 오랜 친구, 머나먼 친척 등 자신이 소중히 여기는 누구든 수혜자로 지정할 권리가 있다. 그리고 국가는 그들이 원하는 대상에게 원하는 금액대로 보험금을 지급해야 한다(Pavan 2019, 843)."

32 당시 이탈리아 상원 의장이던 토마소 티토니Tommaso Tittoni는 이렇게 말했다. "이탈리아 곳곳에서 대규모 폭동이 폭발하고 있었다. 이에 맞설 충분한 병력을 배치하려면, 다른 지역을 무방비로 두어서라도 외부에서 헌병대와 경찰을 데려와야 할 정도니 어안이 벙벙했다. 나는 반란이 반도 전역에서 동시에 일어났다면 정부가 어떻게 대처했을까 하는 생각을 자주 했다(Tittoni 1930, 278-79, 출처: Tasca 1965, 27)."

33 19세기 말에 설립된 노동회의소는 다양한 노조 출신 구성원이 한데 모여 결성한 지역 기반 노동 단체였다.

34 Maione 1975, 32.

35 Vivarelli 1967, 414-15.

36 "Will It End in Violence?" *Daily Herald*, July 10, 1919, 1.

37 Rigola 1918, 7.

38 "Il congresso Regionale Piemontese per le assicurazioni sociali," *L'Avanti*, October 8, 1918.

39 ibid.

40 Nitti, 출처: Pavan(2019, 846). 니티가 말한 '참호와 전선'과 '온전한 시민권' 대목의 원문은 각각 'nelle trincee e sui campi', 'pieno diritto di cittadinanza'였다. Atti Parlamentari, Camera dei Deputati, XXIV Legislatura, speech of October 20, 1917, 14792.

41 Ministero per l'Assistenza Militare e le Pensioni di Guerra 1919, 31.

42 모데나 출신으로 자유 입헌주의자, 부유한 자산가인 비토리오 코타파비 의원(1924년에는 상원이 됨)이 니티에게 보낸 편지이다(ACS, Presidenza del Consiglio dei Ministri, 1920, fol. 6.2. 690, Pavan 2016, 186).

43 Rigola 1918, 2.

44 1917년 8월부터 운영된 재건부의 역할은 이렇게 정의되었다. "전쟁 및 전후 처리에서 발생할 각종 문제를 고민하고 이에 대해 조언한다. 그리고 앞서 언급한 목적에 걸맞은 조사와 계획을 실시하며 적절한 권고 사항을 제시한다(HMSO 1918a, 202)." 재건부는 상업·생산(원자재 공급 포함), 금융·해운·공공 서비스, 노동·산업 조직, 농촌 개발, 중앙 및

지방 행정 관리·보건·교육, 주거·운송 분야의 하위 조직으로 나뉘었다.

45　Major L-Col David Morgan, HC Deb 7 April 1919, vol. 114, cc 1756. 이하 의회 토론 인용 시에는 발언자의 성명, 상원 혹은 하원(HC/HL), 날짜, 자료 위치 순으로 표기한다.

46　ibid., cc 1749.

47　*Monthly Labour Review* 1921, 213.

48　"현재 영국에는 거주에 매우 부적합한 주택이 적어도 7만 채, 심각한 결함이 있는 주택이 30만 채 있습니다. (…) 약 300만 명이 한방을 두 명 이상 같이 쓰는 과밀한 환경에서 살고 있습니다. 시의회 자료에 따르면 런던에서는 75만 8,000명이 이러한 끔찍한 환경에서 살고 있다고 합니다(Clarke 1920, 234)." 열악한 주거 환경은 높은 영아 사망의 주원인으로 꼽혔으며, 중상류층보다 노동계급의 영아 사망률이 거의 네 배나 높았다(John Davison, HC Deb 7 April 1919, vol. 114, cc 1746). 결핵과 같은 풍토병은 "대부분 두 명 이상이 같은 침대에서 자거나, 아니면 한방에 때로는 네 대까지 두는 등 여러 침대를 놓고 쓰는 경우(Dr. Addison, HC Deb 7 April 1919, vol. 114, cc 1715)" 사람들 사이에 무섭게 퍼져 나갔다.

49　*Monthly Labour Review* 1921, 213.

50　HC Deb 7 April 1919, vol. 114, cc 1748.

51　주택법에 따라 지자체들은 토지와 주택을 수용할 수 있게 됐다. 이 법은 "노동계급을 위한 주택 건설에는 거의 손을 놓았던"(Ernest Pretyman, HC Deb 7 April 1919, vol. 114, cc 1772) 민간 기업의 한계를 보완할 목적으로 "국가와 공공 단체가 사업을 떠맡는" 것을 골자로 했다. 공공 단체에는 "투기성 건축이 아니라 엄격하게 제한된 이득만을 얻는 건축 협동조합 및 기타 단체"가 포함되었다(Captain William Ormsby-Gore, HC Deb 7 April 1919, vol. 114, cc 1800). 다음 장에서 자세히 살펴보겠지만, 이러한 개혁 덕분에 건축 길드는 전성기를 맞이했다. 이 법은 1919년 12월 주택(추가 권한)법Housing (additional powers) Act으로 보강되었다. 보건부 장관 크리스토퍼 애디슨의 이름을 따 애디슨법이라고도 알려진 이 법은 신설된 보건부의 권한을 확대해 보건부가 지자체의 주택 사업을 지원할 수 있게 했다.

52　Johnson 1968, 425.

53　James Gilbert, HC Deb 7 April 1919, vol. 114, cc 1763.

54　ibid., cc 1762.

55　Ministry of Reconstruction Advisory Council 1919, 20.

56　ibid., 9.

57　ibid., 20.

58　ibid., 13.

59　여성 협동조합 길드는 1장에서 언급한 1918년 모자 복지법 제정 이후 왕성히 활동한 각 지역의 모성 위원회에서 구성원의 상당 비중을 차지했다.

60   Pedersen 1993, 146.

61   "Saving the Children," *The Times*, February 25, 1919, 7.

62   Ministry of Reconstruction Advisory Council 1919, 14.

63   그해 내각은 심각한 노인 빈곤 문제에 대처하고자 노인연금을 대폭 인상하기로 합의했
     다. 새로운 법안은 1919년 릴런드 앳킨스 위원회Ryland Adkins Committee의 권고 사항을
     수용해 연금을 주당 10실링으로 두 배 늘렸다. 또 수급권자에게 유리하도록 여러 조건
     과 자격을 완화했다. 소득 한도도 하향 조정되어 약 22만 명의 수급권자가 추가로 포함
     되었다(Macnicol 2002 참고).

64   Ernest Pretyman, HC Deb 7 April 1919, vol. 114, cc 1773.

65   Peden(1985, 51), HMSO(1919a, 296) 참고.

66   Ministry of Reconstruction 1919b, Cmd. 321, 5. 이렇게 추진된 공교육 확대는 가
     히 혁명적이었다. 1917년 리처드 홀데인의 다음 발언이 이를 입증한다. "내가 전시 내
     각에 있었을 때 놀랍게도 신병 중 상당수가 문맹이었다(Haldane, "National Education,"
     p. 85, Dawson 1917)."

67   Ministry of Reconstruction 1919a, 36-37.

68   위원회의 선언문은 이렇다 "성인 교육은 배우고 싶은 과목, 교사 선택, 수업 편성과 관
     련하여 학생 쪽에 최대한 자기 결정권을 주어야만 최선의 효과를 발휘할 수 있다. 따라
     서 우리는 학생에게 최대한 자유를 보장하고 학생, 교사, 교육 기관 간에 적절한 협력 관
     계를 구축하고자 한다(Ministry of Reconstruction 1919, Cmd. 321, 168)." 또한 동 보고서
     에는 "자신의 학습 계획을 자유롭게 짜고, 규정된 시스템을 따르기보다 스스로 실험할
     수 있게 도움을 받는 학생일수록 학습과 토론에 더 활발히 참여한다."라고 기술되어 있
     다(ibid., 117). 특히 "학생이 자신에게 가장 적합한 유형의 교육을 받을 자유"에는 어떠한
     '검열'이나 간섭도 없다는 점을 크게 강조했다(ibid., 118). 가장 눈여겨볼 대목은 다음 구
     절이다. "국가는 (…) 어떤 기관, 대학, 수업이 특정 '분위기atmosphere'를 띤다는 이유, 혹
     은 이를 통해 학생을 현혹할 수 있다는 이유만으로 재정 지원을 거부해선 안 된다. 오로
     지 학습 목적의 진정성 여부만 판단해야 한다(ibid., 118)."

69   위원회는 대중 교육 운동과 관련해 다음과 같이 보고했다. "한마디로 대중 교육은 소수
     를 위한 난해하고 피상적인 교육이 아니다. 선택받은 소수를 위한 것도, 일시적인 유행
     도 아니다. 대중의 요구에 따라 자연스럽게 일어난 발전이며, 영국 교육이 발전하는 과
     정 중의 당연한 한 단계이다(Ministry of Reconstruction 1919, Cmd. 321, 36)."

70   ibid., 117.

71   ibid., 38-39.

72   ibid., 39. 확실한 길조가 엿보이는 문장은 "그들의 활동이 지금까지 산발적이고 단절
     될 수밖에 없었다면, 이제는 국가 교육 시스템의 일부로 제자리를 잡게끔 발전시켜야 한
     다."라는 대목이다(Ministry of Reconstruction 1919, Cmd. 321, 5).

73   ibid., 39-40.

74 ibid., 146.

75 ibid., 142-43.

76 Ministry and Transport Act of 1919, https://www.legislation.gov.uk/ukpga/ Geo5/9-10/50/enacted.

77 "Ways and Communication," *The Times*, March 4, 1919, 12.

78 "Commons and Transport Bill," *The Times*, March 6, 1919, 6.

79 Charles Sitch, HC Deb 26 February 1919, vol. 112, cc 1878. 법안의 기본 원칙은 '현재 적어도 대여섯 개 정부 부처에 분산된' 보건 관련된 업무를 한 명의 장관과 한 부서에 맡기는 것이었다(Major Astor, HC Deb 26 February 1919, vol. 112, cc 1910). 지방정부 위원회의 월도프 애스터Waldorf Astor 정무 차관은 다음과 같이 군사적 비유를 들었다. "우리가 지난 전쟁에서 적을 물리칠 수 있었던 원리를 질병과의 대전쟁에도 똑같이 적용할 수 있습니다. 즉 우리에겐 한 사람이 전방을 내다보고, 계획을 짜고, 작전을 실행하는 통일된 지휘가 필요합니다(ibid., Major Astor, cc 1909)."

80 ibid., Major Alexander Farquharson, cc 1878.

81 ibid., Captain Walter Elliot, cc 1891.

82 ibid., Major Waldorf Astor, cc 1909. 다른 의원은 이렇게 발언했다. "이 법안은 국민이 긴급히 요구하는 사항이자 대담하고 포괄적으로 구상되었기 때문에 발효되고 나면 분명한 성과가 나올 것이라고 확신합니다. 지역사회의 전반적인 건강뿐 아니라 개인의 안락한 생활에도 큰 도움이 될 것입니다(ibid., L. Colonel Nathan Raw, cc 1896)."

83 ibid., Major Alexander Farquharson, cc 1880.

84 1916년 10월 로마에서 열린 사회당 대회에서는 질병·장해·노령 연금에 대한 보편적·의무적 사회보험 계획이 마련되었다. 1년도 안 되어 CGdL 전국 협의회는 모성보호, 산업재해, 빈곤퇴치를 위한 보험 확대를 만장일치로 추진했다(Cherubini 1977, 225ff.).

85 이 시스템은 노동자, 고용주, 국가가 공동 출연하여 자금을 조달하고 지자체와 지역 자선단체에서 상당한 자금을 지원받아 효용성과 재정 자립성을 높였다.

86 Pietravalle 1919, 108.

87 ibid., 110.

88 Rigola 1918, 4.

89 체르메나티는 확고부동했다. "사회적 지원을 받을 노동자의 권리는 어떤 경우든 보장된다. 노동자는 노후에도 궁핍과 빈곤을 걱정할 필요가 없으며, 비자발적 실업자도 적절한 지원을 확실히 받을 수 있다. 또 노동자들이 가장 걱정하는 질병보험과 관련한 규정도 조만간 마련할 것이다(Minutes of the Consiglio Superiore della Previdenza e delle Assicurazioni, meeting of December 2, 1919, 출처: INPS, 1962, 352, Pavan 2019, 851에서 인용)."

90 노령연금, 상해 및 장해 보험을 의무화한 개혁(Regent's Decree 670, April 29, 1917, GU 184 [August 4, 1917], 3497)은 이미 전쟁기에 만들어졌고 전후기에 범위가 더욱 확대되

었다.

91   Regent's Law Decree 603, April 21, 1919, GU 104(May 1, 1919). 지방정부들은 이러
      한 복지 목표의 실행에 있어 광범위한 역할을 수행했다(De Stefani 1926a, 388-91 참고).

92   Pavan 2019, 851.

93   ibid., 850.

94   최초 도입: Regent's Law Decree 1450, August 23, 1917, GU, 1917 General Index
      of Subjects, 47. 자세한 내용은 Bartocci(1999, 226)와 Cherubini(1977, 194-211)를 참
      고하라. 후자는 특히 이 개혁을 둘러싸고 전개된 계급 투쟁을 쉽게 설명한 책이다.

95   Pavan 2019, 848; ACS, Presidenza del Consiglio dei Ministri 1918, fol. 5.1.607.

96   Royal Decree Law 432, February 11, 1923, GU 64(March 17, 1923), 2286.

97   다만 가정부, 공무원, 가내수공업자는 포함되지 않았다는 점에 유의해야 한다. 이 보험
      의 재원에는 노동자와 고용주가 정부에 부담하는 기여금이 상당 부분을 차지한다. 자
      세한 내용은 "Decree no. 2214 of October 19, 1919" 출처: Pavan(2019, 859-60),
      Cherubini(1977, 218-24)를 참고하라.

98   1920년 실업보험법은 대부분 산업 노동자에게 적용하도록 1911년 법보다 범위를 확대
      했다. 이로써 '1912년 200만~300만 명이던 수급권자가 1,200만 명 이상'으로 늘었다
      (Peden 2000, 168). 영국 실업률이 겨우 몇 달 만에 세 배로 급증한 1920년 여름 이후, 재
      건주의자들은 부채로 재원을 조달해 공공 부문 일자리를 늘리는 초창기 형태의 케인스
      식 정책을 다수 추진했다. 이 계획은 수단과 목적에 있어서 전쟁 전의 전통적인 균형예
      산과 극명히 대조되었다(3장과 6장 참고).

99   노동부의 담당 업무는 첫째, 국민 상해보험 기금을 감독하고 둘째, 의무적 장애 및 노령
      연금을 법에 따라 시행하고 셋째, 노동 통계를 수집하고 1919년 10월에 출범한 각지의
      직업소개소를 조정하는 것이었다. 초대 노동부 장관인 마리오 아비아테는 진보적인 자
      유주의자로 노동문제에 깊은 관심을 두고 노동 조건에 관해 주요 연구 성과를 발표한 것
      으로 잘 알려졌다. 그의 장관 재임기 때는 노동자 복지가 법으로 특별히 보장되었다.

100   Marucco 2008, 181, 원본: ACS, Atti Parlamentari [AP] Camera, Leg. XXI, la
      sessione, Discussioni, 2a tornata del 15 maggio 1901, 3867.

101   Marucco 2008, 183, 원본: ACS, AP Camera, Leg. XXIII, 1a sessione,
      Discussioni, tornata del 12 maggio 1910, 6789.

102   니티의 생산성주의적 개량주의는 Barbagallo(1984, 119-26)를 참고하라.

103   복지의 사회적 통제 기능은 노동력이 기본 통제 체제(즉 노동시장)에서 분리되기 쉬운 경
      기 침체기에 특히 중요하다. 체제에서 떨어져 나가면 노동자는 여전히 잃을 것이 있으므
      로 그들의 이탈 성향을 복지가 막아준다는 개념이다.

104   당시 이탈리아에는 또 하나의 급진적 사례가 있는데, 1920년 7월 15일 모스크바에서 전
      통적 개량주의자들인 CGdL이 '사회 혁명과 소비에트 공화국의 승리를 위한' 협약에 서
      명한 것이었다(Tasca 1965, 124 참고).

105 Tasca 1920, 124.

106 Benito Mussolini, "The Crisis of Their Authority[la crisi della loro autorità]," *Il popolo d'Italia*, July 29, 1920.

107 Marucco 2008, 186, 원본: ACS, AP Camera, Leg. XXVI, sess. 1921, Documenti, n. 2, Relazione della commissione parlamentare d'inchiesta sull'ordinamento delle amministrazioni di Stato e sulle condizioni del personale, presentata il 18 gennaio 1921, 260.

108 국가경제부Ministry of National Economy는 이미 다양한 분야를 관장하던 차에, 해체된 노동부의 주요 업무까지 이어받았다. 노동문제가 농공상무부Ministry of Agriculture, Industry, and Commerce 소관이었던 전쟁 전 수준으로 완전히 퇴보한 셈이었다. 노동부의 역사에 대해서는 Marucco(2008)를 참고하라.

109 Great Britain, Royal Commission on Coal Industry 1919b, vii.

3장

1 George Douglas Howard Cole 1920a, 8-9.

2 Cole 1958, 449.

3 Cole 1920a, 24.

4 ibid., 8.

5 Nenni 1946, 6. G. D. H. 콜도 매우 비슷한 표현을 사용했다. "합스부르크, 호엔촐레른, 로마노프 왕가의 몰락 그리고 소비에트 러시아와 단명했던 헝가리 평의회 공화국이 도래한 이후, 이 모든 사태를 어떤 관점에서 바라보는 사람이건 간에 자기 나라에서는 혁명적 사회 변화가 일어날 리 없다고 그 누가 감히 단언할 수 있겠는가? 옛 질서가 영원히 신성불가침으로 남으리라고 그 누가 더 이상 믿을 수 있겠는가(Cole 1920a, 9)?" "노동을 장악하던 자본주의의 힘이 쇠약해지고 있다(ibid., 20)."

6 Cole 1920b, Preface, vx.

7 영국에서는 30세 이상의 여성 일부에게도 참정권이 부여되었다. 구체적으로는 연 가치 5파운드 이상의 자산을 소유하거나 그에 준하는 자격의 남성과 결혼한 30세 이상의 여성이다. 이 법의 제4조는 다음과 같다. "여성은 다음과 같은 경우 선거구(대학 선거구university constituency 제외)의 유권자로 등록할 자격이 있다. 첫째, 30세 이상이다. 둘째, 법적 무능력자가 아니다. 셋째, 해당 선거구에 거주하거나 연 가치 5파운드 이상의 토지나 건물(주거용 제외)을 소유한 경우, 혹은 이에 준하는 자격의 배우자가 있는 경우 지자체 유권자로 등록할 자격이 있다(Terry 1918, 14)." 이 주제에 대해서는 Terry(1918), McKibbin(1990, 66-101)을 참고하라.

8 노동당이 1918년 편찬한 《노동당과 신사회질서Labour and New Social Order》의 강령 중 유명한 제4절은 그 성격을 두고 역사학자들 사이에 논란이 많다. 노동당의 사회주의 사상

이 담긴 이 조항은 "생산수단의 공유와 민중이 각 산업의 주인이 되는 최선의 체제를 실현함으로써 노동자에게 노동의 완전한 결실과 최대한 공평한 분배를 보장할 것을 약속한다."라고 명시했다. Cole(1958)과 Miliband(1961)는 이 강령을 노조들이 다 같이 합의할 만한 보편적인 페이비언 사회주의Fabian Socialism의 청사진으로 이해하는데, 대부분의 학자도 이에 동의하는 편이다. 사유재산의 전면적 폐지를 제안하지는 않았지만, 토지와 여러 전략산업의 국유화를 주장하는 등 몇몇 급진적인 정책이 엿보인다. 따라서 "노동당의 강령이 실행된다고 영국이 사회주의 국가로 변하는 건 아닐지라도 기존 사회의 성격과 구조에 엄청난 변화를 일으킬 것은 사실"이었다(Miliband 1961, 62). McKibbin(1974)은 제4절에 대한 실용적 해석을 더 발전시켜, 이데올로기를 전환하려는 의도라기보다 제1차 세계대전이 초래한 사회구조적 변화에 민감했던 당시의 시대 상황을 반영한다고 주장했다. 이러한 의미에서 그들의 사회주의 목표는 주로 볼셰비즘을 막기 위한 대응이자 강력한 의회제의 필요성, 사회주의적 대안을 반영한 것이었다. 또한 이는 노동당이 자유당과 단절하고 성숙한 사회주의 성향을 지닌 전문직 중산층에게 어필하기 위한 수단이기도 했다(McKibbin 1974, 95-97 참고).

9   Hobsbawm 1999, 187.

10   이탈리아 인민당은 1919년 1월 18일 시칠리아 출신 가톨릭 신부 루이지 스투르초Luigi Sturzo가 창당했다. 인민당은 가톨릭 사상으로 접근한 사회 정의에서 영감을 얻었으며 재분배 중심의 사회 개혁과 여성 참정권을 추진했다. 그들의 기원과 의제에 대해서는 Invernizzi-Accetti(2019)를 참고하라. 파시스트 독재 정부가 완전히 정권을 장악한 1926년에 활동을 중단했다.

11   사회당은 다음과 같은 공약으로 선거에서 승리했다. "부르주아 정권의 모든 권력과 메커니즘을 무력화하고 모든 코뮌을 장악하겠다는 목표 없이는, 또 프롤레타리아 혁명을 가속화하고 프롤레타리아가 전권을 장악해야 한다는 목표 없이는 코뮌을 정복할 수 없다(Tasca 1965, 204)."

12   1919년 10월 볼로냐에서 열린 사회당 대회에서 '최대강령파'는 자신들이 개량주의 조류에 승리할 것을 확신하고 제3 인터내셔널에 합류했다. 이탈리아 사회당이 급진적으로 변한 것은 (사회당에서 '비타협적 혁명 분파'가 탄생한) 1917년 가을 카포레토 전투의 패전 이후부터다. 혁명파는 1917년 11월 피렌체에서 열린 당 대회에서 다수를 차지했고 그 후에도 몇 년간 당을 지배했다. 1919년 개량주의적 의제는 모든 주요 지방 의회 선거에서 최대강령파의 강령에 눌려 전패했다. 개량주의 전통의 근거지인 밀라노에서도 비타협적 분파가 1919년 3월 직접 선거에서 승리했다. 이러한 급진적인 추세를 반영하듯 혁명적인 지역 신문도 다수 등장했다. 나폴리에서는 훗날 공산당 총서기가 되는 아마데오 보르디가Amadeo Bordiga가 〈소비에트Soviet〉라는 주간지를 창간했다. 피렌체에서는 사회주의 연맹의 주간지인 〈디피사La Difesa〉가 가장 극단적 노선을 대변했다.

13   *L'Avanti*, August 8, 1919.

14   Tasca 1965, 95.

15 CGdL의 지도자들은 사회당의 개량주의파였다. 1918년 충성 서약은 '정치적' 파업의 지휘권은 '당'에, '경제적' 파업의 지휘권은 CGdL에 위임한다는 1907년 결정을(CGdL은 1906년에 설립되었다) 재확인했다. CGdL 간부인 루도비코 다라고나Ludovico D'Aragona가 1919년 1월에 구상한 청사진에는 '과세 누진율 인상', '공익을 위해 토지 경작과 공공사업을 노동자 협동조합에 일임', '공장 경영에 노동자의 지배권 보장', '생산에 따른 이득을 생산 주체인 노동자에게 귀속' 등이 들어 있었다. 또한 이 계획에는 '실업·산재·질병 보험 및 노령연금을 아우르는 포괄적 보험'도 포함되었다(Nenni 1946, 13). CGdL 회원의 절반 이상이 산업 노동자였다. 구체적으로는 건설 노동자 20만 명, 금속 노동자 16만 명, 섬유 노동자 15만 5,000명, 가스 산업 노동자 6만 8,000명, 공무원 6만 명, 화학 노동자 5만 명, 민간 기업 노동자 5만 명, 목공 노동자 3만 명, 철도 노동자 2만 5,000명, 가죽 세공인 2만 3,000명, 건축 기술자 2만 2,400명, 전차 승무원 2만 2,000명, 제지 노동자 2만 1,000명으로 분포되어 있었다. 또한 CGdL은 89만 명의 농업 노동자도 회원으로 보유했다.

16 예를 들어 영국에서는 1914년~1920년 여성 노동자의 노조 가입률이 약 130% 증가했다(Burgess 1980, 165). 금속 부문의 주요 기술직 노조는 1914년~1918년 76% 성장했다. 반면 저숙련 산업 노동자로 구성된 두 거대 노조인 전국 일반 노동조합National Union of General Workers, NUGW과 노동자 연합Workers' Union, WU은 각각 216%와 137%씩 성장했다(Hinton 1973, 49~50).

17 이 통계의 출처는 다음과 같다. Dataset 1: Labour disputes annual estimates, UK, 1891 to 2018; Office of National Statistics (ONS).

18 Memorandum on The Causes of and Remedies for Labour Unrest, Presented by the Trade Union Representatives on the Joint Committee Appointed at the National Industrial Conference (1919년 2월 27일 런던 센트럴 홀에서 개최). Cole 1920a(인용), 247.

19 경찰 파업은 Critchley(1978), Morgan(1987)을 참고하라. 군대에서도 일었던 봉기의 기미와 전반적인 혁명의 기운, 로이드 조지가 노동쟁의에 대응한 과정은 Wrigley(1991)를 참고하라.

20 1919년 1월부터 2월까지 클라이드사이드에서 40시간 동안 진행된 파업 때도 국가는 완전무장한 병력을 투입했다. 영국 정부가 노동자에게 군사적으로 대응한 사례는 Morgan(1987)을 참고하라.

21 연간 근로 손실 일수를 계산하는 방법은 파업으로 손실된 총 근로 일수와 파업에 참가한 노동자 수를 곱하면 된다. 산업 노동자와 농업 노동자의 파업 통계는 Ministero dell'Economia Nazionale(1924), Supplemento 38, "Bollettino del lavoro e della previdenza Sociali"의 각각 15페이지, 278페이지를 참고하라.

22 이 수치에는 1920년 8월 30일부터 9월 20일까지 공장을 점거한 노동자 45만 명과 손실된 근무일 600만 일의 작업 손실이 포함되어 있지 않다. 이에 대해서는 4장에서 자세

히 살펴볼 것이다. 경제사학자 베라 자마니Vera Zamagni는 붉은 2년 동안 이탈리아에서의 파업 참가율이 다른 국가에 비해 '극히 예외적'이었다고 기록한다. 다른 국가에서는 노동자의 쟁의 참가율이 약 20%였지만 이탈리아는 30%였다(Zamagni 1991, 151-52 참고). 파업 데이터는 이 책의 9장 그림 9.5와 9.6을 참고하라.

23 *L'Avanti*, April 28 참고.

24 Ministero dell'Economia Nazionale(1924, 177), Supplemento 38, "Bollettino del lavoro e della previdenza Sociali" 참고. 금속 노동자가 가장 큰 비중을 차지했다. 1920년 3월 금속 노동자 7만 270명이 파업에 가담했고 144만 8,209 근무일을 결근했다(ibid., 176). 1919년 한 해 동안에는 금속 노동자 약 40만 명이 참여해 1,100만 일 이상의 손실을 가져왔다(ibid., 154). 그러나 파업에 참여한 노동자는 모든 직업군에 걸쳐 있었으며, 심지어 성직자, 교사, 판사 등 통념과 벗어나는 직업군도 포함되었다.

25 1919년 섬유 노동자의 파업 참가율은 18%로 금속 노동자의 12%보다 훨씬 높았다. 1919년 타 산업에서 파업의 성별 분포를 살펴보면 초콜릿 공장에서는 남성 386명 대 여성 1,106명, 신발 공장에서는 남성 38명 대 여성 9,018명, 가죽 공장에서는 남성 8명 대 여성 330명, 단추 공장에서는 남성 1,189명 대 여성 2,446명, 담배 공장에서는 남성 83명 대 여성 263명이었다. 출처: Ministero dell'Economia Nazionale 1924, 156-82.

26 당시 자료에 따르면 1919년~1920년 노동자들은 패보다 '승'이 훨씬 많았다. Ministero dell' Economia Nazionale(1924, 28-29)을 참고하라.

27 Scholliers and Zamagni 1995. 일평균 실질임금은 53% 증가했다(9장, 그림 9.7 참고).

28 Scholliers and Zamagni 1995, table A.23, 261.

29 Scholliers and Zamagni(1995, 258, Table A.23—Average Weekly Earnings, Manual Workers, 1780-1960 [£s], Assuming Full Employment) 참고.

30 *L'Avanti*, February 21, 1919, 2, Milan edition.

31 이 투쟁은 영국 노동운동 전반에 걸쳐 널리 호응을 얻었으며, '러시아를 내버려두라'라는 운동을 강력히 촉발했다. 노동당은 1919년 1월부터 매일 이 문제를 정부에 제기하면서 러시아에서 군대를 철수하도록 설득했다. 1919년 6월 노동당 전당대회에서 의장은 노동당의 공식 입장을 밝혔다. "우리는 러시아 파병에 저항해야 합니다." (누군가 외친다. "아일랜드도!") "그리고 영국의 끝없는 징집도 거부합시다. 우리가 위험을 무릅쓰고 러시아로 가서 싸운다면 평화는 있을 수 없습니다. 러시아가 자국의 정치문제를 스스로 해결하게 놔둡시다. 러시아 국민에게는 서로 죽고 죽이며 어쩌면 혁명도 좌절시킬 수 있는 무기보다, 민주주의를 공고히 하고 강화하기 위한 수단을 제공하는 것이 훨씬 유익합니다(Report of the Nineteenth Annual Conference of the Labour Party, June 25, 1919, 113, https://babel.hathitrust.org/cgi/pt?id=msu.31293500351923&view=1up&seq=14&skin=2021&q1=Russia%20must%20b%20left%20free%20to%20work). 결국 그들의 노력은 성공했다. 1919년 7월 30일 처칠은 "우리 군은 겨울 전에 러시아에서 철수할 것"이라고 발

표했다(*Daily Herald*, July 30, 1919, 1). 자세한 내용은 Macfarlane(1967, 126-52)을 참고하라.

32 Cole 1958, 427-28.

33 *L'Avanti*, June 30, 1920 참고.

34 Clarke 1988, 199.

35 Labour Party 1919, 119.

36 산업 노동자가 동요하는 원인과 그 해결 방법을 다룬 제안서는 1919년 2월 전국 산업회의National Industrial Conference에서 노조 대표자들이 초안을 작성했다(Cole 1920a[인용], 271). 이 조사는 여러 면에서 1917년 정부 조사를 반영했다.

37 Cole 1920a, Appendix 1, 250.

38 ibid.

39 Hodges 1920, 110-11. 또 호지스는 다른 구절에서 혁명 직전의 당시 상황을 통찰력 있게 묘사했다. "이제 갈수록 우리 노동자도 학력이 높아지고 있는 만큼, 더 이상 외부 의지와 권위에 순순히 따르지 않는다. 우리 노동계급은 산업에서 남자답고 책임감 있는 위치를 차지하길 갈망하고, 우리가 간절히 바라는 자유를 방해하는 모든 제도에 저항하는 계급이다. 이제 자유가 더 중요한 인생의 목표가 되었다. 노동계급은 여러 세대에 걸쳐 자유를 가로막는 유일한 제도가 정치제도라고 믿어왔다. 정치적 민주주의의 자유는 굉장한 성취지만, 이제 노동자는 권리 없는 농노 노예제보다 산업 노예제가 더 가혹함을 깨달아가는 중이다. 따라서 산업 노동자는 자유를 간절히 원한다. 생산수단 소유자가 강요한 외부 의지를 떨쳐버리려는 투쟁은 이 시대의 가장 주목할 만한 현상이다(Hodges 1920, ix-x)."

40 *L'Avanti*, April 2, 1920 참고.

41 또한 새로운 노동 협약의 준수 여부를 감독할 협의회를 구성하면서, 협의회 대표에 농민이 포함된 것도 그들이 인정받았다는 증거였다.

42 Tasca 1920, 69-70.

43 이러한 경제 민주주의에 대한 요구는 광부, 철도 노동자, 건설 노동자, 기계공, 선박 건조자는 물론 우체부, 공무원 등 다양한 산업 분야에서 나타났다. 예컨대 전국 철도 노동자 연맹National Union of Railwaymen, NUR은 철도 국유화와 공동 지배를 명시적으로 요구했고, 우체부 노조는 우편 서비스를 길드 사회주의 노선에 입각한 자치적 서비스로 전환하자는 포괄적 계획을 제시했다. 철도 노조의 지배권 문제와 관련된 논의는 Armitage(1969, 46-100)를 참고하라.

44 Morgan 1979, 65.

45 Ives 2016, 47.

46 Morgan 1979, 62.

47 "Lull in Labour Strife," *The Times*, March 3, 1919, 11.

48 위원회의 열두 명 중 나머지 절반은 광산 소유주 세 명(에반 윌리엄스Evan Williams, R. W.

쿠퍼R. W. Cooper, J. T. 포지J. T. Forgie)과 산업계 대표 세 명(아서 밸푸어Arthur Balfour, 에릭 더 컴Eric Duckham, 토니 로이든Tony Royden)으로 구성되었다. 임금과 근무시간 문제를 논하고 자 열린 1차 청문회는 1919년 3월 3일부터 3월 20일까지 이어졌다. 더 광범위한 국유화 문제를 다룬 2차 청문회는 1919년 6월에 매듭을 지었다.

49 예: Mowat 1955, 30-36; Kirby 1977, 37.

50 Arnot 1919, Preface.

51 이처럼 민간 자본을 규탄하는 분위기에 토목 기술자 협회Institution of Civil Engineer 회장 인 아서 더컴Arthur Duckham처럼 자본계급을 대표하는 위원도 공감했다는 점이 흥미롭 다. 더컴은 6월에 최종 보고서를 제출했는데, 서두에 두 가지 요점이 다음과 같이 적혀 있었다. "첫째, 지금까지 광업의 사유화는 지역사회에 최선의 이익이 아니었다. 둘째, 국 내 석탄 공급을 민간 기업에 맡겨서는 안 된다(Great Britain, Royal Commission on the Coal Industry 1919b, xxii)."

52 Pelling 1987, 162.

53 1차와 2차 청문회에 총 163명이 참석해 진술했다. 여기에는 광부의 아내, 경제학 교수, 공무원, 기술자, 지역 광부 노조 사무총장, 산업계 대표, 광산 소유주 등이 있었다(Great Britain, Royal Industry on Coal Industry Commission 1919a, xxiv; 1919b, xxix-xxxii 참고).

54 Gleason 1920, 34.

55 Gleason 1920, 48에서 인용.

56 "The Industrial Crisis," *The Times*, March 18, 1919, 11. 노섬벌랜드주 광부 노 조 사무총장인 윌리엄 스트레이커는 자신의 요약문에서 이렇게 기술했다. "1차 청문 회 동안 기존의 광산 경영과 지배 방식이 워낙 난타를 당한 나머지, 정부가 채택한 '생 키 보고서'는 결국 '현행 체제는 규탄받아 마땅하다.'라고 선언했다(Great Britain, Royal Commission on Coal Industry 1919b, 944)."

57 꼼꼼히 수집된 직접 증거에 따르면 계급 분열과 사회의 부조리가 심각한 것으로 나타났 다. 광부의 열악한 노동 및 생활 여건은 '그야말로 대부분 수치스럽기' 그지없었다(Great Britain, Royal Commission on Coal Industry 1919a, xiv). 1914년 이후 광부들은 작업장 사고로 생사를 오가고 실질임금 감소에 직면해온 한편, 반대편에 있는 고용주는 전쟁기 에 초과이윤이 네 배 증가해 극명한 대조를 이뤘다. "필수 노동자들이 이 고된 일을 하고 도 형편없는 생활 수준, 주거 및 노동 환경에서 벗어나지 못하는 것이 현 체제가 지속되 어서는 안 된다는 가장 강력한 증거다(Hodges 1920, V)."

58 Great Britain, Royal Commission on Coal Industry 1919b, 477.

59 예컨대 윌리엄 스트레이커는 자신의 진술 자리에서 개인주의적이고 적대감을 조성하는 현 체제의 비전은 극복되어야 할 낡은 집착이라고 비난했다. "국유화에 반대하는 사람은 경쟁이 진보의 핵심이라고 단언한다. 그들에게 삶이란 각 개인이 서로를 밟고 올라서야 하는 적대감으로 충만한 세상이다. 이 투쟁에서는 강자만이 살아남을 것이다. 이는 과학 적으로 이기심의 추구가 다수를 위한 가장 고차원의 이익으로 이어진다는 논리다. 하지

만 내 생각에 이것은 20세기 문명보다 초기 원시사회에 어울리는 발상 같다. 반대로 국유화에 찬성하는 사람은 서로 반드시 미워하며 살 필요는 없으며, 오히려 상호 협력이 과학적으로 최상의 결과를 낳는다고 믿는다. 이 개념이야말로 원시사회에서 한참 진화한 인류가 다다를 수 있는 결론이다. 이기심은 모든 악행의 근원이다. 그러므로 이기심으로 성장하는 체제라면 어떤 체제든 잘못된 게 틀림없다. 도덕적으로 잘못된 것이 경제적으로 옳을 리 없다. 더 훌륭한 시민을 양성하기 위해서 이 위대한 진리에 기반한 체제를 장려해야 한다. 이기적 물욕에 기반한 체제는 개인과 기업에 온갖 최악의 것을 만들어내기 때문에 뿌리쳐야 한다. 협동조합 활동으로 단결력을 쌓는 것은 사회 진보와 인류 복지에 기여한다. 반면에 서로 적대하는 것은 진보와 복지에 역행하는 행위다(Arnot 1919, 29)."

60 당시 석탄업은 광산 소유권이 여러 기업에 분산된 탓에 석탄 블록에 사용되는 막대한 석탄 손실, 무분별한 탄광 개발, 불필요한 지하 수송, 광산 배수 처리비의 낭비, 체계적인 배수 처리의 불가, 비효율적 마케팅, 철도 짐차에 드는 추가 비용 등이 초래된다는 점이 지적되었다. 석탄에 대한 기술적·구체적 논의에 대한 분석은 생키 위원회 2차 청문회의 6월 20일자 최종 보고서(Great Britain, Royal Commission on Coal Industry 1919b, iv-xiii, v-viii), 또는 치오자 머니의 진술을 참고하라(Arnot 1919, 25-27).

61 Great Britain, Royal Commission on Coal Industry 1919a, xviii.

62 Henderson 1920, 273.

63 Great Britain, Royal Commission on Coal Industry 1919b, vii.

64 Great Britain, Royal Commission on Coal Industry 1919a, viii.

65 "Coal Report," *The Times*, March 21, 1919, 11.

66 "To Strike or Not to Strike," *The Times*, March 21, 1919, 11.

67 Cole, 출처: Arnot 1919, 33.

68 ibid.

69 경제 민주주의를 급진적으로 요구하는 목소리는 이미 1912년 생디칼리슴의 영향을 받은 소책자 《광부가 가야 할 길The Miners' Next Steps》에서 엿볼 수 있었다. 또한 광부들의 동요는 1919년 사우스웨일스 사회주의 사회South Wales Socialist Society의 산업 위원회가 출판한 소책자 《광부를 위한 산업 민주주의Industrial Democracy for the Miners: A Plan for the Democratic Control of the Mining》에도 반영되어 있다. 이 책은 노동자가 지배권을 쟁취하기 위한 상세한 계획을 담고 있다. 이들의 노동운동에 대한 자세한 내용은 Ives(2016, 58-75)를 참고하라.

70 위원회는 국유화의 작동 원리와 경제적 이익을 기술적으로 기록한 장문의 보고서를 제출했다. 석탄의 생산, 구매, 판매, 운송, 분배가 통합되면 규모의 경제 효과로 '가격과 공급이 안정되므로' 훨씬 효율적이 되리라는 분석이다(Great Britain, Royal Commission on Coal Industry 1919b, vi). 시드니 웹은 자신의 보고서에서 전문가 견해를 뒷받침할 근거를 다음과 같이 요약했다. "국유화가 필요한 이유는 다음과 같다. 첫째, 주거 환경, 사

고 및 특수 질병에의 노출, 영유아 사망률과 관련하여 광부의 처우를 적절하게 개선할 유일한 방법이다. 둘째, 국가 차원에서 석탄 자원을 경제적, 효율적으로 취급할 유일한 방법이다. 셋째, 소비자에게 가장 낮은 비용에 규칙적으로 석탄을 공급할 유일한 방법이다(Great Britain, Royal Commission on Coal Industry 1919b, 478)." 국유화의 잠재적 장점은 아서 피구 같은 정통 경제학자도 고찰한 바 있다. 피구는 1919년 4월 위원회에 밝힌 입장에서 "완전한 국유화가 다른 계획보다 더 좋은 결과를 낼 '가능성'이 있다."라고 진술했다(Great Britain, Royal Commission on Coal Industry 1919b, 417). 이처럼 국유화는 효율성과 공동의 이익을 보장해, 광부는 물론 국익에도 도움이 되는 것으로 평가되었다. 존 클라인스John R. Clynes 노동당 하원은 "국유화는 한 업계, 계급, 집단의 이익을 위해 옹호할 것이 아니다. 서비스 제공 측면에서든 이 거대 산업의 소유권 통합 측면에서든, 사회 전체의 이익을 위해서라도 당장 변화를 촉구하지 않을 수 없다."라고 말했다(Hodges 1920, IV).

71 윌리엄 스트레이커가 초안을 작성해 1919년 5월 23일 위원회에 공식 제출했다.

72 각 보고서는 생산 과정에서 노동자의 참여 비중에 대해 다른 견해를 제시했다. 생키의 계획은 광산부 장관을 최고 책임자로 두되 '석탄 산업의 운영 및 관리에 관한 제반 문제'를 전국 광업 협의회와 협의할 의무를 부여하는 조건을 포함했다. 한편 광부 측 계획은 전국 광업 협의회 자체를 최고 책임자로 두고 광산부 장관은 그 일원에 포함하기를 원했다. 전국 광업 협의회의 절반은 의회에서 선출한 위원(기술자, 전문가, 관리자 포함)으로, 나머지 절반은 노동자가 선출한 위원으로 구성하자는 것이었다. 이 협의회는 석탄의 생산, 유통, 수출 등 모든 활동에 관여할 예정이었다(Miners Bill, Arnot 1919[인용], 37-47). 1919년 7월 광부 대표들은 자신들의 대표성이 충분히 반영되지 못했다고 여겼지만, 정부에 강력한 메시지를 보내겠다는 생키의 약속을 믿고 제안을 받아들이기로 결정했다.

73 "광업 협의회가 전체를 전반적으로 감독하되, 석탄 업계의 자생력을 키우는 차원에서 협의회의 정책과 재정 관리 등은 협의회별로 재량에 맡긴다. 재정은 각 협의회가 '철저히 각자' 운용해야 한다(Henderson 1919, 266)." 여기서 중요한 점은 재무부로부터 재정적 독립성을 보장하려 했다는 것이다. "재무부는 석탄 수익의 운용을 간섭하거나 통제하지 않기로 한다. 해당 수익은 정기적으로 신고되어 세수의 형태로 국고로 귀속되기 전까지는 철저히 협의회 내에서 관리되어야 한다(Report by The Honourable Mr. Justice Sankey, G. B. E. [Chairman]. In Great Britain, Royal Commission on Coal Industry 1919b, xi)."

74 예컨대 〈타임스〉는 보고서 전문을 게재했다. "State Coal," The Times, June 23, 1919, 19-20 참고.

75 Henderson 1919, 269.

76 Ibid., 276.

77 South Wales News, June 30, 1919, Ives 2016(인용), 208.

78 Hodges 1920, 114.

79 *Daily Herald*, March 22, 1919.

80 Great Britain, Royal Commission on Coal Industry 1919b, 1054.

81 Ives 2016, 226.

82 Ibid., 232.

83 Cole 1958, 419.

84 랄프 호트리 등 재무 관료는 통화 긴축과 실업의 상관관계를 확실히 알고 있었다. 그는 "지불 수단인 돈이 잘 돌지 않을 때 실업률이 증가하는 것은 사실"이라고 여러 차례 확언한 바 있다. 자세한 내용은 6장을 참고하라.

85 Cole 1958, 419.

86 Scholliers and Zamagni 1995, table A.23, 261.

87 Viglongo 1920, 75-76.

88 Ibid., 76.

89 Buffetti 1921, 360.

90 노동자는 노동한 만큼 대가를 지급받았다. 잉여금은 초과근무를 포함해 노동자 각자의 노동량에 따른 몫으로 배분되고, 나머지는 예비비로 보관되었다. 이들 협동조합은 법적으로 '개방적'이었다. 즉 "협동조합의 발전 역량을 염두에 두고 조건 없이 회원을 받아들여야" 했다. 일거리가 있는 한 회원을 계속 받아들인다는 뜻이었다(Buffetti 1921, 85-86 참고).

91 Buffetti 1921, 35.

92 Royal Decree Law 1633, September 2, 1919, GU 219(September 13, 1919), 7862.

93 Ufficio Municipale del Lavoro 1920, 7-8 참고.

94 Ministero per il Lavoro e la Previdenza Sociale(1923, 218-31) 참고.

95 Pantaleoni 1922, viii.

96 회장 임기는 2년이었다. 위원 임기도 2년이었고, 네 명(혹은 그 이상) 중 절반이 매년 입후보했다. 협동조합 규약은 Buffetti(1921, 43-54)를 참고하라.

97 생키 위원회가 제안한 광부의 공동 지배권과 비슷하게, 전국의 길드도 3단계 구조로 조직되었다. 먼저 길드 위원회가 이사회 역할을 했다. 각 지구나 지역 길드 위원회는 길드 연결망의 핵심이었다. 그리고 길드의 활동과 거래에서 동등한 목소리를 보장하기 위해 길드별로 최대 두 명의 대표를 두었다. 이들 대표는 임기 1년 연임이 가능했고, 소환 대상이 될 수도 있었다. 1921년 7월 지역 길드 위원회들은 전국 모임을 열고, 각 지역을 넘어 광역 협의회와 전국 위원회의 구상을 포함한 전국 차원의 길드 규약을 채택했다.

98 Cole 1921b, 17.

99 Cox 1921, 788.

100 ibid.

101 Cox 1921, 780.

102 Cole 1921a, 291.

103 Joslyn 1922, 116.

104 ibid., 97.

105 ibid.

106 Cole 1921a, 291.

107 Joslyn 1922, 109.

108 1920년 10월부터 1922년 3월까지 런던 길드는 "병가로 손실된 근무 일수가 한 사람 당 평균 4.7일이었다. 이는 미국 노동자의 무급 병가로 손실된 근무 일수의 절반이자 1915년 독일 노동자의 유급 병가로 손실된 근무 일수의 절반, 1913년 오스트리아 노동 자의 유급 병가로 손실된 근무 일수의 절반 정도였다(Joslyn 1922, 111)."

109 Joslyn 1922, 127.

110 Cole 1921b, 18.

111 게다가 사업의 불확실성 때문에 (길드에 정부 다음으로 많은 자본과 자재를 공급하던) 도매 협 동조합Cooperative Wholesale Society이 재정 지원을 그만두었다. 이제 길드는 민간 업자와 경쟁하려면 공공기관이 아니라 개인 고객을 유치해야 했지만 그러려면 자본이 더 필요 했기에 이는 엎친 데 덮친 격이었다.

112 게디스 삭감의 자세한 내용은 6장을 참고하라.

113 Ostergaard 1997, 77.

114 Cole 1921a, 290.

4장

1 Gramsci 1920d, 25.

2 "Two Revolutions[Due Rivoluzioni]," *L'Ordine nuovo* 2, no. 8 (July 3, 1920): 57.

3 Ibid. 그람시는 공장 평의회를 무계급 사회를 향한 최초의 중추 조직으로 보았다. "공장 평의회는 각 산업 조직의 원칙에 따라 구성해야 한다. 그리고 프롤레타리아의 전권 장악 을 통해 도달하게 될 공산주의 사회의 모델을 노동계급에 제시해야 한다. 계급 구분이 없는 이 새로운 사회에서는 모든 사회관계가 생산에 필요한 기술과 그 생산 조직에 따라 정해질 뿐 국가의 제도적 권력에 종속되지는 않을 것이다(Gramsci 1921)."

4 Walsh 1920, 8.

5 Murphy 1917, 4. J. T. 머피는 전시에 공장 관리 운동으로 대두한 영국의 사업장 노조 운동에서 지략가로 통했다. 그는 이 운동의 셰필드 지부에서 활동했다. 1916년 사회주 의 노동당Socialist Labour Party에 입당했고, 1920년 영국 공산당 창립 멤버 중 한 명이 되 었다. 그의 회고록은 Murphy(1941)를 참고하라.

6 Walsh 1920, 4. 대문자 표기는 원문에서 그대로 가져왔다.

7 *The Socialist*, September 1916, Hinton 1973(인용), 47.

8 이 운동은 급진적 특성을 끝까지 고수했다. 1920년 1월에는 전국 사업장 회의를 개최해

완전한 산업 지배권이 자신들의 궁극적 목표임을 공식 선언하고 공동 지배나 그 외 어떤 부르주아식 정책을 거부한다고 천명했다. "오늘 회의는 평노동자에게 고용주 계급에 대항하는 광부와 기타 노동자 단체를 지지할 것을 촉구한다. 다만 국유화는 어느 산업에서든 자본가 계급에 권력을 맡기는 행위로, 노동자를 해방하지 못한다는 것을 분명히 밝힌다. 노조는 노동자의 이익을 위해 광산, 철도 등 생산 및 분배 수단을 몰수하도록 노력해야 한다. 그러므로 이 자리에서 생키 보고서, 휘틀리 보고서 등 자본주의적으로 구현된 모든 공동 지배권 계획은 노동계급의 최선의 이익에 반한다고 선언하는바, 착취당하는 다수를 위해 노동자가 독립적으로 산업 지배권을 획득하고 스스로 새로운 조직을 꾸릴 것을 촉구한다(*The Worker*, February 14, 1920, Pribićević 1959(인용), 140.)"

9   이 에피소드에 관해서는 조반니 졸리티, 루이지 알베르티니Luigi Albertini 하원, 가에타노 살베미니 하원, 루이지 에이나우디, 브루노 부오치, 피에르토 네니, 안토니오 그람시, 팔미로 톨리아티, 안젤로 타스카, 아마데오 보르디가 등 각계의 동시대인이 글을 썼고 역사학자의 토론 대상이 되었다.

10   Spriano 1975, 60.

11   *The Socialist*, September 1916, Hinton 1973(인용), 47.

12   Togliatti 1920, 249-50.

13   US Department of Labor(1917, 9).

14   Cronin 1984, 21.

15   1914년 이전에는 사업장 자체적으로 노조 대표를 선출하는 경우가 극히 드물었고, 대표의 임무가 제한적이었으며, 주로 숙련자 조직에 국한되었다. 전쟁기부터 훨씬 더 광범위한 권한을 지닌 새로운 유형의 (공식 노조가 아닌 각 사업장의 직원들이 대표를 뽑는) 비공식 노조가 주도권을 잡기 시작했다.

16   US Department of Labor(1917, 9).

17   Gallacher and Campbell 1972, 31.

18   특히 클라이드사이드를 중심으로 다양한 사업장 노조의 파업과 호전성에 초점을 맞춰 그들의 성공, 핍박, 정치적 약점을 고찰한 약간의(하지만 상세한) 연구 결과가 발표되기도 했다(Gleason 1920, Kendall 1969, Hinton 1973, Pribićević 1959 참고).

19   HC Deb 93, 5s, 14 May 1917, cc 1395-96; Coates and Topham 1968(인용), 115 참고.

20   Pribićević 1959, 83.

21   *The Socialist*, January 30, 1919, Hinton 1973(인용), 302.

22   Montagna 1919, 202-3.

23   안토니오 그람시(1891~1937)는 오늘날까지도 무척 영향력 있는 20세기 사상가 중 한 명이다. 사르디니아에서 태어나, 토리노대학교에서 철학을 전공했다. 1926년 파시스트 정권에 의해 투옥될 때까지 활동적이고 전투적인 지식인이었다. 여생을 감옥에서 보내다 46세에 사망했다. 그람시를 다룬 문헌은 방대하다. 몇 가지만 언급하자면, 그람시와 자

유주의 전통 간 관계의 발전에 대해서는 Michelini(2011b)를 참고하라. 그람시의 일대기와 사상을 다각적으로 재구성한 문헌은 그람시 사망 70주기를 맞아 그람시 연구 재단과의 협력으로 기록한 Giasi(2007)를 참고하라. 《그람시의 옥중 수고》에 나타난 그람시의 철학을 최근 재검토한 내용은 Thomas(2009)를 참고하라.

24 이 도시가 얼마나 사회주의 성향이 강했는가 하면, 1918년 12월 사회주의 신문 〈아반티〉 창간호 판매 부수가 1만 6,000부로 시작했다는 점을 참고할 수 있겠다. 불과 몇 달 후 시내 판매 부수는 5만 부에 도달했다(Spriano 1971, 16-17 참고).

25 그람시는 이 사건을 이렇게 회상한다. "반란은 1917년 8월 23일에 폭발했다. 노동자는 닷새 동안 거리에서 싸웠다. 소총, 수류탄, 기관총으로 무장해 도시 일부를 점거하고는 정부 기관과 군인이 있는 중심부까지 점거하려 서너 차례 시도했다. (…) 그들은 바리케이드를 설치하고, 참호를 파고, 일부 지역에 철조망과 전깃줄을 두르고, 닷새 동안 군대와 경찰의 공격을 저지했다. 노동자 500명 이상이 쓰러졌고 2,000명 이상이 중상을 입었다. 패배 후 핵심 세력은 체포되어 강제 이송되었고, 프롤레타리아 운동은 혁명의 추진력을 잃었다. 그러나 토리노 프롤레타리아들의 공산주의 정신은 꺼지지 않았다(Gramsci 1921)." 집회와 모임 등 당시의 정치 행동에 대한 자세한 설명은 Zucaro(1960)에 인용된 군사 재판 기록을 참고하라.

26 Gramsci 1921.

27 내부 위원회는 징계, 중재 등 일상 문제를 처리하기 위해 공장 내 노조원이 선출한 고충 처리 위원회였다. 공장 평의회는 내부 위원회의 권한과 포용성을 대폭 확대하고, 직원 중에서 공장 평의원을 뽑은 후 다시 평의원이 공장 평의회에서 집행부에 해당하는 위원회를 뽑을 계획이었다. 그람시는 이렇게 말했다. "오늘날 이 위원회들은 자본가가 공장 내에서 행사하는 권력을 억제하고, 중재와 징계 기능을 수행한다. 앞으로는 더 발전하고 개선되어 프롤레타리아 권력 기구로서 자본가의 모든 관리 및 행정 업무를 떠안아야 한다(Gramsci with Palmiro Togliatti, "Workers' Democracy[Democrazia operaia]," *L'Ordine nuovo*, June 21, 1919, I, n. 7, 47). 평의원의 임무는 자본가에 대항해 노동자를 대표하는 것이었고, 특히 중요하게는 "부르주아 생산 체제를 연구하고 다른 동지들에게도 연구를 독려하는 것"이었다. 공장 평의회는 (내부 위원회의 고유한 업무이기도 한) 행정 업무 외에도 '혁명을 집중적으로 준비'하고 프롤레타리아의 전권 장악을 목표로 전반적인 정치활동에도 적극적으로 참여했다(Assembly of the factory commmisars of Turin, "The Programme of the Department Commissars[Il programma dei commissari di reparto]," *L'Ordine nuovo*, November 8, 1919, I, n. 25, 193).

28 "Discussion on the Factory Councils," *L'Ordine nuovo*, November 22, 1919, I, n. 27, 212, signed: a group of organized workers from Fiat Centro[firmato: Alcuni operai organizzati della Fiat Centro].

29 "Chronicles of the New Order[Cronache dell'Ordine Nuovo]," *L'Ordine nuovo* 1, no. 18 (September 13, 1919): 135.

30 전쟁 직후 그람시는 "혁명의 경제적·정치적 문제점은 노동자가 집결할 때마다 빠지지 않는 논의 대상이었다."라고 설명했다.

31 Ibid.

32 Hamon 1919, I, n. 19, 145.

33 Togliatti 1919b, 190.

34 "Work Plan[Programma di lavoro]," *L'Ordine nuovo* 1, no. 1 (May 1, 1919): 2.

35 다음을 참고하라. "Letters from England[Lettere dall'Inghilterra]," *L'Ordine nuovo*, September 6, 1919, I, 17, 133; October 11, 1919, I, n. 21, 166; February 7, 1920, I, n. 36, 287; March 27, 1920, I, n. 42, 338; June 12, 1920, II, 5, 36; July 17, 1920, II, n. 10, 80.

36 Antonio Gramsci 1920e, 266.

37 *lugubre scienza dei fatti economici*, Togliatti 1919a, 71.

38 Gramsci 1919d, 64.

39 ibid.

40 Gramsci 1919e, 117.

41 Togliatti 1919a, 72.

42 Gramsci, "Two Revolutions[Due Rivoluzioni]," *L'Ordine nuovo* 2, no. 8 (July 3, 1920): 58, Gramsci 1994(인용), 171.

43 Togliatti 1919c, 196.

44 *L'Ordine nuovo* 1, no. 10 (July 19, 1919): 71

45 Gramsci 1920f, 2.

46 Togliatti 1919a, 72.

47 예컨대 Mankiw(1997)를 참고하라.

48 Togliatti 1919c, 196. 이 원칙은 전시 산업 위원회와 비교해 큰 변화를 의미한다. 노동자 아르투로 야키아Arturo Jacchia가 말했듯, 노조가 "자신들의 말을 잘 듣는 노동자 중에서 선출하는" 방법이 평의회에는 더 이상 통하지 않았다. 야키아는 "요즘의 평의원은 노조보다 사회주의 조직에 소속되는 것이 바람직하다."라고 덧붙였다(Jacchia 1919, I, n. 9, 66).

49 Togliatti 1919b, 190.

50 주지주의에 대한 훌륭한 비판은 Gramsci 1920a, I, n. 12, 95에서 그람시와 타스카의 논쟁을 참고하라.

51 Gramsci, Togliatti 1919, 47.

52 Gramsci 1920a, I, n. 12, 95.《그람시의 옥중 수고》에서 그는 다시 〈오르딘 누오보〉를 이렇게 회상한다. "우리 편집부는 추상적이지 않았고 과학적·이론적 공식을 기계같이 반복하지 않았다. (…) 특정한 역사 관계 속에서 특정한 감정, 삶의 방식, 세계관이 형성된 현실의 인간을 다루고자 했다. (…) 이 '자발성'은 무시되거나 경시된 것이 아니라, '학

습을 통해' 유도된 것이다(Gramsci in Spriano 1971, 136)."

53 Gramsci 1919a, I, n. 18, 140.

54 "Chronicles of the New Order[Cronache dell'Ordine Nuovo]," *L'Ordine nuovo*, I, n. 8, (June 28-July 5 1919): 55

55 〈포이어바흐 테제〉 2번은 다음과 같다. "대상적 진리가 인간의 사고에 기인하는지 여부는 이론의 문제가 아니라 '실천'의 문제다. 인간은 진리, 즉 현실과 힘, 자기 사고의 차안 此岸성을 증명해야 한다. '실천'과 동떨어진 사고의 현실성과 비현실성을 논하는 것은 순전히 스콜라주의적이다." Marx and Engels ([1888] 1969, vol. 1, 13-15) 참고.

56 학교 은유는 〈오르딘 누오보〉에 자주 등장한다. 예컨대 공장 평의회를 가리켜 "인류의 운명을 이끌어갈 신계급이 교육을 받고 책임감을 함양하는 인생 학교"라고 표현하는 식이다("International Political Life, a Destruction and a Genesis[Vita politica internazionale, uno sfacelo ed una genesi]," *L'Ordine nuovo* 1, no. 1 [May 1, 1919]: 7).

57 "The Instrument of Labor[Lo strumento di lavoro]," *L'Ordine nuovo* 1, no. 37 (February 14, 1920): 289.

58 개설 강좌는 안젤로 타스카가 담당한 '무정부주의와 국가론'부터 톨리아티가 담당한 '경제학과 사회주의', 테라치니가 담당한 '프랑스 혁명 시리즈'까지 다양했다. 학교에 대한 자세한 설명은 다음을 참고하라. "The Program of the School of Socialist Propaganda[Il programma della scuola di propaganda]," *L'Ordine nuovo* 1, no. 28 (November 29, 1919): 216.

59 "The Programme of the Department Commissars[Il programma dei commissari di reparto]," *L'Ordine nuovo* 1, no. 25 (November 8, 1919): 194.

60 "The Opinion of the Executive Committee on the Workshop Councils[Il parere del C. E. sui consigli d'officina]," *L'Ordine nuovo* 1, no. 42 [March 27, 1920]: 335.

61 *L'Ordine nuovo* 1, no. 37 (February 14, 1920): 289.

62 Zini 1920, I, n. 38, 301-2. 사업장 노조들도 같은 생각이었다. 노동자들은 "5년에 한 번 의회에 투표할 권리가 산업의 운영 방식과 관련해 투표할 권리보다 별 가치가 없다는 것을 깨닫기 시작했다(Gallacher and Campbell 1972, 3)." 이 이유로 머피는 경제적 해방이 단연코 정치적으로도 가장 중요하다는 의견을 이렇게 피력했다. "진정한 민주주의를 실천하려면 조직의 모든 구성원이 사회적 과업에 적극적으로 참여해야 한다(Murphy 1917, 8)."

63 Togliatti 1920, 249.

64 Gramsci 1919b, 117.

65 "프롤레타리아 국가의 형태는 부르주아의 허위 민주주의가 아니라 프롤레타리아 민주주의다. 또한 의회제가 아니라 대의제를 통한 인민(대중)의 자치다(untitled, *L'Ordine nuovo* 2, no. 16 [October 2, 1920]: 124)."

66   Togliatti 1919a, 71.

67   이탈리아 평의회의 혁명 전략에서 핵심은 경제와 정치의 연결이었다. 생디칼리슴 전통에서 탄생한 영국의 노동운동은 처음에는 노동당의 역할을 과소평가했기 때문에 이러한 통찰력이 부족했다. 1920년 이후 영국 노동운동의 많은 지도자는 정당의 필요성을 깨달았다. 이 지도자들이 1921년 영국 공산당 창당 세력에 다수 포진했다(Hinton 1973 참고). 일찍이 1919년 초에 그람시는 비정치성을 표방하는 생디칼리슴과 '경제주의 economism'를 질타했다. 그가 보기에 평의회라는 형태의 생산 조직에서 정치적 조직성은 본질적인 것이었다(Gramsci 1919c, I, n. 25, 191 참고). 게다가 그람시와 톨리아티는 공장 평의회 수준으로도 혁명적 돌파구를 실행할 수 있지만, 정당의 정치적 역할과 중심적으로 연결될 필요가 있다고 생각했다. 정당은 "작업장을 모체로 하여, 그 안에서 '결합 조직'의 역할을 하도록" 적극적으로 통합되고 쇄신되어야 했다. 노조와 정당은 평의회와의 긴밀한 상호 연결을 통해서만 프롤레타리아 대중과 동떨어진 관료제 조직이 아닌, "위대한 프롤레타리아 대중을 적극적이고 의식적으로 혁명 과정에 끌어들일 수 있는 조직"으로 전환할 수 있다. (…) 명확하고 확실한 의식과 의지를 지닌 프롤레타리아 대중과 함께 하는 당이 되어야 한다(Gramsci 1920b, I, n. 43, 340)." 정당은 평의회라는 새로운 프롤레타리아 조직과 적극적으로 통합되자 꼭 필요했던 조직적 지도력을 갖추게 되었다. 신질서 운동가들은 레닌주의 전통과 부합해, 정당이 자본주의 국가를 무너뜨리는 데 필요한 정권 장악의 선봉장이라 보았다.

68   첫 번째 평의회 총회에서는 몇 가지 지침을 정하긴 했지만 '공식 계획'을 확정하지는 않았다. 다만 "꾸준하고도 급진적인 혁신을 위해서라면 어떤 실천적 실험"도 열린 마음으로 받아들이는 것을 강조했다("The Programme of the Department Commissars[Il programma dei commissari di reparto]," *L'Ordine nuovo* 1, no. 25 [November 8, 1919] 193).

69   예컨대 다음을 참고하라. Murphy 1917; Gallacher and Paton 1918; Gallacher and Campbell 1972; Dingley 1918, Walsh 1920; Pratt 1917. 요점은 "이 위원회들은 어떤 통치권도 행사하지 않되, 평노동자들의 의사결정과 단결 수단을 제공함으로써 그들을 돕는 것이 존재 목표다."라는 것이었다(Murphy 1917, 10).

70   [Tutti i commissari hanno obbligo di indire frequenti referendum nei loro reparti su questioni sociali e tecniche e tenere frequenti comizi] "Programme of the Department Commissars," *L'Ordine nuovo* 1, no. 25 (November 8, 1919): 194. 노동자를 대표한 평의원들은 절대 무심한 관료주의적 태도로 활동하지 않았다. 그들은 노동자 민중과 직접 접촉하고, 중심에서 그들 간에 연락망을 이어주는 역할을 했다. 투표는 근무일에 비공개로 진행되었으며, 최종 개표는 즉시 공개적으로 이루어졌다. 한편 '공장 평의회 집행위원회'는 '프롤레타리아 최대의 자치 기관'으로 평의원의 선출로 구성되었으며 공장 내에서는 집행권이, 평의회 내에서는 대표권이 있었다. 피아트 본부 공장의 집행위원회는 다음과 같은 장기 목표를 명확히 제시했다. "우리는 현대 산업의 모

든 틈새 사이로 문어발처럼 촉수를 뻗쳐 모든 생산적·혁명적 활동을 포용하고 조정하는 거대 조직이 될 것이다. 이로써 우리는 주어진 목표를 달성하고 프롤레타리아 권력을 확립할 강력한 투쟁 도구를 구축할 수 있을 것이다("The Opinion of the Executive Councils on the Workshop Committees[il parere del C.E. sui Consigli d'Officina]," *L'Ordine nuovo* 1, no. 42 [March 27, 1920]: 335)."

71   "To the Department Commissars of the Fiat Centro and Brevetti Workshop[Ai commissari di reparto delle officine Fiat Centro e Brevetti]," *L'Ordine nuovo* 1, no. 18 (September 13, 1919): 140.

72   1919년 7월에 설립된 국가 자문 위원회The National Advisory Council는 전국 차원에서 금속 산업을 대표하고, 궁극적으로는 영국의 모든 노동운동을 하나로 조정하겠다는 목표로 전국 평의회를 세우려고 구상했다. 금속 노동자를 넘어 모든 평노동자 운동을 통합하려는 의도에 충실했던 그들의 운동은 1921년에 결실을 맺었고, 노동자 지배권 및 사업장 노조 운동Worker Control and Shop Steward Movement에서 전국 노동자위원회 운동National Workers' Committee Movement, NWCM으로 명칭이 바뀌었다.

73   사회당 토리노 지부는 1920년 다음과 같은 선언으로 노동자 평의회 대회에 농민을 초대하는 메시지를 전달했다. "농민 여러분, 우리는 여러분도 공장 평의회 총회에 참가하도록 초대합니다. 우리 노동자들이 쓸어버려야 할 자본주의 질서가 여러분 또한 무겁게 짓누르고 있지 않습니까("For the Congress of the Factory Councils, to the Industrial Workers and Peasants of All Italy[Per il Congresso dei Consigli di Fabbrica, Agli operai e contadini di tutta Italia]," *L'Ordine nuovo* 1, no. 42 [March 27, 1920]: 331)." 그람시는 노동자들이 프롤레타리아 혁명으로 '자본주의 노예제'의 사슬을 끊고, 북부 부르주아의 식민지로 전락한 남부 지역을 즉시 해방한다면 '남부의 해로운 고질병'이 해결될 것이라 말했다.

74   Gramsci, *L'Avanti*, Piedmont Edition September 5, 1920.

75   Gramsci 1921.

76   지노 올리베티가 이탈리아 산업 총연맹에서 연설한 내용 중 일부다. "The Opinion of the Industrialists on the Factory Councils[l'opinione degli industriali sui Consigli di Fabbrica]"에 인용. *L'Ordine nuovo* 2, no. 2 (May 15, 1920): 15.

77   *L'Avanti*, Sunday, April 18, 1920, 2.

78   Spriano 1971, 100.

79   *L'Avanti*, Piedmont edition(May 1, 1920), Spriano 1971(인용), 101.

80   국가의 무자비한 공세에 홀로 남아 맞서야 했던 사회당의 토리노 지부는 사회당을 쇄신하고 '비혁명파 공산당원'을 축출하는 (그람시가 준비한) 안건을 통과시켰다. 그들은 공장을 기반으로 탄생한 프롤레타리아의 선봉장으로서 본분을 잊지 않고, 철저히 혁명적 정당으로서 혁명을 이끌고 조정하는 역할에 전념하기로 다짐했다. 두어 달 후 레닌은 제3 인터내셔널의 2차 대회에서 그들의 행보가 비판적, 실천적 양면에서 제3 인터

내셔널의 원칙에 완전히 부합한다며 박수를 보냈다. 〈오르딘 누오보〉의 외로운 투쟁과 CGdL과 사회당의 현상 유지 정책에 대해서는 Spriano(1971, 97-98)를 참고하라.

81 생산 방해는 모든 기계 및 금속 공장과 모든 해군 공창에서 시작되었다. 전체적인 공장 점거 관련 사건을 잘 기록한 문헌은 Spriano(1975)를 참고하라.

82 Ministero dell'Economia Nazionale 1924, 174-97 참고.

83 *L'Avanti*, Piedmont edition(September 1920); Spriano 1975(인용), 66.

84 *Il corriere della sera*(August 31, 1920); Spriano 197(인용), 54.

85 Santhià 1956, 120.

86 Spriano 1975, 21.

87 *L'Avanti*, September 11, 1920 참고.

88 "8월 말부터 임금을 못 받는 노동자들이 많아졌다. 상황은 갈수록 절망적이었다. (…) 당장 끼니는 협동조합과 특히 타 산업 동지들의 후원금으로 '공산주의자의 주방'에서 해결했다. 그 외에도 무수한 동지의 애정과 도움의 손길이 이어졌다(Spriano 1975, 83)."

89 *L'Avanti*, September 10, 1920.

90 Natoli(2017, 194)에 수록된 진술.

91 Ibid.

92 Acts of Parliament, session of September 26, 1920, ACS, Legislaturua 22, 1st session, 1711-12.

93 Tasca 1965, 127.

94 Rocca 1920, 221-52 참고.

95 *L'Avanti*, September 6, 1920, 출처: Spriano 1975, 75.

96 전보, September 8, 1920, 출처: Spriano 1975, 78.

97 ACS, Ministero degli Interni 1920, 출처: Spriano 1975, 76.

98 ACS Ministero degli Interni, Ufficion Cifra, n. 16, 325, 1920, 출처: Spriano 1975, 179.

99 익명의 사설, "The Symbol and Reality[Il simbolo e la realtà]," *L'Avanti*(Piedmont), September 3, 1920.

100 로마 협상에 참석한 대표자 명단은 다음과 같다. CGdL의 다라고나D'Aragona, 발데시 Baldesi, 콜롬비노Colombino, FIOM의 마르키아로Marchiaro, 라이너리Raineri, 미시롤리 Missiroli, 산업 총연맹의 콘티Conti, 크레스피Crespi, 올리베티, 팔크Falck, 이치노Ichino, 피 렐리Pirelli.

101 언론에서는 합의를 가리켜 '항복capitulation'이라는 단어로 표현했고, 대부분 산업가는 정부의 독단diktat이라며 회의에 참석한 정부 대표자들을 비난했다(ACS, Ministero degli Interni, direzione generale di ps, affari generali e riservati, D. 13, busta 74, n. 2958, 출처: Spriano 1975, 195 참고).

102 Spriano 1975(인용), 103.

103 Missiroli 1924, 172, Spriano 1975(인용), 104.

104 Buozzi 1935, 82. 원문은 다음과 같다. "La vittoria dei metallurgici non ha l'eguale in tutta la storia del movimento operaio internazionale."

105 역사학자뿐 아니라 동시대인 사이에서도 1920년 여름이 '진정한' 혁명의 순간을 대표했는지 그리고 객관적 여건이 당과 노조의 '결단력 부족'이라는 사소한 주관적 요인 때문에 가로막힌 것인지에 대해 항상 논쟁이 끊이지 않았다. 이 복잡한 논쟁은 답을 찾기 어려운 만큼 이 책의 논의 범위를 벗어난다. 다만 분명한 것은 기득권층 중 상당수가 대규모 혁명이 임박했다고 확신했다는 것이다. 1933년 루이지 에이나우디는 "공장 노동자들이 반란을 일으킨 틈을 타, 사회주의 지도자들이 체제를 전복하려 공격했다면 정말 혁명이 일어날 수도 있었다."라고 회고했다(Einaudi 1933, 332).

106 ACS, Ministero degli Interni, direzione generale di ps, affari generali e riservati, D. 13, busta 74, n. 2936, Spriano 1975(인용), 190.

107 *La gazzetta del popolo*, October 3, 1920, Spriano 1975(인용), 123.

108 Salvemini 1929, 22.

109 노동회의소 밀라노 지부의 강령에는 이런 내용이 적혀 있다. "노동자여! 우리는 휴전 중이다. 일단 해산하되 무장 해제는 이르다. 불가능하다는 생각으로 의기소침하지 말라. 우리의 시간은 올 것이고, 우리는 모든 준비가 되었으며, 더 강해져야 한다. 우리는 승리할 수 있고, 승리를 갈망하고, 반드시 승리해야 하기에 기다릴 것이다!(*L'Avanti*, September 22, 1920)." 다음 날 〈아반티〉는 미래의 혁명을 예고하는 어조를 사용했다. 예를 들면 1920년 9월 24일에는 '노동자여, 새로운 전투가 기다린다. 확실한 승리를 위해 뭉쳐라!'라는 제목의 기사를 내보냈다.

110 그람시도 같은 맥락으로 "공장 평의회는 프롤레타리아 계급에 역사상 가장 중요한 혁명 기관이었다."라고 말했다(Gramsci 1920c, 121). 그리고 10월에는 다음과 같은 글을 썼다. "이탈리아 프롤레타리아는 세계 혁명의 주역이 될 수 있다("The political week, international discipline[La settimana politica, la disciplina internazionale]," *L'Ordine nuovo* 2, no. 18 [October 16, 1920]: 138])."

111 Seassaro 1920, 133-34.

112 기계공 피에트로 보르기Pietro Borghi는 "지난 9월의 경험은 정말 최고였다(Seassaro 1920, 134)."라고 동의하며, 이제 결실을 거두어 다음 행동을 준비할 일만 남았다고 말했다. 피아트 노동자인 마리오 스타지오티Mario Stagiotti도 "그들은 결정적 순간을 대비해야 한다. (…) 어마어마한 세력이 곧 모든 걸 무너뜨릴 테니 말이다."라고 말했다(Spriano 1971, 142).

113 Gramsci 1920g, 3

114 토리노 산업가들이 졸리티 총리에게 보낸 서한, 1920년 9월 10일, 출처: Tasca 1965, 141.

115 *Il corriere della sera*, March 9, 1920.

116 Bachi 1921, 302. Serpieri(1930, 328-33) 참고.

117 Gramsci 1920f, 2.

118 내전 기간과 파시스트 부대의 공격을 극적으로 재구성한 글은 Tasca(1965, 143-221), Salvemini(1966, chapter 1)를 참고하라.

119 Tasca 1965, 129-30.

120 ibid., 143.

121 "Chronicles of the New Order[Cronache dell'Ordine Nuovo]," *L'Ordine nuovo* 1, no. 18 (September 13, 1919): 135.

122 이 책에서 긴축이 사회주의자들의 계획이 패배한 유일한 이유라고 주장할 의도는 절대 없다. 그렇게 주장하려면 반사실적 사고로 분석하고 사회주의 운동 세력 내부의 약점과 강점을 자세히 조사해야 하지만, 이는 이 책의 목표에서 벗어난다.

5장

1 Medlicott et al., eds. 1974, vol. 19, 705-6.

2 League of Nations, Brussels International Finance Conference 1920, 녹취록, vol. 2, 20. 이하 브뤼셀 회의 문서는 Brussels 1920, 호수, 페이지 순으로 표기한다.

3 Brussels 1920, 녹취록, vol. 2, 26-27.

4 Brussels 1920, Report of the International Financial Conference, vol. 1, 3.

5 제노바 회의에는 독일, 러시아, 오스트리아, 헝가리, 불가리아 등 유럽의 모든 강대국이 참여했다. 미국도 두 회의에 다 초청받았지만 공식 참석을 거절했다.

6 첫 제노바 회의에서 전 이탈리아 총리 루이지 팍타Luigi Facta가 한 발언이다. Medlicott et al., eds.(1974, vol. 19, 305)에서 인용.

7 제노바 회의에서 언론과 대중의 가장 큰 관심을 끌었던 쟁점은 첫 회의의 주제이기도 했던 러시아와 서방과의 경제 관계였다. 그들은 러시아와 화해하려 노력했으나 승인국 지위, 대출, 자산, 부채 등의 문제에 대한 답을 찾지 못한 데다 독일 배상 문제라는 새로운 위기도 풀지 못해 실패했다. 특정 문제(예를 들어 배상, 러시아 정부 승인, 상부 슐레지엔, 군축 등에 대한 프랑스와 영국의 입장)에 관한 국가 간 견해차는 컸으나, 긴축에 대해서는 끄떡없이 만장일치로 합의해 재정 위원회에서 공식 승인되었다.

8 Eichengreen 1992, 153.

9 1922년 〈이코노미스트〉는 "브뤼셀 회의처럼 제노바 회의도 배상, 전쟁 부채, 군축 등 정치문제를 처리하지 못해 어려움을 겪고 있다."라고 언급했다("The Eve of the Conference," *Economist*, April 8, 1922, 661ff. 참고). 배상과 부채의 근본 문제에 대해서는 "A Critical Conference," *Economist*, December 9, 1922, 1063ff를 참고하라. 또 구스타프 카셀은 "제노바 회의에 앞서 이미 논의 주제가 좁게 설정된 탓에 (…) 질병의 근본 원인은 놔둔 채 병든 세계가 빨리 낫는 법만 제안해야 했다."라고 안타까워했다

(Cassel 1922, 140). 또 〈맨체스터 가디언 커머셜〉의 같은 호에 있는 다음 기사들도 참고하라. J. M. Keynes, "The Genoa Conference," 132-33, Francesco Saverio Nitti, "The Genoa Conference," 134-36.

10 "Brussels," *Economist*, October 16, 1920, 579.

11 Davis 1920, 350.

12 "Brussels," *Economist*, [October 16, 1920]: 579.

13 ibid., 작은따옴표 강조 표시는 필자가 첨가함.

14 ibid., 580.

15 ibid., 579.

16 나는 이 책의 서문에서 기술관료제를 경제 전문가들이 지배하는 제도로 정의했다. 여기에는 경제학자가 경제정책을 조언하고 실행한다는 역사적 형태 그리고 경제학자가 무계급성과 중립성에 입각해 불변의 대상에 대해 가치중립적·보편적 진리를 상정한다는 지식적 형태가 모두 포함된다. 그리고 이 불변의 대상은 역사적으로 인간의 관행으로 구성된 것이 아니라, 세상에 주어진 사실로 간주된다.

17 Siepmann 1920, 443.

18 Davis 1920, 349.

19 Siepmann 1920, 441. 국제연맹 경제 및 재정부 사무국은 회의를 준비하면서 실증적 데이터와 전문가 조언이 포함된 열네 가지 예비 자료를 작성했다. 통계 자료에는 각국의 '통화', '재정', '무역' 통계가 포함됐다. 통계는 Brussels 1920, vol. 4에 수록되었고, 〈이코노미스트〉에서도 심도 있게 논의되었다("Some Recent Budgets," *Economist*, November 3, 1923, 783ff. 참고). 문서에 대한 설명은 Siepmann(1920, 437-39)을 참고하라.

20 ibid., 436.

21 이어서 데이비스는 "통계는 단순히 가공하지 않은 수치를 모아놓은 것이 아니라, 선별과 가공을 거쳐 해석하기 좋게 정리되었다."라고 말했다(Davis 1920, 350).

22 국제연맹 사무총장이 임명한 자문 위원회는 프랑스 출신 위원장 장 모네Jean Monnet를 필두로, 프랑스의 조제프 루이 아베놀Joseph Louis Avenol, 이탈리아의 알베르토 베네두체 Alberto Beneduce, 영국의 R. H. 브랜드와 더들리 워드Dudley Ward, 스페인의 호세 곤잘레스José Gonzales, 영국 출신 사무국장 W. T. 레이턴Walter Thomas Layton, 네덜란드의 카렐 E. 테르 묄렌Carel E. Ter Meulen으로 구성되었다.

23 Report of the Advisory Committee, Brussels 1920, 9.

24 International Financial Conference, Monetary Problems XIII: Joint Financial Statement of the Economic Experts, Brussels 1920(인용), vol. 5, 2-3.

25 HMSO, "Reports of the Committee of Experts Appointed by the Currency and Exchange sub-commission of the Financial Commission," 1922, London, cmd. 1650.

26 Davis 1920, 359.

27 Brussels 1920, vol. 2, 26-27.

28 Davis 1920.

29 Brussels 1920, vol. 1, 4.

30 공공 재정 위원회가 제안한 결의안, Brussels 1920, vol. 1, 13, 작은따옴표 강조 표시는 필자가 첨가함.

31 그들은 '세계가 겪고 있는 여러 재정병' 중에서 특히 강조하기를, '엄청난 규모의 대내외적 부채', 정부지출 증가, 물가의 고공행진을 초래하는 '엄청난 화폐 발행', 전 세계의 '자금난', 국제 무역의 붕괴를 예로 들었다(Brussels 1920, vol. 1, 4-5 및 vol. 3, ix).

32 녹취록, Brussels 1920, vol. 2, 20, 작은따옴표 강조 표시는 필자가 첨가함.

33 녹취록, Brussels 1920, vol. 2, 61.

34 "The Cooling Lava," *Economist*, November 13, 1920, 857. 《마르크스주의의 부활 Revival of Marxism》은 조셉 실드 니콜슨Joseph Shield Nicholson이 1920년에 발표한 책 제목이다.

35 Brussels 1920, vol. 5, 7.

36 Brussels 1920, vol. 5, 103.

37 Pantaleoni, 출처: Brussels 1920, vol. 5, 107.

38 결의문 IX, 공공 재정 위원회, Brussels 1920, vol. 1, 15.

39 결의문 VII, 통화 및 환율 위원회, Brussels 1920, vol. 1, 19, 작은따옴표 부분은 원본에서 강조된 부분임.

40 결의문 IX, 공공 재정 위원회, Brussels 1920, vol. 1, 15. 국제연맹은 각국 재정 상태를 비교한 소책자와 정기간행물을 발간해 계도적 목표를 실천했고, 그 후로도 수년간 발간을 계속했다. 그뿐 아니라 브뤼셀 회의는 여론에 민감해 〈회의 포럼Conference Forum〉이나 〈자유 논단Tribune Libre〉이라는 자체 회보'도 발표했다(Siepmann 1920, 441).

41 *Three months of the League of Nations*, vol. 3, 1920, 77.

42 Brussels 1920, vol. 5, 109.

43 이 책의 결론에서 자세히 논의했듯, 신고전학파 정치경제학 이론에서는 정치권에 대한 불신을 당연시하므로 정치권으로부터 독립적인(비선출) 경제 기구에 최대한의 권한을 부여하도록 개혁해야 한다고 주장한다. 예컨대 다음을 참고하라. Vittorio Grilli et al.(1991), Alesina and Summers(1993), Alberto Alesina and Vittorio Grilli, "The European Central Bank: Reshaping Monetary Policy in Europe," 출처: Canzoneri et al.(1992).

44 결의문 II, 공공 재정 위원회, Brussels 1920, vol. 1, 13.

45 Medlicott et al., eds. 1974, vol. 19, 704.

46 녹취록, Brussels 1920, vol. 2, 25.

47 Monetary Problems, Joint Statement of Economic Experts, Brussels 1920, vol. 5, 2-3.

48 제노바 회의 1922, 제2차 재정 위원회 보고서, 결의문 VII, 출처: Gordon and Montpetit 1922, 68-69. 브뤼셀 회의 재정 위원회 부의장 R. H. 브랜드는 "세입은 적어도 국채 원리금 상환분을 포함해 모든 경상지출을 충분히 충족해야 한다."라고 말했다 (Brussels 1920, vol. 2, 19). 로버트 차머스는 심지어 '보편적'이고 '시급한' 원칙을 거론하며, 누구든 "빚져서는 안 된다."라고 말했다(ibid., 25).

49 결의문 II, 공공 재정 위원회, Brussels 1920, vol. 1, 13.

50 결의문 III, ibid., 14.

51 결의문 V, ibid., 14.

52 녹취록, Brussels 1920, vol. 2, 22.

53 Keynes 1964.

54 《일반 이론》이 주류 이론에 제기한 주요 논점 중 하나는 투자와 저축이 일치한다는 발상(세이의 법칙)을 부정한 것이었다. 케인스주의의 관점에서 자본 축적에 필요한 것은 (유휴자금이 되기 쉬운) 저축 증가가 아니라, 투자의 유인책인 높은 기대 이윤이다. 투자자의 기대 이윤이 높아지려면 특히 정부지출을 늘려서 총수요를 확대해야 한다는 논리다.

55 녹취록, Brussels 1920, vol. 2, 26.

56 결의문 VI, 공공 재정 위원회, Brussels 1920, vol. 1, 14.

57 Delacroix(벨기에 대표), Brussels 1920, vol. 2, 22.

58 녹취록, Brussels 1920, vol. 2, 34.

59 녹취록, Brussels 1920, vol. 2, 33.

60 ibid., 33.

61 녹취록, Brussels 1920, 75, 작은따옴표 강조 표시는 필자가 첨가함.

62 공장 점거 사건은 4장을 참고하라.

63 결의문 V, 공공 재정 위원회, Brussels 1920, vol. 1, 14.

64 출처: Gordon and Montpetit 1922, 68.

65 R. H. Brand, 녹취록, Brussels 1920, vol. 2, 17.

66 Monetary Problems: Brussels 1920, vol. 5, 2.

67 회의 권고문, Brussels 1920, vol. 1, 9.

68 녹취록, Brussels 1920, vol. 2, 17.

69 제노바 결의문은 통화 안정을 위해 '정부지출을 줄이는 것이 진정한 해결책'이라는 점을 재확인했다. "자국 통화를 효과적으로 통제하려면 각 정부는 신용이나 대출에 의존하지 말고 연간 예산에 따라 지출해야 하기 때문"이다(제2차 재정 위원회 보고서, 결의문 7조 및 결의문 11조, 출처: Gordon and Montpetit 1922, 68-70). 게다가 공공 부채가 감소하고 통합되면 채권자는 만기가 도래하는 채권을 지급수단으로 사용할 수 없으므로 경제의 유동성이 감소한다.

70 이러한 인플레이션 처방책은 1930년대 케인스주의와 반대된다. 후자는 인플레이션이 적자 지출 자체로 발생하는 게 아니라 경제가 완전 고용 상태일 때 구조적으로 수요가

공급을 초과하면 발생한다고 했다. 따라서 케인스주의에 따르면 경제가 완전 고용에 이를 때까지는 적자 지출이 인플레이션을 유발하지 않는다.

71 결의문 VII, 통화 및 환율 위원회, Brussels 1920, vol. 1, 19.

72 녹취록, Brussels 1920, vol. 2, 45.

73 R. H. Brand, 녹취록, Brussels 1920, vol. 2, 18.

74 녹취록, Brussels 1920, vol. 2, 71.

75 녹취록, Brussels 1920, vol. 2, 78.

76 Lloyd(1925). 이 기사는 비판적 어조로 디플레이션의 함정을 조목조목 명시한다. 파운드 가치의 상승에는 필연적으로 다음 결과가 포함된다. "첫째, 특히 수출 산업에 큰 타격을 줄 수밖에 없다. 둘째, 물가 하락은 무역과 산업 전반을 저해한다. 셋째, 비용 절감은 주로 임금 삭감을 의미한다. 마지막 넷째, 대규모 실업이 발생한다. 실업은 임금을 강제로 낮출 수 있는 유일한 수단이기 때문이다. (…) 그리고 하나의 계급을 형성하는 불로소득자는 소득이 줄어들 일이 없다(1925, 414)." 물론 대학 교수 같은 부르주아 계층이나, 저축이 가능하고 고정 급여를 받는 일부 인구는 평가절상으로 이득을 봤다.

77 녹취록, Brussels 1920, vol. 2, 71.

78 ibid., 57.

79 결의문 III, 통화 및 환율 위원회, Brussels 1920, vol. 1, 18, 작은따옴표 부분은 원본의 강조 부분임; 결의문 II, 제2차 재정 위원회 보고서, Genoa, 출처: Gordon and Montpetit 1922, 68.

80 제노바 회의 결의문 II, 출처: Gordon and Montpetit 1922, 68.

81 결의문 XI, 제2차 재정 위원회 보고서, 출처: Gordon and Montpetit 1922, 70.

82 6장에서 살펴보겠지만, 유동 부채 자금을 조달하는 것은 영국에서 더욱 중요한 정치적 목표가 되었다. 즉 전후기에 국채의 과도한 유통으로 영란은행의 화폐 지배권이 도전받는 예외적 상황이 발생했으므로 이를 해결해야 했다. 실제로 채권자는 만기일에 보유 국채를 갱신하지 않음으로써 은행의 여신 규제를 비껴갈 수 있었다. 반면에 일단 부채가 상환되면 경제와 정치의 이원화가 다시 한번 힘을 얻게 될 것이었다. 그리고 정부는 더 이상 통화 관리에 관여하지 않게 된다.

83 브뤼셀에서는 이 문제를 아직 합의하지 못한 반면, 1922년 제노바 결의문은 "이제 유럽 정부는 '공공의 이익'을 위해 금본위제 확립을 궁극적 목표로 선언해야 한다."라고 분명히 밝혔다(결의문 VI, 제2차 재정 위원회 보고서, 출처: Gordon and Montpetit 1922, 68, 작은따옴표 강조 표시는 필자가 첨가함).

84 결의문 IV, 통화 및 환율 위원회, Brussels 1920, vol. 1, 18.

85 전쟁 전에는 통화가치가 금 가치를 기준으로 정해졌으므로 환율 변동이 제한적이었다. 이러한 아이디어는 런던 회동에서 랄프 호트리의 발언 때 명확히 공식화되었다(그의 역할과 이론에 대한 자세한 내용은 6장 참고). 직관적 요점은 통화가치를 일정량의 금에 맞춰 고정해야만 실제로 국내외에서 통화의 본질적인 불안정성을 피할 수 있다는 것이다.

86 결의문의 제안대로, 중앙은행의 주요 기능은 '통화가치를 액면가로 유지할 목적으로' 신용을 규제하는 것이었다(결의문 11, 제2차 제정 위원회 보고서, 출처: Gordon and Montpetit 1922, 70).

87 당시의 전문가들은 일반적으로 환율에 반응해 금리를 인상하고자 했고, 이는 두 가지의 억제책으로 기능했다. 첫째, 금리인상은 직접적으로 금을 영국으로 끌어들이거나 평소 같았으면 유출되었을 금을 영국 내에 묶어두는 효과가 있었다. 둘째, 사업 목적의 대출 수요를 줄여 국내 지출을 억제하고 물가를 낮추는 경향이 있었다. 그 결과 수입은 위축되고 수출은 촉진되어, 영국의 무역수지가 개선되었다.

88 금본위제의 전제 조건은 인플레이션을 멈추는 것이었고, 이를 위해 균형예산을 달성해야 했다. 결의문 7조에는 다음과 같이 쓰여 있었다. "국가 예산이 신용이나 대출에 기대어 적자 상태가 계속되는 한 통화 개혁은 불가능하며, 금본위제를 확립하겠다는 목표도 요원해진다. 그러므로 모든 개혁 중 가장 중요한 과제는 순자산 증가에 도움이 되지 않는 부채 창출을 삼가고 국가의 연간 예산에 맞게 지출하는 것이다(제2차 재정 위원회 보고서, 출처: Gordon and Montpetit 1922, 68-69)." 금본위제에서 국가는 지출 자금을 조달할 화폐 발권 능력이 없으므로 지출 여력이 제한되었다. 또 수입이 과하면 금을 유출해야 했기에 무역수지 균형을 유지해야 했다.

89 금본위제에 대한 그들의 확고한 의지에는 극단적인 경기 침체가 찾아오리라는 근본적인 두려움, 특히 "통화가치가 전쟁 전보다 훨씬 떨어진 국가가 금본위제로 복귀하려면 임금과 물가 재조정, 계속 증가하는 내국채 부담 등 사회적·경제적 혼란을 피할 수 없다"는 두려움이 뒤따랐다(Reports of the Committee of Experts appointed by the currency and exchange sub-commissions of the financial commission, Annex A, 출처: Gordon and Montpetit 1922, 73). 전문가 대부분은 금본위제로 전환하는 과정이 점진적이고 조심스럽게 진행돼야 한다고 믿었다.

90 Baron Cullen, 녹취록, Brussels 1920, vol. 2, 70.

91 Genoa Conference, Resolution 6, 출처: Gordon and Montpetit 1922, 68.

92 Niemeyer 1931, 4.

93 결의문 VII, 통화 및 환율 위원회, Brussels 1920, vol. 1, 19.

94 Brussels 1920, vol. 1, 19.

95 Monetary Problems, Joint statement of economic experts, Brussels 1920, vol. 5, 2. R. H. 브랜드는 다음과 같은 의견을 되풀이했다. "자본이 부족하니 생산력도 떨어지는 게 근본적 문제다. 따라서 공공 재정을 뒷받침할 자본을 가능한 한 빨리 늘릴 필요가 있다고 생각한다(Brussels 1920, 녹취록, vol. 2, 16)."

96 녹취록, Brussels 1920, vol. 2, 83.

97 ibid., 51.

98 전후기 통화정책에 관한 케인스의 견해는 Howson(1973)의 고전적 논문 〈A 'Dear Money Man'?〉을 참고하라.

99 1920년 2월 케인스의 발언, Tooze 2014(인용), 356.

100 Einaudi 1933, 337.

101 녹취록, Brussels 1920, vol. 2, 20.

102 Beneduce, ibid., 73.

103 ibid., 142.

104 ibid., 17. 인용문은 다음과 같이 계속된다. "즉 영국 정치인인 W. E. 글래드스턴William
    Ewart Gladstone의 말을 빌리자면, 국민의 주머니에 있는 돈이 가치 있게 활용되도록 하자
    는 것이다. 그러려면 정부는 확실히 필요한 경우를 제외하고 재정지출을 최소한의 범위
    내로 제한해야 한다(R. H. Brand, Brussels 1920, 녹취록, vol. 2, 17)."

105 판탈레오니는 다음과 같이 구체적으로 말했다. "정부는 어디에나 손을 뻗쳐 다양한 방식
    으로 민간 사업을 빼앗아 관리하고 있지만, 경험이 입증했듯 예나 지금이나 완전히 무능
    력하게 서비스를 제공하고 있다. 예를 들면 첫째, 철도를 관리할 능력이 없다. 둘째, 해운
    을 관리할 능력이 없다. 셋째, 항만을 관리할 능력이 없다. 넷째, 국제 상업을 관리할 능
    력이 없다. 다섯째, 상업어음을 다룰 능력이 없다. 여섯째, 상품 가격을 규제할 능력이 없
    다. 일곱째, 징발한 물품을 보관하고 유통할 능력이 없다(Brussels 1920, vol. 5, 102)."

106 Brussels 1920, vol. 5, 103.

107 홀데인이 에서 자작에게 한 말, December 26, 1918, 출처: Johnson 1968, 245.

108 녹취록, Brussels 1920, vol. 2, 50.

109 ibid.

110 ibid.

111 Brussels 1920, vol. 5, 106.

112 ibid.

113 Rattner 1979.

114 결의문 X, 공공 재정 위원회, Brussels 1920, vol. 1, 15-16, 작은따옴표 강조 표시는 필
    자가 첨가함.

115 이탈리아와 영국 사례를 비교 분석한 이 책으로는 미국을 포함해 제1차 세계대전 이후
    긴축을 시행한 그 밖의 국가들까지 다루지는 못한다. 예를 들어 Migone(2015, 1-27)를
    참고하라.

6장

1   HMSO 1919c, 3.

2   아서 피구와 존 브래드버리 그리고 이 장의 주인공인 바실 블래킷 같은 재무부 관료들도
    포함되었다.

3   HMSO 1918b, 5.

4   Austen Chamberlain, HC Deb 16 March 1920, vol. 126, cc 2069.

5   Ibid., cc 2071.

6   Mitchell 1998, 189, Table B4.

7   금본위제로 복귀하기까지 모든 단계를 자세히 다룬 자료는 Moggridge(1972) 및 Howson(1974)을 참고하라.

8   Dawson 1917, 7.

9   Hawtrey 1923, 230.

10   Hawtrey 1919a, Preface, vi.

11   ibid., 363.

12   전시에 정부가 차입을 늘리는 확장 정책을 속수무책으로 지켜봐야 했던 재무부는 이에 대응하고자 역할을 확대했다. "1919년 각료들이 재무부의 권한을 강화하기로 결정하며 가장 먼저 떠올린 생각은 정부를 통제하고 낭비를 줄일 강력한 중앙 부처가 필요하다는 것이었다. 재무장관이 재무부의 상설직 수장으로 지정되었고, 재무부가 부서의 업무를 통제할 규칙을 제정할 수 있다고 규정한 1920년 추밀원령에 따라 재무부의 권한이 강화되었다(Peden 1983b, 376)." 이 개혁을 직접 다룬 자료는 T 199/351을 참고하라. 당시 재무부의 전반적인 구조와 기능에 대한 설명은 Peden(2000, 128-90)을 참고하라.

13   영국에서는 재무장관을 'chancellor of the exchequer', 그 외 대부분 국가에서는 'minister of finance'라고 한다.

14   예컨대 T 172/144b fols. 322-33에서, 1925년 재무장관이 니마이어에게서 금본위제 복귀 법안과 시정연설문을 건네받았다는 증거를 찾을 수 있다.

15   August 17, 1921, T 199/3, fol. 133349.

16   Sayers 1976.

17   Howson 1975, 10 참고.

18   옥스퍼드대학교의 인문학 학위Literae Humaniores 과정에는 그리스어와 라틴어 원전으로 학습하는 고대 역사와 철학 그리고 논리학 등 현대 철학도 포함되었다. 즉 블래킷과 니마이어는 전공자 출신 경제학자가 아니었다. Peden(2000, 20-21)을 참고하라. 두 사람은 실용주의적이었고, 학술 논문은 쓰지 않았다. 그러나 재무부 시절 재정 및 통화 전문가로 이름이 알려지면서 많은 학자와 접촉할 기회가 생겼다. 블래킷은 미국 정치·사회과학 연구회American Academy of Political and Social Sciences에서 강의하기도 했다. 그는 1934년 강의차 하이델베르크대학교로 가던 중 교통사고로 사망했다. 한편 니마이어는 1930년 브리태니커 백과사전 제14판에서 '채무 전환debt conversion' 항목을 작성하는 영광스러운 임무도 맡았다. 1941년부터 1957년까지 런던 정경대학교 운영 위원회의 위원장을 맡았고, 1965년까지 운영 위원으로 활동했다.

19   Peden 2000, 136-37.

20   Boyle 1968, 229. 또한 역사학자 로버트 보이스Robert Boyce는 1923년 필립 스노든Philip Snowden 재무장관에 대해 다음과 같이 진술한다. "노먼에게 매료된 스노든은 재무부 고문 오토 니마이어를 믿고 따를 생각이었고, 니마이어는 전쟁 후 다른 재무장관들에게 그

랬듯, 스노든 위에서 완전히 군림했다(Boyce 1987, 51)."

21 다음을 참고하라. *The Times*: "New Greek Loan," September 14, 1927, 10; "The Bulgarian Loan Negotiations," December 3, 1927, 12; "The Problem of Security," February 27, 1928, 13; "End of Geneva Meeting," March 12, 1928, 13.

22 아르헨티나 중앙은행에서 니마이어가 수행한 역할을 설명한 자료는 Sember(2012)를 참고하라.

23 Daunton(2002, chapters 1-3)은 '글래드스턴의 재정법'을 설명한다. 빅토리아 시대의 유산에 대해서는 Peden(1985, 1-12)을 참고하라.

24 재무부의 관점을 설명한 내용은 Skidelsky(1981), Mattei(2016)를 참고하라.

25 "City Notes," *The Times*, March 31, 1919, 21.

26 "High Prices," *The Times*, May 18, 1920, 10.

27 "City Notes," *The Times*, October 25, 1923, 18; 또한 T 176/5, fol. 150 참고.

28 다음을 참고하라. "The Proposed Raise in the Bank Rate in the Near Future," J. E. Norton, T 176/5, part 2, fols. 2-4, June 1924.

29 T 176/5, part 2, fols. 2-4.

30 호트리의 경제이론에 관한 그 밖의 이차 문헌은 Howson(1978), Black(1977), Howson(1985), Deutscher(1990), Gaukroger(2008), Mattei(2018a)를 참고하라.

31 경제사상과 실용적 지식 간의 관계, 즉 재무부의 관점이 주로 경제이론의 산물인지 아니면 공공 재정과 런던시 금융권의 전통인지에 대해서는 광범위한 논쟁이 있어왔다(Howson and Winch 1977; Tomlinson 1981; Middleton 1985; Clarke 1988; Peden 1983b, 1984, 1996, 2000, 2004b; Mattei 2016, 2018a, 2018b 참고). 이 책에서는 이 둘이 합쳐졌다는 관점을 취했다. 분명 영국 재무부는 호트리의 이론 '때문에' 재정 및 통화 긴축을 택한 건 아니었지만, 그의 이론이 전후기 긴축을 본격적으로 형성하는 데 핵심적 역할을 한 건 사실이다. 호트리 본인은 재무부의 선배 관료들, 특히 1913년~1919년 재무부 공동 사무차관으로 블래킷과 니마이어보다 앞서 긴축을 지지한 거물급 재무부 관료 존 브래드버리의 실용적 지혜에서 큰 영향을 받았다. 게다가 호트리는 정통 경제학계에 속하지 않은 외부인이어서 전통적인 경제 사고에 얽매이지 않고 독창적인 통찰력을 제공할 수 있었다. 그는 첫 저서를 집필했을 때 "동시대의 학문 동향에 완전히 정통하지는 못했다(Peden 1996)." 그의 1913년 글에서 유일하게 언급한 다른 경제학자는 어빙 피셔Irving Fisher였고, 그것도 첫 초안을 마친 후에 추가된 것이었다. 게다가 호트리는 경기 순환에 관한 자신의 이론이 알프레드 마샬의 이론에서 파생되었다는 사실을 인정하지 않았다(Deutscher 1990, 8, 247).

32 Black 1977, 378. 그러나 재무부 소속 경제학자라는 그의 지위는 재무장관과 직접 대면할 수 있을 정도로 높지는 않았다. 호트리는 대부분 감독관인 블래킷이나 니마이어를 거쳐 자신의 아이디어를 전달했다.

33 호트리가 재무부 관료들에 미친 영향력은 1930년대에 줄어들었다(Howson 1978, 509-

10). 제2차 세계대전 때에는 통상적인 퇴직 연령이 넘었고, 경제 고문 역할에서 물러섰다. 대신 재정정책을 기록으로 남기는 일을 맡았다.

34 호트리는 다작을 발표했다. 1913년부터 1940년까지 경제 저널에 정기적으로 수많은 서평을 기고했고, 열두 권의 책과 적어도 마흔네 편의 논설을 썼다. 호트리는 1935년 영국 학사원British Academy의 석학회원이 되었고, 은퇴 후 1946년부터 1948년까지 왕립 경제학회Royal Economic Society 회장을 역임했다.

35 Keynes 1920, 출처: Peden 1996.

36 근본적으로 호트리는 보통의 통화주의 관점과는 다르게, 과잉 소비주의적over-consumptionist 통화 이론을 바탕으로 경기 순환을 설명했다. 그는 "화폐 수량설 자체로는 불충분하기에 소비자의 소득과 지출, 즉 개인의 소득과 지출의 총합에 기반한 해결책이 필요하다."라고 말했다(Hawtrey 1919a, Preface, v).

37 Laidler 1993.

38 1973년과 1974년 프랜시스 스프렝Francis Spreng과의 대화, Howson 1985a(인용), 156.

39 Peden 2004b, 33-39. 통화량을 더 이상 축소하지 않고도 금본위제로 복귀할 수 있다고 낙관한 호트리의 견해에 대해서는 Mattei(2018a), Mattei(2018b)를 참고하라. 호트리가 순수 금본위제를 지지하지 않았다는 점은 주목할 만하다. 그보다 그는 금환본위제를 제안했다. 이는 중앙은행이 금과 완전히 대등한 가치로 태환할 수 있는 통화를 제한적 준비금으로 보유하게 해, 금을 아끼고 금의 초과 수요를 줄이는 방법이었다. 게다가 호트리는 중앙은행, 특히 미국 연방준비제도와 영란은행이 힘을 합쳐 물가 지수와 기타 무역 지표를 참고해 신용 공급을 통제할 것을 권고했다. 호트리는 자신이 제노바에서 제안한 금환본위제로 전쟁 전 금본위제 개념을 현저히 개선할 수 있다고 믿었다. "이번 결의안은 두 가지 방식으로 전쟁 전 금본위제를 개선한다. 첫째, 금환본위제를 채택해 금의 실제 사용량을 절감할 수 있다. 둘째, 금의 화폐 가치를 조정함으로써 금의 상품 가치도 안정화할 수 있다(후자는 통화 안정화를 달성하기에 가장 유망한 방법이다)(T 208/28, fol. 11)."

40 그들의 교류가 기록된 자료는 호트리가 아직 '중요한 정책 결정에서 다소 거리를 둔' 존경받는 지식인이었다는 전통적 평가를 반박할 증거가 된다(Deutscher 1990, 3). 이 고정관념은 윈스턴 처칠이 말한 "지하 감옥에 갇혀 빛을 못 보는 지식인은 이제 세상 밖으로 나와야 한다."라는 주장과(Black 1977, 379에서 인용) 존 메이너드 케인스의 "변방에 있는 호트리"라는(Howson and Winch 1977, 25) 언급으로 더욱 굳어졌다. 이 오해는 로버트 블랙Robert Black이 바로잡으려 시도했지만, 쉽사리 사라지지 않았다(Black 1977, 378).

41 니마이어의 통화정책에 관한 자료에서 주목할 점 하나는 주로 호트리의 메모가 큰 비중을 차지한다는 것이다(T176/5 참고). 니마이어가 호트리의 이론을 적극적으로 적용했음을 보여주는 한 가지 예는 국제노동기구 관계자인 르웰린 스미스Llewellyn Smith와 주고받은 서신이다. 니마이어는 스미스에게 공식 답변을 보내기 전에 호트리에게 통화정책과 실업의 관계에 대해 조언을 요청하는 메모를 보냈다. 나중에 니마이어가 스미스에게 보낸 편지를 통해 그가 호트리의 메모를 전적으로 참고했음을 알 수 있다. 주된 내용은

호트리가 말한 신용 안정화가 궁극적인 실업 해결책이라는 것이었다(T 208/95 참고).

42 1922년 10월 12일에 노먼은 다시 이렇게 썼다. "친애하는 호트리 씨, 제노바 결의 관련 문서를 보내주셔서 감사합니다. 당신의 명쾌한 주장과 간결한 사상에 공감하며 읽었습니다. 각국 중앙은행들의 염원이 현실이 될 날이 머지않은 것 같군요!"

43 February 6, 1923, GBR/0014/HTRY 10/11, Churchill Archives Centre.

44 Skidelsky 2003, 203. 화요일 클럽의 다른 회원으로는 경제학자 월터 레이턴Walter Layton, 휴버트 헨더슨Hubert Henderson. 데니스 로버트슨Dennis H. Robertson이 있었다. 또 찰스 애디스Charles Addis, 밥 브랜드Bob Brand, 레지널드 매케나, 헨리 스트라코시 등 투자 및 사업가, 존 앤더슨John Anderson, 조사이어 스탬프Josiah Stamp 등 공무원, A. W. 키디 A. W. Kiddy, 하틀리 위더스Hartley Withers 등 금융 저널리스트도 있었다(Skidelsky, 2003, 264).

45 통화 개념은 신용(또는 신용의 반대인 부채)에 비하면 부차적이었다. 돈은 '부채를 지불하는 합법적 매개체'에 지나지 않았기 때문이다(Hawtrey 1925a, 232). 이러한 호트리의 관점은 화폐를 가치 저장의 수단으로 본 마르크스와 케인스(1936년《일반 이론》이후)가 제안한 다른 화폐 이론과 분명 달랐다. 호트리의 관점에서 생산의 시작점은 '중개인' 또는 거래인, 즉 생산자와 소비자를 잇는 중간상에게 있었다. 호트리는 그다음의 생산 과정부터는 일련의 부채가 발생한다며 이렇게 말했다. "제조업체나 도급업체는 날마다 직원들에게 빚을 진다. 도매상은 제조업체에 빚을 진다(Hawtrey 1919a, 376)."

46 Hawtrey 1919a, 13.

47 다른 구절에서는 신용 증가와 유효 수요 증가의 상관관계를 지적한다. "따라서 신용 창출이 가속화하거나 지연되면 그만큼 사람들의 소득이 증가하거나 감소한다는 결론이 도출된다(Hawtrey 1919a, 40)." 그리고 다시 "인플레이션은 높은 가격이 생산을 통해 소비자의 소득으로 옮겨가고 다시 소비자의 지출로 옮겨가는 과정이다."라고 덧붙인다(ibid., 114).

48 Hawtrey 1919a, 350. 1930년 케인스가 그랬듯, 1919년 초 호트리는 유효 수요가 두 가지 요소, 즉 소비에 적용되는 구매력 부분과 투자에 적용되는 부분으로 구성된다고 보았다. 호트리는 "소비와 달리 자본 축적에 적합한 구매력은 두 원천에서 비롯되는데, 바로 저축과 은행 대출이다."라고 썼다(Hawtrey 1919a, 348). 케인스는 유효 수요를 총수요와 총공급이 일치하는 지점으로 정의했다. 다시 말해 이 균형점은 기업가 입장에서 특정 수의 직원을 고용할 때 예상되는 수익과 총수요가 일치하는 지점이었다(이는 사회가 소비와 투자에 각각 지출하는 금액의 기대치가 같다는 얘기다). 반면 총공급은 기준점이다. 다시 말해 기업가가 자신의 인건비 지출을 정당화하기 위해 기대할 수 있는 수익의 규모('N명의 직원을 고용하는 데 필요한 기대 수익')다. 정부지출을 무척 중요하게 여긴 케인스의 새로운 발상은 자유시장 자본주의에서 대개 유효 수요가 완전 고용 달성에 필요한 수준보다 부족하다는 점을 전제하고 있다. 그리고 유효 수요가 부족한 원인은 대부분 기업가가 실제로 투자할 만큼 기대치가 높지 않기 때문이라고 보았다. 호트리가 보기에 유휴 저축은

문제가 되지 않았다. 그는 저축된 돈이 '조만간' 고정 자본에 쓰이거나 해외에 투자된다고 믿었다. 따라서 호트리의 이론은 주로 과소비로 인한 인플레이션에 관심을 둔 반면, 1930년대 케인스의 이론은 (과소 소비로 인해 발생하기도 하는) 투자 부족을 더 주목했다. 그러나 1919년에 호트리가 훗날 케인스주의의 중요한 뼈대가 되는 통찰력을 도입했다는 점은 흥미롭다. 그는 공급이 유효 수요에 의해 좌우된다며 "한 국가에서 생산 자원의 사용량은 유효 수요로 결정된다."라고 지적했다(Hawtrey 1919a, 348). 그리고 다시 "생산은 수요를 채우고, 수요는 생산을 자극한다."라고 덧붙였다(ibid., 376).

49   "신용을 무한히 확대하면 당장은 상인과 은행 양쪽에 이익이 되는 것으로 보인다. 꾸준하고 점진적으로 물가가 상승할 때는 상품 재고를 보유하는 편이 이득이며, 그 상품을 보관하는 상인이 지불할 금리는 그에 따라 올라간다(Hawtrey 1919a, 13)." 이는 경제주체의 합리적 반응에 의해 자동으로 추진되는 인플레이션 메커니즘이며, 이에 따라 "거래상은 갈수록 더 많이 대출받고 은행은 더 많이 대출해주는 특유의 경향이 있다(ibid., 30)." 따라서 화폐의 유통 속도가 증가해, 화폐 가치는 떨어진다. 그 결과 "신용의 확장 경향은 가치 표준을 일정하게 유지하려는 노력과 끝없이 충돌한다(ibid., 16)." 통화가치는 "한없이 떨어질 수 있기" 때문이다(ibid., 52).

50   호트리는 "물가가 오를수록 상품 위탁 자금을 조달하는 데 필요한 대출도 비례적으로 증가해 신용 창출이 더욱 가속화된다."라고 설명한다(1919a, 43).

51   Hawtrey 1919a, 350.

52   ibid., 352, 작은따옴표 부분은 원본의 강조 부분임.

53   이 점에서 호트리는 국제 무역론에 소득 접근법을 최초로 도입한 사람 중 한 명이다.

54   "Dear Money," February 12, 1920, T 176/5, part 2, fol. 50.

55   ibid., T 176/5, part 2, fol. 48.

56   ibid., 77.

57   Hawtrey 1919a, 42.

58   Hawtrey 1919a, 348. 호트리는 동료들과 마찬가지로 저축이 자연스레 지출로 이어진다는, 그 유명한 세이의 법칙을 무비판적으로 신봉했다. 저축과 투자는 이자율의 변동에 의해 균형을 이룬다고 보았다. 이런 의미에서 과다 저축과 같다고 볼 수 있는 과소 투자는 대체로 문제가 되지 않았다. 호트리가 보기에 이 흐름은 투자 시장의 작동에 따라 균등하게 유지되었다(Davis 1981, 213-15 참고). 호트리의 견해에 대해서는 Peden(1996, 75-81)도 참고하라.

59   Blackett 1918a, 20-21. 호트리는 이에 동의해 "지출이 소비에 지나치게 집중되고 투자에 너무 적게 흘러가면 경제 회복이 더뎌질 뿐 아니라 물자난이 심각해지고 오래간다."라고 일침을 가했다(Hawtrey 1919a, 350).

60   Hawtrey 1919a, 20.

61   노동계급 중 '검소한 사람'은 '소득 일부를 은행에 저축할' 수 있었다. 대신 그러려면 '먼저 집안에 약간의 여윳돈이 있어야만' 했다(Hawtrey 1919a, 22).

62 ibid., 22.

63 호트리의 경제 모형에서 '소비자 지출'은 소모성 재화와 서비스의 소비(비생산적 소비) 그리고 자산, 주식, 채권에 투자하는 형태의 저축(생산적 소비)이라는 두 가지 행동으로 뚜렷이 나뉘었다. Deutscher(1990)는 호트리의 용법이 상품에 대한 지출과 증권에 대한 지출을 구별하지 않는다고 지적했다. 대신 둘 다 소비자 지출의 구성 요소였다.

64 정의가 매우 광범위한 중산층 개념에는 인플레이션으로부터 보호해줄 강력한 노조가 없는 사무직 노동자도 포함되었다. 개인의 자산 상태에 따라 국가가 지급하는 노령연금 그리고 일부 민간 기업에 한해 분담하던 연금만 존재하던 시절(게다가 물가 연동제도 아니었다), 사람들은 노후 준비 수단으로 현역 때 열심히 저축하는 수밖에 없었다(Peden과의 개인적 대화 중).

65 Hawtrey 1919a, 230, 작은따옴표 강조 표시는 필자가 첨가함.

66 Blackett 1918a, 30.

67 Blackett 1918b, 210.

68 Blackett 1918a, 16.

69 ibid., 70.

70 ibid., 20.

71 ibid., 73-74.

72 ibid., 18.

73 Niemeyer 1931, 22.

74 Austen Chamberlain, Financial Statement 1919, HC Deb 30 April 1919, vol. 115, cc 175-76.

75 July 26, 1919, T 171/170.

76 호트리는 '재정 부담'이 화폐 개혁의 주요 장애물이라고 수없이 반복해 말했다. 인플레이션을 통제하려면 엄격한 예산 통제가 매우 중요했고, 나아가 통화 안정화를 위한 전제조건이기도 했다(Hawtrey 1919b, 435). 그의 설교는 국경을 넘어서도 호응을 얻었다. 제노바 결의문은 호트리가 초안한 메모를 그대로 복사하다시피 했다. "각국에서 금본위제를 재설정하기 위한 첫 단계는 연간 재정지출의 균형을 맞추는 것이다. (⋯) 이는 통화를 제어하기 위한 필요충분조건이다("Financial Subjects," T 208/28, fol. 6)." 1922년 3월, 니마이어는 영국 시민이 정통적 재정 원칙을 충실히 따를 의무가 있다고 재차 강조했다. "우리가 균형예산을 지키지 못하면 재정적·상업적 건전성을 달성하려는 유럽국의 모든 노력은 치명적 난관에 부딪힐 것이다("Note to the Chancellor of the Exchequer," T 171/202, 28)."

77 Hawtrey 1919a, 351.

78 면세 한도가 160파운드에서 130파운드로 낮아지면서, 1918년~1919년 납세 대상자는 5년 전보다 세 배 증가했다. 1917년 여름에는 광부와 석탄업 노동자를 중심으로 면세 한도 축소에 반발해 소득세 납부를 거부하는 운동이 본격적으로 벌어졌다. 그 기반은 클라

이드사이드, 잉글랜드 중부, 런던 일부, 사우스웨일스였다(Whiting 1990 참고).

79 사우스웨일스 광부 노조 지도자 겸 노동당 의원인 버논 하츠혼은 이렇게 말했다. "임금이 인상되고 그만큼 세금을 부과받는 이 모든 사람들에게는 단순히 추가 생활비만큼 세금이 부과되고 있는 셈이다. 그들은 늘어난 임금을 세금 납부로 족족 써야 한다(T 172/982, fols. 17-18, 출처: Whiting 1990, 907)."

80 블래킷의 선배인 존 브래드버리도 같은 신념으로 이렇게 말했다. "국내 부채 상환이 목적인 과세는 국민의 절약을 의무화하므로 국내 자본을 감소하기보다 증대하는 경향이 있다(John Bradbury, "Reconstruction Finance," T 170/125, fol. 4, 1918)."

81 HMSO 1927, 211-13.

82 허버트 새뮤얼Herbert Samuel은 왕립 통계 학회Royal Statistical Society 회장단 연설에서 다음과 같이 분명히 밝혔다. "영국의 조세 제도는 저소득층에서 역진적이다. 소득이 가장 적은 계층일수록 바로 위 계층보다 수입에서 원천 징수되는 비중이 더 크다. (…) 이러한 역진적 결과는 저소득층 사이에서 소득 대비 지출 비중이 높은 품목인 술, 담배, 차, 설탕에 크게 의존하는 조세 제도 때문이다(Samuel 1919, 180)."

83 Hawtrey 1919a, 351.

84 HMSO 1927, 99.

85 "국채의 상당 부분은 은행이 보유하고 있으며, 국가의 통화 시스템과 연관되어 있다. 여기서 이자는 대개 은행의 수중에 있다. 또한 주식회사도 상당 부분 보유하고 있으며, 이자는 그들에 직접 지급된다. 채권자가 민간 기업가인 경우에도 이자가 직접 지급되는데, 그들은 이를 자기 사업에 투자하는 편이다(HMSO 1927, 99)."

86 T 176/5, part 2, fols. 39-40, 작은따옴표 강조 표시는 필자가 첨가함.

87 "Mr McKenna on over-taxation," GBR/0014/HTRY 1/14, Churchill Archives Centre.

88 Blackett 1932, 236.

89 T 176/39, fol. 62.

90 Niemeyer, March 13, 1926, T 176/39, fol. 59.

91 Blackett 1932, 240.

92 세금과 관련해 노동당의 이념적 기본 입장을 간략히 정리한 역사는 Daunton(2002, 50-60)을 참고하라.

93 HMSO 1927, 402.

94 니마이어는 이렇게 주장했다. "자금 운용에 있어서 중요한 건 지출을 줄여서 세금을 덜 매기는 것이다. 세금을 거두고 차입해서 이전지출에 쓰는 건 어떤 식으로든 수지 타산에 훨씬 무익할 뿐 아니라, 지출을 줄여야 한다는 압박을(밑줄 표시는 원본 그대로임) 덜 받기 때문에 확실히 재정에 해를 끼치기 쉽다("The Burden of Taxation," T. 171/202, fol. 28)."

95 Blackett 1932, 240.

96 이러한 요구는 수년간 끊이지 않았다. 1923년에 재무부로부터 교육부, 노동부, 연금부

등 전 부처에 송달된 '경제문제와 관련한' 내부 공람('경제 서한' 또는 '경제 관련 재무부 회람'이라고도 함)은 각각 지출 현황과 총 절감분의 추정치를 요청하며 "따라서 1924년 ~1925년 균형예산을 유지하려면 모든 경제주체의 노력이 필요할 것"이라고 전달했다 (N. F. Warren Fisher, June 1, 1923, T 160/159).

97 "Draft Resolutions on Economy," December 8, 1920, CAB 23/23, ff. 196.

98 ibid.

99 양차 세계대전 직후의 동원 해제 기간은 제외했다.

100 Hood and Himaz 2014, 8.

101 블래킷의 메모, T 171/202, fols. 34-39 참고.

102 T 172/1228 part 3, fol. 3.

103 ibid., f. 2.

104 재무부는 게디스 삭감 이전에도 '장점이 아닌 재정적 측면만을 고려한 결정'을 관철한 적이 있다(Finance Committee, 30 June 1921, TNA, CAB 27/71). 전후기에 야심 차게 추진된 주택 건설 계획을 가로막으려던 재무부의 대장정은 1919년으로 거슬러 올라간다. 재무부는 당시 주택 계획이 자금난에 처했으나 지원을 거부했다. 설상가상으로 재무부 채권의 높은 금리(6%) 때문에 지방 당국의 주택 채권(5.5%)은 인기가 식어 투자자의 발길이 끊겼다. 1920년 11월 체임벌린 재무장관은 공공 주택 80만 채를 건설하려는 애디슨 보건부 장관의 계획을 16만 채로 제한하도록 내각에 요청했다. 그러나 그해 가을까지 '영웅들을 위한 집'이라는 특전은 정부의 약속대로 유지되었다. 정부가 주택 공약을 어겨야 할 사유가 없어서 재무부의 트집이 먹히지 않은 것이다. 전후 호황이 붕괴하고 노조 세력이 약화한 1921년에야, 정부가 재무부의 요구에 굴복할 정치 지형이 무르익었다.

105 1921년 3월 정부는 보건부 장관 크리스토퍼 애디슨을 이례적으로 무보직 장관직으로 옮겼다. 애디슨은 사임 후 정부의 긴축 조치를 비난하는 《빈민가의 배신The Betrayal of the Slums》(1922)이라는 신랄한 책을 썼다.

106 June 22, 1921, T 161/132, fol. 51.

107 T 172/1228 part 7, fols. 4-5 참고.

108 Peden 1985 참고.

109 HMSO 1922d, 12.

110 Thomas and Dimsdale(2017) 참고. 보건과 교육에 관한 데이터는 표 A28a, 공공 부채 이자 지급에 관한 데이터는 표 A28을 참고하라.

111 영국의 실업보험도 긴축의 희생양이 되었다. '진실한 구직 의사' 요건을 넣고, 기혼 여성이 혜택에서 배제되도록 가혹한 자산 기준 요건을 규정하는 등 1920년대 내내 보장 범위와 비용을 줄이려는 방법이 끊임없이 고안되었다. Thane(1982)을 참고하라.

112 재무부는 게디스 위원회에 보낸 수많은 메모에서 여러 부처의 직원을 대폭 줄이고 심지어 폐쇄하라고 독려했다. "Treasury Report to Geddes committee, Ministry of Transport estimates 1922/1923(T 186/25) 참고."

113 August 28, 1919, T 170/171, fol. 2.

114 Feinstein 1972, Table T-126.

115 April 6, 1925, T 176/21, fol. 10.

116 ibid.

117 게이로크 에피소드는 Peden(1993)을 참고하라.

118 T 172/1208, fols. 43-45.

119 ibid., fols. 85-86.

120 ibid., fol. 87.

121 ibid.

122 ibid., fol .143. 니마이어는 이미 1921년 10월 식민지 장관이던 윈스턴 처칠에게 이러한 생각을 분명히 밝혔다. 처칠은 그에게 재정 조치와 고용에 관한 재무부의 입장을 알려달라 요청했고, 니마이어의 대답은 간결하면서도 효과적이었다. "국가가 할 수 있는 최선의 실업 대책은 (…) 첫째, 지출을 줄이는 것과 둘째, 빚을 갚는 것이다(T 176/5, part 2, fol. 39)." 따라서 그는 계속해서 "실업자들의 굶주림을 막기 위해 당장 최소한의 지원이 필요한 건 분명하나, 실업문제를 궁극적으로 해결하려면 이러한 지원이 최소한으로만 유지되어야 하는 것이 필수"라고 주장했다(ibid., fol. 38).

123 T 176/21, fol. 26.

124 T 171/202, fol. 23.

125 이 견해에 의하면 저축자들이 다른 생산적이고 모험적인 사업 대신 국채에 투자하고, 정부가 공개시장에서 제한된 차입 자금을 놓고 경쟁하여 다른 민간 투자자들의 차입 비용이 증가하므로 구축효과가 발생한다. 이 주장은 확실히 영향력을 발휘했는데, 구축효과의 근거를 가장 명확히 전달한 자리가 1929년 4월 15일 처칠의 시정연설이었기 때문이다. "정통적인 재무부의 견해는 (…) 정부가 화폐 시장에서 차입하면 산업의 새로운 경쟁자로서 민간 기업이 사용할 자원을 차지하며, 그 과정에서 돈이 필요한 모든 사람의 차입 비용이 증가하는 결과를 초래한다(Winston Churchill, HC Deb 15 April 1929, vol. 227, 5s, 1928-29, fols. 53-54, Peden 2004a, 57에서 인용)."

126 Keynes 1971, vol. 13, 19-23. 케인스의 사상이 변화한 과정은 Moggridge(1976)와 Howson(1973)을 참고하라.

127 호트리가 구축효과 논거를 체계적으로 정리한 논문으로 가장 유명한 것은 〈공공지출과 노동 수요Public Expenditure and the Demand for Labour〉(Hawtrey 1925b)로, 여기서 그는 영국의 대규모 실업문제를 완화하기 위한 공공사업 정책의 타당성을 명확히 반박하고자 했다. 그는 이전에 집필한 학술적 저서(예컨대 Hawtrey 1919a, 208과 1913 참고)와 재무부 메모에서 이러한 사고를 반복해서 표현했다. 호트리는 근본적으로 경기 침체기에는 은행의 신용 창출만으로 고용을 늘리기에 충분하므로 공공사업은 '불필요'하다고 보았다. 그는 강한 어조로 이렇게 말했다. "공공사업은 일종의 형식적 행사일 뿐, 사람들이 스스로 뭔가 일을 하고 있다고 말할 수 있게 해주는 방편에 지나지 않는다. 대개 신용 확장을

촉진하는 것은 너무 안이한 방법이다. 큰돈 들여 공공사업을 구상하는 것은 빈대 잡으려고 초가삼간 태우는 격이다(Hawtrey 1925b, 44)." 호트리의 구축효과 논거를 잘 설명한 자료는 Peden(1996)을 참고하라.

128 볼드윈 정부의 내무장관 윌리엄 조인슨-힉스는 '실업'에 관해 자신이 작성한 문서에서 보수당 정부가 총선에서 '미비한 실업 대책'에 대한 '비방'을 피할 유일한 방법은 '포괄적' 부양책이라고 분명히 밝혔다. 가령 자치령의 생산력을 확대하기 위해 거액의 공적 자금을 차입하거나, 노동당과 자유당의 야심 찬 공약에 필적할 '상당한 규모의 도로 건설'(HMSO 1929, 294-300) 등이 필요하다고 보았다.

129 Peden 1996, 69-88 참고.

130 T 172/1208.

131 T 176/5, part 2, fol. 35.

132 T 176/21, fol. 27; February 19, 1923, T 172/214, fol. 4 참고.

133 Niemeyer, T 175/5, part 2, fol. 36.

134 June 8, 1921, T 175.6, part 1, fol. 1. 이론적 가설에 따르면 물가가 하락할 때 명목임금이 하향 조정되고, 노동자는 조정된 임금에 맞춰 일자리를 찾는다고 한다.

135 Hawtrey 1919b, 433-34.

136 Niemeyer, T 176/5, part 2, fol. 37. 호트리의 말을 빌리자면 다음과 같다. "그러므로 디플레이션에는 이윤과 임금의 동반 감소가 따른다. 임금이 이 과정에 저항해 높게 유지되고 이윤만 과하게 떨어지면, 결과적으로 실업률이 상승한다(Hawtrey 1919a, 361)." 블래킷은 어떤 형태의 정부지출도 임금과 물가의 하락에 방해가 된다고 재무장관에게 충고했다. 그는 "영국 정부가 지출을 충당하거나 만기가 도래하는 단기 부채를 대체할 목적으로 새로운 신용을 창출하는 한, 물가와 임금, 생활비를 합리적으로 낮추기가 어려워진다."라고 말했다(August 6, 1921, T 175/6 part 1, fol. 15). 따라서 니마이어가 반복해서 말했듯, '야심 찬 지출이나 신용 계획은 임금과 물가를 높게 유지하는 한편 궁극적인 구제책은 더욱 어렵게 만들어 실업의 폐해를 더 악화할 뿐'이다(T 176/5, part 2, fols. 38-39).

137 또한 블래킷은 이 중요한 정치적 문제를 예리하게 파악했다. 그는 "모든 상인은 '물가 하락'을 싫어하며, 노동자도 소비자로서 고물가를 싫어하긴 하지만 임금 하락과 실업을 더욱 싫어한다."고 강조했다(T 176/5, part 2, fol. 50).

138 Cronin 1979, 127.

139 Emergency Powers Act, 1920, Section 2.1[Regulations], HC Deb. vol. 199, 28 September 1926, cc 409-508.

140 HC Deb 2 May 1927, vol. 205, cc 1307.

141 Millis 1928, 306. 쟁의 및 노동조합법의 또 다른 중요한 측면은 노동당과 노조를 견제할 목적으로 노동자의 정치 권력을 제한했다는 것이다. 이 법은 노조 조합원이 '기부금 납부 의사'가 명시된 소정의 양식을 제출한 경우를 제외하고 '노조의 정치자금 기부'를 금지했다. 그 결과 노동당은 자금줄을 상당 부분 잃었다. 1913년 노동조합법Trade Union

Act 규정은 노조원이 '기부금 납부 동의'로 가입을 약정하는 것이 기본값이었던 반면, 법 개정 후로는 '기부금 납부 비동의'로 약정하는 것이 기본값이 되었다. 결과적으로 불과 2년 만에 노동당은 상당한 자금원(기금 총수입의 4분의 1)과 가입비의 3분의 1을 잃었다(Cole 1948, 195). 더욱이 영국 정부는 공무원에게 '자격 박탈 및 해고' 가능성을 내걸어 노동 결사체 가입을 금지했다. 이로써 공무원의 정치적 자유는 엄격히 제한되었다. 밀리스에 따르면, "공무원 30만~40만 명 중 13만 명이 노동조합 회의나 노동당과 연계된 일곱 개 노조의 회원이었고, 그중 전화 및 전신 교환원과 우체국 직원이 다수였다. 개중에는 이미 1906년부터 활동을 시작한 단체도 있었다(Millis 1928, 326-27)."

142 Millis 1928, 315.

143 Mitchell 1998, Table b.3, 176.

144 Miliband 1961, 148-49.

145 Hawtrey 1919, 50.

146 Hawtrey 1919a, 24.

147 Hawtrey 1919a, 375.

148 호트리가 '무역 적자와 지나친 신용 팽창의 구제책으로 고금리 정책을 처방하는 정통론'을 단호히 고수했다는 사실은 그의 메모 "Cheap or Dear Money"를 참고하라 (February 4, 1920, T 176/5, part 2, fols. 71-76). 이 메모는 니마이어와 블래킷 둘 다 면밀히 연구했다.

149 디플레이션과 인플레이션을 모두 겨냥한 금리 조정이 빠른 효과가 있다는 호트리의 이론에 대한 논의는 Mattei(2018a, 477-79)를 참고하라. 1920년대 케인스와 호트리 이론의 주목할 만한 차이점은 호트리가 단기 금리에 강력한 효과를 부여한(소매상과 도매상이 단기 대출을 받아 재고를 보충하므로) 반면, 케인스는 장기 금리를 더 중요시했다는(민간 투자는 결국 증권 발행으로 '자금이 조달'되므로) 점이다. 호트리는 《금리의 한 세기A Century of Bank Rate》(1938)에서 케인스를 비판하며, 장기 금리는 별로 변화하지 않으므로 투자의 변동성을 설명하지 못한다고 주장했다.

150 호트리의 모형을 영국 상황에 적용하려면 그의 메모 "The Credit Situation" (June 8, 1921, T 175/6 part 1, fols. 5-15)을 참고하라.

151 은행 금리와 재무부 국채 금리에 대한 데이터는 Howson(1975, table 3, p. 50, and Appendix 2, pp. 160-66)을 참고하라. 지폐 유통에 대한 데이터는 Mitchell(1998, table G1, p. 789)을 참고하라.

152 체임벌린은 케인스의 제안을 알고 있었다. "케인스는 금융 위기에 괘념치 않을 것이다(대량 실업으로 이어질 것이라고 믿지 않는다). 그는 필요하다면 금리를 얼마든지 올리고(아마 10%까지도) 3년 동안 그 수준을 유지하기를 원한다(February 4, 1920, T 172/1384)." 제2차 세계대전 중 케인스의 요청으로 재무부 문서가(T 172/1384) 수집되었는데, 여기에는 1942년 케인스가 과거에 했던 조언을 후회하지 않는다는 언급이 담겨 있다. 그는 이렇게 썼다. "당시에는 완전히 절망적 상황이었다. 어떤 관리도 안 되고 속수무책이었다.

(…) 당시 내가 제안한 대책이 워낙 파격적이었기에 전부 배제되었으나, 지금이라도 나는 그때 했던 조언을 똑같이 할 것이다. 즉 시장을 멈추게 할 정도로 신속하고 엄격한 금리인상이 필요했다고 생각한다. 비참한 결과를 조금이라도 예방하려면 빨리 인상했어야 했다. 사실 경제학자들의 제안대로 금리가 인상됐지만, 너무 소극적이었다(T 172/1384, fol. 3)." 1920년 통화정책에 대한 케인스의 견해와 그의 후기 견해와의 관계를 더 자세히 다룬 내용은 Howson(1973)을 참고하라.

153 "케인스와 재무장관의 담화 기록"(February 15, 1920, T 172/1384, 출처: Howson 1973, 459).

154 Mann 2017, 235 참고.

155 "The Government's Currency Policy," August 4, 1920, GBR/0014/HTRY 1/13, Churchill Archives Centre.

156 "The Credit Situation," July 1921, GBR/0014/HTRY 1/13, Churchill Archives Centre; 또한 T 176.5, part 1, fol. 6b.

157 T 176/5, part 1, fol. 17b.

158 February 3, 1920, T 176/5, part 2, fol. 70.

159 명목 가치가 고정된 금융 자산, 특히 전쟁기에 잔뜩 누적된 국채의 경우에는 물가 하락으로 가치가 올랐다. 따라서 이러한 자산 보유자(주로 부유층과 금융 기관)의 부가 증대했다. 이 역시 저축과 자본 형성은 직접적 상관관계가 있다는 논거로 설명할 수 있었다. 1920년 3월 블래킷은 이 교리를 되풀이하는 피구의 다음 논설을 재무장관에게 보여주었다. "국가는 막대한 신규 자본이 필요하다. (…) 그러므로 사람들은 저축해야 한다. 저금리는 저축을 독려하지 못하지만, 고금리는 가능하다(A. C. Pigou, "Dear Money," *The Times*, March 1, 1920, 10; T172/1384, fol. 50)."

160 Niemeyer, October 5, 1921, T 175/5, part 2, fol. 37.

161 통화 긴축이 경기 침체의 가장 큰 원인이었는지에 대해서는 경제사학자 사이에서 의견이 갈리겠지만, 통화 긴축이 중요한 요인 중 하나이자 '장기간의 심각한' 경기 침체에 한 몫했다는 점에는 의심의 여지가 없다(Peden 2000, 153).

162 Howson 1975, 10.

163 Cronin 1979, 129.

164 Peden 1985, 68.

165 Peden 2000, 128-89 참고. 고금리는 1920년대 내내 지속되었고 그 결과 1920년부터 1929년까지 통화량은 약 21%나 감소했다. 게다가 이 높은 금리는 물가가 하락하는 시기였던 만큼 실질 기준으로는 훨씬 더 높았다. 그리고 경제주체들이 물가 하락과 이윤 감소를 예상하면서, 투자가 크게 위축되었다. 이는 1920년대 동안 영국을 따라다닌 전형적인 디플레이션의 악순환이었다.

166 지속되는 고금리 정책에 호트리는 영국이 금본위제로 복귀한 1925년 이후 비판의 수위를 높였다(Howson 1978, 507-8 참고). 그러나 인플레이션에 대한 우려를 떨치지 못한 그

는 호황의 위험한 기미가 다시 고개를 들던 1930년대 후반 또 한 번 고금리 정책을 주장했다(ibid., 510).

167 Hawtrey 1919a, 357.

168 ibid.

169 "금본위제에서 법정화폐의 공급량은 금의 공급량과 연결되었고, 금 준비 없이 일정액을 발행할 수 있는 보증 발행fiduciary issue을 제외한 모든 은행권은 금으로 보증되었다(Peden 2000, 151)."

170 금본위제로 돌아가기로 한 결정이 산업계 이익보다 금융계 이익에 얼마나 도움이 되었는지에 대해 영국 역사학자 사이에서 격렬한 논쟁이 있어왔다. 이 책은 자본주의 역학관계의 복잡성과 각 부문에서 경쟁하는 자본가 계급의 구조적 갈등을 단순화할 의도는 없다(Harvey 1982, 10장 참고). 그러나 9장에서 자세히 설명하겠지만, 이 책은 1926년 총파업의 실패로 상징되는 엄격한 긴축과 그 후 궁지에 몰린 영국 노동자의 패배가 자본가라는 특정 계급을 이롭게 했을 뿐 아니라, 자본 질서를 온전히 보존하는 데도 유익했다고 주장하고자 한다.

171 1926년 18%에서 1928년 27%로 증가했다. 9장의 그림 9.3을 참고하라.

172 T 208/105, fol. 5.

173 Blackett, June 8, 1921, T 175.6, part 1, fol. 15.

174 1925년에서 1926년 사이 감소한 수출량은 곧 회복되어 1927년에는 상당히 증가했고, 이후 몇 년에 걸쳐 무역 적자가 개선되었다. Thomas and Dimsdale(2017, table A.36)을 참고하라. 1920년의 극심한 디플레이션 때도 수출량이 감소했다. 그러나 일찍이 1922년 초부터 1919년과 1920년 수준보다 늘어났다.

175 T 208/105, fol. 4.

176 일단 금본위제가 확립되면 무역수지가 흑자여야 금 유출을 방지할 수 있었다. 이를 위해 영국의 물가와 소득을 낮게 유지해, 고평가된 통화가치를 상쇄하고 영국 수출품의 국제 경쟁력을 지켜야 했다. 그 결과 공공 및 민간 지출이 감소해 외국산 수입이 저조했다. 만약 영국의 수입량이 너무 많아지면, 그만큼 금이 빠져나가 물가가 상승하고 소비가 억제되었다. 게다가 1920년대 내내 긴축 조치는 '자본 유출을 막는 적절한 경제 장벽'이 되었다(Bradbury, 출처: Howson 1974, 96). 실제로 고금리는 미국으로의 자본 도피를 예방하는 수단이었다. 당시 미국은 투기가 횡행했고, 런던은 세계의 금융 중심지 지위에서 밀려난 상태였다. 전비 조달의 결과로 영란은행은 대외 단기 부채가 외국인의 대영 단기 부채보다 더 많아졌다. 전자와 후자의 비율은 1914년에 약 1대1이었지만, 1920년대에는 2대1이었다. 따라서 타국의 금리가 더 높거나 투자자가 파운드의 가치 하락을 예상할 경우, 파운드는 자본 유출 가능성에 항상 취약했다(Peden, 1985, 72-73).

177 "Draft Resolutions," T 208/28, fol. 5.

178 Sayers 1976, 523.

179 "Draft Resolutions," T 208/28, fol. 2.

180 T 176/13, fol. 26; T 208/28, fol. 4.

181 Hawtrey 1925a, 243.

182 ibid., 239.

183 ibid.

184 ibid.

185 ibid.

186 ibid., 240-41.

187 ibid., 244.

188 "Discussion by Prof. J. M. Keynes from the Chair", Hawtrey 1925a, 244.

189 J. Bradbury, "Relations between the Treasury and the Bank of England: Testimony of Former Permanent Secretaries and Controllers of Finance"(T 176/13, fol. 23).

190 1922년에 영란은행은 공개 시장 조작에 적극 가담하는 새로운 권한도 생기면서 전쟁 이전보다 훨씬 더 강력해졌다(Moggridge 1972, 26 참고).

191 T 176/13, fol. 25.

192 T 176/13, fol. 26. 반면에 중앙은행은 전문기관으로서 재무부 고위 관료들의 의사결정에 직접 조언하는 역할을 했다(Hawtrey 1928 참고).

193 T 176/13, fols. 9-10.

194 T 176/13, fol. 10.

195 T 176/13, fol. 11. 이러한 답변은 의회에서 여러 차례 반복되었다(T 176/13, fols. 9-15 참고).

196 Niemeyer 1931, 17.

197 ibid., 18.

198 Bank Memorandum, February 10, 1920, T 172/1384, fol. 30b.

199 Blackett 1931.

7장

1 이탈리아 원어로 'regime della lesina'였다. 여기서 기본형 'lesinare'는 '절약하다'라는 뜻이다.

2 Mussolini 1933, 22.

3 이 모든 놀라운 사건들은 동시대 관측통과 역사학자에 의해 널리 기록되었으며, Tasca(1965)의 고전은 이탈리아 역사상 가장 긴장된 이 시기를 탁월하게 그려냈다.

4 1923년 12월 8일 이탈리아 상원에서의 재무 보고 요약, FO 371/8887, fol. 68.

5 1921년~1922년에 이탈리아 자유당 정부도 균형예산을 맞추려 노력했지만(Frascani 1975; Toniolo 1980, chapter 2; Ciocca 2007, chapter 7), 국가의 경제 목표가 긴축을 가장

제대로 구현했다고 볼 수 있는 시기는 파시스트 정권기였다. 영향력 있는 경제학자와 정치인 중 다수가 재정난을 해결하겠다는 무솔리니의 역량을 기꺼이 두 눈으로 확인하고 싶어 했다. 이렇게 해서 자유당의 저명인사들(예컨대 역사학자 가에타노 살베미니, 정치인 프란체스코 니티와 조반니 졸리티, 경제학자 루이지 에이나우디, 에도아르도 지레티Edoardo Giretti, 안토니오 데 비티 데 마르코Antonio de Viti de Marco)은 새 내각의 전권을 지지하는 목소리를 표명했다.

6 네 명의 경제학자는(그들뿐이 아니었지만) 파시스트 정권을 일차적으로 지지했다. 당시 정권에 대한 지지는 가장 저명한 경제학자들을 포함해 학계 전반에 널리 퍼져 있었다. Michelini(2011b, 47-50)는 이탈리아의 두 주요 경제 학술지인 〈경제학 저널〉과 〈사회개혁La Reforma Sociale〉을 포함해 대부분 경제 학술지가 무솔리니의 계획을 지지하는 글을 내보냈다고 기록한다.

7 Rossi(1955), Salvemini(1966), Lyttelton(1973), Guarneri(1953)를 참고하라.

8 칙령은 법안이 의회에 제출되고 정밀 검토와 토론을 거치지 않아도 된다는 점에서 대통령령과 비슷하다. '조세 제도 및 행정 재편의 전권을 정부에 위임하는 명령'인 관보 293호(1922년 12월 15일자)의 12월 3일 명령 1601호를 참고하라. 파시스트 경제정책에 대한 자세한 설명은 재무부에서 데 스테파니와 함께 일한 렐로 간제미Lello Gangemi가 쓴 Gangemi(1929)를 참고하라.

9 판탈레오니는 1884년에 재정학 정교수가 되었다. 그 후 나폴리, 제네바, 파비아 대학교에서 (오늘날의 경제학에 해당하는) 정치경제학 정교수가 되었다. 1901년부터 1924년 사망할 때까지는 로마 라 사피엔차대학교에서 정치경제학 학과장을 지냈다. 데 스테파니는 1921년 카 포스카리 베네치아대학교의 정치경제학 교수가 되었다. 1925년에 그는 정치 및 재정법 교수가 되었고, 1929년에는 로마 라사피엔차대학교 정치학부의 경제 및 재정 정책학 교수, 1954년에는 명예교수가 되었다. 움베르토 리치도 학계에서 광범위한 경력을 쌓았다. 1912년~1914년에 마체라타대학교 정치경제학 정교수가 되었고, 1915년~1918년에 파르마대학교와 1919년~1921년 피사대학교 통계학 교수, 그 후 1922년~1924년에 볼로냐대학교 정치경제학 교수가 되었다. 1924년~1928년에는 로마 라사피엔차대학교에서 판탈레오니의 후임으로 학과장이 되었다. 루이지 에이나우디는 1902년 토리노대학교 재정학 정교수가 되었다. 그 후 1920년~1926년에 밀라노 보코니대학교 산하의 경제 연구소를 이끌었다. 에이나우디를 다룬 이차 문헌은 무수히 많다. 그중에서 Del Vecchio(2011), Farese(2012), Faucci(1986), Forte(2009), Einaudi(2000)를 참고하라. 판탈레오니에 대해서는 Augello and Michelini(1997), Bellanca(1995), Giocoli and Bellanca(1998), Bini(1995), Bini(2007), Bini(2013), De Cecco(1995), Marcoaldi(1980), Michelini(1992), Michelini(1998), Michelini(2011a), Mosca(2015)를 참고하라. 에이나우디와 판탈레오니에 대한 자료는 많지만, 리치와 데 스테파니에 대한 자료는 드물다. 리치에 대한 주요 참고문헌은 Bini and Fusco(2004), Ciocca(1999), Fausto(2004), Busino(2000), Dominedò(1961) 등이 있다. 데 스테파

니에 대해서는 De Stefani and Perfetti(2013) 중 Perfetti 부분, De Stefani(1998) 중 Spaventa 부분, Gangemi(1929), Marcoaldi(1986), Banca d'Italia(1983), Parrillo(1984)를 참고하라. 당시 이탈리아 경제학이라는 더 넓은 맥락에서 네 명의 학자를 개괄한 자료는 Faucci(2014, chapters 6-7)를 참고하라. Mattei(2017)는 이 장에서 더 자세히 다루는 주제의 일부를 설명한다. 이탈리아 학자들이 참여한 국제 경제 토론을 훌륭히 재구성한 자료는 Marchionatti(2021)를 참고하라.

10   판탈레오니는 제1차 세계대전 중과 그 이후 언론에 글을 자주 발표했다(특히 〈메조조르노Il Mezzogiorno〉, 〈포폴로 디탈리아〉, 〈폴리티카Politica〉 등). 라테르차Laterza 출판사는 그의 기사 중 많은 부분을 엮어 책으로 출간했다(Pantaleoni 1917, 1918, 1919, 1922). 미첼리니는 "판탈레오니의 글에는 경제이론과 정치의 유기적 연속성을 제시하려는 의도가 분명히 드러난다."라고 지적했다(Michelini 2020, 32). 실제로 그의 정치 관련 저술에는 자신의 경제관이 스며들어 이론, 경제정책, 정치적 전투성 사이의 상호 연관성을 보여준다. 이 연관성은 동료들의 글에서도 볼 수 있었다. 리치가 신문에 기고한 수많은 글은 여러 권의 책으로 발표되었다(Ricci 1919, 1920, 1921, 1926). 데 스테파니의 대중 연설과 언론 기고문은 트레베스Treves 출판사에서 엮어 편찬했다(De Stefani 1926b, 1927, 1928, 1929). 에이나우디가 언론인이자 편집자로서의 활발히 활동한 경력은 잘 알려져 있다. 1908년 처음 〈이코노미스트〉에서 일하기 시작했을 때 이미 〈사회 개혁La Riforma Sociale〉의 공동 편집자였으며 1910년에는 편집장이 되었다. 또한 1896년~1902년에 〈스탐파〉에서 글을 쓰다가, 〈코리에레 델라 세라〉에 합류해 1925년 말까지 오랜 협업 관계를 유지했다. 또한 〈이코노미스트〉의 이탈리아 통신원으로서 1920년~1935년 사이에 연평균 열네 편꼴인 220편 이상의 기사를 써냈다. 그가 쓴 기사 모음집은 Einaudi(1959-1965) 와 Einaudi(2000)로 재출판되었다.

11   De Stefani and Perfetti(2013, 5) 중 Perfetti의 서문을 참고하라.

12   Royal Decree 1700, December 31, 1922, 출처: Camera dei Deputati 1929.

13   데 스테파니는 사임 후에도 국내 대학들에서 계속 교수로 활동하는 한편, 정치에도 깊이 관여하고 정세를 관찰하며 주요 언론에 글을 기고했다. 1929년에는 무솔리니 파시스트 정부의 통치 기구인 파시즘 대평의회에 다시 지명되었다. 그는 장수했고(1879~1969), 1920년대 이후에는 신고전학파의 긴축적 관점 그리고 결국에는 경제학 자체를 멀리했다(Marcoaldi 1986, 55 참고). 데 스테파니의 삶과 경력에 대해서는 De Stefani and Perfetti(2013, 5-26) 중 Perfetti의 서문을 참고하라.

14   De Stefani 1926b, 8.

15   순수경제학은 (Dobb[1973]이 윌리엄 스탠리 제번스의 이름을 따 '제번스 혁명Jevonian revolution'이라고도 부르는) 한계주의marginalism에서 유래한 신고전학파 경제학 전통을 나타낸다. 신고전학파 이론을 역사적, 이론적으로 잘 분석한 문헌은 Lunghini and Lucarelli(2012)를 참고하라.

16   Barucci 1980.

17 빌프레도 파레토는 파시스트 정권의 첫해 동안 스위스에 머물렀으므로 이 이야기에서
  는 중심인물이 아니다(그는 1923년 8월 19일 사망했다). 그러나 충성도 높은 파시스트이자
  순수경제학의 유명한 대표자인 그가 당대 경제 전문가들과 그들의 긴축 계획은 물론, 파
  시스트와 자유주의 지배층 사이에서 이념적·이론적 영향력을 행사했다는 것은 두말할
  필요도 없다.

18 1900년대 초 판탈레오니는 사회주의(cf. 이탈리아 급진당Partito Radicale Italiano) 의원이었
  다. 그가 신생 사회주의 정당과 짧은 밀월 관계를 맺은 것은 그들이 자유 무역을 수호하
  는 유일한 정당이라 믿었기 때문이다(Michelini 2020, 29; 또한 Michelini 1998 참고). 이
  러한 생각은 파레토와 엔리코 바로네Enrico Barone 같은 다른 순수경제학파들도 마찬가
  지였다. 그러나 1900년대 초반 노동운동이 힘을 얻게 되자 파레토, 판탈레오니, 바로네
  는 부르주아 질서를 보호하겠다는 목표를 굳건히 고수하고 국가주의를 옹호했다. "세 명
  의 순수경제학자는 개량주의와 혁명주의를 포함한 사회주의 운동 그리고 정치 및 사회
  의 민주주의에 매우 조심스럽게 마음을 열기 시작한 소심한 자유주의 운동 양쪽과 최후
  의 결전을 벌여야 한다고 믿었다. 그리고 그 결전을 설계할 정치적·사회적 힘을 처음에
  는 국가주의, 그다음에는 파시즘에서 발견했다(Michelini 2020, 30)." 실제로 판탈레오
  니는 국가주의를 공식 표방한 저널인 〈폴리티카〉에 관여하면서 모든 '좌파'는 물론 파
  시스트 운동의 잔여 '전복 세력'까지 물리치려 노력했다. 판탈레오니와 파레토의 국가주
  의와 반유대주의 이데올로기 그리고 판탈레오니의 정치 경력과 언론 활동에 대해서는
  Michelini(2011a, 2019, 2020)를 참고하라. Michelini(2011a)는 판탈레오니의 반유대주
  의 논쟁과 반집산주의, 반사회주의 논쟁 사이에 연속성이 있었다고 설득력 있게 주장한
  다. 따라서 반유대주의와 파시즘은 판탈레오니의 이론적 경제 분석과 특히 긴축에 대한
  신념과 무관하다고 볼 수 없다.

19 Ricci 1939, 19. 원래는 1925년 4월 〈경제학 저널〉에 실렸다.

20 ACS Segreteria Particolare del Duce, Carteggio Riservato, Cs b. 91, Umberto
  Ricci, June 1925.

21 리치는 새로 부상 중이던 협동조합주의 경제가 비효율적이라 지적하고 그에 따라 자
  유시장이 포기될 우려가 있다고 폭로했다. 예컨대 〈경제학자가 판단하는 생디칼리슴
  Sindacalismo giudicato da un economista〉(Ricci 1926, 107-66)은 그의 첫 비판적 논설이었다.
  리치는 노동시장에 끼어드는 노조의 역할에도, 집산적인 파시스트 기업의 사유재산 폐
  지에도 반대했다. 그의 비판은 학술지 〈법, 경제, 정치에 대한 새로운 연구Nuovi studi di
  diritto, economia e politica〉에 실린 '과학과 인생La scienza e la vita'(Ricci 1928)이라는 기고문
  에서 정점에 이르렀다. 여기서 그는 파시스트 정권의 경제 개혁이 '경제이론', 특히 긴축
  원칙에 부합하지 않는다고 주장했다. 특히 그는 '농민들이 상대적으로 더 비싼 농작물을
  재배하도록 강요받은' '곡물 전쟁battle of wheat' 등의 국가 개입을 비판했다(1928, 223).
  또한 '기업이 외국산 원자재를 구매하는 것을 금지'하는 정부의 보호무역주의도 비판했
  다. 그 외에 임대료 통제법, '쓸데없는' 공공사업, 실업수당, 인구 이주 통제책도 그의 도

마 위에 올랐다.

22 "La finanza dello stato egiziano nell'ultimo decennio," *Studi economici finanziari e corporativi* 19, no. 3 (October 1941). 로마 Edizioni Italiane 출판사에서 출간. "그러고 나서 이집트 국민의 여론을 계몽하는 것이 적절하다고 생각해, 정치경제학회와 대학에서 두 번에 걸쳐 강연했다Mi sembrò allora opportuno di illuminare l'opinione pubblica egiziana e tenni due conferenze, una alla società di economia politica e l'altra all'università."

23 Ricci 1941, 53.

24 1924년 6월 10일, 젊은 이탈리아 의원이자 이탈리아 사회당 서기장이었던 자코모 마테오티는 무솔리니 휘하의 파시스트 비밀경찰에 의해 집 밖에서 납치되었다. 두 달 후 로마 외곽 몇 킬로미터 떨어진 곳에서 마테오티의 시신이 발견되었다. 소위 '마테오티 위기'라 불린 이 사건으로 파시스트 정권은 전체주의를 더욱 강화했다. 전체주의 천성을 드러낸 무솔리니는 파시스트 정부의 첫 2년(1922-1924)을 특징짓던 '합법성'이라는 허울뿐인 구실도 벗어던졌다. 모든 정당을 금지하는 이른바 극파시스트 법은 무솔리니가 마테오티 위기로 촉발된 위기를 극복하기 위한 수단이었다. 〈이코노미스트〉는 이렇게 지적했다. "지도자 한 명이 자기 분부대로 따를 무장 세력을 한순간에 소집해, (지금 서구 사회에서 통용되고 있는 의미에서의) 입헌 정치를 유명무실하게 만드는 과정은 이해가 가지 않는다("The Crisis in Italy," *Economist*, July 5, 1924, 11)."

25 에이나우디가 적어도 1924년까지는 파시즘을 지지했다는 사실은 Faucci(1986, 194-211)를 참고하라. 사실 〈이코노미스트〉에 쓴 에이나우디의 글은 더 넓은 정치적 맥락 없이 파시즘의 경제정책에만 초점을 맞췄다. 그렇기는 하지만 1927년 에이나우디는 이탈리아 경제 요인을 긍정적으로 보도했으며, 파시스트 긴축의 독재적 특성에 대해서는 얼렁뚱땅 넘어갔다. 이러한 접근법을 보여주는 많은 기사 중 "Italy—Mussolini's Policy—Population and the Lira—Stock Exchanges—Readjusting the Price Level—The Campaign for Reduction of Prices," *Economist*, June 11, 1927, 1236ff. 그리고 "Italy—Revaluation Policy and the State Revenue—Appeals for Economy—Treasury Cash Funds—Increasing Gold Reserves," *Economist*, July 2, 1927, 22ff를 참고하라.

26 예를 들어 "Fiscal Adjustments: Lessons from Recent History"(Alesina 2010)를 참고하면 2010년 4월 마드리드에서 열린 경제 및 재정 문제 협의회에 알레시나가 끼친 영향을 알 수 있다. 이 에피소드는 10장에서 자세히 논의할 것이다. 보코니 졸업생의 국제적·정치적 영향력은 Helgadóttir(2016, 392-409)를 참고하라.

27 De Stefani, "L'orientamento del Fascismo secondo il pensiero di Alberto De' Stefani," *Il popolo d'Italia*, September 21, 1921, 3, interview by Mario Zamboni.

28 De Stefani, "The Financial Program of the National-Socialist Party, Open Letter to Senator Luigi Einaudi[Il programma finanziario del partito Nazional-

Fascista, lettera aperta al Senatore Luigi Einaudi]," *Il popolo d'Italia*, January 14, 1922.

29　리치의 학문적 업적은 세 가지 다양한 형태를 취했다. 〈경제학 저널〉에 논설을 기고했고('경제 논평Rassegna economica'이라는 섹션에 실렸다), 1924년부터 1925년까지 로마에서 정치경제학을 강의했으며, 이론서를 저술했다. 이 중 이론서로는 《자본Il Capitale》과 《저축에 관한 논설I saggi sul Risparmio》이 특히 유명하다. 판탈레오니는 수많은 저술을 남겼고, 학자로서 복잡한 인물이기도 했다. 그의 사상을 연구한 무수한 문헌이 발표되었고, 학자들 사이에 많은 해석 논쟁이 벌어지곤 했다. 논쟁은 주로 판탈레오니의 저작에 담긴 사상이 쭉 일관되었다고 이해하는 사람들 그리고 《순수경제학 원리》와 20세기 초에 그가 행한 강연 사이에 이론적 변화가 있었다고 보는 사람들 간의 견해차에서 비롯된다 (Michelini 1998 and Bini 2007 참고). 데 스테파니는 순수경제학의 원조 공헌자는 아니었다. 그보다 그의 공헌은 주로 복잡한 실증 연구에 있었다(예컨대 De Stefani 1925 and 1926a 참고). 에이나우디의 학술 연구는 특히 조세와 재정학 쪽에 더 많이 응용되었다. 그러나 그는 순수경제학의 메타경제학적 접근법을 전적으로 지지했다.

30　Ricci 1939, 44.

31　Ricci 1926, 2.

32　Pantaleoni 1922, 222.

33　Ricci 1926, 72.

34　Ricci 1926, 102.

35　Ricci 1926, 104-5, 작은따옴표 강조 표시는 필자가 첨가함.

36　Ricci 1926, 72.

37　Ricci 1926, 25.

38　Ricci 1939, 44.

39　De Stefani 1923, 1187.

40　현대에 들어와 신고전학파를 비판한 예로는 Dobb(1973, 166-211)을 참고하라.

41　연역 추리는 관찰된 경제 현상을 설명하기 위해 내부적으로 일정한 틀을 생성하는 작은 '공리'(예: 합리성을 극대화하는 계산) 집합을 기반으로 한다. 이러한 추상적 사고실험의 결과는 엄격한 법칙으로 굳어진다. 특정 전제가 주어지면 기본적인 경제 원리가 도출된다 (Pantaleoni 1898, 3).

42　Ricci 1939, 45-46.

43　Ricci 1908, 389, 작은따옴표 강조 표시는 필자가 첨가함.

44　"생산에 저축이 필요한가?I risparmiatori sono necessari alla produzione?", *Il corriere della sera*, April 27, 1920, in Einaudi(1961, vol. 5, 720).

45　De Stefani 1919, 164.

46　호모 에코노미쿠스는 오직 개인의 쾌락을 극대화하기 위한 합리적·경제적 계산을 거쳐 저축의 미덕을 실행한다. "호모 에코노미쿠스라면 현재의 만족과 미래 가치가 적절히 할

인된 나중의 만족을 비교해 판단할 것이다(Ricci 1999, 22)."

47 Ricci 1999, 33.

48 Ricci 1999, 7.

49 Ricci 1999, 23.

50 판탈레오니의 엘리트주의적 견해는 사회 진화론과 일맥상통한다. 이를테면 그는 정치 경제학 강의에서 학생들에게 경제적 천성은 타고난 것이기에 교육이나 외부 요인으로 보충될 수 없다고 가르쳤다. 불평등은 분명 자연스럽고도 사회에 매우 건전한 사실이 었다. 판탈레오니는 직설적으로 "복잡한 사회 조직에서 무능력자를 자연 도태시켜 미덕을 촉진하려면, 행동과 선택의 자유 외에는 다른 어떤 조건도 필요하지 않다."라고 말했다(Pantaleoni 1922, 197). 판탈레오니의 사회 진화론적 관점에 대해서는 Bini(2013), Mosca(2015)를 참고하라.

51 Pantaleoni 1898, 259.

52 오늘날 거시경제학에서도 저축=투자(민간 저축과 공공 저축의 합)라는 공식은 여전히 유효하다. 다시 말해 사업가의 모든 투자는 구매자로 직결된다고 가정하므로, 유휴 자본은 존재하지 않는다. 오늘날 포스트 케인스주의와 마르크스주의 분석법은 세이의 법칙을 반증하는 것에서 출발한다. Blecker and Setterfield(2019), Shaikh(2016)를 참고하라.

53 Pantaleoni 1923 참고.

54 Pantaleoni 1922, 36.

55 Pantaleoni 1922, 58.

56 1922년에 출판된 판탈레오니의 유명한 소책자 제목의 별칭이기도 한 '이탈리아 볼셰비즘Italian Bolshevism'이라는 표현은 시장 내의 '모든' 국가 개입과 모든 형태의 사회적 재분배를 나타내는 의미로 두루뭉술하게 사용되었다. 에이나우디는 "어떤 형태든 사회주의 사회에서는 사람들이 분별없이 쾌락을 좋아하고, 당장의 소비를 추구하며, 더 적은 노동에 더 많은 임금을 요구할 수밖에 없다."라고 믿었다(Faucci 1986, 176).

57 Pantaleoni 1922, xiv.

58 Einaudi 1920, 96-97, 작은따옴표 표시는 원본의 강조 부분임.

59 Ricci 1921, 450.

60 에이나우디는 전쟁기에 이탈리아 국민이 특히 납세의 의무를 성실히 이행함으로써 전보다 더 큰 희생을 기꺼이 치렀더라면, 국가가 빚더미와 통화 인플레이션을 피할 수 있었을 것이라 말했다. 그는 이렇게 썼다. "우리 국민은 바로 전술 체제로 돌입하지 않았고, 쾌락의 습관도 못 버렸으며, 우리 군대와 위대한 조국을 구하기 위해 자기 소득의 상당 부분을 나라에 바치지도 않았다(Einaudi 1933, 32)."

61 에이나우디는 자신과 동료 경제학자를 가리켜 '금욕을 전파하는 최초의 사도들'이라고 말했다(Einaudi 1920, 173). 그는 전쟁기부터 전후기에도 저축이 경제적·도덕적 구원으로 이어진다고 믿었다. "전쟁은 국민에게 절제할 필요성과 전보다 훨씬 고결하고 냉철한 삶을 사는 방법에 대한 교훈을 남겼다(Einaudi 1920, 120)." 그리고 "이탈리아 국민에게

희생의 미덕을 알리고 모든 불필요하고 쓸모없는 소비를 포기하도록 (…) 가르치는 것"
이 '합리적'이고 '필요'하다고 생각했다("Abolire i Vincoli!" *Il corriere della sera*, January
15, 1919, Einaudi 1961[인용], vol. 5, 43).

62 Einaudi 1920, 174.

63 Pantaleoni, 1922, iv-v.

64 De Stefani 1927, 316, 작은따옴표 강조 표시는 필자가 첨가함.

65 Pantaleoni, 출처: Brussels 1920, vol. 5, 103; Pantaleoni 1922(이탈리아어로 인용),
    51.

66 Ricci 1920, 7-8.

67 Pantaleoni 1922, 47-48.

68 Michelini 2011a.

69 Pantaleoni(1922, 229). 그는 이어서 이렇게 말했다. "반역, 여론 조작, 사보타주를 일삼
    는 자들은 가차 없이 붙잡아 쏴 죽여야 한다. 안 그러다가는 우리 나라도 소련처럼 될 것
    이다(Pantaleoni 1917, 출처: Michelini 2011a, 34)." 또 볼셰비키 운동의 지도자들을 언급하
    면서는 "그렇게 도덕성이 떨어지는 자들과 우리 사이에는 '전멸전'밖에 없다."라고 말했
    다(Pantaleoni 1918, 167, 작은따옴표 표시는 원본의 강조 부분임).

70 판탈레오니의 사회주의에 대한 반감은 제1차 세계대전 이후, 특히 1920년 공장 점거를
    계기로 더욱 강해졌다. 그와 조반니 프레지오시Giovanni Preziosi가 공동 대표였던 국가주
    의-파시스트 정치 저널 〈이탈리아 생활〉이 반유대주의 캠페인을 벌이기 시작한 게 바로
    이 무렵이었다. 미첼리니(2011a)는 많은 파시스트 지식인들이 옹호한 반유대주의가 생물
    학적 이유가 아니라 정치적 이유에 기반을 두었다는 근거를 설명한다. 유대인들은 반자
    본주의 음모론과 연관되어 있었다. 예컨대 프레지오시는 "노동계급에서 가장 영향력 있
    는 거물급 지도자와 가장 활동적인 선동가는 유대인이거나 유대인의 영향을 받고 있다."
    라는 글을 썼다(Preziosi, 출처: Michelini 2011b, 96). 반사회주의, 반유대주의, 순수경제학
    사이의 본질적 연결고리는 Michelini(2011a)를 참고하라.

71 Ricci 1920, 11.

72 Einaudi, 출처: *Economist*, November 27, 1922, Einaudi 2000(인용), 267.

73 학자 대부분은 데 스테파니의 장관 시절 조치가 이탈리아 파시즘의 정상화 단계를 상징
    한다고 본다(Marcoaldi 1986, 18; Toniolo 1980, 50). 그러나 긴축과 독재 정부 간의 연관
    성은 1920년대 소위 긴축정책의 정상화와 파시스트 운동의 난폭하고 반민주적인 폭동
    사이에 존재하는 깊은 이념적 연속성을 드러낸다.

74 파시스트 부대와 그들의 폭력 행위는 Vivarelli(1967), Tasca(1965)를 참고하라.

75 Einaudi 1959-65, vol. 6, 771.

76 Rossi 1955, 295.

77 March 24, 1921, 출처: Einaudi 2000, 191-92.

78 Einaudi, *Economist*, November 27, 1922, 출처: Einaudi 2000, 267.

79 October 28, 1922, 출처: Einaudi 2000, 263-64.

80 Einaudi 1959-65, vol. 6, 921.

81 "Italy—Absolute Government in Italy—Taxes to Be Simplified—Working of the Succession Tax—A New Excise?" *Economist*, December 2, 1922, 1032ff.

82 Pantaleoni 1922, 215-16.

83 Einaudi 1963, vol. 6, 898.

84 11월 말 재무장관으로 임명된 데 스테파니는 무솔리니에게서 재정부와 재무부를 통합할 때까지 재무부 장관을 맡아달라는 편지를 받았다. 그는 비장한 결의로 답신을 보냈다. "친애하는 무솔리니 각하, 저는 분부대로 두 부처의 통합을 주선하겠습니다. 저는 각하가 재정지출 절감에 협조해주시리라 믿으며 장관직을 수락하겠습니다. 그럼 안녕히 계십시오(Rome, December 20, 1922, De Stefani Archive, Marcoaldi 1986[인용], 70)." 에이나우디는 〈이코노미스트〉에서 안도의 한숨을 쉬며 "정전 이후 광란의 볼셰비즘식 재정에 예비 정부가 목소리를 높여 반대할 적기가 왔다."라고 썼다("Italy—Absolute Government in Italy—Taxes to Be Simplified—Working of the Succession Tax—A New Excise?" *Economist*, December 2, 1922, 1032ff.).

85 확실히 이탈리아는 식량과 원자재를 전적으로 수입에 의존하고 있었기에 영국보다 부채 상환에 있어 외부 제약이 더 컸다. 이 수입 의존도가 긴축의 촉진으로 이어진 과정은 8장을 참고하라.

86 De Stefani 1926b, 12.

87 전후기의 누진세 개혁은 "이러한 필요한 희생은 주로 전쟁에서 큰 이득을 얻은 사람들과 부유층이 부담해야 한다. 반면 새로운 조세 제도는 중하류층의 부담을 덜고 노동계급의 부담은 가볍게 하거나 아예 없애야 한다."라는 생각에 기초했다(1919년 6월 10일 하원 회의에서 재정 상황을 설명하던 카를로 샨처 재무장관의 연설 중에서, T 1/12367/35323, 24-25).

88 졸리티는 1919년에 전시 부당이득에 대한 의회 조사 기구를 설립하겠다고 발표했으며 1920년에 실행에 옮겼다. 그러나 데 스테파니가 결국 이를 해체했고, 이 때문에 유용한 최종 보고서는 빛을 보지 못했다. 당시 의사록과 조사를 복원한 자료는 Crocellaet al.(2002)를 참고하라.

89 Matteotti 1919. 1920년 6월, 사회당 의원 필리포 투라티는 의회에서 철학자 에우제니오 리냐노Eugenio Rignano(1870~1930)의 급진적 제안을 바탕으로 상속세제를 옹호하는 긴 연설을 했다. 리냐노는 노동 가치설을 신봉했으며 기존의 상속제는 "노동계급의 궁핍을 영속화하고 자본계급이 축적한 재산을 고착화하기 쉽다."라고 주장했다. 리냐노의 제안과 그 후 촉발된 논쟁에 대해서는 Erreygers and Di Bartolomeo(2007)를 참고하라.

90 "Il manifesto dei fasci di combattimento," *Il popolo d'Italia*, June 6, 1919.

91 Einaudi 1927.

92 De Stefani 1923, 226.

93 De Stefani 1923, 210.

94 데 스테파니는 같은 연설에서 이렇게 덧붙였다. "이제 우리나라는 7개월 전보다 훨씬 상
황이 나아졌습니다. 국가가 잘 돌아가고, 노동쟁의가 사라지고, 실업률이 감소하고, 무역
수지가 개선되고, 통화량이 감소하는 추세입니다. (⋯) 정부는 노동을 존중하되 자본을
탄압할 생각은 없음을 보여주었습니다(예산 현황 요약, Milan, May 13, 1923, FO 371/8887,
fol. 13)."

95 그 외에 외자 유치를 촉진하는 조치도 있었다. 이후 외채를 소득세 대상에서 면제할
수 있게 되었다. 재무부는 국내외에서 이중과세 대상 소득에 면제를 부여할 수 있었
다(Forsyth 1993, 275). 금융 시장 자유화 등 자본가에게 유리한 기타 조치에 대해서는
Rossi(1955, 75-90), Guarneri(1953)를 참고하라.

96 Einaudi 1927, 490.

97 물론 이탈리아의 조세 제도는 영국보다 훨씬 역진적이었다. 국가 수입의 대부분이 간접
세에서 나왔기 때문이다. 데 스테파니의 개혁은 이미 역진적이었던 조세 제도를 한층 더
역진적으로 추진했다. 제1차 세계대전 이후 이탈리아 재정 시스템에 대한 자세한 내용은
Forsyth(1993)를 참고하라.

98 De Stefani 1928, 195.

99 이제 노동자는 모든 소유 자산에 12.4% 세율의 소득세를 납부해야 했고, 특정 유형의 토
지권을 보유한 농부들은 10%의 소득세를 납부하기 시작했다(Royal Decree 16, January
14, 1923, 출처: Toniolo 1980, 47). 공무원도 과세 대상이 되었다(Royal Decree 1660,
December 16, 1922, GU 305[December 30, 1922]; Royal Decree 1661, December 21, 1922,
GU 305[December 30, 1922], 9934).

100 De Stefani 1923, 206. 1924년 영국 대사관은 재무부가 발행한 《파시스트 정부의 재
정정책Fascist Financial Policy》이라는 책자 두 권을 전달했는데, 여기에는 이렇게 쓰여 있
었다. "소득세 납부 대상자 수가 60만 명에서 70만 명으로 늘어났다. 지금까지 비과세
였다가 이번에 등재된 노동자 수는 (⋯) 10만 명 더 늘어났고, 농업 소득자에도 적용하면
125만 명이 더 추가된다(Ettore Rosboch, Rome 1924, FO 371/9936, fol. 35 [p. 11])."

101 Toniolo 1980, 48.

102 Einaudi 1927, 490.

103 Rossi 1955, 75-90.

104 주식회사의 법인세에도 감세 혜택이 주어졌다. 이를테면 상업 회사가 벌어들인 이윤, 민
간에서 발행한 증권의 배당금·이자·보너스, 1만 리라를 초과하는 소득에 대한 추가 세
금이 감세되었다(Toniolo 1980, 47).

105 자산 신고 의무는 제1차 세계대전 이후 이탈리아에서 도입된 조치로, 자본 소득을 개인
납세자에게 결부해 개인적·누진적 소득세를 부과하기 위한 취지였다(Manestra 2010,
28).

106 상속세는 1922년~1923년에 3억 500만 달러의 세수입을 창출했다. 그러나 데 스테파
니가 상속 재산의 65%를 과세에서 면제하기로 하면서, 세수입은 1925년~1926년에

7,200만 달러로 감소했다(La Francesca 1972, 10). 새로운 법에 의하면 가족('직계존속, 직계비속, 배우자, 형제자매, 삼촌/고모, 조카'로 정의) 범위 밖의 증여에만 과세되었다(Gabbuti 2020a, 16). 판탈레오니가 데 스테파니를 위해 준비한 상속세 연구는 "상속세를 점진적으로 폐지하는 것이 바람직하다."라고 결론지었다(Ricci 1939, 94 참고). 상속세 폐지 그리고 이에 파시스트와 자유주의 언론이 보낸 지지에 대해서는 Gabbati(2021)를 참고하라.

107 Gabbuti 2020a, 28-29 참고.

108 De Stefani 1926b, 211.

109 Ricci 1923, 612.

110 Ibid.

111 De Stefani 1923, 212.

112 Ragioneria Generale dello Stato[RGS] 2011.

113 Brosio and Marchese(1986)는 재무부 산하 회계국(RGS, 2011)보다 훨씬 극명한 데이터를 제공한다. 이에 따르면 재분배 지출이 1922년부터 1924년까지 66억 6,400만 리라에서 19억 1,100만 리라로 약 3분의 1까지 감소했음을 알 수 있다. 재분배 지출은 제1차 세계대전 이후 빠르게 증가해 1921년 총 공공지출의 26%에 이르렀다가, 1923년에는 다시 11%로 줄었다(Brosio and Marchese 1986, tables 1A and 4A에서 자세히 설명).

114 May 1923, 출처: Einaudi 2000, 289.

115 ibid., 290-91.

116 "1923년 2월 국가는 농장 노동자가 산업 재해로 보상받기 위해 입증해야 하는 장애 등급을 10%에서 15%로 상향 조정했다. 이 조치는 1921년 졸리티가 보상 범위를 확장한 조치를 원상 복귀했다. 졸리티의 개혁으로 9세~75세로 확대된 수급권자의 범위가 12세~65세로 축소되었다. 또한 개혁으로 인해 소작농도 그때까지 지주가 전적으로 부담하던 기여금의 일부를 지불할 책임을 지게 되었다. 1925년 국민 상해보험 기금은 분담금이 43% 감소했다고 보고했다(Pavan 2019, 866)."

117 1923년 말 실업보험에 대한 국가의 연간 분담금 지급이 중단되었다(Royal Decree 3184, December 30, 1923, GU 40[February 16, 1924]). 가장 중요한 점은 그 의무적 성격, 즉 불과 몇 년 전에 대중이 이룬 여러 운동의 진정한 성과가 폐기되었다는 것이다. 또한 농업 노동자, 가정부, 가내수공업자는 보험 의무가 면제되었다. 파반은 "세계 최초로 농업 노동자에게도 실업보험을 제공하도록 규정한, 이탈리아 법률의 가장 혁신적인 조항이 사라졌다."라고 평했다(Pavan 2019, 867).

118 Rassegna della previdenza sociale vol. 6 (1923): 120. 노동 사회복지부는 1945년 이후에야 부활하게 된다. 1920년대에 파시스트 정권은 심지어 세기 초부터 노조의 국가 활동 참여를 보장했던 자유주의-개량주의의 상징인 노동 상급 평의회를 폐지했다.

119 재무부 산하 회계국(RGS 2011)이 제공한 상세 내용이다. 이자 지급분을 제외한 흑자 상태는 1920년대 내내 유지되었으며, 공공지출(방위비와 이자 지급분 제외)은 1935년 에티오피아 전쟁이 절정에 달하기 전까지는 20% 미만으로 유지되었다.

120 사회 지출은 1931년 수준인 명목 GDP의 1.2%에 머물다가 1936년에 거의 2%까지 치솟았다. 이 시기는 에티오피아 전쟁이 있던 해였으며, 총 공공지출은 1935년 37.9%, 1936년 44.9%로 급증했다.

121 RGS 2011.

122 Toniolo 1980, 53-58 참고.

123 예컨대 Toniolo 1980 참고.

124 예컨대 다음을 참고하라. OXFAM, October 12, 2020, "IMF Paves Way for New Era of Austerity post-COVID-19," https://www.oxfam.org/en/press-releases/imf-paves-way-new-era-austerity-post-covid-19.

125 Ricci 1926, 15.

126 Ricci 1926, 22.

127 판탈레오니의 표현을 빌린 소위 '이탈리아 볼셰비즘'에 반대하는 이 캠페인에는 말 그대로 '전투 장비bardature di guerra'(귀찮고 성가신 방해를 의도적으로 암시하는 용어)를 무시무시하게 비판하는 내용도 들어 있었다. 예컨대 Einaudi, "Abolire i Vincoli!" January 15, 1919, 출처: Einaudi (1961, vol. 5, p. 43)를 참고하라.

128 Ricci 1921, 229.

129 Ricci 1920, 8. 리치는 "생산 능력이 있고 생산에 관심을 쏟는 사람들이 정부에 의해 쫓겨나거나scacciati 고통받아서는 안 된다."라고 말했다(Ricci 1920a, 8).

130 De Stefani 1928, 24.

131 Ricci 1926, 13.

132 Einaudi 1959-65, vol. 5, 233.

133 Danninger, Alesina, and Rostagno 1999, 3-4.

134 ibid.

135 Pantaleoni 1922, 47-48.

136 Cecini 2011, 333. 1923년 5월 공공사업 예산은 4분의 1이 삭감되었고, 데 스테파니는 '이미 사업이 진행되어 보류가 곤란한 사업으로 한정해' 남겨두겠다고 발표했다(De Stefani 1926b, 214).

137 Royal Decree 2395, November 11, 1923, GU 270 Supplement(November 17, 1923).

138 De Felice 1966, vol. 1, 397.

139 이러한 정책은 자유주의 여론에 대한 복수심을 만족시키기에 충분했다. 1925년에 국영철도 공사 이사회에 합류한 페데리코 플로라Federico Flora의 말에 따르면, 이곳 직원들은 '소련인과 적색분자 등 앞잡이 수천 명의 선전'으로 '망가진' 상태였다(Flora 1923, 28). 다른 많은 경제학자 중 특히 조르지오 모르타라Giorgio Mortara도 같은 의견이었다. "철도 직원들이 대부분 느슨하고 게을러서 성과가 저하되었다(Mortara 1922, 298)."

140 De Stefani 1923, 215.

141 1922년 12월 22일 그레이엄이 조지 커즌George Curzon 상원 원내대표에게 보낸 편지, FO 371/7651, fol. 265 (p. 2); 철도의 긴축에 대해서는 1922년 11월 5일에 접수된 보고서, FO 371/8886, fol. 57을 참고하라.

142 3등석 티켓 가격은 15%, 2등석 가격은 6% 인상된 반면, 1등석 티켓 가격은 변동 없었다(Toniolo 1980, 50). 국가는 철도 유지 관리 예산을 줄이고, 수익성이 가장 낮은 노선을 폐쇄해 근대화를 방해했다. 이 모든 조치로 예산 사정은 나아졌다. 철도 사업은 1921년 ~1922년 회계연도의 마지막 날인 1922년 6월 30일 기준으로 12억 5,800만 리라의 적자를 기록한 것과 비교해, 1924년~1925년에는 1억 7,580만 리라의 흑자를 실현했다(ibid., 49-50). 국가는 정통적 재정 운용 방식을 따르면서 사회 기반 시설을 개선하는 중요한 과제는 사실상 포기했다.

143 당시 경제학자들은 지방 공기업들의 공공시설 관리를 격렬히 반대하는 운동을 벌였다. 판탈레오니는 피우메시 재무장관을 지낸 자신의 경력을 들어, "식수, 전차, 가스, 전기 조명 서비스가 부족했는데, 이는 '오직' 국가가 관리했기 때문"이라고 주장했다(Pantaleoni 1922, Preface, xxx).

144 "정부가 국가 독점을 포기하고 상인 및 산업이 협회 같은 민간에 문을 개방한다면, 우정부는 파업을 못 하게 될 것이다. 우정부가 민영화되면 하루 만에, 그것도 국가기관보다 훨씬 완벽하게 운영될 것이다(Pantaleoni 1922, 233)."

145 Bel 2011, 939.

146 Bortolotti 1992, De Luca 1992 참고.

147 Pantaleoni 1922, 47-48.

148 Pantaleoni 1910, 230.

149 "노동도 다른 재화와 마찬가지로 그 자체로 최종 효용이 있다. (…) 그리고 가용 노동 공급량에 영향을 미치는 요인은 노동의 상품화 특성과 밀접하게 연관되어 있다(Pantaleoni 1898, 285)."

150 Pantaleoni 1910, 204.

151 노동자를 법적으로 보호하는 것은 분명 경제의 조화로운 최적 모형에 중요한 위협이었다. 판탈레오니는 "법이나 그 외 책략으로 노동자가 아홉 시간이 아닌 여덟 시간을 일할 수 있게 한다면, 근무일 단축과 임금인상을 막을 길은 아무것도 없을 것이다."라고 말했다(Pantaleoni 1910, 212). 에이나우디는 〈이코노미스트〉에서 "일 여덟 시간 근무와 주 1회 휴무 정책을 적용하고 어떤 때는 근무시간이 사실상 하루 두세 시간밖에 안 되다 보니 이런 안타까운 지경에 이르렀다. 그러나 노동자의 기강이 해이해진 것도 그에 못지 않은 원흉이었다."라고 개탄했다(December 31, 1923, 출처: Einaudi 2000, 270).

152 Pantaleoni, Memorandum, Brussels 1920, vol. 5, 106.

153 1926년 〈이코노미스트〉에 기고한 에이나우디는 팔라조 비도니 협정에 따른 산업 분쟁 법안의 세부 사항을 설명하면서 이 법안의 '광범위한 중요성'을 칭찬했다. 에이나우디는 여기서 협동조합주의적 독재 국가의 특징을 드러냈지만, 거기에 비판적 어조

는 전혀 없었다. 대신 그는 근본적으로 성과를 거두었음을 암시하는 냉철한 설명을 내놓았다. 바로 파업이 맥을 못 추게 되었다는 것이다. "파시스트 정권 계획의 기본 원칙 중 하나는 노사 분규를 확실히 없애자는 것이었다. 실제로 전후기에 만연했던 파업(1919년 1,888만 7,917일, 1920년 1,639만 8,227일)은 1921년에는 777만 2,870일, 1922년에는 10월까지 627만 6,565일로 감소했다. 그러나 동요의 기운이 감퇴하는 추세가 이미 감지되고 있었다 해도, 손실된 근무 일수가 거의 무시해도 좋을 정도로 감소한 것은 1922년 10월 이후였다. 농업 노동자의 파업은 거의 종적을 감추었다. 파시즘은 항상 계급 투쟁을 억제하고 업계의 애로 사항을 노사 간의 협력으로 대체하는 것을 목표로 삼았다. 이 법안은 (…) 지금까지 현 정부의 관행적 정책들을 법령집에 명문화할 것이다. (…) 국가 관점에서 오직 불순한 정치활동 기록이 없는 고용주나 직원만이 공인된 연합의 회원으로 인정될 수 있다. 이는 정치적·사회적 전복 세력을 배제하기 위한 것이다("Italy—The Bill on Industrial Disputes—Its Far-Reaching Importance—Reform of the Senate," *Economist*, January 9, 1926, 64)."

154 GU 87 (April 14, 1926).

155 Functions of the New Labour Magistracy in Italy, March 25, 1927, FO 371/12202, f. 91.

156 Ricci 1926, 22-23.

157 체임벌린은 1927년 2월 21일에 노동 헌장의 요약본을 받았다(FO 371/12202, fol. 80). 협동조합주의와 새로운 노동 행정관의 기능에 대해서는 ibid., fol. 89를 참고하라.

158 "'협동조합주의corporativismo'로 표시되는 협동조합 시스템에 따르면, 고용주와 직원의 상충하는 이해관계는 가장 중요한 국익 앞에서 화해해야 했다." 협동조합주의는 1925년 10월 2일 이탈리아 산업가 대표와 파시스트 노동조합 대표 사이에 서명된 협정을 통해 처음 탄생했으며, 이후 1926년 승인을 거쳐 일련의 법률로 성문화되었다(해당 법령은 다음과 같다. 563, April 3, 1926, GU 87 [April 14, 1926]; Royal Decree 1130, July 1, 1926, GU 155 [July 7, 1926], 2930; Royal Decree 1131, July 2, 1926, GU 155 [July 7, 1926], 2941.) 시스템의 법적 측면에 대해서는 Balandi and Vardaro(1988)를 참고하라. 결사의 자유가 사라지고 국가가 파시스트 노조 대표를 지명할 권한이 있었음을 감안하면, 파시스트 정권은 노동자의 대표성을 실질적이 아닌 형식적으로만 인정한 독재적 협동조합주의였다. 더욱이 자본과 노동의 관계는 긴축이라는 정부의 고정된 목표 내에서 규제되었다. 반면 산업 총연맹은 적어도 1930년대 중반까지 자율성을 유지할 수 있었다.

159 "The Circular to all Syndical Associations," March 25, 1927, FO 371/12202, f. 91.

160 "La carta del lavoro di 1927," Article 6, *Gazzetta ufficiale* 68, no. 100 (April 30, 1927): 1795.

161 "Italy's Labour Charter," *Economist*, May 14, 1927, 1008ff.

162 Einaudi 1931, 316. 그는 다음과 같이 명시적으로 썼다. "최적의 임금 해결책은 무제한

자유 경쟁에서 나온다는 순수경제학의 절대 가설을 출발점으로 삼아야 한다. 정책 입안자는 이 가설을 원칙으로 삼되, 그것이 최적의 결과를 가져오지 않는 경우에 한해 다른 수단(재판 판결이나 당사자 간 합의 등)으로 최적에 근접한 해결책을 찾을 수 있다(Einaudi 1931, 316)."

163 "La carta del lavoro di 1927," Article 2, *Gazzetta ufficiale* 68, no. 100 (April 30, 1927): 1794.

164 베도 시스템은 이미 영국에서 광범위하게 실험되었다. 1937년까지 49개의 이탈리아 기업과 225개의 영국 기업이 도입했다(Kreis 1990, 280). 베도 시스템은 '인간의 노동을 과학적으로 측정해 도출한' 임금 인센티브제를 골자로 한다(ibid., 324). 이에 따르면 노동자가 투입한 노력을 추적하고, 그들의 효율성에 순위를 매기고, 생산 속도를 높이고, 유휴 시간을 없앨 수 있다.

165 Musso 2002, 167.

166 미첼리니(2019 and 2020)는 파시즘의 경제 문화를 특징짓는 두 주요 갈래를 잘 개괄했다. 하나는 판탈레오니의 순수경제학으로부터, 또 하나는 법학자 알프레도 로코Alfredo Rocco의 신중상주의/협동조합주의 학파에서 영향을 받은 것이다. 이 두 학파는 반민주주의적·반사회주의적 입장을 취한다는 공통점이 있었으며, 생산 과정에서 노조의 어떤 자율성도 부정함으로써 초기 파시즘의 혁명적 생디칼리슴 분파를 주변부로 밀려나게 했다. 협동조합주의 계열이 1920년대 후반에 더욱 두드러지긴 했지만, 판탈레오니의 순수경제학 계열도 1927년 노동 헌장의 중요성에 대한 논쟁에서 분명히 드러나듯 협동조합주의 체제 속에서도 여전히 영향력을 유지했다. 예를 들어 Michelini(2020)는 순수경제학파인 구스타보 델 베키오Gustavo Del Vecchio가 노동 헌장이 파시스트 노조에 실질적 권력을 부여했다고 보는 견해에 반박했다는 사실을 지적한다. 대신 델 베키오는 노동 헌장을 '혁신적 기업가를 칭송하는 판탈레오니의 경제관이 역사에서 구현된 것'이라고 환영했다(Del Vecchio 1929; Michelini 2020, 26). 많은 파시스트 지식인들도 이에 동의했다. 예를 들어 파시스트이자 협동조합주의 이론가인 카를로 코스타마냐Carlo Costamagna는 노동 헌장이 민간의 생산 주도권을 보호했다고 수시로 강조했다(Costamagna 1931 참고). 그는 협동조합주의가 '목적이 아닌 도구'라고 말했다. 가장 중요한 점으로 그는 "국가의 새로운 경제 질서는 개인과 민간 주도의 생산을 전제로 한다."라고 말했는데, 이는 '파시스트 강령의 초석'이기도 하다(Costamagna 1933, 1-3). 또 다른 파시스트 협동조합주의자인 지노 아리아스Gino Arias는 파시스트 협동조합주의와 국가사회주의를 확고하게 구별했다. 그에게 협동조합주의는 민간의 생산 주도권을 "가장 강력한 (…) 모든 생산 계획의 기초"로 삼으며, '경제 균형'을 달성하기 위한 노동자의 '자발적 자기 규율'을 의미했다(Arias 1929, 371). 실제로 "노조들의 이기주의에 맞서 더 중요한 생산을 지키는 중책은 기업에 맡겨야 했다(ibid.)." 데 스테파니와 긴밀히 협력했던 파시스트 정치인이자 경제학자 에토레 로스보흐Ettore Rosboch도 이에 동의했다. 1930년에 로스보흐는 경제에 국가 개입이 늘어난 것은 여전히 사유재산을 우선시하기 위함이지 경제를 국가의 특정

우선순위에 종속시키려는 것이 전혀 아니라고 지적했다. "파시스트 국가의 경제적 기능에는 민간 부문의 생산활동을 최대한 통합하고 발전시켜야 한다는 명확한 임무가 있다 (Rosboch 1930, 254)." 이 주장은 노동 헌장 같은 협동조합주의 제도와 긴축 사이에 연속성이 있다는 이 책의 주장을 더욱 확증하는 증거가 된다.

167 에이나우디는 〈이코노미스트〉에서 '헌장의 가장 흥미로운 부분은 일반 원칙에 실용적 측면을 첨가하고자 했다는 점' 그리고 '국가의 최고 권력 아래서 전체 국익에 따라 자본과 노동을 조정한다는 원칙'이라고 평했다. 그는 다음과 같이 썼다. "민간 주도의 생산과 노동은 생산량 극대화를 위해 국가가 지도하고 조정해야 할 두 원동력이다. 그러나 국가, 특히 파시스트 국가는 체제를 전복하려는 고용주와 노동자로 구성된 조직은 합법적으로 인정할 수 없다." 따라서 비파시스트 노조는 추방되어어 했다("Italy's Labour Charter," *Economist*, May 14, 1927, 1008ff.).

168 "La carta del lavoro di 1927," Article 7 and 9, GU 68, no. 100 (April 30, 1927): 1795.

169 "Italy's Labour Charter," *Economist*, May 14, 1927, 1008ff.

170 역사학자 존 S. 코헨Jon S. Cohen은 리라 전쟁에 관한 자신의 유명한 논문을 다음의 언급으로 결론지었다. "1920년~1930년대에 파시스트 정부가 민간 부문에 직접 관여했을 때 그 동기는 민간 자본가의 이익을 보호하고 지원하기 위한 것이지, 그들의 지배권을 빼앗기 위한 것이 아니었다. 이탈리아 파시즘과 이탈리아 자본주의의 이해관계는 상충하지 않았다(Cohen 1972, 654)." 이러한 주장과 같은 맥락으로 미첼리니(2020, 41-49)는 파시스트 저널에 글을 쓴 많은 경제학자들이 노동관계와 생산에 대한 국가 개입을 사회주의와 재분배로부터 자본주의를 보호하기 위한 조치로 해석했다고 설명했다.

171 Scholliers and Zamagni 1995, 표 A.6. 동시대인들이 체감한 임금 하락 폭은 훨씬 더 컸다. 브루노 부오치는 1930년대 "전국적인 실질임금 감소분은 1920년~1921년 대비 15~40%로 볼 수 있다."라고 말했다(Buozzi 1972, 428). 또한 가에타노 살베미니는 "1926년부터 1934년 사이 산업 노동자들의 임금은 평균 40~50% 삭감되었다는 결론이 나왔다."라고 썼다(Salvemini 1948, 253). 1936년 실질임금은 에티오피아와의 전쟁과 그에 따른 국제 제재로 촉발된 인플레이션 파동으로 역대 최저치에 도달했다. 1936년 일일 실질임금은 13.98리라로 1921년 17.34리라보다 약 20% 감소했다(기준연도 1938년; Zamagni 1975, Table 1 and 3). 학자들은 1934년부터 도입된 가족 부양 수표가 노동자의 생활 수준에 별 영향을 미치지 않았다고 평가한다(Zamagni 1975, 541 참고).

172 Volpi, 출처: Cotula and Spaventa 1993, 579.

173 Pantaleoni 1922, 38.

174 Brussels 1920, vol. 5, 104.

175 경제 유동성을 감소하기 위해서는 엄격한 부채 관리 정책이 필요했다. 1926년 11월 6일 당시 미지급 채권은 이자율 5%의 영구채만 남았다. 1926년 6월부터 1927년 5월 사이에 정부는 국가와 은행이 보유한 단기 부채의 가치를 270억 리라에서 60억 리라로 줄

였다. 상환 작전은 성공적이었고 유동성은 줄어들었다(Cohen 1972, 649). 파시스트 정부는 영국의 절차를 따라 1927년 8월에 감채기금을 도입했다(FO 371/12947, fol. 162). 이로써 5년 및 7년 만기 재무부 채권이 장기 '리토리오 채권littorio loans'으로 전환되어(1926년 11월 6일부로 '강제 전환') 유동 부채가 통합되었다. 리토리오 채권은 국가의 '경제적 전쟁'을 위해 소액 저축자들을 끌어들이는 대중의 '노력'을 상징했다(Volpi, 출처: Cotula and Spaventa 1993, 588).

176 Ricci 1919, 33.

177 "Italian Finance," *The Times*, April 9, 1925, 9. 또한 "Ministerial Changes in Italy," *The Times*, July 13, 1925, 15 참고.

178 "Italian Finance," *The Times*, April 9, 1925, 9.

179 ibid, 이탈리아의 견고한 경제 기반을 강조하는 유사한 진단에 대해서는 다음을 참고하라. "Italian Finance," *The Times*, April 9, 1925, 9; "Fall of the Lira," *The Times*, June 19, 1925, 15; "Italian Bank Rate Increased," *The Times*, June 18, 1925, OV 36/22. 1925년 여름 환율 위기 동안 리라 가치 하락의 원인을 추측한 기사로는 에이나우디가 쓴 "Italy—The Foreign Exchanges Scare—Extraordinary Payments for Wheat—Paper Issues Stationary—The Inter-Allied Debt Problem," *Economist*, July 18, 1925, 107ff를 참고하라.

180 August 18, 1926, OV 36/22, f. 123A, 8.

181 〈타임스〉에 따르면 데 스테파니는 재정적 공약을 이행하기 위해 과감히 행동했다. "파시스트 정부가 집권하면서 가장 먼저 약속한 두 가지는 균형예산을 달성하고 리라화 가치를 50% 절상하는 것이었다. 첫 번째 공약을 달성하기 위해 지난 2년 동안 전진한 결과는 달성 가능성에 대한 모든 의심을 불식시키기에 충분했다("Italian Finance," *The Times*, April 9, 1925, 9)." 그러나 데 스테파니의 과도한 통화 긴축과 '증권거래 규제 조치'가 금융 위기를 악화하고 리라 가치 하락을 초래하는 역효과를 가져와 결국 그는 사임할 수밖에 없었다("Italian Ministers Resign," *The Times*, July 9, 1925, 14). 데 스테파니는 1925년 7월 9일에 사임했다. 〈이코노미스트〉에 그의 사임 소식을 보도한 에이나우디는 동료의 놀라운 긴축 성과에 깊은 경의를 표하며, 심지어 그의 사임이 '금융 시장을 뒤흔든' '리라화를 절상하려는 선의의 노력'과 관련 있다고 언급하기도 했다("Italy—Resignation of Signor De Stefani—Public Finance—Stock Markets—Duty on Cereals—Wholesale Prices," *Economist*, August 15, 1925, 270ff. 참고). 볼피는 데 스테파니를 '균형예산을 회복한 인물로 이탈리아 재정 역사에 길이 남을' 이름이라 칭송했다("Italian Financial Policy," *The Times*, July 14, 1925, 13; 또한 OV 36/22, fol. 36 참고).

182 예컨대 곡물 수출이 어려워지자 파다니아 평야의 자작농들은 기근에 시달렸고, 따라서 그들은 라치오주 아그로폰티노 지역을 재개척하려는 정부의 강제 이주 계획을 따를 수밖에 없었다. 안토니오 페나키Antonio Pennacchi의 역사 소설 《무솔리니 운하》는 이러한 극적인 에피소드를 생생히 보여준다.

183 "Italy—Stock Exchange Situation—Unemployment—Foreign Trade—New Issues and Savings—Bank Balance Sheets," *Economist*, January 8, 1927, 68ff.

184 "Italian Finance," *The Times*, April 9, 1925, 9, 또는 OV 36/22, fol. 23. 해당 기사는 평가절하를 막기 위해 취해진 디플레이션 조치에 대해 보도했다. 데 스테파니는 이렇게 말했다. "이탈리아는 적절한 예방 조치를 취하고 잠시 희생을 치르더라도 리라의 통제권을 회복하는 것이 중요하다. (…) 그리고 현재 정부의 재정정책은 이 목적을 달성하는 쪽으로 향하고 있다."

185 *Daily Telegraph*, "Italy's War Debt," June 19, 1925, OV 36/22, fol. 30. 공식 재할인율은 재무장관의 명령으로 결정되었다.

186 December 21, 1927, FO 371/12198, f. 234, 2. 동 연설은 다음에도 보도되었다. "The Stabilisation of the Lira," *Economist*, December 31, 1927, 1179ff.

187 "평가절상이 초래할 수 있는 위기를 피하려면 재정정책보다 절상이 먼져였을 만큼 절상 정책이 굉장히 시급했다는 점을 모두가 이해해야 한다(De Stefani 1928, 151)."

188 평가절상을 위해 즉시 내린 조치는 대외 시장에서 리라 수요를 늘리는 것이었다. 이를 위해 이탈리아 국가는 달러로 리라를 사들였다. 따라서 수출은 이탈리아 외화 보유고를 유지하기 위한 준비금을 유입하는 데 매우 중요했다.

189 De Stefani 1928, 99.

190 "Financial and Economic Situation in Italy," August 6, 1926, FO 371/11387, fol. 153.

191 1926년 7월 볼피는 무솔리니에게 "1925년~1926년 회계연도 말 국가 예산은 단연컨대 흑자 추정치의 세 배인 10억 200만 리라를 넘어설 것"이라고 회심의 편지를 쓸 수 있었다(July 13, 1926, FO 371/11387, fol. 129). 볼피는 스스로의 예상을 뛰어넘었다. 국제연맹과 영란은행은 볼피가 1924년~1925년에 4억 1,700만 리라, 1925년~1926년에 22억 6,800만 리라의 흑자를 실현했다는 속보를 전달받았다(January 27, 1928, OV 36/22, fol.123A, 2).

192 August 6, 1926, FO 371/11387, fol. 154.

193 예컨대 1926년 12월 20일 면공업 대표들이 무솔리니에게 보낸 편지에는 다음과 같은 내용이 들어 있다. "저희 산업가들은 위기에 직면해 있으며 신규 공장 건설이나 기술 개발, 더 폭넓게는 생산과 직결되지 않는 모든 투자를 중단했습니다. 저희는 이미 직원들의 주급을 대폭 삭감해야만 했습니다. 이제는 통화량을 조절하려면 생산비와 판매가와 더불어 1월까지 기본 임금률도 필요한 만큼 낮출 것을 정부에 제안하고자 합니다.(ACS, Carte Volpi, fasc. 49, 출처: Cotula and Spaventa 1993, 597)."

194 에이나우디는 〈이코노미스트〉에서 다음과 같이 썼다. "그러나 이탈리아 산업이 해외 시장에서 힘들게 확보한 입지를 유지하려면 내부 생산비를 재조정해야 한다. 따라서 정부, 기업(고용주와 직원 연합), 언론은 급여, 임금, 임대료, 물가를 인하하기 위한 캠페인을 시작했다("Italy—Mussolini's Policy—Population and the Lira—Stock Exchanges—

Readjusting the Price Level—The Campaign for Reduction of Prices," *Economist*, June 11, 1927, 1236ff)." 마찬가지로 1927년 9월 에이나우디는 이탈리아는 이미 협동조합주의 국가가 수립되었으므로 영국과 달리 국제수지가 양호하고 유휴 저축이 존재하지 않는다고 말했다. 그는 다음과 같이 썼다. "이탈리아 경제정책에서 눈여겨볼 점은 가격, 소득, 임금, 세수입 등을 새로운 균형에 도달하도록 채택한 방법이다. (⋯) 새로운 균형에 이르게 한 실제 주체는 무엇보다 노동 가격을 설정한 협동조합주의 국가다("Italy—Sinking Fund for Public Debt—Imports and Exports Figures—Towards a New Economic Equilibrium," *Economist*, September 17, 1927, 482ff)."

195 Toniolo 1980, 114. 파베로(2010)는 파시스트 국가가 국내 명목임금을 일괄적으로 20% 삭감하기로 결정한 것이 ISTAT(이탈리아 통계청)의 소비자 물가 지수(CPI) 계산을 하향 조정한 결과에 근거했다고 강조한다. ISTAT의 데이터를 사용하게 된 것은 정부가 시장 가격보다 낮은 업계 자체 소매가를 기준으로 CPI를 계산하기로 산업 총연맹과 약속했기 때문이었다. 파베로는 이 기법이 1930년 11월에 국가가 강행한 8%의 추가 임금 삭감을 정당화했다고 언급한다(2010, 328).

196 February 17, 1928, FO 371/12947, fol. 163, 20.

197 1927년 5월, 파시스트 산업 총연맹은 금본위제와 산업 긴축의 영속적 관계를 천명했다. 그들은 '훌륭하게 기강이 잡힌 기특한 이탈리아 노동자들'에게 '전반적 임금 삭감'을 발표했는데, 이는 "리라의 교환 가치를 최근 평균치보다 약 30% 더 높게 유지하려면 불가피한 조치"였다(May 20, 1927, FO 371/12202, fol. 128).

198 October 29, 1926, OV 36/1, f. 18, 2. 실업률 증가는 영란은행의 문서에서도 입증되었다(OV 9/440, fol. 30). 주이탈리아 영국 대사관은 리라화의 절상이 '무역과 산업의 거의 모든 분야에서 전반적 혼란을 일으켰으며' 이 불황은 1926년에 시작해 1927년에 쭉 이어졌다고 보고했다(1927년 이탈리아 경제 상황에 대한 상무부 보고서 요약, April 1928, OV 36/1). 1929년 산업 고용 지수는 그나마 회복하긴 했어도 여전히 1925년~1926년 수준보다 3% 낮았다(Toniolo 1980, 131). 공식 실업률은 노동인구 대비 10%에 달했다(Cohen 1972, 649).

199 July 2, 1926, FO 371/11387, fol. 104, 5.

200 Cotula and Spaventa 1993, 889.

201 예를 들어 협동조합주의 경제학자 지노 아리아스는 1929년 사태를 고임금, '어디로 튈지 모르는 노동계급', 금융 투기, '생산량과 부의 끝없는 증가', '공사를 막론하고 공공연한 기본 도덕 상실'(Arias 1933, 216, Michelini 2020, 42-43) 등으로 촉발된 '과소비 위기'로(Arias 1931) 묘사했다. 저명한 경제학자들로 구성된 파시스트 저널 〈로 스타토Lo Stato〉의 편집진은 1929년 위기가 국제적인 '신용 남발'로 촉발됐다는 점에 동의했다. 반면에 파시스트 경제정책은 "처음부터 현실주의에 입각한 긴축정책을 채택"했다는 점에서 돋보였다고 한다(Direzione 1931, 출처: Michelini 2020, 49). 경제학자 주세페 우고 파피Giuseppe Ugo Papi는 협동조합주의적 '통제 경제' 정책이 공공지출을 줄이고 균형예산

에 집중하는 과정에서 모든 세수입이 급감하는 결과로 이어질 것이라고 주장했다(Papi 1931, 출처: Michelini 2020, 49).

202 Pantaleoni 1922, 109.

203 De Stefani 1926b, 34, 작은따옴표 강조 표시는 필자가 첨가함.

204 Hawtrey 1919a, 230.

8장

1 FO 371/7669, fols.198-200, 작은따옴표 강조 표시는 필자가 첨가함.

2 July 10, 1925, FO 371/10784, fol. 37.

3 다른 많은 사람처럼 니마이어도 영국이 이탈리아에 대출해주면 이탈리아가 영국산 상품을 수입할 여력이 생기므로 대출의 경제적 영향을 과소평가해서는 안 된다고 생각했다. 그는 1930년 6월 맥밀런 위원회Macmillan Committee에 보고할 때 이탈리아에 차관을 제공하면 영국의 대이탈리아 수출이 증가하리라는 상관관계를 잘 알고 있었다. "저는 이탈리아에 대출을 제공한다고 전체적으로 믿지는 게 아니라, 우리에게 매우 유리하다고 믿습니다. 더 큰 그림을 보면, 우리 제품 수요가 직간접적으로 늘어날 겁니다. 통화 안정을 위한 대출이라도 영국 무역에 꽤 이득이 됩니다(G1/428)." 1919년 영국 대사관의 로드니 로드Rodney Rodd도 같은 의견이었다. "다들 재정적으로 매우 어려운 시기에 이탈리아에 추가 대출을 확대하는 문제는 부채 상환의 관점에서만 볼 게 아닌 것 같습니다. 이미 그들이 영국에 지고 있는 부채 외에, 앞으로 영국 무역의 발전을 생각해서라도 이탈리아의 재정이 안정되어야 한다는 점을 무시할 수 없습니다(February 7, 1919, FO 371/3808)."

4 무역 통계 분석은 다음을 참고하라. Luigi Einaudi, "Italy—The Direction of Foreign Trade—Revival of Trade Unions Movement—Fascist Corporations and Class Federations," *Economist*, December 13, 1924, 964.

5 Migone 2015, 2.

6 ibid., 15.

7 ibid., 136.

8 FO 371/7669, fol. 196.

9 1919년 6월 10일 로마 하원 의회에서 발표된 카를로 산처의 '재정 상황에 관한 성명서' 중에서, T1/12367/35323.

10 T 1/12343/10710/19.

11 J. 레넬 로드가 1919년 4월 2일 조지 커즌에게 보낸 편지, FO 608/38/15, fol. 449.

12 T 1/12343/10710/ 19.

13 ibid.

14 T 1/12367/35323. 2월 대출은 영국이 이탈리아에 1919년 2월 1일 이전까지 제공한 모

든 미상환 부채를 갚는 데 주로 쓰였다. 2월 대출 약관에 대해서는 T1/12343/8035/19를 참고하라. 영국의 통화 긴축이 이탈리아 대출액에 영향을 미쳤다는 점은 주목할 가치가 있다. 1920년 6월 16일, 이탈리아 대리대사 가브리엘레 프레지오시Gabriele Preziosi는 영국 재무장관 오스틴 체임벌린에게 걱정스러운 어조로 다음과 같은 편지를 보냈다. "1919년 8월 8일 협상이 타결되었을 때 은행 금리는 오랫동안 5%로 안정적으로 유지되었습니다. 이후 6%로 올랐고 최근에는 7%로 올라 이탈리아 재무부의 부채가 상당히 불어났습니다(T 160/10/12, fol. 3)." 영국 정부는 모든 갱신된 부채에 대해 5%의 고정 금리를 적용하기로 동의했다.

15   April 14, 1920, T 1/12551/1.

16   ibid.

17   ibid., 2. 카펠-큐어는 다음과 같은 암울한 평가로 보고서를 마무리했다. "이탈리아를 30년 넘게 면밀한 관찰한 나로서는 지금 이곳 국민들의 절박함은 과장이 아니며, 이 나라는 역사상 가장 심각한 위험에 직면해 있다고밖에는 달리 말할 길이 없다(T 1/12551, 7)."

18   ibid., fol. 4.

19   영국 재무부에 보관된 햄블링의 메모에는 다음과 같이 적혀 있다. "이탈리아 관료들은 자국민이 일자리를 잃지 않도록 산업의 필수 원자재를 어떻게든 수입하지 못하면, 현재 정황상 엄청난 정치적 격변이 발생할 위험이 크다고 믿고 있다(그리고 전쟁기에 여러 번 이탈리아를 방문한 내 경험에 비추어봐도, 그들의 믿음이 확실히 옳아 보인다). 이탈리아의 생활 물가는 국민의 불만이 극도에 달했을 정도로 천정부지에 이르렀고, 실업이 더 심각해지면 아마 혁명과 볼셰비즘 운동이 일어날지도 모른다. 우리 영국은 이탈리아에 약 4억 파운드를 빌려줬고, 이미 제공한 차관을 확실히 상환받으려면 그들의 현재 요구대로 2년 동안 추가 지원을 제공해야 할 것으로 보인다. 내가 알기로 현재 런던 금융계의 몇몇 저명 인사들은 영국이 다른 나라에 장기 차관을 줄 여유는 없지만 이탈리아 국민이 동요할 위험이 매우 커서 조만간 문제가 터질 것이라 생각하고 있다. (…) 나는 지금 이탈리아를 지원하지 않으면 분명 심각한 결과가 오리라 믿는다(T1/12367/35323, 허버트 햄블링의 메모 중에서)."

20   April 14, 1920, T 1/12551/4. 복지 삭감에 반대하는 정치적 압력은 특히 골칫거리였다. 카펠-큐어는 이렇게 말했다. "영국의 한 은행장이 언급한 바에 따르면, 런던 금융계가 특히 주목하는 악재는 빵 보조금을 철회하려던 이탈리아 정부가 사회주의자들의 아우성에 굴복할 수밖에 없었다는 소식이다(April 12, 1920, T1/12551/4)."

21   April 12, 1920, T1/12551/1.

22   ibid.

23   July 4, 1922, FO 371/7656, fols. 267-69.

24   이탈리아 산업 총연맹도 마찬가지로 정부의 재정정책과 경제정책에 탄식했다. 총연맹의 집행위원회는 입을 모아 이렇게 지적했다. "금융 당국, 재무부, 공공 기관의 정책은 다른

어떤 나라에서도 볼 수 없는 세금으로 상황을 더욱 악화할 것이다. 결과적으로 자본뿐 아니라 이자 수익도 흡수해, 저축을 가로막고 신규 자본이 생산적으로 쓰이지 못할 것이 다("Industry and Production: Motion of Executive Committee on the Confederation of Industry," April 6, 1922, FO 371/7656, fol. 156)."

25 July 21, 1922, FO 371/7656, fol. 283.

26 ibid.

27 June 22, 1922, FO 371/7669, fol. 191, 6.

28 내부 관계자들도 물론 동의했다. 예컨대 1922년 3월 12일에 니티는 '모험적 정책을 감행하지 말고' 영국의 입법 선례를 따르자고 촉구했다(FO 371/7669, fol. 201). 그러고는 "탈출구는 오직 하나뿐이라는 것을 누구나 알고 있다. 바로 저축하는 습관으로 돌아가는 것이다."라고 말했다. 우리가 7장에서 살펴본 동료 경제학자들과 마찬가지로, 니티도 저축의 미덕이 결여된 세태를 한탄했다. "국가도, 지자체도, 개인도 예외 없이 저축을 안 한다. 오히려 국가는 낭비의 나쁜 본보기를 보여주고 있다(ibid., fol. 198)."

29 FO 371/7656, fol. 284.

30 October 27, 1922, FO 371/7656, fols. 287-88.

31 November 3, 1922, FO 371/7656, fol. 290.

32 예를 들어 1922년 11월 11일 그레이엄 대사가 긴급 보고로 전한 '이탈리아에 대한 외국 자본 투자Investment of Foreign Capital in Italy', FO 371/7656, fols. 292-293를 참고하라. 한 달 후 〈이코노미스트〉는 1922년 12월 16일 칙령(Royal Decree Law 1660, GU 305 [December 30, 1922])에 따라 신규 자본을 유치할 목적으로 발행된 모든 외국채에 소득세가 면제된다는 소식을 보도했다. 또한 "Italy—Restriction on Sale of Occupied House—Exemption from Taxes to Foreign Loans—Succession Duty—Increase of Failures," *Economist*, August 25, 1923, 298를 참고하라.

33 세수 감소치는 2억 5,400만 리라로 예상되었다.

34 오르소 마리오 코르비노Orso Mario Corbino 국가경제부 장관의 발언이 긴급 보고로 전달되었다.

35 "Fascismo," *The Times*, July 2, 1923, 13. 〈타임스〉의 또 다른 기사인 'Bold Italian Finance'는 1925년까지 적자를 0으로 줄이겠다는 파시스트 정부의 공약을 높이 평가했다. 기사에 따르면, 쉽지 않은 일이었지만 이제 이탈리아 국민이 '불굴의 통제력과 데 스테파니의 행동력'을 따르고, '국고는 늘리되 지출은 줄인다'는 공식을 실행한 지도자 덕분에 가능했다("Bold Italian Finance," *The Times*, May 14, 1923, 11).

36 7장에서 살펴봤듯이 에이나우디가 〈이코노미스트〉에 기고한 글은 1920년대 파시스트 경제정책에 대해 줄곧 찬사를 보냈다.

37 "Italy—Signor De Stefani's Speech—An Italian Geddes Committee—The Deficit for 1923-24—New Debts after 1914—Treasury Control—Economic Improvement," *Economist*, May 26, 1923, 1194ff. 정부는 게디스 삭감을 열심히 적

용했을 뿐 아니라, 그 적용이 결실을 얻기도 했다. 데 스테파니가 연설에서 '경제 상황'이 '개선'되고 있다고 말했다. 무엇보다 수입이 줄고 수출은 늘었다.

38 July 10, 1925, FO 371/10784, fol. 37.

39 "Fascismo," *The Times*, July 2, 1923, 13.

40 Ricci 1926, 104-5.

41 Ibid. "Signor De Stefani and London Italians"(The Times, July 28, 1924, 15)라는 제목의 또 다른 기사에서는 데 스테파니가 런던에서 그리스 거리에 있는 이탈리아 협동조합까지 행한 연설이 보도되었다. 그는 런던 전역에서 온 이탈리아인을 포함해 대거 운집한 청중에게 연설했다. "데 스테파니는 국민이 꾸준히 일하고 희생의 인내를 발휘한 덕에, 국가 경제와 재정 구조가 바로잡히고 회복되었다고 말했다."

42 FO 371/7660, fol. 185.

43 "Fascismo," *The Times*, July 2, 1923, 13.

44 "Signor Mussolini's Policy," *The Times*, November 17, 1922; 또한 FO 371/7660, fol. 236.

45 ibid., fol. 75.

46 FO 371/8885, fol. 73.

47 FO 371/7660, fol. 198.

48 대사관 2등 서기관 올리버 하비는 1년 후 이탈리아 선거가 다시 연기됐다는 소식을 보고하며 그레이엄 대사의 말을 대신 전했다. 그는 다음과 같이 직설적으로 말했다. "현재 의원들은 임시직이나 다를 바 없다. (⋯) 더욱이 그들의 비굴한 태도를 보면 더 이상 국가의 대표가 아니라는 사실이 명백해진다(FO 371/8886, fol. 46)."

49 J. P. 모건에게 보낸 편지 중에서, 1926년 11월 19일, G1 307, fol. 27.

50 그레이엄은 '전권 위임법안'이 '경제를 살릴 유일한 수단'이라고 보고했다. 그는 "1922년 11월 의회로부터 1년 동안 '전권'을 부여받은 무솔리니가 의회에 구애받지 않는 독재자가 되었다."라고 설명했다(Annual Report for 1923, FO 371/9946, fol. 246, p. 16). 전권 위임법안(7장 참고)의 기능을 설명한 장문의 보고서에는 "각 부의 선언에 따르면 새로운 법에 의해 부여된 권한의 범위에는 사실상 제한이 없는 것으로 보인다."라고 언급되어 있었다(November 21, 1922, FO 371/7660).

51 1922년 11월 〈이코노미스트〉는 다음과 같이 언급했다. "분명 무솔리니는 자신이 선택한 최고의 인재들로 정부를 구성하고자 했지, 그 인재들의 출신 집단이 내리는 지시에 따를 생각은 없었다. 그가 구상한 첫 번째 계획 중 하나는 공공지출의 대폭 삭감이었다. (⋯) 유럽에 재정 건전성의 필요를 절감하는 국적 불문의 관찰자들은 무솔리니의 시도를 관심 있게 지켜볼 것이다("The Fascisti in Power," *Economist*, November 4, 1922, 840ff.)"

52 October 22, 1923, FO 371/8886, fol. 46.

53 예를 들어 〈이코노미스트〉는 "무솔리니가 무너진 질서를 바로잡고 혼란의 큰 불씨를 제거했다."라며 기뻐했다. 특히 혼란의 요인은 "임금이 오를 대로 올랐고, 파업도 늘어

난" 것이었는데, 이를 "해결할 만한 강력한 정부는 지금껏 없었다."라고 기술했다("The Results of Fascism," *Economist*, March 22, 1924, 623ff.). 그리고 1924년에 〈타임스〉는 파시즘이 '노바라, 몬타라, 알레산드리아' 지역의 야심 찬 '볼셰비키 농민'과 '그들의 막 돼먹고 우매한 행동'을 고쳐놓았다고 칭송했다. 기사는 다음과 같이 이어졌다. "2년 반 동안 농작물이 내팽개쳐져 말라 죽었을 정도로, 농민의 맹렬한 파업은 다반사가 되었 다. 심지어 자기네 추종자들보다 더 어리석으면서 제 딴에 지도자 행세하는 공산주의자 들은 소위 집산적 관리라는 실험을 최초로 시도하고 싶어 했다("The Dissident Fascisti," *The Times*, June 17, 1924, 15)."

54 1928년 8월 그레이엄은 체임벌린에게 편지를 보내 자유와 질서의 상충관계를 언급했 는데, 여기서 그에게는 후자가 더 중요했다. "자유의 문제는 많은 사람을 우려하게 한다. 이러한 자유의 제약이 실제적, 잠재적으로 가혹하고 때로 불공평한 건 사실이다. 그러나 파업과 폭력이 끊이지 않던 졸리티 정부와 우유부단했던 니티 정부 때, 이탈리아의 권리 가 다른 강대국들에 의해 휘둘리고 이탈리아의 국제적 입지가 조심스레 혹은 대놓고 의 문시되던 이 시절이 과연 정신적으로 더 평화로웠는지 의문을 품는 이탈리아인들이 아 주 많다(FO 371/13679, fol. 97, 7)."

55 FO 371/9946, 246, 16.

56 보몬트 피스는 "고결한 이상, 최고 지위인 국가권력, 엄격한 시민 규율과 자기희생, 근 면과 검약으로 돌아가지 않는 한 이 국가를 완전한 도덕적, 경제적 붕괴로부터 구할 길 은 아무것도 없다."라고 말했다("The British Italian Banking Corporation, Limited," *Economist*, March 22, 1924, 640ff). 그리고 이렇게 말을 이었다. "15개월도 채 안 되는 집권 기간에 이 대단한 지도자가 거둔 성과는 놀랍다. 특히 중요한 경제와 재정 문제에 서 더욱 빛을 발했다(ibid.)." 1927년에도 이런 어조는 거의 변함없었다. 영국 내셔널 프 로빈셜 은행British National Provincial Bank 은행장인 헨리 고셴Henry Goschen은 "무솔리니 의 철벽같은 통치로 이탈리아의 경제적 입지가 강화되고 있다."라고 보고했다("National Provincial Bank, Limited—Rubber Securities, Ltd.," *Economist*, January 29, 1927, 225ff).

57 개정된 이탈리아 형법은 독재 강화에 기여했다. 이는 "이탈리아 형법의 이전 방향을 뒤 집었다. 새로운 형법은 처벌에 대한 예방적, 교정적 관점과 반대되는 보복적 관점을 기 반으로 했다. (…) 사형 제도가 부활했다. 처벌 건수가 늘어나고, 새로운 죄목이 생겨났다. (…) 고리대금업은 범죄가 되었고, 경제적 또는 정치적 파업, 보이콧, 직장 폐쇄도 마찬가 지였다("The New Italian Penal Code," 1927, OV 9/440, fol. 34, 영란은행 기록 보관소)."

58 예컨대 파시스트 민병대가 국가기구와 통합한 것에 대해서는 "Celebration of Rome's Foundation Day: Fascista Military Organization," April 25, 1923, FO 371/8885, fols. 1-4를 참고하라.

59 "Summary of Proclamation," FO 371/8885, fol. 201.

60 July 30, 1923, FO 371/8885, fol. 184. 1922년 11월 그레이엄은 자국에 "무솔리니에 게 이탈리아를 대표하는 사람은 의회가 아니라 검은 셔츠단이다. 무솔리니는 검은 셔츠

단을 등에 업고 통치하고 있으며, 의회는 명목상 자리만 차지하고 있다."라고 소식을 전했다(November 16, 1922, FO 371/7660, fol. 235).

61   예컨대 1923년 12월 28일 대사관은(FO 371/8886, fol. 174) 로마 거리에서 언론인 겸 정치인인 조반니 아멘돌라를 파시스트들이 습격한 사건을 긴급 보고했다. 1924년 6월 13일에는 미수리Alfred Misuri 의원이 의회에서 파시스트의 극단적 행위를 비난한 후 습격받은 소식을 알렸다(FO 371/9938, fol. 176). 파시스트가 니티를 박해한 사건에 대해서는 그레이엄 대사의 1923년 '종합 보고서'(FO 371/9946, fol. 246, 24)를 참고하라.

62   '밀라노 지방선거에서 파시스트가 성공한 요인'이라는 외무부의 흥미로운 문서는 영국 정부가 애초부터 파시스트당의 반민주적 특성을 잘 알고 있었음을 보여준다. 이 문서는 1922년 12월 10일 밀라노 선거에서 사회당과 공산당이 '헌법 연합constitutional bloc'(파시스트당과 국가주의자, 자유주의자, 그 외 모든 합헌적 정당의 여당 세력)의 폭력과 부정 선거로 갑자기 패했다고 설명한다. "일요일 아침 5시가 되자 몽둥이와 리볼버 권총으로 무장한 파시스트 당원들이 투표소 여러 곳을 점거했다. 전단지 형태의 선전, 사회당이 기재된 투표용지 배포 등 사회당에 투표를 장려하는 모든 행위는 즉시 파시스트에게 붙들려 제압되었고, 당사자는 대개 병원에 실려 가기 일쑤였다. 사회주의 유권자들은 다소 불리한 상황에 처하게 되었다(FO 371/7673, fol. 248)."

63   예컨대 긴급 보고된 내용은 다음과 같다. "이탈리아 당국은 최근 공산주의자들을 대대적으로 검거했으며, 전국적으로 체포된 사람 수는 1,000명이 넘었다(September 25, 1925, FO 371/10784, fol. 162)." 1928년 영국 대사관은 이탈리아에서 '공산주의 활동 혐의로 기소된 사람들'에게 특별 재판이 행해졌다고 보고했다(February 8, 1928, FO 371/12949, fol. 235).

64   마테오티 위기에 대해서는 7장, 각주 24를 참고하라. 추가 전언은 FO 371/7660, fols. 176, 178, 187를 참고하라.

65   그레이엄이 램지 맥도널드Ramsay MacDonald 영국 총리에게 전한 표현, June 23, 1924, FO 371/9938, fol. 214; 비슷한 표현으로 "The Crisis in Italy," *Economist*, July 5, 1924, 11. 참고.

66   Migone 2015, 55.

67   "Achievements of Fascismo," *The Times*, October 31, 1923, 13.

68   ibid., 56. 미고네에 따르면, 전국에 정치적 영향력이 있으면서 유일하게 파시스트 정권에 꾸준히 비판적 입장을 유지한 일간지 〈뉴욕 월드New York World〉의 월터 리프먼Walter Lippmann 기자조차 J. P. 모건의 파트너인 토머스 윌리엄 라몬트Thomas William Lamont에게 "이탈리아가 재정적 측면에서 개선되었다는 사실을 모르는 건 아니다."라고 말했다고 한다(Migone 2015, 60). 미고네는 이렇게 썼다. "자유민주주의 질서의 특징으로 여겨지던 헌법 질서가 파괴됐으니, 세계 최대의 자유주의 혁명을 토대로 건국된 국가에서 어떤 반응이 나타나지 않을까 예상할 사람도 있을 것이다. 하지만 오히려 비판과 부정적 평가는 완전히 주변부로 밀려나 마르크스주의와 극단주의 세력, 종종 소수민족 사회 내

에서만 한정되었다. (…) 파시즘의 부상을 언론계, 외교계가 해석하는 이러한 방식은 앞으로 미국의 역사적 동향, 즉 더 강력한 미국의 이익을 위해 민주주의 법칙의 예외를 용인하는 경우가 점점 빈번해진 현상을 설명할 초기의 중요한 징후가 된다(ibid., 47-48).” 미국 외교계와 금융계의 태도는 영국과 다를 바 없었다. 마테오티 위기에 미국이 보인 반응은 Migone(2015, 50-68)를 참고하라.

69 “The British-Italian Banking Corporation, Limited,” *Economist*, March 21, 1925, 559ff.

70 Ibid.

71 윈스턴 처칠의 발언은 이러한 사고방식을 보여주는 전형적 사례다. “같은 일이라도 나라마다 하는 방식이 다릅니다. (…) 내가 이탈리아인이었다면 나는 레닌주의에 (…) 맞서는 당신의 투쟁에 처음부터 끝까지 함께했을 것이라 확신합니다. 그러나 영국은 아직 이런 위험에 직면한 적이 없습니다만 (…) 나는 우리가 함께 투쟁함으로써의 공산주의를 뿌리뽑을 수 있다고 의심치 않습니다(“Churchill Parla dell'Italia e del Fascismo,” *Il corriere della sera*, January 21, 1927; De Felice 1966, 330).”

72 로마 통신원이 쓴 글. “The Italian Elections,” *The Times*, April 4, 1924, 11.

73 1927년 10월 26일 벤저민 스트롱에게 보낸 개인 전보, 인용 출처: https://fraser. stlouisfed.org/archival-collection/papers-benjamin-strong-jr-1160/ correspondence-great-britain-473618/fulltext. 영란은행에 보관된 수많은 문서에 언론의 자유가 탄압되고 있다는 내용이 담겼다. 예컨대 루이 프랑크Louis Franck 벨기에 중앙은행 총재가 노먼 총재에게 보낸 다음 편지를 참고하라. “나날이 강도 높아지는 정부의 억압으로 언론의 자유, 여론, 자유로운 비판과 논평, 심지어 개인의 자유조차 허용되지 않고 있습니다(November 9, 1926, OV 36/1, fol. 19).”

74 뉴욕 연방준비은행의 총재 벤저민 스트롱의 발언은 다른 누구의 말보다 영향력이 컸다. 그는 노먼에게 편지로 세 나라의 중앙은행이 협력하게 된 것에 기쁘게 생각한다며 다음과 같이 말했다. “우리가 민주주의와 개인의 자유(대개 권리로서의 자유를 의미하나 때로는 방종을 의미하기도 합니다)에 대해 어떻게 생각하든, 저는 우리 둘 다 이탈리아의 현 정권이 이탈리아 국민의 복지를 기적에 가깝게 증진했다는 데 동의한다고 생각합니다. 자유민주주의의 기준과 방법에 관해서는 우리가 전적으로 의견이 같지는 않겠지만, 성과에 대해서는 확실히 동의하지 않을 수 없습니다(1927년 11월 9일자 편지, G1/307, fol. 47A).” 다시 말하지만, 이른바 이탈리아 국민을 위한 이익은 자본 축적을 재개하고 경제법칙에 국민을 예속시키는 것과 관련이 있었다.

75 OV 36/1, fol. 17.

76 ibid.

77 ibid.

78 예컨대 1924년 그레이엄은 ‘파시스트의 대승’을 축하하는 전보를 보냈다(“Italian Election Results,” April 11, 1924, FO 371/9938, fol. 50). 폭력 선거가 자행된 점은 대체로

경시되었고(예: "극심한 폭력과 유혈 사태는 비교적 적었다", April 18, 1924, ibid., fol. 61), 역시
나 이탈리아 정세의 전형적인 특징으로 받아들여졌다. "파시스트의 승리는 어느 정도 부
적절한 강압에 기인한 것도 사실이지만, 특히 남부 지역을 중심으로 이탈리아 선거에서
는 폭력과 부패가 언제나 만연했다는 점을 유념해야 한다(April 11, 1924, FO 371/9938,
fol. 51)." 결국 중요한 것은 무솔리니가 정치 안정을 실현했다는 것이었다. 그는 만일 이
탈리아가 영국식 선거 제도(다수 대표제)를 채택했다면 "사실상 의회 전원이 파시스트당
일 것"이라고 말했다(ibid.).

79 November 13, 1926, G1/307, fol. 22.

80 이 기사에서 에이나우디는 새로운 협동조합주의 국가가 제도권에 입성하면서 정치적
    자유가 위축될 것이라는 우려를 내비쳤다. 그러면서도 곧이어 독자들에게 "우리는 또한
    무솔리니가 조국을 위해 세운 공로를 충분히 인식하고 그의 높은 이상에 탄복하지 않을
    수 없다."라고 말했다("The Corporative State in Italy," *Economist*, June 23, 1928, 1273ff).

81 "The Corporative State in Italy," *Economist*, June 23, 1928, 1273ff. 또한 그해 그
    레이엄은 "무솔리니가 갑자기 사라지면 어떤 일이 일어날지는 누구도 대답할 수 없다."
    라고 썼다. 1929년 8월 첫 번째 국민투표에서 무솔리니에게 압도적 찬성표가 나왔을
    때, 그레이엄은 오스틴 체임벌린 장관에게 기쁜 마음으로 "외견상 이탈리아의 '파시스트
    화'가 변함없는 추세로 모든 면에서 성공적으로 진행됐습니다."라고 보고했다. 1929년
    8월 1일, 그레이엄 대사가 아서 헨더슨 외무장관에게 보낸 기밀 서한, FO 371/13679,
    fol. 96, 2.

82 "The Late Signor Giolitti," *Economist*, August 4, 1928, 228.

83 Migone 2015, 189 참고.

84 〈타임스〉는 "채권국들은 이탈리아에 채무를 독촉할 목적으로 해외 시장에서 리라화를
    공격하기 시작했다."라고 보도했다("Fall of the Lira," *The Times*, June 19, 1925, 15; 또한
    OV 36/22, fol. 31).

85 Migone 2015, 179-80.

86 이탈리아가 전쟁 채무국이 된 것은 재정 취약성, 무역 적자, 군수품과 식량 수입의 대
    영 의존도 등 때문이었다. 결국 휴전 당시 이탈리아가 가진 돈은 대부분이 영국과(18억
    5,500만 달러. 금 수송비와 기대출액 1억 5,231만 4,000달러를 감안하여 조정됨) 미국에(13억
    1,000만 달러) 진 빚이었다. 외채 부담이 국가를 옥죄고 있었다. 영국도 전쟁 비용을 조달
    하느라 미국으로부터 대출을 받아야 했다(휴전 협정이 마무리될 당시 10억 2,700만 파운드 —
    Morgan 1952, 320). 신흥 채권국으로 부상한 미국의 패권은 영국과 이탈리아의 전후 정
    치에 큰 영향을 미쳤다. 전쟁 차관에 대해 비타협적이던 미국은 모든 국가에 부채 상환
    을 위한 지급 예상치를 엄격히 지키도록 강요했다. 특히 영국도 그중 하나였으므로 자신
    의 채무국인 이탈리아의 사정을 봐줄 수 없었다.

87 1923년 4월 23일 영국 금융가 펠릭스 슈스터Felix Schuster가 이탈리아 중앙은행 총재 보
    날도 스트링거에게 한 말, G30/11.

88 영국 대사관은 매년 이탈리아의 예산 추산액을 번역해 평가했다(예컨대 1927~1928년 회계연도는 FO 371/12198, fol. 84를 참고하라). 마찬가지로 영란은행은 1920년대 내내 이탈리아의 재정 운용, 무역수지, 통화량을 감시해 많은 기록으로 남겼다(예를 들어 OV 36/1, fols. 13-14 참고). 비슷하게 미국 측의 재정 감시에 대해서는 Migone(2015)를 참고하라.

89 영란은행의 1925년 6월 보고서도 대체로 같은 점을 지적했다(OV 36/1, fol. 3 참고). T 176/40, fol. 5, 작은따옴표 강조 표시는 필자가 첨가함.

90 1925년 11월 14일, 볼피와 미국 재무장관이자 미국 외채 위원회American Foreign Debt Commission 위원장이던 앤드류 멜론은 워싱턴에서 '1925년 6월 15일에 이탈리아의 대미 부채를 통합하는 협정'에 서명했다. "기지급액을 제외하면 총 원리금은 20억 4,200만 달러에 달했다(OV 36/22, 2)." 1926년 1월 7일, 볼피와 처칠은 런던에서 이탈리아의 대영 부채를 청산하는 협정을 체결했다(OV 36/22, 14).

91 리라가 안정화되려면 외국의 대출이 필요했다. 일부는 민간 은행이, 또 일부는 벤저민 스트롱의 관할 아래 미국 연방준비은행 그리고 J. P. 모건 은행이 영란은행의 승인을 얻어 대출을 제공했다. 1926년 5월 이후 이 외국 금융가들은 이탈리아에 금본위제로 복귀하라고 압력을 가해왔다. J. P. 모건의 대변인인 미국 은행가 토머스 윌리엄 라몬트는 "우리는 이탈리아에 어떻게든 금본위제로 조기 복귀하는 것을 진지하게 고려하라고 촉구해왔다. (…) 이는 몬터규 노먼과 벤저민 스트롱 총재도 즉각 찬성했다."라고 발표했다(May 21, 1926; OV 36/1, fol. 14).

92 통화 안정화를 지원하기 위한 두 번의 다른 중요한 대출은 1927년 이탈리아가 금본위제로 복귀한 동시에 이루어졌다. 이탈리아은행 총재 보날도 스트링거는 영국과 미국의 민간 은행(햄브로 은행Hambro Bank 및 로스차일드 은행Rothschild Bank)으로부터 7,500만 달러를 그리고 연방준비은행으로부터도 7,500만 달러를 대출받았다.

93 October 15, 1924, FO 371/9936, fol. 96. 1924년까지 대사관은 유동 부채 통합에 대해 논의하면서 데 스테파니의 활약상을 다룬 보고서를 다수 작성했다(1924년 7월 3일 그레이엄이 램지 맥도널드 총리에게 보낸 편지, FO 371/9936, fol. 42; 또한 OV 36/1, fol. 21 참고). 이를테면 내국채를 상환했고, 무역 적자 폭을 줄였으며, 저축과 고용이 증가했다(Summary of Financial Statement, June 27, 1924, FO 371/9936, fol. 44). 이탈리아를 감시하는 이러한 보고서 발행 빈도는 리라가 안정화되기까지 점점 늘어만 갔다. 예를 들어 1926년 9월 3일자 보고서(OV 36/22, fol. 83 및 OV 36/1, fol. 16)를 참고하라.

94 1926년 10월 20일 볼피가 무솔리니에게 보낸 편지, 출처: Cotula and Spaventa (1993, 575) [I tecnici inglesi che sono i nostri critici più avveduti].

95 December 26, 1927, FO 371/12198, fol. 236.

96 예컨대 1927년에 영국과 이탈리아의 경제 펀더멘털을 비교한 보고서에서는 이탈리아의 유동 부채가 크게 감소하고 무역수지가 개선되었다고 나와 있다. 또한 이탈리아의 내국채 부담은 산업 생산량이 크게 증가하면서 영국보다 훨씬 덜해졌다고 언급했다(OV 9/440, 6-7; 또한 OV 9/440, fol. 21 참고).

97 FO 371/12947, fol. 163.

98 September 1, 1926, OV 36/1, fol. 16.

99 7장에서 전술했듯이 법으로 임금을 삭감하는 것은 파시스트 산업 긴축에서 흔한 관행이 되었다. 1925년부터 영국 대사관은 파시스트 생디칼리슴을 제외한 파업, 직장 폐쇄, 노조 활동이 불법화되면서 노동력이 파시스트 국가에 종속되었다는 사실을 널리 전했다 (October 9, 1925, FO 371/9936, fol. 257). 노조들은 '고용주와의 협상력에서 완전한 열세에 몰릴 정도'로 무력해졌다(December 1, 1925, FO 371/9936, fol. 259). 그레이엄은 파시스트 생디칼리슴이 '생산 과정에서 협력을 이끌어낸 공신'이었다고 진술했다(December 21, 1925, FO 371/9936, fol. 276).

100 January 28, 1927, FO 371/12202, fol. 71.

101 ibid., fol. 72. 해산된 CGdL의 수뇌부들은 협동조합주의를 지지하는 선언문에 서명한 것으로 알려졌다(FO 371/12202, fol. 77 참고).

102 "The Stabilisation of the Lira," *Economist*, December 31, 1927, 1179ff.

103 영란은행의 문서에는 다음과 같이 적혀 있다. "이탈리아은행은 주식회사로, 1893년 8월 법률에 따라 이탈리아 국립 은행과 토스카나 국립 은행, 토스카나 신용 은행이 통합되어 탄생했다(OV 36/22, fol. 76)." 또한 "Italian Bank-Note Reform," *The Times*, May 25, 1926, 13 참고.

104 이탈리아 기술관료는 영란은행의 활동을 항상 염두에 두었다. 예를 들어 볼피 재무장관은 다음과 같이 발표했다. "영국 정부가 1924년에 금본위제로 복귀하기로 했을 때 영란은행이 보인 모범을 따라, 이탈리아은행도 국제 금융계의 협조를 얻기 위해 노력했다. 한편으로는 환율을 확실히 고정해 방어력을 강화하기 위해서이기도 하고, 또 한편으로는 각국 중앙은행과 대형 은행들로부터 차관을 받으면 정부의 의사결정에 선의의 협조와 폭넓은 찬성을 이끌어낼 것으로 기대하기 때문이기도 하다(OV 36/ 22, 123A, 13-14)."

105 OV 36/22, fol. 108.

106 October 28, 1926, G1/307, fol. 9, 2.

107 G14/95, fol. 1, 재무부 위원회 의사록에서 발췌.

108 노먼의 우려는 "사실 중앙은행이 (정치적 측면이 아닌) 재정적 측면에서 업무를 수행하려면 독립성 확보가 필수(1926년 10월 29일 스트롱에게 보낸 편지, fol. 9, 2)"라는 확신에 바탕을 두고 있다. 또한 그는 네덜란드 중앙은행 총재 제라르 비세링에게 편지로 "이탈리아 현 정권은 중앙은행의 독립성에 있어서 최악의 조건이며, 나는 정치에 발목 잡힌 기관과는 협력할 수 없습니다."라고 말했다(December 28, 1926, G1/307, fol. 37, 2). 노먼이 이탈리아은행에 '정치적 통제로부터 완전한 자율성과 자유'를 요구한 내용은 샤흐트에게 보낸 편지(November 5, 1926, G1/307), J. A. 솔터에게 보낸 편지(November 8, 1926, G1/307)를 참고하라.

109 또한 노먼은 이탈리아은행에 "오스트리아, 헝가리, 독일, 벨기에에서는 중앙은행이 법적 독립성을 획득했다."라고 상기시키며, 타국 중앙은행들은 "독립적인 스트링거와 협력하

는 것" 외에 바랄 게 없다고 말했다(October 25, 1926, G14/95, 2-3).

110 G14/95, 1-2.

111 November 5, 1926, G1/307.

112 1926년 11월 8일 J. P. 모건이 노먼에게 보낸 전보, G1/307, fol. 15.

113 November 26, 1926, G1/307, fol. 31.

114 ibid.

115 November 29, 1927, G14/95. 스트롱은 샤흐트에게 보낸 또 다른 편지에서 다음과 같이 썼다. "제가 자세히 살펴보지는 못했지만 스트링거에 따르면 예산은 균형 상태이고, 유동 부채는 다 정리했으며, 필요한 경제적 조정과 무역수지 조정이 만족스럽게 이루어졌다 합니다. 이탈리아은행은 각국 중앙은행 간에 재정적으로 서로 협력한다는 일반 원칙을 받아들였을 뿐 아니라, 독립성과 재정 통제권을 획득했습니다(December 5, 1927, OV 9/440)."

116 December 5, 1927, OV 9/440.

117 "Italian Internal Situation and Policy," FO 371/8885, fol. 88, June 9, 1923.

118 "Achievements of Fascismo," *The Times*, October 31, 1923, 13.

119 IMF가 부과한 긴축정책은 심지어 코로나19 팬데믹 때도, 긴축이 빈곤과 불평등을 악화한다는 IMF 자체 연구 결과가 나온 후에도 계속되었다. "IMF Paves Way for New Era of Austerity Post-COVID-19," Oxfam, October 12, 2020, https://www.oxfam.org/en/press-releases/imf-paves-way-new-era-austerity-post-covid-19를 참고하라.

9장
---

1. Gómez León and de Jong 2018.

2 Sylos Labini 1975, Table 1.2.

3 영국과 이탈리아의 노동 분배율은 경기 침체가 최악에 달했던 1930년대 초반에 반짝 상승했다. 이는 정치적 결과가 아니라, 경제 위기 때 이윤의 감소에서 기인하는 노동 분배율의 경기역행적 특성상 자동으로 나타난 결과였다. 그러나 1933년 이후 양국에서 경제 회복은 이윤에 유독 치우친 채 진행되어 노동 분배율이 감소했다. 영국에서는 1938년에 73%, 이탈리아에서는 1942~1944년에 41%로 최저치를 기록했다.

4 이러한 실제적인 착취 잣대는 '비생산적 노동', 즉 당시 양국의 노동력에서 중요한 부분을 차지했던 가정부 등 가사 노동자를 고려하지 않았다. 원칙적으로 비생산적 노동자의 임금도 잉여가치 척도에 추가되어야 한다. 따라서 여기서의 측정 방식으로는 착취율이 과소평가된다. 영국의 착취율은 1921년 0.29에서 1929년 0.36으로 증가했다. 이탈리아에서는 1918년 0.82에서 1928년 1.25로 증가했다(그림 9.2는 2년 이동 평균을 표시하므로 이 숫자는 직접 표시되지 않았다).

5   Thomas and Dimsdale(2017, table A56). 여기서 기준 연도는 2013년(2013년 = 100)
     이다.

6   Total Labor Productivity Net of Housing and PA, Giordano and Zollino(2020).

7   다시 투자에 유리한 환경이 조성되자 주가가 눈에 띄게 상승했다. 영국에서는 1923년
     ~1928년 주가가 63% 올랐다. 이탈리아에서도 붉은 2년 동안 심한 좌절을 겪은 주식과
     배당 수익이 이후 놀라운 회복력을 보여주었다. 실제로 7장에서 살펴봤듯 민영화, 감세,
     구제금융 등으로 '금융권은 엄청난 수익'을 올렸다(Toniolo 1995, 300-302). 1920년대
     동안 주가와 배당 수익이 총 세 배 정도 증가했다. 1923년부터 1920년대 말까지 신규
     상장한 기업의 가치는 거의 40% 올랐다. 이런 사실들은 긴축이 이탈리아 금융계에 유
     리한 조건을 조성했다는 증표다(Siciliano 2001, figure 1.1 참고).

8   비록 긴축이 시사하는 계급주의적 함의가 이윤율이라는 형태로 구현된다 해도, 여기서
     높은 이윤율이 더 많은 자본 축적에 유리했다는 점은 흥미롭다(자본가 이윤 중 얼마큼이 투
     자로 귀결되느냐는 논외로 치자). 이는 1921년부터 생산량이 놀랍게 증대하기 시작했다는
     점으로 입증된다. 1920년대 양국의 생산량은 거의 두 배 증가했다(Mitchell 1998, 422).
     자본량도 크게 늘어, 이탈리아에서는 1922년~1929년 18% 증가했다. 동 기간 4.8%만
     증가한 영국과 비교해 인상적인 수치다. 이탈리아의 명목 자본 데이터는 이탈리아은행
     의 LABCAP 3.0(2010)을 참고하라. 영국의 데이터는 Thomas and Dimsdale(2017)을
     참고하라.

9   OV 36/22, f. 22.

10   Gabbuti 2020b, 256. "이탈리아의 1922년~1929년 평균 실질 성장률은 4%였다(참고
     로 1861년~1896년은 1.7%, 1896년~1913년은 2.2%였다)(Gabbuti 2020b, 256)."

11   6장에서 살펴봤듯, 영국은 1920년 봄부터 통화 긴축에 돌입해 불황을 겪었고 이후 10년
     간의 '경기 침체'가 이어졌다. 아서 피구는 "불황기는 비교적 안정되고 균형에 가까운 시
     기였다. 그러나 이 균형은 전반적으로 비자발적 실업자를 다수 양산했으므로 건전한 균
     형은 아니었다."라고 말했다(Pigou 1947, 42). 대체로 역사학자들은 "1920년대 내내 영
     국 경제는 유휴 자원이 많고 실업률이 높았다."라고 입을 모은다(Toniolo 1980, 22-23).

12   공식 실업 통계로는 현실의 실업 수준을 제대로 반영하지 못한다. 예컨대 구직 포기자,
     실망 실업자, 처음부터 무직자였던 사람들은 포함되지 않기 때문이다. 따라서 많은 학자
     는 '실질 실업률'이 공식 수치보다 훨씬 높거나 심지어 두 배에 달할 것으로 추정한다. 미
     국의 최근 사례를 보려면 노동통계국의 "Labor Force Statistics from the Current
     Population Survey," https://www.bls.gov/cps/cps_htgm.htm를 참고하라. 영국
     실업 통계와 그 한계를 자세히 연구한 문헌은 W. R. Garside(1990)를 참고하라.

13   Feinstein 1972.

14   전국 평균을 놓고 보면 주로 잉글랜드 북부에 소재한 철강, 석탄, 섬유 등 주요 산업이 처
     한 위기의 심각성이 희석된다. 이 지역은 파운드의 평가절상으로 직격탄을 맞았다. 예컨
     대 1920년에 광부의 수는 130만 명이었지만 1920년 말이 되자 20만 명 이상 줄었다.

대공황으로 상황은 더욱 나빠졌다. 실업자 수는 1932년에 340만 명으로 정점을 찍었고, 그 후 제2차 세계대전 전까지 평균 250만 명에 가까웠다. 이 고질적인 사회문제에 대한 부양책이자 궁극적 해결책이 된 것은 바로 전쟁이었다.

15 파업 데이터를 해석하는 방식은 일반화하기 곤란하다. 자본주의 역사에서 파업률이 낮았던 여러 시기는 각기 다른 역학관계를 나타낼 수 있다. 파업률이 낮다는 것은 팽팽하던 힘의 균형이 깨지고 어느 쪽으로든 힘이 쏠리기 시작했음을 반영한다. 1920년대와 1980년대 파업 빈도가 감소한 것은 분명 산업 긴축의 전형적 특징인 노조 탄압이 한몫했다.

16 이 연구 결과는 파업 빈도가 경기 순환과 연관되어 있음을 보여주는 대부분 실증 연구와 일치한다. 실업률이 감소하거나 물가가 오를수록 파업 빈도가 증가하는 경향이 있다. 마찬가지로 노조의 조직력이 강화될수록 파업 빈도도 잦아진다. Franzosi(1989, 358) 참고.

17 그중 104만 6,000명이 농업 종사자였다. Ministero dell' Economia Nazionale (1924, 278) 참고.

18 산업, 건설업, 농업, 광업 등을 포함한다. 국내 전 산업의 모든 노동자에 대해서는 Toniolo(2013, table A5)를 참고하라.

19 Italy Annual Report 1923, FO 371/9946, fol. 246, 39.

20 ibid., 38-39.

21 게다가 미국의 이민 규제 강화와 생활 수준이 극도로 열악했던 농촌 인구의 유입으로 산업예비군이 더욱 증가했다.

22 대공황은 이탈리아 노동시장에 극적이고 영국보다 훨씬 심각한 결과를 초래했다. 1929년에서 1932년 사이에 직업소개소에 등록된 구직자 수가 네 배 늘어났다 (Mattesini and Quintieri 2006, 417). 1933년 실업자 수가 전체 산업 인력의 36.6%인 100만 명을 넘을 만큼, 대공황 기간에 실업률이 급증했다(이는 1933년 최대치와 최소치를 평균 내서 추정한 값임에 유의하라). 그러나 정부는 금본위제를 유지하려 애쓰느라, 실업문제를 해결할 정책과 자금 조달에 확연히 소홀해졌다. 1925~1935년 〈노동 공보Bollettino del lavoro〉(나중에 〈노동조합과 기업Sindacato e corporazione〉으로 명칭 변경)를 참고하라. 산업 인력에 대한 자료는 Toniolo(2013, table A5)를 참고하라.

23 임금과 관련된 논의는 역시 취업자에게만 의미 있다는 점에 유의하기 바란다. 실질임금이 상승하는 보상 효과의 이면에는 저임금노동자가 해고 1순위였다는 사실이 있었음도 일부 고려해야 한다.

24 Zamagni 1975, 543.

25 Federicoet al.(2019)은 1861년~1913년 이탈리아 비숙련 노동자의 실질임금이 영국, 독일, 네덜란드 등 다른 유럽국 노동자와 비교해 유독 낮았다는 실증적 증거를 제공한다. 특히 이탈리아 남부 노동자가 더욱 저임금에 시달렸다.

26 이 2년 동안 금속 노동자들은 일일 명목임금의 거의 30%가 깎였다. 이탈리아에서 이러한 임금 하락세는 1935년 에티오피아 전쟁까지 계속되었다. 이때 산업 노동자의 일평균

명목임금은 최저치를 기록했다(1926년 26.34리라보다 45% 적은 14.9리라로 떨어졌다). '붉은 2년'과 비교하면 일일 임금이 3분의 1 이상 감소했다(Scholliers and Zamagni 1995, 231-32, table A6).

27 이탈리아의 일일 명목임금 데이터는 Scholliers and Zamagni(1995, table A6)를 참고하라. 주목할 만하게도, Mitchell(1998)의 역사적 통계에서는 모든 산업 노동자의 임금이 일곱 배 증가했다고 기록되어 있다.

28 Cohen(1979)의 데이터에 나타난 이탈리아 상황도 비슷하다. 1920년대 내내 하류층의 식량 소비, 특히 고단백 식품과 생과일 소비가 감소했다. 저자는 "파시스트가 정책 목표를 달성한 데는 이탈리아 노동자가 식량 소비를 줄이는 희생도 한몫했다."라고 결론지었다(1979, 83). 유일하게 증가한 소비지출 품목은 임대료로, 이는 1926년부터 오름세를 보여 총 가계 지출에서 차지하는 비율이 전보다 커졌다(Vecchi 2017 참고).

29 Sefton and Weale 1995.

30 Preti and Venturoli 2000, 731. 파베로(2010, 337)는 한 중요한 일화를 발견했다. 1939년 10월 이탈리아 통계학회는 피사에서 열린 첫 학술회의의 회의록을 발표하면서 이 회의의 일관성을 저해하는 논문 한 편을 일부러 뺐다. 그 논문은 노동계급 가구의 소득과 필수 지출 수준이 빈곤선에도 못 미친다는 사실을 경험적으로 증명하는 내용이었다.

31 Vecchi 2017.

32 파시스트 정권기에 "많은 빈곤층이 가족 부양비를 잠시나마 덜기 위해 수용 시설에 들어갔다(Gabbuti 2020b, 272)." 그러므로 "이탈리아의 수용 시설 인구가 1925년 6만 명에서 1941년 10만 명으로 증가한 사실은(Moraglio 2006) 빈곤층의 여건이 더욱 열악해졌다는 또 하나의 불편한 신호일 것이다(Gabbuti 2020b, 271-72)." 실제로 1930년대에도 빈곤층의 형편은 나아지지 않았다. 파시스트의 선전과 달리, "1929년~1930년과 1930년~1931년 공적 부조 자금은 450만 달러 삭감되었다(Melis 2018, 468)." 그 결과 빈곤 구제는 우선순위에서 밀려났다(Preti and Venturoli 2000, 744). 전간기에 외면당한 사회 재분배 정책에 대해서는 Giorgi and Pavan(2021)도 참고하라.

33 보고서 인용 출처: Thane 1996, 157-58.

34 Gabbuti(2020b, 263-72)는 1930년대까지 이탈리아 인구의 생활 수준이 악화했다는 가시적 증거로 영양실조 인구, 말라리아 및 기타 질병에 의한 사망자, 사망률 등이 모두 증가한 점을 꼽았다.

35 1920년대 영국의 소득 집중에 대한 분석은 León and de Jong(2018)을 참고하라.

36 재정 통계상의 소득 수치는 면세로 인한 거액의 이익(부당이득, 고위 관료의 소득 등), 특히 상류층 사이에서 집중적으로 발생한 대대적 탈세를 반영하지 못한다. 7장에서 설명했듯, 이러한 탈세는 파시스트 정권의 세금 개혁이 크게 부채질했다(Gabbuti 2020a, 21-24 참고). 경제학자 자코모 가부티Giacomo Gabbuti는 탈세와의 전쟁이 소액 납세자들의 납세 부담을 키웠다고 지적한다. 또한 Gabbuti and Gómez-León(2021)은 1920년대 전반에 걸쳐 불평등도가 급격히 높아졌음을 보여준다.

37 Gabbuti 2020b, 274.

38 이 표현은 던컨 폴리Duncan Foley와의 대화 중에 나왔다. 이 지면을 빌려 그에게 감사드린다.

39 Kalecki 1943, 3. 칼레츠키의 영향을 받아 최근 복지정책과 완전 고용이 경제 성장에 미치는 효과를 설명한 모형은 Flaschel et al.(2008)을 참고하라. 이 모형은 특히 고용률이 높아지면 자본 축적에 부정적 영향을 미치고 뒤이어 정치적 반동이 일어나는 메커니즘을 설명한다.

40 긴축이 총수요에 미치는 악영향은 이를 현대 긴축의 광기라고 부른 케인스주의자뿐 아니라 많은 마르크스주의자, 특히 독점 자본 이론이나 사회주의 평론지 〈먼슬리 리뷰Monthly Review〉 계열에서 강조해왔다(예컨대 Foster and McChesney 2012 참고). 실제로 일각에서 과잉 생산의 위기라 부른 1929년 위기는 영국과 이탈리아 노동자들이 원치 않는 '절제'를 실천하고 있을 때, 포화 상태에 이른 대외 시장에서 수출 주도형 경제 성장에 제동이 걸리며 더 깊은 수렁에 빠졌다. 게다가 1930년대 내내 지속된 긴축정책은 대공황에 기름을 붓는 격이었다(대공황 당시 영국의 정책에 대해서는 Howson 1975, chapter 4 참고).

10장

1   예컨대 세믈러Semmler(2013)는 "재정 압박이 심각할 때 긴축으로 지출을 줄이면 생산과 고용에 더 큰 악영향을 미치고, 그 결과 소비와 투자를 위축시키는 하방 악순환을 일으킨다."라고 주장한다(2013, 899). 그의 모형은 2008년 이후 유럽의 경우처럼 재정 취약성, 저성장, 저소비, 높은 부채 상태에서 재정 건전화를 추진하면 (불황을 일으킬 만큼) 부작용이 더 크다는 것을 시사한다. 2008년 위기 이후 유럽의 긴축 상황을 평가한 문헌은 Mittnik and Semmler(2012), Semmler and Haider(2016)도 참고하라.

2   아르헨티나의 금리 추이와 2001~2002년 거시경제 위기에 대한 논의는 Damill and Frenkel(2003)을 참고하라.

3   Cole 1958, 419.

4   "Italian Monetary Policy," *The Times*, October 22, 1926, 17.

5   1970년대부터 전 세계 여러 국가의 긴축을 포괄한 설명은 Shefner and Blad(2019)를 참고하라.

6   영국과 이탈리아 둘 다 1970년대는 작업장을 넘어 훨씬 폭넓은 사회 보호 정책이 이루어졌다. 영국의 국가 의료보험 제도는 1974년에 중앙 집중화와 접근성을 높이는 방향으로 재편되었다. 같은 해에 이탈리아는 무엇보다 중앙 집중식 의료보험과 보편적 실업 제도를 통해 복지를 질적, 양적으로 상당히 확장했다. 국가의 노동시장 규제는 크게 세 가지로 나뉘었는데 보편적 실업보험, 직업소개소의 중앙 집중화, 일시 해고자의 단기 소득 보전 등이다. 1950년대 중반 이탈리아의 총 사회 지출(소득 보조, 의료, 사회 지원 등)은 GDP의 약 10%였다. 1970년에 이 비율은 17.4%로 증가했고, 1975년에는 22.6%에 이르렀다. 이는 프랑스나 벨기에와 비슷하고 영국보다 높은 수준이었다(Ferrera and

Gualmini 2004, 35). 이탈리아 사회복지 제도의 발전은 Giorgi and Pavan(2021), 영국의 제도는 Peden(1985)을 참고하라.

7   노동자들의 조직화가 다시 거세졌다는 건 당시 시끌시끌했던 사회 분위기를 반영한다. 이 열기는 이미 1969년 가을부터 파업, 공장 점거, 학생 운동, 대규모 시위가 피아트 토리노 공장을 비롯해 이탈리아 북부 전역으로 확산하면서 뜨겁게 달아올랐다. 대부분 동맹파업은 비공식적이었고 (당과 연계된) 노조가 아닌 노동자 공장 위원회나 전투적 좌파 단체가 주도했다. 요구 사항은 1919년~1920년 '붉은 2년' 시절과 비슷했다. 예컨대 노동자의 적극적인 경영 참여, 성별·업종·자격 간 임금 격차를 해소하는 '평등주의', 더 강력한 소득 정책 등이 있었다(Ferrera and Gualmini 2004, 43 참고). 1970년 5월 노동자 지위 강화법의 통과는 노동계의 중요한 승리이자 노동자 권리의 법적·정치적 전환점이 되었다. 예컨대 이 법은 작업장에서 노조의 권한을 강화해 그들이 생산 계획에서 중심 역할을 하도록 했다. 또한 직원이 열다섯 명 이상인 기업에서는 '정당한 사유' 없이 해고된 직원을 의무적으로 복직시키게 하고, 대신 벌금으로 무마하는 선택권은 폐지되었다. 1975년에 산업 총연맹은 물가에 연동해 임금을 인상하는 새로운 제도를 받아들여야 했다. 이러한 금전적 조건이 개선되었다고 해서 그해에 시위가 사라진 건 아니었다. 1977년에는 비정규직 노동자들이 부상하고 가장 급진적 분파의 노조원들이(예컨대 금속 노동자 연맹Federazione Lavoratori Metalmeccanici, FLM) 힘을 합쳐 극좌익 학생 운동을 일으켰다. 그들은 CGdL의 온건주의에 반발하고 비자본주의 사회를 주장했다. 1977년 노동 운동을 포괄적으로 재구성한 최근 자료는 Falciola(2015)를 참고하라.

8   Levrero and Stirati 2004, 66.

9   Thomas and Dimsdale 2017.

10 Ibid.

11 몽페를랭회에 대해서는 Mirowski and Plehwe(2015)를 참고하라. 몽페를랭회 출신 경제학자 프리드리히 하이에크Friedrich Hayek는 대처 총리와 자주 서신을 주고받았고, 대처에게 큰 영향을 끼쳤다.

12 신설 당시 몽페를랭회의 '목표 선언서'는 다음과 같은 경고로 시작했다. "문명의 중심 가치가 위험에 처했다. 지구상의 많은 국가에서 인간의 존엄성과 자유라는 필수 조건은 이미 사라졌다. 다른 국가에서는 현재의 정책 동향으로 계속 위협을 받고 있다. 독단적 권력이 확대되면서 개인과 자율적 집단의 지위는 점차 약해지고 있다. 서구인의 가장 소중한 자산인 사상과 표현의 자유조차 위협받고 있다. 지금 확산 중인 교리는 소수의 입장에서 관용의 특권을 주장하다가, 결국 권력을 쟁취해 오직 자기 의견 외에 모든 의견을 억누르고 제거하는 위치에 올라서는 게 목표다." 몽페를랭회의 '목표 선언서'는 다음을 참고하라. https://www.montpelerin.org/event/429dba23-fc64-4838-aea3-b847011022a4/websitePage:6950c74b-5d9b-41cc-8da1-3e1991c14ac5.

13 HC Deb 15 March 1988, vol. 129, cc 995.

14 ibid., cc 999.

15 재무장관은 다음과 같이 말했다. "인플레이션에 맞춰 소비세를 전부 인상하되 전체적으로는 약간 조정이 있을 것입니다. 궐련과 잎담배 세금은 부가가치세를 포함해 20개들이 한 갑당 3펜스에서 4펜스 사이로 인상됩니다. 목요일 자정부터 적용됩니다. 궐련 다섯 개들이 한 갑의 세금은 2펜스 인상되지만, 파이프 담배는 그대로 유지됩니다. 주류세는 부가가치세를 포함해 보통 도수의 맥주와 사과주 한 파인트에 약 1페니, 테이블 와인 한 병에 4펜스, 스파클링이나 강화 와인 한 병에 6펜스를 인상하겠습니다. 더 이상의 주류세 인상은 없을 것입니다. 변경 사항은 오늘 저녁 6시부터 발효됩니다("Taxes on Spending," HC Deb 15 March 1988, vol. 129, cc 1003)."

16 영국에서 대처 정권기 이후에도 꿋꿋이 지속된 민영화의 간략한 역사는 Seymour(2012)를 참고하라.

17 HC Deb 11 February 1988, vol. 127, cc 487.

18 1980년과 2000년 사이 반노조 입법에 대해서는 영국 노동조합 회의(TUC)의 보고서를 참고하라. http://www.unionhistory.info/timeline/1960_2000_Narr_Display.php?Where=NarTitle+contains+%27Anti-Union+Legislation%3A+1980-2000%27.

19 필자의 계산. 착취율은 이윤율과 노동 분배율의 비율로 계산하였다. 데이터는 Thomas and Dimsdale(2017)에서 가져왔다.

20 Council of European Communities 1992, 25.

21 EU 가입 조건은 다음을 참고하라. https://neighbourhood-enlargement.ec.europa.eu/index_en.

22 Dyson and Featherstone(1996)은 특히 마스트리흐트 조약 이후 유럽의 통합 과정을 이렇게 기술했다. "국내 정책 과제는 예산 삭감, 복지 국가 개혁, 민영화로 더 단호하게 옮겨갔다. 이제 정책의 선택지에서 통화가치 절하가 빠지게 됐으므로 임금과 가격을 신축적으로 조정하는 일이 전보다 중요해졌다. 그리고 국내 질서를 다잡는 데 가장 효과적인 정치 체제와 정치 구조의 성과에 관해 근본적인 문제가 제기되었다. 또한 기술관료와 이탈리아은행(마스트리흐트 조약 이후 이탈리아은행 고위 관료 출신 두 명이 총리가 됨)의 역할이 중요해지는 등 국내 경제주체 간의 권력 균형에 변화가 일어났다(1996, 273)."

23 공공지출에 대한 데이터는 Ragioneria Generale dello Stato(RGS 2011)를 참고하라. 이탈리아 노동 분배율의 역학은 Gabbati(2020a)를 참고하라.

24 2011년 8월 5일 〈코리에레 델라 세라〉 속 서한 참고.

25 2012년 11월 25일 RAI 방송의 〈날씨는 어때요Che tempo che fa〉 인터뷰 중에서.

26 Ibid. 몬티는 이렇게 말했다. "(ALS 환자를 위한 의료비 지원 축소에 관해) 우리는 힘들고 때로는 매우 부정적인 결정을 내려야 하지만 대답은 간단하다. 탈세는 수십 년 동안 사소한 죄로 여겨졌기에 지금까지 고쳐지지 않았다. 모든 사람이 자신의 특권을 보호하려다 보니, 어떤 분야에서든 개인의 이익과 술책도 시민의 권리인 양 간주되었다."

27 Jepsen(2019). 또한 Magnani(2019)의 데이터도 참고하라.

28 이탈리아의 1인당 실질 소비 데이터는 Jordà, Schularick, and Taylor(2017)를 참고하라.

29 이 전문가들은 미국과 유럽의 명문대(하버드, 시카고, 스탠퍼드, MIT, 보코니 등) 교수직, 유수의 경제 학술지(《계간 경제학 저널》, 〈유럽 경제 평론European Economic Review〉 등)의 편집진으로 활동하는 외에도 저명한 기관에 요직을 차지해 정책과 관련한 경제 연구 결과를 널리 알리는 역할을 했다. 예컨대 알레시나는 2006년부터 NBER(전미 경제 연구소)의 정치 경제 프로그램Political Economic Program을 이끌었다. 또한 이 교수들은 세계은행, ECB, IMF의 고문으로 일하며 프랑스 재무부, 뉴욕 연방준비은행, 이탈리아 재무부, 이탈리아은행 등 여러 정부 기관에 조언했다. 게다가 이탈리아 정부에 직접 조언하기도 했다. 예컨대 타벨리니는 로마노 프로디Romano Prodi(2006~2008), 마테오 렌치(2014~2016) 정부에서 고문으로 활동했다. 프란체스코 자바치는 마리오 몬티(2011~2013)와 2021년 마리오 드라기 정부의 경제 고문을 맡았다. 그 밖에 이탈리아의 주요 언론에도 꾸준히 글을 기고해왔다. 이들 전문가 국내외에 뻗친 영향력을 자세히 기술한 내용은 Helgadóttir(2016)를 참고하라.

30 알레시나는 다음과 같이 날카롭게 요약했다. "총수요의 주요 구성 요소 중 하나인 정부지출이 감소할 때 경제 침체를 막을 방법은 무엇인가? (…) 답은 민간 투자다. 우리 연구에 따르면 정부지출을 삭감해 재정 적자를 메운 결과, 기업은 설비 구입, 신규 공장 건설 등 생산활동에 투자를 늘려 민간 자본 축적이 증가한 것으로 나타났다. (…) 반면 세금을 대폭 인상해 재정 적자를 충당했을 때는 자본 축적이 감소했다(Alesina 2012)." 게다가 알레시나와 페로티는 "재정 조정이 모순적이지 않음을 시사하는 주요 이론적 근거는 '구입효과crowding-in effect'다. 이는 이자율을 인하해 정부 차입 요건을 완화하면 투자가 '밀려들' 수 있다는 것이다."라고 주장했다(1995, 21). 이 주장을 재구성한 문헌은 Alesina et al.(2019)을 참고하라.

31 Alesina 2012. 지난 수십 년간 알레시나, 타벨리니, 페로티는 기업가의 기대에 기초한 긴축에 찬성해 이 주장을 무수히 반복해왔다(예: Alesina and Ardagna 2010, 2013; Alesina, Ardagna, and Galí 1998; Alesina and Perotti 1995, 1997; Alesina and de Rugy 2013; and Alesina, Favero, and Giavazzi 2015).

32 Alesina and Perotti 1995, 12, 작은따옴표 강조 표시는 필자가 첨가함.

33 실제로 긴축 전문가는 자본 축적의 질서 기반이 무너질까 봐 끊임없이 불안해했다. 그들이 보기에 "부채로 조달된 공공 고용 증가, 공공 부문 노동자의 임금, 실업수당, 실업 보험세는 노조의 임금인상 요구를 부채질해 민간 부문 임금은 높아지고 고용, 자본, 생산량은 감소"하게 한다(Alesina and Ardagna 2013).

34 공급주의 개혁에 대해서는 Alesina(2012)와 Alesina and de Rugy(2013)를 참고하라.

35 Alesina and Ardagna 2010, 38.

36 Alesina and de Rugy 2013, 15.

37 Alesina 2012.

38 Alesina and Perotti 1995, 21.

39   Danninger, Alesina, and Rostagno 1999, 4.

40   Alesina and Grilli 1991, 14.

41   Grilli et al. 1991, 359.

42   Brussels 1920, vol. 4, 109.

43   Alesina and Summers 1993, 151.

44   Article 7, 출처: Alesina and Grilli 1991. 국내 선거 결과와 ECB 이사회의 대표성 간
     에 큰 괴리가 있을 정도다. 특히 유럽 좌파는 ECB 이사회에서 매우 과소대표되고 있다
     (Alesina and Grilli 1991, 29 참고).

45   중앙은행이 통화정책의 최종 목표를 결정할 권한이 있다면 정치적 독립성이 있다고
     본다. 반면 경제적 독립성은 이 목표를 추구하기 위해 사용할 수단을 선택할 자유다.
     Grilli et al.(1991, 366-67), Alesina and Grilli(1991)를 참고하라. ECB의 제도적 특
     성과 그들이 최고 수준의 독립성을 보장받는 이유를 자세히 분석한 내용은 Alesina
     and Grilli(1991)를 참고하라. 전 키프로스 중앙은행 총재 아타나시오스 오르파니데스
     Athanasios Orphanides는 이렇게 말했다. "ECB는 연준보다 독립성은 훨씬 크고 책임감은
     훨씬 덜하다. 미국의 연준은 의회에 보고할 의무가 있고 법률로 권한이 변경될 수 있다.
     이와 달리 유럽 의회는 비교적 ECB에 권한을 거의 행사하지 못한다. ECB의 법적 체계
     는 EU 조약의 적용을 받으며 단일 정부나 유럽 의회가 수정할 수 없다(2013년 11월 13일
     아타나시오스 오르파니데스가 미국 하원 재정 위원회의 통화정책 및 무역 소위원회에서 발표한 내
     용, 62-67)."

46   "21조 1항은 ECB가 일시적으로라도 어떤 국가나 국가기관에 새로운 신용을 개설하는
     것을 금지한다. 동 조항은 ECB가 국채 발행 시장에 관여하는 것도 금한다(Alesina and
     Grilli 1991, 14-15)."

47   2015년 다큐멘터리, 〈시카고 보이스Chicago Boys〉 중.

48   소득의 기능적 분배(단위: %), 표 2, 기준연도 1977년, 출처: Agacino and Madrigal(2003,
     47). 여기서 착취율은 순이익/임금으로 계산된다. 저자들은 피노체트가 몰락한 후에도
     비율은 낮아졌을지언정 이 추세가 계속되었음을 보여준다. 정권이 바뀌었다고 기본적
     인 긴축 목표가 사라지지는 않았다. 칠레의 역대 정부가 피노체트의 경제 및 제도 모형
     을 계승해온 과정 그리고 시민의 역할을 되찾기 위한 현재의 투쟁을 간략히 논한 문헌은
     Vergara(2021)를 참고하라.

49   라틴 아메리카의 빈곤율 추정치는 NU CEPAL División de Estadística y
     Proyecciones(1990)를 참고하라.

50   "The World's Worst Central Banker," Economist, October 16, 1993, 108.

51   "월요일에 옐친은 의회에 호의적인 여러 신문사를 폐쇄하고 자신에게 반대하는 일부 정
     치 단체에 활동 금지 명령을 내렸다. 그리고 그들의 연락망을 끊고, 차량을 빼앗고, 보안
     팀을 없애는 등 주요 정적들을 괴롭히기를 반복했다(Elliott and McKay 1993)."

52   "Yeltsin regrets," Economist, October 9, 1993, 15ff.

53 러시아의 실업률은 1991년 5%, 1998년 13%였다(https://www.macrotrends.net/countries/RUS/russia/unemployment-rate 참고). 실질임금은 1987년과 1996년 사이에 40~60% 감소했고, 이로써 노동 분배율도 1987년~1988년 GDP의 41%에서 1993년~1994년 26%로 대폭 떨어졌다(Milanovic 1998, 29 참고).

54 Milanovic(1998, 68, table 5.1, 가계 예산 조사[HBS]). Klein(2008, 237-38)은 당시 러시아 국민의 생활 환경이 악화했다는 점을 보여주며, 이는 중독률, 자살률, 살인율의 증가로 드러난다.

55 민간 부문 불로소득으로는 농산물 판매 소득, 기업 이윤, 이자 및 배당금, 해외 소득, 증여, 현물 소득 (및 소비) 등이 있다. Milanovic(1998, 36) 참고.

56 Lawrence H. Summers, "Comment," 출처: Blanchard et al.(1994, 253).

57 예컨대 "Borrowed Time," *Economist*, May 22, 1993, 66 참고.

58 Arendt 1961, 114.

59 2조 3,000억 달러의 내역은 다음을 참고하라. "A Breakdown of the CARES Act," J. P. Morgan, April 14, 2020, https://www.jpmorgan.com/insights/global-research/current-events/cares-act-breakdown.

60 2021년 ILO 세계 고용 및 사회 전망 동향World Employment and Social Outlook Trends, p. 12 (https://www.ilo.org/global/research/global-reports/weso/trends2021/lang--en/index.htm). 또한 동 보고서는 이렇게 쓰여 있다. "그러나 2021년 고용 예상치는 여전히 팬데믹 이전 수준에 못 미칠 것이다. 게다가 팬데믹이 없었을 시 창출되었을 일자리 수보다 줄어들 가능성이 크다. 이러한 예측에 비추어볼 때, 전 세계에 팬데믹 위기로 인한 일자리 부족분은 2021년에 7,500만 개, 2022년에는 2,300만 개에 이를 것으로 예상된다. (…) 이에 따라 2021년 노동시간은 정규직 일자리 1억 개에 해당하는 3.5% 줄어들 것이다."

61 2021년 ILO 보고서에 따르면 "정부의 이전지출 및 공적 부조를 포함하지 않은 2020년 전 세계 노동소득은 팬데믹이 없었을 때의 추정치보다 3조 7,000억 달러(8.3%) 적었다. 2021년 상반기 동안 이 부족분은 전 세계 노동소득의 5.3%인 1조 3,000억 달러를 기록했다("World Employment and Social Outlook Trends," 12)." 게다가 세계은행은 2020년 구매력 평가 기준으로 1인당 소득이 하루 1.90달러 미만인 가구에 해당하는 극빈층이 7,800만 명 늘어났다고 추정한다(Lakner et al. 2021).

62 이들 억만장자의 총재산은 2020년 3월 18일자 8조 400억 달러에서 2021년 3월 18일자 12조 3,900억 달러로 증가했다. 그해에 억만장자 수는 179명 더 늘었다(Collins and Ocampo 2021 참고). 이 추세를 전반적으로 분석한 관점은 Zucman(2019)을 참고하라.

63 *Bloomberg Wall Street Week*, March 5, 2021, min. 55.

64 "A Conversation with Lawrence H. Summers and Paul Krugman," Princeton Bendheim Center for Finance, 2021년 2월 12일 녹화 영상, 45분, https://www.youtube.com/watch?v=EbZ3_LZxs54&t=121s.

책을 마치며

1   Keynes 1964, viii.
2   Keynes 1964, 162.
3   Mann 2017, 10.
4   Toniolo 1980, xii–xiii; Ciocca 2004, 198–99 참고.
5   Espuelas 2015; Gabbati 2020b; Giorgi and Pavan 2021.
6   Michelini 2011a, 2011b, 2020.
7   Michelini 2020, 52.

참고문헌

기록 보관소 자료

국립 중앙 기록 보관소Archivio Centrale dello Stato(ACS), 이탈리아 로마 기록 보관소 광장 소재. 이곳에서 인용한 자료는 제목 또는 설명, 날짜, ACS, 컬렉션 이름, 보관함/폴더 번호, 항목 번호로 표기된다.

영란은행 기록 보관소(BoEA), 영국 런던 스레드니들가 소재. 이곳에서 인용한 자료는 제목 또는 설명, 날짜, 부서 코드(OV9 = 해외부, 오토 니마이어 자료; OV36 = 이탈리아 해외부, G1 = 총재 자료, G14 = 재무부 위원회 자료), 컬렉션 번호, 품목 및/또는 항목 번호, 페이지, 폴더 또는 폴리오 번호로 표기된다. 목록과 디지털 자료는 https://www.bankofengland.co.uk/archive에서 온라인으로 확인할 수 있다.

처칠 기록 보관소, 랄프 호트리 자료(RGH), 영국 케임브리지 처칠 칼리지 소재. 이곳에서 인용한 자료는 제목 또는 설명, 날짜, GBR/0014/HTRY, 보관함/폴더 번호, 항목 번호순으로 인용된다. 목록과 일부 디지털 자료는 https://www.chu.cam.ac.uk/archives/collections/에서 온라인으로 확인할 수 있다.

이탈리아 왕국 관보, 1917~1926(GU). 로마 국립 인쇄국. 이곳에서 인용한 자료는 Law, Regent's Decree, Regent's Decree Law, Royal Decree, Royal Decree Law, 이어서 관보 번호, 날짜 및 페이지 번호가 표기된다. https://www.gazzettaufficiale.it/homePostLogin에서 온라인으로 이용과 검색이 가능하다.

영국 국립 기록 보관소(TNA), 영국 리치먼드 큐 소재. 이곳에서 인용한 자료는 제목 또는 설명, 날짜, 부서 코드(IR = 국세청, FO = 외무부, T = 재무부), 컬렉션 번호, 품목 및/또는 항목 번호, 페이지, 폴더, 또는 폴리오 번호로 표기된다. 일부 기록과 목록은 https://www.nationalarchives.gov.uk에서 온라인으로 열람할 수 있다.

영국 의회 의사록. 모든 의회 토론 절차의 보고서Hansard. 이곳에서 인용한 자료는 발언자 이름, HC(하원) 또는 HL(상원), 호수, 열 번호, 날짜순으로 표기된다. https://hansard.

parliament.uk에서 온라인으로 이용과 검색이 가능하다.

출판 자료

Addison, Christopher. *The Betrayal of the Slums*. London: H. Jenkins, 1922.

Agacino, Rafael, and María Madrigal. "Chile Thirty Years after the Coup: Chiaroscuro, Illusions, and Cracks in a Mature Counterrevolution." *Latin American Perspectives* 30, no. 5 (2003): 41-69. https://www.jstor.org/stable/3184958.

Alber, Jens. "L'espanzione del welfare state in Europa Occidentale: 1900-1975." *Rivista italiana di scienza politica* 13, no. 2 (1983): 203.

Alberti, Manfredi. *Senza lavoro: La disoccupazione in Italia dall'unità a oggi*. First edition. Bari: GLF Editori Laterza, 2016.

Alesina, Alberto. "Macroeconomic Policy in a Two-Party System as a Repeated Game." *Quarterly Journal of Economics* 102, no. 3 (1987): 651-78. https://doi.org/10.2307/1884222.

—. "Macroeconomics and Politics." In *NBER Macroeconomics Annual* 1988, vol. 3, ed. Stanley Fischer, 13-62. Cambridge, MA: National Bureau of Economic Research, Inc., 1988.

—. "Fiscal Adjustments: Lessons from Recent History." Prepared for the Ecofin Meeting in Madrid, April 15, 2010.

—. "The Kindest Cuts." *City Journal* (Autumn 2012). https://www.city-journal.org/html/kindest-cuts-13503.html.

Alesina, Alberto, and Silvia Ardagna. "Large Changes in Fiscal Policy: Taxes versus Spending." *Tax Policy and the Economy* 24, no. 1 (2010): 35-68. https://doi.org/10.1086/649828.

—. "The Design of Fiscal Adjustments." *Tax Policy and the Economy* 27, no. 1 (2013): 19-68. https://doi.org/10.1086/671243.

Alesina, Alberto, Silvia Ardagna, and Jordi Galí. "Tales of Fiscal Adjustment." *Economic Policy* 13, no. 27 (1998): 489-545. https://www.jstor.org/stable/1344762.

Alesina, Alberto, Silvia Ardagna, Roberto Perotti, et al. "Fiscal Policy, profits, and Investment." *American Economic Review* 92, no. 3 (2002): 571-89. https://www.jstor.org/stable/3083355.

Alesina, Alberto, Omar Barbiero, Carlo Favero, et al. "Austerity in 2009-13." *Economic Policy* 30, no. 83 (July 2015): 383-437. https://doi.org/10.1093/

epolic/eiv006.

Alesina, Alberto, and Geoffrey Carliner. *Politics and Economics in the Eighties*. Chicago: University of Chicago Press, 1991.

Alesina, Alberto, Gerald D. Cohen, and Nouriel Roubini. "Macroeconomic Policy and Elections in OECD Democracies*." *Economics & Politics* 4, no. 1 (1992): 1-30. https://dash.harvard.edu/bitstream/handle/1/4553023/alesina_macroeconomicoecd.pdf.

Alesina, Alberto, and Veronique de Rugy. *Austerity: The Relative Effects of Tax Increases versus Spending Cuts*. Arlington, VA: Mercatus Center at George Mason University, 2013. https://www.mercatus.org/research/research-papers/austerity-relative-effects-tax-increases-versus-spending-cuts.

Alesina, Alberto, Carlo Favero, and Francesco Giavazzi. "The Output Effect of Fiscal Consolidation Plans." *Journal of International Economics* 96, 37th Annual NBER International Seminar on Macroeconomics (July 1, 2015): S19-42. https://doi.org/10.1016/j.jinteco.2014.11.003.

Alesina, Alberto, Carlo Favero, et al. Austerity. Princeton, NJ: Princeton University Press, 2019.

Alesina, Alberto, and Vittorio Grilli. *The European Central Bank: Reshaping Monetary Politics in Europe*. Working Paper 3860. Cambridge, MA: National Bureau of Economic Research, 1991. https://doi.org/10.3386/w3860.

Alesina, Alberto, James Mirrlees, and Manfred J. M. Neumann. "Politics and Business Cycles in Industrial Democracies." *Economic Policy* 4, no. 8 (1989): 57-98. https://doi.org/10.2307/1344464.

Alesina, Alberto, and Roberto Perotti. *The Political Economy of Budget Deficits*. Working Paper 4637. Cambridge, MA: National Bureau of Economic Research, 1994. https://doi.org/10.3386/w4637.

—. "Reducing Budget Deficits." Paper prepared for the conference "Growing Government Debt—International Experiences," Stockholm, June 12, 1995. https://academiccommons.columbia.edu/doi/10.7916/D8KK9K86/download.

—. "The Welfare State and Competitiveness." *The American Economic Review* 87, no. 5 (1997): 921-39. https://www.jstor.org/stable/2951333.

Alesina, Alberto, and Howard Rosenthal. "Partisan Cycles in Congressional Elections and the Macroeconomy." *American Political Science Review* 83, no. 2 (1989): 373-98. https://doi.org/10.2307/1962396.

Alesina, Alberto, and Nouriel Roubini. "Political Cycles in OECD Economies."

Review of Economic Studies 59, no. 4 (1992): 663-88. https://doi. org/10.2307/2297992.

Alesina, Alberto, and Jeffrey Sachs. "Political Parties and the Business Cycle in the United States, 1948-1984." *Journal of Money, Credit and Banking* 20, no. 1 (1988): 63-82. https://doi.org/10.2307/1992667.

Alesina, A., and L. H. Summers. "Central Bank Independence and Macroeconomic Performance: Some Comparative Evidence." *Journal of Money, Credit and Banking* 25, no. 2 (1993), 151-62.

Alesina, Alberto, and Guido Tabellini. "External Debt, Capital Flight and Political Risk." *Journal of International Economics* 27, nos. 3-4 (November 1989): 199-220. https://doi.org/10.1016/0022-1996(89)90052-4.

—. "A Positive Theory of Fiscal Deficits and Government Debt." *The Review of Economic Studies* 57, no. 3 (1990): 403-14. https://doi.org/10.2307/2298021.

—. "Positive and Normative Theories of Public Debt and inflation in Historical Perspective." *European Economic Review* 36, nos. 2-3 (April 1992): 337-44. https://doi.org/10.1016/0014-2921(92)90089-F.

Arendt, Hannah. "What Is Authority?" In *Between Past and Future: Eight Exercises in Political Thought*. New York: Viking Press, 1961. (한국어판: 한나 아렌트, 《과거와 미래 사이》, 한길사, 2023)

Arias, Gino. "Il consiglio delle corporazioni e l'economia corporativa." *Gerarchia* 7, no. 5 (1929): 367-73.

—. "Problemi economici mondiali." *Gerarchia* 10, no. 8 (1931): 643-50.

—. "La crisi bancaria americana." *Gerarchia* 12, no. 3 (1933): 215-19.

Armitage, Susan H. *The Politics of Decontrol of Industry: Britain and the United States*. London: Weidenfeld & Nicolson, 1969.

Arnot, Robert. *Further Facts from the Coal Commission: Being a History of the Second Stage of the Coal Industry Commission; with Excerpts from the Evidence*. London: George Allen and Unwin, 1919.

Augello, Massimo M., et al., eds. *L'economia divulgata: Stili e percorsi Italiani, 1840-1922*. Milan: FrancoAngeli, 2007.

Augello, Massimo, and Luca Michelini. "Maffeo Pantaleoni (1857-1924). Biografia scientifica, storiografia e bibliografi a." *Il pensiero economico Italiano* 5, no. 1 (1997): 119-50.

Baccini, Alberto, Fausto Domenicantonio, Giuseppe Felicetti, Andrea Ripa di Meana, Giancarlo Salvemini, and Vera Zamagni. *Banca d'Italia II: Ricerche per la storia della Banca d'Italia*. Rome: Banca d'Italia, 1993. https://www.

bancaditalia.it/pubblicazioni/collana-storica/contributi/contributi-02/index. html.

Bachi, Riccardo. *Italia economica nell'anno 1915: Annuario della vita commerciale, industriale, agraria, bancaria, finanziaria e della politica economica*. Città di Castello: S. Lapi, 1916. https://babel.hathitrust.org/cgi/pt ?id=njp.32101064528845&view=1up&seq=12&q1=imprenditore.

—. *L'Italia economica nel 1916*. Città di Castello: S. Lapi, 1917.

—. *Italia economica nell'anno 1920: Annuario della vita commerciale, industriale, agraria, bancaria, finanziaria e della politica economica*. Città di Castello: S. Lapi, 1921. https://babel.hathitrust.org/cgi/pt?id=njp.321 01064528886&view=1up&seq=7&q1=Confederazione%20Generale%20 dell%E2%80%99Agricoltura.

—. *L'alimentazione e la politica annonaria in Italia, con una appendice su "Il rifornimento dei viveri dell'esercito italiano" di Gaetano Zingali*. New Haven, CT: Yale University Press, 1926.

Balandi, Gian Guido, and Gaetano Vardaro, eds. *Diritto del lavoro e corporativismi in Europa, ieri e oggi*. Facoltà di Economia e Commercio di Urbino 6. Milan: F. Angeli, 1988.

Banca d'Italia. *L'archivio di Alberto de' Stefani*. Rome: Banca d'Italia, 1983. https://www.bancaditalia.it/pubblicazioni/altre-pubblicazioni-asbi/1983-de-stefani/index.html.

Barbagallo, Francesco. *Francesco S. Nitti*. Turin: Unione tipografico-editrice torinese, 1984.

Bartocci, Enzo. *Le politiche sociali nell'Italia liberale: 1861-1919*. Rome: Donzelli, 1999.

Barucci, Piero. "La diffusione del marginalismo, 1870-1890." In *Il pensiero economico italiano, 1850-1950*, ed. M. Finoia. Bologna: Cappelli, 1980.

Bel, Germà. "The First Privatisation: Selling SOEs and Privatising Public Monopolies in Fascist Italy (1922-1925)." *Cambridge Journal of Economics* 35, no. 5 (2011): 937-56. https://www.jstor.org/stable/24232431.

Bellanca, Nicolò. "'Dai principii' agli 'erotemi.' Un'interpretazione unitaria." *Rivista di politica economica* 85 (1995).

Bezza, Bruno. "La mobilitazione industriale: Nuova classe operaia e contrattazione collettiva." In *Storia della società Italiana*, vol. 21, *La disgregazione dello stato liberale*, 71-102. Milan: Nicola Teti Editore, 1982.

Bini, Piero. "Quando l'economia parlava alla società. La vita, il pensiero e le opere." *Rivista di politica economica* 85 (1995).

—. "Esiste *l'Homo economicus?* La didattica di Maffeo Pantaleoni: Dai principii di pura alle lezioni di economia politica. In economia divulgata stili e percorsi (1840-1922)." *Manuali e trattati* 1 (2007).

—. *Captains of Industry and Masters of Thought: The Entrepreneur and the Tradition of Italian Liberal Economists from Francesco Ferrara to Sergio Ricossa.* SSRN Scholarly Paper, ID 2718541, Social Science Research Network, April 2013. https://papers.ssrn.com/abstract=2718541.

Bini, Piero, and Antonio Maria Fusco. *Umberto Ricci (1879-1946): Economista militante e uomo combattivo.* Florence: Polistampa, 2004.

Black, R. D. C. "Ralph George Hawtrey 1879-1975." In *Proceedings of the British Academy.* London: British Academy, 1977.

Blackett, Basil. *War Savings in Great Britain, or, The Gospel of Goods and Services, Addresses.* New York: Liberty Loan Committee, 1918a.

—. "Thinking in Terms of Money the Cause of Many Financial Fallacies." *The Annals of the American Academy of Political and Social Science* 75 (1918b): 207-16.

—. "What I Would Do with the World." *The Listener* 6, no. 150 (1931).

—. "The Practical Limits of Taxable Capacity." *Public Administration* 10, no. 3 (1932): 232-41. https://onlinelibrary.wiley.com/doi/abs/10.1111/j.1467-9299.1932.tb01848.x.

Blanchard, Olivier, et al., eds. *The Transition in Eastern Europe*, vol. 1: Country Studies. Chicago: University of Chicago Press, 1994.

Blecker, Robert A., and Mark Setterfield. *Heterodox Macroeconomics.* Cheltenham, UK: Edward Elgar, 2019.

Blyth, Mark. *Austerity: The History of a Dangerous Idea.* New York: Oxford University Press, 2013. (한국어판: 마크 블라이스, 《긴축: 그 위험한 생각의 역사》, 부키, 2016)

Bordogna, Lorenzo. "Le relazioni industriali in Italia dall'accordo Lama-Agnelli alla riforma della scala mobile." In *L'Italia repubblicana nella crisi degli anni settanta. Partiti ed organizzazioni di massa*, ed. Francesco Margeri and Paggi Leonardo, vol. 3, 189-221. Soveria Mannelli: Rubbettino, 2003.

Bortolotti, Lando. "Origine e primordi della rete autostradale in Italia, 1922-1933." *Storia urbana* 16, no. 59 (1992).

Boyce, Robert W. D. *British Capitalism at the Crossroads, 1919-1932: A Study in Politics, Economics, and International Relations.* Cambridge: Cambridge University Press, 1987.

Boyle, Andrew. *Montagu Norman: A Biography.* New York: Weybright and Talley, 1968.

Brosio, Giorgio, and Carla Marchese. *Il potere di spendere: Economia e storia della spesa pubblica dall'unifi cazione ad oggi.* Bologna: Il Mulino, 1986.

Buffetti, Ferdinando. *Manuale della cooperativa di lavoro e di produzione.* Rome: Buffetti, 1921. https://catalog.hathitrust.org/Record/010694376/Home.

Buozzi, Bruno. "L'Occupazione delle fabbriche." Almanacco socialista Italiano. Rome: Partito Socialista Italiano, 1935.

—. "Le condizioni della classe lavoratrice in Italia (1922-1943)." *Annali, Fondazione Giangiacomo Feltrinelli* 14 (1972): 382.

Burgess, Keith. *The Challenge of Labour: Shaping British Society, 1850-1930.* London: Croom Helm, 1980.

Burk, Kathleen, ed. *War and the State: The Transformation of British Government, 1914-1919.* Boston: Allen & Unwin, 1982.

Busino, Giovanni. "La riscoperta di Umberto Ricci economista." *Rivista storica Italiana* 112, no. 3 (2000): 1166-74.

Camarda, Alessandro, and Santo Peli. *L'altro esercito: La classe operaia durante la prima guerra mondiale.* First edition. Milan: Feltrinelli Economica, 1980.

Camera dei deputati, Segretariato generale. *La legislazione fascista 1922-1928.* 7 vols. Rome: Typography of the Chamber of Deputies[Tipografi a della Camera dei deputati], 1929.

Canzoneri, Matthew B., et al., eds. *Establishing a Central Bank: Issues in Europe and Lessons from the US.* Cambridge: Cambridge University Press, 1992.

Caracciolo, Alberto. "La grande industria nella Prima Guerra Mondiale." In *La formazione dell'Italia industriale, 163-219.* Bari: Laterza, 1963.

—. *Il trauma dell'intervento: 1914/1919.* Florence: Vallecchi, 1968.

—. *La formazione dell'Italia industriale.* Bari: Laterza, 1969.

Cassel, Gustav. "The Economic and Financial Decisions of the Genoa Conference." *Manchester Guardian Commercial,* June 15, 1922, 140.

Castronovo, Valerio. *L'industria Italiana dall'ottocento a oggi.* 2nd edition. Milan: A. Mondadori, 1982.

—. *Storia economica d'Italia: Dall'ottocento ai giorni nostri.* Turin: Einaudi, 1995.

Cecini, Stefano. "Il finanziamento dei lavori pubblici in Italia: Un confronto tra età liberale ed epoca fascista." *Rivista di storia economica* 27, no. 3 (2011): 325-64.

Cherubini, Arnaldo. *Storia della previdenza sociale in Italia 1860-1960.* First edition. Rome: Editori Riuniti, 1977.

Chiozza Money, L. G. *The Triumph of Nationalization*. London and New York: Cassell and Co., 1920. https://babel.hathitrust.org/cgi/pt?id=aeu.ark:/13960/t00z8dx5z&view=1up&seq=1.

Ciocca, Pierluigi. *Umberto Ricci: L'uomo l'economista*. Lanciano: Carabba, 1999.

—. "Einaudi e le turbolenze economiche fra le due guerre." *Rivista di storia economica* 3 (2004): 279–308. https://doi.org/10.1410/18779.

—. *Ricchi per sempre? Una storia economica d'Italia, 1796—2005*. First edition. Turin: Bollati Boringhieri, 2007.

Clarke, John Joseph. *The Housing Problem: Its History, Growth, Legislation and Procedure*. New York: Sir I. Pitman & Sons, 1920. https://babel.hathitrust.org/cgi/pt?id=uc2.ark:/13960/t53f4wz5t&view=1up&seq=7.

Clarke, Simon. *Keynesianism, Monetarism, and the Crisis of the State*. Aldershot, UK: Gower Publishing, 1988.

Clyne, P. K. "Reopening the Case of the Lloyd George Coalition and the Post-War Economic Transition." *Journal of British Studies* 10, no. 1 (1970): 162–75.

Coates, Ken, and Anthony Topham, eds. *Industrial Democracy in Great Britain: A Book of Readings and Witnesses for Workers' Control*. London: Macgibbon & Kee, 1968.

Cohen, Jon S. "The 1927 Revaluation of the Lira: A Study in Political Economy." *Economic History Review* 25, no. 4 (1972): 642–54. https://doi.org/10.2307/2593953.

—. "Fascism and Agriculture in Italy: Policies and Consequences." *Economic History Review* 32, no. 1 (1979): 70. https://doi.org/10.2307/2595966.

Cole, G. D. H. *Labour in War Time*. London: George Bell & Sons, 1915.

—. *Chaos and Order in Industry: G. D. H. Cole*. London: Methuen, 1920a.

—. *The World of Labour: A Discussion of the Present and Future of Trade Unionism*. 4th edition. London: George Bell & Sons, 1920b.

—"The British Building Guild: An Important Development of Policy." *Journal of the American Institute of Architects* 9, no. 1 (1921a): 289–91.

—. "The Great Building Adventure: The English Building Guilds at Work." *Journal of the American Institute of Architects* 9, no. 1 (1921b): 17–19.

—. *Trade Unionism and Munitions*. New York: H. Milford, 1923.

—. *A History of the Labour Party from 1914*. First edition. London: Routledge, 1948. https://doi.org/10.4324/9780429446009.

—. *A History of Socialist Thought, Vol. 4*. New York: St. Martin's Press, 1958.

Collins, Chuck, and Omar Ocampo. "Global Billionaire Wealth Surges $4 Trillion over Pandemic." Institute for Policy Studies, March 31, 2021. https://ips-dc.org/global-billionaire-wealth-surges-4-trillion-over-pandemic/.

Comitato Centrale di Mobilitazione. "Le ricerche statistiche per la mobilitazione industriale e gli ammaestramenti per il dopo-guerra." *Il bollettino del comitato centrale di mobilitazione* 4 (October 1917): 130–32.

—. "Il problema sociale dell'infortunio sul lavoro." *Il bollettino del comitato centrale di mobilitazione* 8-9 (February-March 1918): 96–103. https://catalog.hathitrust.org/Record/012511927.

Committee on Financial Services. *House Hearing, 113th Congress—What Is Central about Central Banking? A Study of International Models.* Washington, DC: US Government Printing Office, 2013. https://www.govinfo.gov/content/pkg/CHRG-113hhrg86685/pdf/CHRG-113hhrg86685.pdf.

Costamagna, Carlo. "La validità della carta del lavoro." *Lo stato* 2, no. 11 (1931).

—. "Direttive di azione economica." *Lo stato* 4, no. 1 (1933): 1–5.

Cotula, Franco, and Luigi Spaventa. "La politica monetaria tra le due guerre: 1919-1935." In *La Banca d'Italia: Sintesi della ricercar storica 1893-1960*, ed. F. Cotula, M. De Cecco, and G. Toniolo. Rome and Bari: Laterza, 1993. https://www.semanticscholar.org/paper/La-Politica-monetaria-tra-le-due-guerre-%3A-1919-1935-Cotula-Spaventa/9cf7f455ec7c916874bb19d9e7c9d0ca3b7d7dc2.

Council of European Communities, Commission of the European Communities. "Treaty on European Union." Luxembourg: Office for official Publications of the European Communities, 1992.

Cox, Garfield V. "The English Building Guilds: An Experiment in Industrial Self-Government." *Journal of Political Economy* 29, no. 10 (December 1921): 777–90.

Coy, Peter. "Why are Fast Food Workers Signing Noncompete Agreements?" *New York Times*, September 29, 2021. https://www.nytimes.com/2021/09/29/opinion/noncompete-agreement-workers.html.

Critchley, T. A. *A History of Police in England and Wales.* Revised edition. London: Constable, 1978.

Crocella, Carlo, et al., eds. *L'inchiesta parlamentare sulle spese di guerra (1920-1923).* Rome: Camera dei deputati, Archivio storico, 2002.

Cronin, James E. *Industrial Conflict in Modern Britain.* Lanham, MD: Rowman and Littlefield, 1979.

—. *Labour and Society in Britain, 1918-1979*. London: Batsford Academic and Educational, 1984.

Damill, Mario, and Roberto Frenkel. "Argentina: Macroeconomic Performance and Crisis." Paper prepared for the Macroeconomic Policy Task Force of the International Policy Dialogue (IPD), 2003. https://doi.org/10.7916/ D8862P4D.

Danninger, Stephan, Alberto Alesina, and Massimo Rostagno. "Redistribution through Public Employment: The Case of Italy." *International Monetary Fund Working Papers* 1999, no. 177 (1999): 44pp. https://www.elibrary.imf. org/view/journals/001/1999/177/001.1999.issue-177-en.xml.

Daunton, M. J. *Just Taxes: The Politics of Taxation in Britain, 1914-1979*. New York: Cambridge University Press, 2002.

Davis, E. G. "R. G. Hawtrey, 1879-1975." In *Pioneers of Modern Economics in Britain, 203-33*. London: Palgrave Macmillan, 1981.

Davis, Joseph S. "World Currency and Banking: The First Brussels Financial Conference." *Review of Economics and Statistics* 2, no. 12 (1920): 349-60.

Dawson, William Harbutt, ed. *After-War Problems*. London: George Allen & Unwin, 1917. https://babel.hathitrust.org/cgi/pt?id=inu.30000127800187.

De Cecco, Marcello. "Il ruolo delle istituzioni nel pensiero di Pantaleoni." *Rivista di politica economica* 3 (1995).

De Felice, Renzo. *Mussolini il fascista: La conquista del potere (1921-1925)*. Turin: Einaudi, 1966.

De Luca, Giuseppe. "La costruzione della rete autostradale Italiana: L'autostrada Firenze-Mare, 1927-1940." *Storia urbana* 16, no. 59 (1992).

De Stefani, Alberto. *Lezioni di economia politica: Appunti: Anno accademico 1919-20*. Padua: La Litotipo, 1919.

—. "Vilfredo Pareto." *Gerarchia* (1923): 1187-89.

—. *L'azione dello Stato Italiano per le opere pubbliche (1862-1924)*. Rome: Libreria dello Stato, 1925.

—. *La legislazione economia della guerra*. Bari: Laterza; New Haven, CT: Yale University Press, 1926a.

—. *La restaurazione fi nanziaria 1922-1925*. Modena: N. Zanichelli, 1926b.

—. *Vie maestre: Commenti sulla finanza del 1926*. Trieste: Fratelli Treves, 1927.

—. *Colpi di vaglio: Commenti sulla fi nanza del 1927*. Milan: Fratelli Treves, 1928.

—. *L'oro e l'aratro*. Milan: Treves, 1929.

—. *Quota 90: La rivalutazione della lira: 1926-1928*. Edited by Marco di Mico; introduction by L. Spaventa. Turin: UTET Università, 1998.

De Stefani, Alberto, and Francesco Perfetti. *Gran consiglio, ultima seduta: 24-25 luglio 1943*. Florence: Le Lettere, 2013.

Del Vecchio, Gustavo. "Prefazione." In M. Pavesi, *Economia corporativa e dottrine realiste, 5-18*. Bologna: Stabilimento Poligrafico Riuniti, 1929.

—. "Einaudi Economista." *Giornale degli economisti e annali di economia* 23, no. 3/4 (1964): 136-44. https://www.jstor.org/stable/23238553.

—. "Einaudi economista." In *Einaudi*, ed. M. Achille Romani. Milan: Bocconi Press, 2011.

Deutscher, Patrick. *R. G. Hawtrey and the Development of Macroeconomics*. London: Macmillan, 1990.

—. "Ralph George Hawtrey (1879-1975)." In *The Palgrave Companion to Cambridge Economics*, ed. Robert A. Cord, 477-93. London: Palgrave Macmillan UK, 2017. https://doi.org/10.1057/978-1-137-41233-1_21.

Dingley, Tom. *The Shop Stewards and Workers' Committee Movement*. Coventry: Shop Stewards & Workers' Committee, 1918.

Dobb, Maurice Herbert. *Theories of Value and Distribution since Adam Smith; Ideology and Economic Theory*. Cambridge: Cambridge University Press, 1973.

Dominedò, V. "Umberto Ricci economista." *Economia internazionale* 14, no. 1 (1961): 1-20.

Dyson, Kenneth, and Kevin Featherstone. "Italy and EMU as a 'Vincolo Esterno': Empowering the Technocrats, Transforming the State." *South European Society and Politics* 1, no. 2 (June 1996): 272-99. https://doi.org/10.1080/13608749608539475.

Económicas, UN CEPAL División de Estadística y Proyecciones. *Magnitud de la pobreza en América Latina en los años ochenta*. Santiago de Chile: CEPAL, 1990. https://repositorio.cepal.org/handle/11362/33451.

Eichengreen, Barry J. *Golden Fetters: The Gold Standard and the Great Depression, 1919-1939*. New York: Oxford University Press, 1992. (한국어판: 배리 아이켄그린,《황금 족쇄》, 미지북스, 2016)

Einaudi, Luigi. *Prediche*. Bari: G. Laterza, 1920.

—. *La guerra e il sistema tributario italiano*. Bari: G. Laterza; New Haven, CT: Yale University Press, 1927.

—. "Le premesse del salario dettate dal giudice." *La riforma sociale* 42 (1931): 311-16.

—. *La condotta economica e gli effetti sociali della guerra italiana.* New Haven, CT: Yale University Press, 1933.

—. *Cronache economiche e politiche di un trentennio* (1893-1925). Turin: Einaudi, 1959-65.

—. *From Our Italian Correspondent: Luigi Einaudi's Articles in The Economist, 1908-1946.* Edited by Roberto Marchionatti. Florence: L. S. Olschki, 2000.

Elliott, Dorinda, and Betsy McKay. "Yeltsin's Free-Market Offensive." *Newsweek,* October 17, 1993. https://www.newsweek.com/yeltsins-free-market-offensive-194394.

Ermacora, Matteo. *Cantieri di guerra: Il lavoro dei civili nelle retrovie del fronte Italiano 1915-1918.* Bologna: Il Mulino, 2005.

—. "Labour, Labour Movements, Trade Unions and Strikes (Italy)." Translated by Benjamin Ginsborg. In *1914-1918 Online: International Encyclopedia of the First World War,* ed. Ute Daniel, Peter Catrell, Oliver Janz, Heather Jones, Jennifer Keene, Alan Kramer, and Bill Nasson. Berlin: Freie Universität Berlin, 2014. https://doi.org/10.15463/ie1418.10268.

Erreygers, Guido, and Giovanni Di Bartolomeo. "The Debates on Eugenio Rignano's Inheritance Tax Proposals." *History of Political Economy* 39, no. 4 (November 2007): 605-38. https://doi.org/10.1215/00182702-2007-034.

Espuelas, Sergio. "The Inequality Trap: A Comparative Analysis of Social Spending between 1880 and 1930." *Economic History Review* 68, no. 2 (2015): 683-706. https://www.jstor.org/stable/43910359.

Falciola, Luca. *Il movimento del 1977 in Italia.* First edition. Rome: Carocci Editore, 2015.

Farese, Giovanni. *Luigi Einaudi: Un economista nella vita pubblica.* Soveria Mannelli: Rubbettino, 2012.

Faucci, Riccardo. *Luigi Einaudi.* Turin: Unione tipografico-Editrice Torinese, 1986.

—. *A History of Italian Economic Thought.* First edition. London: Routledge, 2014. https://doi.org/10.4324/9781315780993.

Fausto, Domenicantonio. "I contributi di Umberto Ricci alla scienza delle finanze." In *Umberto Ricci (1879-1946): Economista militante e uomo combattivo,* 217-43. Florence: Polistampa, 2004.

Fava, Andrea. "Assistenza e propaganda nel regime di guerra." In *Operai e contadini nella Grande Guerra,* ed. Mario Isnenghi. Bologna: Cappelli

Editore, 1982.

Favero, Giovanni. "Le statistiche dei salari industriali in periodo fascista." *Quaderni Storici* (new series) 45, no. 134, 2 (2010): 319–57. https://www.jstor.org/stable/43780007.

Federico, Giovanni, et al. "The Origins of the Italian Regional Divide: Evidence from Real Wages, 1861–1913." *Journal of Economic History* 79, no. 1 (March 2019): 63–98. https://doi.org/10.1017/S0022050718000712.

Feinstein, C. H. *National Income, Expenditure and Output of the United Kingdom, 1855–1965.* Cambridge: Cambridge University Press, 1972.

Ferrera, Maurizio, and Elisabetta Gualmini. *Rescued by Europe? Social and Labour Market Reforms in Italy from Maastricht to Berlusconi.* Amsterdam: Amsterdam University Press, 2004.

Ferré-Sadurní, Luis, and Jesse McKinley. "N.Y. Hospitals Face $400 Million in Cuts Even as Virus Battle Rages." *New York Times*, March 30, 2020. https://www.nytimes.com/2020/03/30/nyregion/coronavirus-hospitals-medicaid-budget.html.

Flaschel, Peter, et al. "Kaleckian Investment and Employment Cycles in Post-War Industrialized Economies." In *Mathematical Economics and the Dynamics of Capitalism*, ed. Peter Flaschel and Michael Landesmann. New York: Routledge, 2008.

Flora, Federico. *La politica economica e finanziaria del fascismo (ottobre 1922-giugno 1923).* Milan: Imperia, 1923. https://catalog.hathitrust.org/Record/000959311.

Foley, Duncan K. *Understanding Capital: Marx's Economic Theory.* Cambridge, MA: Harvard University Press, 1986. (한국어판: 던컨 폴리, 《자본의 이해》, 유비온, 2015)

Forsyth, Douglas J. *The Crisis of Liberal Italy: Monetary and Financial Policy, 1914-1922.* New York: Cambridge University Press, 1993.

Forte, Francesco. *L'economia liberale di Luigi Einaudi: Saggi.* Florence: L. S. Olschki, 2009.

Foster, John Bellamy, and Robert W. McChesney. *The Endless Crisis: How Monopoly-Finance Capital Produces Stagnation and Upheaval from the USA to China.* New York: Monthly Review Press, 2012.

Franchini, Vittorio. *I comitati regionali per la mobilitazione industriale 1915-1918.* Milan: Alfieri, 1928.

—. *La mobilitazione industriale dell'Italia in guerra: Contributo alla storia economica della guerra 1915-1918.* Rome: Istituto Poligrafi co e Zecca dello

Stato, 1932.

Franzosi, Roberto. "One Hundred Years of Strike Statistics: Methodological and Theoretical Issues in Quantitative Strike Research." *Industrial and Labor Relations Review* 42, no. 3 (1989): 348-62. https://doi.org/10.2307/2523393.

Frascani, Paolo. *Politica economica e finanza pubblica in Italia nel primo dopoguerra (1918-1922)*. Naples: Giannini, 1975.

Gabbuti, Giacomo. *A Noi! Income Inequality and Italian Fascism: Evidence from Labour and Top Income Shares*. Oxford Social History and Economics Working Papers 177, University of Oxford, Department of Economics, 2020a. https://econpapers.repec.org/paper/oxfesohwp/_5f177.htm.

—. "When We Were Worse Off : The Economy, Living Standards and Inequality in Fascist Italy." *Rivista di storia economica* no. 3 (2020b): 253-98. https://www.rivisteweb.it/doi/10.1410/100485.

—. "Il fascismo 'liberista' e la 'quasi abolizione' dell'imposta di successione del 1923." In *Le sirene del corporativismo e l'isolamento dei dissidenti durante il fascismo*, ed. Piero Barucci et al. Florence: Firenze University Press, 2021. https://doi.org/10.36253/978-88-5518-455-7.07.

Gabbuti, Giacomo, and Maria Gómez-León. "Wars, Depression, and Fascism: Income Inequality in Italy, 1900-1950." Working paper D. T. 2104, Departamento de Economía, Universidad Pública de Navarra, 2021.

Gallacher, William, and J. R. Campbell. *Direct Action: An Outline of Workshop and Social Organization*. London: Pluto Press, 1972. First published December 1919 by the National Council of the Scottish Workers' Committees, 1919.

Gallacher, William, and J. Paton. *Toward Industrial Democracy—A Memorandum on Workshop Control*. Paisley, UK: Paisley Trades and Labour Council, 1918.

Gangemi, Lello. *La politica finanziaria del governo Fascista (1922-1928)*. Florence: R. Sandron, 1929.

Garside, W. R. *British Unemployment, 1919-1939: A Study in Public Policy*. Cambridge and New York: Cambridge University Press, 1990.

Gaukroger, Alan. "The Director of Financial Enquiries." PhD thesis, University of Huddersfield, 2008.

Giachetti, Diego. *La FIAT in mano agli operai: L'autunno caldo del 1969*. Pisa: BFS Edizioni, 1999.

Giasi, Francesco, ed. *Gramsci nel suo tempo*. Rome: Carocci, 2008.

Giocoli, Nicola, and Nicolò Bellanca. *Maffeo Pantaleoni: Il principe degli economisti Italiani*. Florence: Polistampa, 1998.

Giordano, Claire, and Francesco Zollino. "Long-Run Factor Accumulation and Productivity Trends in Italy." *Journal of Economic Surveys* 35, no. 1 (June 2020). https://doi.org/10.1111/joes.12361.

Giorgi, Chiara, and Ilaria Pavan. *Storia dello stato sociale in Italia*. Bologna: Il Mulino, 2021.

Gleason, Arthur. *What the Workers Want: A Study of British Labor*. New York: Harcourt, Brace and Howe, 1920.

Gómez León, María, and Herman J. de Jong. "Inequality in Turbulent Times: Income Distribution in Germany and Britain, 1900-50." *Economic History Review* 72, no. 3 (2018): 1073-98. https://doi.org/10.1111/ehr.12770.

Gordon, Charles, and Edouard Montpetit. *The Genoa Conference for the Economic and Financial Reconstruction of Europe: Joint Report of the Canadian Delegates*. Ottawa, Ont.: F. A. Acland, 1922.

Gramsci, Antonio. "To the Commissars of the Workshop of Fiat Centro and Brevetti[Ai Commissari di reparto delle Officine Fiat Centro e Brevetti]." *L'Ordine nuovo* 1, no. 18 (September 13, 1919a): 140.

—. "The Problem of the Internal Commission[Il problema della Commissioni interne]." *L'Ordine nuovo* 1, no. 15 (August 23, 1919b): 117-18.

— "Syndicalism and the Councils[Sindacalismo e Consigli]." L'Ordine nuovo 1, no. 25 (November 8, 1919c): 191-92.

—. "The Conquest of the State[La conquista dello Stato]." *L'Ordine nuovo* 1, no. 9 (July 12, 1919d): 64.

—. "Postilla." L'Ordine nuovo 1, no. 15 (August 23, 1919e): 117.

—. "The Programme of *L'Ordine nuovo*[il programma dell'Ordine nuovo]." *L'Ordine nuovo* 1, no. 12 (August 14, 1920a): 95.

—. "Soviet and Workers' Councils[Soviet e Consigli di fabbrica]." *L'Ordine nuovo* 1, no. 43 (April 3-10, 1920b): 340.

—. "Chronicles of the New Order[Cronache dell'*Ordine Nuovo*]." *L'Ordine nuovo* 2, no. 16 (October 2, 1920c): 121.

—. "The Factory Council[Il consiglio di fabbrica]." *L'Ordine nuovo* 2, no. 5 (June 5, 1920d): 25.

—. "Socialism and Economics[Socialismo ed economia]." *L'Ordine nuovo* 1, no. 34 (January 17, 1920e): 265.

—. "Superstition and Reality[Superstizione e realtà]." *L'Ordine nuovo* 2, no. 1 (May 8, 1920f): 2.

—. "Toward a Renewal of the Socialist Party[Per un rinnovamento del partito socialista]." *L'Ordine nuovo* 2, no. 1 (May 8, 1920g): 3.

—. "The Turin Factory Council Movement." *L'Ordine nuovo*, March 14, 1921. Translated by Michael Carley. https://www.marxists.org/archive/gramsci/1921/03/turin_councils.htm.

Gramsci, Antonio, with Palmiro Togliatti. "Workers' democracy[Democrazia operaia]." *L'Ordine nuovo* 1, no. 7 (June 21, 1919: 47-48).

Gramsci, Antonio, et al. *Pre-Prison Writings*. Cambridge: Cambridge University Press, 1994. (한국어판: 안토니오 그람시, 《안토니오 그람시 옥중수고 이전》, 갈무리, 2001)

Great Britain, Royal Commission on Coal Industry. *Reports and Minutes of Evidence, Vol. 1: On the First Stage of the Inquiry*. London: HMSO, 1919a.

—. *Reports and Minutes of Evidence, Vol. 2: On the Second Stage of the Inquiry*. London: HMSO, 1919b.

Grifone, Pietro. *Il capitale finanziario in Italia*. Turin: Einaudi, 1971.

Grilli, Vittorio, et al. "Political and Monetary Institutions and Public Financial Policies in the Industrial Countries." *Economic Policy* 6, no. 13 (1991): 342-92. https://doi.org/10.2307/1344630.

Guarneri, Felice. *Battaglie economiche tra le due grandi guerre*. Milan: Garzanti, 1953.

Hamon, A. "The Workers' Council in Britain[I consigli operai in inghilterra]." *L'Ordine nuovo* 1, no. 19 (September 20-27, 1919): 145.

Hannington, *Wal. Industrial History in Wartime Including a Record of the Shop Stewards' Movement*. London: Lawrence & Wishart Ltd., 1941.

Hargrave, John. *Montagu Norman*. New York: The Greystone Press, 1942.

Harvey, David. *The Limits to Capital*. Oxford: B. Blackwell, 1982. (한국어판: 데이비드 하비, 《자본의 한계》, 한울, 2007)

Hawtrey, R. G. *Good and Bad Trade*. London: Constable & Co., 1913. https://catalog.hathitrust.org/Record/001311354.

—. *Currency and Credit*. London: Longmans, Green & Co., 1919a. https://babel.hathitrust.org/cgi/pt?id=ucl.$b37816&view=1up&seq=7.

—. "The Gold Standard." *Economic Journal* 29, no. 116 (December 1919b): 428-42. https://doi.org/10.2307/2223352.

—. *Currency and Credit*. 2nd edition. London: Longmans, Green & Co., 1923. https://catalog.hathitrust.org/Record/006646138.

—. "Currency and Public Administration." *Public Administration* 3, no. 3 (1925a): 232-45.

—. "Public Expenditure and the Demand for Labour." *Economica* 13 (March 1925b): 38–48. https://www.jstor.org/stable/2548008?seq=1.

— "Review of Central Banks, by C. H. Kisch and W. A. Elkin." *Economic Journal* 38, no. 151 (September 1928): 439–42.

—. *A Century of Bank Rate.* London: Longmans, Green, 1938.

Helgadóttir, Oddný. "The Bocconi Boys Go to Brussels: Italian Economic Ideas, Professional Networks and European Austerity." *Journal of European Public Policy* 23, no. 3 (March 2016): 392–409. https://doi.org/10.1080/13501763.2015. 1106573.

Henderson, H. D. "The Reports of the Coal Industry Commission." *Economic Journal* 29, no. 115 (1919): 265–79.

Henwood, Doug. *After the New Economy.* New York: New Press, 2003. (한국어판: 더 그 헨우드, 《신경제 이후》, 필맥, 2004)

Hinton, James. *The First Shop Stewards' Movement.* London: G. Allen & Unwin, 1973.

His Majesty's Stationery Office. *War Cabinet Report for the Year 1917.* Cmd. 9005, 1918a. House of Commons Parliamentary Papers online.

—. *First Interim Report of the Committee on Currency and Foreign Exchange after the War.* Cmd. 9182. London: HMSO, 1918b.

—. *War Cabinet Report for the Year 1918.* Cmd. 325, 1919a. House of Commons Parliamentary Papers online.

—. *Report of the Provisional Joint Committee Presented to Meeting of Industrial Conference.* Cmd. 501, 1919b. House of Commons Parliamentary Papers online.

— *Final Report of the Committee on Currency and Foreign Exchange after the War.* Cmd. 464, 1919c.

—. "Draft Resolutions on Economy." Cab 23/23. Meeting of the Cabinet, December 8, 1920, 10 Downing Street.

—. Finance: Minutes, Records of Cabinet Committees, 1919–1922. Finance Committee, June 30, 1921. Cab 24/201/27, fols. 58–65.

—. "Reports of the Committee of Experts Appointed by the Currency and Exchange Sub-commission of the Financial Commission." Cmd. 1650, 1922a.

—. *First Interim Report of the Committee on National Expenditure.* Cmd. 1581, 1922b.

—. *Second Interim Report of the Committee on National Expenditure.* Cmd. 1582, 1922c.

—. *Third Report of the Committee on National Expenditure*. Cmd. 1589, 1922d.

—. *Report of the Committee on National Debt and Taxation*. Cmd. 2800, 1927. http://hdl.handle.net/2027/mdp.39015036796954.

—. "Memorandum on Unemployment," by Sir William Joynson-Hicks. Cab 24/201, June 13 to July 9, 1929.

Hobsbawm, E. J. *Industry and Empire: From 1750 to the Present Day*. New York: Penguin Books, 1999.

Hodges, Frank. *Nationalization of the Mines*. New York: Thomas Seltzer, Inc., 1920.

Hood, Christopher, and Rozana Himaz. "The UK Geddes Axe of the 1920s in Perspective." In *When the Party's Over: The Politics of Fiscal Squeeze in Perspective*, ed. Christopher Hood, David Heald, and Rozana Himaz. Oxford: British Academy, 2014. British Academy Scholarship Online, 2015. https://doi.org/10.5871/bacad/9780197265734.003.0004.

Howson, Susan. "'A Dear Money Man'?: Keynes on Monetary Policy, 1920." *Economic Journal* 83, no. 330 (1973): 456-64. https://doi.org/10.2307/2231181.

—. "The Origins of Dear Money, 1919-20." *Economic History Review* 27, no. 1 (1974): 88-107.

—. *Domestic Monetary Management in Britain, 1919-38*. Cambridge: Cambridge University Press, 1975.

—. "Monetary Theory and Policy in the Twentieth Century: The Career of R. G. Hawtrey." In *Proceedings of the Seventh International Economic History Conference*, ed. M. Flinn, 505-12. Edinburgh: Edinburgh University Press, 1978.

—. "Hawtrey and the Real World." In *Keynes and His Contemporaries*, ed. G. C. Harcourt, 142-88. London: Macmillan, 1985a.

—. "Review of *The Making of Keynes' General Theory*, by Richard F. Kahn." *Journal of Economic History* 45, no. 4 (1985b): 1023-24. https://doi.org/10.1017/S0022050700035610.

Howson, Susan, and Donald Winch. *The Economic Advisory Council, 1930-1939: A Study in Economic Advice during Depression and Recovery*. Cambridge: Cambridge University Press, 1977.

Hurwitz, Samuel Justin. *State Intervention in Great Britain: A Study of Economic Control and Social Response, 1914-1919*. New York: Columbia University Press, 1949.

Inman, Phillip, and Robert Booth. "Poverty Increases among Children and

Pensioners across UK." *The Guardian* (US edition), March 28, 2019. https://www.theguardian.com/society/2019/mar/28/poverty-increases-among-children-and-pensioners-across-uk.

International Labor Organization. *World Employment and Social Outlook Trends 2021*. 2021. https://www.ilo.org/global/research/global-reports/weso/trends2021/lang--en/index.htm.

Invernizzi-Accetti, Carlo. *What Is Christian Democracy? Politics, Religion and Ideology*. Cambridge: Cambridge University Press, 2019.

Isnenghi, Mario, ed. *Operai e contadini nella grande guerra*. Bologna: Cappelli, 1982.

Istituto Nazionale di Statistica. "Calcolo della soglia di povertà assoluta." Dati analisi e prodotti. Last updated October 27, 2023. https://www.istat.it/it/dati-analisi-e-prodotti/calcolatori/soglia-di-povert%C3%A0.

—. "Le statistiche dell'istat sulla povertà, anno 2020: Torna a crescere la povertà assoluta." June 16, 2021. https://www.istat.it/it/files/2021/06/REPORT_POVERTA_2020.pdf.

Istituto Nazionale Fascista Infortuni. *Rassegna della previdenza sociale* 10, no. 6 (1923): 120. Rome: Cassa Nazionale Fascista Infortuni.

Ives, Martyn. Reform, *Revolution and Direct Action amongst British Miners: The Struggle for the Charter in 1919*. Leiden: Brill, 2016.

Jacchia, Arturo. "Workers' Life[Vita Operaia]." *L'Ordine nuovo* 1, no. 9 (July 12, 1919): 66.

Jason (Pseud.). *Past and Future*. London: Chatto & Windus, 1918.

Jepsen, Maria, ed. *Benchmarking Working Europe 2019*. Brussels: European Trade Union Institute, 2019. https://www.etui.org/publications/books/benchmarking-working-europe-2019.

Johnson, Paul Barton. *Land Fit for Heroes: The Planning of British Reconstruction, 1916–1919*. Chicago: University of Chicago Press, 1968.

Jones, Thomas. *Whitehall Diary*. Oxford: Oxford University Press, 1969.

Jordà, Òscar, Moritz Schularick, and Alan M. Taylor. 2017. "Macrofinancial History and the New Business Cycle Facts." In *NBER Macroeconomics Annual 2016*, vol. 31, ed. Martin Eichenbaum and Jonathan A. Parker. Chicago: University of Chicago Press, 2017.

Joslyn, Carl S. "The British Building Guilds: A Critical Survey of Two Years' Work." *Quarterly Journal of Economics* 37, no. 1 (1922): 75–133. https://doi.org/10.2307/1885910.

Kalecki, M. "Political Aspects of Full Employment." *Political Quarterly* 14, no. 4 (1943): 322–30. https://delong.typepad.com/kalecki43.pdf.

Kelton, Stephanie. *The Deficit Myth: Modern Monetary Theory and the Birth of the People's Economy*. New York: Public Affairs, 2020. (한국어판: 스테파니 켈튼, 《적자의 본질》, 비즈니스맵, 2021)

Kendall, Walter. *The Revolutionary Movement in Britain 1900-1921: The Origins of British Communism*. London: Weidenfeld and Nicolson, 1969.

Keynes, John Maynard. *The General Theory of Employment, Interest, and Money*. London: Palgrave Macmillan, 1964. (한국어판: 존 메이너드 케인스, 《고용 이자 화폐의 일반이론》, 필맥, 2010 외 다수)

—. *The Collected Writings of John Maynard Keynes*, Vol. 10, ed. Johnson, Elizabeth and Donald Moggridge: Cambridge University Press, 1971.

—. *The Economic Consequences of the Peace*. London: Taylor and Francis, Ltd.; New York: Routledge, 2017. (한국어판: 존 메이너드 케인스, 《평화의 경제적 결과》, 부글북스, 2016)

Kirby, M. W. *The British Coal Mining Industry, 1870-1946: A Political and Economic History*. London: Macmillan, 1977.

Klein, Naomi. *The Shock Doctrine: The Rise of Disaster Capitalism*. London: Picador, 2008.

Kreis, Steven. *The Diffusion of an Idea: A History of Scientific Management in Britain, 1890-1945*. PhD diss., University of Missouri- Columbia, 1990.

Krugman, Paul. "The Case for Cuts Was a Lie. Why Does Britain Still Believe It? The Austerity Delusion." *The Guardian* (US edition), April 29, 2015. https://www.theguardian.com/business/ng-interactive/2015/apr/29/the-austerity-delusion.

Labanca, Nicola, and Giovanna Procacci. *Caporetto. Esercito, stato e società*. Florence: Giunti Editore, 2018.

Labour Party (Great Britain), Executive Committee. Labour and the New Social Order: A Report on Reconstruction. London: Labour Party, 1918.

—. *Report of the Nineteenth Annual Conference of the Labour Party*, June 25, 1919. Nottingham and London: Labour Party, 1919.

La Francesca, Salvatore. *La politica economica del Fascismo*. Bari: Laterza, 1972.

Laidler, David. "Hawtrey and the Origins of the Chicago Tradition." *Journal of Political Economy* 10, no. 6 (1993): 1068-1103.

Lakner, Christoph, et al. *Updated Estimates of the Impact of COVID-19 on Global Poverty: Looking Back at 2020 and the Outlook for 2021*. World Bank blogs,

January 11, 2021. https://blogs.worldbank.org/opendata/updated-estimates-impact-covid-19-global-poverty-looking-back-2020-and-outlook-2021.

Lay, Adriana, Dora Marucco, and Maria Luisa Pesante. "Classe operaia e scioperi: Ipotesi per il periodo 1880–1923." *Quaderni storici* 8, no. 22/1 (1973): 87–147.

League of Nations. *Brussels Financial Conference 1920*. 5 vols. London: Printed for the League of Nations by Harrison and Sons, Ltd., 1920–1921. (브뤼셀 회의 문서는 Brussels 1920, 호수, 페이지 순으로 표기한다.)

—. *Three Months of the League of Nations*. Boston: World Peace Foundation, 1920.

—. *Report of the Advisory Committee, International Financial Conference 1920*. London: Printed for the League of Nations by Harrison & Sons, 1920.

Levrero, Enrico, and Antonella Stirati. "Real Wages in Italy 1970–2000: Elements for an Interpretation." *Economia & lavoro* 38, no. 1 (2004): 65–89. https://www.semanticscholar.org/paper/Real-Wages-in-Italy-1970-2000%3A-Elements-for-an-Levrero-Stirati/e9c0e323e752d32e326b4d19a1ce93e0da19bd18.

Lloyd, E. M. H. *Experiments in State Control at the War Office and the Ministry of Food*. London: H. Milford, 1924.

—. "Gold and Coal." *New Statesman* 25, no. 639 (July 25, 1925).

Lunghini, Giorgio, and Stefano Lucarelli. *The Resistible Rise of Mainstream Economics: The Dominant Theory and the Alternative Economic Theories*. Bergamo: University of Bergamo Press, 2012.

Lyttelton, Adrian. *The Seizure of Power: Fascism in Italy, 1919–1929*. New York: Scribner, 1973.

Macfarlane, L. J. "Hands off Russia: British Labour and the Russo-Polish War, 1920." *Past & Present 38* (December 1967): 126–52.

Macnicol, John. *The Politics of Retirement in Britain, 1878–1948*. Cambridge: Cambridge University Press, 2002.

MacRae, C. Duncan. "A Political Model of the Business Cycle." *Journal of Political Economy* 85, no. 2 (1977): 239–63. https://www.jstor.org/stable/1830790.

Magnani, Alberto. "Retribuzioni, calo del 4,3% in 7 anni. Perché il problema dell'Italia sono gli stipendi." *Il Sole 24 Ore*, February 17, 2019. https://www.ilsole24ore.com/art/retribuzioni--calo-43percento-7-anni-perche-problema-dell-italia-sono-stipendi--ABWtwpSB?refresh_ce=1.

Maione, Giuseppe. *Il Biennio Rosso: Autonomia e spontaneità operaia nel 1919–1920*. Bologna: Il Mulino, 1975.

Manestra, Stefano. *A Short History of Tax Compliance in Italy*. Questioni di Economia e Finanza 81, December 2010. https://www.bancaditalia.it/pubblicazioni/qef/2010-0081/QEF_81.pdf.

Mankiw, N. Gregory. *Principles of Microeconomics*. 5th edition. Boston: SouthWestern Cengage Learning, 2009. (한국어판: 그레고리 맨큐, 《맨큐의 경제학》, 한티에듀, 2021 외 다수)

Mann, Geoff. *In the Long Run We Are All Dead: Keynesianism, Political Economy, and Revolution*. New York: Verso, 2017.

Marchionatti, Roberto. *Economic Theory in the Twentieth Century: An Intellectual History*, Vol. 1-2. Cham, Switzerland: Palgrave Macmillan, 2020-2021.

Marcoaldi, Franco. "Maffeo Pantaleoni, la riforma finanziaria e il governo fascista nel periodo dei pieni poteri, attraverso le lettere ad Alberto De' Stefani." *Annali della Fondazione Luigi Einaudi* 14 (1980): 609-66.

—. *Vent'anni di economia e politica: Le carte De' Stefani, 1922-1941*. Milan: FrancoAngeli, 1986.

Marucco, Dora. "Alle origini del Ministero del Lavoro e della Previdenza Sociale in Italia(Electronic Resource)." *Le Carte e la Storia*, 1 (2008): 179-190. https://www.rivisteweb.it/doi/10.1411/27173.

Marx, Karl, and Friedrich Engels. *Selected Works*. Moscow: Progress Publishers, 1969-1970. First published in 1888.

Mattei, Clara Elisabetta. "The Conceptual Roots of Contemporary Austerity Doctrine: A New Perspective on the 'British Treasury View.'" *New School Economic Review* (NSER) 8 (2016). https://nsereview.org/index.php/NSER/issue/view/8.

—. "Austerity and Repressive Politics: Italian Economists in the Early Years of the Fascist Government." *European Journal of the History of Economic Thought* 24, no. 5 (September 2017): 998-1026. https://doi.org/10.1080/09672567.2017.1301510.

—. "Hawtrey, Austerity, and the 'Treasury View,' 1918 to 1925." *Journal of the History of Economic Thought 40*, no. 4 (2018a): 471-92. https://doi.org/10.1017/S1053837218000068.

—. "Treasury View and Post-WWI British Austerity: Basil Blackett, Otto Niemeyer and Ralph Hawtrey." *Cambridge Journal of Economics* 42, no. 4 (July 2018b): 1123-44. https://doi.org/10.1093/cje/bex061.

Matteotti, G. "La questione tributaria." *Critica Sociale* 29, nos. 6-7 (1919): 82-83.

Mattesini, Fabrizio, and Beniamino Quintieri. "Does a Reduction in the Length of the Working Week Reduce Unemployment? Some Evidence from the Italian Economy during the Great Depression." *Explorations in Economic History* 43, no. 3 (July 2006): 413–37. https://doi.org/10.1016/j.eeh.2005.04.001.

McDonald, Andrew. "The Geddes Committee and the Formulation of Public Expenditure Policy, 1921–1922." *The Historical Journal* 32, no. 3 (1989): 643–74.

McKibbin, Ross. *The Evolution of the Labour Party, 1910–1924*. Oxford: Oxford University Press, 1974.

—. *The Ideologies of Class: Social Relations in Britain, 1880–1950*. New York: Oxford University Press, 1990.

Medlicott, W. N., et al., eds. *Documents on British Foreign Policy, 1919–1939*. London: His Majesty's Stationery Office, 1974.

Melis, Guido. *La macchina imperfetta. Immagine e realtà dello Stato fascista*. Bologna: Il Mulino, 2018.

Menozzi, Daniele, et al., eds. *Un paese in guerra: La mobilitazione civile in Italia, 1914–1918*. First edition. Milan: Edizioni Unicopli, 2010.

Michelini, Luca. "Il pensiero di Maffeo Pantaleoni tra economia politica e politica militante." *Società e storia* 58 (1992).

—. *Marginalismo e socialismo: Maffeo Pantaleoni, 1882–1904*. Milan: FrancoAngeli, 1998.

—. *Alle origini dell'antisemitismo nazional-fascista: Maffeo Pantaleoni e 'la vita Italiana' di Giovanni Preziosi, 1915–1924*. Venice: Marsilio, 2011a. https://www.academia.edu/42658223/Alle_origini_dellantisemitismo_nazional_fascista_Maffeo_Pantaleoni_e_La_Vita_italiana_di_Giovanni_Preziosi_1915_1924.

—. *Marxismo, liberismo, rivoluzione: Saggio sul Giovane Gramsci, 1915–1920*. Milan: La Città del Sole, 2011b.

—. *Il nazionalismo economico Italiano: Corporativismo, liberismo, fascismo: (1900-23)*. Rome: Carocci Editore, 2019.

—. "From Nationalism to Fascism: Protagonists and Journals." In *An Institutional History of Italian Economics in the Interwar Period—Volume II*, ed. Massimo M. Augello et al., 21–57. New York: Springer International Publishing, 2020. https://doi.org/10.1007/978-3-030-38331-2_2.

Middlemas, Keith. *Politics in Industrial Society: The Experience of the British System since 1911*. London: A. Deutsch, 1979.

Middleton, Roger. *Towards the Managed Economy*. New York: Routledge, 1985. https://doi.org/10.4324/9781315019567.

Migone, Gian Giacomo. *The United States and Fascist Italy: The Rise of American Finance in Europe*. First English edition. Cambridge: Cambridge University Press, 2015.

Milanovic, Branko. *Income, Inequality, and Poverty during the Transition from Planned to Market Economy*. World Bank Regional and Sectoral Studies. Washington, DC: World Bank Group, 1998. https://documents. worldbank.org/en/publication/documents-reports/documentdeta il/229251468767984676/Income-inequality-and-poverty-during-the-transition-from-planned-to-market-economy.

—. *Capitalism, Alone: The Future of the System that Rules the World*. Cambridge, MA: The Belknap Press of Harvard University Press, 2019. (한국어판: 브랑코 밀라 노비치, 《홀로 선 자본주의》, 세종서적, 2020)

Miliband, Ralph. *Parliamentary Socialism: A Study in the Politics of Labour*. London: Allen & Unwin, 1961.

—. *The State in Capitalist Society*. London: Weidenfeld & Nicolson, 1969.

Miller, Earl Joyce. "Workmen's Representation in Industrial Government." PhD thesis, University of Illinois, 1922. Reprinted in University of *Illinois Studies in the Social Sciences* 10, nos. 3-4 (1924).

Millis, H. A. "The British Trade Disputes and Trade Unions Act, 1927." *Journal of Political Economy* 36, no. 3 (1928): 305-29. https://www.jstor.org/ stable/1822749.

Ministero dell'Economia Nazionale. *I conflitti del lavoro in Italia nel decennio 1914-1923 (dati statistici)*. Rome: "Grafi a" SAI industrie grafiche, 1924.

Ministero delle Finanze. *L'azione dello stato Italiano per le opere pubbliche (1862-1924)*. Rome: Libreria dello stato, 1925.

Ministero per il Lavoro e la Previdenza Sociale. *Bollettino del lavoro e della previdenza sociale*, vol. 39, no. 1. Rome: Tipografi a Cooperativa Sociale, 1923.

Ministero per l'Assistenza Militare e le Pensioni di Guerra, ed. *L'assistenza di guerra in Italia: assistenza militare, pensioni di guerra*. Rome: Società Anonima Poligrafica Italiana, 1919.

Ministry of Labour. Industrial Councils. *The Whitley Report*. London: HMSO, 1917.

—. *Report of the Committee of Enquiry on the Employment Exchanges*. Cmd. 1054, 1920.

Ministry of Reconstruction. *Interim Report of the Committee on Adult*

Education. Cd. 9107. London: HMSO, 1918. https://archive.org/details/cu31924032188751.

—. *Adult Education Committee Final Report.* Cmd. 321. London: HMSO, 1919a.

—. *Report of the Women's Employment Committee.* Cd. 9239, 1919b.

Ministry of Reconstruction Advisory Council. *Women's Housing Sub-Committee Final Report.* Cd. 9232. London: HMSO, 1919.

Miozzi, U. Massimo. *La mobilitazione industriale italiana (1915-1918).* Rome: La Goliardica, 1980.

Mirowski, Philip, and Dieter Plehwe, eds. *The Road from Mont Pèlerin: The Making of the Neoliberal Thought Collective, with a New Preface.* First Harvard University Press paperback edition. Cambridge, MA: Harvard University Press, 2015.

Missiroli, Mario. *Una battaglia perduta.* Milan: Corbaccio, 1924.

Mitchell, B. R. *International Historical Statistics: Europe, 1750-1993.* 14th edition. London: Palgrave Macmillan, 1998.

Mittnik, Stefan, and Willi Semmler. "Regime Dependence of the Fiscal Multiplier." *Journal of Economic Behavior & Organization* 83, no. 3 (August 1, 2012): 502-22. https://doi.org/10.1016/j.jebo.2012.02.005.

Moggridge, D. E. (Donald Edward). *British Monetary Policy, 1924-1931, the Norman Conquest of $4.86.* Cambridge: Cambridge University Press, 1972.

—. *John Maynard Keynes.* New York: Penguin Books, 1976.

Montagna, Mario. "The Reverse of the Medal[Il rovescio della medaglia]." *L'Ordine nuovo* 1, no. 26 (November 15, 1919): 202-3.

Montgomery, David. *The Fall of the House of Labor: The Workplace, the State, and American Labor Activism, 1865-1925.* First edition. Cambridge: Cambridge University Press, 1987. https://doi.org/10.1017/CBO9780511528774.

Monthly Labour Review. "The Housing Situation in England." *Monthly Labor Review* 12, no. 1 (January 1921): 213-21. https://www.jstor.org/stable/41827945.

Moraglio, Massimo. "Dentro e fuori il manicomio. L'assistenza psichiatrica in Italia tra le due guerre." *Contemporanea* 9 (2006): 15-34.

Moreolo, Carlo Svaluto. "Carlo Cottarelli: 'There's No Spending Your Way out of Debt.'" *IPE Magazine* (July/August2018). https://www.ipe.com/carlo-cottarelli-theres-no-spending-your-way-out-of-debt/10025492.article.

Morgan, E. Victor. *Studies in British Financial Policy, 1914-25.* London: Macmillan, 1952.

Morgan, Jane. *Conflict and Order: The Police and Labor Disputes in England and Wales, 1900–1939*. New York: Clarendon Press, 1987.

Morgan, Kenneth. *Consensus and Disunity: The Lloyd George Coalition Government 1918–1922*. Oxford: Oxford University Press, 1979.

Morgan, Kenneth O., and Jane Morgan. *Portrait of a Progressive: The Political Career of Christopher, Viscount Addison*. New York: Oxford University Press, 1980.

Mortara, Giorgio. *Prospettive economiche*. Città di Castello: Societá Tipografica "Leonardo da Vinci," 1922.

Mosca, Manuela. "'Io che sono Darwinista.' La visione di Maffeo Pantaleoni" ("I Am a Darwinist." Maffeo Pantaleoni's Vision). *Il pensiero economico Italiano* 23, no. 1 (2015): 23–45. https://ideas.repec.org/a/pei/journl/v23y201512p23-45.html

Mowat, Charles Loch. *Britain between the Wars, 1918–1940*. London: Methuen, 1955.

Murphy, John Thomas. *The Workers' Committee, An Outline of Its Principles and Structure*. Sheffield: Sheffield Workers' Committee, 1917.

—. *New Horizons*. London: John Lane The Bodley Head, 1941.

Musso, Stefano. *Storia del lavoro in Italia: Dall'unità a oggi*. Venice: Marsilio, 2002.

Mussolini, Benito. *Discorsi sulla politica economica Italiana nel primo decennio*. Rome: Edito a cura dell'Istituto italiano di credito marittimo, 1933.

Natoli, Claudio. "Primo settembre, occupazione delle fabbriche." In *Calendario civile, per una memoria laica, popolare e democratica degli Italiani*, ed. Alessandro Portelli, 189–201. Rome: Donzelli Editore, 2017.

Nenni, Pietro. *Storia di quattro anni: 1919–1922*. 2nd edition. Turin: G. Einaudi, 1946.

Niemeyer, Otto Ernst. *Report Submitted to the Brazilian Government*. Rio de Janeiro: S. I., 1931.

Nordhaus, William D. "The Political Business Cycle." *Review of Economic Studies* 42, no. 2 (1975): 169–90. https://doi.org/10.2307/2296528.

North, Douglass C., and Robert Paul Thomas. *The Rise of the Western World: A New Economic History*. Cambridge: Cambridge University Press, 1973. (한국어판: 더글러스 노스 외,《서구세계의 성장》, 자유기업센터, 1999)

Ostergaard, Geoffrey. *The Tradition of Workers' Control: Selected Writings*. London: Freedom Press, 1997.

Oxfam. "IMF Paves Way for New Era of Austerity Post-COVID-19." *Oxfam International*, 11 December 2020. https://www.oxfam.org/en/press-releases/imf-paves-way-new-era-austerity-post-covid-19.

Paggi, Leonardo. *Le strategie del potere in Gramsci: Tra fascismo e socialismo in un solo paese, 1923-1926*. Rome: Editori Riuniti, 1984.

Pantaleoni, Maffeo. *Pure Economics*. London: Macmillan, 1898.

—. *Corso di economia politica: Lezioni dell'anno 1909-1910 redatte dal Dott. Carlo Manes*. Rome: Associazione Universitaria Romana, 1910.

—. "Note." In *Margine alla guerra*. Bari: Laterza, 1917.

—. *Politica: Criteri ed eventi*. Bari: G. Laterza, 1918.

—. *La fine provvisoria di un'Epopea*. Bari: Laterza, 1919.

—. *Bolcevismo Italiano*. Bari: G. Laterza, 1922. http://archive.org/details/BolscevismoItaliano.

—. "Finanza fascista." *Politica 15*, nos. 44-45 (1923): 159-87.

Park, Emma, Derek R. Peterson, Anne Pitcher, and Keith Breckenridge. "Intellectual and Cultural Work in Times of Austerity." *Africa* 91, no. 4 (2021).

Parrillo, F. "Profilo di Alberto De Stefani." *Rivista bancaria* 12 (1984): 586-89.

Pavan, Ilaria. "'Nelle Trincee e sui campi.' Guerra, dopoguerra e stato sociale in Italia (1917-1921)." In *La libertà del lavoro: Storia, diritto, società*, ed. Laura Cerasi. Palermo: New Digital frontiers, 2016.

—. "War and the Welfare State: The Case of Italy, from WWI to Fascism." *Historia contemporanea* 61 (2019): 835-72.

Peden, G. C. "Sir Richard Hopkins and the 'Keynesian Revolution' in Employment Policy, 1929-45." *Economic History Review* 36, no. 2 (1983a): 281-96.

—. "The Treasury as the Central Department of Government, 1919-1939." *Citation Public Administration* 61, no. 4 (1983b): 371-85.

—. "The 'Treasury View' on Public Works and Employment in the Interwar Period." *Economic History Review* 37, no. 2 (1984): 167-81. https://doi.org/10.2307/2596879.

—. *British Economic and Social Policy: Lloyd George to Margaret Thatcher*. Deddington, Oxfordshire: P. Allan, 1985.

—. "The Road to and from Gairloch: Lloyd George, Unemployment, inflation, and the 'Treasury View' in 1921." *Twentieth Century British History* 4, no. 3 (1993): 224-49. https://doi.org/10.1093/tcbh/4.3.224.

—. "The Treasury View in the Interwar Period: An Example of Political Economy?" In *Unemployment and the Economists*, ed. Bernard Corry.

Cheltenham, UK: Edward Elgar, 1996.

—. *The Treasury and British Public Policy, 1906-1959*. Oxford: Oxford University Press, 2000.

—, ed. *Keynes and His Critics: Treasury Responses to the Keynesian Revolution, 1925-1946*. Oxford: Oxford University Press, 2004a.

—. "The Treasury and the City." In *The British Government and the City of London in the Twentieth Century*, by Philip Williamson and R. C. Michie. Cambridge: Cambridge University Press, 2004b.

Pedersen, Susan. "Gender, Welfare, and Citizenship in Britain during the Great War." *American Historical Review* 95, no. 4 (1990): 983-1006. https://doi.org/10.2307/2163475.

—. *Family, Dependence, and the Origins of the Welfare State: Britain and France, 1914-1945*. New York: Cambridge University Press, 1993.

Peli, Santo. "La fabbrica militarizzata." In *Gli Italiani in guerra: Conflitti, identità, memorie dal risorgimento ai nostri giorni*, ed. Mario Isnenghi and Daniele Ceschin, vol. 3, 662-69. Turin: UTET, 2008.

Pelling, Henry. *History of British Trade Unionism*. London: Palgrave Macmillan, 1987.

Pennacchi, Antonio. *Canale Mussolini: Romanzo*. Milan: Mondadori, 2010. (한국어판: 안토니오 페나키, 《무솔리니 운하》, 본북스, 2020)

Perotti, Roberto. *The "Austerity Myth": Gain without Pain?* Working Paper 17571, National Bureau of Economic Research, November 2011. https://doi.org/10.3386/w17571.

Pietravalle, Michele. "Per un ministero della sanità ed assistenza pubblica in Italia." *Nuova antologia* 54, no. 1131 (March 1919): 103-17.

Pigou, A. C. *Aspects of British Economic History: 1918-1925*. London: Routledge, 1947. https://doi.org/10.4324/9781315409979.

Piketty, Thomas, and Arthur Goldhammer. *Capital in the Twenty-First Century*. Cambridge, MA: The Belknap Press of Harvard University Press, 2014. (한국어판: 토마 피케티, 《21세기 자본》, 글항아리, 2014)

Polanyi, Karl. *The Great Transformation: The Political and Economic Origins of Our Time*. Boston: Beacon Press, 1944. (한국어판: 칼 폴라니, 《거대한 전환》, 길, 2009)

Pollard, Sidney. *The Development of the British Economy, 1914-1967*. 2nd edition, revised. London: Edward Arnold, 1969.

Porisini, Giorgio. *Il capitalismo Italiano nella prima guerra mondiale*. First edition. Florence: La Nuova Italia, 1975.

Pratt, E. L. *Industrial Unionism*. London: Solidarity Press, 1917.

Preti, Alberto, and Cinzia, Venturoli. "Fascismo e stato sociale." In *Povertà e innovazioni istituzionali in Italia. Dal Medioevo ad oggi*, ed. V. Zamagni, 729–49. Bologna: Il Mulino, 2000.

Pribićević, Branko. *The Shop Stewards' Movement and Workers' Control, 1910–1922*. Oxford: Blackwell, 1959.

Price, Carter C., and Kathryn A. Edwards. "Trends in Income from 1975 to 2018." RAND Corporation Working Paper WR-A516-1, 2020. https://www.rand.org/pubs/working_papers/WRA516-1.html.

Procacci, Giovanna, ed. *Stato e classe operaia in Italia durante la prima guerra mondiale*. Milan: FrancoAngeli, 1983.

—. *Dalla rassegnazione alla rivolta: Mentalità e comportamenti popolari nella grande guerra*. Rome: Bulzoni, 1999.

—. *Warfare-Welfare: Intervento dello stato e diritti dei cittadini (1914-18)*. Rome: Carocci, 2013.

Procacci, Giovanna, and P. Corner. "The Italian Experience of Total Mobilization 1915-1920." In *State Society and Mobilization in Europe during the First World War*, ed. John Horne, 223–41. Cambridge: Cambridge University Press, 1997.

Ragioneria Generale dello Stato (RGS). "La spesa del balancio dello stato dall'unità d'Italia, anni 1862–2009." Excel spreadsheet, 2011, included in Ministero dell'Economia e della Finanze, 150o Anniversario RGS, "La spesa dello stato dall'unità d'Italia." https://www.rgs.mef.gov.it/VERSIONE-I/pubblicazioni/pubblicazioni_statistiche/la_spesa_dello_stato_dallunit_dItalia/.

Rattner, Steven. "Volcker Asserts US Must Trim Living Standard." Special to the *New York Times*, October 18, 1979. https://www.nytimes.com/1979/10/18/archives/volcker-asserts-us-must-trim-living-standard-warns-of-inflation.html.

Redmayne, R. A. S. *The British Coal-Mining Industry during the War*. Oxford: Clarendon Press and H. Milford, 1923.

Ricci, Umberto. "Rassegna del movimento scientifico: Economia." *Giornale degli economisti* 34 (February 1907, series II): 152–63.

—. "Rassegna del movimento scientifico: Economia." *Giornale degli economisti* 36 (May 1908, series II): 385–405. https://babel.hathitrust.org/cgi/pt?id=umn.31951001908034l&view=1up&seq=16.

—. *Politica ed economia*. Rome: Società Anonima Editrice "La Voce," 1919.

—. *La politica economica del ministero Nitti: Gli effetti dell'intervento economico dello stato*. Rome: Società Anonima Editrice "La Voce," 1920.

—. *Il fallimento della politica annonaria*. Rome: Società Anonima Editrice "La Voce," 1921.

—. "Il miglioramento del bilancio dello stato." *Rivista di politica economica* 13, no. 6 (1923): 593–612.

—. *Dal protezionismo al sindacalismo*. Bari: Laterza, 1926.

—. "La scienza e la vita." *Nuovi studi di diritto, economia e politica* 6, no. 3 (1928): 220–25.

—. *Tre economisti Italiani: Pantaleoni, Pareto, Loria*. Bari: Laterza, 1939.

—. *La finanza dello stato egiziano nell'ultimo decennio*. In "Studi economici finanziari e corporativi" 19, no. 3 (October). Rome: Edizioni Italiane, 1941.

—. *Saggi sul risparmio*. Lanciano: Carabba, 1999.

Ricciardi, Mario. *Lezioni di storia sindacale Italia, 1945-1985*. Bologna: CLUEB, 1986.

Rigola, Rinaldo. "Le classi operaie e le assicurazioni sociali." *Rassegna sociale. Rivista mensile della cassa nazionale d'assicurazione per gli infortuni degli operai sul lavoro* 5, no. 1 (1918): 1–13.

Rocca, G. "L'occupazione delle terre 'incolte.'" *La riforma sociale* (May-June 1920): 221–52.

Romeo, Rosario. *Breve storia della grande industria in Italia: 1861-1961*. 4th edition, revised and expanded. Bologna: Cappelli, 1972.

Rosboch, Ettore. "L'azionariato di stato nell'economia fascista." *Lo stato* 1, no. 3 (1930): 253–58.

Rossi, Ernesto. *I padroni del vapore*. Bari: Laterza, 1955.

Rubin, Gerry R. *War, Law, and Labour: The Munition Acts, State Regulation, and the Unions, 1915-1921*. New York: Oxford University Press, 1987.

Saez, Emmanuel, and Gabriel Zucman. *The Triumph of Injustice: How the Rich Dodge Taxes and How to Make Them Pay*. First edition. New York: W. W. Norton, 2019.

Salter, J. Arthur. *Allied Shipping Control: An Experiment in International Administration*. Oxford: Clarendon Press, 1921.

Salvemini, Gaetano. *La dittatura fascista in Italia*. New York: Libreria del Nuovo mondo, 1929.

—. *Under the Axe of Fascism*. New York: Viking Press, 1936.

—. *Le origini del fascismo in Italia: "Lezioni di Harvard."* First edition. Milan: Feltrinelli, 1966.

Samuel, Herbert. "The Taxation of the Various Classes of the People." *Journal of the Royal Statistical Society* 82, no. 2 (1919).

Santhià, Battista. *Con Gramsci all'Ordine nuovo.* Biblioteca della Resistenza 7. Rome: Editori Riuniti, 1956.

Sayers, R. S. *The Bank of England, 1891-1944.* Cambridge: Cambridge University Press, 1976.

Scholliers, Peter, and Vera Zamagni, eds. *Labour's Reward: Real Wages and Economic Change in 19th-and 20th-Century Europe.* Cheltenham, UK: Edward Elgar, 1995.

Seassaro, Cesare. "The Teachings of the Struggle of the Engineers[Gli insegnamenti della lotta dei metallurgici]." *L'Ordine nuovo* 2, no. 16 (October 2, 1920): 133–34.

Sefton, James, and Martin Weale. *Reconciliation of National Income and Expenditure: Balanced Estimates of National Income for the United Kingdom, 1920-1990.* Studies in the National Income and Expenditure of the United Kingdom 7. Cambridge and New York: Cambridge University Press, 1995.

Segreto, Luciano. "Armi e munizioni. Lo sforzo bellico tra speculazione e progresso tecnico." *Italia contemporanea* 146 (1982): 35-66.

Sember, Florencia. "El papel de Raúl Prebisch en la creación del Banco Central de la República Argentina." *Estudios críticos del desarrollo* 2, no. 3 (2012): 133-57. https://estudiosdeldesarrollo.mx/estudioscriticosdeldesarrollo/wp-content/uploads/2019/01/ECD3-6.pdf.

Semmler, Willi. "The Macroeconomics of Austerity in the European Union." *Social Research* 80, no. 3 (2013): 883-914. https://www.jstor.org/stable/24385696.

Semmler, Willi, and Alexander Haider. "The Perils of Debt deflation in the Euro Area: A Multi-Regime Model." *Empirica* 43, no. 2 (May 1, 2016): 257-78. https://doi.org/10.1007/s10663-016-9327-5.

Serpieri, Arrigo. *La guerra e le classi rurali Italiane.* New Haven, CT: Yale University Press, 1930.

Serri, Niccolò. "Review of Senza lavoro. La disoccupazione in Italia dall'unità ad oggi, by Manfredi Alberti." *Modern Italy* 22, no. 3 (August 2017): 339-40. https://doi.org/10.1017/mit.2017.11.

Seymour, Richard. "A Short History of Privatisation in the UK: 1979-2012." *The Guardian*, March 29, 2012. https://www.theguardian.com/commentisfree/2012/mar/29/short-history-of-privatisation.

Shaikh, Anwar. *Capitalism: Competition, Conflict, Crises*. Oxford: Oxford University Press, 2016.

Shefner, Jon, and Cory Blad. *Why Austerity Persists*. First edition. Cambridge: Polity Press, 2019.

Siciliano, Giovanni. *Cento anni di borsa in Italia: Mercato, imprese e rendimenti azionari nel ventesimo secolo*. Bologna: Il Mulino, 2001.

Siepmann, H. A. "The International Financial Conference at Brussels." *Economic Journal* 30, no. 120 (1920): 436-59.

Skidelsky, Robert. "Keynes and the Treasury View: The Case for and against an Active Unemployment Policy, 1920-1929." In *The Emergence of the Welfare State in Britain and Germany, 1850-1950*, ed. Wolfgang Mommsen. London: Routledge, 1981.

—. *John Maynard Keynes: Economist, Philosopher, Statesman*. Abridged edition. London: Macmillan, 2003. (한국어판: 로버트 스키델스키, 《존 메이너드 케인스》, 후마니타스, 2009)

—. *Keynes: The Return of the Master*. First edition. New York: PublicAffairs, 2009.

Slobodian, Quinn. *Globalists: The End of Empire and the Birth of Neoliberalism*. Cambridge, MA: Harvard University Press, 2018.

Spriano, Paolo. *Torino operaia nella grande guerra (1914-1918)*. Turin: G. Einaudi, 1960.

—. *L'Ordine nuovo e i consigli di fabbrica*. Turin: Einaudi, 1971.

—. *The Occupation of the Factories: Italy 1920*. London: Pluto Press, 1975.

Stein, Ben. "In Class Warfare, Guess Which Class Is Winning?" *New York Times*, November 26, 2006.

Storm, Servaas. "Lost in deflation: Why Italy's Woes Are a Warning to the Whole Eurozone." International Journal of Political Economy 48, no. 3 (July 2019): 195-237. https://doi.org/10.1080/08911916.2019.1655943.

Summers, Lawrence H. "inflation Caused by Fed Dismissing Concerns as Transient." Interview with *Bloomberg Wall Street Week*, March 5, 2021. https://www.youtube.com/watch?v=dni9TbqIwqo.

Sylos Labini, Paolo. *Saggio sulle classi sociali*. Bari: Laterza, 1975.

Tabellini, Guido, and Alberto Alesina. "Voting on the Budget Deficit."

American Economic Review 80, no. 1 (1990): 37-49. https://www.jstor.org/stable/2006732.

Tasca, Angelo. "An Episode of Working- Class Struggle at the Eve of Revolution: The Invasion of the Lands of Medicina[Un episodio della lotta di classe alla vigilia della rivoluzione]." *L'Ordine nuovo* 2, no. 9 (July 10, 1920): 69-70.

—. *Nascita e avvento del fascismo*. Bari: Laterza, 1965.

Tawney, R. H. "The Abolition of Economic Controls, 1918-1921." *Economic History Review* 13, no. 1/2 (1943): 1-30. https://www.jstor.org/stable/2590512.

Taylor, Lance. "Not So Modern Monetary Theory." *Institute for New Economic Thinking*, October 31, 2019. https://www.ineteconomics.org/perspectives/blog/not-so-modern-monetary-theory.

Taylor, Lance, with Özlem Ömer. *Macroeconomic Inequality from Reagan to Trump: Market Power, Wage Repression, Asset Price inflation, and Industrial Decline*. Cambridge: Cambridge University Press, 2020.

Terry, George Percy Warner. *The Representation of the People Act 1918*. London: C. Knight & Co., 1918.

Terzi, Alessio. "The Great Fiscal Lever: An Italian Economic Obsession." *Bruegel* (blog post), August 21, 2018. https://www.bruegel.org/2018/08/the-great-fiscal-lever-an-italian-economic-obsession/.

Thane, Pat. *Foundations of the Welfare State*. Second edition. Longman Social Policy in Britain Series. New York and London: Addison- Wesley Longman, 1996.

Thomas, Peter D. *The Gramscian Moment: Philosophy, Hegemony and Marxism*. Leiden: Brill, 2009.

Thomas, R., and N. Dimsdale. *"A Millennium of UK Data": Bank of England OBRA Dataset*. Bank of England, 2017. https://www.bankofengland.co.uk/statistics/research-datasets.

Titmuss, Richard. "Essays on the Welfare State." *University Press Scholarship Online*, 2018.

Titmuss, Richard Morris. *Essays on "The Welfare State."* London: Allen & Unwin, (1958) 2018.

Tittoni, Tommaso. *Nuovi scritti di politica interna ed estera*. Milan: Treves, 1930.

Togliatti, Palmiro. "Labor's State[Lo stato del lavoro]." *L'Ordine nuovo* 1, no. 10 (July 19, 1919a): 71-72.

—. "The Battle of Ideas[La battaglia delle idee]." *L'Ordine nuovo* 1, no. 24 (November 1, 1919b): 190.

—. "The Assembly of the Turin Metallurgical Department[L'assemblea della sezione metallurgica Torinese]." *L'Ordine nuovo* 1, no. 25 (November 8, 1919c): 195-96.

—. "Class Control[Controllo di classe]." *L'Ordine nuovo* 1, no. 32 (January 3, 1920): 249-50.

Tomassini, Luigi. "Industrial Mobilization and the Labour Market in Italy during the First World War." *Social History* 16, no. 1 (1991): 59-87. https://doi.org/10.1080/03071029108567789.

Tomlinson, Jim. *Problems of British Economic Policy, 1870-1945*. London: Routledge, 1981. https://doi.org/10.4324/9781315019666.

Toniolo, Gianni. *L'economia dell'Italia fascista*. Bari: Laterza, 1980.

—. "Italian Banking, 1919-1936." In *Banking, Currency, and Finance in Europe between the Wars*. Oxford: Oxford University Press, 1995. https://doi.org/10.1093/0198288034.003.0011.

—, ed. *The Oxford Handbook of the Italian Economy since Unification*. Oxford: Oxford University Press, 2013.

Tooze, J. Adam. *The Deluge: The Great War, America and the Remaking of the Global Order, 1916-1931*. New York: Viking Adult, 2014. (한국어판: 애덤 투즈, 《대격변》, 아카넷, 2020)

—. "Neoliberalism's World Order." *Dissent Magazine* (Summer 2018).

Trentin, Bruno. *Autunno caldo: Il secondo biennio rosso 1968-1969*. Rome: Editori Riuniti, 1999.

Ufficio Municipale del Lavoro. *Bollettino mensile*, vol. 3. Rome (Italy), 1920. https://catalog.hathitrust.org/Record/012392095.

US Department of Labor. "Industrial Unrest in Great Britain: Reports of the Commission of Inquiry into Industrial Unrest." *Bulletin of the United States Bureau of Labor Statistics* 237 (October 1917): 7-227.

Vecchi, Giovanni. *Measuring Wellbeing: A History of Italian Living Standards*. Oxford: Oxford University Press, 2017.

Vergara, Camila. "The Meaning of Chile's Explosion." *Jacobin Magazine*, October 29, 2019.

—. "Burying Pinochet." *Sidecar*, 2021. https://newleftreview.org/sidecar/posts/burying-pinochet.

Viglongo, Andrea. "The Experiment of Cooperative Management of the

Castenaso Workers[L'esperimento di gestione cooperativa degli operai di castenaso]." *L'Ordine nuovo* 2, no. 10 (July 17, 1920): 75–76.

Vivarelli, Roberto. *Il dopoguerra in Italia e l'avvento del fascismo (1918-1922).* Naples: Istituto Italiano per Gli Studi Storici, 1967.

Walsh, Tom. *What Is the Shop Steward Movement? A Survey with Diagrams.* London: The Agenda Press, 1920.

Wartzman, Rick. "'We Were Shocked': RAND Study Uncovers Massive Income Shift to the Top 1%." *Fast Company*, September 14, 2020. https://www. fastcompany.com/90550015/we-were-shocked-rand-study-uncovers-massive-income-shift-to-the-top-1.

Whetham, William Cecil Dampier. *The War and the Nation: A Study in Constructive Politics.* London: John Murray, 1917.

Whiteside, Noelle. "Welfare Legislation and the Unions during the First World War." *Historical Journal* 23, no. 4 (1980): 857–74. https://www.jstor.org/stable/2638729.

Whiting, R. C. "Taxation and the Working Class, 1915–24." *Historical Journal* 33, no. 4 (1990): 895–916. https://www.jstor.org/stable/2639803.

Wolfe, Humbert. *Labour Supply and Regulation.* New York: H. Milford, 1923.

Wood, Ellen Miskin. *The Origin of Capitalism.* New York: Monthly Review Press, 1999.

Wrigley, Chris. *A History of British Industrial Relations 1914-1939.* Brighton, Sussex, UK: Harvester Press, 1987.

—. *Lloyd George and the Challenge of Labour: The Post-War Coalition, 1918-1922.* Hemel Hempstead, UK: Harvester Wheatsheaf, 1991.

Zaganella, Mario. "La mobilitazione industriale: Un pilastro nella evoluzione del modello Italiano di intervento pubblico in economia." In *Istituzioni e società in Francia e in Italia nella prima guerra mondiale.* Rome: Edizioni Nuova Cultura, 2017. https://www.pucrs.br/humanidades/wp-content/uploads/sites/30/2016/03/La-mobilitazione-industriale.pdf.

Zamagni, Vera. "La dinamica dei salari nel settore industriale, 1921-1939." *Quaderni storici* 10, nos. 29/30 (2/3) (1975): 530–49.

—. *Dalla periferia al centro: La seconda rinascita economica dell'Italia, 1861-1981.* Bologna: Il Mulino, 1990.

—. "Industrial Wages and Workers' Protest in Italy during the 'Biennio Rosso' (1919-1920)." *Journal of European Economic History* 20, no. 1 (Spring 1991): 137–153.

Zevin, Alexander. *Liberalism at Large: The World According to the Economist*. London: Verso, 2019.

Zini, Zino. "From Citizen to Producer[Da cittadino a produttore]." *L'Ordine nuovo* 1, no. 38 (February 21, 1920): 301-2.

Zucaro, Domenico. *La rivolta di Torino del 1917 nella sentenza del tribunale militare territoriale*. Milan: Rivista Storica del Socialismo, 1960.

Zucman, Gabriel. "Global Wealth Inequality." *Annual Review of Economics* 11, no. 1 (August 2019): 109-38. https://doi.org/10.1146/annurev-economics-080218-025852.

Nous 사회와 경제를 꿰뚫는 통찰
'nous'는 '통찰'을 뜻하는 그리스어이자 '지성'을 의미하는 영어 단어로,
사회와 경제를 꿰뚫어 볼 수 있는 지성과 통찰을 전하는 시리즈입니다.

Nous 02

자본 질서

1판 1쇄 인쇄 2024년 4월 26일
1판 1쇄 발행 2024년 5월 13일

지은이 클라라 E. 마테이
옮긴이 임경은
감수 홍기훈
펴낸이 김영곤
펴낸곳 (주)북이십일 21세기북스

정보개발팀장 이리현
정보개발팀 이수정 강문형 박종수
교정 교열 신혜진 **디자인 표지** 정은경 **본문** 이슬기
출판마케팅영업본부장 한충희
마케팅1팀 남정한 한경화 김신우 강효원
출판영업팀 최명열 김다운 권채영 김도연
제작팀 이영민 권경민
해외기획실 최연순 소은선

출판등록 2000년 5월 6일 제406-2003-061호
주소 (10881) 경기도 파주시 회동길 201(문발동)
대표전화 031-955-2100 **팩스** 031-955-2151 **이메일** book21@book21.co.kr

© 클라라 E. 마테이, 2024
ISBN 979-11-7117-558-1 03320
KI신서 11870

(주)북이십일 경계를 허무는 콘텐츠 리더

21세기북스 채널에서 도서 정보와 다양한 영상자료, 이벤트를 만나세요!
페이스북 facebook.com/jiinpill21 **포스트** post.naver.com/21c_editors
인스타그램 instagram.com/jiinpill21 **홈페이지** www.book21.com
유튜브 youtube.com/book21pub